Le temps dans le contentieux administratif en droit français et des États d'Afrique francophone

Collection « Études africaines »
dirigée par Denis Pryen et son équipe

Forte de plus de mille titres publiés à ce jour, la collection « Études africaines » fait peau neuve. Elle présentera toujours les essais généraux qui ont fait son succès, mais se déclinera désormais également par séries thématiques : droit, économie, politique, sociologie, etc.

Dernières parutions

Placide MALUNG'MPER AKPANABI, *L'éducation aux valeurs chez les Ding orientaux en RDC, De 1885 à nos jours, tome 1, 2 et 3, 2019.*
Jérôme TOUNG-NZUE, *Réalités du pouvoir au Gabon et fondements du blocage sociopolitique*, 2019.
NIAMKEY-KOFFI, *Révolution et liberté*, 2019.
Maurel Sosthène ONOMO ETABA, *Coopération internationale et terrorisme en Afrique, L'expérience africaine du droit de poursuite terrestre,* 2019.
Jean OTEMIKONGO MANDEFU YAHISULE, *La gouvernance universitaire au Congo-Kinshasa*, 2019.
Emmanuel KASONGO MUNGONGO, *La gouvernance des entités territoriales décentralisées, Défis et enjeux de la gestion des finances publiques communales à Kinshasa,* 2019.
Paul AKOGNI, Arthur VIDO et Didier Marcel HOUÉNOUDÉ (dir.), *Le patrimoine historique au service du développement du Bénin,* 2019.
Marie Rose BANGOURA, *Gestion des déchets solides ménagers et ségrégation socio-spatiale dans la ville de Conakry,* 2019.
Ayrton AUBRY, *Le G5 Sahel, Le Nouveau Régionalisme Sécuritaire en Afrique du Nord-Ouest,* 2019.
Jules Maps BAGALWA MAPATANO (dir.), *La décentralisation en Afrique au début du XXIe siècle, Réflexions à partir de l'expérience congolaise récente,* 2019.
Pascasie MINANI PASSY, *Burundi : Les relations interethniques et intra-ethniques. Et la réconciliation ?*, 2019.
Yaovi AKAKPO, *Le technocolonialisme, Agir sous une tension essentielle,* 2019.
Célestin TAGOU, *Démocratie rotative et élections présidentielles en Afrique, Transcendance et transformation politique des conflits ethnopolitiques dans les sociétés plurielles*, 2018.
BWANGA WA MBENGA NYOLI BOKO, *La philosophie du langage d'Alexis Kagame, Contribution à la problématique sur la philosophie africaine, Nouvelle édition revue et augmentée*, 2018.
Kallet Abréam VAHOUA, *Éléments de morphologie verbale du bété*, 2018.
Robert NDAMOBISSI, *La malnutrition des enfants dans les pays du Sahel et de la corne de l'Afrique,* 2018.

Olivier Fandjip

Le temps dans le contentieux administratif en droit français et des États d'Afrique francophone

Préface de M. le Pr Charles-André Dubreuil

L'Harmattan

Du même auteur

Les mutations récentes de la justice administrative en Afrique francophone
Étude critique à partir du modèle camerounais
L'Harmattan, coll. « Etudes africaines », série « Droit », 2019.

5-7, rue de l'Ecole-Polytechnique, 75005 Paris
http://www.editions-harmattan.fr
ISBN : 978-2-343-14860-1
EAN : 9782343148601

Remerciements

Le présent ouvrage est tiré de la thèse de doctorat soutenue au courant de l'année universitaire 2016/2017 devant l'université Clermont Auvergne. À l'issue de la soutenance, le jury, à l'unanimité, a conféré à l'auteur « le grade et le titre de docteur »[1] en droit public.

Je remercie particulièrement monsieur le professeur Charles-André Dubreuil pour la confiance qu'il m'a témoignée en acceptant la direction de cette recherche ; pour sa bienveillance et sa grande disponibilité.

Je remercie aussi particulièrement monsieur le professeur Léopold Donfack Sokeng qui a accepté d'évaluer ce travail en qualité de rapporteur.

Je remercie aussi madame Christine Bertrand, Doyen de l'Ecole de droit de Clermont-Ferrand pour le soutien apporté aux doctorants.

Je remercie également messieurs les professeurs Fidèle Mengue Me Engouang et Alexis Essono Ovono pour m'avoir donné l'accès au Centre d'Etude et de Recherche en Droit et Institutions Politiques (CERDIP) de l'université Omar Bongo (Libreville).

Je remercie aussi messieurs Sylvestre Kwahou et Telesphore Ondo pour leur aide multiforme, notamment lors de mon séjour de recherche au CERDIP de l'université Omar Bongo (Libreville).

Mes remerciements vont également à l'endroit des magistrats de l'ordre administratif du Gabon et du Cameroun pour leur aide.

J'exprime également mes remerciements à ces enseignants, très nombreux, pour leur soutien. Je pense notamment à MM Jacques Bipelé Kemfouedio, Guy-Blaise Dzeukou (université de Dschang), Marie-Elisabeth Baudoin et Sandra Rougé (université de Clermont-Ferrand).

Je remercie également messieurs les professeurs Xavier Philippe et Jean du Bois de Gaudusson pour m'avoir accueilli dans le cadre de cette étude, respectivement, au sein du Groupement de recherche en droit comparé de l'université d'Aix-Marseille III (Institut Louis Favoreu), et au Centre de recherche sur les droits africains (CERDRADI) de l'université de Bordeaux.

---

[1] Conformément à l'article 1 de l'arrêté du 25 mai 2016 fixant le cadre national de la formation et les modalités conduisant à la délivrance du diplôme national de doctorat. L'article 19 du même texte a supprimé les mentions sur les thèses ; désormais c'est « l'admission ou l'ajournement » qui est prononcé après délibération. La soutenance de cette thèse est la suite du passage avec succès en 2015 des modules sur le complément au diplôme de doctorat.

Merci infiniment au Docteur Anatole Nengsu Tchuenté pour son aide.

Je suis infiniment redevable à ma famille ainsi qu'à mes proches et amis pour leur soutien. Qu'ils en soient tous très vivement remerciés.

À mes parents

Avant-propos

La présente étude porte exclusivement sur l'analyse du temps au contact de la matière juridique contentieuse administrative. Il s'agit de l'étude du temps en tant que durée et dans sa dimension théorique et technique.

Elle présente ses caractères typiques et originaux comme étant l'un des traits spécifiques des droits d'Afrique francophone par rapport au droit français. Cette analyse montre que le temps est plus souple en France, donc plus favorable aux justiciables, et plus rigide dans les droits d'Afrique francophone, donc plus soucieux du principe de sécurité juridique ; de la recherche de l'efficacité de l'action administrative. Elle conduit également à une mise en exergue des approches du temps pouvant mieux prendre en compte les exigences d'une justice de qualité.

Il n'est donc pas du tout question de prendre le risque d'aboutir à un sujet sans thèse ou à une thèse sans sujet en posant des sous problématiques comme par exemple : faut-il faire confiance au juge administratif ? Il n'est également pas question de dépasser le cadre de sa problématique qui vise seulement à montrer la dichotomie temps souple et temps rigide comme des marques des droits étudiés, respectivement, et sans ignorer ses limites.

Aussi, le caractère parfois descriptif de certains développements fait partie, non seulement, de la démarche comparative mais aussi de la systématisation des approches du temps dans ces différentes législations. Il faut préciser, enfin, que l'analyse de ces approches du temps - temps quantitatif et temps qualitatif - ne saurait se faire à travers les différentes branches du contentieux encore moins en fonction de la qualité des parties car une telle démarche ne rend pas pertinemment compte des différentes approches du temps dans le contentieux administratif des pays étudiés.

Préface

La thèse de doctorat rédigée par Olivier Fandjip se propose de répondre à une double problématique qui contribue à en accroître l'intérêt scientifique pour les juristes français et étrangers : celle de la célérité de la justice administrative et celle de l'influence du modèle français dans les pays de culture francophone.

S'étant attelé à la tâche d'étudier le temps du procès administratif en France et dans les États d'Afrique francophone, l'auteur a su tout à la fois mettre en exergue les exigences contemporaines d'une justice de qualité apte à statuer dans des délais raisonnables et souligner combien la justice administrative des pays de culture francophone est méconnue, voire ignorée des juristes français.

C'est ici que réside certainement l'apport principal de l'ouvrage : avoir réussi à souligner combien des systèmes que l'on imagine naïvement n'être que de pâles copies du système français ont su, à partir d'un modèle ou d'une influence communs, évoluer et s'amender en s'éloignant parfois sensiblement du schéma initial pour répondre à des besoins ou à des exigences spécifiques. Car l'équilibre que cherche à établir la justice administrative française entre les droits des justiciables et la sécurité des situations juridiques ne constitue pas nécessairement l'objectif premier que s'assigne la justice administrative des États du Gabon ou du Cameroun - les deux exemples principaux retenus par l'auteur.

Ceci se traduit par une approche distincte du temps dans le contentieux administratif : souple ou qualitative dans le cas de la France, elle serait bien plus rigide ou quantitative dans les pays d'Afrique francophone étudiés, puisque la protection de la sécurité juridique semble y prévaloir sur toute autre considération.

L'étude comparative à laquelle a procédé O. Fandjip a su tenir compte des disparités existant entre les modèles observés et n'a pas exagéré de manière superficielle les ressemblances ou dissemblances relevées. En cela, la connaissance qu'a l'auteur des systèmes étudiés et les formations qu'il a suivies au sein des centres de recherche en droit comparé d'Aix-Marseille III et en droits africains de Bordeaux ont permis de procéder à une juste comparaison tenant compte des spécificités de chaque objet d'étude.

Ayant eu systématiquement pour but de démontrer comment, à partir d'un schéma commun, les États d'Afrique ont voulu ou su se détacher de l'emprise du modèle français, O. Fandjip a procédé à une analyse minutieuse de l'ensemble de la chaîne contentieuse, ne limitant pas son étude au seul examen des délais de recours contentieux, mais décortiquant l'ensemble des mécanismes influençant le déroulement de la procédure administrative – précontentieuse et contentieuse – et, par voie de conséquence, le temps du procès.

L'auteur a su démontrer que la problématique du temps de la justice administrative dans les pays d'Afrique francophone donne lieu à des réponses adaptées à chaque modèle étudié, répondant à des exigences spécifiques tenant tout à la fois à la configuration de l'organisation juridictionnelle, à l'importance du contentieux administratif, à la culture juridique des populations, etc.

Aussi, il n'a pas cherché à présenter les régimes juridiques du Gabon ou du Cameroun pour ce qu'ils ne sont pas, dans le seul but de procéder à une comparaison qui aurait alors été artificielle. Il a su avec justesse comparer ce qui est comparable, en tenant compte des particularités du droit administratif de ces deux États et des conditions dans lesquelles la justice administrative y est organisée et exercée : le faible nombre de décisions disponibles, le faible nombre de sources documentaires, la configuration géographique sont autant d'éléments qui ont été pris en compte et qui ont permis de réaliser une juste comparaison avec le modèle français qui, quant à lui, a connu des évolutions propres dont certaines n'ont pas affecté le droit administratif des États qu'il avait initialement influencé (influence de la jurisprudence de la Cour européenne des droits de l'homme, développement des procédures d'urgence et des modes alternatifs de règlement des litiges, dématérialisation des procédures, etc.).

Ce faisant, les conclusions auxquelles parvient O. Fandjip sont présentées non comme des vérités immuables, mais bien comme des tendances générales susceptibles de variations et d'évolutions. Ceci se vérifie lorsqu'il évoque les éléments ayant récemment permis de favoriser le droit d'accès au juge administratif au Gabon et au Cameroun ou lorsqu'il analyse le contexte dans lequel le juge français est amené à faire prévaloir, de plus en plus, la sécurité des situations juridiques. Si bien que le travail de comparaison que l'auteur a accompli ne doit pas être lu comme le descriptif d'une situation figée, mais bien plus comme un « instantané », comme un regard posé « à un moment donné » sur des systèmes juridiques en constante évolution.

C'est d'ailleurs tout l'intérêt des préconisations qu'il s'autorise parfois à faire en vue d'amender la justice administrative au Gabon et au Cameroun : conscient du fait que la justice administrative de chacun de ces deux États doit être étudiée dans son contexte et en tenant compte des évolutions qu'il a connues, Olivier Fandjip sait, en bon connaisseur, quels modifications ou amendements sont en mesure d'être efficacement adoptés.

En cela, son travail de thèse que j'ai eu le privilège et le grand plaisir de diriger constitue une importante contribution à l'étude des systèmes juridiques des pays d'Afrique francophone.

Charles-André Dubreuil
Professeur agrégé de droit public à l'université Clermont Auvergne

Sommaire

Principales abréviations

AJDA	Actualité Juridique (Droit administratif)
Art	Article
Bibl	Bibliothèques
CA	Cour d'Appel
CCA	Conseil du contentieux administratif (Cameroun)
CC	Conseil Constitutionnel
CE	Conseil d'État français
CFJ/CAY	Cour fédérale de justice Chambre administrative de Yaoundé (Cameroun)
Ce	Code électoral
Cgct	Code général des collectivités territoriales
Cgi	Code général des impôts
Cja	Code de justice administrative et Codes des juridictions administratives (Gabon)
Cmp	Code des marchés publics
Coll	Collection
Cpca	Code de procédure civile commerciale et administrative
Cpcca	Code de procédure civile commerciale et administrative
Cra	Code des relations entre le public et l'administration
CS/AP	Cour suprême Assemblée plénière (Cameroun)
CS/CA	Cour Suprême Chambre administrative
CS/CA/ADD	Cour Suprême Chambre administrative Décision avant-dire droit
Dir	Sous la direction de
EDCE	Études et Documents du Conseil d'État
JCP	Jurisclasseur Périodique (Semaine juridique)
JCP	Semaine juridique. Juris-classeur périodique, édition générale

JCPA	Semaine juridique Edition Administration et Collectivités territoriales
Juridis Périodique	Revue de l'Association pour la promotion du droit en Afrique (Yaoundé)
Jug.	Jugement
LGDJ	Librairie Générale de Droit et de Jurisprudence
LPA	Les petites affiches
N°	Numéro
Ord	Ordonnance
Penant	Revue Penant
PUAM	Presses universitaires d'Aix-Marseille
PUF	Presses universitaires de France
Pr	Professeur
RASJ	Revue africaine des sciences juridiques
RDIDC	Revue de droit international et de droit comparé
RDP	Revue du Droit Public et de la science politique
Rec.	Recueil Lebon
Rec	Recueil décision Bénin
RFAP	Revue Française d'Administration Publique
RFDA	Revue Française de Droit Administratif
RIDC	Revue internationale de droit comparé
RJP (RJPIC) (RJPEF)	Revue juridique et politique (indépendance et coopération) (des États francophones)
RRJ	Revue de la recherche juridique
S(s)	Suivant(s)
S	Recueil Sirey
T	Tome
TA	Tribunal administratif
TC	Tribunal des conflits
TE	Tribunal d'État (Cameroun)
TGI	Tribunal de grande instance
Vol	Volume

Introduction

1. Dans le contentieux administratif, le temps apparaît comme l'un des « points névralgiques où s'équilibrent le principe de légalité »[2], les droits des administrés et la sécurité juridique. En effet, le temps dans le contentieux administratif comporte deux fondements essentiels à savoir : « le respect des droits créés par les décisions administratives et la sécurité et l'efficacité »[3] desdites décisions. C'est certainement pourquoi le « temps est au cœur de la plupart des réformes ayant marqué la justice administrative ces dernières années »[4]. On observe une « culture du temps et de la performance »[5].

2. Cela montre les liens qui existent entre le droit et le temps. D'une part, « le droit dirige et conduit la vie sociale qui se déroule nécessairement dans le temps », et, d'autre part, « la constante présence du support temporel est l'une des données la plus simple, peut-être, mais aussi la plus fondamentale »[6]. C'est ainsi que le juge se donne toujours le temps d'instruire pour bien juger[7]. Ainsi, le temps est un facteur important pour la justice, en général, et administrative en particulier[8]. Qu'elle soit donc administrative ou judiciaire, « la justice est fondamentalement une affaire de temps »[9].

3. En France, la naissance de la justice administrative est liée au dogme révolutionnaire de la séparation des pouvoirs[10] alors qu'en Afrique

---

[2] O. HENRARD, concl. sous CE. ass., 13 juil. 2016, n° 387763. Plus amplement voir l'étude de M. Philippe RAIMBAULT, *Recherche sur la sécurité juridique en droit administratif français*, Paris, LGDJ, coll. « Bibl. de droit public », t. 256, 2009, préface de Jean-Pièrre Théron, p. 91 à 97.

[3] B. KORNPROBST, *La notion de partie et le recours pour excès de pouvoir*, Paris, LGDJ, coll. « Bibl. de droit public », t. xxi, 1959, préface de Prosper Weil, p. 200 et s.

[4] N. ALBERT, « L'élaboration d'un jugement raisonnable », *in* S. Theron (dir), *Le raisonnable en droit administratif*, Éditions L'Epitoge-Lextenso, coll. « L'unité du droit », 2016, p. 95.

[5] *Ibid.*

[6] P. HEBRAUD, cité par D. Connil, *L'office du juge administratif et le temps*, Paris, Dalloz, coll. « Nouvelle Bibl des thèses », vol. 114, 2012, préface de Denys de Béchillon, p. 1.

[7] A. CLAEYS, *L'évolution de la protection juridictionnelle de l'administré au moyen du recours pour excès de pouvoir*, Thèse, université de Poitiers, 2005, p. 392.

[8] D. CONNIL, *L'office du juge administratif et le temps*, *op. cit.*, p. 1.

[9] M. VIALETTES, A. COURREGES, A. ROBINEAU-ISRAËL, « Les temps de la justice administrative », *in Juger l'administration, administrer la justice, Mélanges en l'honneur de Daniel Labetoulle*, Paris, Dalloz, 2007, p. 833.

[10] Sur les raisons d'être de la justice administrative voir G. BIGOT, « Henry Berthélemy ou la tradition du Liberal- étatisme », *in* N. Hakim et F. Melleray (Études réunies par), *Le renouveau de la doctrine française. Les grands auteurs de la pensée juridique au tournant du 20e siècle*, Paris, Dalloz, coll. « Méthodes du droit », 2009, p. 200-213 ; D. COSTA, *Contentieux administratif*, Paris, LexisNexis, coll. « Objectif droit cours », 2011, p. 5.

francophone, elle est, dans le sens moderne du terme[11], liée à la contingence coloniale. C'est ainsi que le Cameroun et le Gabon, par exemple, vont s'inspirer, ou dans une certaine mesure, hériter[12] de la tradition juridique française.

4. Pour mener à bien cette étude du temps au contact de la matière juridique contentieuse, en France et dans les droits d'Afrique francophone, il convient de procéder à quelques clarifications préalables (I), notionnelles (II) et surtout méthodologiques (III).

I. Considérations préalables

5. Il convient, d'une part, de présenter le contexte général dans lequel se déploient les juridictions administratives en France et en Afrique francophone aujourd'hui (Section 1), avant de préciser, d'autre part, les modèles à analyser compte tenu du grand nombre d'États africains francophones (Section 2).

Section 1. Le contexte général de l'étude

6. Avec l'avènement de la mondialisation, de nombreux États dans le monde ont connu des mutations, notamment, sur le plan juridique. Selon le professeur Didier Truchet, la question de la mondialisation s'ajoute à celle de la qualité et de la légitimité de la loi. Ce sont les défis auxquels le droit public est confronté. La mondialisation a cette particularité de contraindre les pays à rendre uniformes les manières avec lesquelles ils exercent le droit, ce qui débouche vers une union mondiale sur le plan du droit[13].

---

[11] On sait qu'il existe un pluralisme juridique en Afrique se traduisant par la coexistence du droit moderne, dit droit écrit, et un droit traditionnel, encore appelé droit coutumier. Le second étant entendu comme « les droits des sociétés peuplant l'Afrique avant que ne se manifestent sur le continent des influences étrangères » importantes et durables » Voir, J. VANDERLINDEN, *Les systèmes juridiques africains*, Paris, PUF, coll. « Que sais-je ? », 1983, p. 7.

[12] Voir par exemple, G. JIOGUE, « Quel avenir pour le modèle juridique français en Afrique ? », *in* R. Cabrillac (dir), *Quel avenir pour le modèle juridique français dans le monde ?*, Paris, Economica, coll. « Études juridiques », 2011, p. 83; J. FOYER, « Le devenir du droit français en Afrique », *Penant*, n° 690/1962, p. 1-6 ; S. YEDOH LATH, « Les caractères du droit administratif des États africains de succession française. Vers un droit administratif africain francophone ? », *RDP*, n° 5/2011, p. 1256 ; M. REMONDO, *Le droit administratif gabonais*, Paris, LGDJ, coll. « Bibl. africaine et Malgache », t. xliv, 1987, p. 23 ; A. BADARA FALL, « Le droit africain a-t-il sa place dans le droit comparé ? », *in* J. Dubois de Gaudusson (dir), *Le devenir du droit comparé en France*, PUAM, 2004, p. 161.

[13] D. TRUCHET, *Le droit public*, Paris, PUF, coll. « Que sais-je ? », 2e éd., 2010, p. 122.

7. Dans ce contexte, le droit administratif, en particulier, et le droit public, en général, va connaître des changements autant en France que dans les pays d'Afrique francophone. Dans le cas de la France, comme dans toute l'Europe, on note une diffusion des normes constitutionnelles dans l'ensemble des droits nationaux. Par exemple, sous la Ve République française, on observe que la Constitution s'est beaucoup affermie avec la naissance de la justice constitutionnelle[14].

8. Dans le même sens, la loi constitutionnelle du 23 juillet 2008 révisant cette Constitution a contribué, selon le professeur Michel Verpeaux, au renforcement de l'unité du droit public[15]. Pour le pr Dominique Rousseau, la question prioritaire de constitutionnalité issue de cette réforme a transformé non seulement la culture juridique française, mais aussi les pratiques professionnelles, l'exercice des métiers du droit et le paysage juridictionnel[16].

9. S'agissant du droit administratif en général[17], trois changements ont été observés. D'abord, la transformation au niveau de ses fondements. En effet, la notion de service public a été concurrencée par celle de puissance publique en tant que base du droit administratif, du droit public ou encore de l'État[18]. Ce droit est « devenu aujourd'hui également, et peut-être d'abord, un droit de la contractualisation »[19].

10. Ensuite, la règlementation s'est vue concurrencée par l'intervention de la régulation. Il s'agit de la perte du monopole par la loi. La loi est désormais concurrencée par l'élargissement des pouvoirs normatifs des personnes publiques lié à la mise en place de la « délégalisation, un recours aux lois-cadres, aux lois d'habilitation, aux lois d'orientation parlementaires, du moins au profit d'une forme juridique mieux adaptée à

---

[14] F. GALLETTI, *Les transformations de l'État et du droit public en Afrique de l'Ouest francophone*, Thèse, Université de Perpignan, 2003, t. 1, p. 23.

[15] M. VERPEAUX, « Le juge administratif et la question préjudicielle de constitutionnalité », *in* C. Teitgen-Colly (dir), *Perspectives contentieuses des réformes de la justice administrative*, Paris, LGDJ, coll. « Systèmes droit », 2011, p. 78.

[16] D. ROUSSEAU, « La QPC, quels changements pour le droit ? », *in* R. Cabrillac (dir), *Quel avenir pour le modèle juridique français dans le monde ?*, *op. cit.*, p. 61-70.

[17] Né de la hantise du pouvoir judiciaire en 1789, le droit administratif est le produit de la justice administrative. Voir M.-H. RENAUT, *Histoire du droit administratif*, Paris, Ellipses, 2007, p. 3.

[18] J.-M. RAINAUD, *La crise du service public français*, Paris, PUF, coll. « Que sais-je ? », 1999, n° 3482, cité par F. GALLETTI, *Les transformations de l'État et du droit public en Afrique… op. cit.*, p. 24.

[19] J.-M. PONTIER, « Le droit administratif français », *in* C.-A. Dubreuil (dir), *L'évolution du droit administratif en France et en Russie*, Paris, PUF, coll. «Thémis/Essais », 2016, p. 9.

la nouvelle configuration des rapports de production, marquée par le rôle accru de l'État dans la régulation économique et sociale »[20].

11. Enfin, les moyens d'action de l'administration ont aussi évolué. Il s'agit de l'émergence des actes administratifs bilatéraux à côté des actes dits unilatéraux. Comme le précise Florence Galletti, « l'administration s'autorise la passation de contrat de droit commun, identique à ceux auxquels font recours les particuliers et conduisant à une gestion des services publics industriels et commerciaux avec les conséquences que ceci entraîne comme, par exemple, la compétence du juge judiciaire »[21]. Selon le professeur Maryse Deguergue, le droit de la responsabilité administrative, au regard de ses transformations, est devenu une vaste fresque en voie de recomposition[22]. On en est souvent venu à se demander si le droit public survivra de cette contractualisation[23].

12. Dans un tel contexte, le juge administratif est investi de nombreuses missions. Il assure le « respect par l'administration des règles de droit dont il a, désormais lui aussi, la maîtrise »[24]. Le juge administratif doit « arbitrer les compétences entre l'État et les collectivités territoriales décentralisées, et se trouve au cœur du débat entre compétences administratives traditionnelles et interventions dans les secteurs jusqu'alors réservés à l'initiative privée. Du fait de l'intervention dans les services publics des personnes juridiques non publiques, il est devenu souvent le juge des personnes privées, soumises par exception, au droit

---

[20] J. CHEVALLIER, D. LOOSCHAK, *Science administrative*, Paris, LGDJ, 1978, t. 1, p. 430.

[21] F. GALLETTI, *Les transformations de l'État et du droit public en Afrique… op. cit.*, p. 30.

[22] M. DEGUERGUE, « Préface », *in* A. FRANK, *Le droit de la responsabilité administrative à l'épreuve des fonds d'indemnisation*, Paris, L'Harmattan, coll. « Logiques juridiques », 2008.

[23] Abondant, d'une manière générale, dans le même sens, M. Jacques Caillosse affirme qu'il « […] existe bel et bien du droit public et du droit privé. Mais au-delà de cette affirmation, l'incertitude commence. À l'origine de cette invitation au doute, deux raisons majeures. D'abord, nos deux droits sont de plus en plus interdépendants, ils progressent en s'observant et en s'inspirant mutuellement : à la privatisation du droit public répond la publicisation du droit privé. Ensuite, et surtout, le tracé de la frontière où se séparent nos deux régions juridiques est d'une rare complexité. Loin de faire apparaître deux modèles juxtaposés et clairement délimités, il traverse chacun des deux mondes où il dessine, selon une logique qui n'appartient qu'aux juges, une multitude de figures instables » (J. CAILLOSSE, *La Constitution imaginaire de l'administration. Recherche sur la politique du droit administratif*, Paris, PUF, coll. « Les voies du droit », 2008, p. 120). À côté de ces changements liés à la mondialisation du droit et de l'économie, se développe aussi une sorte de « criminalisation du droit public ». (F. GALLETTI, *Les transformations de l'État et du droit public en Afrique… op. cit.*, p. 33 ; *Le Juge Pénal Nouveau juge de la responsabilité des agents publics et des élus? Une manifestation d'un droit administratif en mutation*, Paris, L'Harmattan, coll. « Logiques juridiques », 2000, préface de Louis Constans, 176 p, du même auteur.

[24] M. GROS, *Droit administratif. L'angle jurisprudentiel*, Paris, L'Harmattan, coll. « Logiques juridiques », 4e éd., 2012, p. 32.

administratif »[25]. L'on comprend aussi pourquoi les gouvernements nationaux, face à des questions dont les solutions ne peuvent être trouvées solitairement, se munissent davantage de moyens communs qui dépassent le cadre des États afin de les résoudre[26].

13. En Afrique francophone, pareillement, on assiste à une émergence de la justice constitutionnelle malgré ses « ambiguïtés »[27]. Dans ce même contexte, le droit administratif en Afrique francophone connaît aussi des évolutions. En effet, de plus en plus, les États africains recourent au procédé de contractualisation incité par ce contexte nouveau de libéralisation économique[28]. On observe une harmonisation des jurisprudences et une mise en ordre des normes organisant les services publics sans pour autant remettre systématiquement en cause le droit d'origine français[29]. Une telle ambiance a bien marqué les divers champs géographiques objets de la présente recherche.

Section 2. Bref aperçu historique du contentieux administratif en France et dans les pays d'Afrique francophone et justification du choix relatif aux législations africaines

14. L'analyse portera tour à tour sur la brève évolution historique de la justice administrative en France et dans les pays d'Afrique francophone, en insistant sur leurs caractères respectifs (§ 1) et la justification du choix portant, principalement, sur les droits camerounais et gabonais parmi les législations africaines (§ 2).

---

[25] *Ibid.*

[26] Il s'agit notamment des questions comme celles du trou d'ozone, les maladies épidémiques, la gouvernance d'Internet, les risques atomiques et chimiques, le terrorisme, l'utilisation non destructive des ressources maritimes. Voir S. CASSESE, « La globalisation du droit », *in La conscience des droits, Mélanges en l'honneur de Jean Paul Costa*, Paris, Dalloz, 2011, p. 113 ; M. DELMAS-MARTY, « Les processus de mondialisation du droit », *in* G.-A Morand (dir), *Le droit saisi par la mondialisation*, Bruxelles, Bryulant, 2001, p. 172.

[27] M. DIAKHATE, « Les ambiguïtés de la juridiction constitutionnelle dans les États de l'Afrique noire francophone », *RDP*, n° 3/2015, p. 785.

[28] C. SIETCHOUA DJUITCHOKO, « Recherches sur la concession en droit administratif camerounais dans le contexte de libéralisation économique de la fin du XXe s », *Revue internationale de droit africain*, n° 56/2003, p. 7-29.

[29] A. BADARA FALL, « Le droit africain a-t-il sa place dans le droit comparé ? », *in* J. Dubois de Gaudusson (dir), *Le devenir du droit comparé en France*, *op. cit.*, p. 165.

§ 1. L'aperçu historique du contentieux administratif en France et dans les pays d'Afrique francophone

15. Le modèle français (A) est distinct des modèles des pays d'Afrique ralliés à la tradition juridique francophone (B). Il convient, ainsi, de faire un bref aperçu historique de cette juridiction dans ces différents espaces.

A. Le contentieux administratif en France

Il convient d'analyser son évolution historique (1) ainsi que ses tendances actuelles (2).

1. L'évolution historique

16. Pays d'Europe occidentale, la République française est ancienne. Construite depuis le haut moyen-âge, elle est la puissance colonisatrice[30] de nombreux pays dans le monde, notamment en Afrique. C'est l'exemple du Cameroun et du Gabon. C'est ce qui explique son rôle important dans l'histoire mondiale, l'influence de sa culture et de ses valeurs. C'est pour cette raison qu'elle est la source d'inspiration de nombreux pays africains. Des organisations comme la Francophonie tendent à renforcer ces liens[31].

17. S'agissant précisément de la justice administrative, elle est le fruit d'une histoire nationale particulière[32], marquée par la « permanence et l'évolution »[33], laquelle a servi à son organisation actuelle[34]. De manière

---

[30]En ce sens, M. FROMENTIN LIBOUTHET, *L'image de Laos. Au temps de la colonisation française (1861-1914)*, Paris, L'Harmattan, 2012, 314p.

[31] En ce sens, J. TABI MANGA, *Francophonie. Lieu de mémoire, Projet d'espoir*, Yaoundé, Afredit, 2010, préface de Michel Guillou. Il faut distinguer la France métropolitaine de la France d'outre-mer jadis nommée Dom-Tom. La France d'outre-mer est constituée des autres territoires situés en dehors de l'Europe occidentale comme la Guadeloupe, la Guyane, la Martinique, Mayotte. En effet, l'article 72-3 de la Constitution française dispose que « la République reconnaît, au sein du peuple français, les populations d'outre-mer, dans un idéal commun de liberté, d'égalité et de fraternité ». Ainsi, la France a maintenu, en dehors des territoires devenus indépendants, l'idée de la Constitution de 1946 qui instituait l'union française en admettant que les possessions et territoires d'outre-mer font partie intégrante de la République française. La France compte une population de plus de 65 millions d'habitants avec une superficie de 632 834 km^2 en prenant en compte les territoires d'outre-mer. Après des siècles de révolution, notamment de 1789 jusqu'au début du XXe siècle, la France est une République au sein de laquelle la dévolution et l'exercice du pouvoir sont définis par la Constitution de 1958. Voir, respectivement, E. JOS, *Contribution à l'histoire juridico-politique de l'outre-mer français. Guadeloupe, Guyane, Martinique, Mayotte et La Réunion : vers des statuts sur mesure*, Paris, L'Harmattan, 2012, p. 231 ; P. LISE, F. MELIN-SOUCRAMANIEN (dir), *Outre-mer et devise républicaine*, Paris, L'Harmattan, coll. « Logiques juridiques », 2012, 232p.

[32] En ce sens, S. DAEL, A. COURREGES, *Contentieux administratif*, Paris PUF, coll. « Themis droit », 2013, 448p

[33] M. GUYOMAR, B. SEILLER, *Contentieux administratif*, Paris, Dalloz, coll. « HyperCours et Travaux dirigés », 2e éd., 2012, p. 4.

synthétique, on peut subdiviser l'histoire de la justice administrative française en deux. D'une part, entre 1790 et 1889 avec la naissance d'une véritable fonction juridictionnelle administrative, et, d'autre part, son essor depuis 1889[35].

18. S'agissant, dans un premier temps, de l'évolution de la mise en place de la justice administrative, il y a, d'abord, la période révolutionnaire. Se méfiant autant des juges que des juridictions d'exception, les révolutionnaires avaient posé le principe de la séparation des autorités administratives et judiciaires. Cette séparation était consignée à l'article 13 des lois des 16-24 août 1790, qui disposait que « les fonctions judiciaires sont et demeureront toujours séparées des fonctions administratives. Les juges ne pourront, à peine de forfaiture, troubler de quelque manière que ce soit les opérations des corps administratifs, ni citer devant eux les administrateurs pour raison de leurs fonctions ». Par la suite, viendra le décret du 16 Fructidor an III faisant défenses itératives aux tribunaux de l'ordre judiciaire de connaître des actes d'administration de quelque espèce qu'ils soient[36].

19. Dans ce contexte, les litiges concernant l'administration étaient portés devant elle-même, autrement dit, l' « administrateur-juge » était institué du fait de la séparation entre la justice et l'administration. La peur du juge-administrateur avait donc conduit à l'administrateur-juge[37]. Mais cette différence faite entre les autorités administratives et judiciaires[38] ne correspondait pas encore à un dualisme juridictionnel[39]. En effet, en dehors de certains litiges qui relevaient de la compétence du juge judiciaire, l'administration était chargée de statuer elle-même en contentieux administratif. Le principe était qu'en vertu de la loi des 6-7-11 septembre 1790[40] les directoires de département et de district étaient compétents en matière administrative. C'était le temps de la justice-

[34] D. LOCHAK, *La justice administrative*, Paris, Montchrestien, coll. « Clefs politique », 2e éd., 1994, p. 34.
[35] D. COSTA, *Contentieux administratif*, *op. cit.*, p. 1 ; O. GOHIN, *Contentieux administratif*, Paris, LexisNexis, coll « Manuel », 7e éd., 2012, p. 31.
[36] En ce sens, J.-L. MESTRE, « La nature législative du décret du 16 fructidor an III », *RFDA*, n° 5/2012, p. 915-921.
[37] B. PACTEAU, « Le contrôle de l'administration, le contrôle par une juridiction administrative », *Revue administrative*, n° (spécial) 3/2000, p. 91.
[38] P. DELVOLVE, « Paradoxes du (ou paradoxes sur) principe de séparation des autorités administrative et judiciaire », *Mélanges René Chapus*, Paris, Montchrestien, 1992, p. 135.
[39] D. COSTA, *Contentieux administratif*, *op. cit.*, p. 3.
[40] Avant cette loi, d'autres textes confiaient à diverses administrations la gestion des litiges comme notamment : l'instruction des 12-20 août 1790 donnant compétence aux assemblées départementales de connaitre du contentieux des élections locales.

retenue[41]. De ce point de vue, « initialement liée au principe de séparation des pouvoirs, la justice administrative est une création révolutionnaire au sens historique et matériel du terme »[42].

20. À la suite de la période révolutionnaire, vint celle du Consulat et du Premier Empire. C'est ici qu'intervient la Constitution du 22 frimaire an VIII mettant en place le régime du Consulat et surtout la création du Conseil d'État en charge de conseiller le gouvernement sur les affaires administratives et surtout contentieuses. Au sein de ce Conseil d'État sera créée, par la suite, notamment par le décret du 11 juin 1806, une Commission du contentieux, suivie du décret du 22 juillet de la même année, fixant quelques principes et règles de fonctionnement. Mais avant cette date, intervint le 17 février 1800, la loi du 28 pluviôse an VIII relative à l'organisation administrative et attribuant des compétences contentieuses (contributions directes, travaux et ouvrages publics, domaines nationaux, contraventions de grande voirie) aux Conseils de préfectures à côté du Conseil d'État en tant que juridiction d'attribution[43]. Ainsi commençait la séparation entre l'administration et la fonction administrative contentieuse[44].

---

[41] Voir aussi C. DEBBASH, J.-C. RICCI, *Contentieux administratif*, Paris, Dalloz, 8e éd., 2001, p. 6 ; R. CHAPUS, *Droit administratif, Paris, Montchrestien*, coll. « Domat droit public », 13e éd., 2008, p. 61.

[42] M. GROS, *Droit administratif. L'angle jurisprudentiel*, *op. cit.*, p. 23. Par ailleurs, le rôle de l'ancien régime dans la construction du contentieux administratif ne doit toutefois pas être ignoré puisque les révolutionnaires se sont inspirés de celui-ci. En effet, depuis Philippe Le Bel, la « curiaregis » comportait trois organes parmi lesquels le Conseil du Roi ou Conseil étroit placé auprès du Roi et chargé de le conseiller dans l'administration du Royaume y compris les affaires mettant en cause l'administration et échappant aux juridictions ordinaires. Ces fonctions allaient plus tard être confiées au Grand Conseil, organe particulier au XIVe siècle. Sous Louis XIII, on assista à une centralisation du pouvoir donnant aux anciens représentants du Roi de nombreuses prérogatives à l'instar du contrôle des cours judiciaires. C'est ce qui suscita l'opposition des parlements et de la noblesse qui s'efforçaient déjà d'intervenir dans les affaires concernant l'administration. Suite à ces velléités d'ingérence, la royauté adopta l'Edit de Saint-Germain du 21 février 1641 qui disposait que « notre parlement de Paris, et toutes nos autres cours n'ont été établis que pour rendre la justice à nos sujets, leur faisant très expresses inhibitions et défenses de prendre à l'avenir connaissance de toutes les affaires qui peuvent concerner l'État, l'administration ou le gouvernement ». Voir, respectivement, M. GUYOMAR, B. SEILLER, *Contentieux administratif*, *op. cit.*, p. 7 ; G. BIGOT, M. BOUVET (dir), *Regards sur l'histoire de la justice administrative*, Paris, Litec, coll. « Colloques et Débats », 2006, 347p ; F. BURDEAU, *Histoire du droit administratif (de la révolution au début des années 1970)*, Paris, PUF, coll. « Thémis-Droit public », 1995, 494p ; G. BIGOT, *Introduction historique au droit administratif depuis 1789*, Paris, PUF, coll. « Droit fondamental », 2002, 390p.

[43] D. COSTA, *Contentieux administratif*, *op. cit.*, p. 4; F. MONNIER, « D'un Conseil d'État à l'autre », *in* R. Badinter (dir), *Une autre justice*, Paris, Librairie Arthème Fayard, 1989, p. 283-304.

[44] M. GUYOMAR, B. SEILLER, *Contentieux administratif*, *op. cit.*, p. 8.

21. Après cette période, allait intervenir celle allant de la restauration au Second Empire. Dans ce contexte, le Conseil d'État sera réorganisé par la Constitution du 4 novembre 1848. Il était doté de l'ensemble des attributions tant administratives que contentieuses. En effet, la loi organique du 3 mars 1849 opta pour une justice déléguée au profit du Conseil d'État avec la création en son sein de la section du contentieux administratif. Cependant, il lui sera retiré la gestion des conflits qu'il assurait, comme ce fut le cas entre 1851 et 1872. Cette fonction sera confiée à un organe spécial, crée par la Constitution de 1849 à savoir le Tribunal des conflits.

22. Enfin intervient l'étape du « tournant républicain ». Ici, la loi du 24 mai 1872, notamment en son article 9, a fait du Conseil d'État une juridiction souveraine. C'est ainsi qu'intervient l'affaire Cadot qui met fin à la théorie du ministre-juge[45].

2. L'évolution récente : une justice tournée vers la protection des justiciables au regard de l'importance de l'office du juge

23. Initialement mis en place pour encadrer l'administration, le droit administratif français a évolué ces dernières années pour devenir un droit de protection des citoyens. En effet, au-delà de ses transformations, au regard de l'action publique avec notamment son passage du droit du service public vers un droit de la contractualisation, il est devenu tant au regard des règles de fond que de forme, un droit protecteur des administrés[46] avec, en toile de fond, une remarquable confiance faite au juge administratif.

24. Ainsi, le droit français fait confiance au juge administratif qui désormais voit ses pouvoirs s'accroitre. La loi du 18 novembre 2016 dite de réforme de la justice du 21e siècle et surtout le décret du 2 novembre 2016 sur la justice administrative de demain vont dans ce sens. Comme le souligne le professeur Jean-Marie Pontier, l'une des faiblesses de la justice administrative résidait en l'exécution de ses décisions. Mais depuis quelques années, la confiance faite au juge s'est traduite par ses pouvoirs d'injonction tant préventifs que répressifs[47].

---

[45] Toutefois, des traces de cette règle restaient dans certains textes en vigueur, souligne M. Olivier GOHIN. Voir *Contentieux administratif*, Paris, LexisNexis, coll « Manuel », 7e éd., 2012, p. 38.

[46] J.-M. PONTIER, « Le droit administratif français », *in* C.-A. Dubreuil (dir), *L'évolution du droit administratif en France et en Russie*, *op. cit.*, p. 17 et s.

[47] *Ibid.*

25. En remontant l'histoire, il convient de noter que le second temps fort de la justice administrative française correspond à la période de son essor depuis la fin du XIXe siècle. En effet, ayant acquis tous les critères de la fonction juridictionnelle, le Conseil d'État depuis cette période va développer les bases du droit administratif, ainsi que ses notions cardinales. On va assister à des mutations à la fois structurelles et matérielles.

26. D'une part, du point de vue organique, on va observer la réforme des Conseils de préfecture et la mise en place des tribunaux administratifs entre 1926 et 1953, d'un côté, et, de l'autre côté, la création en 1987 des cours administratives d'appel faisant ainsi de la justice administrative un ordre de juridiction à l'image de celui de l'ordre judiciaire. Ainsi que le relève le professeur Delphine Costa, la proximité des fonctions juridictionnelles et des fonctions consultatives du Conseil d'État a été critiquée par la Cour européenne des droits de l'Homme dans l'affaire Sacilor Lormines du 9 novembre 2006[48] et justifiait alors la réaction du législateur à travers le décret du 6 mars 2008 réajustant la distinction entre ces deux fonctions[49]. Par ailleurs, la mission du « commissaire du gouvernement » autant que son appellation ont suscité des reproches de la part de la Cour européenne des droits de l'Homme dans l'Arrêt Kress du 7 juin 2001. La Cour attire l'attention sur le risque d'impartialité. Cela est lié au fait qu'il se retirait avec les autres membres de la juridiction au moment du délibéré alors même qu'il ne devrait pas y participer. C'est pour cette raison que le décret du 1er août 2006 a été adopté. Selon ce texte, dans les cours et tribunaux, il n'assiste plus aux délibérations, sauf au Conseil d'État et même dans ce cas, c'est sans prendre part et sous réserve qu'une partie ne s'y soit pas opposée au préalable[50]. De même, un décret du 7 janvier 2009 est venu remplacer l'appellation de « commissaire du gouvernement » par celle de « rapporteur public », une mission que la jurisprudence s'évertue encore à fixer[51].

27. D'autre part, du point de vue matériel, l'essor de la justice administrative française est marqué par des réformes en matière d'exécution des décisions de justice, notamment entre 1963, 1980 et 1995. On ne saurait oublier la réforme, au courant de l'année 2000, portant sur le référé administratif.

---

[48] Voir aussi J.-L. AUTIN, F. SUDRE, « La dualité fonctionnelle du Conseil d'État en question devant la Cour européenne des droits de l'homme. À propos de l'arrêt Procola c/ Luxembourg du 28 sept. 1995 », *RFDA*, n° 4/1996, p. 777-795.
[49] D. COSTA, *Contentieux administratif*, *op. cit.*, p. 9.
[50] *Ibid.* p. 10 à 14.
[51] « Vers une nouvelle mise en cause du rapporteur public devant la CEDH ? À propos de l'affaire Marc-Antoine », *RDP*, n° 6/ 2012, p. 1491-1522.

28. Sur l'amélioration en matière d'exécution des décisions, on peut noter la loi de 1995 qui prévenait l'inexécution. Le procédé antérieur offrait à la partie qui revendiquait l'exécution un délai de six (06) mois avant de solliciter le prononcé d'une astreinte contre l'administration récalcitrante. Sur le référé, la loi de 2000 a renforcé les pouvoirs de ce juge. Sur la réduction des délais de jugement, celui-ci peut désormais statuer seul par voie d'ordonnance pour des affaires ne présentant pas de réelle difficulté[52]. Ainsi, l'office du juge administratif a considérablement évolué en France. Cette évolution n'a pas été identique dans les pays d'Afrique francophone.

B. Le contentieux administratif en Afrique francophone

29. Pour bien identifier la justice administrative en Afrique francophone, il faut procéder à une analyse dans le temps, à savoir avant l'occupation coloniale (1) jusqu'à ce jour (3) en passant par la période coloniale (2).

1. Le contentieux administratif en Afrique francophone avant la colonisation

30. En général, avant la période coloniale, on peut dire que le contentieux administratif en Afrique s'opérait dans un cadre traditionnel. Il était l'œuvre des autorités coutumières qui s'appuyaient essentiellement sur la conciliation[53]. En effet, la conciliation est prioritaire dans l'approche africaine de la justice. Elle « place la conciliation à un degré supérieur à toute autre technique juridique, pour régler ou prévenir les différends ». Cela dit, avant l'arrivée des colons, il prévalait une « organisation judiciaire moins spectaculaire […] sinon davantage, efficiente » ainsi dénommée conciliation. Compte tenu du fait que les sociétés traditionnelles africaines sont patriarcales, collectives et communautaires, les différends opposant des individus étaient portés devant une autorité de la communauté.

31. Cette forme de justice ne désigne pas de gagnant encore moins un perdant, son but est de mettre en accord les parties et maintenir la communauté[54]. Certains auteurs y ont même vu un État de droit car dans les systèmes politiques africains pré-coloniaux, l'élection et la séparation des pouvoirs étaient des principes de gouvernement bien établis et dont la

---

[52] D. COSTA, *Contentieux administratif*, *op. cit.*, p. 10 à 14.

[53] C. NTAMPAKA, *Introduction aux systèmes juridiques africains*, Presses universitaires de Namur, coll. « Travaux de la faculté de droit de Namur », 2005, 200p ; J. JOHN-NAMBO, « Quelques héritages de la justice coloniale en Afrique », *Droit et Société*, n° 51/52, 2002, p. 355 à 344.

[54] E. MICHELET, « La conciliation dans la procédure sénégalaise », *Penant*, n° 767/1980, p. 135.

violation par le souverain était susceptible de provoquer sa destitution[55]. L'époque coloniale a conduit au recul de cette forme de justice[56]. La situation devait être modifiée avec la contingence coloniale.

2. Le contentieux administratif en Afrique francophone à l'époque de la colonisation

32. En ce qui concerne la période de la colonisation, en commençant par les pays de l'Afrique du Nord, on notera que c'est à l'époque des refus opposés par l'Italie à la volonté de la France de mettre un terme au régime des capitulations en Tunisie que la justice administrative au sens de la tradition juridique francophone s'installe dans ce pays[57]. En effet, c'est le décret beylical du 27 novembre 1888 qui en est l'origine. Il a aussi contribué à la mise en place de la justice administrative au Maroc.

33. Au Maroc, en effet, c'est le décret royal du 12 août 1913 qui consacre la juridiction administrative en mettant en place un système d'unité de juridiction. Ce sont les juridictions ordinaires qui connaissaient, dans un domaine bien restreint, des litiges administratifs[58]. Ce modèle va évoluer vers la mise en place de la Chambre administrative de la Cour suprême chargée du contentieux de l'excès de pouvoir. C'est une unité structurelle avec une dualité dans le fonctionnement. On précisera que le plein contentieux relevait de la compétence des juridictions de droit commun.

34. En Algérie, on a assisté dans un premier temps à un modèle moniste. Le contentieux administratif et judiciaire était tranché par le Conseil d'administration lié à la présence militaire française. Cet organe va changer de dénomination et deviendra tribunal administratif et Conseil du contentieux. Ceci va conduire, dans un second temps, à un modèle dualiste de justice administrative. En droit égyptien, par contre, la

---

[55] BASSONG MBOG, *Les fondements de l'État de droit en Afrique précoloniale*, Paris, L'Harmattan, coll. « Études africaines », 2007, 387p ; A. BADARA FALL, « Le droit africain a-t-il sa place dans le droit comparé ? », *op. cit.*, p. 164.

[56] S. NGOUNDOS IDOURAH, *Colonisation et confiscation de la justice en Afrique. L'administration de la justice au Gabon, Moyen-Congo, Oubangui-Chari et Tchad : de la création des colonies à l'aube des indépendances*, Paris, L'Harmattan, coll. « Études africaines », 2001, p. 223.

[57] R. CHAPUS, « Aux sources du régime du contentieux administratif tunisien : du protocole franco-italien du 25 janvier 1884 au décret beylical du 27 novembre 1888 », *Revue tunisienne de droit*, 1966/1967, p. 90.

[58] M. ROUSSET, « Le contentieux administratif au Maroc. Des juridictions françaises à l'unification des tribunaux », *Annuaire de l'Afrique du Nord*, 1965, p. 117 et s ; O. DEVAUX, M. LOUIS MARTIN, « La justice au Maroc à l'époque coloniale », *in* M. Badji, O. Devaux (dir), *De la justice coloniale aux systèmes judiciaires africains contemporains*, Presses de l'université des sciences sociales de Toulouse, 2006, p. 315.

naissance du contentieux administratif a été liée à la mise en place d'un Conseil d'État en 1946[59].

35. En Afrique au sud du Sahara, le contentieux administratif était aussi lié à la présence française. Il avait été mis en place les Conseils du contentieux administratif avant les indépendances[60]. Le Conseil d'État français était le second degré de juridiction[61]. Les Conseils du contentieux représentaient donc les premières juridictions administratives mises en place depuis 1881[62]. Ainsi, au Cameroun, le Conseil du contentieux administratif fut créé le 14 avril 1920 et au Gabon par le décret du 5 août 1881.

36. Toutefois, au courant de cette période coloniale, il faut distinguer celle qui a directement précédé l'indépendance, c'est-à-dire la période de l'autonomie interne. Si dans la plupart des anciennes colonies françaises, on note, dans un premier temps, la présence des Conseils du contentieux administratif[63], la dénomination va changer pendant cette période de l'autonomie interne. Au Gabon, cela correspond à la période entre 1959 et 1960 où la loi du 22 juin 1959 mettra sur pied le tribunal administratif de Libreville, la seule juridiction administrative dans tout le pays, statuant en premier et dernier ressort. En effet, relève un observateur, « loin de constituer une innovation majeure, il s'agissait en réalité d'une "nationalisation" de l'ancien Conseil du contentieux administratif qui devenait, pour la circonstance, une juridiction nationale »[64]. Au Cameroun, on parlera, par contre, de Tribunal d'État créé par le décret n° 59/83 du 14 juin 1959[65]. Mais, depuis les indépendances, ces pays

---

[59] Plus amplement, A. S. OULD BOUBOUTT, « Le contentieux administratif comparé en France et dans les pays d'Afrique francophone », *RDP*, n° 2/2013, p. 379.

[60] Voir décret du 17 avr. 1953 pour le cas de Madagascar ; ordonnances du 21 août 1825 et du 9 févr. 1827 pour les îles Bourbon et Antilles ; décret du 13 déc. 1944 pour Dakar ; 16 oct. 1946 pour Brazzaville ; 23 nov. 1954 pour le Togo ; 8 juil. 1952 pour le Cameroun ; 5 août 1881 pour La Réunion, Martinique, Guadeloupe.

[61] G. MANGIN, « Les structures de l'appareil juridictionnel », *Encyclopédie Juridique de l'Afrique*, t. 1, Dakar, Nouvelles éditions africaines, 1982, p. 247.

[62] D. COSTA, *Contentieux administratif*, *op. cit.*, p. 7.

[63] Au Sénégal voir DEMBA SY, « Près de deux siècles de justice administrative au Sénégal Entre continuité et changement », *in* M. Badji, O. Devaux (dir), *De la justice coloniale aux systèmes judiciaires africains contemporains*, *op. cit.*, p. 182 et s.

[64] H.-C. NGANGUI, *Contribution à l'étude du contentieux administratif au Gabon*, Thèse, Université de Reims Champagne-Ardenne, t. 1, 2006, p. 22.

[65] Les autres territoires africains qui étaient occupés par les pays autres que la France ne disposaient pas de juridiction administrative. Ils réglaient le contentieux administratif par les administrateurs coloniaux ou encore les conseils provinciaux. La justice administrative prise dans le sens de la séparation des autorités administratives et judiciaires n'existait véritablement pas. C'est l'exemple des territoires occupés par le Portugal et la Belgique. A. S. OULD BOUBOUTT, « Le contentieux administratif comparé en France et dans les pays d'Afrique francophone », *op. cit.*, *ibid.*

d'Afrique francophone se sont dotés de juridictions administratives sous diverses formes, lesquelles ont beaucoup évolué dans le temps.

3. Les mutations récentes du contentieux administratif en Afrique francophone et ses caractères

37. Il convient d'analyser tout à tour les évolutions récentes (a) de la justice dans ces espaces et ses caractères par rapport au droit français (b).

a. Les mutations récentes du contentieux administratif en Afrique francophone

38. Arrivés à l'indépendance, les pays d'Afrique francophone[66] ont opté pour des modèles différents, sans remettre en cause le principe de la séparation des autorités administratives et judiciaires hérité du droit français. En effet, qu'il s'agisse de l'adoption d'un système moniste qui confie le contentieux administratif aux juridictions de droit commun ou dualiste avec la création des juridictions spéciales en matière administrative, les procédures applicables devant ces juridictions administratives sont restées particulières donc différentes de celles en vigueur devant les juridictions de droit commun. C'est ainsi, par exemple, que l'exigence du recours gracieux préalable représente l'un des éléments singuliers de la procédure administrative contentieuse devant ces juridictions.

39. On peut relever qu'en Afrique du Nord, le Maroc avait opté pour l'unité de contentieux avec une dualité dans son fonctionnement. Cette formule va être adoptée dans certains pays en Afrique au sud du Sahara. C'est le cas en Guinée, au Congo, au Togo, en Côte d'Ivoire, dans les îles Comores, en Mauritanie et au Sénégal. Le Sénégal fut le premier pays à opter pour l'unité de juridiction suite à l'indépendance. Il faut rappeler que la justice administrative dans ces pays d'Afrique au sud du Sahara avant les indépendances était assurée par les Conseils du contentieux administratif installés dans l'ensemble de ces pays. Il en existait un pour l'Afrique occidentale française basé à Dakar au Sénégal et un autre pour l'Afrique équatoriale française situé à Brazzaville[67].

---

[66] Voir J. VANDERLINDEN, *Aux sources des droits africains contemporains*, Paris, Institut de droit comparé, 1975, p. 55 et 69.

[67] En dehors de ces pays africains alliés à la tradition juridique française, le modèle d'unité juridictionnel était en vigueur dans d'autres pays. C'était le cas au Ghana, en Guinée-Equatoriale, en Ile Maurice, en Guinée-Bissau, au Sao Tomé & Principe, au Cap-Vert, au Mozambique. Ces pays appliquent essentiellement le système de Common-Law. Il y a aussi le cas des pays un peu proches du modèle français comme la Belgique qui appliquaient le système d'unité de juridiction en plein contentieux dans les pays comme le Rwanda, la République démocratique du Congo et le Burundi.
Les pays qui initialement n'étaient pas ralliés à la tradition juridique française ont eu des penchants pour le dualisme juridictionnel. Il en est ainsi de la République démocratique du

40. Il y a eu des changements intéressants concernant ces pays de tradition juridique francophone. En effet, on a observé des glissements allant du système moniste vers le dualisme juridictionnel. Ainsi, en Algérie, on a vu naître des tribunaux administratifs notamment en 1998 à la suite de la mise en place deux années auparavant d'un Conseil d'État. Le cas le plus intéressant concerne le Maroc. Modèle d'unité de juridiction de référence parmi ces pays, le Maroc a mis en place en 1996 des cours d'appel de l'ordre administratif. Déjà, cinq années auparavant, des tribunaux administratifs avaient été créés notamment en 1991[68].

41. De même, parmi les pays d'Afrique au sud du Sahara qui avaient opté pour le modèle d'unité de juridiction, certains se sont un peu penchés vers le modèle dualiste. C'est le cas du Sénégal qui avait, en 1992, mis en place un Conseil d'État avant de revenir à l'ancien modèle de Cour suprême encore en vigueur en matière d'excès de pouvoir[69]. On peut aussi noter l'exemple de Djibouti, qui après avoir gardé le Conseil du contentieux administratif hérité de l'époque coloniale, l'a récemment, en 2009, remplacé par un tribunal administratif juge de premier ressort en matière administrative.

42. D'autres pays, à l'opposé, ont opté pour un système dualiste. Il s'agit du Bénin[70], du Mali[71], de la Tunisie[72], de Madagascar[73], de la République

---

Congo qui, avec la Constitution du 18 février 2006, a opéré une subdivision de la Cour suprême de justice en Cour constitutionnelle, Conseil d'État et Cour de cassation (http://www.leganet.cd/Legislation/Droit%20Judiciaire/OL.82.017.31.03.1982.htm, Consulté le 12 nov. 2015 a 15 h 26 mn). Désormais au Burundi, la Chambre administrative de la Cour suprême est chargée de juger en appel les décisions des juridictions inférieures en matière de responsabilité. Il s'agit des Cours administratives nouvellement mises sur pied (Loi du 14 janv. 1987 portant réforme du code de l'organisation et de la compétence judiciaire ; loi du 25 févr. 2005 régissant la Cour suprême, art., 34, 37). Les pays comme la Guinée-Bissau (Constitution du 16 mai 1984. Voir http://mjp.univ-perp.fr/constit/constitintro.htm. Constitutions du Monde), le Cap-Vert, n'appartenant pas, eux aussi, au modèle français, ont prévu qu'éventuellement des juridictions administratives pourraient être mises sur pied. Dans le premier cas, l'article 93 de la Constitution du 16 mai 1984 dispose que « l'existence des tribunaux exclusivement destinés au jugement d'une certaine catégorie d'infractions est interdite. Sont exceptés des dispositions du numéro précédent les tribunaux militaires dont la compétence s'exerce dans le jugement des infractions de même nature, qui pour des motifs pertinents leur sont équivalents ; les tribunaux administratifs, fiscaux et des comptes ». Au Cap-Vert, l'alinéa 2 de l'article 228 de la Constitution dispose qu' « il peut exister des tribunaux de l'ordre judiciaire de seconde instance et des tribunaux administratifs » (Voir art. 222 et 228, Constitution du 14 févr. 1981, version du 4 sept. 1992. http://mjp.univ-perp.fr/constit/constitintro.htm. Constitutions du Monde)

[68] A. S. OULD BOUBOUTT, « Le contentieux administratif comparé en France et dans les pays d'Afrique francophone », *op. cit.*, *ibid.*

[69]http://www.gouv.sn/Loi-organique-portant-creation-de.html.

[70] Loi n° 2001/37, 10 juin 2002, portant organisation judiciaire au Bénin.

[71] Loi n° 61/55/AN/RM, 15 mai 1961, portant organisation judiciaire au mali.

[72] Loi n° 72/40 du 1er juin 1972 relative au tribunal administratif.

centrafricaine, du Tchad[74]. Il faut surtout y ajouter le Cameroun et le Gabon. En effet, dans la plupart de ces pays, la justice administrative est insérée au sein de la plus haute juridiction à savoir la Cour suprême dont la Chambre administrative connaît en premier ressort le contentieux administratif à charge pour l'Assemblée plénière de statuer en appel contre les jugements rendus par ladite Chambre. Cela dit, les autres juridictions, notamment judiciaires, ne connaissent pas des matières administratives.

43. Dans ces systèmes également, des réformes ont été observées. C'est le cas en République centrafricaine où, selon l'alinéa 2 de l'article 85 de la Charte constitutionnelle du 18 juillet 2013, « la justice est rendue [...] par la Cour de cassation, la Cour des comptes, le Conseil d'État et les Cours et Tribunaux »[75]. C'est le cas également au Burkina Faso où la loi organique du 23 mai 2000 a mis en place un Conseil d'État chargé de connaître en appel les décisions rendues par les tribunaux administratifs. Il s'agit, selon l'article 1er de ce texte, de la « juridiction supérieure de l'ordre administratif ». Des réformes sont également observées en Tunisie[76] et à Madagascar[77].

b. Les caractères de la justice administrative en Afrique francophone

44. Le droit administratif des pays africains de tradition juridique francophone se caractérise de nos jours, d'une part, par la « prépondérance des sources écrites et l'autonomie des règles applicables », et, d'autre part, par un « réaménagement du régime de l'organisation administrative et surtout par une montée en puissance du juge administratif »[78].

45. D'abord, contrairement au droit administratif français qui s'est beaucoup forgé et se forge encore avec l'apport de la jurisprudence, celui des pays d'Afrique francophone est beaucoup plus légiféré et ce depuis son importation à l'époque de la présence française en Afrique. C'est ainsi

---

[73] Voir http://madarevues.recherches.gov.mg/? Dix-ans-de-jurisprudence.

[74] A. S. OULD BOUBOUTT, « Le contentieux administratif comparé en France et dans les pays d'Afrique francophone », *op. cit.*, *ibid.*

[75] Voir http://mjp.univ-perp.fr/constit/cf2013.htm.

[76] Loi organique n° 96/38, 30 juin 1996 relative à la répartition des compétences entre les tribunaux judiciaires et le tribunal administratif et à la création d'un Conseil des conflits de compétence.

[77] Art. 121 de la Constitution du 11 déc. 2010.

[78] S. YEDOH LATH, « Les caractères du droit administratif des États africains de succession française. Vers un droit administratif africain francophone ? », *op. cit.*, p. 1255- 1256 ; P. MOUDOUDOU, « Les tendances du droit administratif dans les États d'Afrique francophone », *RJP*, n° 1/2010, p. 74 et s.

qu'à la suite de leur indépendance, ces pays ont, pour la plupart, mis en place des textes organisant la justice administrative. Ainsi, analysant le droit administratif ivoirien, le professeur Alain Serges Mescheriakoff a pu relever le caractère négligeable « des sources jurisprudentielles » tout en reconnaissant une « importance relative aux sources écrites. Pareillement, le professeur Jean-Claude Gautron soulignait que « le droit administratif sénégalais est un droit principalement écrit (lois et règlements), à la différence du droit français qui est le résultat d'une longue évolution jurisprudentielle et dont le caractère prétorien est communément admis »[79].

46. Ensuite, ce caractère essentiellement textuel réduit l'apport de la jurisprudence. En effet, dans ces conditions, le juge administratif dans les pays d'Afrique francophone ne dispose pas d'un office considérable comme en France. Dans ces pays, la jurisprudence est « bien une source formelle du droit administratif [...] mais elle n'est qu'une source accessoire qui ne s'affirme véritablement que dans le silence de la loi ». Autrement dit, « le caractère jurisprudentiel du droit administratif connaît un infléchissement dans les États africains de succession française où le juge se comporte plus comme un serviteur de la loi que comme un créateur d'un droit spécial applicable à l'administration. S'inscrivant dans la facilité de la raison écrite, le juge s'évertue plus à l'interprétation et à l'application de la règle de droit administratif qu'à la créer par son œuvre juridictionnelle »[80].

47. Enfin, dans les pays d'Afrique francophone, l'action du juge administratif reste limitée par deux obstacles majeurs. Le premier concerne l'accès au prétoire. Il apparaît limité par deux exigences notables à savoir les formalités préalables et surtout la règle des délais. Ici, de nombreuses requêtes sont souvent rejetées par le juge « même lorsque l'expiration de ce délai est la conséquence de l'introduction par ignorance de plusieurs recours administratifs successifs »[81].

48. Le second porte sur l'impossibilité, exception faite des pays comme le Gabon, pour le juge administratif d'adresser, comme son homologue français, des injonctions à l'administration. Cette impossibilité est liée au principe de la séparation des autorités administratives et judiciaires. De ce point de vue, il y a un « obstacle dans l'exécution des décisions de justice prononcées à l'encontre de l'administration », et « il n'est pas rare

---

[79] Propos rapportés par S. YEDOH LATH, « Les caractères du droit administratif des États africains de succession française. Vers un droit administratif africain francophone ? », *op. cit.*, p. 1255- 1256

[80] *Ibid.*

[81] *Ibid.*

d'observer une certaine résistance ou même un refus de l'administration à l'exécution des décisions de justice »[82].

49. Par ailleurs, du point de vue des pouvoirs juridictionnels, par rapport au juge administratif français, les juges africains restent peu audacieux. En effet, ces juges ne peuvent véritablement pas agir comme des « experts du droit capable de dire ce que signifie la loi et de faire cadrer des législations imparfaites avec la totalité du système juridique »[83] dès lors que leur indépendance n'est pas bien assumée à l'égard de l'exécutif. Leurs décisions sont même parfois bafouées par l'administration.

50. Cela est aussi lié à son histoire. L'histoire politique des pays africains laisse apparaître le fait que depuis la « naissance du jeu politique, le juge s'est trouvé historiquement subordonné au pouvoir politique »[84]. Les juges en Afrique, à l'instar du juge administratif, semblent n'avoir pas entièrement acquis leur indépendance à l'égard des autres pouvoirs[85]. Autrement dit, en Afrique, « la légitimité juridique n'a pas de véritables racines juridiques dans la tradition politique africaine ». L'histoire politique de ces États est « marquée par l'héritage négatif des pratiques autoritaires depuis les indépendances »[86]. Au Cameroun, par exemple, un observateur évoque à ce sujet l'idée de la protection de l'administration par le ministère public dans le cadre du contentieux administratif ; parlant d'un ministère public qui entretient l'illusion de la liberté de la parole[87]. Déjà, avant les indépendances, la règle de la séparation des autorités administratives et judiciaires n'était pas suffisamment prise en compte dans ces pays. Tout cela était lié au dilemme auquel le Conseil d'État était confronté. Il était question d'assurer la justice administrative en prenant en compte les impératifs de la colonisation[88]. C'est sans doute cet héritage qui déteint encore sur le contentieux administratif dans ces différents pays.

---

[82] *Ibid.*

[83] A. DONSOU, « Acteurs politico-institutionnels et État de droit constitutionnel en Afrique », *in* M. Moustapha Aidara (dir), *A l'ombre du droit*, Paris, L'Harmattan, 2013, p. 179.

[84] *Ibid*, p. 176.

[85] *Ibid*, p. 181.

[86] *Ibid.*, p. 178.

[87] H. M. NTAH A MATSAH, *Le ministère public dans le contentieux administratif au Cameroun : Contribution à l'étude des organes de la juridiction administrative au Cameroun*, Thèse, Université de Yaoundé 2, 2010, p. 412.

[88] S. BELAID, « La juridiction administrative en Tunisie, présentation générale et observations critiques », *in* G. Conac et J. du Bois de Gaudusson (dir), *Les Cours suprêmes en Afrique, La jurisprudence administrative*, *op. cit.*, p. 314; B. PACTEAU, « Colonisation et justice administrative », *in Le Conseil d'État et l'évolution de l'outremer français du XVIIe siècle à 1962*, Paris, Dalloz, 2007, p. 49-71.

51. En dehors de ces caractères liés à l'organisation et au fonctionnement des juridictions administratives, d'autres caractères sont liés au contexte socio-culturel. En effet, il convient de préciser que certaines situations comme l'analphabétisme des populations rendent difficile dans certains cas la diffusion des normes.

52. Dans ce sens, le professeur Pierre Fabien Nkot indique que « dans les conditions où, pour l'essentiel, les populations résistent pratiquement à l'alphabétisation occidentale et s'arc-boutent sur leurs langues et savoirs endogènes, les élites camerounaises usent de ce que l'on appelle le droit moderne comme un langage d'autistes. C'est d'ailleurs à peu près le cas pour toute l'ingénierie qui accompagne l'État-nation de type occidental »[89].

53. Le professeur Alioune Badara Fall va dans le même sens à propos des droits de l'Homme en Afrique, parlant de la Charte africaine des droits de l'Homme et des peuples adoptée en 1981. En effet, affirme-t-il, « au-delà de l'originalité de ces droits de l'homme, leur effectivité semble être mise à mal par des réalités sociales, culturelles et religieuses auxquelles ils sont quotidiennement confrontés et qui sont d'une vivacité telle que la conception même des droits de l'homme et leur utilisation dans la création de la règle de droit moderne- par opposition à la règle traditionnelle- s'en trouvent considérablement modifiées »[90]. C'est cela qui fait, conclut l'auteur, de « la quête de spécificité, d'universalité et d'effectivité de la charte africaine un dilemme juridique »[91]. Au Cameroun et au Gabon, les réformes de la justice administrative sont plus importantes et justifient le choix porté sur ces pays comme référents dans le cadre de la présente étude.

§ 2. L'affermissement du système dualiste en droit camerounais et gabonais comme raison du choix parmi les droits d'Afrique francophone

54. L'étude du temps dans la justice administrative en Afrique francophone, comparativement au droit français, aura pour référents le Cameroun et le Gabon. Ce choix est lié au fait que ces pays ont, de manière significative, procédé à un renforcement de leur modèle de dualité de juridiction. Les changements opérés ces dernières années sur le plan institutionnel, s'agissant des juridictions administratives dans les pays africains ont été

[89] P.-F. NKOT, *Usages politiques du droit en Afrique. Le cas du Cameroun*, Bruxelles, Bruylant, 2005, p. 151.

[90] A. BADARA FALL, « Universalité des droits de l'homme et pluralité juridique en Afrique. Analyse d'un paradoxe », *in La Constitution et les valeurs, Mélanges en l'honneur de Dmitri Georges Lavroff*, Paris, Dalloz, 2005, p. 360.

[91] *Ibid.*

marqués par une déconcentration des juridictions administratives, la création des juridictions constitutionnelles et des comptes. En effet, l'adoption des systèmes d'unité juridictionnelle qui apparaissait au début des indépendances dans les pays africains comme une contradiction à l'égard du modèle dualiste connaît depuis plusieurs années déjà un déclin significatif dans les pays africains[92].

55. En Afrique francophone, on observe de nos jours un « renforcement historique du système de dualité de juridictions » à travers l'évolution vers ce modèle, pour les pays à unité de juridiction [...] et le parachèvement de la construction des ordres nationaux des juridictions administratives, pour les pays à dualité de juridictions [...] »[93]. Ces réformes ont pour but de « mieux adapter le système juridictionnel à l'option choisie, à aménager la règle du double degré de juridiction de manière plus satisfaisante et à améliorer la gouvernance de l'ordre des juridictions administratives »[94].

56. Ainsi, l'importance de ces évolutions dans les droits camerounais et gabonais justifie que l'analyse du temps dans le procès administratif dans les pays d'Afrique francophone soit menée, principalement, à l'aune de ces deux législations.

57. Sur le plan structurel, en effet, le Gabon[95], depuis les indépendances, tout comme le Cameroun, s'est doté des juridictions administratives plus autonomes. C'est ainsi que la loi du 20 novembre 1962, adoptée sur la base de la Constitution de 1961 avait créé la Chambre administrative de la Cour suprême. Une réorganisation judiciaire avait été opérée en juin 1978 et a créé des Sections administratives auprès des tribunaux de première instance. Ainsi, en 1960, le Gabon a consacré l'autonomie de son système judiciaire en le détachant des juridictions étrangères. En 1962, est créée une Cour suprême composée de quatre Chambres parmi lesquelles la

---

[92] A. S. OULD BOUBOUTT, « Le contentieux administratif comparé en France et dans les pays d'Afrique francophone », *op. cit.*, *ibid.*

[93] *Ibid.*

[94] *Ibid.*

[95] État d'Afrique centrale situé dans le golfe de Guinée, le Gabon a une superficie de 267 667 km² et une population de 1 306 000 habitants. Sur le plan historique, la France entre en contact avec ce pays à la suite d'un traité signé le 9 février 1839 par l'officier français Bouët-Willaumez et le Gabonais Antchoué-Kowè-Rapontchombo. Ce pays fera partie, en 1910, de L'Afrique Equatoriale française. La Conférence de Brazzaville des 30 janvier- 8 février 1944 marquera une étape importante avec plus d'autonomie pour les peuples des colonies africaines de la France, au rang desquels le Gabon. L'accès à l'autonomie par ces anciennes colonies naîtra de la loi cadre du 23 juin 1956. Le 17 août 1960, le Gabon accède à indépendance. Voir T. ONDO, *La responsabilité introuvable du chef d'État africain. Analyse comparée de la contestation du pouvoir présidentiel en Afrique noire francophone*. (*Les exemples camerounais, gabonais, tchadien et togolais*), Thèse droit, Université de Reims Champagne-Ardenne, 2005, p. 33.

Chambre administrative, puis, la réorganisation judiciaire qui est intervenue en 1994 en passant par la loi de 1984 relative au Code des juridictions administratives. En 2002, il y a eu la consécration de la Chambre administrative en Conseil d'État[96]. Ce sont ces nombreuses évolutions qui traduisent l'affermissement du dualisme juridictionnel gabonais parmi les pays africains de tradition juridique francophone.

58. Au Cameroun[97], un observateur relève que « l'histoire de la juridiction administrative [...] est liée à cette double évolution politique et institutionnelle ». Que les étapes nationales de la « dépendance politique, l'autonomie interne, l'indépendance à la fédération, la marche vers l'unité institutionnelle correspondent, respectivement, à la création des Conseils du contentieux, Tribunal d'État, Cour fédérale de justice ainsi que la Cour suprême »[98]. Après le Conseil du contentieux administratif et le Tribunal

---

[96] S. KWAHOU, *La justice administrative au Gabon : essai sur l'exercice de la fonction juridictionnelle en matière administrative*, Thèse, Université de Rouen, 2004, p. 21.

[97] Voir annexe n° 1-2. Situé lui aussi dans le golfe de Guinée, en Afrique centrale (annexe n° 1-1) équatoriale, le Cameroun compte près de 20 millions d'habitants, une superficie de 475 440 km². Sous l'égide de l'Allemagne, le Cameroun est divisé en deux régions. La région nord avec quatre résidences et la région sud avec vingt-huit districts. Suite à la défaite de l'Allemagne lors de la Première Guerre mondiale (1914-1918), avant même que le mandat de la Société Des Nations (SDN) ne soit accordé à la France et à l'Angleterre le 20 juillet 1922, les pays victorieux de l'Allemagne exercent déjà un pouvoir de fait sur ces territoires. Après la Seconde Guerre mondiale, le Cameroun est mis sous le régime de tutelle par l'ONU soit, trois quarts, à la France et un quart au Royaume-Uni. Le Cameroun oriental accède à l'indépendance le 1er janvier 1960. La République fédérale est proclamée le 1er octobre 1961. Mais la constitution adoptée le 20 mai 1972 et promulguée le 2 juin de la même année consacre la République unie du Cameroun (voir L. SINDJOUN, *L'Etat ailleurs. Entre noyau dur et case vide*, Paris, Economica, coll. « La vie du droit en Afrique », 2002, p. 10, 38 et 39 ; A. OWONA, *La naissance du Cameroun*, 1884-1914, Paris, L'Harmattan, 1996; R.-G NLEP, *L'administration publique camerounaise. Contribution à l'étude des systèmes africains d'administration publique*, Paris, LGDJ, coll. « Bibl. africaine et malgache » 1986, p. 28 ; M. NJEUMA (dir.), *Histoire du Cameroun*, Paris, L'Harmattan, 1989 ; L.-P NGONGO, *Histoire des institutions et des faits sociaux du Cameroun*, 1884-1945, Paris, Berger Levrault, t. 1, 1987, p. 73 et s).
Il faut relever que, bien que le Cameroun et le Gabon furent sous contrôle de la France et accédèrent tous les deux à l'indépendance en 1960, leurs statuts respectifs étaient différents. Alors que le Cameroun était soumis au statut de territoire sous tutelle, le Gabon, quant à lui, représentait une colonie (C. MISSANG BIBANG, *La justice administrative au Gabon et au Cameroun. Contribution à l'étude de la réception des droits étrangers en Afrique noire francophone*, Thèse, Université Toulouse 1 Capitole, 2011, p. 2) même si les deux territoires semblent avoir été gérés de la même manière (H. WESSELING, *Le partage de l'Afrique, 1880-1914*, traduit du néerlandais par Patrick Grilli, Paris, éd. Denoël,1996 ; H. GRIMAL, *La décolonisation, 1919-1963*, Paris, Armand Colin, 1965, p. 22). Cette convergence qui touche leur administration aura sans doute un impact sur l'émergence d'une juridiction administrative certainement à l'image de celle de la France.

[98] J.-C. ABA'A OYONO, *La compétence de la juridiction administrative en droit camerounais*, Thèse, Université de Nantes, 1994, p. 15-26 ; J. FOUMANE AKAME, « Les grandes étapes de la construction juridique au Cameroun », *Penant*, n° 764/ 1978, p. 188.

d'État, il y a eu la Cour fédérale de justice et la Cour suprême, notamment la Chambre administrative, en passant par la Cour suprême (1961-1962).

59. De manière plus précise, le Cameroun, à la suite de son accession à l'indépendance le 1er janvier 1960, a adopté une Constitution en mars de la même année. Cette Constitution mettra en place une Cour suprême qui connaît des pourvois en annulation contre les arrêts du Tribunal d'État et assure le respect des compétences par les autres juridictions[99]. Avec la réunification des deux Cameroun, occidentale britannique et orientale française par la Constitution fédérale du 1er septembre 1961, va naître une Cour fédérale de justice composée d'une Assemblée plénière et deux Chambres administratives dont l'une à Yaoundé et l'autre à Buea. En 1972, vint l'unification entraînant la naissance de la Cour suprême dotée d'une Chambre administrative[100].

60. Les mutations récentes de la justice administrative au Cameroun, vont de l'ordonnance n° 72/06 du 26 août 1972 relative à l'organisation et au fonctionnement de la Cour suprême dont la Chambre administrative, juge administratif, a été abrogée par la loi n° 2006/016 du 29 décembre 2006 relative à l'organisation et au fonctionnement de la Cour suprême. De même, la loi n° 75/17 du 8 décembre 1975 fixant la procédure devant la Cour suprême statuant en matière administrative, a été remplacée par la loi n° 2006/022 du 29 décembre 2006 relative à l'organisation et au fonctionnement des tribunaux administratifs.

61. Toutes ces dispositions ont été prises sur la base de la Constitution du 18 janvier 1996. Le législateur l'a même d'ailleurs confirmé à travers la loi n° 2006/015 du 29 décembre 2006 portant organisation judiciaire, modifiée par la loi n° 2011/027 du 14 décembre 2011. Ces nouveaux textes vont opérer des changements du point de vue de la physionomie, des formalités et de la procédure en matière administrative. Ils tendent à renforcer le dualisme juridictionnel en vigueur dans ces pays.

62. Sur le plan formel, on doit aussi observer que ces deux pays ont souvent fait preuve d'originalité. Des décisions courageuses ont souvent été observées comme l'affirme le professeur Maurice Kamto, notamment en

---

[99] Art. 1 et 2, loi n° 61/12 du 20 juin 1961, cité par J. OWONA, *Le contentieux administratif de la République du Cameroun*, Paris, L'Harmattan, coll. « Droits africains et malgache », 2011, p. 24.

[100] Sur l'évolution de cette institution, J. OWONA, *Contentieux administratif de la République du Cameroun*, *op. cit.*, *ibid* ; J. C. ABA'A OYONO, *La compétence de la juridiction administrative en droit camerounais*, *op. cit.*, ; R.-G. NLEP, *L'administration publique camerounaise. Contribution à l'étude des systèmes africains d'administration publique*, *op. cit.*, p. 206-608 ; B.-R. GUIMDO DONGMO, « Le droit d'accès à la justice administrative au Cameroun. Contribution à l'étude d'un droit fondamental », *RRJ*, n° 1/ 2008, p. 453-498.

matière de référé ou encore des droits de la défense[101] montrent la particularité des mutations enregistrées dans ces législations.

63. En droit gabonais, le juge est très favorable à la faute de service en matière de responsabilité de l'administration. En ce sens, il a jugé qu'un mauvais diagnostic représente une « faute lourde imputable au service hospitalier »[102] engageant la responsabilité de ce service. Analysant la jurisprudence administrative récente au Gabon en matière de responsabilité, un observateur relève une évolution du point de vue de sa diversité depuis 1960. Elle concerne les « préjudices trouvant leur origine dans le fonctionnement défectueux des services publics (sécurité ; santé ; justice), les décisions et actes matériels illégaux des agents de l'État, les dommages résultant d'ouvrages et travaux publics, et les préjudices relatifs au non-respect par l'État et les collectivités locales notamment de leurs engagements contractuels »[103]. L'auteur précise qu'à l'analyse de cette œuvre jurisprudentielle on observe « une extension lente mais progressive du contrôle de l'action administrative caractérisée par la variété des contentieux et des chefs de responsabilité ».

64. Toutefois, il ne faut pas ignorer le fait que dans la plupart de ces pays les juges sont habités par le « réflexe naturel » de s'inspirer des « solutions qui [leur] sont familières »[104], notamment dans la jurisprudence française. En définitive, en prenant en compte ces différents éléments révélateurs de la singularité du droit du contentieux administratif en Afrique francophone, il apparaît intéressant de considérer le Cameroun et le Gabon comme les législations de référence dans cette étude. Les autres législations, comme par exemple les législations algérienne, tunisienne, burkinabé, ivoirienne, malienne, sénégalaise, congolaise, guinéenne, centrafricaine, seront simplement évoquées à l'appui de la démonstration. Aussi, il faut préciser ce que recouvrent les notions de l'étude ainsi que la méthodologie.

---

[101] M. KAMTO, « La fonction administrative contentieuse de la Cour suprême du Cameroun », in G. Conac et J. du Bois de Gaudusson, Les Cours suprêmes en Afrique. La jurisprudence administrative, Paris, Economica, t. 3, 1988, p.60 et s ; CS/CA, jug. n° 12, 26 janv. 1982, *Dame Binan née Ngo Djom*, *Penant*, n° 791/1986, p. 354, note Roger-Gabriel Nlep

[102] CS/CA, 5 févr. 1980, *Orji*.

[103] S. KWAHOU, « L'état de la jurisprudence gabonaise en matière de responsabilité de l'administration », *RJP* n° 3/2016, p. 379.

[104] G. PAMBOU TCHIVOUNDA, note sous CS/CA, 28 mars 1986, *Ignace Bibang*, *Penant*, 1986, p. 136.

II. Considérations relatives aux notions

Il faut toujours définir au préalable les mots qui forment l'armature d'un thème[105] afin d'éluder les erreurs. Ainsi, il est important dans cette étude d'indiquer le sens des notions de temps (Section 1) et de justice administrative (Section 2).

Section 1. La notion de temps

Le temps étant une notion polysémique (§ 1), il est nécessaire de préciser le sens qui lui sera donné dans le cadre de cette étude (§ 2).

§ 1. Le caractère polysémique de la notion de temps

Le temps peut, d'une part, apparaître comme la conjoncture (A) et, d'autre part, comme la durée (B).

A. Le temps comme la conjoncture

Selon certains auteurs, le temps est l'une des « mystérieuses évidences dont la pensée s'essouffle en vain à enserrer les détours et à lever les voiles : parfaitement accessible à l'entendement commun, le temps se dérobe devant la spéculation et la connaissance ! Apparemment à la portée de tous et connu de tous, le temps garde un profond mystère dès qu'on tente de s'en approcher : sa banalité si claire contraste avec sa complexité si profonde »[106].

Ces propos montrent toute la complexité de cette notion. En effet, c'est une notion qui appartient non seulement au vocabulaire littéraire et philosophique, mais aussi juridique et même théologique. Le théologien Jean Mouroux parle du mystère du temps. Il propose des éclairages sur les contours de la notion. Un observateur affirme : « ouvrons l'Évangile de Saint-Jean [...] Abraham est mort, mais l'humble croyant qui garde la parole de Jésus ne verra pas la mort ; Abraham a vu le jour, il s'en est réjoui ; et cela veut dire que le Christ est au-dessus de la mort, et au-dessus du temps. Comme les juifs protestent : « tu n'as pas cinquante ans, et tu as vu Abraham ! » il répond solennellement : En vérité, en vérité, je vous le dis, avant qu'Abraham fût, je suis »[107]. L'auteur met en relation le temps et l'éternité et révèle que « [...] certes, c'est à partir du temps qu'on vient à la connaissance de l'éternité, [...] ; mais en retour, c'est l'éternité qui fonde et explique le temps. C'est pourquoi le théologien,

---

[105] C. EISENMANN, *Cours de Droit administratif*, Paris, LGDJ, t. 1, 1982, p.17 ; M. GRAWITZ, *Méthodes de sciences sociales*, Paris, Dalloz, 10e éd., 1996, p. 349.
[106] SAINT AUGUSTIN, *Les confessions*, Paris, Gallimard, 1998, p. 1041-1047.
[107] J. MOROUX, *Le mystère du temps*, Paris, 1962, p. 14, cité par S. BOLARD, « Rapport général », *in Le temps dans la procédure, Annales de la Faculté de droit de Clermont-Ferrand 1*, Paris, LGDJ, fascicule 20, 1983, p. 151.

Saint-Augustin, commence tout naturellement une réflexion sur le temps par une méditation sur l'éternité »[108].

65. Ainsi, le temps est une notion fluide dont le juriste doit s'abstenir de vouloir l'identifier de façon définitive. Le temps n'apparaît pas comme étant « un objet du savoir juridique ni une technique judiciaire »[109]. On peut essayer d'en donner une définition en se référant aux dictionnaires. Selon l'Encyclopédie Bordas, volume XI, il « désigne à la fois l'éternité du passé et du futur et l'impondérabilité du présent »[110]. C'est le « témoin du vieillissement et de la mort », c'est aussi celui qui « donne les marques de l'impérissable, de l'immuable ». Il s'agit d'une période de la vie, un moment, une époque occupant une place importante dans la suite des évènements.

66. De nombreux auteurs ont aussi essayé de le définir. St Augustin parle, par exemple, de « l'énigme du temps ». Ainsi, s'interrogeait-il : « qu'est-ce donc que le temps ? Si personne ne me le demande, je le sais. Mais si on me le demande et que je veuille l'expliquer, je ne le sais plus ! [...] Je sais que si rien ne se passait, il n'y aurait pas de temps passé, et si rien n'advenait, il n'y aurait pas de temps à venir, et si rien n'existait il n'y aurait pas de temps présent »[111]. Selon Platon, le temps « c'est l'image mobile de l'éternité immobile »[112], une appréciation subjective de l'environnement humain. Le temps apparaît chez Ferdinand Alquié, comme l'irréversibilité des changements, le caractère qu'ont les changements d'être irréversibles[113]. Autrement dit, c'est un milieu infini dans lequel se succèdent des évènements et considéré souvent comme une force agissant sur le monde, sur les êtres[114].

67. Pour Gaston Bachelard, c'est un temps vécu, porteur d'espoir ou de crainte dans l'attente, et de regret dans le souvenir[115]. Ainsi, « le temps développe des formes nouvelles, imprévisibles qui assaillent le psychisme et devient le principal déterminant de la vie. Tout homme a une représentation plus ou moins consciente du contenu de son temps »[116].

---

108 *Ibid.*

109 S. GABORIAU (dir), *Le temps, la justice et le droit*, Presses universitaires de Limoges, 2004, préface de Yann Aguila, p. 19.

110 *Encyclopédie Bordas*, vol. xi, p. 5118-5123.

111 SAINT AUGUSTIN, *Les confessions*, *in Encyclopédie Bordas*, vol. xi, p. 5118.

112 Platon, rapporté par A. CIAUDO, « La maîtrise du temps en droit processuel », *Jurisdoctoria*, n° 3/2009, p. 23.

113 F. ALQUIE, *Le désir d'éternité*, Paris, PUF, coll. « Quadruge », 7e éd., 2008, p. 13.

114 *Nouveau Larousse Encyclopédique*, p. 1524.

115 G. BACHELARD, *La dialectique de la durée*, Paris, PUF, coll. « Quadrige », 4e éd., 2006, p. 93-95.

116 D. TCHAPDA PIAMEU, *Comment penser le temps (Prolégomènes aux questions actuelles)*, Yaoundé, éd., Nans, 2000, p. 59.

Cette approche renvoie, en effet, au temps psychologique, à celui que l'on vit dans la conscience. Ainsi, « ce temps peut ne pas être conçu de manière mathématique. On peut alors observer que la pensée chinoise, sans ignorer la temporalité, bien au contraire, n'a pas forgé de concept abstrait de temps mais a préféré y voir "un ensemble d'êtres, de saisons ou d'époques" possédant chacune des attributs et une consistance propres. En d'autres termes, des temps qualitativement différents et variables »[117].

68. De tout ce qui précède, le temps peut être retenu comme étant la conjoncture, l'environnement dans lequel sont appelées à se mouvoir les institutions. C'est sans doute la raison pour laquelle Germain Sicard conclut son étude sur « les lois de la Révolution française et le temps » en ces termes : « la recension des relations entre idéologie révolutionnaire et le temps montre que les leaders de la Révolution française ont voulu réviser les rapports des hommes au temps, soit pour garantir les libertés, soit pour imposer l'égalité ou la solidarité dans une nouvelle culture »[118]. En effet, « la Révolution française, entendue comme mutation politique et juridique, avait été précédée de transformations des mentalités qui l'ont rendue possible, et même induite. Les hommes avaient pensé comme Bossuet. Ils se mettent à penser comme Voltaire. Le respect des dogmes est remplacé par la faveur pour la tolérance ; le respect des hiérarchies par le culte de l'égalité ; l'enseignement des devoirs par la revendication des droits ; le respect de l'autorité par le prurit de liberté ; Dieu par la nature »[119]. Le temps, à l'instar de l'espace, est donc le cadre des phénomènes juridiques, il l'influence fortement[120]. Cette première acception ne suffit pas à comprendre la notion.

B. Le temps comme la durée

69. Le temps c'est aussi la durée. Dans ce sens, il correspond à l'instant considéré comme une quantité mesurable[121]. Il s'agit du temps physique, celui des horloges, un temps abstrait, cette flèche qui se déploie dans un seul sens. D'après le vocabulaire juridique, l'expression dérive du latin « tempus » qui s'entend comme la durée légalement, judiciairement ou conventionnellement déterminée[122]. En effet, conçu comme une suite d'événements, organisés au moyen d'une procédure et visant à résoudre

---

[117] D. CONNIL, *L'office du juge administratif et le temps*, *op. cit.*, p. 17.

[118] G. SICARD, « Les lois de la Révolution française et le temps », *in* M. Otalani, O. Vernier (Textes rassemblés par), *Le temps et le droit*, Nice, éd., Serre, coll. « Actual », 2002, préface de Michel Bottin, p. 157.

[119] *Ibid.* p. 147.

[120] P. BLACHER, « Les temps de la saisine du conseil constitutionnel », *in* A. Viala (dir), *La Constitution et le temps*, Lyon, L'Hermes, 2003, p. 237.

[121] *Nouveau Larousse encyclopédique*, p. 1524.

[122] G. CORNU, *Vocabulaire juridique*, Paris, PUF, coll. « Quadruge », 1987, p. 859.

par voie juridictionnelle un litige, le procès, dans sa conduite, est irrémédiablement dépendant du temps[123]. En d'autres termes, le temps indique la période, la durée, l'âge ou encore l'espace de temps dans lequel un acte juridique doit être accompli. Le temps contentieux est caractérisé par « l'instrumentalité et la relativité »[124]. À titre d'exemple, sauf exception, la loi prévoit pour l'accomplissement de tous les actes juridiques, un délai plus ou moins déterminé[125]. C'est sans doute la raison pour laquelle l'écoulement du temps crée ou renforce un droit ou encore, entraîne la fin de celui-ci, ou de son exécution[126]. Ainsi, les délais constituent l'un des principaux symboles des procédures juridictionnelles. Quand on pense « procédure », on pense délais. Parce qu'ils « encadrent et rythment l'activité des acteurs du procès, les délais rassurent le juriste, volontier obsessionnel, en lui conférant une maîtrise du temps qui passe. Pour les parties, ils sont d'une importance cruciale. Un simple délai peut conduire à la défaite ou à la victoire et faire ou défaire une fortune »[127].

70. Il s'agit, par exemple, du moment de l'intervention du juge, il s'agit de la durée pendant laquelle la compétence du juge peut se déclencher. La saisine ne peut se déclencher que dans une période de temps bien fixé. Autrement dit, les recours sont, par exemple, encadrés dans une durée[128] ; le juge dispose d'un temps pour instruire et pour juger[129].

71. Ainsi, on peut distinguer le temps externe, c'est-à-dire la conjoncture, du temps interne encore appelé le temps processuel. C'est le second sens qui sera adopté en raison de son intérêt dans une analyse juridique. Il convient de justifier ce choix.

§ 2. Le choix du temps processuel ou du temps comme la durée

72. D'après le premier sens de la notion de temps, comme on l'a démontré, on sait que la règle de droit, puisqu'elle gère les situations des individus, leurs relations dans une société donnée, doit s'adapter à son temps. C'est dans ce sens, par exemple, qu'en analysant la législation camerounaise

---

[123] A. CIAUDO, « La maîtrise du temps en droit processuel », *Jurisdoctoria* n° 3/2009, p. 23.
[124] D. DE BECHILLON, « Deux caractères du temps contentieux », *in Justice et cassation*, Paris, Dalloz, 2007, p. 134- 137.
[125] C. DEBOUY, « Le temps en procédure administrative », *in Le temps dans la procédure, Annales de la Faculté de droit de Clermont-Ferrand*, *op. cit.*, p. 99.
[126] M. LOMBARD, *Droit administratif*, Paris, Dalloz, coll. « Cours », 1997, p. 209.
[127] T. LE BARS, « Les délais applicables à la procédure d'appel », *in* L. Cadiet, D. Loriferne (dir), *La réforme de la procédure d'appel*, Paris, éd., IRIS, coll. « Bibl. de l'institut de recherche juridique de la Sorbonne-André Tunc », t. 33, 2011, p. 41-48.
[128] P. BLACHER, « Le temps de la saisine du Conseil constitutionnel », *op. cit.*, p. 238.
[129] J. BEMBA, « Le juge administratif et le temps dans le contentieux de l'excès de pouvoir », *RDP*, 1996, p. 501.

relative à la protection des minorités, le professeur Léopold Donfack Sokeng évoque l'idée d'une « codification fille de son temps », c'est-à-dire que le fait d'adopter des normes visant à préserver les droits des minorités est lié à « l'actualité brulante », tant internationale que nationale, relative à des « revendications identitaires protéiformes auxquelles » les États sont confrontés. La législation ainsi adoptée est « fille du temps international [et] national, voire local »[130].

73. En Europe, le système juridique de certains pays a été modifié en prélude à l'accès à l'Union européenne[131]. C'est en ce sens que la révision constitutionnelle française, préalable à la ratification du Traité de Maastricht et d'Amsterdam en 1992 et 1999, est intervenue pour mettre en harmonie avec la Constitution certaines exigences du droit de l'Union européenne. Cela traduit la mise en conformité du droit avec la conjoncture donc avec le temps[132].

74. Cette approche de la notion de temps est résumée par un analyste en ces termes : « l'évolution des mœurs reste toutefois, comme l'avait discerné Montesquieu, le principal facteur explicatif de l'évolution du droit. Les droits d'avorter, de divorcer, ou de se livrer à l'homosexualité, naguère impensable, sont ainsi devenus des évidences incontestables dans la France déchristianisée d'aujourd'hui »[133]. De tout ce qui précède, il s'agit du droit dans le temps ou encore le « droit saisi par le temps »[134]. C'est le temps comme conjoncture.

75. Le second sens de la notion de temps correspond essentiellement à un temps processuel. C'est ce sens qui sera retenu et cela pour plusieurs raisons. En effet, et ce n'est qu'un rappel, le temps processuel renvoie aux délais accordés aux protagonistes d'une procédure pour réaliser les formalités qui concourent au bon déroulement de l'instance. Ces délais sont répartis, pour l'essentiel, entre les justiciables et le juge. Ainsi, le temps fait partie du procès, il est un élément de la politique processuelle. La doctrine répartit le temps de la justice en trois parties. D'abord, le temps passé. Ici, le juge administratif apprécie la légalité de l'acte à la date de son édiction. Ensuite, le temps présent où l'on retrouve le temps des recours, de l'instruction et du prononcé de la décision. Enfin,

---

[130] L. DONFACK SOKENG, *Le droit des minorités et des peuples autochtones au Cameroun*, Thèse, Université de Nantes, 2001, p. 161 et s.

[131] P. ROMANA, « Le temps comme facteur de qualité du droit. L'influence du temps sur le droit roumain au cours du processus d'intégration européenne de la Roumanie », *Juridoctoria*, n° 3/2009, p. 46.

[132] P. BLACHER, « Le temps de la saisine du Conseil constitutionnel », *op. cit.*, p. 1524.

[133] G. LEBRETON, « Préface », *in* P. F. Legros (dir), *Le temps et le droit*, Paris, LexisNexisLitec, coll. « Colloques et débats », 2010, p. xii.

[134] *Ibid.*

c'est le temps futur lequel concerne l'exécution de la décision[135]. Il faut noter que le temps appartient aussi aux justiciables car, on ne saurait ignorer que dans le but de gagner le procès, ceux-ci utilisent le temps comme stratégie soit pour retarder la solution soit pour la hâter. Donc, selon cette seconde approche, on peut parler d'une « emprise du droit sur le temps ou le temps saisi par le droit »[136]. Ce temps correspond aux délais, à la prescription, ou au retrait des actes administratifs.

76. Qu'il se traduise sous forme de « délais, de termes ou d'âge, le temps joue des rôles multiples dans toute matière juridique »[137]. Pour étudier le temps de la justice administrative, cette seconde approche du temps est plus intéressante parce qu'en tant qu'étude juridique, il est intéressant de s'appesantir sur l'influence du droit sur le temps puisque l'analyse de l'influence du temps sur le droit caractérise une étude de sociologie ou encore de science politique. En outre, une étude qui porterait à la fois sur le droit dans le temps et le temps dans le droit serait confuse et manquerait de cohérence entre les deux aspects de la notion et même sur celle de justice administrative.

Section 2. La notion de contentieux administratif

77. Le contentieux administratif est l'ensemble des règles relatives à l'organisation et au fonctionnement des juridictions administratives en vue d'apporter des solutions aux litiges mettant en cause les personnes morales de droit public. Il s'agit donc de tous les litiges dont la connaissance appartient aux juridictions administratives. De ce point de vue, le contentieux administratif est synonyme de justice ou de juridiction administrative. En France, la notion de juridiction semble avoir été « obscurcie par la jurisprudence de la Cour européenne des droits de l'Homme »[138]. Il est donc nécessaire d'identifier la notion de contentieux administratif (§ 1) en la distinguant selon le modèle de contentieux administratif de référence à cette analyse (§ 2).

---

[135] M. VIALETTES, A. CORREGES et A. ROBINEAU-ISRAËL, « Les temps de la justice administrative », *injuger l'administration, administrer la justice, Mélanges en l'honneur de Daniel Labetouille*, *op. cit.*, p. 834 ; B. ODENT, « L'avocat, le juge et les délais », *Mélanges René Chapus*, Paris, Montchrestien, 1992, p. 483 ; S. CENDRE-MALINAS, *Le temps dans le marché public*, Thèse, Université Paris 2, 1997, 443p.

[136] G. LEBRETON, « Préface », *in* P. F. Legros (dir), *Le temps et le droit*, *op. cit.*, p. xii.

[137] *Le temps et le droit*, Franche-Comté, Presses universitaires Franc-comtoises, coll. « Colloques et séminaires », Centre de recherche sur la protection juridique de la personne, 2003.

[138] B. SEILLER, « Les juges de l'administration », *in* P. Gonod, F. Melleray, P. Yolka (dir), *Traité de droit administratif*, Paris, Dalloz, 2011, t. 2, p. 436.

§ 1. L'identification du contentieux administratif

78. Le contentieux administratif correspond à la justice administrative et, d'un point de vue organique[139], la justice est une institution composée de l'ensemble des organes chargés d'exercer la fonction de juger, et à laquelle l'État reconnaît un certain statut. D'un point de vue fonctionnel, la justice est avant tout une fonction, c'est le pouvoir de juger, de faire régner le droit, de trancher, sur la base du droit, les contestations[140]. Partant de cette approche, le contentieux administratif est un sous-ensemble de la justice, caractérisée par sa fonction spécifique : juger les litiges mettant en cause l'activité de l'administration[141].

79. Du point de vue fonctionnel, la justice administrative ne remplit pas seulement la fonction qui consiste à dire le droit, elle a aussi une fonction jurisprudentielle à savoir créer ou clarifier le sens des règles de droit[142].

---

[139]Il existe donc une diversité de critères permettant de cerner la notion de justice administrative. Un critère matériel qui correspond au fait de trancher les litiges sur la base du droit (R. CHAPUS, « Qu'est-ce qu'une juridiction ? La réponse de la jurisprudence », *Mélanges Eisenmann*, Paris, éd., Cujas, 1975, p. 265). On parle encore de la « juridictio » qui, en plus de « l'imperium » (la faculté de saisir la force publique en vue de l'exécution de la décision rendue), permet de distinguer la juridiction étatique des notions qui lui sont proches, comme par exemple l'arbitrage. Si l'arbitre a également pour fonction de résoudre un litige, il est limité car il ne dispose point « d'imperium », d'une part, et, d'autre part, sa mission prend fin une fois qu'il a rendu sa sentence. Le critère organique « exige la spécialisation de l'organe dans la fonction contentieuse », le critère formel lui garantit la « procédure applicable aux litiges » par la mise en place d'un certain nombre de formalités et, enfin, le « critère statutaire qui reconnaît l'indépendance et l'impartialité aux juges concernés » (D. COSTA, *Contentieux administratif*, *op. cit.*, p. 1 et 2). On peut aussi se référer aux textes pour cerner cette notion. Les textes peuvent désigner directement une juridiction. C'est l'exemple de la loi française du 24 janvier 1984, aujourd'hui abrogée, qui faisait de la commission bancaire une juridiction administrative quand elle désigne un administrateur provisoire en cas de difficulté de fonctionnement (Art.48). Il s'agit donc d'une qualification directe. La qualification peut aussi être indirecte. C'est le cas d'un organisme dont les décisions sont susceptibles de recours en cassation devant le Conseil d'État. L'identification de la juridiction peut aussi se faire par le biais de la jurisprudence. Elle consiste à faire recours au critère matériel notamment celui de l'objet de la fonction juridictionnelle qui consiste à résoudre les questions posées au juge. C'est le critère le plus utilisé à côté du critère formel, les deux pouvant être combinés. En dehors de ces critères, M. Olivier Gohin précise qu'il faut aussi cerner la juridiction administrative par rapport aux autres juridictions comme notamment la juridiction judiciaire, constitutionnelle et communautaire. Sous cet angle, on peut prendre l'exemple du droit camerounais où les tribunaux de l'ordre judiciaire disposent d'un domaine de compétence autonome en matière de contentieux de l'administration notamment en ce qui concerne la responsabilité (O. GOHIN, *Contentieux administratif*, Paris, LexisNexis, coll « Manuel », 7e éd., 2012, p. 60).

[140] D. LOCHAK, *La justice administrative*, Paris Montchrestien, coll. « Clefs politique » 2e éd., 1994, p. 7.

[141]*Ibid.*

[142] P. WEIL, D. POUYAUD, *Le droit administratif*, Paris, PUF, coll. « Que sais-je ? », 2e éd., 2008, n° 1152 ; D. CONNIL, *L'office du juge administratif et le temps*, *op. cit.*, p. 21 et s.

ge doit donc, non seulement, appliquer la loi, mais aussi, suppléer à insuffisances en dégageant des règles de droit[143].

80. Elle correspond ainsi à l'activité qui consiste à apporter des solutions au contentieux administratif. Le contentieux administratif étant entendu comme les litiges mettant en cause des personnes publiques même en relation avec les particuliers. C'est l'ensemble des juridictions qui mènent une telle activité. On parle alors de juridiction, de justice ou tout simplement de l'ordre de juridiction administrative[144]. Le pr Gérard Cornu définit ainsi la justice administrative comme l'ensemble des juridictions compétentes en matière de contentieux de l'administration, elles sont chargées d'assurer son contrôle juridictionnel[145]. Cette définition est reprise en droit français par Raymond Odent lorsqu'il parle d'un corps de juridiction hiérarchisée relevant toutes du Conseil d'État et chargé du contentieux de l'administration[146]. Ainsi entendu, de nombreuses institutions peuvent être appelées à connaître du contentieux de l'administration. C'est le cas de certains organismes professionnels[147] car le critère organico-formel auquel se reconnaît une juridiction[148] s'observe bien au sein de certains organismes.

81. Le contentieux administratif renvoie donc aux organes, spécialement, chargés de connaître des litiges nés de l'activité des personnes publiques et ses démembrements. Un organisme constitué de personnes chargées de résoudre les litiges occasionnés par l'activité administrative[149].

82. Aussi, lorsqu'on parle de contentieux administratif, il faut distinguer les juridictions administratives de droit commun des juridictions administratives spécialisées. Dans le cadre de cette étude, on retiendra non pas les juridictions administratives spécialisées, mais les juridictions administratives de droit commun. Dans le contexte gabonais, par exemple, la Constitution et la loi relative à l'organisation judiciaire

---

143 C. DEBBASCH, « Les sources du droit administratif : permanence et novation », *Dalloz*, 1971, chron., p. 255 ; D. D'AMBARA, *L'objet de la fonction juridictionnelle : dire le droit et trancher les litiges*, Paris, LGDJ, 1994, 339p.

144 B. ODENT, D. TRUCHET, *La justice administrative*, Paris, PUF, coll. « Que sais-je ? », 2e éd., 2008, p. 3.

145 G. CORNU, *Vocabulaire juridique*, *op. cit.*, p. 493.

146 R. ODENT, *Contentieux administratif*, Paris, Dalloz, t, 1, 2007, préface de R. Denoix de Saint Marc, p. 59 et s.

147 J.-C ABA'A OYONO, *La compétence de la juridiction administrative en droit camerounais*, *op. cit.*, p. 12.

148 J. CHEVALLIER, « Fonction contentieuse et fonction juridictionnelle », *Mélanges Michel Stassinopoulos*, Paris, LGDJ, 1974, p. 288.

149 J.- C. ABA'A OYONO, *La compétence de la juridiction administrative en droit camerounais*, *op. cit.*, p. 13 ; C. SIETCHOUA DJUITCHOKO, *L'appel dans le contentieux administratif au Cameroun. Contribution à l'étude de la juridiction administrative*. Thèse, Université d'Aix-Marseille 3, 2001, p. 16.

prévoient que le Conseil d'État est la plus haute juridiction en matière administrative. Les tribunaux administratifs, quant à eux, sont juges en premier ressort du contentieux administratif et sous réserve d'appel[150]. Au Cameroun, la Constitution de 1996 a prévu que la Chambre administrative connaît de tout le contentieux administratif de l'État et des autres collectivités publiques et statue souverainement sur les décisions rendues en dernier ressort par les juridictions subordonnées à cette Chambre[151]. Dans le même sens, en premier ressort, les tribunaux administratifs, sous réserve des dispositions contraires, sont juges du contentieux administratif.

83. Mais que dire du Tribunal des conflits, en France, ou de l'Assemblée plénière devenue Chambres réunies, au Cameroun, ou encore des juges constitutionnels et communautaires ? Il faut noter qu'en France, le Tribunal des conflits est exceptionnellement un juge de l'administration au regard de la loi du 20 avril 1932. Selon ce texte, il juge au fond les litiges sur lesquels les « deux ordres de juridictions se sont compétemment prononcés mais en rendant des solutions inconciliables et donc constitutives d'un déni de justice »[152]. S'agissant du juge constitutionnel, même s'il a « moins de titre à prétendre connaître des questions relatives à l'administration »[153], il est intéressant de noter que celui-ci est compétent pour connaître des actes administratifs portant atteinte à des libertés fondamentales, par exemple au Gabon[154], et du contentieux électoral en France[155].

84. S'agissant des juridictions européennes, leur prise en compte dans la présente étude serait inadéquate. En effet, même si elles sont, elles aussi, « susceptibles de connaître des litiges liés à l'activité administrative », leur fonctionnement est particulier et il serait « audacieux de les analyser sur le même plan que les juridictions administratives »[156].

85. En définitive, on retiendra la juridiction chargée, spécifiquement du règlement des litiges soulevés par l'activité administrative en excluant les autres juridictions qui y interviennent à titre exceptionnel ou encore la

---

150 Lois de 1959 relatives au contentieux administratif, de 1963 concernant la Cour suprême, de 1994 fixant l'organisation judiciaire, de la Cour administrative, *in Journal hebdomadaire d'informations et d'annonces légales* n° 301/17 sept. 1994, p. 125-134.

151 Art. 37, 38, 39, 40, 41 de la Constitution camerounaise de 1996.

152 B. SEILLER, « Les juges de l'administration », *in* P. Gonod, F. Melleray, P. Yolka (dir.), *op. cit.*, p. 438.

153 *Ibid.*

154 C. KEUTCHA TCHAPNGA, « Le juge constitutionnel, juge administratif au Bénin et au Gabon ? », *RFDC*, n° 75/2008, p. 551-583.

155 B. SEILLER, « Les juges de l'administration », *in* P. Gonod, F. Melleray, P. Yolka (dir.), *op. cit.*, p. 438.

156 *Ibid*, p. 439.

« juridiction administrative spécialisée »[157]. Ce choix découle de ce que, l'administration, lorsqu'elle est justiciable devant les tribunaux judiciaires, par exemple, se voit appliquer le droit commun. Autrement dit, l'étude porte sur le procès administratif devant les juges de droit commun de l'administration[158]. Cette approche conduit à faire une distinction entre cette forme de contentieux administratif et les autres modèles existants de justice administrative.

§ 2. Les autres modèles de contentieux administratif

86. Le procès administratif tel qu'on vient de le présenter fait partie des systèmes de contentieux administratif dans lesquels l'ensemble des litiges concernant les personnes publiques relève de la compétence des juridictions administratives, c'est-à-dire des juridictions particulières mettant en œuvre une procédure différente de celle en vigueur devant les autres juridictions, comme notamment celles de l'ordre judiciaire qui connaissent des litiges entre les particuliers[159].

87. Dans ce système de dualité de juridictions[160], on retrouve le système grec depuis les années 1830 qui, selon sa Constitution de 1975, confie l'ensemble du contentieux administratif à un juge spécialisé tout comme en France et dans d'autres pays comme l'Égypte, avec un Conseil d'État, les Émirats arabes unis, avec une Cour fédérale de première instance chargée des litiges administratifs, le Venezuela, la République islamique d'Iran, avec une Cour de justice administrative. Il y a aussi d'autres pays fortement influencés par le modèle français comme le Cameroun et le Gabon pour ce qui est des pays d'Afrique francophone.

88. Le système dualiste de contentieux administratif a l'avantage de mettre en place un juge spécialisé dans le contentieux administratif et permet de concilier efficacement droits, libertés et intérêt général. Toutefois, il conduit à de nombreux conflits de compétence[161].

---

[157] M. DEGOFFE, *La juridiction administrative spécialisée*, Paris, LGDJ, 1996, coll. « Bibl. de droit public », t. 186, 574p.
[158] B. SEILLER, « Les juges de l'administration », *in* P. Gonod, F. Melleray, P. Yolka (dir.), *op. cit.*, p. 439.
[159] S. CASSESE, *La construction du droit administratif France et Royaume-Uni*, Paris, Montchrestien, coll. « Clefs politique », 151p.
[160] P. DELVOLVE, P. BON, « Le contentieux administratif à l'étranger : éléments de comparaison », *RFDA*, n° 4 (2)/1988, p. 225 et 226 ; D. TURPIN, « L'état actuel du dualisme juridictionnel en France », *in* C.-A. Dubreuil (dir.), *L'évolution du droit administratif en France et en Russie*, *op. cit.*, p. 233-243.
[161] J. LEMASURIER, *Le contentieux administratif en droit comparé*, Paris, Economica, 2001, p. 2 et s.

89. À côté de ce modèle, se trouve le modèle unique ou encore anglo-saxon[162]. Ce système consiste à confier le contentieux administratif au juge judiciaire. C'est le juge des particuliers, juge ordinaire qui est juge de l'administration. Cela semble redoutable parce que le juge judiciaire connaît mal le fonctionnement de l'administration et ne pourrait pas être en même de mesurer efficacement l'équilibre entre l'intérêt général et les droits et libertés. Cependant, il a le mérite de la simplicité et de l'efficacité dans la protection des administrés. Cela se traduit alors par cette concurrence observée entre le juge judiciaire et le juge administratif[163]. Ce modèle est en vigueur dans les pays comme le Canada, la Grande-Bretagne, l'Espagne. C'est le cas également en Afrique dans des pays comme la Côte d'Ivoire, le Sénégal. Mais dans ces derniers cas, le principe de la séparation des autorités administratives et judiciaires n'est pas exclu.

90. Toutefois, il faudrait relativiser cette position en rappelant que dans les pays de tradition anglo-saxonne où le juge judiciaire est normalement habilité à juger l'administration, naissent de plus en plus des juridictions administratives spéciales[164]. Cela s'apparente à une réorganisation du contentieux selon le principe dualiste[165]. Dans certains pays, comme la Belgique et les Pays-Bas, le contentieux administratif relève à la fois de la juridiction administrative et judiciaire. On peut d'ailleurs remarquer une part majeure de compétence dévolue au juge judiciaire[166]. Dans les États fédérés, comme c'était le cas au Cameroun en 1961, les juridictions sont organisées en fonction de cette forme de l'État. C'était le cas en 1961[167] au Cameroun, avec en premier et dernier ressort, la Cour fédérale de justice juge du contentieux administratif fédéral. Le tribunal d'État restait juge de droit commun du contentieux administratif de l'État fédéral du Cameroun oriental. Pour le contentieux administratif du Cameroun occidental, il était assuré par le juge judiciaire. Mais pouvait s'appliquer à l'administration, dans cette partie du pays, l'immunité de juridiction tirée du droit britannique[168].

---

[162] *Ibid.*

[163] D. CUTOS, « Droits administratifs américain et français : sources et procédures », *RIDC*, n° 2/2007, p. 285.

[164] J. DARBY, *Introduction au droit américain*, Cours, Faculté internationale de droit comparé, Université de Strasbourg, Session de printemps 2012, dactylographié notamment Conférence n° 4, p. 4 et s. L'auteur parle des « agences administratives ».

[165] P. DELVOLVE, P. BON, « Le contentieux administratif à l'étranger : éléments de comparaison », *op. cit.*, p. 225 et 226.

[166] *Ibid* ; D. RENDERS, « La réforme du Conseil d'État de Belgique », *AJDA*, n° 5/2008, p. 228- 231.

[167] Art., 33, alinéa 3, de la loi constitutionnelle n° 61/24 du 1er sept. 1961.

[168] J. BINYOUM, P. NGOLLE. NGWESSE, *Éléments de contentieux administratif camerounais*, Paris, L'Harmattan, 2010, préface de Maurice Kamto, p. 31.

91. Il existe, aussi, une catégorie mixte de contentieux administratif. Ce système consiste à « soumettre le contentieux de la légalité au juge administratif alors que le recours de plein contentieux en matière contractuelle et en matière quasi délictuelle relève du juge judiciaire »[169]. Cette conception du contentieux administratif est fondée sur l'idée que si l'administration est justiciable devant le juge administratif c'est en raison du fait qu'il assure des missions d'intérêt général et de ce fait dispose du pouvoir réglementaire et des prérogatives de puissance publique. Dès lors qu'elle se comporte comme un particulier, gère un service public industriel et commercial, passe des contrats, c'est le règne du droit privé. Cette approche est en vigueur dans les pays comme l'Allemagne, l'Italie, le Luxembourg, la Finlande et les Pays-Bas. C'est un modèle qui pose des difficultés, par exemple, lorsque la responsabilité de l'État ne résulte pas d'un acte matériel mais d'un acte illégal[170]. On peut, à la suite de ces précisions, dégager les aspects méthodologiques de cette recherche.

III. Considérations relatives à la méthodologie

92. Il convient ici de dégager, d'une part, l'intérêt et la problématique de l'étude (Section 1), et, d'autre part, l'hypothèse et la méthode de travail (Section 2).

Section 1. L'intérêt et la problématique de l'étude

93. Il s'agit de deux éléments dont l'analyse doit se faire séparément. On distinguera donc l'intérêt du sujet (§ 1) de la problématique (§ 2).

§ 1. L'intérêt de l'étude

94. L'intérêt de cette étude se décline sous plusieurs angles. Elle est, à la fois, une contribution à l'étude des rapports entre le temps et le procès administratif (A) et de l'originalité des modèles francophones de contentieux administratif (B). Du point de vue de la comparaison, elle apporte une atténuation à « l'européocentrisme » constamment observé en droit comparé (C).

A. Une contribution à l'étude des approches du temps dans le contentieux administratif des États de tradition juridique francophone

95. L'étude du temps dans le procès administratif comporte de nombreux intérêts. On sait que les juridictions administratives en France et dans les pays d'Afrique francophone sont des modèles qui ont des parentés. Des

---

[169] J. LEMASURIER, *Le contentieux administratif en droit comparé*, *op. cit.*, p. 6.
[170] *Ibid.*

liens existent entre ces différents modèles du fait de l'histoire des relations entre ces différents pays[171]. Il y a des « liens juridiques et des ruptures »[172].

96. En effet, « les défis de la mondialisation, l'émergence des droits nouveaux, d'attentes nouvelles de la part des citoyens et des systèmes politiques et économiques obligent à prendre le problème du temps au sérieux car, c'est ce rapport à la durée qui fonde la continuité des civilisations »[173]. Ainsi, la présente étude peut être perçue comme une modeste contribution à la théorie générale des rapports qu'entretient le temps avec le droit, en général, et, en particulier, avec la justice administrative. L'application de la loi dans le temps, le retrait et l'abrogation des décisions administratives unilatérales sont des questions qui ont en commun le rapport du temps avec le droit[174]. Il s'agit d'un thème qui est au centre du droit, une « question particulièrement difficile, synonyme d'efforts soutenus pour comprendre des questions abstraites »[175]. Ainsi, « sans le temps, le droit n'est rien »[176].

97. La justice administrative, de ce point de vue, subit aussi les tribulations, les controverses, non seulement du temps conjoncturel, mais aussi du temps judiciaire. En effet, le temps est au fondement de la « tradition réformatrice »[177] qu'intègre la justice administrative, d'une part, et, d'autre part, du manque de lisibilité dont elle est souvent accusée[178].

---

[171] A. BOCKEL, *Droit administratif*, Dakar, Nouvelles éditions africaines, 1978, p. 28.
[172] F. GALLETTI, *Les transformations du droit public… op. cit.*, p. 34.
[173] En ce sens, A. VIALA (dir.), *La Constitution et le temps*, *op. cit.*, p. 7.
[174] Dans le même sens, CONSTANTIN YANNAKOPOULOS, *La notion de droit acquis en droit administratif français*, Paris, LGDJ, 1997, préface d'Yves Gaudemet, 604p.
[175] M. VERPEAUX, « Le temps », *Jurisdoctoria*, n° 3/2009, p. 11
[176] M. HAURIOU, *Auxsources du droit : le pouvoir, l'ordre et la liberté*, Toulouse, Centre de philosophie politique et juridique, 1986, p. 189.
[177] C. TEITGEN-COLLY (dir.), *Perspectives contentieuses des réformes de la justice administrative*, *op. cit.*, p. 11.
[178] Ces arguments permettent de dire, d'une part, que la vocation du droit est d'imposer aux faits un « ordre des choses, il se dresse face au temps et au devenir, pour leur imprimer son sceau et leur prescrire ce qu'ils doivent êtres ». De même, le temps oriente et encadre le droit « contribue à ses évolutions et influence son contenu ». Le droit essaye de s'adapter aux évolutions de la société, « intègre la nouveauté » (F. COLONNA D'ISTRA, *Temps et concepts en droit des obligations. Essaie d'analyse méthodologique*, Thèse, Université d'Aix-Marseille 3, 2009, p. 3), les « questions nouvelles apparaissant suite aux développements croissants de notre société » (M. NOUNKELE, « Aux frontières de la comparaison », *RDIDC*, n° 3/2012, p. 408).

La justice administrative est appelée à suivre son temps (En ce sens, S. JEUSSEAUME, *Le droit administratif et le temps*, Thèse, Université paris X, 2002, 576p ; D. BONMATI, M. PAILLET, *La modernisation de la justice administrative en France*, Bruxelles, Larcier, 2010, p. 8 ; S. BOT, « L'aggiornamento du Conseil d'État : entre modernité et tradition », *RDP*, n° 5/2010, p. 1273-1303). Cela se caractérise par un constant ajustement. M. Pascal Gonod affirme, par exemple, que « le décret du 6 mars 2008 constitue

98. Vu sous l'angle du temps processuel, la justice administrative doit relever le défi du temps[179]. Autrement dit, elle doit optimiser le temps judiciaire. En ce sens, Catherine Philippe conclut sa réflexion sur « le temps et le droit de la famille » en ces termes : « une des caractéristiques du droit de la famille contemporain est et sera d'utiliser le temps de manière constructive : le temps permet l'établissement des liens, il les confirme quand ils ont fait leurs preuves ou les détruit lorsqu'ils n'ont plus de sens. C'est sans doute une des raisons pour lesquelles le droit de la famille défie le temps en ce début du 21e siècle »[180].

99. En contentieux administratif, on relève des difficultés d'accès au juge ainsi que des lenteurs judiciaires. Elles mettent en mal la qualité de la

---

la première concrétisation dans le Code de justice administrative des réflexions engagées en vue d'adapter le Conseil d'État et la juridiction administrative à leur environnement. Il apporte aussi des innovations à l'exercice de la fonction juridictionnelle en vue de prendre en considération les exigences de la jurisprudence de la Cour européenne des droits de l'homme [...] » (P. GONOD, « Le Conseil d'État à la croisée des chemins ? », *AJDA*, n° 12/2008, p. 630 ; B. STIRN, « Il y a une adhésion collective aux réformes en cours dans la juridiction administrative », *AJDA*, n° 1/2008, p. 4-5).

Cette remarque ne se limite pas seulement au droit du contentieux administratif. Si l'on s'en tient au droit français, on remarquera que la naissance de l'Union européenne avec la nécessité de sauvegarder les droits fondamentaux, laisse apparaître, au regard de « la pratique constitutionnelle [...] une Constitution adaptable, modifiable, qui a su sortir du contexte de sa naissance pour encadrer des situations nouvelles » (A. VIALA (dir), *La Constitution et le temps*, *op. cit.*, p. 6). Ce rapport touche aussi le droit privé (H. KELSEN, *Théorie pure du droit*, Traduction Charles Eisenmann, Bruxelles, Bryulant, Paris, LGDJ, 1999, p. 24-31 ; J.-L. BERGEL, *Théorie générale du droit*, Paris, Dalloz, coll. « Méthodes du droit », 4e éd., 2003, p. 169-170 ; G. RIPERT, *Les forces créatrices du droit*, Paris, LGDJ, 2e éd., 1955, p. 31-49 ; C. ATIAS, D. LINOTE, « Le mythe de l'adaptation du droit aux faits », *Dalloz*, 1977, chr. xxxiv, p. 251).

Mettant en exergue l'influence du temps sur le droit M. Yves Jeanclos évoque, d'une part, la qualification délictuelle et la responsabilité découlant des infractions commises la nuit (Y. JEANCLOS, « La nuit pénale en France : éléments d'analyse historique », *in Le temps et le droit*, Presses universitaires franc-comtoises, *op. cit.*, p. 63-84). C'est en ce sens que M. Philippe Malaurie estime qu'au « travers de la diversité des unions et du transsexualisme, le législateur et le juge consacrent des sexes en tous genres » (P. MALAURIE, *Droit civil, la famille*, 6e éd., cité par C. PHILIPPE, « Le temps et le droit de la famille », *in Le temps et le droit*, Franche-Comté, *op. cit.*, p. 125).

De même, au Cameroun, tout comme au Gabon, le contentieux administratif est engagé dans une dynamique de modernisation, accompagnée d'un élan de rapprochement du service public de la justice des citoyens usagers (J. BINYOUM, P. NGOLLE. NGWESSE, *Eléments de contentieux administratif... op. cit.*, p. 9).

[179] En ce sens, DRIFI FADHEL, *Le contentieux administratif des pays du Maghreb : La protection juridictionnelle des administrés à l'épreuve du temps*, Thèse, Université de Nice, 1997, 369 p ; I. BRI, *Le Conseil d'État et le temps : Contribution à l'étude de la fonction juridictionnelle du Conseil d'État*, Thèse, Université Grenoble 2, 1999, 510p.

[180] C. PHILIPPE, « Le temps et le droit de la famille », *in Le temps et le droit*, Franche-Comté, *op. cit.*, p. 125-132.

justice[181]. C'est pourquoi des mesures ont été prises dans le but d'améliorer le temps du procès[182]. De ce point de vue, il est important de mener une étude sur le temps dans la justice administrative[183]. En effet, la stabilité des situations juridiques fait partie, à côté de l'intelligibilité et l'accessibilité des normes, du principe de sécurité juridique. À cet égard, la doctrine relève que « l'exigence de sécurité juridique retient plus encore l'attention lorsque l'on s'intéresse aujourd'hui »[184] au juge administratif. C'est pour cette raison que Raymond Odent précise que « l'existence d'un délai de recours correspond à une double idée ; d'une part, il faut laisser aux justiciables un laps de temps qui leur permette [...] de réfléchir, de se renseigner, de se faire une opinion sérieuse sur la valeur juridique de cette décision et sur les chances qu'ils peuvent avoir d'en obtenir la réformation ou l'annulation. [...] Mais d'autre part, l'intérêt général exige que la stabilité des situations administratives ne puisse être discutée que pendant un bref délai : le fonctionnement normal des services publics risquerait d'être entravé si les menaces d'annulation pesaient trop longtemps sur l'administration »[185]. Il s'agit d'une préoccupation qui va au-delà du cadre national.

100. Dans le cadre des conventions internationales, le droit à un délai raisonnable de jugement a été consacré. En Europe, c'est l'article 6 § 1er et 13, de la Convention européenne des droits de l'Homme qui l'évoque. Il existe d'ailleurs des nombreuses condamnations de la France pour violation de cette exigence[186] ou encore lorsqu'elle jugea, à l'occasion de

---

[181] Selon M. Jean-Marc SAUVE, le temps fait partie des nombreux éléments permettant d'apprécier la qualité de la justice. Voir « Les critères de la qualité de la justice », Célébration des vingt ans du tribunal de première instance des communautés européennes, Luxembourg, 25 septembre 2009. Disponible sur le site : http://www.conseil-etat.fr/node.php?articleid=1823, consulté le 4 mai 2012 à 10 h 42 mn.

[182] C. TEITGEN-COLLY (dir), *Perspectives contentieuses des réformes de la justice administrative… op. cit.*, p. 19.

[183] En ce sens, L. CADIET, « préface », *in Le temps et le procès civil*, S. AMRANI-MEKKI, Paris, Dalloz, coll. « Nouvelle Bibl. des Thèses », 2000, p. ix.

[184] B. SEILLER, « Sécurité juridique et office du juge administratif », *RDP* n° 3/2016, p. 765.

[185] R. ODENT, *Contentieux administratif, op. cit.*, p. 821.

[186] En 1993, à l'occasion du 40e anniversaire des tribunaux administratifs, lequel rendait aussi hommage à la création des Cours administratives d'appel (1987) dont l'objectif était aussi de désengorger les tribunaux administratifs, M. Henri Oberdoff indiquait que pour l'ensemble, le délai moyen de jugement était de trente (30) mois entre 1987 et 1990 et est passé à deux (2) ans et un (1) mois en 1992. En 1993, ce délai a chuté à un (1) an onze (11) mois. En dépit de cette réduction, liée notamment à une montée de la productivité par magistrat et par année, poursuit-il, ce délai moyen apparaissait encore trop long (H. OBERDORFF, « Le justiciable, le juge administratif et le temps », *in* G. Gardeau, H. Oberdorff (dir), *Le juge administratif à l'aube du XXIe siècle*, Presses universitaires de Grenoble, 1995, p. 288). La conséquence en est que la confiance en la justice se trouve réduite. Une décision de justice qui intervient de manière tardive en matière administrative « encourage l'administration et les élus à s'affranchir du respect du droit ». Cela perpétue « des illégalités commises tandis que le

l'affaire Geouffre de la Pradelle du 16 décembre 1992, que le régime des délais en matière de classement des sites, en vigueur en droit français, était de nature à créer un état d'insécurité juridique en contradiction avec l'effectivité du droit d'accès aux tribunaux telle que garantie par l'article 6 § 1 de la Convention européenne des droits de l'Homme[187].

101. En Afrique, pareillement, de nombreuses Conventions vont dans le même sens. On peut citer, à titre d'exemple, la Charte africaine des droits de l'Homme et des peuples qui, comme la Convention européenne des droits de l'Homme, consacre en son article 7d le droit à un jugement dans un délai raisonnable[188]. Celle-ci a été adoptée par le Cameroun[189], comme d'ailleurs la majorité des pays d'Afrique[190].

102. Dans le contexte africain, en effet, la Commission africaine des droits de l'Homme et des peuples a été créée et « quiconque » est en droit de dénoncer auprès d'elle la violation, « par un État Partie à la Charte Africaine des Droits de l'Homme et des Peuples, de l'un ou plusieurs droits qui y sont prévus »[191].

103. À l'égard de la question du temps, cet organe a pu relever, à l'occasion de l'affaire Peoples democratic organization for independance and socialism c/ Gambie, que « la communication a été déclarée recevable parce que la procédure d'épuisement des voies internes avait été prolongée d'une façon anormale »[192]. On note ici, l'idée de la durée des procédures dont le caractère prolongé a amené cette Commission à déroger à l'exigence d'épuisement des voies de recours. De même, à l'occasion de sa première décision au fond, la Cour africaine des droits de l'Homme a été confrontée à une exception relative au délai de recours, notamment la question de la forclusion. Elle est restée laconique à ce propos alors que

---

dossier, sans hâte, chemine à travers les différentes étapes de la procédure juridictionnelle ». (Rapport sénatorial H. HAENEL et J. ARTHIUS sur le fonctionnement des juridictions de l'ordre administratif et l'exécution de leurs décisions ainsi que des services chargés du contentieux administratif dans les administrations publiques, juin 1992, cité par H. OBERDOFF, « Le justiciable, le juge administratif et le temps », *in* G. Gardeau, H. Oberdorff (dir), *Le juge administratif à l'aube du XXIe siècle,op. cit.*, p. 282).

[187] R. CHAPUS, *Droit du contentieux administratif, op. cit.*, n° 872.

[188] En ce sens, S. DOUMBE-BILLE, « La Charte africaine des droits de l'Homme et des peuples », *Annuaire international des droits de l'Homme*, 2006, vol. 1, p. 139-158.

[189] L. DONFACK SOKENG, « Le Cameroun et les conventions internationales relatives aux droits de l'homme », *in* J-L Atangana Amougou (dir), *Le Cameroun et le droit international*, Paris, A Pedone, coll. « Colloque », 2014, p. 132 et s.

[190] A-D. OLINGA, « L'Afrique face à la "globalisation" des techniques de protection des droits fondamentaux », *RJP*, n° 1/1999, p. 71.

[191] Voir Commission africaine des Droits de l'Homme et des Peuples, http://www.achpr.org/fr/communications/. Consulté le 13 oct. 2016, à 10 h.

[192] Communication 44/90, rapportée par A. D. OLINGA, « L'Afrique face à la "globalisation" des techniques de protection des droits fondamentaux », *op. cit.*, p. 82.

« la jurisprudence établie au niveau de la Commission africaine et ailleurs est importante. Sur ce point précis, la Commission de Banjul s'est alignée sur le délai de 6 mois suivant l'acte interne querellé, délai retenu au niveau européen, sauf circonstances spéciales liées au cas sous examen. La Cour, pour des besoins de sécurité juridique, aurait pu reprendre explicitement cette ligne de conduite pertinente »[193].

104. Tous ces exemples montrent combien l'analyse du temps dans le procès administratif en droit comparé est intéressante, elle permet de comprendre comment les différentes législations concilient les droits des justiciables et le principe de sécurité juridique au regard du temps dans le contentieux administratif ; de voir à qui profite le temps dans le procès administratif.

105. En s'inscrivant ainsi dans un registre comparatif, la présente étude a, du point de vue théorique, une plus-value en ce qu'elle contribue à la construction d'une théorie des rapports entre le temps et la justice administrative dans les pays de tradition juridique francophone. En effet, droit comparé et théorie du droit dépendent l'un de l'autre[194]. La « théorie du droit est, par essence, générale et ceci implique nécessairement le droit comparé puisque cette théorie devra obligatoirement se fonder sur plus d'un droit et y recourir en tant qu'objet constitutif d'une classe de droit »[195]. Cette étude comporte donc un intérêt d'ordre théorique. Cela est plus compréhensible dans la mesure où chaque « rapport à la comparaison des droits peut contribuer à sa manière à l'élaboration d'une théorie dans le champ qu'il s'est choisi ; qu'il s'agisse de celui des éléments, des notions, des mécanismes, des structures, des systèmes ou du droit »[196].

106. De ce point de vue, le droit comparé favorise la mise en place d'un « droit commun » en permettant de « dégager de nouveaux principes communs de droit »[197] pour des systèmes appartenant à une même civilisation. Il donne à espérer, avec les avancées de la mondialisation, à l'avènement d'un « droit quasi mondial »[198]. On doit ajouter à ceci l'apport du droit comparé à l'affermissement de la philosophie du droit. C'est à travers la

---

[193] A. D. OLINGA, « La première décision au fond de la Cour africaine des droits de l'homme et des peuples (Arrêt du 14 juin 2013 sur les affaires jointes Tanganyika Law Society & The Legal and HumanRights Centre c. Tanzanie et Révérend Christopher R. Mtikila c. Tanzanie) », *La Revue des droits de l'homme, Revue du centre de recherches et d'études sur les droits fondamentaux*, n° 6/2014, https://revdh.revues.org/953.

[194] W. TWINNING, « Globalisation and comparative law », *Maastricht journal of european and comparative law*, 1999, p. 239.

[195] J. VANDERLINDEN, « Le droit comparé et la théorie juridique », *in* Jean du Bois de Gaudusson (dir), *Le devenir du droit comparé en France*, *op. cit.*, p. 32.

[196] *Ibid*, p. 35.

[197] M. FROMONT, *Grands systèmes de droits étrangers*, Paris, Dalloz, 6e éd., 2009, p. 4.

[198] *Ibid.*

comparaison que l'on peut aisément cerner les buts que se fixe un ordre juridique. Dans cette perspective, l'étude du temps dans le procès administratif permet de comprendre le niveau d'intérêt des États français et d'Afrique francophone en matière de sécurité juridique et du respect des droits de l'Homme. On pourrait ainsi comprendre les rapports entre « le droit et la société qu'il régit, notamment, sa culture et son économie »[199]. Au-delà, cette recherche permet, particulièrement, de mettre en exergue le fonctionnement de la justice administrative dans les pays africains ralliés à la tradition juridique française.

B. Une contribution à l'étude de la singularité des modèles français et africains de contentieux administratif

107. Les modèles francophones de contentieux administratif, notamment d'Afrique, sont « bien peu connus et bien mal considérés »[200]. De ce point de vue, le temps apparaît comme « le meilleur aiguillon »[201] pour s'interroger aussi bien sur ce qu'est réellement la justice que sur ce qu'elle devrait être[202]. Il ne s'agit donc pas d'un « thème banal ou éculé »[203].

108. Le droit comparé favorise la connaissance des systèmes juridiques[204]. En effet, relèvent certains observateurs, l'émergence du constitutionnalisme conduisant à la protection des droits des citoyens a engendré l'émergence des « structures internes fondamentales dont les formulations fort semblables en apparence se révèlent, à l'examen, propres à chaque système »[205]. Le droit français, par exemple, diffusé en Afrique a souvent été présenté comme un « mimétisme juridique », une « cannibalisation du droit », du modèle-matrice. Ou alors a-t-on simplement parlé de « pieuvre juridique française leurs institutions ayant été caricaturées et prises

---

199 *Ibid.*

200 F. FERAL, « Préface », *in* F. GALLATTI, *Les transformations du droit public… op. cit.*, p. v.

201 S. GABORIAU (dir), *Le temps, la justice et le droit*, *op. cit.*, p. 19.

202 R. VIARGUES, « Le justiciable, le juge administratif et le temps », *in* G. Gardeau, H. Oberdorff (dir), *Le juge administratif à l'aube du XXIe siècle*, *op. cit.*, p. 277 et s.

203 *Ibid.*

204 R. SACCO, *La comparaison juridique au service de la connaissance du droit*, Paris, Economica, coll. « Études juridiques comparatives », 1991, p. 12 ; V. GROSSWALG CURRAN, « Les nouveaux défis de la globalisation pour le droit comparé », *in* B. Fauvarque-Cosson (dir), *Le droit comparé au XXIe siècle. Enjeux et défis*, Paris, Société de législation comparée, 2015, p. 131 ; L-C, CONSTANTINESCO, *Traité de droit comparé*. t. 1, *Introduction au droit comparé*, Paris, LGDJ, 1972, 243p

205 O. MORETEAU, J. VANDERLINDEN (dir), *La structure des systèmes juridiques*, Bruxelles, Bruylant, 2004, p. 431.

comme une copie détournée de l'incomparable perfection du droit public à la française »[206].

109. Prenant le contre-pied de cette position, le professeur Alain Serges Mescheriakoff a eu à relever que « les institutions publiques des pays en voie de développement, notamment de l'Afrique francophone, restent mal connues. Que celles-ci sont victimes, à la fois, de leur ressemblance apparente avec les institutions de l'ancienne métropole et de leur réelle originalité ». Que « l'observateur européen est d'abord convaincu de l'absence d'intérêt de question suffisamment étudiée dans son pays, et, si, piqué par la curiosité, il décide de pousser plus avant son investigation, il est vite rebuté par l'étrangeté du fonctionnement d'institution qu'il croyait bien connaître. Il importe donc de franchir cet obstacle et de les étudier en soi en se dépouillant des a priori découlant du modèle européen »[207].

110. Une étude comparative renforce alors cette ambition. La comparaison revêtant un caractère scientifique[208], elle permet de rejeter les « a priori » sur la portée des règles et des institutions. C'est d'ailleurs la première fonction du droit comparé[209].

111. De même, du point de vue de la connaissance, il y a par exemple une « demande, tant des étudiants français à l'égard des droits des autres pays que des étrangers à l'égard »[210] du droit français. En effet, l'histoire des « phénomènes culturels liés au droit en France montre que, même dans un pays qui a été longtemps plus exportateur qu'importateur de modèles juridiques, les influences étrangères ont toujours eu de l'importance »[211]. D'une manière générale, « l'espace national dévolu au droit s'amenuise de jour en jour. Connaître le droit des autres, les autres droits, est d'une évidente nécessité [...] chaque juriste est appelé à s'informer et à agir hors de son système national ; le droit étranger s'invite de plus en plus à

---

[206] F. FERAL, « Préface », *in* F. GALLATTI, *Les transformations du droit public... op. cit.*, p. v.

[207] A. S. MESCHERIAKOFF, « Le déclin de la fonction administrative contentieux au Cameroun », *RJPIC*, t. 34, n° 4/1980, p. 725.

[208] M. FROMONT, *Grands systèmes de droits étrangers*, *op. cit.*, p. 2.

[209] Y.-M. LAITHIER, *Droit comparé*, coll. « Cours », Paris, Dalloz, 2009, p. 14 et 17 ; J.-M. PONTIER, « De la théorie à la pratique du droit comparé », *in* Jean du Bois de Gaudusson (dir), *Le devenir du droit comparé en France*, *op. cit.*, p. 43 ; M. FROMONT, *Grands systèmes de droits étrangers*, *op. cit.*, p. 3.

[210] J.-M. PONTIER, « De la théorie à la pratique du droit comparé », *in* Jean du Bois de Gaudusson (dir), *Le devenir du droit comparé en France*, *op. cit.*, p. 42.

[211] J-L. HALPERIN, « L'idée de culture juridique française est-elle utile au droit comparé ? », *in* B. Fauvarque-Cosson (dir), *Le droit comparé au XXIe siècle. Enjeux et défis*, *op. cit.*, p. 163.

sa table de travail, au point souvent d'en devenir l'habitué »[212]. Le professeur Louis Favoreu note que « malgré des progrès et un meilleur accueil réservé aux thèses de droit comparé, très peu d'enseignants sont suffisamment formés au droit comparé et connaissent très mal les droits étrangers, trop peu participent à des colloques internationaux » et pour résoudre ce problème « il faudrait faire porter l'effort sur les jeunes chercheurs »[213].

112. Aussi, face à l'émergence du droit communautaire, les législations nationales sont en voie de disparition dans les esprits des chercheurs. Le professeur Jean-Marie Pontier affirme qu'on a « tendance à [...] oublier qu'il existe des droits nationaux, des droits qui demeurent, et qui sont mal connus. Chaque année on découvre avec surprise, les uns les autres, les particularités, voire ce qui apparaît comme des bizarreries aux autres, de chaque droit national »[214]. Avec le phénomène de la mondialisation, les systèmes juridiques deviennent mobiles et complexes. Les droits français, tout comme ceux des pays africains, sont en proie à ces évolutions.

113. L'étude du temps dans le contentieux administratif dans ces pays permet donc de mieux comprendre ces modèles de contentieux administratifs, de s'intéresser « au-delà des règles, au raisonnement juridique et donc aux catégories juridiques et, plus précisément, à l'élaboration conceptuelle et argumentative qui explique techniquement ou idéologiquement les règles et les solutions juridiques »[215]. Cela pourra conduire à des réformes législatives, à la prise en compte de la jurisprudence étrangère[216] par le droit national[217], de trouver la meilleure solution juridique[218] ou encore de

---

[212] D.J.M. SOULAS-DE-RUSSEL, « Le rôle central du droit comparé pour le nouveau juriste de la mondialisation. Un essai trilogique », *RDIDC*, n° 3/2015, p. 373.

[213] L. FAVOREU, « Remarques », *in* Jean du Bois de Gaudusson (dir), *Le devenir du droit comparé en France*, *op. cit.*, p.78.

[214] J.-M. PONTIER, « De la théorie à la pratique du droit comparé », *in* Jean du Bois de Gaudusson (dir), *Le devenir du droit comparé en France*, *op. cit.*, p. 41.

[215] M.-C. PONTHOREAU, « Le droit comparé et la théorie juridique. Débats méthodologiques récents », *in* Jean du Bois de Gaudusson (dir), *Le devenir du droit comparé en France*, *op. cit.*, p. 59.

[216] La référence aux droits étrangers pourrait être un moyen de combler le manque de décision de justice pour les juridictions intervenant dans les jeunes démocraties. En ce sens, C. DUPRE, Importing the law in post-communist transitions, Hart Publishing, Oxford, 2003, cité par M.-C. PONTHOREAU, « Le droit comparé et la théorie juridique. Débats méthodologiques récents », *in* Jean du Bois de Gaudusson (dir), *Le devenir du droit comparé en France*, *op. cit.*, p. 57.

[217] M. FROMONT, *Grands Systèmes de droits étrangers*, *op. cit.*, p. 2.

[218] La référence au droit étranger permet aussi de renforcer la solution choisie face à une question controversée ou un problème juridique nouveau ; il est utile pour sortir d'une discussion nationale pour prendre du recul, aussi pris comme argument à contrario. M.-C. PONTHOREAU, « Le droit comparé et la théorie juridique. Débats méthodologiques

rédiger et améliorer les codes et lois[219]. Par ailleurs, cette étude apporte une atténuation à « l'européocentrisme » observé en droit comparé.

C. Une atténuation à « l'européocentrisme » observé en droit comparé

114. En tant qu'étude comparative relative au temps dans le procès administratif en France et dans les États d'Afrique francophone, elle s'inscrit dans le registre des travaux qui visent à réduire « l'européocentrisme »[220] observé en droit comparé. L'idée d' « européocentrisme » en droit comparé n'est pas nouvelle. Déjà, en 1900, rapporte le professeur Flauss-Diem, on reprochait à Seilles cet écueil lorsqu'il définissait le droit comparé comme un exercice consistant à dégager les principes communs à tous les systèmes de droit du monde civilisé, notamment d'Europe[221]. En effet, le professeur Jean Malaurie a ainsi relevé que « les juristes ont un esprit conservateur et européocentrique qui est vainement dénoncé »[222]. C'est, sans doute, pourquoi le professeur Jacques Vanderlinden a préconisé, dans le cadre d'une étude comparative, qu'elle puisse couvrir un « large éventail de données afin d'échapper à un éventuel reproche d'européocentrisme »[223].

115. En outre, malgré les évolutions du droit français en ce qui concerne le recours aux droits étrangers afin de justifier certaines réformes législatives internes, il faut remarquer que d'un point de vue historique, le recours à la comparaison a été très limité[224]. Le pr Roland Drago abonde dans le même sens. Ainsi observe-t-il que dans une publication spéciale d'un numéro de la Revue internationale de droit comparé, paru en 1999 et portant sur le droit comparé, aucune étude n'a été consacrée à l'Afrique. Il s'interrogea sur l'absence de l'Afrique « alors que la culture comparative est largement à la base du droit des divers États qui la composent et que ce droit a déjà fait l'objet, en Afrique et ailleurs, de

---

récents », *in* Jean du Bois de Gaudusson (dir), *Le devenir du droit comparé en France*, *op. cit.*, p. 57.

[219] *Ibid.*

[220] J. VANDERLINDEN, « Le droit comparé et la théorie juridique », *in* Jean du Bois de Gaudusson (dir), *Le devenir du droit comparé en France*, *op. cit.*, p. 36.

[221] FLAUSS-DIEM, *Introduction au droit comparé*, Cours, Faculté internationale de droit comparé, Université de Strasbourg, Session de printemps 2012, 1er cycle, dactylographié.

[222] J. MALAURIE, « Droit et logique coloniale », *in* M. Doucet, J. Vanderlinden (dir), *La réception des systèmes juridiques : implantation et destin*, Bruxelles, Bruylant, 1994, p. 449.

[223] J. VANDERLINDEN, « Le droit comparé et la théorie juridique », *in* Jean du Bois de Gaudusson (dir), *Le devenir du droit comparé en France*, *op. cit.*, p. 36.

[224] F. MELLERAY (dir), *L'argument de droit comparé en droit français*, Bruxelles, Bruylant, 2007, 374p.

recherches considérables et significatives »[225]. Un autre exemple est d'ailleurs très récent. On remarque l'absence des droits africains dans le dernier ouvrage publié par la Société de législation comparée sur le thème : le droit comparé au 21e siècle : enjeux et défis.

116. Pourtant, évoquant l'administration en France, un observateur souligne surtout qu'un auteur, « Jacques Chevallier a toujours insisté, dans les fonctions qu'il a exercées au sein de l'institut français des sciences administratives, sur le refus de tout repli hexagonal et sur la nécessité d'une large ouverture vers les systèmes étrangers »[226]. Le professeur Philippe Yolka affirme également que « dans un contexte d'ouverture du marché des idées juridiques, une approche strictement hexagonale et contentieuse du droit administratif (coupée des autres cultures juridiques, des sciences sociales et de l'analyse politique) mène dans l'impasse. Il faut, de temps à autre, ouvrir les fenêtres pour renouveler l'air »[227]. Ainsi, de manière récurrente, les études de droit comparé ont souvent tendance, qu'il s'agisse de la macro ou de la micro-comparaison, à marginaliser les droits africains. L'idée répandue étant que le droit n'existerait pas en Afrique ou encore qu'il ne serait qu'une pâle copie du modèle occidentale[228]. De ce point de vue, « à l'exception de l'Afrique du Sud, et du Japon, dont le droit est fortement inspiré du droit allemand, aucune référence ne s'inspire des droits orientaux, islamiques, ou africains [...] »[229].

117. Cette attitude met en jeux l'apport des droits africains au droit comparé. Autrement dit, « le droit africain a-t-il sa place dans le droit comparé ? » La réponse à cette interrogation qu'avait déjà formulée par le professeur Alioune Badara Fall est affirmative. En effet, même s'il est, à certains

---

[225] R. DRAGO, « Droit comparé », *in* D. Allan, S. Rials (dir), *Dictionnaire de la culture juridique*, Paris, PUF, 2003, p. 453.

[226] J. CHAVALLIER, « Peut-on encore parler d'un modèle français d'administration ? », *in La conscience des droits, Mélanges en l'honneur de Jean-Paul Costa*, Paris, Dalloz, 2011, p. 129.

[227] P. YOLKA, « Propos introductifs », *in La doctrine en droit administratif*, Paris, Litec, coll. « Colloques et débats », 2010, p. xiii. Dans le même sens, L. LA FONTAINE, *Qu'est-ce qu'un grand juriste ? Essai sur les juristes et la pensée juridique contemporaine*, Paris, Lextenso éditions, 2012, 196p.

[228] À cet égard, certains observateurs ont évoqué la question, par exemple, de l'effectivité de la règle de droit à l'instar de la constitution camerounaise de 1996 et fait le constat selon lequel la vie politique en Afrique se développerait en dehors de la constitution et son droit. Voir J. de Noel. ATEMENGUE, « Production du droit public interne et contexte politique : le cas du Cameroun », *RDIDC*, n° 2/2012, p. 273 et 277.

[229] M. NOUNKELE, « Aux frontières de la comparaison », *op. cit.*, p. 408. Très certainement, justifie l'auteur, ces ordres juridiques sont encore fortement empreints de traditions locales ou religieuses. Y avoir accès peut également être très difficile. Mais principalement, ce sont les différences de valeurs et de développement entre ces pays "et les pays" industrialisés qui viennent couper court à toute comparaison.

égards, vrai, affirme-t-il, que le droit africain serait le droit de l'ancienne métropole[230], « un droit importé n'ayant ni racine, ni emprise sur les populations et les structures politico-administratives locales »[231] et ne ferait même l'objet d'aucune application effective, la pratique aujourd'hui laisse apparaître des réformes qui traduisent leurs singularités et justifient de ce fait que l'on s'y attarde. Des études ont également fait ressortir que de nos jours en Afrique, les confusions qui portaient sur l'existence d'un droit propre à l'administration « ont fini par ouvrir des voies vers une physionomie propre du droit administratif. Le droit administratif tel qu'il est appliqué en Afrique francophone se démarque par une certaine originalité »[232].

118. Cela dit, l'intérêt de l'étude du temps dans le procès administratif en France et dans les États africains ralliés à la tradition juridique française regorge d'un intérêt majeur dans le registre du droit comparé. La doctrine relève que sur bien des points, « le modèle français de droit administratif apparaît conservateur et limité et même parfois dépassé »[233]. Ainsi, la récurrence des recours contentieux comme on le remarque en France n'est pas liée à « l'insatisfaction de l'usager », mais beaucoup plus à cette « volonté de surmonter le sentiment de fragilité, d'incompréhension et d'insécurité face à un système législatif et administratif de plus en plus complexe »[234]. Dans cette perspective, le droit comparé axé sur les modèles africains peut contribuer à améliorer le système et en même temps à réduire la tendance européocentriste observée en droit comparé.

119. Comme on peut le voir, au-delà du fait que sur les territoires africains sous colonisation se sont produits des litiges qui ont abondamment conduit à l'adoption des principes du droit administratif en France[235], l'étude comparée du temps dans la justice administrative française et des pays africains est de nature à mettre en exergue de nombreux pans du droit du contentieux administratif rarement examinés à titre de droit comparé alors qu'ils sont porteurs de nombreux enseignements. Ainsi, « le droit administratif africain pourrait enrichir le droit français. [...]. Le

---

[230] « Les droits publics nationaux en Afrique procèdent davantage des modèles juridiques extérieurs infléchis localement, que les droits privés nationaux, plus spécifiques et originaux ». F. GALLETTI, *Les transformations du droit public... op. cit.*, p. 40.

[231] A. BADARA FALL, « Le droit africain a-t-il sa place dans le droit comparé ? », *in* J. Dubois de Gaudusson (dir), *Le devenir du droit comparé en France*, *op. cit.*, p. 163.

[232] S. YEDOH LATH, « Les caractères du droit administratif des États africains de succession française. Vers un droit administratif africain francophone ? », *op. cit.*, p. 1260.

[233] A. BADARA FALL, « Le droit africain a-t-il sa place dans le droit comparé ? », *in* J. Dubois de Gaudusson (dir), *Le devenir du droit comparé en France*, *op. cit.*, p. 163.

[234] O. GOHIN, *Contentieux administratif*, Paris, LexisNexis, coll « Manuel », 7e éd., 2012, p. 165.

[235] G. PEISER, « Droit administratif et colonisation », *in* G. J. Guglielmi (dir), *Histoire et service public*, Paris, PUF, 2004, p. 217-230.

modèle juridique africain est alors susceptible de porter des normes, des concepts et même des théories que l'on pourrait confronter à ceux d'autres modèles étrangers pour en apprécier la pertinence, ou la portée »[236].

120. Cette étude est aussi une occasion pour analyser l'existence du droit en Afrique ainsi que ses capacités à s'ériger en modèle, à rejeter la théorie du macro-mimétisme au profit d'un droit typiquement africain[237]. Selon le professeur Magloire Ondoa, le droit en Afrique est un droit qui s'est construit « selon les principes et mécanismes français, mais s'éloignant de manière significative, dans le fond de celui de la puissance dominatrice ». Un droit autonome depuis ses origines donc de « l'existence, initiale, d'un droit colonial [...] qui en constitue le socle primitif »[238]. Cela ne pourra être bien mené que sur la base d'une problématique.

§ 2. La problématique de la recherche

121. Il s'agit ici de dégager la question devant servir de « fil rouge » à la lecture de ce travail. Analysant la méthode comparative applicable en droit administratif, François Haut propose un certain nombre de questions qui permettent de confronter des paramètres comparables et d'aboutir à des résultats scientifiques.

122. Il s'agit, par exemple, de se demander : « de quelle façon est contrôlée l'activité de l'administration ? Comment sont organisées les diverses collectivités publiques ? À quel régime de responsabilité l'administration est-elle soumise ? Les particuliers ont-ils la possibilité d'introduire des recours contre l'administration ? Dans quelles conditions l'administration contracte-t-elle ? Quelle est la situation de ses employés ? Comment sont appréciées les libertés publiques ? Y a-t-il un contrôle juridictionnel de l'activité administrative ? Quel est le rôle de la jurisprudence ? »[239] Ces questionnements préalables permettent de se faire une idée sur la démarche comparative et surtout d'identifier avec précision la problématique de l'étude.

---

[236] A. BADARA FALL, « Le droit africain a-t-il sa place dans le droit comparé ? », *in* J. Dubois de Gaudusson (dir), *Le devenir du droit comparé en France*, *op. cit.*, p. 163.
[237] S. YEDOH LATH, « Les caractères du droit administratif des États africains de succession française. Vers un droit administratif africain francophone ? », *op. cit.*, p. 1258.
[238] M. ONDOA, *Introduction historique au droit camerounais : la formation initiale. Éléments pour une théorie de l'autonomie des droits africains*, Yaoundé, Les Éditions le Kilimandjaro, coll. « Doctrine juridique africaine et malgache », 2013, préface de Paul-Gérard Pougoué, p. 296.
[239] F. HAUT, « Réflexion sur la méthode comparative appliquée au droit administratif », *RIDC*, n° 4/1989, p. 912.

123. Au regard de l'aspect droit comparé de cette recherche, et en retenant le temps dans le contentieux administratif, c'est-à-dire le temps dans le droit ou encore le temps saisi par le droit, puisqu'une telle approche convient mieux à une étude juridique, on pourra poser le problème de savoir qu'est-ce qui singularise le temps dans le contentieux administratif en France et dans les États d'Afrique francophone ? De manière plus claire, quelles sont les marques distinctives, les traits spécifiques, typiques ou originaux du temps saisi par le droit dans le contentieux administratif en France et dans les États d'Afrique francophone ?

124. La réponse à cette question permet, d'abord, de comprendre à quel niveau se situent les législations française et d'Afrique de tradition juridique francophone[240], à l'instar du Cameroun et du Gabon, par rapport à l'équilibre que doit assurer le temps dans le procès administratif, entre les droits des justiciables et la stabilité des situations juridiques. Autrement dit, la réponse à cette question permet de voir si le temps tel qu'il est saisi par le droit dans le procès administratif en France et dans les droits d'Afrique francophone place ces législations en harmonie avec leurs engagements internationaux relatifs à la bonne administration de la justice[241] à savoir la préservation du droit au juge ainsi que le principe de sécurité juridique. Bref de comprendre la politique juridique processuelle de ces États en ce qui concerne le contentieux administratif.

125. Ensuite, elle amène à voir l'originalité du droit français par rapport aux droits d'Afrique francophone. Ainsi que l'a relevé le professeur Magloire Ondoa, en ce qui concerne la formation du droit en Afrique, il y a « en toile de fond, la question de l'autonomie ou non de ces droits par rapport au droit français »[242]. Elle permet finalement de voir si ces différents modèles se rapprochent ou alors s'éloignent. En effet, bien que les droits camerounais et gabonais fassent partie de la famille romano-germanique, on pourrait voir si ceux-ci apparaissent, s'agissant du contentieux administratif, comme étant ou non une « déclinaison nationale »[243] de ce système juridique car, « la tradition romano-germanique, présente sur tous les continents, rassemble un grand nombre d'États et d'ordres

---

[240] Voir en ces sens, C. JUEL, (dir), *La justice administrative garante de l'état de droit ? : Réalités juridiques et implications politiques. Convergences et particularismes dans les États francophones*, Presses universitaires de Perpignan, 2015, 265p

[241] En ce sens. M. DEGUERGUE, « Les standards de rationalité dans la jurisprudence du Conseil d'État », *in* S. Theron (dir), *Le raisonnable en droit administratif*, *op. cit.*, p. 81 ; L. SERMET, *Convention européenne des droits de l'homme et contentieux administratif français*, Paris, Economica, 1996, préface de Louis Dubouis, 450p

[242] M. ONDOA, *Introduction historique au droit camerounais : la formation initiale. Éléments pour une théorie de l'autonomie des droits africains*, *op. cit.*, p. 320.

[243] T. RAMBAUD, *Introduction au droit comparé Les grandes traditions juridiques dans le monde*, Paris, PUF, coll. « Quadrige manuels », 2014, p. 65.

juridiques. Malgré cette appartenance commune, des différences importantes existent entre eux »[244]. On pourrait ainsi comprendre ce qu'il en est pour la France et ces pays d'Afrique francophone.

126. Enfin, elle donne l'occasion « d'enrichir la compréhension mutuelle, non seulement des différents systèmes mais aussi la réflexion sur un sujet clé comme le temps »[245] qui, en ce « troisième millénaire, est devenu un élément prépondérant de nos vies juridiques »[246]. Pour parvenir à cette fin, il faut partir d'une méthode.

Section 2. L'hypothèse et la méthode de travail

127. L'analyse de l'hypothèse de travail (§ 1) sera suivie de celle de la méthode de travail (§ 2).

§ 1. L'hypothèse de travail

128. L'hypothèse s'entend comme l'idée avancée, apportant des éléments de réponse à la problématique du sujet, laquelle fera donc l'objet de vérification, d'explication et des développements dans l'ensemble du travail. Il s'agit de « l'idée anticipée, probable mais non certaine : elle se déduit de l'expérience et de l'observation de quelques phénomènes ; c'est cette proposition éventuelle qui sera ensuite analysée »[247].

129. Ainsi, pour mener à bien cette recherche, il faut partir de la définition retenue à propos de la notion de temps. En effet, en considérant le temps comme le temps qui passe, qui s'écoule, on devra étudier la justice administrative dans le temps. Il en est ainsi parce que le temps qui passe convient avec l'évolution des mœurs et surtout la nécessité d'adapter la législation aux nouvelles mentalités, aux nouvelles exigences de la société. Parce que les « pressions sont partout présentes, le droit doit les prendre en considération, ou les prévenir ; faire en sorte qu'il améliore le bonheur [...] »[248]. Il y a donc les temps nouveaux comme des temps anciens qui conviennent à des réformes[249] malgré les obstacles[250].

---

[244] *Ibid.*
[245] A. VIALA, *La Constitution et le temps*, *op. cit.*, p. 7.
[246] *Ibid.* p. 5.
[247] M. STORCK, *Essai sur le mécanisme de la représentation dans les actes juridiques*, Paris, LGDJ, 1982, coll. « Bibl. de droit privé », t. clxxii, préface de Danièle Huet-Weiller, p. 13.
[248] H. OBERDORFF, J. ROBERT, *Libertés fondamentales et droits de l'homme. Textes français et internationaux*, Paris, Montchrestien, 10e éd., 2012, p. x.
[249] GIAN SAVINO PENE VIDARI, « Le temps et le texte. Quelques notes à propos du statutoalbertino », *in* M. Otalani, O. Vernier (Textes rassemblés par), *Le temps et le droit*, *op. cit.*, p. 159-171.
[250] Le lit de la rivière se déplaçant avec le temps, tout prévoir, par la loi étant un but difficile à atteindre. M. MORIN, « Le rôle du juge anglais dans l'application du droit aux circonstances

130. Mais ce temps qui correspond au droit saisi par le temps ne sera pas analysé car, et on l'a déjà précisé, il relève moins d'une approche juridique que d'une approche sociologique, philosophique et anthropologique. Sera en revanche étudié le temps juridique donc le temps entendu comme la durée, la prescription ou l'instant.

131. Dans cette perspective, il faut rappeler les propos forts significatifs d'un observateur selon lesquels le temps juridique a été un pari pour le pouvoir politique, « un moyen mis au service d'idées politiques telles que le progrès ou la stabilité »[251].

132. En ce qui concerne la dimension politique, l'auteure souligne que « le temps juridique a été et reste encore un enjeu du pouvoir politique [...]. Sa définition a d'ailleurs été un enjeu de souveraineté à l'intérieur de chaque nation mais aussi [dans les rapports qu'elles entretiennent]. Sur le plan national, il a été un vecteur d'unification et de laïcisation »[252].

133. Concernant le temps perçu comme élément servant des « idées politiques telles que le progrès ou la stabilité », on peut partir de l'idée que le droit doit s'adapter à la société, à ses évolutions pour mieux répondre aux problèmes que pose cette dernière, d'où l'idée de progrès. C'est pourquoi la loi est considérée comme une règle de conduite sociale devant s'adapter au contexte tant économique que social. Cela justifie les nombreuses mutations législatives que l'on peut observer en France, par exemple[253]. De telles visées n'épargnent pas le droit public et notamment la justice administrative.

134. Cette argumentation permet de mettre en exergue les tendances que l'on peut observer dans le cadre de l'appréhension du temps par le droit en contentieux administratif français et dans les pays d'Afrique francophone ainsi que leurs incidences sur la conciliation entre les droits du justiciable et la sécurité juridique. En effet, relève le professeur Jean-Louis Berger, le temps peut être perçu et usité par le droit « comme un frein ou un accélérateur de l'évolution sociale et de la vie juridique »[254].

135. De ce point de vue, l'hypothèse avancée dans le cadre de cette recherche est la suivante : deux tendances distinctes traduisent la singularité du

---

nouvelles et l'échec des tentatives de codification du droit pénal au XIXe s », *in* M. Otalani, O. Vernier (Textes rassemblés par), *Le temps et le droit*, *op. cit.*, p. 173-181.

[251] M. CRESP, *Le temps juridique en droit privé. Essai d'une théorie générale*, PUAM, 2013, préface de Jean-Hauser, n° 13, p. 22.

[252] *Ibid.*

[253] En ce sens, J. CARBONNIER, *Essai sur les lois*, Paris, LGDJ Lextenso-éditions, coll. « Anthologie du droit », 2013, p. 159.

[254] J.-L. BERGER, *Théorie générale du droit*, Paris, Dalloz, coll. « Méthodes du droit », 5e éd., 2012, n° 122.

temps saisi par le droit en contentieux administratif français et dans les législations d'Afrique francophone. Il s'agit d'un temps souple ou encore dynamique, plus favorable au droit du justiciable qu'à la sécurité juridique, d'une part, et d'un temps rigide ou statique, essentiellement tourné vers la sécurité juridique et moins profitable au droit du justiciable, d'autre part[255]. Ces approches ne sont pas exclusives dans ces différentes législations. Le temps vacille entre la flexibilité et la rigidité même si l'un apparaît davantage que l'autre dans ces différents modèles. Pour vérifier cette hypothèse, il faut adopter une méthode et un plan de travail.

§ 2. La méthode et le plan de travail

136. On va distinguer la méthode de travail (A) de l'appareil scientifique devant permettre d'apporter des éléments de réponse à la question posée ou alors à la vérification de l'hypothèse avancée (B).

A. La méthode de travail

137. Il convient de faire des précisions d'ordre général (1) que l'on va essayer de distinguer de celles qui concernent la comparaison (2) dans le cadre de ce travail. Enfin, il conviendra de préciser la grille de lecture du temps qui a été adoptée (3).

1. Considérations générales sur la méthode de travail

138. La méthode de travail renvoie aux opérations intellectuelles suivant lesquelles l'on cherche à parvenir aux buts recherchés. « Le droit constitue inévitablement un système organisé autour d'un certain nombre de principes, de notions fondamentales, de procédés techniques dont la mise en œuvre suppose certaines méthodes »[256]. Ces propos du professeur Jean-Louis Bergel rendent compte de la nécessité de recourir à une méthode adaptée à l'étude du droit. Selon le professeur Jean Carbonnier, « toute science systématise ; mais le droit, sous un certain aspect, semble n'être que cela. Les sources formelles font connaître les règles de droit dans la dispersion et parfois l'incohérence (même la synthèse que tente une codification peut n'être pas satisfaisante), avec des doubles emplois et, à l'inverse, des lacunes. Il faut classer, rassembler, compléter ou

---

[255] Cela rejoint en quelque sorte l'idée de la science du droit qu'évoque M. Hans Kelsen lorsqu'il distingue la théorie statique de la théorie dynamique du droit. Selon lui, la théorie statique du droit correspond au droit à l'état de repos, c'est-à-dire un ensemble de normes en vigueur, alors que la théorie dynamique du droit renvoie au processus juridique par lequel le droit est créé. Cette seconde théorie a pour objet le droit en mouvement. HANS KELSEN, *Théorie pure du droit*, Paris, Dalloz, 2e éd., 1962, traduction de C. Eisenmann, p. 96.

[256] J.-L. BERGER, *Théorie générale du droit*, *op. cit.*, p. 225. Voir aussi, M. GRAVITZ, *Méthodes des sciences sociales*, *op. cit.*, p. 34.

éventuellement éliminer, bref mettre en ordre, imprimer aux dispositions particulières l'unité d'un système »[257]. Pour parvenir à cette fin, le juriste doit adopter les « voies, des procédés intellectuels, par lesquels le droit, en ses différentes branches (systématisation, mais aussi bien interprétation, législation), atteint ses fins »[258].

139. La technique se distingue de la méthode dans la mesure où elle renvoie davantage à des opérations pratiques et non intellectuelles comme la méthode. On distingue ainsi la technique d'observation directe, ou documentaire, de celle dite indirecte portant par exemple sur des interviews. Elles n'ont pas été exclues dans la présente recherche.

140. S'agissant précisément de la méthode, celle dite juridique comporte, d'une part, la dogmatique, et, d'autre part, la casuistique. Alors que la casuistique se focalise sur l'étude de l'application des normes et plus précisément sur la jurisprudence, c'est-à-dire l'étude des cas[259], l'approche dogmatique, quant à elle, est basée sur l'exégèse des textes, la systématisation du droit légiféré à partir des règles existantes pour en comprendre la cohérence ou les incohérences. C'est cette dernière approche qui permettra d'analyser, d'interpréter et de comprendre comment se singularise le temps saisi par le droit dans le procès administratif dans ces législations.

141. Aussi, pour contribuer à l'analyse du rapport entre le temps et la justice administrative ainsi qu'à la compréhension de ces modèles francophones de contentieux administratif, on aura recours à ce que le professeur Jean Carbonnier a appelé les « sciences collatérales du droit »[260] à savoir la comparaison, l'histoire[261], la sociologie, la science administrative et à l'anthropologie. Ce recours à une diversité de support permet de mieux étudier ces droits[262].

142. En effet, le professeur Jacques Chevallier fait observer que « les juristes ne peuvent se désintéresser des processus sociaux et politiques de production et d'application du droit [...], ils ne peuvent se désintéresser des valeurs sous-jacentes à l'ordre juridique et qui déterminent la

---

257 J. CARBONIER, *Droit civil Introduction*, Paris, PUF, coll. « Thémis droit privé », 27e éd., 2002, p. 66.

258 *Ibid.*

259 En ce sens C. ATIAS, *Épistémologie juridique*, Paris, PUF, coll. « Droit fondamental », 1985, p. 91 et s.

260 J. CARBONIER, *Droit civil Introduction*, *op. cit.*, p. 71.

261 En ce sens J. BOUDON, « La méthode juridique selon Adhémar Esmein », *in* N. Hakim et F. Melelleray (Études réunies par), *Le renouveau de la doctrine française… op. cit.*, p. 263.

262 Dans le même sens, F. OST, M. VAN DE KERCHOVE, « De la pluralité à la transversalité. La science juridique à la croisée des disciplines », *in* C. Alonso et autres (dir), *La pensée du doyen Hauriou à l'épreuve du temps*, PUAM, 2015, p. 261.

légitimité de la norme juridique »[263]. Le professeur Jean Carbonnier soutient aussi cette approche. Selon lui, il faut mettre un bémol à l'approche soutenue par Hans Kelsen qui circonscrit le droit à un examen des normes, à une exégèse des textes. De son point de vue, « le droit aspire à saisir, par-delà les textes, les phénomènes juridiques » qui sont principalement des phénomènes collectifs et, ensuite, des phénomènes sociaux et individuels. Le droit « aspire à devenir […] science de l'observation, voire de l'expérimentation »[264]. Il convient donc de puiser également dans le « droit vivant », c'est-à-dire à un positivisme sociologique.

143. Ainsi, du point de vue de la démarche méthodologique, l'étude comparée du temps dans le procès administratif en France et dans les pays d'Afrique francophone reposera aussi sur la sociologie. Cette approche est bien compatible avec la comparaison. Le professeur Jacques Vanderlinden relève à cet égard que « s'il est vrai que la loi fournit un point de départ commode à la comparaison, il est délicat de ne pas s'efforcer d'élargir le plus largement possible le champ d'investigation de la comparaison au niveau des sources du droit »[265].

144. Par ailleurs, la dimension historique ne sera pas exclue. Une étude qui porte sur le temps se doit d'accorder une bonne place à l'histoire. Comme le rappelle Laboulaye, le droit, comme les études qui ont pour objet l'Homme et la société, doit être étudié en observant le passé, le présent et l'avenir. L'exclusion de ces aspects conduit vers une perception partielle donc incomplète des questions traitées[266]. Cela ne se justifie pas seulement au regard de la notion de temps. D'autres raisons peuvent le justifier. Selon un observateur, le droit administratif et le droit constitutionnel n'ont acquis le statut de « sciences véritables » qu'en étant fécondés par l'histoire et le droit comparé[267]. En effet, puisque la science juridique est relative aux rapports des individus dans une société, elle est une matière pas très éloignée de l'anthropologie juridique et de l'histoire[268]. Même si le juriste n'est pas un historien, il est impossible

---

[263] J. CHEVALLIER, « Pour une sociologie du droit constitutionnel », *in L'architecture du droit, Mélanges en l'honneur de Michel Troper*, Paris, Economica, 2006, p. 283.

[264] J. CARBONNIER, *Flexible droit, Pour une sociologie du droit sans rigueur*, Paris, LGDJ, 10e éd., 2001, p. 257.

[265] J. VANDERLINDEN, « Le droit comparé et la théorie juridique », *in* Jean du Bois de Gaudusson (dir), *Le devenir du droit comparé en France*, *op. cit.*, p. 34 et s.

[266] Cité par F. GALLETTI, *Les transformations du droit public*, *op. cit.*, p. 3.

[267] J. BOUDON, « La méthode juridique selon Adhémar Esmein », *in* N. Hakim et F. Melelleray (Études réunies par), *Le renouveau de la doctrine française… op. cit.*, p. 275.

[268] N. ROULAND, *L'anthropologie juridique*, Paris, PUF, 1988, cité par J. Malaurie, « Droit et logique coloniale », *in* M. Doucet, J. Vanderlinden (dir), *La réception des systèmes juridiques : implantation et destin*, *op. cit.*, p. 449.

d'étudier sérieusement la justice administrative, en particulier, et le droit administratif, en général, en ignorant la culture qu'elle véhicule et surtout l'histoire qui en est le résultat. D'ailleurs, l'histoire du droit administratif, particulièrement en France, fait partie des trois traits scientifiques qui le déterminent, à côté de son objet et de son mode de création[269]. Il convient également de faire quelques précisions sur la comparaison.

2. Précisions sur la comparaison

145. Le droit comparé renvoie à « l'application de la méthode comparative aux droits pratiqués dans les différents pays »[270]. La présente étude doit prendre en compte un certain nombre d'exigences relatives à la comparaison. Ainsi qu'on peut le voir comme certains auteurs, en droit comparé, il est important de préciser la méthode et de dépasser certaines contraintes, « les expliquer afin de ne pas induire en erreur le juriste, familier d'un seul des [...] systèmes. Pour autant, ces différences ne sont pas dirimantes et, au contraire, valorisent l'étude »[271].

146. Du point de vue méthodologique, cette recherche prend en compte, d'une part l'approche conceptuelle, et, d'autre part, l'approche fonctionnelle[272]. Dans le premier cas, il a été question d'identifier dans chaque législation étudiée les notions juridiques. Ainsi, on a pu définir dans les droits français et d'Afrique francophone la notion de contentieux administratif. Cette approche dite conceptuelle de la comparaison, comme le relève un auteur, s'appuie sur les « concepts juridiques. Partant d'institutions ou de notions, il s'agit de les comparer dans des droits différents. Cette approche semble d'une évidence telle qu'elle a peu retenu l'attention des auteurs alors que presque tous l'appliquent, tout au moins débutent leurs recherches en droit comparé par celle-ci »[273]. Toutefois, cette approche comporte le « défaut de correspondance entre les notions, et même entre les catégories juridiques »[274]. Il a donc fallu la dépasser et y associer une approche fonctionnelle.

147. S'agissant de l'approche fonctionnelle, elle renvoie à la comparaison des « différentes solutions apportées par les systèmes étudiés. Cette approche conduit à donner à la finalité des règles juridiques une place prépondérante. Le comparatiste devra étudier non seulement les institutions juridiques en tant que telles, mais aussi et surtout le rôle et les objectifs qu'elles poursuivent dans leur propre système juridique. Elle doit conduire le comparatiste à se libérer des catégories juridiques de son système d'origine et à reconsidérer l'objet étudié sous l'angle des objectifs sociaux qu'il sert »[275]. En ce sens, la présente étude s'interroge

---

[269] A. DELBLOND, *Droit administratif, Bruxelles*, Larcier, coll. « Manuel », 2009, p. 11.

sur la finalité des différentes approches du temps dans le procès administratif dans ces différents droits.

148. Dans le cadre de la présentation formelle de cette analyse comparative, entre « la description successive des [...] droits, puis leur mise en parallèle et l'utilisation de la méthode systématique, consistant en une explication et démonstration simultanée à partir des [...] ordres juridiques »[276], cette étude opte pour la première forme. Ce choix est lié à l'ambition de mettre en relief les déclinaisons ou les marques distinctives de ces systèmes et surtout en raison du déséquilibre relatif au niveau d'évolution de ces différents droits. Une approche différentielle et descriptive favorise mieux la compréhension des différents droits et rend fidèlement compte de ces divergences. Autrement dit, elle permet d'apporter de façon claire et précise des éléments de réponse à la problématique posée ou encore de vérifier avec plus de clarté l'hypothèse de recherche.

149. Concernant les obstacles, on doit rappeler que l'une des questions essentielles ici est celle de savoir si « tous les ordres juridiques peuvent [...] être comparés ou que, pour l'être, ils doivent remplir certaines conditions [...] Doivent-ils être analogues dans leur construction, appartenir au même degré de civilisation, à la même famille juridique, ou encore avoir la même structure économique ? »[277]. Cette interrogation concerne aussi l'étude comparative du temps dans le procès administratif en France et en Afrique francophone. À cet égard, le professeur rapporte que certains comparatistes, à l'instar de Saleilles, « considérant que l'un des buts du droit comparé est de dégager la forme idéale qu'une institution juridique peut remplir, ont soutenu qu'une comparaison n'est

---

[270] J. CARBONIER, *Droit civil Introduction*, *op. cit*, p. 72. Voir aussi, J-L, CONSTANTINESCO, *Traité de droit comparé*. t. 2, *La méthode comparative*, Paris, LGDJ, 1974, 412p ; D-L, SEILER, *La méthode comparative en science politique*, Paris, Armand Colin, 2004, 272p.
[271] A. JACQUEMET-GAUCHE, *La responsabilité de la puissance publique en France et en Allemagne. Étude de droit comparé*, Paris, LGDJ, coll. « Bibl de droit public », t. 275, 2013, préface de Hafida Belrhali-Bernard, p. 15.
[272] *Ibid.*
[273] B. JALUZOT, « Méthodologie du droit comparé. Bilan et prospective », *RIDC*, n° 1/2005, p. 39.
[274] R. DAVID, C. JAUFFRET-SPINOSI, *Les grands systèmes juridiques contemporains*, Paris, Dalloz, coll. « Précis Dalloz », 10e éd., 1992, p. 12, cité par B. Jaluzot, « Méthodologie du droit comparé. Bilan et prospective », *op. cit.*, *ibid.*
[275] B. JALUZOT, « Méthodologie du droit comparé. Bilan et prospective », *op.cit.*, p. 39
[276] A. JACQUEMET-GAUCHE, *La responsabilité de la puissance publique en France et en Allemagne. Étude de droit comparé*, *op. cit.*, p. 16.
[277] T. RAMBAUD, *Introduction au droit comparé Les grandes traditions juridiques dans le monde*, *op. cit.*, p. 32.

légitime qu'entre les droits de pays ayant un état social similaire. De la même manière, partant de l'idée que l'un des buts principaux du droit comparé réside dans la détermination des principes constitutifs du droit commun législatif, E. Lambert posa la règle méthodologique selon laquelle la comparaison ne peut opérer qu'entre les droits des États ayant une civilisation identique ou proche »[278].

150. Concernant l'étude des droits camerounais, gabonais et français, il convient d'apporter un certain nombre de précisions afin de ne pas aboutir à des conclusions biaisées ou alors induire en erreur le juriste. Il faut donc rappeler deux choses : d'abord, le fait que la production jurisprudentielle dans les pays africains est faible par rapport à celle du droit français. De ce point de vue, une étude récente montre qu'au Gabon, par exemple, « depuis 1960, nombreuses sont les décisions rendues par la juridiction administrative [...] en matière de responsabilité » mais, l'un des traits marquants est celle « d'une œuvre jurisprudentielle peu créatrice et source d'ambiguïtés »[279]. L'activité juridictionnelle administrative dans les pays d'Afrique francophone a donc souvent été critiquée même si depuis les années 1990, avec notamment le vent de démocratisation qui a soufflé sur l'ensemble du continent, on relève une augmentation. Le professeur Demba Sy relève à cet effet que jusqu'en 1990, soit avant l'avènement de la démocratisation, on a enregistré, et cela concerne pour l'essentiel un contentieux des fonctionnaires, 1265 décisions rendues entre 1962-1978 à Madagascar, 1500 en Tunisie entre 1972-1987. Depuis 1963, en Côte d'Ivoire, 72 décisions en annulation et en cassation, au Sénégal, 106 décisions en recours pour excès de pouvoir entre 1960 et 1980, 333 entre 1962 et 1984 au Bénin, 3 au Niger entre 1960 et 1974, 247 au Gabon entre 1963 et 1984[280].

151. À cela s'ajoute la faiblesse de la doctrine qui, « [...] soit elle est française et elle n'a pu analyser la jurisprudence qu'en fonction du modèle de référence qu'est le droit français : le droit africain doit à peine d'être voué aux gémonies reprendre les solutions du droit français, soit elle est africaine, elle est restée prisonnière de sa formation : le modèle c'est le droit français, il faut s'en approcher au maximum : il s'agit là de positions assimilationnistes »[281]. Certes, depuis l'avènement de la démocratisation

---

[278] *Ibid.*

[279] S. KWAHOU, « L'état de la jurisprudence gabonaise en matière de responsabilité de l'administration », *op. cit.*, *ibid.*

[280] DEMBA SY, « Justice administrative et droit administratif en Afrique. Un bilan », *in Espaces du service public, Mélanges en l'honneur de Jean du Bois de Gaudusson*, Presses universitaires de Bordeaux, t. 1, 2013, p. 664.

[281] *Ibid.*

on ne peut nier quelques évolutions. Mais, de façon générale, l'activité est timide et limitée.

152. Par ailleurs, contrairement à la France, les juridictions administratives se déploient en Afrique francophone dans un contexte de distanciation géographique par rapport aux justiciables et plus précisément des particuliers. Dans la plupart de ces pays, en dépit des efforts relatifs à la déconcentration des juridictions administratives, la distance entre les justiciables et ces juridictions reste considérable, le réseau de communication, tant routier que numérique, étant défaillant à certains égards.

153. En même temps, ces inégalités ne doivent pas remettre en cause l'intérêt de l'étude, bien au contraire elles rendent la comparaison nécessaire. D'ailleurs, « la ressemblance de structure entre les systèmes juridiques comme ceux de la famille de droit romano-germanique » n'a nulle part été parfaite, il y a toujours eu des déclinaisons nationales. Les inégalités ainsi observées dans les pays africains ne peuvent pas pour autant interdire tout essai d'analyse comparative. L'exemple des « deux grands droits-souches au cœur de la tradition romaniste »[282] que sont l'Allemagne et la France le montre[283].

3. L'adoption d'une grille de lecture essentiellement objective du temps dans le procès

154. Cette étude s'article autour d'une grille de lecture qui se veut objective du temps dans le procès, c'est-à-dire, qui exclut, pour plus de clarté, la spéculation. Ainsi, ne seront pris en compte que les éléments du contentieux qui influencent de manière claire le temps du procès. En effet, ce choix est lié à l'étude de terrain qui a accompagné cette recherche. En guise de précision, la présente recherche a aussi été réalisée à l'aide de nombreux séjours d'études auprès des juridictions administratives tant gabonaise que camerounaise, des échanges avec les magistrats de ces différentes juridictions. Elle a également été faite avec le concours du Centre de recherche en droit et institution politique (CERDIP) de l'université de Libreville, du Centre des ressources documentaires de l'université de Yaoundé 2, au Cameroun, du Centre d'étude sur les droits et institutions des pays africains de Bordeaux et, enfin, du Groupement de droit public comparé de l'université d'Aix-Marseille. C'est ce qui permet de noter qu'une analyse trop spéculative

---

[282] T. RAMBAUD, *Introduction au droit comparé Les grandes traditions juridiques dans le monde*, *op. cit*, p. 66.
[283] A. JACQUEMET-GAUCHE, *La responsabilité de la puissance publique en France et en Allemagne. Étude de droit comparé*, *op. cit.*, p. 16.

conduirait, compte tenu du déséquilibre entre ces droits, d'obscurcir la démonstration.

155. Ainsi, dans le contentieux administratif, le temps doit être apprécié, d'une part, au niveau des modalités relatives à sa détermination et, ensuite, en ce qui concerne sa fixation même. Au niveau des modalités de sa détermination, il convient de distinguer le temps écrit ou réglementé du temps jurisprudentiel ou régulé. Dans ce dernier cas c'est le temps selon le rôle du juge et des parties. Et dans cette place des parties, il faut retenir des critères objectifs comme la fixation par les parties d'une chronologie pour les audiences, bref un apport palpable au temps. Ici, le temps est apprécié selon le niveau d'association de ces différentes modalités relatives à sa détermination.

156. Au niveau de sa fixation, il convient de noter l'approche quantitative, l'approche qualitative et l'approche conjoncturelle. De ce point de vue également, la restriction ou le niveau d'association de ces approches donne un caractère au temps. Dans ce même registre, il faut voir la portée du temps, c'est-à-dire les niveaux d'exclusions, les niveaux de maîtrise des risques de forclusion au regard de la computation du temps, et, enfin, la rigueur des sanctions de l'inobservation du temps. Selon que ces éléments sont appliqués, on en déduit les marques du temps dans le contentieux administratif dans ces différentes législations.

157. Aussi, il faudra préciser, et ceci au niveau des conclusions, les implications de ces approches sur le contentieux administratif, sur la conciliation entre le droit du justiciable et le principe de sécurité juridique. Ces précisions donnent d'ailleurs une idée sur le plan de l'analyse.

B. Le plan de l'étude

158. La présente recherche se fera suivant un plan bien déterminé. En effet, en contentieux administratif français et dans les pays d'Afrique francophone, à l'instar du Cameroun et du Gabon, le temps, saisi par le droit, se caractérise par deux formes. Il s'agit d'une forme souple ou dynamique, d'une part, et une autre dite rigide ou statique, d'autre part[284]. L'approche malléable du temps apparaît essentiellement en droit français, et celle dite rigide dans les droits d'Afrique francophone. Autrement dit, dans le contentieux administratif français et des pays d'Afrique francophone, qu'il s'agisse de l'articulation (Première partie) ou de la portée du temps

---

[284] Dans le même sens, un observateur parle de « deux orientations typiques et opposées ». Il utilise les vocables comme « stabilisme » et « mobilisme ». P. HEBRAUD, « Observations sur la notion du temps dans le droit civil », *in Etudes offertes à Pierre Kayser*, PUAM, t. 2, 1979, n° 32.

(Seconde partie), celui-ci se singularise par la souplesse ou la rigidité, essentiellement favorable au droit du justiciable ou à la stabilité des situations juridiques, selon les cas. C'est sous ces deux angles qu'il convient de vérifier l'hypothèse de recherche ou encore d'apporter des éléments de réponse à la problématique posée.

Titre 1
Une articulation souple ou rigide du temps protectrice des droits du justiciable ou de la sécurité juridique eu égard à ses étendues

162. Dans le procès administratif français, le temps se présente davantage sous une forme malléable, contrairement à celui des pays d'Afrique francophone comme le Cameroun et le Gabon. Dans ce dernier cas, l'on relève une approche beaucoup plus rigide. Ceci apparaît bien au niveau des quanta des délais. En effet, l'on sait que le temps fait partie intégrante du « droit du procès »[287], il en est un « facteur-clé »[288] car à l'image de toute action de l'Homme, la vie juridique se déploie dans le temps, elle se sert du temps, elle l'appréhende.

163. Ainsi, la procédure administrative contentieuse, laquelle est perçue comme « les modalités par lesquelles les juges peuvent être saisis, les modalités selon lesquelles les décisions juridictionnelles doivent intervenir et, surtout, les modalités selon lesquelles les affaires sont instruites »[289], est ponctuée par de nombreuses phases auxquelles correspondent diverses exigences relatives au temps[290]. Ce sont donc, dans un premier temps, les différents quanta du temps, ou encore ses différentes étendues, qu'il convient d'analyser afin de dégager la souplesse ou la rigidité qui les caractérise dans ces législations et leurs conséquences sur la stabilité des situations juridiques et le droit des justiciables lesquels la présence du temps dans le contentieux administratif.

164. Il convient donc de montrer que dans ces différentes législations, l'emprise du droit sur le temps est, en principe, caractérisée par la flexibilité, en France, et la rigidité dans les droits d'Afrique francophone. Ces caractères conduisent vers un temps tourné, davantage, soit vers la préservation de la stabilité des situations juridiques, soit davantage vers la prise en compte du droit du justiciable au recours contentieux. Ces approches du temps dans le contentieux administratif s'observent, d'une part, aux différents niveaux du déroulement du procès administratif à

---

[287] L. CADIET, J. NORMAND, SORAYA AMRANI MEKKI, *Théorie générale du procès*, Paris, PUF, coll. « Thémis droit », 2e éd., 2013, 997p.

[288] C. JEANGIRARD-DUFFAL, « Quelle performance attendre du juge administratif », *in* N. Albert (dir), *Performance et droit administratif*, Paris, LexisNexis Litec, coll. « Colloques et débats », 2010, p. 277.

[289] CFJ/CAY, arrêt n° 31, 15 nov. 1966, *Ekindi Joel c/ État du Cameroun.*

[290] J-V. COMPERNOLLE, G. DE LEVAL, « Le temps dans le procès civil : réflexions sur la procrastination judiciaire », *in Le temps et le droit, Hommage au professeur Closset-Marchal*, Bruxelles, Bruylant, 2013, p. 395.

savoir dans la phase pré-contentieuse (Chapitre 1) et contentieuse (Chapitre 2). D'autre part, elles s'apprécient aussi au regard de la durée que peuvent connaître les procédures sous l'influence des « citations directes » (Chapitre 3).

Chapitre 1
Une articulation souple ou rigide des étendues du temps protectrice des droits du justiciable ou de la sécurité juridique dans la phase précontentieuse

165. Il convient d'apporter quelques clarifications préliminaires. D'abord, sur le sens de la notion de pré-contentieux. En effet, cette notion est synonyme de préalable dans le sens où l'introduction d'un recours contentieux exige que l'on justifie d'une « décision de l'administration existant préalablement à cette saisine »[291]. Ce n'est qu'à l'encontre de ladite décision qu'un recours contentieux doit être introduit. On parle donc de décision préalable. Cette décision préalable existe toujours en matière d'excès de pouvoir. Toutefois, il arrive souvent que le justiciable doive la provoquer en présentant une demande préalable auprès de l'administration. C'est très souvent le cas en matière de plein contentieux. La décision préalable peut alors intervenir de manière spontanée, c'est-à-dire sans aucune demande introduite par l'administré, ou, à l'inverse, elle peut être provoquée donc survenir en guise de réponse de la part de l'administration à une demande présentée par le justiciable.

166. À côté de cette première catégorie de décisions préliminaires, il en existe d'autres que l'on qualifie de recours administratifs[292]. Dans cette catégorie, il y a les recours administratifs de droit commun, encore dits facultatifs, et les recours administratifs dits spéciaux ou encore des recours administratifs préalables obligatoires.

167. Mais il convient d'aller au-delà. Il faudrait y ajouter une autre contrainte bien que rare même dans la plupart des législations d'Afrique francophone. En effet, il faut également faire une distinction entre cette première catégorie de formalités préalables et celle relative à la notification préalable. En France, une telle formalité est consacrée par le Code de l'urbanisme en son article R.*600-1 lequel est repris par l'alinéa 7 de l'article R. 411 du Code de justice administrative. Une formalité similaire existe en droit guinéen et sénégalais, pour ce qui concerne les législations d'Afrique francophone. Il s'agit de la notification du recours administratif ou du recours contentieux aux autres parties à un procès.

168. Dans le cadre de cette étude, les préalables correspondent donc à ces formalités préliminaires au recours contentieux à savoir, les décisions prises sur recours administratifs préalables, ou encore des décisions dites

---

[291] J.- C. RICCI, *Contentieux administratif*, Paris, Hachette supérieure, 4e éd., 2014, n° 135, p. 72.
[292] M. DEGOFFE, « Décision préalable et recours administratif obligatoire », *Répertoire de contentieux administratif*, Paris, Dalloz, n° 4- 6.

provoquées, et les décisions prises spontanément, c'est-à-dire en dehors d'une demande de la part de l'administré, d'une part, et, d'autre part, à l'obligation de notifier à l'autre partie le recours contentieux ou le recours administratif préalablement exercé. Il s'agit donc de trois formalités préalables essentielles.

169. Ensuite, il se pose la question de la place de ces préalables dans le contentieux administratif. Doit-on considérer ces différentes formalités comme faisant partie du procès ? En effet, dès lors qu'on définit le procès comme étant « la forme par laquelle on doit intenter les demandes en justice [...] »[293], on doit considérer la phase des préalables comme faisant partie du procès. En effet, souligne Jean-Pierre Chaudet, « le recours gracieux est un principe général de bonne administration de la justice administrative puisqu'il suppose un litige dont on recherche la solution [...] et se situe donc parfaitement dans le cadre du droit à l'action »[294]. Ainsi, même si certains auteurs comme le professeur Jean-Claude Bonichot ont rejeté l'idée que le recours préalable est un pré-contentieux, il a nuancé son propos en indiquant que cela n'est soutenable que « réserve faites des solutions qui, pour le calcul du délai raisonnable [...] fixent le point de départ du procès à la date où l'autorité administrative est saisie du recours préalabl*e* »[295]. Ainsi, le temps dans le contentieux administratif doit être analysé depuis la phase pré-contentieuse. Il est donc tout à fait intéressant de prendre en compte cette phase.

170. Enfin, on doit préciser l'angle d'analyse qui permet de mettre en évidence les caractères du temps. En effet, dans la phase pré-contentieuse, la question est de savoir comment se traduisent les caractères souple ou rigide du temps dans le procès administratif au regard des législations étudiées ? Comment ces approches concilient-elles le principe de sécurité juridique et le droit du justiciable ? Pour répondre à cette question, il faut observer les différentes approches adoptées par ces législations dans le cadre de la détermination du temps. À cet égard, on relève, pour l'essentiel, une approche quantitative et une approche qualitative. À cela, on peut ajouter une approche qui prend en compte la situation des parties concernées ainsi que l'approche par la régulation.

171. Selon l'approche quantitative, les durées sont fixes, elles sont identifiées à l'avance par les textes avec des quanta concrets. L'approche dite

---

[293] J.-R. POTHIER, *Traité de la procédure civile*, Paris, Debure, 1772, cité par S. AMRANI MEKKI, *Le temps et le procès civil*, *op. cit*, *ibid*.
[294] J-P. CHAUDET, *Les principes généraux de la procédure administrative contentieuse*, Paris, LGDJ, coll. « Bibl de droit public », t. lxxiv, préface de Jacques Moreau, 1967, p. 239 et s.
[295] J.-C. BONICHOT, « Le recours administratif préalable obligatoire : dinosaure juridique ou panacée administrative ? », *in Mélanges en l'honneur de Daniel Labetouille*, *op. cit.*, p. 81.

qualitative, quant à elle, correspond à des délais relatifs, ou des délais indicatifs. Ils ne sont pas d'avance chronométrés. Pour ce qui est de l'approche selon la situation des justiciables, elle correspond à celle des délais chronométrés et adoptés au regard des cas particuliers car le temps juridique peut varier en fonction des situations. Cette approche est synonyme des délais particuliers, elle « s'inscrit dans une logique d'adaptation conjoncturelle du temps juridique aux impératifs de la société, le rythme juridique du temps » étant ainsi au service d'« une politique juridique »[296]. On peut aussi rattacher cette approche aux approches quantitative ou qualitative. La dernière approche, à savoir la régulation, correspond à l'identification du temps par d'autres moyens que les textes, notamment par les juges et les justiciables. Mais, la régulation peut aussi être rattachée à une approche qualitative puisque le choix du temps est laissé à l'appréciation des juges ou des justiciables, ou simplement à d'autres acteurs.

172. En définitive, le temps qualitatif est synonyme d'un temps relatif, il est opposé au temps quantitatif qui renvoie à des délais préfix. Ainsi, lorsqu'on parle de délai relatif, on fait allusion à une conception du temps au sens de Henri Bergson, c'est-à-dire le temps tel qu'il est vécu par la conscience à savoir un temps « efficace »[297].

173. Ces précisions étant faites, les caractères du temps découlent aussi de l'approche adoptée par les législations. Par exemple, le monopole d'une approche, qu'elle soit quantitative ou qualitative, est synonyme de rigidité. Une approche quantitative comporte un « effet couperet »[298] tandis que l'approche qualitative comporte des incertitudes. Il faut donc rechercher un équilibre dans l'usage de ces différentes approches.

174. S'agissant précisément de la temporalité comptant pour la phase pré-contentieuse, la souplesse qui singularise le droit français est liée à une combinaison des approches quantitative et qualitative du temps. Cette souplesse est plus favorable au justiciable qu'à la sécurité juridique (Section 1). Celle-ci est presque opposée à l'approche rigide des droits camerounais et gabonais, laquelle est liée à la quasi-exclusion d'une approche qualitative dans la détermination du temps dans cette phase dite pré-contentieuse. Cette absence de flexibilité conduit vers un temps favorable à la sécurité juridique (Section 2).

---

[296] J. KLEIN, « Le rythme juridique du temps », *in Le temps et le droit*, *op. cit.*, p. 73.

[297] H. BERGSON, *La pensée et le mouvement, essai et conférence*, Paris, PUF, coll. « Quadrige », 1938, p. 11, cité par J. Klein, « Le rythme juridique du temps », *in Le temps et le droit*, *op. cit.*, p. 70.

[298] M. LATINA, « Les mesures du temps », *in Le temps et le droit*, *op. cit.*, p. 96.

Section 1. La souplesse du temps des préalables en droit français : la combinaison d'une pluralité d'approche du temps favorable aux justiciables

175. Dans la phase pré-contentieuse, le temps dans le procès administratif ne revêt pas un caractère rigide en droit français. En effet, malgré la variété des délais, laquelle est d'ailleurs susceptible d'engendrer des difficultés du point de vue de leur identification par les justiciables, ces délais restent peu immuables. On observe une organisation des délais dénuée de tout caractère formel. Autrement dit, la temporalité ici est conçue de manière à être modifiée suivant les circonstances. Plusieurs éléments traduisent ce caractère souple du temps, profitable au justiciable (§ 1). Même si un tel encadrement mérite d'être amélioré (§ 3), il est favorable au justiciable car il s'inscrit en droite ligne de l'évolution des rapports entre les administrations et les administrés en droit administratif français (§ 3).

§ 1. Les marques d'un temps souple favorable aux justiciables dans la phase pré-contentieuse

176. Pour bien comprendre le caractère flexible du temps relatif à la phase pré-contentieuse dans le procès administratif français (B), il faudrait rappeler, brièvement, la nomenclature, sans oublier les fondements, de ces préalables (A).

A. La nomenclature et les fondements des préalables dans le procès administratif français

177. Le principe est que le juge administratif ne peut pas être saisi directement. Il faut, au préalable, une décision administrative. Il s'agit de la décision préalable qui peut être spontanée ou que l'administré peut éventuellement provoquer en introduisant une demande préalable. C'est la première règle, très générale, en contentieux administratif[299] (1). Dans ce même registre des préalables, on note la présence des recours administratifs (2) auxquels on peut ajouter la formalité de la notification préalable (3).

1. La règle de la décision préalable

Il convient de mener cette analyse en distinguant la décision préalable (a) de ses fondements (b).

a. Le contenu

178. En France, comme dans les autres législations de tradition francophone, la règle de la décision préalable implique que le juge ne puisse être saisi

---

[299] B. PACTEAU, *Traité de contentieux administratif*, *op. cit.*, n° 154.

que d'une contestation contre une décision, quelle que soit la façon dont celle-ci est intervenue. En aucune façon la règle de la décision préalable n'impose de saisir l'administration d'un recours préalable hormis les cas où la loi l'impose. Cette règle s'applique presque à l'ensemble des matières. Elle se trouve accomplie dans le contentieux de l'excès de pouvoir car il s'agit d'un procès à l'encontre d'une décision. Par contre, en matière d'indemnisation, le requérant doit d'abord adresser sa demande de dommages et intérêts à l'administration et saisir ensuite le juge[300].

179. Il ressort de l'article R. 421-1 du Code français de justice administrative que « [...] la juridiction administrative ne peut être saisie que par voie de recours formé contre une décision [...] ». Ainsi, « en l'absence d'une décision spontanément prise par l'administration, le requérant potentiel est dans l'obligation de provoquer son intervention par une demande adéquate »[301].

180. La saisine du juge administratif pouvant aussi être soumise à l'exigence d'un recours administratif préalable, l'on est souvent, non sans raison, amené à confondre la décision préalable avec les recours administratifs préalables. Cette assimilation résulte du fait que les deux notions ont, de par leur origine, des points communs. On dira qu'« il y a institution d'un recours préalable lorsqu'un texte oblige le requérant, malgré l'existence d'une décision administrative, à saisir l'autorité administrative avant de soumettre sa demande au juge »[302]. Au-delà de cette confusion, il faut relever aussi que le fondement de cette exigence est controversé.

b. Les controverses autour des fondements de la règle de la décision préalable

181. La règle de la décision préalable, selon Hauriou et Lafferière, est basée sur des considérations de théorie juridique. Pour Hauriou, en effet, elle a pour base l'impérieuse nécessité d'une « acceptation de l'instance », celle de « lier le contentieux ». C'est un escalier au recours contentieux[303]. C'est une exigence qui est en conformité avec l'idée même de

[300] M. DEGUERGUE, *Procédure administrative contentieuse*, Paris, Montchrestien, coll. « Focus droit », 2003, p. 78.
[301] R. CHAPUS, *Droit du contentieux administratif*, Paris, Montchrestien Lextensoéditions, coll. « Domat droit public », 13e éd., 2008, n° 629.
[302] E. PREVEDOUROU, *Les recours administratifs obligatoires. Étude comparée des droits allemands et français*, Paris, LGDJ, coll. « Bibl. de droit public », t. 180, 1996, préface de Yves Gaudemet, p. 10 ; Y. GAUDEMET, *Traité de droit administratif*, Paris, LGDJ, t. 1, 2001, n° 1001.
[303] M. HAURIOU, *Précis de droit administratif et de droit public*, Paris, Sirey, 12e éd., 1933, p. 381 et s.

contentieux administratif[304]. Hauriou indique qu'il s'agit de « la solution très ingénieuse que le droit administratif français a trouvée, après des tâtonnements, [en admettant ainsi que] le contentieux soit lié par la décision rendue par l'autorité administrative elle-même sur la question contentieuse, qu'il y ait eu ou non réclamation »[305].

182. Il distingue alors deux cas de figure : le premier, c'est lorsque l'administration « a spontanément pris une décision exécutoire qui fait grief »[306]. Dans ce cas de figure, « le contentieux sera [...] lié directement sur l'instance engagée contre la décision spontanée de l'administration »[307]. Dans le second cas, « le débat contentieux ne s'engage pas sous forme d'action intentée directement contre la personne morale administrative [...], mais sous forme de réclamation adressée à l'autorité administrative et, ensuite, de recours contre la décision exécutoire prise par celle-ci sur la réclamation [...] »[308]. Ceci concerne l'hypothèse où l'administré, contrairement au cas précédent, a contre la personne publique « des griefs qui ne résultent pas directement d'une décision antérieure [...] »[309]. C'est en ce sens que Édouard Lafferière estime que cette formalité représente « la matière première du contentieux ».

183. En somme, il s'agit d'un « préalable administratif » lequel est, « sauf texte contraire, toujours nécessaire pour lier le contentieux ». De ce fait, chaque justiciable est tenu d' « attaquer une décision déjà intervenue » ou alors de « provoquer une décision explicite ou implicite en saisissant l'autorité qualifiée d'une réclamation »[310].

184. Malgré la reconnaissance et l'usage de ce fondement, tel que l'ont développé par les pr Hauriou et Lafferière, d'autres observateurs, à l'instar des pr René Chapus et Yves Gaudemet, ne semblent pas partager ce point de vue. Selon ces derniers, un seul fait, qui se trouve éloigné des considérations de théorie juridique, est suffisant pour exprimer le fondement de la règle de la décision préalable. En effet, auparavant, notamment à l'époque qui précéda celle de l'affirmation de sa compétence en premier ressort, avec l'arrêt Cadot[311], le Conseil d'État ne recevait que les recours en appel concernant les décisions rendues par les

[304] E. LAFFERIERE, *Traité de la juridiction administrative et des recours contentieux*, Paris, Berger-Levrault, 2e éd., 1896, t. 1, p. 323.
[305] M. HAURIOU, *Précis de droit administratif et de droit public*, *op. cit.*, p. 383.
[306] *Ibid.*, p. 384.
[307] *Ibid.*
[308] *Ibid.*
[309] *Ibid.*
[310] R. ODENT, *Contentieux administratif*, *op. cit.*, p. 759.
[311] CE, 13 déc. 1889, *Rec.*, p. 1148, concl. Jagerschmidt.

Conseils de préfecture ou des recours pour excès de pouvoir ou encore celles qui étaient prises par les ministres.

185. De ce fait, il s'est accoutumé à ne juger que lorsqu'il est en présence d'une décision. Ainsi, même à la suite du rejet de la théorie du ministre-juge, il ne « renonça pas à cette habitude et continua à exiger de n'être saisi que d'une décision ». C'est en ce sens que la « loi du 17 juillet 1900 organisa alors les conséquences du silence des ministres saisis d'un recours hiérarchique pour pallier le défaut de décision préalable »[312].

186. Que ce soit au titre de sa qualité de juge d'appel des Conseils de préfecture et des ministres, ou au titre de sa compétence à l'égard des recours pour excès de pouvoir, cette règle a un fondement historique. La règle a donc une source historique fondée notamment sur l'habitude acquise par le Conseil d'État depuis sa mise en place[313].

187. En dépit des critiques relevées à l'encontre de cette exigence, on ne saurait nier ses objectifs. D'abord, et en ce qui concerne les critiques, on doit relever qu'elle a pour conséquences l'allongement du procès, avec notamment le retardement de son enclenchement devant le juge, et des complications procédurales pour les administrés. Il y a là un rapport avec le temps, la durée, l'âge. Ensuite, pour ce qui concerne ses bienfaits, Hauriou a eu à faire valoir que la règle de la décision préalable a l'avantage de marquer l'acceptation de l'instance par l'administration ainsi que celle de présenter un préliminaire de conciliation. Mais pas lorsque le juge est saisi directement d'une décision préalable adoptée spontanément[314]. De plus, elle permet, non seulement, de circonscrire le cadre de l'instance mais aussi de « lier le contentieux »[315]. Tout ceci est opposé au cas du recours administratif préalable.

2. Les recours administratifs préalables

188. Dans ce cas également, l'analyse du contenu de la notion de recours administratifs dits préalables (a) sera suivie par celle relative à ses fondements (b).

---

312 B. ASSO, F. MONERA, *Contentieux administratif*, Studyrama, coll. « Panorama du droit », 2006, p. 219.
313 R. CHAPUS, *Droit du contentieux administratif*, *op. cit.*, n° 630 ; Y. GAUDEMET, *Traité de droit administratif*, *op. cit.*, n° 1002.
314 Plus amplement, voir, B. DEFOORT, *La décision administrative*, Paris, LGDJ, coll. « Bibl. de droit public », t. 286, 2015, préface de Bertrand Seiller, n° 514 et suivants.
315 B. ASSO, F. MONERA, *Contentieux administratif*, *op. cit.*, p. 219.

a. Le contenu des recours administratifs préalables

189. Il faut rappeler qu'en dehors de la décision préalable, il existe en droit français des recours administratifs préalables qui sont des réclamations introduites auprès de l'administration contre son acte, avant tout recours juridictionnel[316]. C'est « l'ensemble des procédures par lesquelles une personne physique ou morale s'adresse à une autorité administrative pour mettre un terme à un différend qui les oppose »[317]. Autrement dit, c'est une « réclamation adressée à l'administration en vue de régler un différend né d'une décision administrative »[318]. On distingue, d'une part, les recours administratifs préalables généraux (a1), et, d'autre part, les recours administratifs préalables spéciaux ou obligatoires (a2).

a1. Les recours administratifs facultatifs ou généraux

190. Le contrôle de la légalité des actes administratifs peut être réalisé au moyen de deux procédés. Il s'agit, d'une part, du contrôle administratif dans lequel l'illégalité est constatée et sanctionnée par l'administration[319] elle-même et, d'autre part, du contrôle juridictionnel dans lequel ces opérations sont faites par le biais d'une juridiction.

191. Dans le premier cas, le contrôle peut être exercé soit par le supérieure hiérarchique à l'égard des actes de son subordonné (recours hiérarchique), dans ce cas, il s'agit « d'un recours administratif adressé à l'autorité à laquelle est subordonnée celle qui a pris la décision contestée », soit par l'auteur de l'acte lui-même (recours gracieux), on parle de « recours administratif adressé à l'administration qui a pris la décision contestée »[320] soit, enfin, par l'autorité qui assure la tutelle de celle qui a pris la décision en cause (recours de tutelle). Cependant, dans ce dernier cas, un texte sera nécessaire en vertu de la règle « pas de tutelle sans texte »[321].

---

[316] Il s'agit bien des recours contentieux, car ces recours administratifs présupposent l'existence du contentieux, d'une contestation, d'un litige dont ils envisagent le règlement. Le contentieux est déjà né il y aurait contestation entre les parties. C'est pourquoi certains auteurs préfèrent le vocable « pré-juridictionnel » sans toutefois pousser très loin l'idée selon laquelle l'administration exerce là une fonction juridictionnelle. En ce sens : E. PREVEDOUROU, Les recours administratifs obligatoires, *op. cit.*, p. 6 ; S. JEUSSEAUME, *Le droit administratif et le temps*, *op. cit.*, p. 195.

[317] S. JEANNARD, *Le recours administratif dans le système juridique français*, Paris, LGDJ Lextensoéditions, coll. « Systèmes droit », 2013, p. 13.

[318] Art. L. 410-1, *Cra.*

[319] J.-F. BRISSON, « Régler autrement les litiges administratifs : les recours gracieux et hiérarchiques, voie alternative de protection des administrés », *RDP*, 1996, p. 836.

[320] Art. L. 410-1, *Cra.*

[321] B. PACTEAU, *Traité de contentieux administratif*, *op. cit.*, n° 164.

192. Ces recours sont en principe facultatifs dans la mesure où il est toujours possible, mais jamais obligatoire, de faire précéder l'exercice d'un recours contentieux par un recours auprès de l'administration[322]. Ce sont des recours administratifs de droit commun. Ils existent sans textes et sont facultatifs[323], contrairement aux recours administratifs spéciaux.

a2. Les recours administratifs spéciaux

193. Les recours administratifs préalables obligatoires sont encore désignés comme des recours administratifs dits spéciaux[324] car leur organisation peut être prévue par un texte. En effet, ce sont des recours administratifs[325] « institués [...] par des règles de procédure ou des organes de décision particuliers »[326]. Il en est également ainsi lorsqu'il « résulte du texte que le législateur a eu l'intention d'écarter tout recours administratif de droit commun »[327]. Il est question, en effet, d'un « recours administratif auquel est subordonné l'exercice d'un recours contentieux à l'encontre d'une décision administrative »[328]. Les exemples sont nombreux[329].

---

[322] R. CHAPUS, *Droit du contentieux administratif*, *op. cit.*, n° 493.

[323] B. BELDA, « Faut-il généraliser le recours administratif obligatoire ? », *RDP*, n° 6/2008, p. 1484.

[324] R. ROUQUETTE, *Petit traité du procès administratif*, Paris, Dalloz, 2e éd., 2006, p.163 et s.

[325] D. TRUCHET, « Différentes catégories de recours administratifs », *Répertoire de contentieux administratif*, Paris, Dalloz, mis à jour en janv. 2014, n° 79-153.

[326] G. BRAIBANT, concl. sous CE, 13 juin 1958, *sieur Esnault*, *Rec.*, p. 344 cité par S. Jeannard, *Le recours administratif dans le système juridique français*, *op. cit.*, p. 46.

[327] *Ibid.*

[328] Art. L. 410-1, *Cra.*

[329] C'est l'exemple du recours préalable adressé à la commission de recours des militaires, la commission de recours contre les refus de visa d'entrée en France (Art. D. 211-5, Code des étrangers), de la saisine préalable du comité national olympique sportif français, des recours contre les décisions des services chargés du paiement de l'aide personnalisée au logement. Il en est de même de la commission d'accès aux documents administratifs dont la saisine constitue un préalable au recours contentieux (Art. 20 de la loi n° 78/753 du 17 juillet 1978 portant diverses mesures d'amélioration des relations entre l'administration et le public et diverses dispositions d'ordre administratif, social et fiscal).

À l'inverse, le Conseil d'État procède souvent, à partir des textes, à la déduction de l'obligation d'un recours préalable. En ce qui concerne, par exemple, le contentieux du remembrement rural où les textes indiquent que les décisions des commissions communales d'aménagement foncier « peuvent » être portées devant les commissions départementales, lesquelles décisions sont susceptibles de recours contentieux, le juge administratif admet implicitement qu'un tel recours n'est ouvert que contre les décisions des commissions communales et que la saisine de la commission départementale est un préalable nécessaire (R. CHAPUS, *Droit du contentieux administratif*, *op. cit.*, n° 506). Certains recours en responsabilité semblent aussi avoir été soumis à l'exigence d'un recours administratif. C'est le cas des demandes en indemnisation des commissaires-priseurs, lesquelles doivent être

194. En règle générale, comme l'indique le Commissaire du gouvernement Schwartz, les modalités de recours sont dans la plupart des cas fixées par les textes. Ainsi, dans le cadre des scrutins concernant des organismes administratifs, « nombre de textes prévoient ou impliquent un recours préalable obligatoire devant une autorité administrative [...]. Or, normalement, en l'absence de dispositions textuelles organisant un recours préalable, c'est la jurisprudence elle-même qui l'impose devant l'autorité qui a institué la représentation pour la désignation de laquelle l'élection contestée a été organisée [...] »[330].

195. Il faut noter que la décision qui résulte de ce recours se substitue à la première et est en principe seule susceptible de faire l'objet d'un recours[331]. Cela veut dire, en revanche, qu'un acte d'un ministre, pris à la suite d'un recours hiérarchique dont il a été saisi, ne se substitue pas à celui de son subordonné dont la décision initiale a donné lieu à ce recours hiérarchique[332] puisqu'il s'agit d'un recours administratif facultatif. Les fondements de ces recours suscitent moins de discussions que dans le cas de la décision préalable.

---

portées devant une commission nationale dont les décisions sont susceptibles de recours devant le Conseil d'État (Art. 45 loi du 10 juil. 2000, et 13, 16 janv. 2001 respectivement).

En plus, certains cas résultent non pas de la loi mais des contrats. Ainsi, les cahiers de charges des marchés publics disposent que les cocontractants de l'administration ne peuvent saisir le juge qu'après avoir adressé à l'autorité compétente un mémoire exposant les motifs et l'objet de leur réclamation. Toutefois, le manquement à cette exigence n'est sanctionné que si la partie intéressée invoque sa méconnaissance (CE, 21 janv. 1966, *Ville d'Avignon*, *RDP*, 1966, p. 992. Toutefois, le manquement à cette exigence n'est sanctionné que si la partie intéressée invoque sa méconnaissance. R. CHAPUS, *Droit du contentieux administratif*, *op. cit.*, p. 409).

L'exigence d'un recours administratif dit spécial n'épargne pas les matières fiscales. En effet, les requêtes relatives aux taxes dont le contentieux relève de la compétence de la juridiction administrative doivent être précédées d'une réclamation adressée à la personne morale qui a établi la taxe (Art. R. 772- 1-2, alinéa 1, *Cja*). Cette règle s'applique, en principe, même en ce qui concerne le référé fiscal. Il en est ainsi du référé-garanties (A.- M. De La MOTTE, « Les procédures d'urgence dans le contentieux fiscal », *in* O. Gohin (dir), *Les procédures d'urgences : approche comparative*, éd. Panthéon Assas, 2008, p. 161-179).

Certains contentieux électoraux sont également soumis à cette exigence. C'est le cas des élections professionnelles. Il s'agit, par exemple, des contestations relatives à la validité des élections au conseil supérieur des tribunaux administratifs et des cours administratives d'appel (Art. R. 232- 16, *Cja*). Dans ce domaine, il convient de ne pas confondre la décision préalable qui existe déjà par l'élection contestée et le recours administratif préalable obligatoire (R. CHAPUS, *Droit du contentieux administratif*, *op. cit.*, n° 504).

[330] CE, 29 juil. 2002, *M. Paillet*, n° 210587, *AJDA*, 2002, p. 1191, concl. R. Schwartz ; J.-M. AUBY, « Les recours administratifs préalables », *AJDA*, 1997, p. 10.

[331] CE, 3 oct. 1979, *Lasry*, *Rec.*, p. 358.

[332] CE, 11 juil. 2012, *Sieur Antoine*, n° 343866.

b. Les fondements des recours administratifs préalables au recours contentieux

196. En ces différents recours administratifs, on voit deux fondements. Le premier se trouve dans le fait qu'ils permettent à l'administration d'accorder aux administrés ce qu'ils revendiquent et de lier le contentieux[333]. En d'autres termes, ils permettent « un réexamen effectif de ses décisions par l'administration sur la base non seulement de considérations de droit mais aussi de considérations d'opportunité »[334], d'une part, et, d'autre part, transforme en contentieux juridictionnel le contentieux non juridictionnel de l'administration[335].

197. Le second objectif, quant à lui, révèle le fait que cette formalité contribue à la démocratisation de l'administration, notamment en associant les administrés à l'élaboration des décisions qui les concernent[336]. C'est pour cette raison qu'on peut définir les recours administratifs préalables comme étant « l'ensemble des procédures par lesquelles » les administrés s'adressent aux autorités administratives dans le but de « mettre un terme à un différend qui les oppose »[337].

198. À côté de la décision préalable et des recours administratifs, peut se greffer l'exigence de la notification destinée à accompagner le recours contentieux.

3. L'exigence de la notification

199. Dans certains cas, le recours administratif doit être suivi d'une notification, soit à une partie, soit à une autorité désignée à cet effet. En France, cela s'applique en droit de l'urbanisme.

200. En effet, comme l'indique le Code de l'urbanisme, « en cas de déféré du préfet ou de recours contentieux à l'encontre d'un certificat d'urbanisme, d'une décision de non-opposition à une déclaration préalable ou d'un permis de construire, d'aménager ou de démolir, le préfet ou l'auteur du recours est tenu, à peine d'irrecevabilité, de notifier son recours à l'auteur de la décision et au titulaire de l'autorisation. Cette notification doit également être effectuée dans les mêmes conditions en cas de demande tendant à l'annulation ou à la réformation d'une décision juridictionnelle concernant un certificat d'urbanisme, une décision de non-opposition à

---

333 R. CHAPUS, *Droit du contentieux administratif*, *op. cit.*, n° 631.

334 Conseil d'État, *Les recours administratifs préalables obligatoires*, Paris, La documentation française, 2008, p. 11.

335 B. ASSO, F. MONERA, *Contentieux administratif*, *op. cit.*, p. 218 ; *Rapport du Conseil d'État*, 2008, p. 49.

336 E. PREVEDOUROU, *Les recours administratifs obligatoires… op. cit.*, p. 106 et ss.

337 S. JEANNARD, *Le recours administratif dans le système juridique français*, *op. cit.*, p. 13.

une déclaration préalable ou un permis de construire, d'aménager ou de démolir. L'auteur d'un recours administratif est également tenu de le notifier à peine d'irrecevabilité du recours contentieux qu'il pourrait intenter ultérieurement en cas de rejet du recours administratif »[338].

201. La raison d'être de cette exigence a été rappelée par la jurisprudence. Elle apparaît dans une décision de la Cour européenne des droits de l'Homme à l'occasion de l'affaire Comité des quartiers[339]. Dans cette espèce, on peut relever qu'à l'appui de son recours, le requérant qui remettait en cause le bien-fondé de la règle de la notification préalable prescrite en matière d'urbanisme soutenait, d'une part, que cette obligation constituait un « formalisme excessif » et par conséquent un obstacle à l'accès au juge. D'autre part, il évoquait la méconnaissance de cette règle tant par les justiciables que par leurs conseils et profiterait de ce fait à l'administration et aux juridictions administratives « au détriment des droits les plus élémentaires des usagers ».

202. Mais, selon la Cour, au contraire, cette exigence vise le respect de la « sécurité juridique, c'est-à-dire [...] permettre aux bénéficiaires d'un permis de construire d'être informés [...] des recours intentés par les tiers contre un acte leur accordant ce permis ». Elle ajoute, par ailleurs, que cette exigence est « claire, accessible et prévisible ». Cette solution avait été réitérée par le Conseil d'État dans un avis du 1er avril 2010[340].

203. Toutes ces formalités préalables étant identifiées, il convient, dès à présent, de montrer en quoi le temps qui encadre leur exercice se singularise par la souplesse, contrairement à ce qu'on va observer dans les droits d'Afrique francophone.

B. Une malléabilité du temps des préalables favorable aux justiciables dans le procès administratif français

204. En droit administratif français, lorsqu'on analyse la temporalité qui encadre l'exercice des formalités préalables au recours contentieux, son caractère souple apparaît clairement. Un tel caractère est observable tant en ce qui concerne les actes dits implicites que les décisions explicites. En effet, dans ces différents cas, l'on relève la présence des quanta précis, des délais fixés (1). Mais ces délais permettent aux justiciables d'agir sans courir trop de risque de ne pas observer la condition de délai car ils n'ont pas un caractère formel. Ils sont favorables aux justiciables en raison de cette combinaison des approches quantitative et qualitative du temps (2).

---

[338] Art, R* 600.
[339] CEDH, 21 nov. 2000, *Comité des quartiers Mouffetard et des bords de Seine et autres c/ France*, n° 56188/00.
[340] N° 334113.

1. L'adoption d'une approche quantitative du temps dans la phase pré-contentieuse du procès administratif français

205. Il existe, en effet, des délais fixés tant en matière de recours administratifs obligatoires que facultatifs. C'est également le cas en matière de notification préalable. Sans être exhaustif, et afin d'éviter une énumération fastidieuse de ces délais, on se limitera à dégager des exemples à travers un tableau. Ce tableau à double entrée met en exergue quelques cas de délai de la phase pré-contentieuse en indiquant, d'une part, le type de décision, et, d'autre part, les matières concernées.

	Nature des affaires et délais			
Décisions explicites	2 mois[341]	5 jours, désignation conseil sup. des tribunaux administratifs[342]	8 jours, contentieux des bourses scolaires[343]	15 jours, notification en matière d'urbanisme[344]
Décisions implicites	2 mois[345]	1 mois, communication des documents administratifs[346]	8 jours, 2 mois en matière de communication des documents administratifs en cas de contentieux médical[347]	6 mois, contentieux fiscal[348]

206. Tous ces délais, quantitatifs, ont été repris par le Code français des relations entre l'administration et le public. Le droit français n'exclut pas en la matière l'adoption des durées qualitatives. En effet, la souplesse est liée à la présence d'autres formes de délai. L'approche quantitative du temps n'étant donc pas exclusive, cela laisse apparaître le caractère souple, ou dynamique, du temps dans cette phase du procès administratif en France. Ce caractère dynamique profite aux justiciables.

[341] Art. L.411-2, *Cra.*
[342] Art. R. 232-16, *Cja.*
[343] Art. R. 511-49, *Ce.*
[344] Art. 600*-1, Code de l'urbanisme.
[345] Art. R. 343-5, *Cra.*
[346] Art. R. 311-12, *Cra.*
[347] http://www.cada.fr/un-droit-qui-garantit-la-transparence,19.html. Consulté le 14/04/2016 à 15h.
[348] Art. R*.198-10, *Lpf.*

2. Un temps favorable aux justiciables en raison de sa souplesse liée au dépassement d'une approche quantitative

207. Une approche qui consiste à fixer tous les délais de façon chronométrique ne semble pas satisfaisante quand on sait que les litiges n'ont pas la même portée ou encore les mêmes enjeux. Autrement dit, le monopole d'une approche quantitative est, à certains égards, problématique. Le droit français tend à éviter cet écueil en combinant les approches quantitative et qualitative du temps dans la phase pré-contentieuse. Cela traduit le caractère souple du temps dans le procès.

208. Cette forme souple du temps, qui profite aux justiciables, est d'abord liée à la présence d'un délai constant parmi les durées chronométrées (a). Ensuite, elle ressort des possibilités offertes aux justiciables potentiels de choisir le temps, notamment en matière d'imposition (b). Enfin, et surtout, elle relève des aménagements que peuvent connaître les délais, eu égard à la nature et aux circonstances des affaires (c).

a. Le temps souple au regard de son approche quantitative assortie d'un délai constant : une absence d'ambiguïté pour le justiciable

209. En contentieux administratif français, lorsqu'on analyse l'ensemble des délais applicables dans la phase pré-contentieuse, on relève la présence constante du délai de deux (02) mois. En effet, en matière de recours administratifs facultatifs, par exemple, le délai d'exercice est rattaché à celui du recours contentieux donc un délai de deux mois. De la même manière, on relève, en générale, qu'en matière de recours administratifs obligatoires, ce même délai s'applique. C'est ce même délai qu'on retrouve, en principe, lorsqu'il s'agit du délai observable pour les décisions implicites[349].

210. Ainsi, en cas de silence de la part des textes, c'est le délai de droit commun notamment de deux mois. Autrement dit, l'analyse des délais applicables à la phase pré-contentieuse, à l'exception du contentieux de l'urbanisme, permet d'observer qu'il est très récurrent de voir les textes fixer le temps de l'exercice du pré-contentieux à deux mois. On peut, par exemple, noter qu'en matière contractuelle, « tout différend entre le titulaire et le pouvoir adjudicateur doit faire l'objet, de la part du titulaire, d'un mémoire de réclamation exposant les motifs et indiquant, le cas échéant, le montant des sommes réclamées. Ce mémoire doit être

[349] CE, 19 févr. 1982, *Mme Cammaret*, *Rec.*, p. 78 ; 26 janv. 2011, *M. A*, n° 31815.

communiqué au pouvoir adjudicateur dans le délai de deux mois, courant à compter du jour où le différend est apparu [...] »[350].

211. Dans le cadre de la communication des documents administratifs, on retrouve également ce délai, à moins que l'on ne soit en présence d'une exception[351]. De même, en matière d'actes implicites, le délai de deux mois a été expressément consacré par le Code sus-visé. En effet, ce Code dispose en son article L. 231-1 et 411-7 que « le silence gardé pendant deux mois par l'administration sur une demande vaut décision d'acceptation ». On peut ainsi remarquer la présence constante de la durée de deux mois dans cette diversité de recours administratifs et des délais qui y sont rattachés[352].

212. Un exemple récent s'observe dans le Code français des relations entre le public et l'administration lequel a succédé à la loi du 12 avril 2000 relative aux droits des citoyens dans leurs relations avec les administrations[353]. Selon ce nouveau texte, « toute décision administrative peut faire l'objet, dans le délai imparti pour l'introduction d'un recours contentieux, d'un recours gracieux ou hiérarchique »[354]. Il en est de même lorsqu'il s'agit d'un recours administratif préalable obligatoire. On sait que, selon l'article R. 421-2 du Code français de justice administrative, le délai de recours devant le juge administratif est fixé à deux mois. On observe donc que ce délai constant en matière pré-contentieuse est calqué sur le délai de recours contentieux fixé à deux mois. Il convient d'apporter quelques éclairages sur l'origine de ce délai.

213. Auparavant, notamment avant l'intervention de ces nouvelles dispositions dont la plus récente est le Code des relations entre le public et l'administration ce délai était fixé à quatre (04) mois[355]. Mais avant l'adoption de ce délai de quatre mois, le recours contentieux pouvait être

---

[350] Art. 37, alinéa 2 du Cahier des clauses administratives générales applicables aux marchés publics de fournitures courantes et services. CAA, Lyon, 25 mai 1989, *SA Entreprise Jean Lefebvre*, req. n° 89LY00153.

[351] Art. R. 343-1 et 5, *Cra* ; CE, 10 juil. 1995, *Bouvet*, n° 150104 *Recueil Dalloz*, 1995, p. 231. Voir art. 2 de la loi n° 78753 du 17 juil. 1978 portant diverses mesures d'amélioration des relations entre l'administration et le public et diverses dispositions d'ordre administratif, social et fiscal.

[352] Sur les délais dans le nouveau Code voir G. EVEILLARD, « L'adoption des actes administratifs unilatéraux-Forme, délais, signature », *RFDA*, n° 1/2016, p. 40.

[353] Voir S. SAUNIER (dir), *La loi du 12 avril 2000 relative aux droits des citoyens dans leurs relations avec les administrations... Dix ans après*, Paris, LGDJ, Presses de l'université Toulouse 1 Capitole, 2012, 304p.

[354] Art. L. 411-2, 412-1, *Cra*.

[355] CE, 3 fév. 1911, *Anguet*, n° 34922. « Vu la requête [...] présentés et tendant à ce qu'il plaise au Conseil annuler la décision implicite de rejet, résultant du silence gardé pendant plus de 4 mois par le ministre du Commerce, de l'Industrie et des Postes et Télégraphes sur la demande d'indemnité formulée par le requérant ».

introduit sans condition de délai car, comme l'a récemment rappelé Olivier Henrard dans ses conclusions relatives à l'affaire M. A B c/ Ministère de l'Economie et des Finances[356], aucune disposition n'avait été prise dans ce sens par le décret du 2 novembre 1864 organisant la procédure en matière contentieuse. Ainsi, souligne le pr David Bailleul, c'est par la suite que, guidé par la nécessité de ne pas laisser planer pendant longtemps la menace de l'annulation sur la décision administrative, le juge administratif a adopté une durée de trois (03) mois. C'est plus tard qu'interviendra « l'unification du régime scellé par la loi de finances du 13 avril 1900, réduisant le délai de recours contentieux à deux mois en tout recours contentieux »[357]. Ce délai est consacré à l'article 24 de ce texte. S'agissant du délai relatif aux recours administratifs, Olivier Henrard rappelle que « le Conseil d'État décida d'appliquer au recours pour excès de pouvoir le délai de trois mois prévu à l'article 11 du décret du 22 juillet 1806 dont le champ était beaucoup plus restreint. C'est également le Conseil d'État qui décida d'appliquer le même délai à la formation du recours administratif »[358]. Cette réduction s'accommode bien au rythme, à l'accélération de la vie moderne, affirme le pr Bernard Pacteau[359].

214. On note donc que dans cette multitude de délais, conséquence d'une multitude de recours administratifs, la durée de deux mois apparaît constamment. Le droit français a donc tenté, de ce point de vue, d'unifier le régime des délais en rattachant celui du pré-contentieux à celui du recours contentieux. Ce délai peut être perçu comme étant le délai de référence ou alors le délai de principe. Une telle durée, presque généralisée, est susceptible de réduire les confusions. Cela est donc perçu comme un signe de souplesse qui permet au justiciable d'exercer son recours sans trop de risque de confusion. Cette constance, liée à la clarté qu'elle procure, est profitable aux justiciables.

215. Dans d'autres cas, c'est le potentiel justiciable qui a le choix du temps de l'exercice de la formalité pré-contentieuse. On peut là aussi parler de souplesse en raison de cette liberté de choix. Autrement dit, cette liberté de choix participe du caractère souple du temps du fait de cette combinaison des approches quantitative et qualitative du temps.

---

[356] CE, ass., 13 juil., 2016, n° 387763, Concl. Olivier Henrard, § I. 2.

[357] D. BAILLEUL, *L'efficacité comparée des recours pour excès de pouvoir et de plein contentieux objectif en droit français*, Paris, LGDJ, coll. « Bibl. de droit public », t. 220, 2002, préface de Gilles Lebreton, n° 91 et suivants.

[358] CE, ass., 13 juil., 2016, n° 387763, Concl. Olivier Henrard, § I. 2.

[359] B. PACTEAU, *Traité de contentieux administratif*, *op. cit*, n° 164.

b. Un temps favorable aux justiciables eu égard à sa souplesse tirée de la liberté de choix

216. Dans certains cas, notamment en matière fiscale, la souplesse se traduit par la possibilité offerte au contribuable de choisir le temps qui lui convient pour exercer son recours pré-contentieux. En effet, en matière de requêtes concernant les taxes, et dont le contentieux relève du juge administratif, celles-ci doivent être précédées d'une réclamation adressée à l'administration[360].

217. Selon le Code français de justice administrative, le contribuable ne dispose pas d'un délai pour accomplir cette formalité. Il dispose, en effet, d'un choix du temps qui, toutefois, ne saurait dépasser un certain seuil. À cet effet, le texte prévoit que « lorsqu'aucun texte spécial ne définit le délai propre à cette contestation, les réclamations doivent être présentées au plus tard le 31 décembre de l'année qui suit celle de la réception par le contribuable du titre d'imposition ou d'un extrait de ce titre »[361].

218. Dans ces conditions, il n'y a pas de délai fixé à l'avance. Ceci symbolise la souplesse. Le contribuable peut choisir librement de faire sa réclamation même le lendemain de la réception de l'imposition. Il peut donc organiser, sans véritable contrainte de temps, sa stratégie de recours. Dans tous les cas, il doit l'exercer avant la fin de l'année qui suit celle au cours de laquelle il a reçu l'acte en cause. Il n'y a donc pas un délai fixé à l'avance mais un délai qui sera adopté librement par le contribuable jusqu'à un moment délimité. Cette délimitation prend sans doute en compte les règles de la comptabilité publique. Il ne s'agit d'ailleurs pas de la seule disposition en matière fiscale qui va dans ce sens. Il en existe de nombreuses autres comme notamment en matière d'impôts locaux et de taxes annexes[362].

219. Cette liberté de choix offerte à l'administré, justiciable potentiel, permet ainsi de dire que le temps a un caractère souple. Mais, de manière significative, cette souplesse est liée à la possibilité d'éditer d'autres délais, de manière « a posteriori », et eu égard à la situation en cause.

c. Un temps favorable aux justiciables eu égard à sa souplesse tirée de son adoption en fonction des litiges

220. En matière de décision tacite, des possibilités d'adopter des délais dont les quanta sont fixés en fonction de la nature du contentieux ont été consacrées en droit français. Ainsi, tous les délais ne sont pas déterminés

---

[360] Art. R. 777-1-2, alinéa 1, *Cja*.
[361] Art. R. 772-2, *Cja*.
[362] Art. R.* 196-1-2, *Lpf*.

à l'avance. Il faut rappeler que les actes implicites sont des décisions nées à la suite de l'écoulement du temps imparti à l'administration pour donner suite à une demande dont elle est saisie. Il peut s'agir d'un silence acceptation ou d'un silence rejet[363].

221. Selon la législation française, depuis la loi n° 2013/1005 du 12 novembre 2013 habilitant le gouvernement à simplifier les relations entre l'administration et les citoyens, l'on a assisté au renversement de l'ancien principe qui était en vigueur sous l'égide de la loi du 12 avril 2000 relative aux droits des citoyens dans leurs relations avec les administrations. Il s'agit du renversement du principe selon lequel le silence vaut rejet. La modification apportée n'avait cependant pas atteint la condition de délai relative à la naissance des actes implicites car, comme le dispositif antérieur, la nouvelle version de l'article 21 de la loi du 12 avril 2000 disposait que « le silence gardé pendant deux mois par l'autorité administrative sur une demande vaut décision d'acceptation ».

222. À ce principe avait également été rattachée une exception qui avait d'ailleurs suscité de nombreux débats au sein de la doctrine[364]. En effet, cette nouvelle version ajoutait une liste des cas où « [...] par dérogation, le silence gardé par l'administration pendant deux mois vaut décision de rejet ».

223. En l'état actuel du droit en vigueur, toutes ces dispositions ont été réitérées par le Code des relations entre le public et l'administration[365]. Il a de ce fait maintenu le caractère flexible du temps qui existait déjà en cette matière. Cette flexibilité apparaît à deux niveaux.

224. Dans un premier temps, comme le paragraphe 2 (nouveau) de l'article 21 de la loi du 12 avril 2000[366], l'article L. 231-5 de ce nouveau texte dispose qu'« eu égard à l'objet de certaines décisions ou pour des motifs de bonne administration, l'application » de la règle du « silence gardé pendant deux mois par l'administration sur une demande vaut décision d'acceptation peut être écartée par décret en Conseil d'État et en Conseil des ministres ». On peut comprendre par là que dans les conditions ainsi

---

[363] M. LAVAINE, « Aux origines de la décision implicite de rejet », *RDP*, n° 5/2014, p 1241.

[364] B. SEILLER, « Quand les exceptions infirment (heureusement) la règle : le sens du silence de l'administration », *RFDA*, 2014, p. 35 ; H. PAULIAT, « Le silence gardé par l'administration vaut acceptation : un principe en trompe-l'oeil ? », *La semaine juridique administrations et collectivités territoriales* n° 38, 16 sept. 2013, act. 737.

[365] Art. L. 231-1 et 4, *Cra.*

[366] Cette disposition prévoyait que « des décrets en Conseil d'État et en conseil des ministres peuvent, pour certaines décisions, écarter l'application du premier alinéa du I eu égard à l'objet de la décision ou pour des motifs de bonne administration. Des décrets en Conseil d'État peuvent fixer un délai différent de celui que prévoient les premier et troisième alinéas du I, lorsque l'urgence ou la complexité de la procédure le justifie ».

décrites, le silence de l'administration peut valoir rejet ou encore que la décision implicite de rejet peut intervenir dans un délai différent du délai de deux mois.

225. Dans un second temps, ce texte a repris d'une certaine façon la loi de 2000, lorsqu'il prévoit la possibilité de consacrer « par décret en Conseil d'État lorsque l'urgence ou la complexité de la procédure le justifie un délai différent de ceux »[367] qui ont été consacrés en matière d'actes implicites, tant pour les actes implicites d'acceptation que pour les actes implicites de rejet.

226. Comme matières concernées par cette dérogation, on peut, par exemple, noter les procédures d'agrément des personnes physiques, morales ; les procédures d'autorisation préalable à une activité, le droit des étrangers et les demandes de titre de séjour[368]. C'est dans ce même cadre que, sous l'égide de l'ancienne version de l'article 21 de la loi du 12 avril 2000, le décret n° 2002/814 du 3 mai 2002 avait été édicté. Ce texte disposait en son article 1er que « le délai de deux mois, mentionné au premier alinéa de l'article 21 de la loi du 12 avril 2000 susvisée, à l'expiration duquel le silence gardé par l'autorité administrative sur une demande vaut décision de rejet est porté à quatre (04) mois en application du deuxième alinéa du même article dans les conditions prévues par les articles 2 à 16 », de ce même décret.

227. Il apparaît donc clairement qu'en dehors de la durée de deux mois, des délais spéciaux, pouvant aller de quelques jours à plusieurs mois, peuvent être adoptés[369]. En effet, au regard de ces dispositions, la porte reste ouverte et on peut comprendre que l'idée qui sous-tend celles-ci est la recherche de l'efficacité, laquelle ne doit pas être limitée par des prescriptions « a priori » des délais.

228. Il y a donc là recours tant à une approche quantitative que qualitative des délais. C'est ce qui permet d'affirmer que la procédure administrative contentieuse française a pris en compte les aléas liés aux procédures, les réalités de l'action administrative en assurant une certaine transparence dans l'organisation du temps du pré-contentieux. Cette approche peu figée du temps permet aux justiciables de profiter d'un délai de recours qui est adapté à sa situation ou encore à ses possibilités. Le justiciable dispose donc, en principe, d'un délai de deux mois mais également des

---

[367] Art. L. 321-6, *Cra.*

[368] CE, 27 mars 2006, *M. Adel Kaci*, n° 283409, *AJDA*, 2006, p. 1212, concl. I. De Silva. Il convient aussi de noter que la naissance de telles décisions n'est possible que si l'autorité a véritablement été saisie. Le législateur fait obligation à l'autorité saisie à tort de transmettre la demande à celle qui en est concernée.

[369] En ce sens, S. JEUSSEAUME, *Le droit administratif et le temps*, *op. cit.*, p. 92.

délais en fonction de la nature des litiges en cause. Cette flexibilité qui profite à l'administré face à une administration devenue de plus en plus complexe est sans aucun doute fondée sur l'évolution des rapports entre ces derniers et l'administration.

§ 2. L'amélioration des relations entre l'administration et les administrés comme fondement d'un temps du pré-contentieux profitable aux justiciables en droit français

229. L'analyse a montré que dans la phase pré-contentieuse, le temps est fixé selon une approche, non seulement quantitative mais aussi qualitative et, de ce point de vue, est marqué par la souplesse. L'approche qualitative se traduit par, d'une part, le choix du temps offert aux justiciables potentiels, et, d'autre part, l'adoption possible des délais selon les litiges ainsi que la présence d'un délai constant. Cette souplesse du temps du pré-contentieux, profitable aux justiciables, se fonde sans aucun doute sur l'évolution qu'ont connue les relations entre l'administration et les administrés, une relation marquée par une certaine transparence.

230. En France, les relations entre l'administration et les citoyens sont marquées par des évolutions importantes. Ces relations ne sont plus, comme il y'a quelques années marquées par le secret ou l'absence de transparence. Ainsi que le relève le pr Jean-Marie Pontier, « pendant une très longue période, le législateur ne se préoccupe pas d'édicter des normes destinées à protéger le citoyen contre l'administration, par désintérêt peut être, certainement aussi par le fait qu'il a considéré que le juge administratif faisait bien son travail et qu'il n'était pas nécessaire d'intervenir. Dans la seconde moitié du XXe siècle, les choses ont changé, parce que les attentes des citoyens se sont multipliées, parce que le contrôle juridictionnel rencontrait des limites et parce que certaines modifications étant trop importantes pour être décidées par le juge, l'intervention du législateur devenait indispensable »[370]. C'est en ce sens que, comme on pourra le voir, des mécanismes destinés à réduire les risques de forclusion comme l'obligation d'accuser réception et d'indiquer les délais et voies de recours ont été mises à la charge de l'administration. Ainsi, on peut voir en le caractère souple du temps dans cette phase pré-contentieuse la suite logique de cette évolution.

231. Il est favorable aux justiciables car il permet de réduire les risques de faire l'objet d'une sanction liée au non-respect de la condition de délai. Toutefois, ce cadre temporel n'est pas parfait, il mérite d'être amélioré.

---

[370] J.-M. PONTIER, « Le droit administratif français », *in* C.-A. Dubreuil (dir), *L'évolution du droit administratif en France et en Russie*, *op. cit.*, p. 15.

§ 3. Un cadre temporel à améliorer

232. Malgré cette souplesse qu'on observe dans l'articulation du temps des préalables en droit français laquelle est profitable aux justiciables, on peut toutefois noter que s'agissant, d'une part, du délai concernant les actes implicites d'acceptation, des interrogations subsistent (A). D'autre part, la diversité des recours administratifs exige que l'accent soit mis sur la synchronisation (B) afin d'assurer une meilleure protection aux justiciables.

A. La nécessité de clarifier les cas d'adaptation des délais

233. En droit français, au nombre des lacunes enregistrées au sujet de la détermination du temps des préalables, on relève la question du délai relatif au silence acceptation.

234. En effet, pour les préliminaires relevant des actes implicites, la loi de 2013 réformant le dispositif relatif aux droits des citoyens dans leurs rapports avec les administrations, précitée, comportait quelques zones d'ombres. Celles-ci n'ont pas été corrigées par le Code des relations entre l'administration et le public.

235. Après avoir indiqué que le silence de deux mois entraîne un acte tacite d'acceptation, l'article 21 (nouveau) de la loi du 12 avril 2000 ajoutait, par la suite, que « la liste des procédures pour lesquelles le silence gardé sur une demande vaut décision d'acceptation est publiée sur un site internet relevant du Premier ministre. Elle mentionne l'autorité à laquelle doit être adressée la demande, ainsi que le délai au terme duquel l'acceptation est acquise »[371]. Cette formule a été reprise par l'article D. 231-2 du Code des relations entre le public et l'administration.

236. S'agissant de la règle relative au temps, cette disposition prête à équivoque lorsqu'elle précise que la liste des actes visés par la règle du silence valant acceptation mentionne, entre autres, le « délai à la suite duquel l'acceptation est acquise ».

---

[371] Analysant l'ensemble de cette réforme implémentée par loi n° 2013/1005 du 12 novembre 2013 qui modifiait ainsi celle de 2000, M. Bertrand Seiller s'est interrogé sur le fondement même de cette disposition, sur la légitimité de la mise en place d'une liste d'affaires faisant partie du domaine de la règle du silence valant acceptation. Il le regrettait pour la simple raison que quand une règle est posée comme un principe, il est impossible d'en déterminer de manière limitative les cas d'application. Seules les exceptions peuvent être déterminées de façon rigoureuse. Mettre en place une règle comme un principe et en identifier exhaustivement les cas d'application est en contradiction avec cet axiome fondamental de la logique juridique selon laquelle un principe est une norme ouverte destinée à régir tous les cas, inimaginables ou non, ne rentrant pas dans les éventuelles exceptions aménagées. B. SEILLER, « Quand les exceptions infirment (heureusement) la règle : le sens du silence de l'administration », *op. cit.*, p. 35.

237. On peut alors se demander de quel délai il s'agit. Est-il question d'un délai autre que celui indiqué à l'article L. 231-1 ? Si c'est de ce délai qu'il s'agit, n'apparaît-il pas plus clair de le préciser afin d'éviter toute confusion. Cette formulation laisse sous-entendre qu'il existe un ou plusieurs autres délais que celui de deux mois consacré en matière de silence acceptation. Cela n'apparaît vraiment pas logique au regard de l'esprit de cette disposition car, telle qu'elle est formulée, elle ne permet pas d'envisager des dérogations au délai de deux mois. Il est fort probable que le législateur, en faisant désormais de ce qui était l'exception la règle a, par manque de vigilance, repris les mécanismes qui accompagnaient le silence acceptation jadis retenu comme exception. En réalité, il se trouve que selon le dispositif antérieur, le temps de la naissance des décisions tacites d'acceptation était indiqué par des textes au cas par cas. C'est cette approche qui aurait influencé le législateur. Une telle formulation mérite en tout cas d'être corrigée.

238. On remarque, à la lumière de ces quelques exemples, des lacunes qui convient le législateur français à revoir sa copie. Par ailleurs, la présence d'une multitude de recours administratifs obligatoires nécessite que la condition de délai qui y est rattachée soit synchronisée.

B. La nécessité de renforcer l'association d'un délai constant à l'approche quantitative

239. Dans son rapport de l'année 2008, le Conseil d'État avait relevé, sur la base d'une enquête menée auprès des administrations, qu'il existe près de cent cinquante (150) recours administratifs préalables spéciaux. Mieux que cela, suivant une autre étude diligentée par les services du Médiateur de la république, devenu le Défenseur des droits, un chiffre plus important a été indiqué, à savoir environ deux cents (200) recours administratifs préalables obligatoires[372].

240. Cette multitude de recours administratifs préalables obligatoires est certainement une réponse à la diversité des domaines de l'action administrative[373]. Cette démultiplication ne manque pas de poser des

---

[372] Voir :
http://www.mediateur-republique.fr/fic_bdd/pdf_fr_fichier/1236851673_Les_recours_contre_les_decisions_de_l_administration.pdf.

[373] On peut noter, par exemple, les litiges relatifs à l'impôt, au droit des étrangers, à la fonction publique, au droit du travail, aux scrutins, à l'organisation des professions, aux aides sociales, à la fonction publique militaire, à l'accès aux documents, à l'enseignement, à l'environnement, au sport et à la discipline des détenus. J.-F. BRISSON, « Les recours administratifs préalables obligatoires en droit public français, alternative au juge ou voie sans issue ? », *Table ronde organisée par la Chaire "Mutations de l'Action Publique et du Droit Public", Sciences Po*, 13 mars 2009, disponible sur le site : http://www.sciencespo.fr/chaire-

difficultés s'agissant des délais[374]. On peut proposer, compte tenu de cette diversité, qu'à défaut de supprimer ces recours administratifs préalables obligatoires, chose impossible vu leur importance et leur particularité, de les harmoniser en fonction des matières. Cela pourrait réduire les risques de confusion. De ce point de vue, l'approche quantitative assortie d'un délai de référence ou d'un délai constant est intéressante[375].

241. À ce stade de l'étude, on observe que la logique du droit procédural administratif français concernant le temps, bien que comportant certaines lacunes, est celle de la flexibilité dans cette phase pré-contentieuse. Cette approche dynamique du temps prend davantage en compte le droit du justiciable à un recours et moins la sécurité juridique. Elle est opposée à la rigueur observable dans les droits d'Afrique francophone, à l'instar du Cameroun et du Gabon.

Section 2. La rigidité du temps des préalables dans les droits africains : la prédominance d'une approche quantitative du temps tournée vers la sécurité juridique

242. Lorsqu'on analyse l'articulation du temps des préalables dans le contentieux administratif camerounais et gabonais, il en ressort une forme rigide. En effet, on peut observer dans ces législations que le facteur

---

madp/sites/sciencespo.fr.chaire-madp/files/recours_adm_prealables_obligatoires_en_droit_pbc_francais.pdf. Consulté le 19 avril 2014 à 11h.

[374] M. Jean-François Brisson va dans ce sens, lorsqu'il relève qu'en raison de cette diversité apparaît une diversité de « procédures assez hétérogènes, répondant à des besoins conjoncturels et sectoriels, exprimés le plus souvent à des moments différents de notre histoire ». Il en conclut que cette diversité va conférer, notamment, à la règle du recours administratif préalable obligatoire « un champ d'application, pour le moins, disparate sans que l'on puisse y dégager une véritable ligne directrice sinon que le [recours administratif préalable obligatoire] est généralement porté devant l'autorité hiérarchique ou devant une commission spéciale, pouvant parfois intervenir à titre seulement consultatif, sans que les règles applicables soient identiques d'un recours à l'autre ». J.-F. BRISSON, « Les recours administratifs préalables obligatoires en droit public français, alternative au juge ou voie sans issue ? », *Table ronde organisée par la Chaire "Mutations de l'Action Publique et du Droit Public", Sciences Po*, 13 mars 2009, disponible sur le site : http://www.sciencespo.fr/chaire-madp/sites/sciencespo.fr.chaire-madp/files/recours_adm_prealables_obligatoires_en_droit_pbc_francais.pdf. Consulté le 19 avril 2014 à 11h.

[375] C'est dans ce sens qu'une étude menée par les services du Médiateur de la République avait pu conclure qu'« [...] il serait conforme à l'intérêt des usagers de l'administration de proposer une présentation synoptique des délais auxquels sont soumis les recours administratifs préalables obligatoires ; d'uniformiser les délais au sein des différentes matières si l'on admet que l'uniformisation de tous les délais des recours administratifs préalables obligatoires n'est ni possible ni souhaitable ». Voir http://www.mediateur-republique.fr/fic_bdd/pdf_fr_fichier/1236851673_Les_recours_contre_les_decisions_de_l_administration.pdf.

temps dans la phase pré-contentieuse est, exclusivement, déterminé de manière fixe ou alors quantitative. C'est ce qui traduit cette forme rigide du temps tendant, essentiellement, à assurer la sécurité juridique (Sous-section 2). Une bonne compréhension de cette approche nécessite, au préalable, de dégager le caractère presque obligatoire de ces formalités pré-contentieuses (Sous-section 1).

Sous-section 1. L'exigence quasi obligatoire des préalables dans les droits africains

243. Le procès administratif dans les pays africains de tradition juridique francophone est marqué par un passage presque obligatoire par la phase des préalables. Revêtus donc d'un caractère impératif (§ 1), ces préalables ont des fondements identiques (§ 2). Cette approche apparaît bien dans les législations camerounaise et gabonaise.

§ 1. La quasi-nécessité des formalités préalables en contentieux administratif en Afrique francophone

244. En droit camerounais (A) et gabonais (B) du contentieux administratif, en matière de formalités pré-contentieuses, la règle de la décision préalable n'a pas expressément été consacrée. L'on relève uniquement la présence des recours administratifs. Ces recours ont un caractère presque obligatoire.

A. L'exigence des formalités préalables en droit camerounais

245. En droit camerounais, le recours gracieux est la première formalité préalable à la saisine du juge (1). Mais à côté de celui-ci, il existe le recours de tutelle qui intervient dans le cadre du contentieux des actes adoptés par les élus locaux (2).

1. Le recours gracieux dans le procès administratif camerounais

246. En droit camerounais du contentieux administratif, le recours gracieux est une règle générale (a) sauf en ce qui concerne le contentieux fiscal (b).

a. Le recours gracieux comme exigence générale dans le procès administratif camerounais

247. La généralisation du recours gracieux en droit camerounais du contentieux administratif n'est pas un cas isolé parmi les législations d'Afrique francophone. La majorité de ces pays a consacré cette règle. Un tour d'horizon de ces législations montre que « l'incitation à la réparation amiable »[376] y apparaît comme étant « une technique généralisée [et] impérative »[377]. Cela renforce le caractère rigide du temps dans le contentieux.

248. En droit camerounais, en effet, la spécificité du pré-contentieux se trouve en l'exigence générale de cette règle, même en matière d'urgence. Le recours gracieux apparaît ici comme une condition « préalable à l'exercice du droit de saisine du juge »[378]. Cette règle a préexisté à l'ordonnance de 1972[379], portant organisation et fonctionnement de la Cour suprême. Elle fut consacrée, d'abord, par l'ordonnance fédérale du 4 octobre 1961 (n° 61/OF/6) fixant la composition, les conditions de saisine et la procédure devant la Cour fédérale de justice avant d'être reprise, ensuite, par l'article 17, alinéa 1, de la loi n° 2006/022 du 29 décembre 2006 portant organisation et fonctionnement des tribunaux administratifs en passant par l'ordonnance de 1972, précitée. Cet article dispose que « le recours devant le tribunal administratif n'est recevable qu'après rejet d'un recours gracieux adressé à l'autorité auteur de l'acte attaqué ou à celle statutairement habilitée à représenter la collectivité publique ou l'établissement public en cause ». Il convient de préciser que ce recours, dit gracieux, est non pas « un recours dirigé contre l'auteur même de l'acte »[380], mais plutôt un recours adressé à l'autorité auteure de la décision critiquée. Il y a donc, sans doute, une nuance entre le recours adressé à l'autorité et le recours contre l'autorité. Celui-ci doit être distingué du recours hiérarchique qui est un recours porté devant un supérieur de cette autorité. C'est, en effet, un recours « émanant d'un justiciable potentiel, et adressé à l'autorité administrative qui a pris une décision, en vue de l'inviter à reconsidérer le contenu ou la forme de l'acte en question et dont le bien-fondé est contesté »[381].

249. Cette définition n'est pas différente de celle en vigueur en droit français[382]. En France, en effet, il ressort des textes et de la jurisprudence que le recours gracieux est un recours dont est directement saisi l'auteur même de l'acte en cause. Ce dernier se prononce soit sur la base d'un avis

---

[376] M. ONDOA, *Le droit de la responsabilité publique dans les États en développement. Contribution à l'étude de l'originalité des droits africains postcoloniaux*, Paris, L'Harmattan, 2010, p. 98.
[377] *Ibid*, p.105 et 147.
[378] J.-C. ABA'A OYONO, « Chronique du grain de sable dans la fluidité jurisprudentielle à la chambre administrative du Cameroun », *Juridis Périodique*, n° 78/2009, p. 63.
[379] Notamment en son art. 12.
[380] J. GATSI, *Nouveau dictionnaire juridique*, Douala, Presses universitaires libres, 1re éd., 2008, p. 172.
[381] R.-G. NLEP, *L'administration publique camerounaise « Contribution à l'étude des systèmes africains d'administration publique »*, *op. cit.*, p. 260-262.
[382] Art. L. 410-1, *Cra.*

émis par une commission ou toute seule. Aussi, un tel recours peut être introduit auprès d'une commission qui transmet son avis à l'autorité auteur de l'acte qui est tenu de revoir sa position comme c'est le cas avec la commission d'accès aux documents administratifs[383].

250. La désignation des destinataires de cette formalité est parfois laissée à l'appréciation des justiciables, à leur libre choix, ou parfois opérée par la loi. C'est ainsi qu'au Cameroun, après avoir donné lieu à de nombreuses incompréhensions en raison de sa formulation, le législateur, depuis la réforme de 2006, a précisé que l'autorité compétente pour recevoir ce recours est bien celle qui a édicté l'acte en cause ou alors l'auteur de l'agissement litigieux.

251. Toutefois, dans certains contentieux, ce recours est adressé à un organe spécialement désigné à cet effet. Il en est ainsi de la commission des recours gracieux en ce qui concerne le contentieux de la caisse nationale de prévoyance sociale. Cet organe placé au sein du conseil d'administration dudit organe est chargé de gérer les contestations relatives aux cotisations sociales. C'est à la suite de sa décision qu'est ouvert un recours devant le juge administratif. Ce recours reste gracieux. Même s'il n'est pas adressé aux auteurs des actes en cause, il demeure constant qu'il vise à inviter l'administration à revenir sur sa décision. En effet, « à l'exception du cas de mise en demeure adressée par l'administration fiscale suite au défaut de déclaration, l'employeur peut, dans un délai de (30) jours, saisir le comité de recours [...] pour examiner toute contestation concernant l'assujettissement, l'assiette, la liquidation et le recouvrement des cotisations sociales »[384]. Le recours gracieux est constamment relevé par la jurisprudence tant en matière ordinaire que dans les contentieux d'urgence[385]. C'est pour cette raison que la doctrine a vu en cette exigence un véritable obstacle au droit d'accès à la justice administrative[386]. En revanche, le mécanisme est différent en contentieux fiscal. Dans ce dernier cas, le recours gracieux s'opère en deux temps.

---

383 CE, 19 févr. 1982, *Mme Commaret, Rec.*, p. 78.

384 Art. 15 (nouveau) arrêté conjoint n° 035/Metps/Minefi du 12 juil. 2002, fixant les modalités d'application de la loi n° 2001/017 du 18 déc. 2001 portant réaménagement des procédures de recouvrement des cotisations sociales ; A. MPESSA, « Le contentieux de la caisse nationale de prévoyance sociale devant le juge administratif camerounais », *Juridis Périodique*, n° 89/2012, p. 78.

385 CS/CA, jug. n° 281/2010, 22 sept. 2010, *Teghomo Joseph* c/ *État du Cameroun* (*Mindaf*) ; n° 87, 23 mars 2011, *Onana Onomo Joseph Patrice* c/ *État du Cameroun* (*Université de Yaoundé I*) ; n° 48/02-03, 27 mars 2003, *Djou Essomba Charles* c/ *État du Cameroun* (*Minuh*) ; n° 14, 1er août 2012, *Chefferie Bonambapé* c/ *État du Cameroun* (*Mindaf*) ; n° 1, 10 déc. 2012, *Tchaptchet Joseph* c/*État du Cameroun* (*Mindaf*) ; n° 163, 5 mai 2010, *Hissein Ali* c/ *État du Cameroun* (*Mindaf*).

386 Il s'agit, selon M. Maurice KAMTO, d'un « véritable casse-tête ». *Droit administratif processuel du Cameroun*, Yaoundé, Presses universitaires du Cameroun, 1990, p. 39-42.

b. Le double échelon du recours gracieux en matière fiscale

252. De manière générale, l'idée de double échelon du recours gracieux ne s'applique qu'en matière d'impôts sauf pour ce qui est de la fiscalité locale. Il ne s'agit donc que d'un principe général (b1) qui connaît une exception (b2).

b1. Le principe du double échelon du recours gracieux en matière fiscale

253. Au Cameroun, le Code général des impôts, en son article L. 116 (nouveau) organise le contentieux des impositions[387]. Les litiges en cette matière peuvent être portés devant le « tribunal administratif du centre des impôts de rattachement »[388]. Mais en prélude à cette saisine, les formalités préalables nécessaires apparaissent sous deux formes. Il y a la réclamation préalable[389] et le recours gracieux[390]. C'est donc à la suite de cette réclamation préalable, introduite auprès des autorités respectivement compétentes que le contribuable peut exercer un recours gracieux, proprement dit. Ce recours gracieux ressemble fortement au recours hiérarchique qui, par définition, est un recours administratif adressé au supérieur hiérarchique de l'autorité qui a pris l'acte en cause. En dépit de cette ressemblance, le Code général des impôts indique clairement que cette formalité représente un « recours gracieux préalable »[391]. Cette double détente du recours pré-contentieux n'apparaît pas en contentieux des impôts locaux.

---

[387] Pour une étude similaire, F. MBOME, *Le contentieux fiscal camerounais*, Yaoundé, Presses universitaires d'Afrique, 2000, 322 p ; F. NTA A DJAM, *Droit du contentieux fiscal camerounais*, Paris, L'Harmattan, coll. « Finances publiques », 2009, préface de Martin Rissouck A Moulong, 268p.

[388] Art. L. 124, 126, *Cgi*.

[389] La réclamation préalable précède le recours gracieux. En effet, lorsqu'un contribuable se « croit imposé à tort ou surtaxé », il « peut en faire la réclamation, par écrit, au chef de centre régional des impôts, au directeur chargé de la gestion des grandes entreprises ou au directeur général des impôts ». Chacune de ces autorités est compétente selon un montant déterminé. Le Chef de centre régional des impôts est compétent pour les réclamations d'un montant inférieur ou égal à cinquante (50) millions de francs CFA en principal. Le directeur chargé de la gestion des grandes entreprises, quant à lui, reçoit les réclamations n'excédant pas cent (100) millions de francs CFA. Pour ce qui est du directeur général des impôts, il connaît des réclamations dont le montant est supérieur aux seuils prévus pour les centres régionaux des impôts et la direction en charge de la gestion des grandes entreprises. Art. L. 116 (nouveau), *Cgi*.

[390] Le recours gracieux préalable est introduit auprès du ministre en charge des finances. Ce recours intervient « lorsque la décision du chef de centre régional, du directeur chargé de la gestion des grandes entreprises ou du directeur général des impôts ne donne pas entièrement satisfaction au demandeur ».

[391] Art. L. 118 (nouveau) et 119, *Cgi*.

b2. L'exception : l'unicité du recours gracieux dans le contentieux des impôts locaux

254. C'est à travers la loi du 15 décembre 2009 que le législateur camerounais a organisé les impôts des collectivités locales. Il s'est fortement inspiré du Code général des impôts. L'article 136 de cette loi dispose que « le recours contentieux des impôts locaux obéit aux règles et procédures prévues par le livre des procédures fiscales, sous réserve des dispositions spécifiques régissant les taxes communales ». Ladite loi précise aussi que « les réclamations relatives aux taxes communales ressortissent de la juridiction contentieuse lorsqu'elles tendent à obtenir soit la réparation d'erreurs commises dans l'assiette ou le calcul des impositions, soit le bénéfice d'un droit résultant d'une disposition législative ou réglementaire »[392].

255. Ainsi, le double échelon du recours gracieux en vigueur dans d'autres cas ne concerne pas les taxes locales. En effet, « le contribuable qui se voit réclamer à tort le paiement d'une taxe communale peut, par écrit, en faire réclamation auprès du chef de l'exécutif municipal »[393]. On enregistre donc, sauf en ce qui concerne les impôts locaux, une organisation particulière des formalités préalables en matière fiscale. Qu'en est-il du recours dit de tutelle ?

2. Le recours de tutelle dans le contentieux administratif camerounais

256. Il faut distinguer le recours de tutelle en matière fiscale des autres cas. En effet, le recours de tutelle peut être ouvert librement dans les autres cas (a). En contentieux fiscal, en revanche, il n'est possible que contre les actes implicites de rejet (b).

a. L'exigence illimitée du recours de tutelle en dehors du contentieux fiscal

257. L'ordonnance n° 72/06 du 26 août 1972, organisant la Cour suprême n'avait classé que le recours gracieux au rang des recours administratifs préalables. D'autres textes, toutefois, y ont ajouté un second recours comme le recours de tutelle pour ce qui est des litiges portant sur les actes des responsables municipaux. Il s'agit, notamment, des lois n° 2004/017, 018 et 019 du 23 juillet 2004[394], du décret n° 77/91 du 25 mars 1977, modifié par le décret n° 90/1464 du 09 novembre 1990, déterminant les

---

392 Art. 137, *Cgi.*

393 Art. C. 138 (1), *Cgi.*

394 Portant orientation de la décentralisation, Fixant les règles applicables aux communes et celle relative aux régions respectivement.

pouvoirs de tutelle sur les communes les syndicats et les établissements publics communaux et de la loi n° 87/15 du 15 juillet 1987portant création des communautés urbaines.

258. En effet, l'article 56 de la loi n° 87/15 ci-dessus visée, dispose qu'aucune action contre la communauté urbaine n'est recevable si le demandeur n'a pas préalablement adressé à l'autorité de tutelle une requête exposant l'objet et les motifs de sa réclamation. En effet, « seuls le délégué du gouvernement auprès de la communauté urbaine en premier lieu et le préfet du département où se situe la communauté urbaine en second lieu, sont habiletés à recevoir les recours gracieux dirigés contre les actes du délégué du gouvernement [...] ». Telle est la précision apportée par le juge dans l'affaire Entreprise des travaux d'hydrauliques et de génie civil c/ Communauté urbaine de Yaoundé[395].

259. L'expression « les recours gracieux » utilisée par le juge peut prêter à équivoque car on pourrait penser que le juge assimile le recours administratif adressé à l'auteur de l'acte en cause[396] au recours de tutelle. Ce vocable doit être considéré comme étant un terme générique visant à désigner les deux formalités préalables en vigueur. Celles-ci ont pour but d'amener l'autorité administrative directement ou indirectement concernée par le litige[397] à le régler à l'amiable. En d'autres termes, suivant une acception large, le recours gracieux proprement dit, autant que le recours de tutelle, sont des recours gracieux. Ainsi, « tout recours gracieux dirigé contre un acte du délégué du gouvernement et qui est adressé à une autorité autre que ledit délégué du gouvernement en premier lieu puis au préfet compétent en cas d'insuccès, est mal dirigé et entraîne l'irrecevabilité du recours contentieux dont il sert de support »[398].

---

[395] CS/CA, jug. n° 66/2008, 18 juin 2008, *Entreprise des travaux d'hydraulique et de génie civil c/ Communauté urbaine de Yaoundé.*

[396] Art. 17, loi n° 2006/ 022, relative aux tribunaux administratifs.

[397] C'est-à-dire l'auteur même de l'acte, notamment le maire ou le délégué de gouvernement, et, indirectement, c'est-à-dire l'autorité de tutelle.

[398] CS/CA, jug. n° 66/2008, 18 juin 2008, *Entreprise des travaux d'hydraulique, précité.* En effet, l'entreprise requérante avait en date du 15 novembre 1990, à la suite de la destruction de ses bureaux, le 06 juin 1990, par la communauté urbaine, introduit une requête contentieuse en vue d'obtenir réparation du préjudice subi. Cette dernière avait, auparavant, introduit un recours administratif auprès du délégué du gouvernement en date du 19 juin 1990 lequel recours gracieux était resté lettre morte. Pour l'en débouter, le juge administratif rappelait, par ailleurs, que « [...] le recours gracieux en date du 15 juin 1990 sollicitant la condamnation de la communauté [...] sur lequel s'appuie le [...] recours contentieux était adressé uniquement au délégué du gouvernement ; qu'il s'en suit que ledit recours gracieux est irrecevable tout comme le recours contentieux subséquent [...] ».

Deux mois après cette jurisprudence, le juge administratif réitérera cette position dans l'affaire *Kwanya Nganwa André Richard*. En l'espèce, le requérant avait en date du 07 mai 2001 introduit un recours contentieux tendant à la condamnation de la Communauté urbaine de Douala à lui payer des dommages et intérêts à la suite de la destruction de son

260. La conséquence liée à l'exigence du recours de tutelle c'est la présence de deux recours administratifs préalables notamment dans le cas où l'action est initiée par un administré. Selon la jurisprudence, le fait pour un requérant d'adresser son recours gracieux auprès du ministre de l'administration territoriale chargé des collectivités publiques locales entraîne l'irrecevabilité de la requête. Il en est ainsi parce qu'un tel recours devrait être adressé au délégué du gouvernement[399]. De même, la saisine d'une autorité autre que le maire ou le délégué du gouvernement est assimilable à une absence de recours sanctionnée par l'irrecevabilité du recours contentieux[400].

261. En effet, l'exigence du recours dit de tutelle est fondée sur l'article 31 du décret n° 77/91 du 25 mars 1977, modifié par le décret n° 90/1464 du 09 novembre 1990 déterminant les pouvoirs de tutelle sur les communes les syndicats et les établissements publics communaux. Selon ce texte, repris d'ailleurs par le juge, « les actes du délégué du gouvernement, du maire ou de l'administrateur municipal

262. [401]peuvent faire l'objet d'un recours gracieux auprès de leur auteur […] »[402]. Cela semble avoir été repris par la loi de 2006 relative aux tribunaux administratifs lorsqu'elle dispose que le recours devant le tribunal administratif n'est recevable qu'après un recours gracieux adressé à l'autorité qui a pris l'acte attaqué.

263. Toutefois, afin d'éviter toute équivoque, il est important de souligner qu'au regard de la loi n° 2004/017 du 22 juillet 2004, portant orientation de la décentralisation, on est amené à penser que cette disposition a été abrogée. Autrement dit, on peut douter que le recours de tutelle soit, en vertu de ce texte, exclu car l'abrogation formulée par ce texte est limitée à des dispositions précises. En effet, selon l'article 88 de cette loi, « sont abrogées par celles de la présente loi, les dispositions correspondantes de la loi n° 74/23 du 05 décembre 1974 portant organisation communale, ensemble ses modificatifs subséquents, et de la loi n° 87 /015 du 15 juillet

---

immeuble en date du 16 juin 2000. Le 04 décembre 2000, le requérant exerça un recours gracieux, resté infructueux, auprès du Délégué du gouvernement. Pour rejeter son action, le juge affirma que : « […] si le requérant a adressé un recours gracieux au délégué du gouvernement de la communauté urbaine de Douala conformément à la loi, aucune requête n'a été adressée à l'autorité de tutelle de ladite communauté urbaine en l'occurrence le préfet ; qu'il s'en suit que ce recours est irrecevable pour vice de forme ». CS/CA, jug. n° 90/2008, 13 août 2008, *Kwanya Nganwa André Richard c/ Communauté urbaine de Douala.*

[399] CS/CA, jug. n° 66, 27 sept. 2001, *Succession Ngo Ngué Célestin c/ Communauté urbaine de Yaoundé.*

[400] CS/CA, jug. n° 53, 25 juin 1992, *Tah Thomas c/ État du Cameroun.*

[401] Soulignons, en passant, que les lois n° 92/002 et 92/003 du 14 août 1992 ont remplacé l'appellation d'administrateur municipal par celle de maire.

[402] CS/CA, jug n° 90/2008, 13 août 2008, *Kwanya, précité.*

portant création des communautés urbaines, sous réserve de la promulgation des textes particuliers prévus aux articles 86 et 87 ». À l'analyse de cette disposition, on peut affirmer que l'abrogation dont il est question ici n'a d'effet qu'à l'égard des dispositions des anciens textes évoqués par cet article 88, notamment celles qui sont homonymes à celles nouvellement édictées par cette loi. Il est question, en effet, des dispositions relatives aux modalités d'exercice du contrôle de tutelle qu'assure l'État sur les collectivités territoriales. Cette disposition ne semble donc pas avoir exclu le recours dit de tutelle. Ce recours dit de tutelle apparaît aussi en matière fiscale.

b. L'exigence du recours de tutelle en cas de rejet implicite de la réclamation en matière d'impôts locaux

264. Dans le cadre du contentieux fiscal camerounais, le recours gracieux s'applique notamment en ce qui concerne les impôts locaux. En effet, lorsque le chef de l'exécutif municipal garde silence quant à la demande de réclamation relative aux impôts communaux, cette décision « ouvre droit à la saisine du préfet, représentant de l'État »[403]. En effet, le chef de l'exécutif peut donner suite favorable à la demande du contribuable, toute chose qui arrête la procédure. Il peut, au contraire, rejeter cette demande. Le rejet peut être explicite ou implicite.

265. Le rejet explicite recommande que le chef de l'exécutif réponde négativement et de manière expresse (de préférence) à la demande du requérant.

266. Le rejet implicite consiste pour le chef de l'exécutif de garder silence donc de ne pas répondre expressément, dans le délai prévu à la demande qui lui a été soumise. C'est cette dernière situation qui peut ouvrir les portes à la saisine de l'autorité de tutelle qu'est le préfet dans le cadre des communes et communautés urbaines ou le gouverneur dans le cadre des régions[404].

---

[403] Art. C. 138 (3), *Cgi.*

[404] Autrement dit, si l'on s'en tient aux dispositions de la législation relative aux impositions locales, le recours de tutelle adressé au représentant de l'État n'est possible qu'en cas de rejet implicite de la demande du contribuable par le chef de l'exécutif c'est-à-dire en cas de silence du chef de l'exécutif. Dans l'hypothèse d'un rejet expresse, il ne serait pas possible de saisir le représentant de l'État.

Sous cet angle, seul est recevable auprès du représentant de l'État, le recours de tutelle fait sur la base du silence du chef de l'exécutif (Art. 138, alinéa 3 de la loi sur la fiscalité locale). Cela dit, est irrecevable auprès du représentant de l'État le recours fait sur la base d'une décision explicite de rejet du chef de l'exécutif d'une collectivité territoriale décentralisée. J. BIPELE KEMFOUEDIO, *Contentieux de droit public de la décentralisation territoriale*, Cours polycopié, Master, Université de Dschang, 2015, p. 71.

267. En somme, l'exigence d'un recours gracieux est réelle en droit camerounais. Il ressort ainsi des textes et de la jurisprudence que le recours de tutelle est une autre exigence préalable au contentieux à côté du recours gracieux classique. Cela conduit aisément à parler d'une dualité des formalités préalables dans le cadre du contentieux concernant les actes des responsables municipaux. Qu'en est-il du droit gabonais ?

B. Les formalités pré-contentieuses en droit gabonais

268. Au Gabon, depuis la récente réforme du contentieux administratif, les formalités pré-contentieuses sont réparties en fonction des matières. Il convient d'étudier tour à tour les formalités pré-contentieuses en matière de responsabilité et de travaux publics (1), en matière fiscale (2), en matière des marchés publics (3), d'excès de pouvoir (4), le cas particulier du recours de tutelle (5).

1. L'exclusion de la formalité pré-contentieuse en matière de responsabilité et de travaux publics

269. Dans certaines législations africaines d'inspiration française comme le Mali, on observe que la notion de décision préalable est employée comme en France. C'est ce qui ressort de l'article 15 de la loi n° 94/006 du 10 mars 1994 portant organisation et fonctionnement des tribunaux administratifs. En effet, ce texte dispose que « sauf en matière de travaux publics, le tribunal administratif ne peut être saisi que par voie de recours formée contre une décision [...] ». Cette formalité est presque identique à celle en vigueur dans le contentieux administratif français.

270. C'est en des termes presque identiques que cette règle avait été adoptée au Gabon avant la réforme de 1984. Cette question avait d'ailleurs suscité des débats. Certains observateurs ont pu dire qu'il était question de la décision préalable telle que connue en droit français[405] tandis que d'autres[406] y voyaient simplement l'idée selon laquelle le juge ne peut être saisi qu'en cas de décision édictée par l'administration. La décision préalable étant donc l'objet du litige.

271. Comme on l'a examiné précédemment dans le cas du droit français, il n'y a pas de confusion entre ces deux notions. La décision préalable représente, en effet, la matière des différents recours alors que le recours administratif n'est, en principe, qu'un moyen d'incitation à la réparation amiable, une voie de conciliation face à la décision préalable en voie

---

[405] Y. LUCHER, « La Chambre administrative de la Cour suprême du Gabon », *in* J. De. Gaudusson, G. CONAC, *Les Cours suprêmes en Afrique. La jurisprudence administrative*, Paris, Economica, t. 3, 1988, p. 205.

[406] M. REMONDO, *Le droit administratif gabonais*, *op. cit.*, p. 211.

d'être déférée au juge. La confusion survient au moment où la décision préalable ne naît qu'à la suite d'un recours ou d'une demande préalable. C'est pourquoi on peut parler de décision préalable provoquée.

272. En effet, jadis, rejoignant le droit français, la loi gabonaise du 22 juin 1959 relative au contentieux administratif prévoyait, du moins en principe, que la juridiction administrative ne pouvait être saisie que par voie de recours formé contre une décision sauf en matière de travaux publics. Ainsi, comme le relève le pr Guillaume Pambou Tchivounda, avant la loi de 1984 portant Code des juridictions administratives, il n'était pas possible d'envisager une exclusion de la règle de la décision préalable car « ni le décret intervenu le 24 septembre 1959 relatif au fonctionnement du tribunal administratif, encore moins les modifications apportées par la loi du 08 juin 1960 n'avaient modifié cette règle, exception faite du contentieux des travaux publics »[407].

273. En revanche, certaines décisions permettent d'affirmer qu'en ce qui concernait le contentieux de la responsabilité, la saisine directe du juge n'était pas admise. La jurisprudence indique à cet effet que c'est à juste titre qu'un requérant, qui avait saisi le juge suite à une réclamation infructueuse auprès de l'administration[408], avait exercé un recours contentieux « conformément aux dispositions de l'article 6 de la loi [...] du 22 juin [précitée] dès lorsqu'il avait sans succès demandé à son supérieur de reconsidérer le taux de son indemnité »[409] ou encore introduit une correspondance en vue d'obtenir, sans succès, un dédommagement[410].

274. Ce bref aperçu de l'évolution dans le temps de cette notion étant faite, il faut préciser ce qu'il en est actuellement. En effet, avec l'avènement du Code des juridictions administratives, notamment au regard de l'article 50, il n'y a plus de doute car « sauf en matière de travaux publics et de responsabilité de l'administration, la requête doit en outre être accompagnée de la décision attaquée ou dans le cas prévu à l'article 42 [...] de la pièce justifiant du dépôt du recours administratif préalable ». Cette disposition consacre donc un droit de citation directe en ces matières tant pour la décision préalable provoquée que pour un recours administratif. Le Code gabonais des juridictions administratives ne fait pas de distinction entre la responsabilité contractuelle et la responsabilité extracontractuelle de l'administration. Cela amène à conclure, au regard de tout ce qui précède, à une exclusion de la règle de la décision

[407] Voir art. 5 ; G. PAMBOU TCHIVOUNDA, *Les grandes décisions de la jurisprudence administrative du Gabon*, Paris, A. Pedone, 1994, préface de Jean-Michel Galabert, p. 106.
[408] CS/CA, 25 mars 1983, *Iboudah-Mougnienguet c/ État gabonais*, rép., n° 32.
[409] CS/CA, 22 juil. 1983, *Andombé c/ État gabonais*, rép., n° 76.
[410] CS/CA, 11 mai 1984, *Dame veuve Mombey c/ État gabonais*, rép., n° 76.

préalable. Comment peut-on expliquer cette exclusion la décision préalable ainsi adoptée par le droit gabonais ?

275. Le législateur gabonais s'est arrimé à l'approche de son homologue camerounais. On a pu dire que cette exclusion est une réponse à la « désinvolture » de l'administration. Qu'en effet, l'incurie de l'administration gabonaise s'était pendant longtemps affichée, notamment à travers son silence face aux demandes introduites par les administrés. Cela pouvait expliquer aussi, outre le caractère relatif de la « conscience juridique collective »[411] dans ce pays, la fréquence des recours de plein contentieux au détriment des recours pour excès de pouvoir.

276. Cette exclusion a donc eu pour objectif de contourner l'inertie de l'administration et de garantir la protection des droits des citoyens[412]. Pour le pr Yves Brard, la présence de cette règle entraînait une perte de temps très préjudiciable aux victimes, « découragées par la vanité de leurs démarches »[413]. Mais, on pourrait aller plus loin en relevant que cette exclusion peut se justifier par l'idée que la décision préalable apparaît superflue parmi les formalités pré-contentieuses. Lorsqu'on observe les hypothèses du contentieux électoral et fiscal, il n'y a pas de doute sur le fait que l'administré n'a pas besoin de provoquer une décision administrative. Qu'en est-il du contentieux fiscal ?

2. La question des recours pré-contentieux dans le contentieux de l'imposition

277. En matière d'imposition, la décision préalable, notamment celle qui doit être provoquée, est superflue car une décision administrative existe déjà. Selon l'article p. 1033 du Code général des impôts, le contentieux fiscal au Gabon concerne les contestations relatives aux impôts, droits, taxes, redevances et pénalités établis ou recouvrés, dès lors qu'elles tendent à obtenir soit la réparation d'erreurs commises dans l'assiette ou le calcul des impositions, ou encore de disposer d'un droit né d'une disposition réglementaire ou législative, la réparation d'erreurs commises par l'administration dans la détermination d'un résultat déficitaire, la décharge ou la réduction d'une imposition ou à l'exercice des droits de déduction, etc. On est donc dans tous ces différents cas en présence d'une décision préalable.

---

[411] J. DUPORT, « Note sous CS/CA, arrêt du 4 avril 1980, Union des assurances du Gabon et des chantiers modernes *c/* État gabonais », *Penant*, n° 770/1980, p. 455.

[412] Y. BRARD, « Réflexions sur le code gabonais des juridictions administratives. (Loi n° 17/84 du 29 décembre 1984) », *RJPEF*, n° 3-4/1985, p. 923 et s.

[413] *Ibid.*

278. Mais pour ce qui est du recours administratif, il est envisageable en matière fiscale. En effet, selon l'article p. 1034 du Code général des impôts, le contribuable qui entend contester tout ou partie d'une imposition doit présenter, avant tout recours contentieux, une réclamation, soit auprès du ministre des Finances, soit auprès du directeur des impôts ou du directeur provincial des impôts territorialement compétent. Il en est de même en matière de droit d'enregistrement[414]. La jurisprudence l'illustre bien[415] comme dans le contentieux des marchés publics.

3. La question des recours pré-contentieux dans le contentieux des marchés publics : le double échelon du recours gracieux dans le contentieux des marchés publics au Gabon

279. Dans le cadre des recours pré-contentieux relatifs à un marché public, le droit gabonais a consacré un recours gracieux et/ou hiérarchique (a) et un second recours gracieux (b) nécessaire à tout recours contentieux.

a. Le premier échelon du recours administratif dans le contentieux des marchés publics

280. Au Gabon[416], et contrairement au Cameroun où a été privilégiée la voie du règlement amiable[417], le pouvoir réglementaire, en vertu de l'article 51 de la Constitution, a mis en place un Code des marchés publics dont le contentieux relatif aux activités régies par ledit Code est susceptible d'être porté devant les juridictions administratives. Cette compétence du juge administratif gabonais n'est pas clairement déterminée. On la déduit de certaines dispositions du Code gabonais de justice administrative comme le souligne fort justement un observateur[418]. Malgré ces imprécisions et incertitudes, le contentieux de la passation des marchés publics est organisé par le décret n° 0254 du 19 juin 2012 portant Code des marchés publics. Ce texte consacre une dualité de recours préalable comme en matière fiscale au Cameroun. Cette dualité de recours administratif est d'ailleurs perçue comme une « neutralisation du contrôle juridictionnel des marchés des personnes morales de droit public »[419].

---

[414] Toutefois, dans ce dernier cas, il n'est pas prévu de recours contentieux. Voir article p. 1077, *Cgi*.

[415] CE, 6 juil. 2001, *Ogar et Ogarvie c/État gabonais*, rep., n° 31.

[416] C'est aussi le cas en droit congolais (Brazzaville). Voir L. TENGO, « Le contentieux des marchés publics en République du Congo », *RJP*, n° 3/2015, p. 275.

[417] Art. 92 à 96, décret n° 2004/275, 24 sept. 2004, portant *Code des marchés publics*.

[418] S. KWAHOU, « Le juge administratif, parent pauvre du contentieux des marchés des personnes publiques au Gabon », *RJP*, n° 2/2013, p. 143.

[419] *Ibid*, p. 157.

281. Dans un premier temps, le texte consacre, comme le Code des juridictions administratives, un recours administratif ou gracieux. En effet, « les candidats aux marchés publics peuvent introduire un recours devant la personne responsable du marché et/ou son supérieur hiérarchique dans le cadre des procédures de passation des marchés à l'encontre des actes et décisions de cette dernière leur causant un préjudice »[420].

282. Le texte précise également le contenu de ce recours. À cet effet, le recours administratif préalable « doit invoquer la violation caractérisée de la réglementation des marchés publics et des délégations de service public »[421].

283. Le litige peut connaître un dénouement à ce niveau. Mais à l'analyse de l'ensemble des textes en la matière, ce recours administratif et/ou gracieux ne donne pas droit au recours contentieux, il faut un autre recours administratif.

b. Le second échelon du recours administratif

284. Le second niveau du recours administratif en matière de marchés publics au Gabon est prévu à l'alinéa 1 de l'article 172 du décret précité. En effet, tous les actes pris à la suite du recours gracieux et hiérarchique « peuvent faire l'objet de recours devant l'agence de régulation des marchés publics ». L'alinéa 2 de l'article suscité va dans le même sens lorsqu'il précise qu'« en l'absence de décision rendue par la personne responsable du marché et/ou l'autorité hiérarchique [...] le requérant peut également saisir l'autorité de régulation des marchés publics [...] »[422]. Plus loin, l'article 171 de ce même texte dispose qu'en se basant sur les « informations recueillies dans l'exercice de ses missions ou de toutes les informations communiquées par l'autorité contractante, les candidats ou des tiers, l'agence de régulation des marchés publics peut s'autosaisir à la demande de son président ou du tiers de ses membres [...] »[423].

285. C'est donc, comme en matière de recours gracieux devant une commission particulière s'agissant des cotisations sociales au Cameroun, auprès d'un organe précis que doit être introduit le second recours administratif préalable en contentieux des marchés publics au Gabon. In fine, le recours contentieux ne sera possible qu'à la suite de ce second recours car ce sont finalement « les décisions de l'agence de régulation des marchés publics » qui peuvent « faire l'objet d'un recours devant la

---

[420] Art. 169, *Cmp*.
[421] Art. 170, alinéa 2, *Cmp*.
[422] Art. 172, alinéa 2, *Cmp*.
[423] Art. 171, *Cmp*.

juridiction administrative compétente »[424]. Qu'en est-il en matière d'excès de pouvoir ?

4. La question des recours pré-contentieux en matière d'excès de pouvoir : l'exigence du recours administratif gracieux ou hiérarchique

286. Au regard du droit gabonais, on peut dire que le Cameroun n'est pas un cas isolé lorsqu'il consacre un double échelon en matière de recours administratifs.

287. La réforme judiciaire au Gabon en 1994 s'est soldée par la consécration de la règle du recours gracieux en contentieux administratif comme au Cameroun. En effet, lorsqu'il s'agit d'un recours en annulation, celui-ci n'est recevable que s'il a été précédé d'un recours administratif gracieux adressé à l'autorité qui a pris la décision attaquée, ou d'un recours administratif hiérarchique portée devant l'autorité administrative immédiatement supérieure. C'est ce que prévoit le Code des juridictions administratives en son article 42.

288. Il peut s'agir d'un recours hiérarchique, introduit auprès de l'autorité immédiatement supérieure, ce qui traduit la volonté d'éviter « l'encombrement de l'administration au sommet »[425], ou d'un recours gracieux comme dans le contexte camerounais[426]. C'est un recours qui est d'ordre public[427].

289. En ce qui concerne l'autorité habilitée à recevoir ce recours gracieux, aucun problème ne se pose puisqu'il est généralement adressé à l'autorité qui a adopté la décision contestée. Toutefois, comme dans le contentieux relatif aux cotisations sociales au Cameroun, ce recours peut aussi être adressé à une autorité particulière[428]. C'est le cas en contentieux des marchés publics où le recours peut être introduit auprès de l'autorité chargée de la régulation des marchés.

290. Mais lorsque le justiciable potentiel opte pour le recours hiérarchique, des difficultés peuvent se poser, notamment lorsqu'il n'existe aucune autorité hiérarchique ou encore lorsqu'il existe plusieurs supérieurs hiérarchiques.

---

[424] Art. 176, *Cmp*.
[425] *Ibid*, p. 926.
[426] Le juge administratif gabonais emploi d'ailleurs la formule de « recours administratif préalable gracieux », TA, Libreville, 14 févr. 2007, *Youssouf Idrissou et Hoirs c/ État gabonais*, rep, n° 10.
[427] CE, 25 juin 2010, *Fickat Félicité c/ État gabonais*, rep., n° 29/09-10 ; TA, Libreville, 1er fév. 2005, *Diouf Célestin c/ État gabonais* ; CS/CA, 8 janv. 1988, *Obiang Nguema Siméon et autres c/ État gabonais*.
[428] Cour administrative, ord., 10 déc. 1998, *Oprag c/ Direction générale des douanes*.

En l'absence de supérieure hiérarchique, l'administré est obligé d'introduire un recours gracieux, auprès de l'auteur de l'acte en cause. Cela s'applique en droit gabonais lorsque l'acte est pris par le président de la République comme en matière de naturalisation. En effet, la naturalisation n'étant accordée que par décision du chef de l'État, après avis des services compétent et du Conseil d'État sur demande de l'intéressé, le refus ne peut faire l'objet que d'un recours gracieux préalable à la saisine du juge administratif[429].

291. Dans le cas où plusieurs autorités hiérarchiques existent, le droit français peut être une source d'inspiration dans la recherche de la solution. En France, en effet, en cas de pluralité de supérieur hiérarchique, le recours hiérarchique peut être introduit auprès de l'une des autorités titulaires du pouvoir hiérarchique, sous réserve d'une interdiction prévue par un texte[430]. On peut aussi poser la question de savoir si le recours de tutelle fait partie, comme au Cameroun, des formalités pré-contentieuses.

5. La problématique du recours de tutelle

292. Comme on l'a rappelé en examinant le droit camerounais, le recours de tutelle apparaît généralement en matière de décentralisation. En effet, il arrive parfois que la formalité pré-contentieuse consiste en un recours de tutelle, c'est-à-dire un recours « porté devant une autorité dont les pouvoirs de tutelle ou de contrôle sur l'acte attaqué lui permettent de faire disparaître cet acte ou d'en modifier le contenu ou les effets »[431].

293. En droit gabonais, en effet, la loi n° 15/96 du 6 juin 1996 relative à la décentralisation précise que « sous réserve de certaines dispositions, seules les juridictions administratives et des comptes sont compétentes pour annuler les actes des collectivités locales »[432]. Dans le même sens, il est prévu qu'aucune action judiciaire autre que les actions possessoires et celles portées devant les tribunaux judicaires et administratifs ne peut être introduite contre une collectivité locale avant que le requérant ait, au préalable, adressé au ministre en charge des collectivités locales un mémoire exposant l'objet et les motifs de sa requête[433]. Le ministre en charge des collectivités locales est bien l'autorité investie du pouvoir

---

[429] Art. 30, loi n° 37/98 du 20 juil. 1999, portant Code de la nationalité gabonaise et le décret n° 767/Pr/Mjgs du 16 oct. 2002 portant application de certaines dispositions dudit Code.

[430] CE, 11 juin 1982, *Berjon*, *Rec.*, p. 221, concl. B. Genevois ; 1er févr. 1980 *Ministre du Travail c/ Société peintures Corona*, *Rec.*, p. 59.

[431] J.-M. AUBY, « Les recours administratifs préalables », *op. cit.*, p. 11.

[432] Art. 243, loi n° 15/96 du 6 juin 1996, relative à la décentralisation.

[433] Art. 205, loi n° 15/96 du 6 juin 1996, relative à la décentralisation, *précitée*.

d'assurer, à titre principal, la tutelle sur lesdites collectivités à côté des gouverneurs et préfets qui l'exercent, eux aussi, mais au niveau local[434].

294. Il faut préciser au passage que ce recours n'est pas bien différent d'un recours contentieux. On peut dire que le recours de tutelle permet à l'administration chargée du contrôle de celle dont l'acte est contesté de revoir la décision en cause. On peut citer l'exemple du Cameroun s'agissant de la tutelle exercée par le ministre du travail sur l'organe en charge de la sécurité sociale à savoir la caisse nationale de prévoyance sociale. En effet, dans les quinze jours de la réception des délibérations du conseil d'administration de cet organe, le ministre peut, en vertu de ses pouvoirs de tutelle, annuler lesdites délibérations lorsqu'elles sont adoptées en violation de la loi ou encore comporte un abus de droit[435]. Le déféré préfectoral permet lui aussi à l'autorité de tutelle d'exercer un recours contentieux contre la décision critiquée.

295. Mais le recours de tutelle peut aussi, à la différence du déféré préfectoral, être entendu comme l'exigence d'un recours administratif introduit auprès de l'autorité de tutelle, préalablement à tout recours contentieux. Il peut donc émaner de l'administré. C'est ce qu'illustre une fois de plus le droit camerounais, notamment en ce qui concerne le contentieux des actes des responsables municipaux.

296. Concernant les autres formalités comme celle de la notification préalable, elles n'ont pas été consacrées en droit camerounais et gabonais[436]. Au

---

[434] Art. 244, loi n° 15/96 du 6 juin 1996, relative à la décentralisation, *précitée.*

[435] Art. 23, décret n° 74/26, 11 janv. 1974 fixant les modalités d'application de certaines dispositions de l'ordonnance n° 73/17 du 22 mai 1973 portant organisation de la prévoyance sociale, modifié par le décret n° 99/223 du 30 sept. 1999.

[436] Comme on l'a vu en ce qui concerne le droit français dans le cadre du contentieux de l'urbanisme, des exigences devant accompagner les recours administratifs hiérarchique ou de tutelle existent dans certaines législations africaines. Toutefois, les droits camerounais et gabonais n'en connaissent pas. Au Sénégal, par exemple, deux dispositions de la loi organique n° 2008/35 du 7 août 2008portant création de la Cour suprême et reprenant certaines dispositions de la loi organique sur le Conseil d'État (Voir art. 16 et 20), vont dans ce sens. Il en est ainsi des articles 38 et 39. Selon la première disposition, « la requête visée à l'article 34, accompagnée soit d'une expédition de la décision juridictionnelle attaquée, soit d'une copie de la décision administrative attaquée, doit être signifiée dans le délai de deux mois à la partie adverse, par acte extrajudiciaire contenant élection de domicile ». Cette disposition est complétée par la suivante lorsqu'elle dispose que « la partie adverse a, à compter de la signification prévue à l'article précédent, un délai de deux mois pour produire sa défense, à peine d'irrecevabilité ». Le juge administratif n'a pas manqué l'occasion de mettre en œuvre ces dispositions (CE, 21 déc. 2000, *Mamadou Lamine Guéye et autres c/ Commune rurale de Nioro Alassane Tall* ; *Mamadou Saar c/ Ministère de l'Éducation nationale).*

En droit du contentieux administratif guinéen, également, l'article 63 de la loi du 23 décembre1991 fixant la compétence, l'organisation et le fonctionnement de la Cour suprême prévoit, en dehors des autres formalités préalables au recours contentieux en matière d'excès demeurant, les formalités préalables sont un passage quasiment obligatoire en contentieux administratif dans les pays africains de tradition juridique francophone. Lorsqu'on analyse cette exigence sous l'angle de la temporalité, elles peuvent entraîner un allongement de la durée du procès dès lors qu'à cette phase du procès les parties ne trouvent pas un terrain d'entente. Cela participe du caractère rigide, donc peu dynamique du temps. Ce passage n'est pas étrange. Il peut être considéré comme étant l'homonyme de la palabre en vigueur dans les sociétés africaine longtemps avant l'avènement du droit dit écrit. Ceci conduit donc à analyser ses fondements. Parvenu à l'identification des différentes formalités pré-contentieuses en vigueur dans ces législations africaines de tradition francophone, il faut, avant de montrer la forme rigide que prend le temps relatif à leur exercice, évoquer leurs fondements.

§ 2. Les fondements des formalités préalables dans les droits africains

297. Outre les arguments présentés pour justifier la présence des formalités préalables en droit français, comme notamment le préliminaire de conciliation et la technique de liaison du contentieux, on peut trouver une autre justification propre aux droits africains.

298. En effet, en Afrique pré-coloniale, la justice était l'œuvre des autorités traditionnelles au sein d'une organisation du pouvoir basée sur l'idée d'une association initiatique. Elles privilégiaient la conciliation et le maintien du lien entre les membres de la communauté. C'est sur cette base que prévalait la palabre ou encore la politique délibérative, forme de juridiction conduisant les parties vers un consensus. Elle constituait une sorte de médiation donc un espace de discussion conduisant à l'adoption d'une sentence dont le but est de concilier les parties, de rechercher un compromis ou encore une résolution à l'amiable des litiges.

299. Selon les termes du pr Michel Alliot, rapportés par le pr Gérard Conac, « l'Homme animiste est avant tout un responsable. Il ne recourt pas à la loi pour régler un différend. Ce serait la mettre au-dessus de l'Homme, il recherche collectivement la solution la mieux appropriée qui ne se réfère à aucune loi a priori ; il ne s'adresse aux tribunaux qui tranchent plus qu'ils ne concilient : ce serait mettre sa propre prétention au-dessus de l'adversaire. Il ne recherche pas à emporter une décision à la majorité : ce serait faire fi de la minorité [...] »[437]. La mise en place de cette médiation

---

de pouvoir, l'obligation pour le requérant de signifier à l'administration dans le délai de deux mois sa requête accompagnée de la copie de la décision critiquée.

[437] G. CONAC, « Les politiques juridiques des États d'Afrique francophone au lendemain des indépendances », *in Mélanges en l'honneur du professeur* Gustave *Peiser*, Presses universitaires de Grenoble, coll. « Droit public », 1995, p. 156.

donnait la voie à la discussion et à la conciliation (pardon) en vue de restaurer la paix et maintenir le lien social. La palabre part de l'idée que « l'ordre social a été ébranlé, même [...] par celui qui a raison. L'enjeu n'est pas la justice à appliquer en faveur d'un individu, mais l'harmonie à instaurer au sein d'une communauté [...] Elle assure une justice qui va au-delà du juridique, de la lettre du droit, pour s'épanouir en amour »[438].

300. Ainsi, en dehors de l'idée de la « protection de l'administration contre les procès surprises »[439], comme étant la raison d'être des formalités pré-contentieuses, on peut aussi y voir l'idée de conciliation encore très présente en Afrique[440]. Ce modèle de justice a longtemps prévalu en Afrique avant d'être concurrencé avec l'avènement de la colonisation. C'est un modèle qui comporte de nombreux avantages notamment pour les pays africains dont les droits sont basés sur « l'esprit de solidarité communautaire »[441].

301. Cela explique le recours impératif à ces formalités préalables que l'on peut assimiler ainsi à cette justice de proximité. Elle a l'avantage d'éviter des procès qui s'allongent, y compris leurs coûts financiers et les humiliations encourues par les justiciables. Cette règle paraît donc adaptée au contexte social, psychologique, économique et culturel de ces pays.

302. Un exemple récent apparaît dans une affaire qui opposait la Banque mondiale à la Société Omnitech, objet de l'arrêt rendu par la Chambre administrative de la Cour suprême du Bénin le 30 décembre 2004. En effet, cette décision constatait le désistement du requérant en contrepartie d'un arrangement à l'amiable à la demande de l'État béninois. Il s'agissait d'un recours pour excès de pouvoir introduit devant le juge administratif à l'encontre de la décision du jury de la Banque Mondiale relative à un concours d'attribution des marchés.

303. C'est dire qu'aujourd'hui encore, on observe la présence de la palabre à « tous les niveaux de la société civile en Afrique »[442]. C'est dans ce sens que le pr Demba Sy fait remarquer qu'en Afrique, « les administrés méconnaissent largement le droit étatique et l'existence des voies de

---

[438] B. ATANGANA, « Actualité de la palabre ? », *Études*, n° 324/1996, p. 462. Disponible sur le site : http://gallica.bnf.fr/ark:/12148/bpt6k441805d/f32.image.r=jesus.langFR. Consulté le 15/06/2014 à 17h.

[439] R.-G. NLEP, *L'administration publique camerounaise ...*, *op. cit.*, p. 260.

[440] Y. BRARD, « Réflexions sur le code gabonais des juridictions administratives... », *op. cit.*, p. 925.

[441] G. CONAC, « Les politiques juridiques des États d'Afrique francophone au lendemain des indépendances », *op. cit.*, p. 156 ; T. RAMBAUD, *Introduction au droit comparé. Les grandes traditions juridiques dans le monde*, *op. cit.*, p. 215 et s.

[442] J.-G. BIDIMA, *La palabre Une juridiction de la parole*, Paris, Michalon, 1997, p. 10.

recours et refusent souvent de recourir aux juridictions étatiques, préférant d'autres modes de règlements comme la négociation, les interventions, les démarches »[443]. En dépit de sa « dénaturation exotique, le symbole de l'arbre à palabre témoigne de la recherche du consensus dans le traitement des affaires et non pas à sublimer l'argumentation juridique au risque d'enraciner le litige »[444].

304. Ceci semble donc avoir influencé les législateurs africains. En effet, « dans leur grande majorité les États africains exigent le recours administratif préalable à la fois en cas de responsabilité et d'annulation d'un acte administratif unilatéral »[445] comme en témoignent les cas du Cameroun et du Gabon. Ces pays ont donc, « entre deux solutions », opté pour « celle qui exige moins de droit et laisse le plus aux mœurs et à la morale »[446].

305. Au-delà de ces fondements, ces formalités, dont l'incidence sur le temps du contentieux est importante, sont enserrées dans des durées immuables. Cela est contraire à l'approche observée en droit français. Il y a donc, comme on va le voir, une conception statique du temps dans le procès administratif s'agissant notamment de la phase des préalables.

Sous-section 2. La préservation de la sécurité juridique par l'importance d'une approche quantitative du temps des préalables dans les droits africains

306. En droit du contentieux administratif, s'agissant des pays africains de tradition juridique francophone, notamment au Cameroun et au Gabon, les délais de la phase pré-contentieuse sont définis, essentiellement, selon une approche quantitative. Une telle détermination comporte d'ailleurs quelques imprécisions. Avant d'analyser cette approche qui marque ainsi son caractère rigide et, de manière subséquente, est favorable à la sécurité juridique (§ 2), il convient d'identifier, au préalable, les différentes durées qui rythment ces préalables au recours contentieux (§ 1).

---

[443] DEMBA SY, « Justice administrative et droit administratif en Afrique. Un bilan », *in Espaces du service public*, *op. cit.*, p. 667.
[444] J. D. BOUKONGOU, « L'esprit des droits africains », *in De l'esprit du droit africain. Mélanges en l'honneur de Paul Gérard Pougoué*, Paris, Wolters Kluwer, 2014, p. 169.
[445] M. ONDOA, *Le droit de la responsabilité publique dans les États en développement ...*, *op. cit.*, p. 116.
[446] J. CARBONNIER, *Flexible droit*, Paris, LGDJ, 1979, p. 45.

§ 1. L'approche essentiellement quantitative du cadre temporel des préalables dans les droits d'Afrique francophone

307. Dans le cadre de la détermination du temps des préalables, les droits camerounais et gabonais ont opté pour une approche essentiellement quantitative. Comme cela a été observé en droit français, on ne saurait présenter de façon exhaustive les différents délais, quantitatifs, applicables dans ces législations. Il convient de se contenter d'en dégager quelques cas. Ceci peut être observé, tour à tour, en droit camerounais (A) et gabonais (B), à travers des tableaux. Ces tableaux à double entrée indiquent, respectivement, les différents actes, les matières concernées ainsi que leurs délais d'exercice.

A. Quelques exemples des délais du pré-contentieux en droit camerounais

Type de décisions	**Nature des affaires et délais**					
Décisions explicites	3 mois Excès de pouvoir[447]	6 mois Matière d'indem-nisation[448]	4 ans En cas d'absten-tion[449]	30 jours Contentieux des cotisations sociales[450]	30 jours Impo-sitions[451]	15 jours Recours de tutelle impôts locaux[452]
Décisions impli-cites	3 mois[453]	30 jours et 2 mois Pour impôts[454]	15 et 90 jours Impôts locaux[455]			

308. Il faut préciser, en droit camerounais, qu'il est possible de réduire les délais de trois (03), six (06) mois et de quatre (04) ans relevés dans le tableau. En effet, « dans les affaires qui requièrent célérité, le président

[447] Art. 18, loi n° 2006/022, relative aux tribunaux administratifs, *précités*.
[448] Art. 18, loi n° 2006/022, *précitée*.
[449] Art. 18, loi n° 2006/022, *précitée*.
[450] Art. 15, arrêté n° 035/Metps/Minefi, 12 juil. 2002, relatif aux cotisations sociales.
[451] Art. L.116, *Cgi*.
[452] Art. C.138 (3), *Cgi*.
[453] Art. 17, alinéa.1, loi n° 2006/022, relative aux tribunaux administratifs, *précitée*.
[454] Art. C. 138, L. 119, 124, *Cgi*.
[455] Art. C.139 (2), *Cgi*.

peut décider, après avis du ministère public, que les délais prévus aux articles 17, 18 et 19 seront réduits de moitié ou de deux tiers »[456].

B. Quelques exemples des délais du pré-contentieux en droit gabonais

Types de décision	**Nature des affaires et délais**			
Décisions explicites	3 mois[457]	5, 10 jours Contentieux, marchés publics[458]	6 mois Impositions[459]	
Décisions implicites	4 mois Excès de pouvoir[460]	5, 7 jours Marchés publics[461]	12 mois Contentieux naturalisation[462]	4 ou 6 mois Impositions[463]

309. Toutes ces durées s'appliquent à tous les cas concernés. Et au-delà de cette approche quantitative, notamment en droit gabonais, ces durées entretiennent certaines imprécisions. C'est tout cela qui permet de parler d'une approche rigide ou statique du temps dans la phase pré-contentieuse du procès administratif en droit camerounais et gabonais.

§ 2. L'idée de rigidité du temps du pré-contentieux et la préservation de la sécurité juridique dans les droits africains

310. Le caractère rigide des délais relatifs à la phase pré-contentieuse dans les droits camerounais et gabonais découle de la nature même de cette approche qui est exclusivement quantitative. Elle est, de ce point de vue, favorable à la sécurité juridique (A). La rigidité ainsi observée est certainement la suite logique de la rigueur qui caractérise encore les relations entre l'administration et les administrés en Afrique (B).

---

[456] Art. 41, loi n° 2006/022, relative aux tribunaux administratifs, *précitée*.
[457] Art. 42, *Cja*.
[458] Art. 170, alinéa 2, *Cmp*.
[459] Art. p. 1036, 1037, *Cgi*.
[460] Art. 43, *Cja*.
[461] Art. 171, 172 alinéa. 2, *Cmp*.
[462] Art. 37, alinéa 2, *Code de la nationalité*.
[463] Art. p. 1036, 1051 et 1054, *Cgi*.

A. Une rigidité tirée du caractère formel d'une approche quantitative du temps et favorable à la sécurité juridique

311. L'idée de rigidité ici est liée à la nature même d'une approche exclusivement quantitative des délais. En effet, il faut rappeler qu'une combinaison d'approche en matière d'identification des délais contentieux, comme par exemple l'association des approches quantitative et qualitative, évite d'enfermer l'exercice des différentes formalités dans des délais stricts. De tels délais peuvent s'avérer inappropriés.

312. En dépit des limites qu'on peut relever à l'égard de cette combinaison, comme notamment les risques de rallongement du temps du procès ou encore les incertitudes que recèle une détermination des délais selon une forme indicative, une approche exclusivement quantitative du temps telle qu'adoptée par les droits africains lui confère un caractère pas du tout malléable. On parle donc de rigidité parce qu'une telle approche comporte un « effet couperet ». En effet, le droit, en tant que moyen de régulation de la vie sociale, ne saurait poser des « vérités absolues et définitives », mais devrait plutôt adopter des « solutions appropriées, acceptables et praticables des problèmes liés à l'infinie diversité et à la grande plasticité des relations humaines et sociales qu'il faut appréhender »[464].

313. Il est évident qu'une affaire urgente ne saurait être soumise aux mêmes exigences temporelles qu'une affaire ordinaire. Aussi, on ne peut pas tout fixer à l'avance. C'est cette logique qui a guidé, sans doute, le législateur français lorsqu'il consacre la possibilité d'adapter les délais en fonction de l'idéal d'une bonne administration de la justice, au regard des affaires en question. Dans ces conditions, les recours des justiciables restent enfermés dans des durées fixes. Ceci tend alors à garantir une certaine sécurité juridique.

314. En contentieux fiscal gabonais, par exemple, et notamment en matière de décision implicite, on peut relever la présence de nombreuses dispositions qui s'articulent non sans confusion. L'article p. 1051 dispose que l'administration se prononce dans tous les cas sur la réclamation dans un délai de quatre (04) mois à compter de la date de sa réception. Cette même disposition ajoute, par ailleurs, que si elle n'est pas en mesure de respecter ce délai, elle en informe l'administré et peut prendre un délai complémentaire qui ne saurait excéder deux (02) mois.

315. Lorsqu'on fait la somme de ces durées, on en conclut qu'elle est fixée à six (06) mois. L'article p. 1076 le confirme lorsqu'il précise qu'en cas de

---

[464] J.-L. BERGEL, « Regard sur la recherche en droit », *in L'homme et le droit, Mélanges et hommage à Jean-François Flauss*, Paris, A. Pedone, 2014, p. 54.

rejet total ou partiel de la réclamation ou en cas de silence dans le délai prévu à l'article p. 1036 ci-dessus (délai de six mois), le contribuable peut saisir d'office la juridiction administrative.

316. La confusion intervient avec l'article p. 1054 qui dispose que « le silence gardé par l'administration dans le délai de quatre (04) mois prévu à l'article p. 1051 vaut décision implicite de rejet ». On peut comprendre, par là, que le législateur a fixé ce délai à quatre mois, en principe, et, exceptionnellement, il peut passer à six mois.

317. Mais, même dans cette hypothèse, l'article p. 1076 qui renvoie au délai de six mois prévu à l'article p. 1036 fait renaître le doute. Doit-on alors retenir le délai de six ou celui fixé à quatre mois ? La réponse ne semble pas évidente. On peut y voir un état « d'insécurité juridique » susceptible de compromettre le recours au juge. Et dans ce sens, cette articulation n'apparaît pas moins problématique. Ainsi peut-on observer le défaut d'une approche quantitative des délais contentieux. De tels délais ont donc un effet de « couperet » notamment pour l'action des administrés. La sécurité juridique s'en trouve préservée car il n'est pas possible de déroger aux délais prescrits ou alors de les aménager en fonctions des affaires comme on a pu l'analyser en droit français.

318. Toutefois il faut noter que le législateur gabonais a offert, comme son homologue français, la possibilité à l'administré de choisir le temps d'exercer son recours en droit fiscal. Mais en même temps, certains aspects de ce contentieux restent assortis des délais dont la détermination n'est pas aisée donc est imprécise. En effet, en matière fiscale, le recours administratif préalable doit être introduit dans un délai de six (06) mois, à compter de la date de la notification de l'avis de recouvrement, du versement spontané de l'impôt, de la demande de remboursement du crédit de taxe sur la valeur ajoutée ou encore de la réalisation de l'événement qui la motive.

319. En cette matière, et c'est là l'idée de souplesse, le justiciable dispose d'un choix, comme en France, s'agissant d'un redressement fiscal ou encore d'une procédure de reprise engagée à l'encontre du contribuable par l'administration fiscale. Dans cette hypothèse, le contribuable dispose d'un délai égal à celui de l'administration pour exercer son recours pré-contentieux. Cette disposition, reprend ainsi l'article R.* 196-3 du livre des procédures fiscales français. Il y a là une similitude avec le droit français, laquelle relativise quelque peu l'idée de rigidité soutenue ici. Mais cela ne remet pas en cause la forme beaucoup plus rigide que connaît le temps dans cette phase du contentieux administratif.

320. Il serait donc intéressant pour ces législations de rechercher un équilibre en associant plusieurs approches. L'association de plusieurs approches lorsqu'il s'agit de fixer les délais du contentieux participe de l'usage de la temporalité comme un moyen destiné à faire évoluer le droit. Cela paraît non seulement juste, équilibré, mais aussi prudent. Cette prudence et cette recherche de l'équilibre ne sont pas contraires à la vocation du droit. Ceci corrobore la rigueur des relations entre les administrations et les administrés dans ces pays d'Afrique francophone.

B. Un cadre temporel à l'image de la rigueur des rapports entre l'administration et les administrés

321. Le cadre temporel de la phase pré-contentieuse en vigueur dans ces législations d'Afrique francophone est rigide et profite bien à la sécurité rigidique et notamment à l'administration. Il traduit également la rigueur des relations entre les administrés et l'administration. En effet, « toute administration dans le monde aime le secret elle n'aime pas que l'administré sache comment elle fonctionne. Pendant longtemps en France ce secret de l'administration a été gardé et les citoyens n'avaient guère moyens d'obtenir la communication des documents administratifs. Cela est devenu inacceptable à une époque et en 1978 le législateur a donné aux citoyens le droit d'accès aux documents administratifs.

322. À cet effet il a institué une autorité administrative indépendante qu'est la commission d'accès aux documents administratifs chargée de recevoir les demandes des citoyens sur des documents qu'ils estiment devoir leur communiquer en vertu de la loi et de donner un avis sur ces demandes, le juge administratif jugeant seul, en définitive du bien-fondé de la demande ». Les législations d'Afrique francophone n'ont pas encore connu une telle évolution. C'est certainement ce que le cadre temporel des recours pré-contentieux reflète. Il en est ainsi au regard de la rigueur qu'on peut y observer. Elle se traduit par le caractère invariable de ces délais.

323. Une étude menée récemment au Cameroun a relevé l'attitude des administrations qui « semblent penser que leur mission est de servir le gouvernement et tout service aux usagers est considéré comme une faveur ou quelque chose qui nécessité un paiement supplémentaire », que « la plupart des agents publics semblent questionner l'intérêt qu'un usager aurait à avoir accès aux documents administratifs »[465]. En revanche, en droit français, de nombreux textes sont venus améliorer les rapports entre l'administration et les administrés. Cette amélioration a été d'ailleurs marquée par l'adoption de l'électronique ainsi que le

---

[465] *Droit d'accès à l'information et transparence administrative au Cameroun : étendue et limites du cadre normatif et institutionnel.* Initiative de gouvernance citoyenne, Yaoundé, Imprimerie Saint-Paul, 2010, p. 22.

renversement du principe « silence vaut rejet » car « le constat a été à maintes reprises fait que les procédures étaient trop longues complexes et lourdes et qu'il convenait d'alléger »[466].

[466] J.-M. PONTIER, « Le droit administratif français », *in* C.-A. Dubreuil (dir), *L'évolution du droit administratif en France et en Russie*, *op. cit*, p. 17.

Conclusion du chapitre

324. Selon la législation française, le temps dans la procédure administrative pré-contentieuse est souple en raison de la possibilité de l'adapter eu égard à l'évolution des affaires. D'une manière plus simple, les durées ne sont pas figées. On est en présence d'une approche à la fois quantitative et qualitative du temps. Il y a une association d'un temps choisi à un temps prescrit. Cela s'explique par l'évolution considérable des rapports entre l'administration et les administrés.

325. Toutefois, cette souplesse assure-t-elle une meilleure protection des droits ? Cela n'est pas certain car la diversité et la complexité des hypothèses, comme on peut l'observer en droit français ne risquent-elles pas d'induire les justiciables en erreur, voire de leur faire perdre leur droit au recours ? Est-ce un système satisfaisant au regard de la sécurité juridique, de l'état de droit ? Ces inconvénients permettent donc de nuancer les critiques relevées à l'endroit des systèmes rigides.

326. Il convient de relever à cet égard que le temps relatif aux préalables, comme au Cameroun, déterminé exclusivement de manière quantitative se fait certainement en fonction de la nature du litige. C'est une approche qui ne manque pas de mérite. Elle suppose que le législateur ait pris en compte les spécificités de chaque contentieux avant de fixer le temps nécessaire pour son exercice.

327. Cependant, cela n'est guère rassurant car un litige peut s'avérer complexe au cours de son déroulement et le temps fixé par avance, et sans alternative, peut apparaître inefficace. Inefficace en raison de l'inexistence d'exceptions aux durées prévues, de l'inexistence des possibilités d'en indiquer d'autres suivant l'évolution du litige, en considération de l'urgence ou encore dans un souci d'une bonne administration de la justice.

328. Lorsqu'aucune possibilité d'aménagement n'est offerte, les actes des justiciables restent enfermés dans des durées strictes. Dans ces conditions, ces durées peuvent difficilement concilier le principe de sécurité juridique et celui du droit au juge. Elles apparaissent plus favorables à la sécurité juridique et conviennent avec la rigueur des rapports entre l'administration et les administrés dans ces pays. Cette distinction, cette singularité du temps dans la justice administrative en France et en Afrique francophone, favorable aux justiciables et à la sécurité juridique respectivement, s'observe également dans la phase contentieuse du procès administratif.

Chapitre 2

Une articulation souple ou rigide des étendues du temps protectrice des droits du justiciable ou de la sécurité juridique dans la phase contentieuse

329. Il convient, d'emblée, de délimiter la notion de contentieux. En effet, pendant longtemps, le juge administratif français considérait que la notification de la décision de justice marque la fin du contentieux. Or la Cour européenne des droits de l'Homme prend en compte la phase de l'exécution dans le calcul de la durée raisonnable des procès[467]. De ce point de vue, « l'exécution d'un jugement ou d'un arrêt [...] doit être considérée comme faisant partie intégrante du procès »[468].

330. Joseph-Robert Pothier souligne d'ailleurs que le procès est « la forme par laquelle on doit intenter les demandes en justice, y défendre, intervenir, instruire, juger, se pourvoir contre les jugements et les exécuter »[469]. Le temps dans le contentieux administratif correspond ainsi aux différents temps qui rythment ce procès. Il s'agit du temps de l'introduction des recours, le temps de l'instruction, le temps du jugement et le temps de l'exécution des décisions. C'est à ce niveau que se situe aussi la différence entre la phase préalable au contentieux et celle du contentieux proprement dite.

331. Dans le présent chapitre, il faut rechercher ce qui permet, en matière de jugement, d'accréditer l'idée du caractère souple ou rigide du temps dans ces législations ainsi que leurs conséquences sur la conciliation entre le droit du justiciable et la sécurité juridique. Pour y parvenir, il faut se référer une fois de plus aux différentes approches relatives à la détermination du temps ou des délais contentieux. Il s'agit, pour l'essentiel, des approches quantitative et qualitative.

332. Sans exclure les différentes déclinaisons de ces approches, c'est au regard de celles-ci qu'on peut identifier les caractères du temps à ce niveau du procès administratif. En effet, comme dans la phase pré-contentieuse, le choix de diversifier ou de limiter les approches relatives à la définition des quanta des délais comptant pour les phases de la saisine du juge, de l'instruction des affaires, du jugement et de l'exécution des décisions confère un caractère au temps du contentieux. De ce point de vue, en France, l'importance de la régulation du temps, ainsi que la diversification des approches relatives à l'identification des délais, donne

---

[467] CEDH, 8 mars 2001, *Pinto de Oliviera c/ Portugal*.
[468] J. LEGER, « La procédure d'aide à l'exécution », *RRJ*, n° 5/2003, p. 3133.
[469] J.-R. POTHIER, *Traité de la procédure civile*, *op. cit.*, *ibid.*

une forme malléable au temps dans le contentieux administratif. Cette souplesse est moins tournée vers la sécurité juridique que vers les droits du justiciable (Section 2). Sous ce même angle, dans les législations camerounaise et gabonaise, le temps se singularise par sa rigidité. Ce caractère est lié à la limitation des différentes approches relatives à sa détermination. On y relève, en effet, la prédominance d'une approche quantitative des délais contentieux. Cette temporalité est davantage tournée vers la sécurité juridique que les droits des justiciables (Section 1).

Section 1. L'avantage de la sécurité juridique au regard d'un temps contentieux essentiellement quantitatif en Afrique

333. Dans les législations d'Afrique francophone, c'est en raison de l'adoption, presque exclusive, d'une approche quantitative des délais que le temps dans le contentieux administratif marque son caractère rigide (Sous-section 1). En dépit de ce que, comme en France, et malgré ses limites, la régulation du temps, c'est-à-dire la fixation du cadre temporel du procès par d'autres acteurs comme le juge, tend à nuancer cette approche (Sous-section 2), elle reste, pour l'essentiel, profitable à la stabilité des situations juridiques.

Sous-section 1. L'avantage de la sécurité juridique lié à la prédominance d'un temps quantitatif dans la phase de jugement

334. Dans les droits d'Afrique francophone relatifs à la justice administrative, la prédominance d'une approche des délais contentieux, davantage quantitative, c'est-à-dire moins qualitative ou conjoncturelle, est observable tant dans la phase antérieure que postérieure à l'intervention de la décision de justice (§ 1).

335. Cette forme du temps, essentiellement quantitative est marquée par la rigidité. Cette rigueur tend davantage à assurer la stabilité des situations juridiques (§ 2). Tout ceci trouve sa source dans l'histoire du droit administratif de ces pays d'Afrique francophone qui, dès la base, a été marqué par un caractère légiféré (§ 3).

§ 1. L'approche essentiellement quantitative des délais dans la phase de jugement

336. Comme le relève le pr Sylvain Soleil, « il est, au vrai, quasiment impossible, pour un auteur […], de décrire un système juridique dans sa complexité, sauf à y consacrer des années d'études et plusieurs tomes détaillés, complets, exhaustifs »[470]. Cette idée s'applique à l'étude des délais contentieux. De ce point de vue, afin d'éviter une analyse fastidieuse des délais contentieux, il convient d'identifier quelques cas à travers un tableau. Ainsi, partant de la phase des recours jusqu'à l'exécution des décisions rendues, on relève que les droits camerounais (A) et gabonais (B) sont marqués par de nombreux délais dont les quanta sont clairement définis. Les tableaux qui suivent regroupent quelques délais selon la phase concernée au cours du jugement ainsi que les recours possibles et leurs différents délais.

A. Quelques exemples des délais de la phase du jugement en droit camerounais

[470] S. SOLEIL, « Comment les pionniers du droit comparé ont-ils fabriqué les premiers modèles juridiques », *in* B. Fauvarque-Cosson (dir), *Le droit comparé au XXIe siècle. Enjeux et défis*, *op. cit.*, p. 187.

	Nature des affaires et délais					
Phase de la saisine	60 jours[471]	1 mois / Recours des autorités de tutelle contre les actes des autorités locales[472]	30 jours Contentieux imposition[473]	15 jours Recours contentieux en cas rejet ordonnance de sursis[474]	10, 30 jours Dissolution suspension de parti politique[475]	48 heures Décision de reconduite à la frontière[476]
Instruction et Régularisations	10, 15, 30 jours[477]					
Phase du jugement	1 mois, 48h Recours contre acte de l'autorité locale[478]	10 jours Pourvoi contre	30 jours Recours contre suspension d'un parti politique[479]	10 jours Recours contre dissolution d'une association[480]	8 jours Recours contre acte de reconduite à la frontière[481]	
Phase des voies de recours	15 jours Appel, cassation[482]	Décision avant dire droit sur exception d'incompétence[483]				

[471] Art. 18, loi n° 2006/022, relative aux tribunaux administratifs, *précitée*.
[472] Art. 71, alinéa 2, loi n° 2004/017, 22 juil. 2004, portant orientation de la décentralisation.
[473] Art. L. 126, *Cgi*.
[474] Art. 111, alinéa 2, loi n° 2006/022, relative aux tribunaux administratifs, *précitée*.
[475] Art. 13, alinéa 3, et, 8 alinéa 3, lois n° 90/053 et 56, 19 déc.. 1990, portant liberté d'association et des partis politiques, respectivement.
[476] Art. 36, loi n° 97/012, 10 janv. 1997, portant conditions d'entrée, de séjour et de sortie des étrangers au Cameroun.
[477] Art. 37 à 47, loi n° 2006/022, *précitée*.
[478] Art. 71, alinéa 3 et 72, alinéa 2, loi n° 2004/017, 22 juil. 2004, portant orientation de la décentralisation.
[479] Art. 17, 18, loi n° 90/056, 19 déc. 1990, relative aux partis politiques, *précitée*.
[480] Art. 13, alinéa 3, loi n° 90/053, relative aux associations, *précitée*.
[481] Art. 37, alinéa 1, loi n° 97/012, 10 janv. 1997, portant conditions d'entrée, de séjour et de sortie des étrangers au Cameroun, *précitée*.
[482] Art. 73, loi n° 2006/016, relative à la Cour suprême, *précitée*.
[483] Art. 42, loi n° 2006/022, relative aux tribunaux administratifs, *précitée*.

337. Tous ces délais sont consacrés par différents textes relatifs à la Cour suprême et aux tribunaux administratifs en vigueur en contentieux administratif, notamment les lois de 2006/016 et 022, précitées. C'est le cas également en droit gabonais où les délais sont consacrés, pour l'essentiel, par la loi de 1994, précitée, comme le relèvent quelques exemples consignés dans le tableau suivant :

B. Quelques exemples des délais de la phase du jugement en droit gabonais

Nature des affaires et délais			
Phase de la saisine	3 mois[484]	60 jours Contentieux fiscal[485]	15 jours Référé fiscal refus de garanties offertes[486]
Phase du jugement	15 jours Recours contre décision d'inscription sur les listes électorales[487]	1 mois Référé fiscal[488]	1 mois Jugement en appel en référé fiscal[489]
Phase des voies de recours	2 mois Sauf pourvoi en cassation et opposition[490]		

338. On peut, toutefois, relever quelques hypothèses problématiques en matière des voies de recours dans la législation gabonaise. D'abord, en confiant l'examen des recours en cassation au Conseil d'État, le législateur gabonais n'a pas indiqué la durée d'exercice de cette action. Si l'on suit la logique de la généralisation que l'on observe dans cette législation en matière de délai, il n'y aurait aucun inconvénient à ce que

[484] Art. 42, *Cja*.
[485] Art. p. 1078, *Cgi*.
[486] Art. p. 1060, *Cgi*.
[487] Art. 116, loi 10 juil. 1998, relative aux élections.
[488] Art. p. 1061(1), *Cgi*.
[489] Art. p.1061 (4), *Cgi*.
[490] Art. 94, 100, 103, *Cja*.

ce recours soit aussi soumis au délai de deux (02) mois comme dans les autres cas. Par contre, il serait difficile d'admettre, au regard de l'importance du rôle du Conseil d'État en matière administrative, que le silence du législateur dans ce cas est synonyme d'exclusion des délais.

339. Ensuite, l'autre hypothèse problématique concerne l'opposition. En effet, à l'exception du référé, cette voie de recours n'a pas été consacrée dans d'autres matières. Cela amène à s'interroger, d'une part, sur le sort des décisions rendues par défaut et, d'autre part, sur la durée applicable dans le cas exceptionnel du référé lorsqu'on sait que celle-ci n'a pas été précisée non plus.

340. Enfin, le cas de la tierce-opposition se rapproche un peu de celui de l'opposition. En effet, le recours du tiers-opposant auquel aucune notification particulière de la décision de premier ressort n'a été faite n'est pas soumis à un délai même si appel a déjà été interjeté par une autre partie[491]. Dans l'ensemble, cette approche quantitative est dominante et justifie, comme on va le démontrer, l'idée du caractère rigide du temps. C'est le cas tant en droit camerounais que gabonais.

§ 2. Une forme rigide du temps profitable au principe de sécurité juridique

341. On peut observer ici, une restriction des cas d'adoption d'un temps qualitatif ou encore des délais particuliers (A). Ce quasi-monopole d'une approche quantitative a un effet pernicieux sur le temps du jugement (B). Tous ces éléments, combinés à d'autres facteurs comme l'organisation des juridictions administratives dans ces pays d'Afrique francophone (C), corroborent cette idée d'un temps rigide défavorable aux justiciables.

A. La rigidité eu égard à une combinaison limitée des approches du temps : l'avantage à la sécurité juridique

342. Lorsque le législateur fait référence à des standards pour fixer le temps, en usant notamment des notions comme délais prévisibles, délais suffisants, délais utiles, brefs délais, délais raisonnables[492], on est présence d'une approche souple du temps. Une telle forme des délais est presque inexistante dans les législations africaines, notamment au Cameroun et au Gabon.

343. En droit camerounais, en effet, en dehors de l'adverbe « immédiatement », usitée par le législateur dans le cadre de l'instruction des demandes en référé, lequel adverbe peut d'ailleurs renvoyer à un délai

[491] Art. 86 à 103, 88, alinéa 1, *Cja*, respectivement.

[492] M. LATINA, « Les mesures du temps », *in Le temps et le droit*, *op. cit*, p. 96.

quantitatif, puisqu'il est synonyme du vocable « à l'instant même », donc « sans attendre », on n'observe pas la présence des délais sous une forme indicative. Il faudrait également signaler qu'en matière d'instruction, le droit camerounais évoque la notion de « célérité particulière »[493] comme condition permettant au juge de réduire les délais réglementaires lesquels sont des délais quantifiés. À ce niveau aussi, il ne s'agit pas d'une approche qualitative mais d'une approche quantitative du temps.

344. Dans la législation gabonaise, à l'exception du sursis à exécution, l'idée est la même. En effet, selon les alinéas 2 des articles 142 et 147 du Code gabonais des juridictions administratives, « l'instruction de la requête de sursis doit être poursuivie d'extrême urgence » et « les délais fixés aux parties pour fournir leurs conclusions doivent être fixés au minimum et seront rigoureusement observés faute de quoi il est passé outre sans mise en demeure ». En dehors de ce cas, comme au Cameroun, ni en matière de jugement, ni en matière d'instruction, la notion de durées relatives n'est pas adoptée par ces législations. C'est en ce sens qu'on peut parler du caractère rigide du temps dans ces législations.

345. Dans ces conditions, les délais restent, pour l'essentiel, déterminés à l'avance et sont ainsi favorables à la stabilité des situations juridiques et moins aux droits du justiciable. Il en est ainsi parce qu'en présence d'une approche conjoncturelle du temps, le justiciable trouve des délais adoptés en fonction de sa situation. Une telle hypothèse favorise son droit d'agir en justice. Pourtant, bien que cette approche qualitative des délais soit source d'insécurité juridique, pour la simple raison que de tels délais peuvent être appréciés différemment, qu'ils peuvent fluctuer au gré des situations, de tels délais ne comportent, cependant, pas un effet de « couperet »[494] comme on peut le noter avec une approche strictement quantitative. De même, les exigences de l'État de droit, avec notamment le principe de sécurité juridique qui correspond à l'accessibilité, à l'intelligibilité et à la stabilité des situations et des normes juridiques[495], exigent une prise en compte de ces paramètres afin de garantir une meilleure protection aux administrés. Il est pourtant intéressant de diversifier les approches du temps contentieux afin d'améliorer les conditions d'accès au juge.

346. L'absence d'approche, tant qualitative que conjoncturelle, justifie donc l'idée du caractère rigide du temps lequel est réducteur des droits des justiciables au profit de la sécurité juridique, notamment la stabilité des

---

[493] Art. 82, alinéa 3 et 99, alinéa 3, loi n° 2006/016, relative à la Cour suprême, respectivement.
[494] M. LATINA, « Les mesures du temps », *in Le temps et le droit*, *op. cit.*, *ibid.*
[495] B. SEILLER, « Sécurité juridique et office du juge administratif », *op. cit.*, p. 765.

situations et des normes juridiques[496]. Une telle approche comporte également des effets pernicieux sur le temps du jugement comme a d'ailleurs pu l'illustrer le juge administratif gabonais.

B. La rigidité d'une approche fixe du temps en matière de jugement et la réduction des droits du justiciable

347. On peut s'interroger, par exemple, sur la possibilité pour les juges de travailler sereinement sur la base d'un temps prédéterminé, donc en l'absence des délais relatifs. Dans ces conditions, la qualité du jugement peut être critiquable.

348. La jurisprudence administrative gabonaise illustre cette problématique. En effet, c'est sans doute cette difficulté à travailler sur la base des délais préalablement définis qui a conduit le juge administratif gabonais à rejeter, en invoquant une « insuffisance des délais », un recours contentieux en matière d'élection. En effet, à l'occasion de l'affaire *Bilie Bi Essone*[497], saisi d'une requête tendant à obtenir l'annulation d'un refus d'inscription en qualité d'électeurs sur des listes électorales, le tribunal administratif de Libreville releva « [...] que l'article 116 de la loi n° 10/98 du 10 juillet 1998 [...] dispose que le président du tribunal administratif saisi d'un recours, notifie la requête aux parties intéressées dès réception et statue dans les quinze jours [...]. Que les dispositions sus-visées consacrent le principe du contradictoire qui implique la communication des mémoires aux parties afin de leur permettre d'assurer leur défense ; mais [...] que [le requérant qui a] saisi le tribunal [...] le 14 janvier 2009 à 12 h, soit trois jours ouvrables avant le scrutin[...] une telle saisineesttardive en ce sens qu'elle ne permet pas d'instruire l'affaire dans les formes et délais fixés par la loi ; que le scrutin qui a déjà eu lieu, rend superfétatoirela poursuite de l'instruction, et par suite, sans objet le recours ; qu'il s'en suit que la requête doit être déclarée irrecevable en la forme pour insuffisance des délais ».

349. Cette jurisprudence laisse apparaître que, selon le juge, cette irrecevabilité résulte de deux choses : d'une part, le risque de violation des droits de la défense en raison de l'imminence de l'échéance électorale pour laquelle la demande d'annulation est sollicitée, et, d'autre part, le fait que le

---

[496] Cette tendance n'est pas propre aux seuls droits camerounais et gabonais. C'est aussi le cas dans de nombreux pays d'Afrique francophone comme en droit algérien (Art. 568, 569, 571, 573, 574, 815 à 873, *Cpca*), tunisien (Art. 38, 39 et 45 (nouveaux), loi de 1974, relative aux tribunaux administratifs), burkinabé(Art. 13 et 14, loi n° 21/95, 16 mai 1995, relative aux tribunaux administratifs) ou encore malien (Art. 17 et 18, loi de 1994, relative aux tribunaux administratifs)

[497] TA, Libreville, ord., 29 janv. 2009, *Bilie Bi Essone*.

contentieux aura perdu son objet au moment du jugement dès lors que le scrutin se serait déjà déroulé.

350. Le juge a pensé, semble-t-il, que « la célérité ne doit pas fasciner au point de perturber l'équilibre des pouvoirs au sein du procès ou de nier les garanties du procès équitable »[498]. En effet, cette jurisprudence met bien en exergue l'idée d'une approche quantitative et moins qualitative des délais en matière de jugement. De ce point de vue, les droits africains sont critiquables car en fixant par avance presque tous les délais qui rythment la phase de jugement, et de façon exclusive, l'efficacité de la justice administrative peut être compromise en raison d'un temps, préfixé, parfois inadapté. C'est cela qui peut expliquer la prudence du législateur français qui, après avoir pris le soin de fixer quelques délais de jugement, notamment en cas d'urgence, a laissé au juge administratif le soin de définir le temps du jugement, notamment d'identifier dans les autres cas le meilleur temps pour juger.

351. La solution apportée par le juge gabonais dans l'espèce ci-dessus rapportée paraît logique. Mais, elle ne résiste pas à la critique. D'abord parce que, il n'est pas exigé du requérant qu'il introduise sa requête à une date fixée avant le déroulement du scrutin. Une telle exigence que semble implicitement relever la solution de ce jugement manque ainsi de base légale.

352. Ensuite, parce qu'il est souvent arrivé de voir le juge administratif statuer alors que le mandat des élus contestés est arrivé à son terme.

353. Enfin, parce que le contentieux électoral est un contentieux d'urgence, du moins par assimilation, il est bien possible d'adapter le contradictoire à l'urgence. Dans ces conditions, on pourrait même assister à un assouplissement du contradictoire dans le but de gagner du temps[499].

354. Cette solution ouvre certainement une voie à l'administration en ce sens qu'elle pourrait dissimuler des irrégularités que les administrés ne découvriraient que « tardivement » et ne pourraient plus, à cause du caractère imminent d'un scrutin, en solliciter l'annulation. Dès lors que la loi indique que la requête doit être notifiée aux parties dès sa réception, le juge pouvait dans les soixante-douze (72) heures restantes statuer sur la cause. S'il a pu se prononcer dans cette affaire dans un délai de deux (02) semaines, respectant le délai de quinze (15) jours qui lui est imparti, il pouvait aussi bien se prononcer en moins de quinze (15) jours. Pour

---

[498] S. AMRANI-MEKKI, « Le principe de célérité », *RFAP*, n° 125/2008, p. 50.

[499] S. NIQUEGE, « L'absence du contradictoire dans la procédure administrative contentieuse. Problématique générale », *in* J. Gourdou, O. Lecucq et J. Madec, *Le principe du contradictoire dans le procès administratif*, Paris, L'Harmattan, coll. « Bibl. de droit », 2010, p. 23.

toutes ces raisons, cette jurisprudence est critiquable. Elle permet surtout de comprendre l'inconvénient d'une approche essentiellement quantitative des délais.

355. Ainsi, cette détermination en amont du temps a contraint le juge, en dépit des critiques que l'on peut adresser à cette solution, à limiter le droit au recours du justiciable. Cela traduit donc le caractère défavorable d'un temps rigide pour les justiciables. Un raisonnement identique est possible lorsqu'on analyse cette approche du temps au regard de l'organisation des juridictions administratives dans les pays d'Afrique francophone.

C. La rigidité du temps eu égard à l'absence des délais particuliers : la réduction subséquente des droits du justiciable

356. La mise en place des délais contentieux sans en prévoir d'autres qui soient spécifiques ou adaptés à la situation de certains justiciables n'est pas en adéquation avec l'organisation des juridictions administratives en Afrique francophone. Ceci permet de comprendre le caractère rigide du temps lequel réduit le droit du justiciable à un recours ou encore porte atteinte à la règle de la bonne administration de la justice. Il en est ainsi au regard de l'éloignement des juridictions administratives des justiciables et, surtout, le fonctionnement défectueux des moyens de communication.

357. En effet, sur la situation géographique des juridictions administratives, la centralisation demeure l'une des difficultés majeures de la justice administrative en Afrique francophone car « dans tous les cas [...] les justiciables africains, sans exception, malgré les assouplissements constatables ici ou là, demeurent éloignés de la juridiction [...] ». Ceci pour la simple raison que « dans leur écrasante majorité, les États attribuent [le contrôle juridictionnel de l'administration] aux plus hautes juridictions siégeant uniquement à la capitale ». C'est la raison pour laquelle « la centralisation, source de distanciation géographique, apparaît au total comme l'effet le plus néfaste des politiques africaines de répartition spatiale de la compétence administrative [...] »[500].

358. Dans ces conditions, des délais qui ne prennent pas en compte cet éloignement géographique sont rigides et de ce fait pernicieux à l'égard du droit du justiciable à accéder au juge administratif. Au Gabon, par exemple, on a pu noter qu'en dépit de la création des Sections administratives au sein des juridictions de l'ordre judiciaires, lesquelles sont situées dans les chefs-lieux de chaque région ou province, lesquelles ont ensuite été érigées en tribunaux administratifs, seul le tribunal

---

[500] M. ONDOA, *Le droit de la responsabilité publique dans les États en développement... op. cit.*, p. 234.

administratif de Libreville connaît un fonctionnement important. Au Cameroun, on peut également noter que jusqu'à ce jour, le fonctionnement régulier des tribunaux administratifs créés en 2012 et installés dans les chefs-lieux de chaque région est timide.

359. Ainsi, le problème de la centralisation des juridictions administratives reste d'actualité. Au Cameroun, on peut relever que même si la réforme de 2012 a réduit la distance par rapport à Yaoundé, le siège des institutions qui abrite la Chambre administrative de la Cour suprême, le justiciable qui réside, par exemple, dans la localité de Foumban devra parcourir plus de 70 kilomètres pour atteindre la localité de Bafoussam le siège de la juridiction administrative territorialement compétente[501].

360. Par ailleurs, dans les pays africains[502], la fracture numérique est considérable. C'est de façon très progressive que la plupart de ces pays s'arriment à ce nouvel outil de travail[503].

361. Aussi, de nombreux autres obstacles peuvent conduire à l'échec des actions que peuvent exercer les justiciables face à l'administration. Il s'agit des difficultés de communication. Compte tenu de ces difficultés, la détermination des délais sans prendre en compte de tels facteurs est rigide et préjudiciable aux justiciables. En France, par exemple, concernant la répartition des services des postes sur le territoire, « sauf circonstances exceptionnelles », les règles concernant l'organisation de ce service « ne peuvent autoriser que plus de dix pour cent (10 %) de la population d'un département se trouve éloignée de plus de cinq (05) kilomètres et de plus de vingt (20) minutes de trajet automobile, dans les conditions de circulation du territoire concerné, des plus proches points de contact de La Poste »[504]. Cette approche pourrait donner plus d'efficacité au fonctionnement de la justice administrative.

---

[501] La loi prévoit, en revanche, que « si les parties ou l'une d'elles sont dans l'impossibilité de comparaître, le tribunal peut commettre un de ses juges qui se transporte auprès d'elle accompagné par le greffier. En cas d'éloignement des parties ou de l'une d'elles rendant le déplacement difficile ou onéreux, la juridiction saisie peut donner commission rogatoire au tribunal de leur domicile ou de leur résidence, pour les entendre ensemble ou séparément, suivant les circonstances ». Mais il s'agit d'une mesure exceptionnelle, celle-ci ne saurait sérieusement résoudre le problème du rapprochement de la juridiction administrative de ses justiciables. Art. 68, 78, loi n° 2006/022, relative aux tribunaux administratifs, *précitée*.

[502] Même en France, la question de la distanciation géographique des juridictions se pose. Mais le problème est moins complexe car les moyens de transports et de communication connaissent moins de difficultés qu'en Afrique. Sur l'usage des télérecours en France voir : T. PIETTE-COUDOL, « Les recours aux moyens électroniques dans la procédure civile, pénale et administrative », *Communication commerce électronique*, 2009, Étude 24.

[503] Exemple récent en droit ivoirien : Art. 31-2 (nouveau), *Cpcca*, introduit par l'ordonnance n° 2015/180 du 24 mars 2015.

[504] Art. 6, loi n° 90/568, 2 juil. 1990, relative à l'organisation du service public de la poste et à France Télécom.

362. Ainsi, dans ces pays d'Afrique francophone où « la maxime nul n'est censé ignorer la loi est très contestée à cause de l'absence d'une véritable politique de publication et de diffusion des règles juridiques », où « la pratique du journal officiel est très limitée »[505], il conviendrait d'adopter des délais particuliers. Il s'agit ici des durées différentes de celles relatives à la distance, c'est-à-dire une approche conjoncturelle du temps, qui dans un contexte marqué par des dysfonctionnements peuvent préserver le droit du justiciable à un recours contentieux.

363. On peut aussi envisager l'hypothèse des audiences foraines. Cette dernière solution est consacrée dans des pays comme la Guinée où « les justiciables n'ont à leur disposition que des moyens de communication rares et archaïques »[506]. Sans doute, afin d'y remédier, le législateur a adopté des audiences foraines[507]. Ce sont des solutions originales étant donné qu'elles sont proches des réalités de ces pays d'Afrique francophone. Ainsi, cette prédominance d'un temps prescrit, du temps quantitatif a un « effet couperet », il a « son lot de potentielles injustices »[508] notamment à l'égard du droit des administrés à un recours devant le juge. Ce quasi-monopole d'un temps prescrit, favorable à la sécurité juridique peut trouver une justification dans la trajectoire historique de ces pays d'Afrique francophone.

§ 3. Une prédominance d'un temps prescrit liée à l'histoire des droits d'Afrique francophone

364. L'idée du caractère rigide du temps dans le contentieux administratif en Afrique francophone est presque absolue en raison de la prédominance de ces délais fixes. Cela révèle clairement l'une des tendances du droit administratif des pays africains ralliés à la tradition juridique française, à savoir, un droit marqué par la prévalence des sources écrites. C'est ce que traduit cette prééminence d'un temps prescrit. En effet, on a pu montrer qu'une durée fixe comporte un « effet couperet » et un « lot de potentielles injustices »[509], donc de la rigueur. Ce qui correspond à un temps rigide dont la résultante est la préservation du principe de sécurité juridique et moins le droit de l'administré.

365. D'un point de vue historique, en effet, cette approche quantitative du temps est compréhensible. Sous l'emprise de la France, puissance

---

[505] G. FOUDA, « L'accès au droit : richesse et fécondité d'un principe pour la socialisation juridique et l'État de droit en Afrique Noire francophone », *Afrilex*, 2000/01, p. 4.
[506] H. II. DIALLO, *La réforme de la justice guinéenne. Défis et stratégie*, Paris, L'Harmattan, 2011, préface de Mamadou Alioune, p. 50.
[507] *Ibid.*
[508] M. LATINA, « Les mesures du temps », *in Le temps et le droit*, *op. cit.*, p. 96.
[509] *Ibid.*

colonisatrice, ces anciennes colonies françaises d'Afrique étaient déjà elles-mêmes organisées par des textes y compris les juridictions administratives comme les Conseils du Contentieux, bien que leurs décisions étaient susceptibles de recours devant le Conseil d'État. Ainsi, ces pays africains n'ont pas laissé le soin au juge, comme c'est le cas en France, de forger le droit du contentieux administratif. Ils ont maintenu « [...] le caractère textuel ou écrit du droit administratif » soit en mettant en place des « textes généraux contenant des dispositions relatives au contentieux administratif »[510], soit en se dotant de « textes spécifiques ». Dans ce dernier cas, on peut souligner l'exemple de la loi sénégalaise du 19 juillet 1965 portant Code des obligations de l'administration et celle du 22 juin 1959 relative au contentieux administratif au Gabon, précitée, devancier du Code des juridictions administratives de 1984.

366. Ainsi pourrait-on comprendre cette importance de l'approche réglementée du temps dans la phase de jugement dans ces législations africaines. L'approche régulée du temps est minorée et tend, comme la première, à favoriser la sécurité juridique.

Sous-section 2. L'atténuation de l'approche réglementée du temps du jugement : la persistance d'un temps favorable à la sécurité juridique

367. Il est convenable, au préalable, de souligner que la régulation du temps est synonyme d'un temps choisi, par opposition à un temps prescrit. La régulation est une autre approche du temps dans le procès. Elle correspond à un glissement vers une organisation du temps qui prend en compte les différents acteurs du procès. C'est la régulation perçue dans un sens restreint, à savoir, la quête d'un équilibre conduisant à un « fonctionnement concret du système » en attribuant un « rôle actif aux acteurs concernés »[511]. Cette approche, qui induit la souplesse, bien qu'elle regorge des limites par rapport au droit français, apparaît en droit camerounais et gabonais.

368. Ainsi, cette régulation apporte une atténuation au caractère rigide du temps, c'est-à-dire au temps réglementé qui a été précédemment mis en évidence dans ces législations africaines. En effet, la prédominance de l'approche quantitative des délais est tempérée par la régulation. Mais, cette régulation, synonyme d'un temps souple, est également peu favorable aux justiciables.

---

[510] S. YEDOH LATH, « Les caractères du droit administratif des États africains de succession française. Vers un droit administratif africain francophone ? », *op. cit.*, p. 1255- 1256 .

[511] En ce sens, J. CHEVALLIER, « Vers un droit post-moderne ? Les transformations de la régulation juridique », *RDP*, n° 3/1998, p. 671.

369. La persistance d'un temps peu favorable au justiciable s'observe en matière des délais de jugement (§ 1) et d'exécution (§ 2). Elle peut cependant être limitée dans la phase des recours et de l'instruction (§ 2). Bien que le juge administratif influence ainsi le cadre temporel du procès, il n'existe pas une confiance importante qui lui est faite (§ 4).

§ 1. L'atténuation du temps réglementé par la contribution des juges : la persistance d'un temps moins favorable aux justiciables

370. En dépit de la rigueur qui caractérise la réglementation en matière de définition du temps dans le contentieux administratif en Afrique francophone, on observe dans une certaine mesure la participation des juges à cette détermination du temps. C'est le cas en matière de durée des procédures. Mais leurs pouvoirs restent limités[512]. À cet égard, le juge peut influencer le temps en vertu de son pouvoir de prononcer des sursis.

---

[512] Le temps du jugement, notamment la durée d'un procès peut dépendre des pouvoirs de sursis dont dispose le juge. De ce point de vue, il contribue à fixer le temps de la justice. Cela réduit l'approche quantitative observée. Mais, de ce point de vue, les droits camerounais et gabonais ont limité ces possibilités dans la mesure où les juges n'ont pas librement le choix de surseoir, ils en sont ténus.
En effet, en droit camerounais et gabonais, seule la possibilité de différer le temps de l'intervention de la décision est possible. Même dans ce seul cas, on note un caractère obligatoire des sursis en vigueur. Autrement dit, les possibilités de surseoir ne sont pas obligatoires et facultatives comme en France mais seulement obligatoires.

En effet, l'idée de réglementation du temps dans le procès dans ces différentes législations africaines s'observe à travers la démultiplication des sursis obligatoires. Les sursis dits facultatifs, c'est-à-dire les possibilités de surseoir laissées à l'initiative du juge, sont peu nombreux or l'on sait que c'est dans ces derniers cas que le juge dispose d'un réel pouvoir d'appréciation et influence par là le temps dans le procès. Il n'y a en majorité que des questions préjudicielles où le juge est obligatoirement appelé à surseoir. Cette hypothèse, qui caractérise le dualisme juridictionnel, correspond très souvent au renvoi devant le juge judiciaire.

Ainsi, par exemple, en vue de « conforter le rôle directionnel de la Chambre administrative » (C. KEUTCHA TCHAPNGA, *Précis de contentieux administratif au Cameroun. Aspects de l'évolution récente*, Paris, L'Harmattan, coll. « Droits africains et malgaches », 2013, préface de Bernard-Raymond Guimdo Dongmo, p. 130) devenue une juridiction à la fois d'appel et de cassation en contentieux administratif au Cameroun, et en dehors des questions préjudicielles classiques, le droit camerounais a consacré avec la réforme de 2006 la « question de droit préjudicielle ». En effet, en présence d'une difficulté relative à l'interprétation ou à l'appréciation d'un acte de caractère législatif ou règlementaire, les tribunaux administratifs doivent surseoir et renvoyer la question devant ladite Chambre. Art. 14, alinéa 2, loi n° 2006/022, relative aux tribunaux administratifs, *précitée.*

Au Gabon, pareillement, les cas de sursis facultatifs sont rares. Dans le cadre des sursis obligatoires, et en dehors des cas bien connus, on peut évoquer les exemples de la connexité et de la litispendance. Ici, le tribunal administratif saisi en premier lieu ou celui qui procède au constat d'une éventuelle connexité ou litispendance doit, d'office ou faisant suite à la requête d'une partie, saisir par ordonnance le Conseil d'État. Il n'est pas exclu dans cette hypothèse que la juridiction initialement saisie pourrait surseoir et ne saurait poursuivre le litige qu'au cas où aucune solution positive n'aurait été donnée sur l'existence de la connexité

371. Les véritables influences apparaissent, d'une part, au niveau de la prise en compte des délais fixés en amont par le législateur (A), et, d'autre part, dans la mesure où ces juges profitent de l'absence de réglementation pour participer à la définition du cadre temporel du procès (B). Tout ceci tend à relativiser le monopole d'une approche quantitative, donc rigide des délais dans la phase de jugement. Mais, l'analyse de l'usage de ces pouvoirs montre qu'ils ne permettent pas d'améliorer le sort des justiciables notamment leur droit à une décision dans une durée raisonnable.

A. Les dépassements jurisprudentiels du temps prescrit : une régulation du temps peu favorable aux justiciables

372. Les juges camerounais et gabonais dépassent souvent le cadre temporel fixé par les textes. Il convient, par souci de clarté, de faire un détour en matière d'instruction où, notamment au Cameroun (1), le juge modifie le temps prescrit, avant d'analyser l'influence qu'ils exercent sur le temps relatif au dénouement des litiges (2). Cela permet de comprendre que malgré la présence de la régulation, l'approche du temps reste essentiellement défavorable aux justiciables dans ces législations.

1. La remise en cause du délai raisonnable de jugement par des dépassements du temps prescrit dans le cadre de l'instruction

373. Dans le procès administratif camerounais, on peut noter que le juge conduit souvent l'instance sur la base d'un cadre temporel différent de celui qui a été prescrit, en amont, par les textes.

374. Ainsi, par exemple, en matière de référé, l'article 27 alinéa 2 de la loi de 2006/022, relative aux tribunaux administratifs, prévoit que la requête en référé doit « immédiatement » être portée à la connaissance du défendeur. L'adverbe immédiatement signifie bien « à l'instant même », « tout de suite » donc « sans intervalle dans le temps et dans l'espace ».

375. Ceci étant dit, la jurisprudence Essono Edouard Joseph c/ État du Cameroun[513] permet d'illustrer l'inobservation par le juge du temps réglementaire. Dans cette affaire, il ressort que plusieurs jours se sont écoulés à la date à laquelle la requête avait été portée à la connaissance de la partie adverse, notamment le 26 janvier 2009. Au total, vingt (20) jours après son introduction. Pourtant, l'article 27, susvisé, indique également

---

ou de la litispendance. Voir, respectivement Art. 27, *Cja* ; M. REMONDO, *Le droit administratif gabonais*, *op. cit.*, p. 225.

[513] CS/CA, ord., référé, n° 6, 15 mai 2009, *Essono Édouard Joseph c/ État du Cameroun* (*Minatd*).

qu'après notification, il doit être accordé au défendeur un délai de réponse ne pouvant excéder cinq (05) jours.

376. Ainsi, compte tenu de l'urgence, le juge pouvait accorder, au maximum, un délai de trois (03) jours à l'administration (défenderesse). On observe donc, de la part du juge, un dépassement du temps fixé par la loi. Ce dépassement n'est pas rassurant pour le justiciable qui, dans un contentieux d'urgence, a intérêt à voir le juge agir dans un temps utile.

377. Toujours dans le cadre du référé, un autre exemple relatif au dépassement, par le juge, du temps prescrit s'observe dans le domaine de la notification des dates d'audience. En règle générale, dix (10) jours avant la date prévue, le tribunal administratif doit notifier aux parties une convocation afin qu'elles assistent à l'audience. L'inobservation de cette condition a été observée dans les ordonnances Dame Simo Megue Henriette et autres c/ communauté urbaine de Douala[514], et famille Auguste Noah et autres c/ communauté urbaine de Yaoundé[515].

378. Dans ces affaires, on peut noter qu'avant de rendre sa décision, le juge a rappelé, notamment dans la première affaire jugée le 15 mai 2009, que les parties avaient été convoquées à l'audience de cette même date. Cette même formule a été reprise dans la dernière ordonnance rendue le 24 avril 2009. Dans ce dernier cas, une convocation avait été délivrée le 15 avril de la même année.

379. La jurisprudence Koe Jean Patrice abonde dans le même sens. En l'espèce, on peut relever que, s'agissant d'un recours enregistré le 18 juin 2004, celui-ci n'a été notifié à l'État (en qualité de défendeur) que le 21 octobre 2004, soit quatre mois plus tard[516].

380. Ces décisions sont des exemples qui montrent que le juge administratif camerounais instruit parfois des affaires en observant un cadre temporel qu'il définit lui-même et ce en marge de celui qui est prévu par le législateur. Une telle régulation du temps, bien qu'elle apporte un bémol à l'approche réglementé des délais, n'est pas tournée vers le droit du justiciable à une justice dans un délai raisonnable mais davantage à l'efficacité de l'action administrative. Ces dépassements de l'approche quantitative des délais touchent aussi les délais de jugement eux-mêmes.

---

[514] CS/CA, ord., référé, n° 4, 15 mai 2009.
[515] CS/CA, ord., référé, n° 4, 15 avr. 2009.
[516] CS/CA, jug. n° 59, 11 mars 2009, *Koe Jean Patrice c/ État du Cameroun*.

2. La remise en cause du délai raisonnable de jugement par des dépassements du temps prescrit dans le cadre du dénouement des litiges

381. En droit gabonais, tout comme au Cameroun, on a observé des cas où la jurisprudence s'est éloignée du temps consacré en matière de jugement. Ceux-ci sont apparus en matière électorale. Par exemple, certaines affaires relatives aux élections législatives de 1991 au Gabon ont connu un dénouement plus de quatre mois plus tard[517].

382. Il en est ainsi au Cameroun, rapporte un analyste, notamment dans diverses affaires relatives au contentieux des élections aux Chambres consulaires. C'est l'exemple de l'affaire Tchatchoua Jean Pierre c/ État du Cameroun (Minagri) où la commission électorale du Littoral avait proclamé ses résultats le 20 juin 1986, le requérant ayant introduit son recours contentieux le 05 juillet 1986 et le juge, quant à lui, avait rendu sa décision le 25 mai 1989 soit trois (03) ans après la proclamation des résultats. Un autre cas est illustré par le jugement du 28 mars 1991, Nvondo Tsanga Richard c/ État du Cameroun où, la décision du juge intervient cinq (05) ans après le scrutin alors que la durée du mandat de l'élu est fixée à quatre (04) années[518]. Pourtant, le délai pour juger est de 90 jours. Il y a, comme on le voit, un dépassement du temps prescrit, de l'approche quantitative des délais qui ne prend pas en compte le droit du justiciable à un jugement dans un délai raisonnable.

383. En est-il ainsi parce qu'« il est [...] préférable de mener une procédure qui prendra du temps mais qui assurera le respect du droit » ? Est-ce parce que la poursuite de la « célérité est indissociable de celle de qualité de la justice et doit se faire en gardant à l'esprit les exigences du procès équitable »[519] ? Pas forcément. Dans ses observations sous l'ordonnance rendue en matière de référé-liberté par le Conseil d'État français à l'occasion de l'affaire Commune de Chirongui, le pr Pierre Delvolvé souligne que cette affaire présentait deux particularités parmi lesquelles la promptitude dans l'intervention de la décision. En effet, souligne-t-il, « entre le début des travaux [...] et la première ordonnance, enjoignant leur cessation [...], il ne s'est écoulé qu'environ un mois ; la procédure d'appel a abouti en moins de quatre semaines [...]. En première instance, entre la saisine du juge [...] et l'audience [...] la journée du 28 décembre

[517] F. MENGUE ME ENGOUANG, « Où en est le processus de démocratisation au Gabon ? », *Juridis Périodique*, n° 35/1998, p. 97-102.
[518] B. MOMO, « Le problème des délais en contentieux administratif camerounais », *Annales de la faculté des sciences juridiques et politiques de l'université de Dschang*, 1997, t.1, vol. 1, p. 147.
[519] S. AMRANI-MEKKI, « Le principe de célérité », *op. cit.*, p. 50.

a été suffisante pour permettre à la commune de préparer sa défense et organiser sa présence à l'audience : un tel délai... était adapté aux nécessités de l'urgence. En appel, c'est non pas avant la séance de jugement [...] mais au cours de l'audience [...] que le juge des référés a pu présenter aux parties le moyen d'ordre qu'il a soulevé au sujet de la compétence du juge administratif »[520]. Ainsi, la « procédure de référé-liberté a prouvé son efficacité en l'espèce, comme dans d'autres affaires ». Cet exemple montre que les juges disposent des possibilités d'adopter un temps adapté au litige.

384. Ce glissement vers la forme souple du temps, notamment à travers la régulation a un effet négatif sur la bonne administration de la justice. En effet, même s'il est de l'intérêt d'une bonne administration de la justice de prendre en compte certains principes nécessaires à son exercice, la longévité des procédures du fait de l'inobservation de la part du juge des délais fixés par la loi remet en cause l'attention que témoigne le législateur aux différents intérêts en jeu lorsqu'il fixe le temps du jugement. Ces intérêts sont, essentiellement, le principe de sécurité juridique et le droit au juge.

B. La définition jurisprudentielle des durées des procès en l'absence d'un temps prescrit et la remise en cause du délai raisonnable

385. Le caractère contestable de l'intervention des juges en l'absence d'un temps prescrit en matière de jugement est lié à la longévité des instances (1). Il n'est pas impossible de remédier à cette situation (2) qui tend à réduire les droits du justiciable au profit de l'efficacité de l'action administrative.

1. Un allongement du temps du jugement défavorable aux justiciables

386. On sait que les parties peuvent user des voies de recours, solliciter des mesures d'instruction pour gagner du temps. Mais le juge, en vertu de ses pouvoirs d'instruction, doit veiller à ce que l'usage de toutes ces mesures ne nuise pas au principe d'une bonne administration de la justice. L'analyse de la jurisprudence, tant au Gabon (a) qu'au Cameroun (b), montre que les juges adoptent un temps long.

---

[520] P. DELVOLVE, « Référé-liberté et voie de fait. Note sous Conseil d'État, référé, 23 janvier 2013, *Commune de Chirongui* », *RFDA*, n° 2/2013, p. 299.

a. Les lenteurs de la justice administrative gabonaise

387. Les quanta des durées des affaires tels qu'ils ressortent de l'analyse de la jurisprudence montre que le juge administratif gabonais, en première instance, est moins lent (a1) que la haute juridiction qu'est le Conseil d'État (a2).

a1. Le ralentissement de l'activité juridictionnelle devant le Conseil d'État

388. Sachant que sa lenteur pourrait constituer un danger pour l'administré, vu le caractère non suspensif du recours contentieux, la juridiction administrative gabonaise a parfois fait preuve de célérité par rapport à son homologue camerounais.

389. En l'absence d'une définition par les textes du temps pour juger, l'on a noté que certaines décisions sont intervenues dans les deux (02) mois suivant le recours[521]. Cette relative célérité s'est aussi manifestée à l'arrivée du Code des juridictions administratives et la réforme judiciaire de 1994. Avec cette réforme, les élans de célérité n'avaient pas régressé. On peut l'illustrer avec les affaires Youin Bankoua et Dame Bengone, (répertoire n° 13/87) à l'occasion desquelles le juge se prononça au terme de trois (03) et sept (07) mois, respectivement. Ainsi, en matière d'annulation, les requérants ne pouvaient attendre plus de deux (02) années au pire des cas.

390. En ce qui concernait le contentieux de la responsabilité, on a enregistré une fréquence des décisions rendues au bout de deux (02) années. Dans les affaires Wojdyla, ConsortOrji, et Said Yasser, objets des arrêts rendus le 9 juillet 1971, le 15 février 1980 et le 30 juin 1989, respectivement, le juge avait statué dans un délai d'un (01) an, deux (02) ans, et huit (08) mois. L'on ne pouvait pas douter de cette constance car ces décisions relevaient des périodes différentes[522]. Aussi, dans l'affaire Moamessemone Albert[523], le juge rend sa décision dans un délai de dix

---

[521] Cour administrative, 23 jul.1976, *Dame Ondo*, rep., n°124.Aussi, dans l'espèce *Fahh Lazare*, sa décision est rendue quelques mois après l'introduction du recours notamment le 30 juin 1964. De même, dans l'espèce *Dame Ondo*, la décision fut rendue deux (02) mois après la saisine. Enfin, dans l'espèce *Bobebe*, objet de l'arrêt rendu le 18 décembre 1981, soit quatre (04) mois après. CS/CA, 27 nov. 1964 ; CS/CA, 23 juil. 1976 ; G. PAMBOU TCHIVOUNDA, *Les grandes décisions de la jurisprudence administrative du Gabon*, Paris, éd. A. Pedone, 1994, préface de Jean-Michel Galabert, notamment les décisions n° 2, 12, 5, 23, 24, 28, 29, 35, 36, 42, 49 et 50.

[522] *Ibid*, les décisions n° 18, 30, 52, 34, 14 et 21.

[523] CS/CA, 20 mars 1987, rép., n°7/87.

(10) mois. Dans les contentieux dits d'urgence, les décisions intervenaient en général à l'issue d'une année de procédure[524].

391. Lorsqu'à l'occasion de l'affaire Ognane Patrice, le juge affirme « [...] qu'il appartient à la justice d'humaniser autant que possible le sort de ceux qui, à tort ou à raison, se prétendent victimes de fautes de service public, et notamment en accélérant les procédures qui malheureusement ont tendance à s'étirer en longueur [...] » et indique, pour la bonne gouverne des justiciables, notamment de l'administration, qu'il est « mal venu à se plaindre de la clôture d'un dossier initié depuis plus de deux ans »[525], on remarque que la question des délais de jugement reste un problème en matière administrative.

392. L'analyse conduit à noter, d'abord, que ces dernières années, en matière d'annulation, sur une trentaine (30) d'arrêts rendus par cette juridiction, dix-sept (17) sont intervenus après près de deux (02) années, six (06) en près de trois (03) années de procès, trois (03) en près de quatre (04) ans, un (01) en près de cinq (05) ans, un (01) en plus de cinq (05) ans et trois (03) en moins d'un (01) an.

393. Ensuite, s'agissant du plein contentieux, sur une centaine de décisions, trente et une (31) ont été rendues en près de deux (02) ans, treize (13) en près de trois (03) ans, vingt et un (21) en près de quatre (04) ans, dix (10) en près de cinq (05) ans, une vingtaine (20) en plus de cinq (05) ans et quatre (04) en moins d'une (01) année.

394. Enfin, concernant les contentieux dits d'urgence, à l'instar du référé et du sursis à exécution, sur une dizaine de décisions, cinq (05) ont été rendues en moins de six (06) mois, une (01) en près de deux (02) ans, une (01) autre en près de quatre (04) ans, une (01) dernière en plus de cinq (05) ans.

395. Le juge participe ainsi à la détermination du temps de la justice. Sur le plan de la qualité, cette situation montre que l'appréhension du temps par le droit, notamment le temps du jugement, tel qu'il est diligenté par le juge, reste marquée par la lenteur. En est-il ainsi parce que l'activité juridictionnelle du Conseil d'État s'est accrue ces dernières années[526] ? Certes cela ne doit pas justifier de telles lenteurs[527]. Il est difficile

---

[524] G. PAMBOU TCHIVOUNDA, *Les grandes décisions... op. cit.*, les décisions n° 40, 51.

[525] CS/CA, 26 juin 1987, *Ognane Patrice*.

[526] S. KWAHOU, *La justice administrative au Gabon... op. cit.*, p. 381.

[527] En effet, malgré cette augmentation du volume des affaires, la lenteur est difficilement acceptable lorsqu'on sait que l'organisation de cette juridiction est susceptible de favoriser l'accélération des procédures. Son organisation en Chambre (Art. 11, loi organique n° 005/2002) en est une qualité. La mise en place d'une Chambre des requêtes chargée de trier les procédures afin d'éviter les encombrements devrait normalement réduire les lenteurs. En

d'admettre que certaines décisions puissent intervenir au bout de sept (07), huit (08)[528], dix (10)[529] ou douze (12) ans[530] comme on peut l'observer dans certains cas ces dernières années. Il est même souvent arrivé que des requérants décèdent avant l'intervention du jugement. À cet égard, manifestant sans doute une sorte de culpabilité à ce sujet, le Conseil d'État gabonais a expressément relevé dans certains arrêts « qu'à la date à laquelle le décès a été notifié » à la juridiction, « l'affaire était en état d'être jugée ». Cela ressort bien dans les motivations des arrêts Ango Jean-Pierre, introduite le 11 décembre 2000 et jugée le 30 avril 2010 et Hamidou Coulibaly, introduite le 20 octobre 1998 et jugée le 28 mai 2010, soit douze (12) années après.

396. En outre, dans un État de moins de deux millions d'habitants et doté d'un ordre de juridiction (administrative) assez déconcentré donc en mesure de faciliter le travail des juges et de favoriser une bonne administration de la justice, de tels résultats semblent critiquables. À l'inverse, l'activité laisse apparaître un temps de la justice relativement court devant le tribunal administratif de Libreville.

a2. Les juridictions de premier ressort et le défi du temps : l'exemple du tribunal administratif de Libreville

397. Le tribunal administratif de Libreville est, à l'heure actuelle, l'une des juridictions administratives de premier ressort dont le fonctionnement est régulier depuis la déconcentration de la justice administrative au Gabon. Pour ce qui est des autres tribunaux, le fonctionnent s'opère par le biais des Sections administratives qui avaient été mise en place auprès des juridictions de l'ordre judiciaires et dont l'essentiel de leur contentieux est consacré aux matières préélectorales. C'est pourquoi, compte tenu de la proximité de cette juridiction avec la majorité des populations et de son affluence en tant que juridiction située dans la capitale de ce pays, il apparaît comme un moyen pertinent dans l'analyse du temps de la justice. Sylvestre Kwahou indique d'ailleurs que « l'émergence d'un véritable contentieux administratif à l'échelle locale » apparaît « plus

---

outre, le Conseil d'État, en particulier, et les juridictions administratives gabonaises en général ont vu leurs compétences allégées avec l'intervention grandissante du juge constitutionnel qui est désormais compétent pour les actes réglementaires, les élections politiques et en matière de protection des libertés publiques et des droits fondamentaux.

[528] CE, 18 déc.. 2009, *Evouna Simon*, rep., n° 01/2009-2010 ; 18 déc.. 2009, *Veuve Mabignath*, rep., n° 4/2009-2010 ; 26 mars 2010, *Matotou Charles*, rep., n° 13/2009-2010 ; 25 juin 2010, *Assoumou Essono Paul*, rep., n° 27/2009-2010 ; 25 juin 2010, *MveEyi Dominique*, rep., n° 30/2009-2010.

[529] CE, 30 avr. 2010, *Ango Jean-Pierre*, rep., n° 21/2009-2010.

[530] CE, 28 mai 2010, *Hamidou Coulibaly*, rep., n° 24/2009-2010.

particulièrement dans le ressort du tribunal et de la cour administrative d'appel de Libreville »[531].

398. Lorsqu'on étudie les décisions de justice rendues ces dernières années par cette juridiction, il en ressort quelques tendances à l'accélération. En matière de responsabilité, d'annulation et d'urgence, la durée se situe à moins d'un (01) an. Ainsi, sur un échantillon de cent (100) décisions portant sur le contentieux de l'excès de pouvoir ou encore le recours en déclaration d'inexistence juridique, vingt-six (26) ont été rendues en près de deux (02) années, quatre (04) en près de trois (03) années, trois (03) en près de quatre (04) ans, une (01) en près de cinq (05) ans, deux (02) en plus de cinq (05) contre plus d'une soixantaine (60) rendue en moins d'un (01) an.

399. S'agissant du contentieux de la responsabilité, la tendance est la même. Sur une cinquantaine de décisions, plus de quarante (40) sont intervenues en moins d'un (01) an et aucune n'a excédé la durée de trois (03) ans.

400. Pour ce qui est des contentieux dits d'urgence, plus de la moitié des décisions sont intervenues dans un délai de moins de six (06) mois et aucune n'est allée au-delà de dix (10) mois sur une vingtaine (20) de décisions.

401. On peut alors relever, sans risque de se tromper, que les délais de jugement devant cette juridiction, comparativement à ceux observés au sein du Conseil d'État, sont moins longs. Cette juridiction s'emploie donc, comme le soulignait un observateur concernant le juge administratif français, non seulement à « faire de la haute couture » mais aussi du « prêt à porter »[532]. Cela ressort bien des statistiques dressées dans les rapports annuels des années judiciaires récentes de ladite juridiction.

402. Toutefois, cette juridiction ne connaît pas un flux contentieux abondant du fait notamment de l'allégement de ses compétences. Elle peut donc mieux faire. On constate d'ailleurs qu'au bout d'une (01) année, notamment entre mars 2008 et mars 2009, le nombre total des procédures était de trente et un (31), vingt (20) en 2010 et seize (16) en 2011[533].

403. S'agissant du Cameroun, le temps du jugement tel qu'il est défini par le juge n'est qu'exceptionnellement rapide.

---

[531] S. KWAHOU, *La justice administrative au Gabon…*, *op. cit.*, p. 381.

[532] A. MARION, « Du mauvais fonctionnement de la juridiction administrative et de quelques moyens d'y remédier », *Pouvoirs*, n° 46/ 1988, p. 27.

[533] Voir *rapports judiciaires annuels, 2008-2011.*

b. L'allongement du temps du jugement par le juge administratif camerounais

404. Pour illustrer les lenteurs judiciaires en ce qui concerne le Cameroun, on peut analyser quelques cas relativement anciens avant de s'intéresser à des exemples plus récents tirés de quelques échantillons des décisions rendues.

405. Dans l'affaire Nyam Charles[534], la décision intervient près de deux (02) années après la saisine du juge. En effet, le requérant, étudiant à l'école normale supérieure de Yaoundé, s'apprêtant à présenter son examen de fin de formation avait été exclu dudit établissement par une décision du ministre de l'Enseignement supérieur édictée le 03 juin 1993. C'est cette décision qu'il contestait par son recours contentieux du 16 décembre 1993 assortie d'une demande de sursis à exécution. La décision du juge interviendra le 30 mars 1995 près de deux (02) années après alors que la durée de la formation est de deux (02) ans. À la suite de l'appel interjeté le 17 octobre 1995 contre ce jugement, il eut gain de cause. Au total quatre (04) années après. Mais pouvait-il malgré cette victoire rejoindre l'école ? Si oui, en quelle année ? On voit ainsi le caractère insatisfaisant de la longévité des procédures. Un cas similaire a été relevé en France où « il n'a fallu au juge que 5 ans de réflexion - le temps de passer du début du Deug au Dea - pour annuler le refus de valider »[535] l'examen de première année d'une étudiante.

406. Dans le jugement Zoba Ayissi, par une requête du 12 avril 1996 le requérant sollicitait l'annulation pour excès de pouvoir de l'arrêté du 03 novembre 1995 constatant son licenciement pour motif économique. Par un jugement du 25 mai 2000, le juge annulait l'acte en cause, soit quatre (04) années après. L'on mesure bien la gravité des conséquences de l'acte suite à une attente aussi prolongée[536].

407. Dans l'espèce, Nguiffo Jean-Philippe, on peut formuler le même regret. Enseignant en service à l'ancienne Université de Yaoundé, il sollicitait l'annulation pour excès de pouvoir de la décision du conseil d'administration du 04 novembre 1978 qui le réaffectait dans son ministère d'origine. Dans cette affaire, souligne le pr Célestin Sietchoua

[534] CS/CA, jug. n° 38, 30 mars 1995, *Juridis Périodique*, n° 37, p. 14, note Célestin Keutcha Tchapnga.

[535] J. GEORGEL, « Le juge et la montre », *Étude en l'honneur de Georges Dupuis*, Paris, LGDJ, 1997, préface de Georges Vedel, p. 117. Voir CE, 27 mai 1987, *Dame Lombard-Sauvanc/ université de Montpellier.*

[536] CS/CA, jug. n° 47/99-2000, 25 mai 2000, *Zoba Ayissi Dieudonné c/ État du Cameroun*, *Annales de la faculté des sciences juridiques et politiques*, *Université de Douala*, n° 1/2002, p. 225, note F.- N Djamé.

Djuitchoko, plus d'une vingtaine d'années s'est écoulée entre la première instance et l'arrêt d'appel de l'Assemblée plénière[537].

408. En dépit des réformes récentes, les choses semblent n'avoir véritablement pas évolué. Les chiffres qui suivent permettent de l'illustrer. En effet, sur un échantillon de plus de deux cents (200) décisions rendues en matière d'annulation entre l'année 2000 à 2016, plus de cent cinquante (150) sont intervenues après plus de cinq (05) années de procédure. Moins d'une vingtaine sont rendues en moins d'un (01) an, une vingtaine (20) entre un (01) et trois (03) ans.

409. Pour ce qui est des décisions intervenues au-delà de cinq (05) ans, il convient de noter que plus de la moitié le sont au-delà de dix (10) ans. La dernière est d'une durée de vingt-cinq (25) ans[538]. Il en est de même en matière de responsabilité. Dans les matières urgentes comme le sursis à exécution, en l'absence d'un délai pour statuer, la durée des affaires est aussi inquiétante. Dans de nombreux cas, le juge prend tout son temps. Des cas récents de lenteurs ont été observés[539]. Ainsi, comme le constatait déjà le pr Maurice Kamto, « le délai moyen qui sépare le dépôt d'une requête et le jugement de cette affaire est de trois ans environ devant la Chambre administrative et deux ans devant l'Assemblée plénière »[540].

410. Lorsque des délais de jugement s'allongent sur plusieurs années, il y a une sorte de déni de justice favorable à l'administration. La lenteur judiciaire, comme le souligne un auteur, devient un « frein psychologique » à l'exercice des recours contentieux pour les justiciables,

---

[537] CS/AP, arrêt n° 01/A, 25 févr. 1999, *Guiffo Jean Philippe* c/ *État du Cameroun*, *Juridis Périodique* n° 65/2006, p. 46, note Célestin Sietchoua Djuitchoko. En matière de contestations relatives aux contributions aux charges publiques, la juridiction administrative peut aussi être critiquée pour sa lenteur. Dans l'espèce *Ndingue Jean*, objet du jugement n° 24/86/87 du 30 avril 1987, un recours avait été introduit le 26 septembre 1977 visant le remboursement intégral des sommes produites par la vente des produits de la coopérative agricole dont le requérant en était le représentant, suite à la saisie desdits produits effectuée par des autorités locales. Le juge administratif se prononça près de dix (10) années après. Comment un justiciable peut-il attendre près de dix (10) ans avant de voir sa demande rejetée notamment sur la forme ?

[538] CS/CA, jug. n° 28, 28 janv. 2009, *Mme Mah Mengue*.

[539] En matière de référé, Ordonnance n° 04, 14 avril 2009, *Les familles Auguste Noah et autres c/ Communauté urbaine de Yaoundé*, précitée, n° 3, 29 janv. 2010, *Association des commerçants du marché central de Douala c/ État du Cameroun* (6 ans 11 mois et 24 jours, 2 ans respectivement). En matière de sursis (3 ans 7 mois et 17 jours, 2 ans 3 mois et 26 jours), Ordonnance n° 05, 26 mars 2009, *Fonkoua Célestin*, n° 09, 18 févr. 2009, *Fotso Foumtse Omer c/ Communauté urbaine de Yaoundé*, respectivement. 3 et 4 ans, n° 42, 24 juin 2010 *Association le centre de recherche et d'action pour le développement Nvan*, n° 70, 30 août 2010, *Ondoa Jean-Jacques c/ État du Cameroun*, respectivement.

[540] M. KAMTO, *Droit administratif processuel du Cameroun*, *op. cit.*, p.10-12.

et un « encouragement »[541] pour l'administration à la violation de la légalité.

411. Pourrait-on expliquer cette lenteur par le fait que le personnel de la juridiction est souvent en nombre insuffisant et exécute le service dans des conditions matérielles peu propices ? Cela y contribue sans doute, mais l'on a souvent noté de la part du personnel judiciaire des comportements qui traduisent le laxisme de certains agents publics[542]. On ne peut pas, de manière raisonnable, nier le danger que représente une justice expéditive. L'opposition entre l'exigence de rapidité, le temps et le principe du contradictoire est souvent inquiétante. Il est nécessaire de concilier les deux, car le droit d'être jugé sans retard excessif exige que le temps soit assez long, afin de permettre à la juridiction d'instruire complètement le dossier, et, suffisamment court pour éviter à la juridiction d'être placée devant les faits accomplis et, à l'administré de ne pas jouir de son droit. C'est, sans doute, ce qui a amené la Cour européenne des droits de l'Homme à fixer quelques critères permettant d'apprécier la durée raisonnable des procédures[543]. Il faudrait donc reconnaître que le juge a besoin de sérénité, du temps pour rendre la justice. Ce qui ne voudrait pas dire qu'il devrait dépasser un temps raisonnable car tout procès doit s'inscrire dans une durée acceptable[544]. Ainsi, pour parvenir à un temps raisonnable il faudrait envisager quelques aménagements.

2. Quelques propositions pour améliorer la durée des procédures

412. Au-delà des difficultés liées au système juridictionnel dans les pays africains, les causes des lenteurs judiciaires sont structurelles et même sociologiques. Pour les combattre, il convient de revoir non seulement la répartition des juridictions administratives sur l'ensemble du territoire mais aussi leur autonomie. À cette proposition (a), il conviendra d'ajouter celle qui concerne le dépassement des « délais d'ordre » (b).

---

[541] A. CLAEYS, *L'évolution de la protection juridictionnelle de l'administré au moyen du recours pour excès de pouvoir*, *op. cit.*, p. 404 et 405.

[542] A. BADARA FALL, « Le juge, le justiciable et les pouvoirs publics : pour une appréciation concrète de la place du juge dans les systèmes politiques en Afrique », *Afrilex*, n° 03/2003, p. 21.

[543] En ce sens, B. GUEVEL, « Le point de vue du juge administratif », *in* S. Theron (dir), *Le raisonnable en droit administratif*, *op. cit.*, p. 110.

[544] C. CASTAING, « Les procédures civile et administrative confrontées aux mêmes exigences du management de la justice », *AJDA*, n° 17/ 2009, p. 913.

a. L'amélioration du temps du jugement par le renforcement de l'accès et l'autonomie des juridictions administratives

413. La déconcentration des juridictions administratives, en cours au Cameroun et au Gabon, a aussi pour objectif de permettre aux juges d'adopter un temps raisonnable pour rendre les décisions (a1). Cette ambition, afin d'être réalisée, nécessite aussi une certaine autonomie au profit des juridictions administratives (a2).

a1. La nécessité de poursuivre la déconcentration

414. Au Cameroun, pays dans lequel le temps du juge est très critiqué pour sa rigidité, sa longévité, cette question reste d'actualité. En 2012, le législateur est intervenu à travers les décrets des 15 mars et 18 avril portant ouverture et fonctionnement des tribunaux administratifs, soit plus de 15 ans après la réforme constitutionnelle de 1996, en créant des juridictions administratives déconcentrées dans chaque chef-lieu de région.

415. Mais le problème de l'accessibilité au juge administratif n'est pas entièrement résolu[545]. On ne saurait méconnaître que le justiciable résidant dans la commune de Deuk, de Bokito ou de Ngambé-Tikar dans la région du centre devra parcourir des centaines de kilomètres et à l'aide des moyens de transport inconfortables pour atteindre Yaoundé le siège de la juridiction administrative territorialement compétente. Dans ces conditions, il semble judicieux de confier à certaines juridictions inférieures de droit commun[546] le soin de trancher les contestations et recours qui devraient être portés devant les tribunaux administratifs régionaux, notamment pour les justiciables qui se trouvent dans des circonscriptions très éloignées de leur tribunal administratif régional. Cela permettrait d'améliorer le temps des jugements par le désengorgement.

416. Le législateur gabonais l'avait compris en mettant en place des Sections administratives au sein des tribunaux de l'ordre judiciaire. En dépit de cette déconcentration, certains dysfonctionnements d'ordres structurels méritent encore d'être éradiqués au Gabon. On a relevé au courant de l'année 2013 que la plus haute juridiction gabonaise, pour cause de déménagement, avait interrompu pendant plus des six (06) mois son fonctionnement. Une telle situation est bien regrettable dans un État qui promeut la protection des droits de l'Homme. Pareille situation n'est pas sans conséquence sur le temps du jugement.

---

[545] Située à Yaoundé, la juridiction administrative se trouvait à plus de 200 km de la plupart des grandes villes du pays.

[546] A.-D. OLINGA, *Le nouvel environnement juridique et institutionnel des élections au Cameroun*, Yaoundé, Presses universitaires d'Afrique, 2007, p. 59 et s.

a2. L'amélioration du temps à travers l'organisation et l'autonomie des juridictions administratives

417. La répartition des compétences au sein des juridictions administratives peut aussi être source des lenteurs judiciaires. En effet, l'existence d'un double degré de juridiction est rassurante en ce qui concerne la qualité des décisions. À l'issue de toutes les voies de recours, la décision de justice acquiert davantage de légitimité.

418. Mais, l'usage des voies de recours peut aussi être une source de ralentissement du temps de la justice. Cela sous-entend que lorsque le procès s'achève devant une seule juridiction, on gagne du temps. Au contraire, si une affaire suit tout le processus de contestation, notamment le premier ressort, l'appel et la cassation, cela rallonge son temps. Ainsi, la réduction des voies de recours peut entraîner un gain de temps.

419. En France, par exemple, notamment en matière d'excès de pouvoir, le Conseil d'État est compétent pour connaître de certains litiges en premier ressort ou en appel. Si à titre principal il est juge de cassation des décisions rendues par les cours administratives d'appel, soit plus de soixante-dix (70%) de ses décisions, il est également juge d'appel et de premier et dernier ressort, jusqu'à six (6%) et vingt-cinq (25%) des décisions, respectivement. Ainsi, au-delà de sa qualité de juge de cassation, le Conseil d'État français est non seulement juge de premier ressort, mais aussi d'appel et cela peut rassurer les justiciables quant à la possibilité d'avoir un verdict directement au niveau de l'appel[547]. De ce point de vue, la célérité peut aussi être réalisée à travers la diminution des voies de recours. Cela a été relevé en droit français. À cet égard, c'est « dans un souci de rapidité et de cohérence jurisprudentielle qu'il fut décidé de confier au Conseil d'État le soin de statuer sur les demandes d'appel » en matière de référé-liberté[548].

420. Dans les législations africaines, notamment au Gabon, la situation n'est pas identique. C'est cela qui justifie parfois les lenteurs. En droit gabonais, en effet, malgré la dévolution au Conseil d'État de certaines compétences en tant que juge en premier et dernier ressort comme en ce qui concerne les recours pour excès de pouvoir contre les actes individuels des autorités administratives à compétence nationale, les actions en responsabilité dirigées contre l'État ou ses établissements publics, les recours en annulation contre les décisions administratives et disciplinaires des organismes collégiaux à compétence nationale et des

---

[547] D. BAILLEUL, *L'efficacité comparée des recours pour excès de pouvoirs et de plein contentieux... op. cit.*, n° 124.

[548] A. CLAEYS, *L'évolution de la protection juridictionnelle de l'administré au moyen du recours pour excès de pouvoir*, *op. cit.*, p. 435.

ordres professionnels, les recours en matière fiscale[549], cette juridiction connaît, et en dehors de ses compétences d'attribution, en cassation, des pourvois formés contre les décisions des cours d'appel statuant en matière administrative et des autres matières pour lesquelles la loi lui attribue compétence. On le voit, les compétences d'attribution au fond en tant que juge d'appel n'en font pas parties comme en droit français. Ainsi, en dehors de ces matières, les tribunaux administratifs sont des juridictions de droit commun en contentieux administratif[550].

421. Une telle répartition comporte des risques de lenteurs judiciaires, cela est plus visible en droit camerounais. En effet, au Cameroun, la réforme récente du contentieux administratif a fait des tribunaux administratifs, « sauf dispositions contraires de la loi, juges de droit commun du contentieux administratif en premier ressort »[551]. Dans la foulée de cette même réorganisation, malgré la mise en place de la Chambre administrative de la Cour suprême en tant que juridiction d'appel et de cassation, aucune compétence de premier ressort et de cassation au fond ne relève de la compétence de cette juridiction. En effet, en dehors de toute autre matière qui lui est expressément attribuée par la loi, la Chambre administrative est compétente pour connaître des appels formés contre les décisions rendues en matière de contentieux des élections régionales et municipales, des pourvois formés contre les décisions rendues en dernier ressort par les juridictions inférieures en matière de contentieux administratif, des exceptions préjudicielles soulevées en matière de voie de fait et d'emprise devant les juridictions inférieures en matière de contentieux administratif[552].

422. Cette répartition des compétences qui fait d'ailleurs l'objet de critique n'est pas, tant au Cameroun[553] qu'au Gabon, susceptible de raccourcir le temps des procès. Même si la réduction des voies de recours représente un risque pour la sécurité juridique, avec notamment la remise en cause du principe du double degré de juridiction, il serait intéressant de l'intégrer dans certaines matières, notamment dans les affaires urgentes.

---

[549] Art. 38, loi organique n° 5/2002 portant organisation du Conseil d'État. Sont exclus ici, le contentieux électoral et des actes réglementaires qui relèvent de la compétence du juge constitutionnel. En ce sens, C. KEUTCHA TCHAPNGA, « Le juge constitutionnel, juge administratif au Bénin et au Gabon ? », *RFDC*, n° 75/2008, p. 551-583.

[550] S. KWAHOU, *La justice administrative au Gabon…*, *op. cit*, p. 182.

[551] Art. 14, loi n° 2006/022, relative aux tribunaux administratifs, *précitée*.

[552] Art. 38, loi n° 2006/016, relative à la Cour suprême.

[553] S.-V. NTONGA BOMBA, « Trente-huit ans d'indécision et d'incertitude dans la répartition des compétences en matière administrative au Cameroun : 1972-2010 », *in* M. Ondoa (dir), *L'administration publique camerounaise à l'heure des réformes*, Paris, L'Harmattan 2010, préface de Joseph Owona, p. 171-189.

423. Du point de vue de leur autonomie, au plan technique notamment, c'est-à-dire en ce qui concerne la formation des magistrats administratifs, la situation est aussi problématique.

424. Au Cameroun, l'article 8, alinéa 1, de la loi n° 2006/022, précitée, relative aux tribunaux administratifs dispose, d'abord, que les membres du tribunal administratif et ceux du parquet sont des magistrats relevant du statut de la magistrature. Ensuite, l'article 9 du même texte ajoute que le président et les juges du tribunal administratif sont nommés conformément au texte portant statut de la magistrature. Enfin, les magistrats du ministère public auprès du tribunal administratif sont nommés conformément au texte portant statut de la magistrature, en conclut l'article 10 de la même loi. C'est également sur la base de ces dispositions que le décret du 18 avril 2012, portant désignation des magistrats auprès des tribunaux administratifs, avait nommé des juges au sein des tribunaux administratifs nouvellement crées. On doit déplorer, une fois de plus, l'absence de maîtrise du droit du contentieux administratif[554] par ces juges de formation privatiste. La formation des magistrats au contentieux administratif est donc nécessaire. Ainsi, comme l'avait souligné un auteur, « si la qualité des magistrats est dans l'ensemble améliorée et si les plus qualifiés demeurent dans les juridictions, un temps suffisant, la situation évoluera positivement et l'on pourra réduire les budgets temps globaux d'examen de chaque affaire sans risques excessifs »[555].

425. Au plan organique, c'est-à-dire en ce qui concerne l'autonomie externe, donc par rapport aux pouvoirs politiques, il faut relever qu'au Gabon, par exemple, les différents ordres de juridiction sont séparés. En effet, « le président, les vice-présidents, les juges- magistrats et les représentants du ministère public sont choisis à titre principal parmi les magistrats de l'ordre administratif »[556]. Il y a donc, contrairement au droit camerounais, une distinction, d'une part, entre magistrat de carrière et juge non magistrat, et, d'autre part, ceux de l'ordre judiciaire et de l'ordre administratif. En France, et à la différence du Cameroun et du Gabon, il a été institué un conseil supérieur des tribunaux administratifs également compétent à l'égard des cours administratives d'appel. Ces magistrats, professionnels, relèvent non pas du statut général de la magistrature mais

---

[554] J. BINYOUM, *Contentieux administratif*, Cours polycopié, 3[e]année de licence, Université de Yaoundé,
1992, p. 17.

[555] M. LEVY, « Urgence, délai à juger et libertés Sur les contradictions de l'office du juge administratif », *Les petites affiches*, 18/02/1994, n° 21, p. 7. https://www.lextenso.fr/lextenso/ud/urn%3APA19940218. Consulté le 19/02/2014 à 13 h 05mn.

[556]Art. 77, alinéa 1, loi de 1994, portant organisation judiciaire.

du statut général de la fonction publique de l'État, d'une part, et, d'autre part, ils sont recrutés par le biais de l'école nationale d'administration et non de l'école nationale de magistrature[557].

426. Mais, malgré cette relative autonomie pour ce qui est du Gabon, par rapport au Cameroun, l'intervention du pouvoir exécutif ainsi que la corruption demeurent perceptibles et peuvent expliquer, entre autres, les lenteurs judiciaires. Si tel n'était pas le cas, comment comprendre que des juges optent parfois pour des renvois interminables lesquelles rallongent le cours de l'instance. Cela arrive régulièrement quand l'administration se refuse de produire des conclusions.

427. Cela traduit, certainement, une sorte d'instrumentalisation du pouvoir judiciaire par le pouvoir politique, notamment par le pouvoir exécutif, détenteur des « arcanes et leviers de la puissance publique [...] »[558]. Il est donc nécessaire de renforcer l'autonomie des juridictions afin de rendre ces institutions capables d'accomplir sereinement, et en temps utile, leur mission. C'est d'ailleurs ce qu'indiquait en janvier 2013 le ministre ivoirien de la Justice quand il affirmait qu' « il y a beaucoup à faire pour réhabiliter la justice [...]. Que le système judiciaire souffre de dysfonctionnements liés essentiellement à une absence d'autonomie, de célérité dans les procédures et une insuffisance en ressources humaines spécialisées, ainsi qu'une répartition inégale des infrastructures. À cela s'ajoutent les bruits de palais, de corruption et de racket, préjudiciables à la promotion d'un environnement propice »[559] au développement.

428. L'un des défis majeurs qui interpelle les juridictions administratives porte aussi sur la compréhension des nécessités de la vie administrative, c'est-à-dire leur aptitude à agir de manière à permettre à l'administration de fonctionner dans de bonnes conditions, et, en même temps, maintenir les actions de cette dernière dans des limites raisonnables en vue d'assurer la protection des droits et libertés[560]. C'est ce qui explique, en France, le recrutement des juges administratifs au sein de l'administration. En effet, en France, il existe un recrutement des membres des juridictions administratives par le biais, non pas de l'école de la magistrature mais, de l'école nationale d'administration. Il n'existe donc pas de « circulation possible entre la magistrature judiciaire et la magistrature

---

[557] J.-M. SAUVE, « Bilan d'une réforme », *in* C. Teitgen- Colly (dir), *Perspectives contentieuses des réformes de la justice administrative*, *op. cit.*, p. 33.

[558] A. GADJI, « L'accès à la justice entre quête et requête : quelques observations sur un droit fondamental à valoriser en Côte d'Ivoire », *in* F. Hourquebie (dir), *Quel service public de la justice en Afrique francophone ?*, Bruxelles, Bruylant, 2013, p. 117.

[559] Rapportés par A. GADJI, « L'accès à la justice entre quête et requête... », *op. cit.*, p. 120.

[560] D. CONNIL, *L'office du juge administratif et le temps*, *op. cit.*, p. 670 et s.

administrative »[561]. Par ailleurs, le Conseil d'État est doté d'une double mission à savoir conseiller le gouvernement et juger l'administration. Dans le premier cas, il intervient dans le cadre de la mise en place de certains décrets, projets de loi et d'ordonnance, donne des avis. Sur le plan juridictionnel, le Conseil d'État assure en qualité de juge suprême le contrôle juridictionnel des activités des administrations. Il est aussi, dans certains cas, juge de premier et dernier ressort en contentieux administratif.

429. C'est presque le même schéma qu'on observe au Gabon[562]. Au Cameroun, en revanche, cette dualité de fonction n'existe pas. La Chambre administrative de la Cour suprême est limitée à l'exercice des fonctions juridictionnelles, d'assurer l'harmonie de la jurisprudence administrative.

430. Mais dans ce dualisme fonctionnel, on peut regretter, notamment en France, que « la pratique du détachement auprès d'administrations actives a pour effet de créer tout un réseau de relations entre le Conseil d'État et la haute administration », d'une part, et, d'autre part, qu'elle met en place un état d'esprit chez « les spécialistes du droit public [qui] considèrent que les spécialistes du droit privé constituent vraiment une espèce complètement différente d'eux »[563].

431. Mais en dépit de ces inconvénients, la particularité de la formation des juges administratifs, notamment en France, ainsi que leur « vie professionnelle [...] explique le maintien de la dualité de juridiction, qui n'a plus rien à voir avec les intentions de ses pères »[564]. Autrement dit, un juge administratif doit avoir d'un « capital culturel »[565] conséquent en ce qui concerne l'administration.

---

[561] M. FROMONT, « La justice administrative en Europe : différences et convergences », *RFDA*, n° 2/2008, p. 267.

[562] Le Conseil d'État, en tant qu'instance juridictionnelle suprême de l'ordre administratif, à côté des Cours de cassation comme c'est le cas dans l'ensemble des pays africains ayant opté pour le dualisme juridictionnel, est également doté des fonctions à la fois consultatives et juridictionnelles. Sur le plan consultatif, il donne des avis, tantôt facultatifs tantôt obligatoires, et rédige chaque année des rapports d'activités qu'il transmet au gouvernement et à l'occasion desquels il peut attirer l'attention de celui-ci sur certains faits. Du point de vue juridictionnel, il est, comme en France, juge en premier et dernier ressort, juge de cassation et accessoirement d'appel en matière administrative. E. TSATSABI, « La dualité des fonctions du Conseil d'État : L'exemple du Conseil d'État gabonais », *RJP*, n° 4/2014, p. 423 et ss.

[563] M. FROMONT, « La justice administrative en Europe : différences et convergences », *op. cit*, p. 267.

[564] D. CHABANOL, *La pratique du contentieux administratif*, Paris, LexisNexis, coll. « Pratique professionnelle », 9e éd., 2011, p. 2.

[565] D. CONNIL, *L'office du juge administratif et le temps*, *op. cit.*, p. 672.

432. La relative indépendance et spécialisation des juges administratifs africains peut donc occasionner des pertes de temps. Aussi, il y a la crainte de condamner une administration à laquelle ils sont à plusieurs titres dépendants. Le renforcement de l'indépendance de la magistrature est donc un moyen permettant d'y remédier[566]. Au-delà, les législations doivent sanctionner les violations du temps prescrites donc dépasser les « délais d'ordre ».

b. La nécessité de dépasser les « délais d'ordre »

433. Les « délais d'ordre » sont des durées, prescrites, et dont le but est « d'inciter la juridiction à s'efforcer à statuer rapidement »[567]. Aucune sanction n'est prévue en cas de violation de tels délais.

434. On sait, par exemple, que les lenteurs judiciaires sont aussi liées au dualisme juridictionnel. Au Cameroun, on peut citer l'exemple du contentieux de la voie de fait. Cette matière relève, du point de vue de sa constatation, de la compétence du juge administratif, notamment de l'Assemblée plénière de la Cour suprême. Cela est bien connu de la jurisprudence[568]. De ce point de vue, devant les juridictions de l'ordre judiciaire, l'établissement de la voie de fait est une question préjudicielle lorsque l'incompétence du juge judiciaire est invoquée[569]. Et dans ces conditions, une fois la constatation opérée, reste la réparation qui relève de la compétence du juge judiciaire. Par exemple, une large diffusion d'une décision administrative individuelle prise à l'encontre d'un fonctionnaire constitue une « atteinte à l'inviolabilité de la personne » alors qu'elle « a droit à son intégrité tant physique que morale ». Une telle atteinte constitue une « voie de fait administrative »[570] et dans ce cas

---

[566] Il en est ainsi, d'une manière générale, en Afrique. Voir M. DEBERE, « La justice sans juge, d'hier à demain », *in* J. du Bois de Gaudusson, G. Conac (dir), *La justice en Afrique*, Afrique contemporaine, 4e trimestre (numéro spécial), 1990, p. 87. Le législateur camerounais semble avoir amorcé cette spécialisation avec l'ouverture lors du récent concours d'entrée à l'École nationale d'administration et de magistrature d'une section de formation destinée aux auditeurs de justice spécialisés pour la justice administrative. Dix places ont été attribuées à cette section, dix autres à la section des finances certainement pour les magistrats des tribunaux des comptes et le reste, sur un total de cinquante places, aux magistrats de l'ordre judiciaire. Cela suppose que l'on aura un magistrat, formé au contentieux administratif, pour chaque tribunal.

[567] R. CHAPUS, *Droit du contentieux administratif*, *op. cit.*, n° 1042.

[568] CFJ/AP, arrêt n° 10, 17 oct. 1968, *Mve Ndongo c/ État fédéré du Cameroun oriental*, *in* F.-X. Mbouyom, *Recueil des grands arrêts de la jurisprudence administrative de la Cour fédérale de justice 1962-1970*, Yaoundé, éd., Sodeam, 1971, préface de Félix Sabal Lecco, p. 110-117.

[569] Art. 3, loi n° 2006, relative aux tribunaux administratifs.

[570] CS/CA, jug. n° 12, 26 janv. 1982, *Dame Binam née Ngo Njom Fidèle*, *Penant*, n° 791/1986, p. 354, note Roger-Gabriel Nlep, *précité* ; CS/AP, arrêt n° 102/A, 13 déc. 2007, *Ministère public c/ Fotsa Patrice Désiré*, *État du Cameroun*.

le juge judiciaire est compétent pour prononcer les dommages et intérêts en vue de réparer les préjudices subis. En cette matière, le juge judiciaire est compétent, non seulement à prononcer le montant des dommages-intérêts, mais aussi pour ordonner toutes les mesures destinées à mettre fin à l'atteinte[571]. Cette solution s'inscrit en droite ligne de celle amorcée en matière de difficulté d'interprétation et d'appréciation d'un acte législatif ou réglementaire.

435. Dans ces conditions, des retards dans le traitement des affaires peuvent s'accroitre. En effet, pour éviter les retards, il suffirait d'ajouter à la « question de droit préjudicielle » indiquée à l'article 14, alinéas 2 et 3, de la loi n° 2006/022, portant sur les tribunaux administratifs précitée, relative aux tribunaux administratifs des sanctions comme le dessaisissement ou alors un « jugement implicite » en cas de retard suivant le délai de jugement prescrit. On pourrait alors, compte tenu de la saisine de deux instances en cette matière, prescrire un délai aux juges afin de ne pas retarder l'issue de l'affaire.

436. Des retards déplorables ont d'ailleurs été constatés à ce sujet. Par exemple, comme le note le pr Célestin Keutcha Tchapnga, les arrêts rendus par l'Assemblée plénière de la Cour suprême du Cameroun les 4 janvier et 5 avril 2001 étaient intervenus quinze (15) et dix-sept (17) ans après les recours introduits les 29 septembre et 19 octobre 1986 et 1984 respectivement[572]. Le jugement avant-dire droit, rendu le 29 décembre 2004, étant rendu quatorze (14) ans après le recours introduit par le requérant en vue de faire constater la voie de fait, soit le 9 novembre 1990[573].

437. Par ailleurs, dans la mise en place de ces solutions, les droits africains peuvent s'inspirer du modèle français. En France, dans certains cas la violation du délai pour statuer donne lieu à un dessaisissement du juge.

---

[571] Voir M. KAMTO, « La mise en cause des autorités administratives devant le juge judiciaire camerounais », *in Espaces du service public, Mélanges en l'honneur de Jean-du-Bois de Gaudusson, op. cit.*, p. 346.

[572] CS/AP, arrêt n° 20, 4 janv. 2001, *Djotoum Henriette c/ État du Cameroun*; CS/AP, arrêt n° 41, 5 avr. 2001, *Commune de plein exercice de Yaoundé c/ Samedjeu Jean-Jacques*, respectivement. Toutefois, il ne faut pas ignorer que toutes les réformes destinées à améliorer le temps de la justice ne sont que des choses inanimées, que la volonté de chaque citoyen (fonctionnaire de la justice) est indispensable.Au Gabon, entre 2008 et 2011, le Conseil d'État était doté, en vertu d'une ordonnance adoptée par son président, de trois chambres des requêtes. Cette initiative avait pour but d'accélérer le temps judiciaire. Malgré de telles initiatives, on a parfois regretté l'inertie de certains personnels du greffe dans la transmission des actes de procédure. Cela montre combien est importante la volonté des acteurs dans ce processus. Il serait donc irréaliste de fonder tous ses espoirs sur « l'élaboration de nouveaux mécanismes juridiques aussi perfectionnés soient-ils ». S. KWAHOU, *La justice administrative au Gabon…, op. cit.*, p. 387.

[573] CS/AP/ADD, jug. n° 31, 9 nov. 1990, *Yikam Jérémie* c/ *État du Cameroun.*

438. En définitive, l'influence des juges en matière de définition du temps atténue, en soi, la place considérable d'une approche quantitative des délais dans la phase de jugement. Ce glissement vers la régulation devait pourtant conduire le juge à assurer l'équilibre entre droits des justiciables et sécurité juridique, en assurant un droit à un jugement dans un délai raisonnable. Malheureusement, la longévité des procédures qu'on observe et les violations des délais prescrits par le législateur ne favorisent pas le droit du justiciable. Cette façon de réguler le temps par les juges n'est pas en harmonie avec les engagements internationaux des pays africains en matière de droits de l'Homme[574]. C'est aussi le cas s'agissant des durées relatives à l'exécution.

§ 2. L'atténuation du temps réglementé par la régulation du temps de l'exécution : la persistance d'un temps peu favorable au justiciable

439. La durée relative à l'exécution d'une décision de justice peut être influencée par le juge. Cette possibilité apparaît en droit camerounais et gabonais même si elle est restreinte par rapport au droit français (A). À la suite de l'examen de cette influence, on pourra s'interroger sur la question des lenteurs relatives à l'exécution des décisions de justice (B).

A. L'influence des juges sur le temps de l'exécution des décisions de justice dans les droits d'Afrique francophone

440. Au Gabon, à moins que des dispositions législatives ou réglementaires n'en disposent autrement, l'appel formé contre une décision n'entraîne pas la suspension de son exécution, sauf en matière d'élection. Cependant, et c'est à ce niveau que le juge peut influencer le temps de la justice, le juge peut, à la demande expresse des parties, décider qu'il soit sursis à la mise en exécution de la décision[575].

441. Toutefois, le Conseil d'État gabonais a rendu une décision un peu atypique. Il était question d'un recours introduit par l'État, et visant la suspension d'un arrêt rendu par cette même juridiction. Cette décision avait condamné l'État gabonais au paiement des dommages et intérêts au profit d'un particulier.

---

[574] Le préambule de la Constitution camerounaise du 18 janvier 1996 souligne par exemple que « le peuple camerounais [...] affirme son attachement aux libertés fondamentales inscrites dans la Déclaration universelle des Droits de l'homme, la Charte des Nations unies, la Charte africaine des Droits de l'homme et des peuples et toutes les conventions internationales y relatives ».

[575] Art. 97, *Cja*.

442. Dans cette affaire, en effet, le Conseil d'État avait instruit ce recours sur la base des règles relatives au sursis à exécution contre un acte administratif. Ainsi, affirme-t-il « que l'État gabonais, qui n'évoque pas un préjudice irréparable pouvant résulter de l'exécution de la décision critiquée, ne fait pas état d'un moyen propre à créer, en l'état de l'instruction, un doute sérieux quant au bien-fondé de l'arrêt en question, qu'au surplus la décision dont il [était] demandé sursis à exécution [avait] commencé à recevoir l'exécution volontaire [de la part de l'État demandeur] à la suite d'un protocole d'accord librement signé entre les parties »[576].

443. Le sursis à exécution étant un recours accessoire, sauf à imaginer que cet arrêt relève d'un recours en rectification, en révision ou en rétractation, seules voies de recours ouvertes contre les décisions du Conseil d'État[577], la base légale d'un tel recours reste insaisissable.

444. S'agissant du droit camerounais, la possibilité pour le juge de surseoir est la même, à la seule différence que le principe de l'effet non suspensif de l'appel, consacré dans les droits français et gabonais, a été inversé. En effet, l'appel en droit camerounais n'entraîne pas la suspension de l'exécution de la décision attaquée. Il n'en va autrement, et c'est là qu'on retrouve la possibilité pour le juge de jouer sur le temps, que si le juge en décide autrement[578].

445. Le pouvoir de suspension dont dispose le juge administratif camerounais en cette matière est renforcé. Au Gabon et en France, cette suspension ne doit intervenir qu'à la demande des parties, au Cameroun, le juge en apprécie seul l'opportunité de l'ordonner dès lors que l'article 114, alinéa 2, de la loi de 2006/022, relative aux tribunaux administratifs, ne fait pas mention de la nécessité d'une demande de la part des justiciables. Ainsi, l'âge relatif à la mise en œuvre des décisions du juge administratif peut être orienté par les juges eux-mêmes. Cela amène alors à s'interroger sur les lenteurs en matière d'exécution des décisions de justice.

B. Le problème des lenteurs en matière d'exécution des décisions du juge administratif dans les droits d'Afrique francophone

446. En matière d'exécution des décisions rendues par les juridictions administratives, on peut relever, dans les droits d'Afrique francophone, de nombreuses imperfections (1). On peut également proposer des solutions afin d'y remédier (2).

---

[576] CE, 26 mars 2010, *Opiangah Hevé Patrick*, rep., n° 10/2009-2010.
[577] Art. 6, loi de 2002, relative au Conseil d'État.
[578] Art. 114, alinéa 2, loi de 2006/022, relative aux tribunaux administratifs, *précitée*.

1. Les imperfections du temps relatif à l'exécution des décisions du juge administratif dans les droits d'Afrique francophone

447. Malgré les évolutions enregistrées en matière d'exécution des décisions, les questions relatives à la durée de la mise en œuvre des décisions restent d'actualité. En Afrique francophone, les difficultés à voir l'administration mettre en œuvre les décisions du juge administratif remettent en cause la raison d'être d'un contrôle juridictionnel de la puissance publique[579]. On observe, de la part de l'administration, une sorte de « rébellion contre la justice »[580]. On ne saurait, cependant, nier les efforts qui ont été fournis, notamment au Gabon, en vue d'apporter des moyens destinés à appliquer ces décisions.

448. Le droit camerounais connaît un vide en matière d'exécution des décisions des juridictions administratives. Finalement, comme le soulignait le pr Joseph-Marie Bipoun-Woum, on peut toujours se demander « de quelle garantie d'exécution jouit un plaignant bénéficiaire d'un jugement annulant un acte de l'administration ou la condamnant à réparer si 1) le juge ne peut donner ni ordre ni injonction à l'autorité administrative. 2) l'autorité administrative ne peut faire l'objet d'aucune mesure d'exécution forcée »[581].

449. Le législateur gabonais, par contre, semble avoir suivi l'approche de son homologue français. Au Gabon, il existe, en effet, une commission du suivi de l'exécution des décisions rendues en matière administrative. Cette commission peut être saisie pour toutes les questions relatives à la mise en œuvre des décisions rendues par les juridictions administratives. S'inspirant certainement du modèle français, il a prévu qu'au cas où une décision juridictionnelle, revêtue de l'autorité de la chose jugée, qui a condamné l'État ou une collectivité locale au paiement d'une somme d'argent et a fixé son montant, cette créance doit être mandatée dans un délai de quatre (4) mois suivant la notification de la décision à l'agence judiciaire du trésor. Ce dernier est tenu d'en informer le ministre intéressé

---

[579] E. H. NGWA NFOBIN, « Le problème d'inexécution des décisions du juge administratif au Cameroun », *Revue africaine des sciences juridiques*, n° 1, 2010, vol. 7, p. 299.

[580] Un exemple récent s'observe au Cameroun avec la jurisprudence *Atangana Ntonga Sylvestre.* Dans cette affaire, le juge administratif avait annulé une décision portant attribution d'un titre foncier au mépris d'une ordonnance de sursis à exécution prononcée contre celle-ci. CS/CA, jug. n° 63, 11 mars 2009, *Juridis Périodique*, n° 62/2012, p. 48, note C. Keutcha Tchapnga. D'autres cas ont été rapportés en Côte d'Ivoire, voir A. GADJI, « L'accès à la justice entre quête et requête : quelques observations sur un droit fondamental à valoriser en Côte d'Ivoire », *in* F. Hourquebie (dir), *Quel service public de la justice en Afrique francophone ?*, *op. cit.*, p. 117.

[581] J. M. BIPOUN WOUM, « Recherches sur les aspects actuels de la réception du droit administratif dans les États d'Afrique noire d'expression française : le cas du Cameroun », *RJPIC*, n° 3/1972, p. 359.

ainsi que le ministre de tutelle de la collectivité concernée en vue du règlement[582]. On voit bien qu'il s'agit du paiement d'une somme d'argent.

450. Cependant, le législateur gabonais reste silencieux en ce qui concerne le délai dans lequel l'agent judiciaire du trésor doit accomplir cette dernière diligence devant conduire au paiement ou précisément à l'exécution finale de la décision concernée. On est donc en présence d'un vide qui amène à s'interroger sur les possibilités de mise en œuvre effective des décisions. Ce silence peut sans doute conduire à des abus. De ce point de vue, à défaut d'une approche quantitative des délais, pour laquelle il a opté dans les autres cas, le législateur gabonais pouvait choisir une approche qualitative des délais. Ceci serait laissé à la diligence de l'agent judiciaire du trésor. Par ailleurs, cette mesure d'exécution ne concerne pas le contentieux de l'annulation.

451. Dans un avis émis par la juridiction administrative gabonaise à l'occasion d'une requête introduite par un justiciable confronté à la résistance de l'État à s'exécuter, elle a souligné que « le Gabon étant un État de droit et, compte tenu de la résistance inadmissible aux décisions de justice nourries par certaines administrations et certains établissements publics, il est souhaitable que le législateur complète la loi n° 17/84 portant Code des juridictions administratives par l'institution de l'astreinte contre toute personne qui s'opposerait à l'exécution des décisions administratives passées en force de choses jugées »[583].

452. Dans une autre affaire, souligne un analyste, « 13 ans après un arrêt rendu par le juge et 12 années après un avis consultatif (favorable) de la commission (30 juin 1986), le même requérant ne percevait point les conséquences concrètes de la condamnation de l'administration »[584]. Un tel dérapage ne peut, par ailleurs, pas faire l'objet d'un recours en contentieux indemnitaire en raison des délais de jugement raisonnable comme en France[585].

453. C'est, sans doute, en prenant en compte ces difficultés que le législateur gabonais, en remettant en place la commission chargée du suivi et de l'exécution des décisions y a ajouté une nouvelle mesure tendant à renforcer l'exécution comme préconisé par l'avis rendu à l'occasion de

---

[582] Art. 153, *Cja.*

[583] CS/CA, avis, 07 avr. 1987, *Djiara Simone c/État gabonais*, rep., n° 11.

[584] CS/CA, 26 juin 1998, *Mitchoumbou Kara c/ Office des Postes et Télécommunications*, rép., n° 58/98 ; S. KWAHOU, *La justice administrative au Gabon… op. cit.*, p. 331.

[585] Au Bénin, le juge administratif indique lui aussi que le fait de recourir à des manœuvres qui tendent à retarder la mise en œuvre d'une décision représente une remise en cause de l'autorité de la chose jugée. CS/CA, 28 sept. 2000, *Yaovi Antoine Amoussou c/ Ministère des Finances, Rec.*, p. 415.

l'affaire Djiara Simone, précitée. En effet, peuvent désormais faire l'objet « d'une astreinte dans les conditions fixées par les textes en vigueur, toutes les personnes morales de droit public ou de droit privé chargées d'un service public, qui n'exécutent pas une décision rendue par une juridiction administrative »[586]. Face à toutes ces difficultés, on peut proposer quelques solutions pour y remédier.

2. Les solutions envisageables

454. Il est intéressant pour les législateurs africains de renforcer le dispositif en matière d'exécution des décisions de justice. Cela fait partie des engagements internationaux de ces pays. Le délai raisonnable de jugement et le droit au juge sont consacrés par l'article 7 d de la Charte africaine des droits de l'Homme et des peuples, laquelle fait partie, par exemple, du droit positif camerounais au regard du préambule de sa Constitution.

455. Le respect de cette internationalisation du droit procédural passe aussi par la mise en place d'un juge du référé-liberté qui viendra à la rescousse des administrés victimes des lenteurs de l'administration à mettre en œuvre les décisions de justice. En effet, les injonctions et les astreintes sont des « moyens de pression directs sur l'administration »[587]. On peut, par exemple, considérer l'injonction comme un moyen permettant d'inciter à la mise en œuvre des décisions rendues par le juge administratif notamment dans les droits d'Afrique francophone. Ceci est important pour le cas du Cameroun. Il existe également des astreintes qui, comme l'injonction, peuvent contribuer à améliorer le temps de l'exécution des décisions. Au Gabon, un tel moyen de pression existe mais le législateur devrait en préciser leur sens pour permettre de lutter efficacement contre les résistances de certaines autorités face à l'exécution des décisions de justice.

456. Le droit à l'exécution est un droit fondamental nécessitant des garanties de protection. Le juge administratif français du référé-liberté l'a démontré lorsqu'il est allé « au secours de l'exécution d'une décision »[588] à propos d'une mesure administrative qui entravait l'exécution d'une mesure d'instruction ordonnée par une juridiction. En effet, le tribunal de grande instance de Toulouse, à l'occasion d'une affaire relative à un regroupement familial, avait ordonné une mesure d'examen des filiations. L'exécution de cette mesure avait été rendue impossible par un refus de

---

[586] Art. 27, loi n° 5/2002 du 27 nov. 2002, relative au Conseil d'État, *précitée*.

[587] A. CLAEYS, *L'évolution de la protection juridictionnelle de l'administré au moyen du recours pour excès de pouvoir*, *op. cit.*, p. 1063.

[588] O. LE BOT, « Le juge administratif des référés au secours de l'exécution d'une décision de justice », *AJDA*, n° 21/ 2010, p. 1206.

visa d'entrée en France. Avant d'exiger de l'autorité compétente « de prendre les mesures nécessaires », permettant à l'intéressée d'« entrer en France» pour effectuer cet examen, le juge des référés a souligné « qu'il incombe aux différentes autorités administratives de prendre, dans les domaines de leurs compétences respectives, les mesures qu'implique le respect des décisions de l'autorité judiciaire ; qu'une décision administrative qui fait obstacle à l'exécution d'une décision de justice méconnaît la liberté fondamentale que constitue le droit au recours effectif devant un juge »[589].

457. Des mécanismes de protection des droits et libertés devant des instances supranationales en Afrique méritent également d'être renforcés[590]. On peut aussi envisager la mise en place d'un fonds spécial destiné au paiement des condamnations pécuniaires prononcées contre l'administration. Par ailleurs, le droit à la réparation des préjudices liés à la durée déraisonnable des procédures est être exercé devant la Chambre judiciaire de la Cour suprême notamment à travers la procédure de la prise en partie et pour les juridictions administratives devant la Chambre administrative de cette même Cour en raison du dysfonctionnement du service public de la justice. Mais ces procédures doivent être renforcées car le juge administratif traîne toujours à condamner l'administration pour ce chef. De ce point de vue, la transmission directe des recours allant dans ce sens devant les juridictions supra-nationales serait un atout pour les justiciables[591]. Toutefois, cette régulation peut, notamment en matière de recours et d'instruction, assurer l'équilibre entre la sécurité juridique et les droits des justiciables.

§ 3. Les limitations possibles d'une régulation du temps défavorable aux justiciables : la régulation des délais de recours et d'instruction

458. La prédominance d'une approche quantitative des délais dans la phase de jugement en contentieux administratif camerounais et gabonais est également tempérée par l'intervention des juges au niveau des recours et de l'instruction. Cette régulation est positive car, contrairement à la régulation observée en matière de jugement et tendant essentiellement à restreindre le délai raisonnable de jugement, ici, le juge dispose des pouvoirs, en matière de recours et d'instruction (A), qui, en soi, lui permettent de fixer un cadre temporel qui prend en compte la sécurité

---

[589] CE, référé, 4 mars 2010, *Soignet* et *Balezou*, n° 336700.

[590] En ce sens, E. E. NANA, *Droits de l'homme et justice : Le délai de procédure pénale au Cameroun*, Paris, L'Harmattan, 2010, préface de Jean-Didier Boukongou, p. 93 et s.

[591] *Ibid*, p. 95.

juridique et les droits des justiciables. Les justiciables quant à eux n'y participent que de façon limitée (B).

A. L'intervention du juge dans la définition du temps avant le jugement : l'équilibre possible entre droit du justiciable et sécurité juridique

459. Dans la phase qui précède celle du prononcé de la décision, c'est-à-dire celle des recours (1) et de l'instruction (2), les juges camerounais et gabonais disposent des pouvoirs régulateurs du temps susceptibles de conduire à un équilibre entre droit du justiciable et sécurité juridique.

1. La détermination du temps des recours par le juge dans les droits camerounais et gabonais

460. On sait qu'en vertu de ses pouvoirs d'instruction, le juge peut agir sur le temps de la justice. En droit camerounais, le juge peut raccourcir les délais de recours (a). Au contraire, au Gabon, le relevé de forclusion est possible à la diligence du juge (b).

a. L'identification du temps des recours par le juge administratif camerounais

461. L'influence du juge camerounais sur le temps des recours est liée aux possibilités que lui offre la loi de fixer les délais de recours (a2). Toutefois, devant le silence des textes, il se refuse de faire usage du relevé de forclusion (a1).

a1. Le rejet du relevé de forclusion par la jurisprudence camerounaise

462. On doit noter qu'en matière de délai de recours, la jurisprudence administrative camerounaise rejette, expressément, la possibilité du relevé de forclusion. En effet, on sait qu' « alors même qu'un délai de forclusion est écoulé, le relevé de forclusion permet au juge d'accueillir l'action d'une partie »[592]. Le juge administratif camerounais rejette cette possibilité. Il relève, par exemple, « qu'il n'est écrit nulle part que les arrêts rendus sur appel des jugements de la Chambre administrative sont susceptibles de rabattement »[593]. C'est aussi le cas dans le cadre de l'instruction où, même lorsque le requérant évoque de manière justifiée l'erreur de la juridiction, laquelle n'aurait pas notifié une mise en demeure à celui-ci, le juge rejette la demande de rabattement ou de relevé

---

[592] S. AMRANI-MEKKHI, *Le temps et le procès civil*, *op. cit.*, n° 249.
[593] CS/AP, arrêt n° 20/A, 27 mai 2010, *Njoya Maurice Poumie* et *État du Cameroun c/ Otele née Zang Pauline*.

de forclusion[594]. Il n'entend donc pas agir ou influencer le temps des recours. Mais dans d'autres cas, il dispose de cette possibilité en vertu de la loi.

a2. La définition des délais de recours par le juge administratif camerounais

463. L'intervention du juge administratif camerounais s'observe en matière de référé et de sursis à exécution s'agissant de l'identification des délais de recours. En ces matières, notamment en premier ressort, « le président du tribunal peut décider que les délais » relatifs au rejet du recours pré-contentieux, ceux de l'exercice même du recours gracieux, ceux du recours contentieux et ceux concernant la prorogation des délais en cas de demande d'assistance judiciaire ou de saisine d'une juridiction incompétente, « seront réduits de moitié ou de deux tiers »[595].

464. À l'analyse, cette mesure soulève quelques difficultés d'interprétation et même d'application. D'une part, l'interprétation de cette disposition n'est pas aisée. S'agissant, par exemple, du délai relatif au rejet du recours pré-contentieux (prévu à l'alinéa 2 de l'article 17 de la loi de 2006), est-il possible pour le juge de ramener ce délai de trois (03) mois, au terme duquel le silence de l'administration vaut rejet du recours gracieux, à quarante-cinq (45) jours, ou encore à soixante (60) jours, alors que l'on se trouve encore à la phase des formalités préalables au contentieux ? Le justiciable devra-t-il solliciter au préalable la réduction des délais avant d'engager les poursuites ? Cela est peu compréhensible. La formulation de cette disposition pose donc problème. Décider de la réduction des délais alors qu'il n'est pas encore saisi du litige semble difficile à comprendre. La possibilité pour le juge d'agir sur le temps n'est réellement envisageable que dans le cadre des délais relatifs à l'instruction.

465. En prenant l'exemple du recours contentieux, on peut dire que conformément à cette disposition, le président de la juridiction va entériner un recours contentieux intenté dans les quarante-cinq (45) jours ou encore les soixante (60) jours suivant l'introduction du recours gracieux.

---

[594] CS/AP, arrêt n° 65/A, 22 févr. 2007, *État du Cameroun et Succession Aboumou Joseph c/ Mbede Ottou Jean* ; n° 12/A, 16 déc. 2004, *Les Galeries de l'habitat c/ État du Cameroun (office national des ports du Cameroun)* ; n° 90/A, 13 déc. 2007, *Northwest cooperative association limited c/ État du Cameroun (Minuh)* ; n° 73/A, 13 déc. 2007, *Nsangou Njissamaki c/ État du Cameroun.*

[595] Art. 41, loi n° 2006/022, relative aux tribunaux administratifs, *précitée.*

466. D'autre part, s'agissant de sa mise en œuvre, aucune précision n'est apportée quant à ses modalités. Cette mesure pourrait-elle intervenir à la requête du justiciable ou alors pourra-t-elle d'office être invoquée par le juge ? Il serait intéressant d'offrir la possibilité aux parties de s'en prévaloir et même au juge d'y recourir d'office. Cela donnerait une pleine efficacité à cette disposition qui tend vers une adoption des durées en fonction de l'évolution du litige. On peut y voir une approche qualitative des délais.

467. On s'aperçoit donc dans tous les cas que le juge administratif camerounais peut, si la nécessité de prendre une mesure en vue de prévenir la survenance d'un préjudice grave ou encore en vue d'en réduire les conséquences, moduler le temps prescrit. Il y a là un relent de souplesse qui est cependant contrôlé dans la mesure où le législateur indique la durée à adopter par le juge. Il n'appartient pas au juge de fixer librement le temps des recours dans les matières concernées mais d'apprécier l'urgence et d'adopter le temps selon la grille fixée par la loi. Malgré cette régulation contrôlée, le juge peut assurer ainsi un équilibre entre le droit au recours dont dispose le justiciable et la stabilité des situations juridiques en fonction des circonstances de l'affaire. La législation gabonaise abonde dans ce sens.

b. L'usage du relevé de forclusion en matière de recours par le juge administratif gabonais

468. Au Gabon, le relevé de forclusion est expressément consacré dans certains cas précis. Il concerne les contentieux ordinaires. En effet, « lorsqu'un requérant qui n'a pas respecté les délais, et invoque un cas de force majeure dûment justifié, la juridiction administrative peut le relever de la forclusion »[596]. L'appréciation de la situation pouvant justifier le retard allégué par le requérant relève, à l'analyse de cette disposition, de la libre appréciation de la juridiction. Le Gabon n'est pas le seul exemple parmi les pays africains ralliés à la tradition juridique francophone[597]. Le

---

[596] Art. 45, *Cja.*

[597] C'est aussi le cas au Burkina Faso où, « parce qu'à l'impossible nul ne peut être tenu, le juge admet que la forclusion ne puisse pas, et en tout état de cause, être opposée à certains requérants qui auraient de sérieuses raisons de se prévaloir de la force majeure ». SALIF YONABA, *La pratique du contentieux administratif en droit Burkinabé : de l'indépendance à nos jours*, Presses universitaires de Ouagadougou, 2e éd., 2008, p. 121. Le droit ivoirien va dans le même sens notamment en matière d'excès de pouvoir où, « la Chambre administrative peut, après réquisitions écrites du ministère public relever de la forclusion encourue, le requérant qu'un cas de force majeure a empêché de respecter les délais prévus […] ». Art. 62 (nouveau), loi n° 94/440 du 16 août 1994 déterminant la composition, l'organisation, les attributions et le fonctionnement de la Cour suprême et abrogeant la loi n° 78/663 du 5 août 1978 relative à la Cour suprême, respectivement.

législateur gabonais prend donc en compte les difficultés que peuvent rencontrer les justiciables, lesquelles pourraient les empêcher d'introduire leurs recours dans les délais.

469. C'est donc une voie intéressante quand on sait que les difficultés liées à l'information peuvent occasionner des retards au détriment des justiciables. Cette disposition est en harmonie avec celle consacrée par le Code de procédure civile gabonais, applicable en contentieux administratif. En effet, « tout plaideur qui justifiera d'une impossibilité matérielle ou d'un empêchement valable de respecter les délais impartis pourra être relevé de la déchéance encourue »[598]. Par ailleurs, cette limitation du relevé de forclusion aux contentieux ordinaires n'est pas anodine. On pense qu'en ce qui concerne les contentieux d'urgence, ce procédé remettrait en cause la célérité nécessaire au traitement des affaires urgentes[599]. Qu'en est-il en matière d'instruction ?

2. La régulation du temps de l'instruction par les juges africains

470. En vertu des pouvoirs d'instruction et même du caractère inquisitoire du procès administratif, le temps comptant pour l'accomplissement des formalités relatives à l'instruction des affaires est considérablement influencé par le juge[600]. Ainsi que l'affirme le pr Jean-Philippe Colson, dans une certaine mesure, et même si « cette démarche originale [...] pour nécessaire qu'elle puisse paraître ne manque pas d'étonner [,] l'exercice inquisitoire de l'office du juge administratif s'apparente à celui d'un magistrat instructeur chargé de rechercher la vérité dans une instance pénale »[601]. En effet, à ce stade du procès, et par rapport aux autres phases, les pouvoirs des juges sont moins limités en droit camerounais (a) et gabonais (b).

a. Les possibilités d'aménagement du temps de l'instruction par le juge camerounais

471. Une approche quantitative des délais revêt un caractère limité lorsqu'on observe que le juge peut aussi définir le temps de l'instruction. En matière de procédure, « un débat contentieux loyal suppose que le juge

---

[598] Art. 68, ordonnance n° 1/77, 2 févr. 1977, portant Code de procédure civile.

[599] En revanche, les justiciables gabonais se trouvaient dans une situation plus confortable en matière d'élection avant la loi électorale adoptée en 2002 où l'on admettait qu'« [...]en cas de force majeure dûment justifié par la commission électorale locale, la juridiction compétente saisie [pouvait] relever le requérant de la forclusion». Art. 122, alinéa 2 et 123, alinéa 2, loi n° 10/98 du 10 juil. 1998, relative aux élections politiques modifiée en 2002, 2006, et 2012.

[600] En ce sens, C.-A. DUBREUIL, « précision sur les pouvoirs d'instruction du juge administratif », *Juris Classeur général*, 5 mars 2012, 289.

[601] J-P. COLSON, *L'office du juge et la preuve dans le contentieux administratif*, Paris, LGDJ, 1970, t. ci, p. 97.

(ou le législateur) impose et fasse respecter aux parties des délais raisonnables et qu'il s'impose des délais connus et également raisonnables »[602]. Cela fait partie de la « sauvegarde de la forme, sans laquelle la substance du procès serait anéantie »[603].

472. . Allant dans ce sens, le droit camerounais a prévu, d'abord, la possibilité pour le juge d'accorder aux parties un temps supplémentaire afin qu'elles puissent satisfaire aux exigences procédurales telles que la production des mémoires. Ainsi, devant la Cour suprême, le président de la section du contentieux dont relève l'affaire peut accorder aux parties des délais allant au-delà des délais réglementaires[604].

473. Ensuite, comme dans le cadre du temps des recours, on peut noter la possibilité pour le juge de réduire de moitié (1/2) ou de deux (2/3) tiers le temps fixé dans le cadre de l'instruction. En ce sens, devant la Cour suprême, tant en appel qu'en cassation, notamment lorsque l'affaire requiert une « célérité particulière », une réduction de moitié (1/2) ou de deux (2/3) tiers des délais peut être décidée par le président de la section concernée après avis du parquet général[605]. La notion de « célérité particulière » est l'élément nouveau ici, contrairement à l'hypothèse des contentieux de premier ressort. C'est la condition à laquelle le juge d'appel ou de cassation est autorisé à aménager le temps initialement défini par la loi. Le juge doit donc apprécier le caractère particulier de l'urgence et indiquer, s'il y a lieu, la durée qu'il choisira.

474. Enfin, il est également possible pour le juge administratif de définir le temps de l'instruction en matière d'imposition. Cette possibilité est offerte en cas d'expertise. Dans ce cas, en effet, le juge doit préciser dans la décision ordonnant l'expertise les délais dans lesquels les experts devront rendre leur rapport, d'une part, et, d'autre part, il incombe au président du tribunal d'indiquer le jour et l'heure du début de l'opération. Il doit aussi prévenir les parties dix (10) jours francs avant le début desdites opérations[606].

475. En somme, en dehors de ces quelques cas, l'ensemble des durées restent fixées en amont par le législateur. Le juge administratif camerounais est donc, comme son homologue gabonais, relativement doté d'une liberté de

---

[602] B. ODENT, « L'avocat, le juge et les délais », *in Mélanges en l'honneur de René Chapus*, Paris LGDJ, 1994, p. 484.
[603] F. TERRE, *Du juridique et du social*, Paris, Mare et Martin, 2012, p. 85.
[604] Art. 82, alinéa 2 et 99, alinéa 3, loi n° 2006/016, relative à la Cour suprême.
[605] Art.98, alinéa 2, 82, alinéa 1, 99, alinéa 2, 82, alinéa 3 et 99, alinéa 3, loi n° 2006/016, relative à la Cour suprême, *précitée*, respectivement.
[606] Art. L. 135 et 136, *Cgi*.

choix dans l'aménagement du cadre temporel du procès. Qu'en est-il exactement du droit gabonais ?

b. L'identification du temps de l'instruction par le juge administratif gabonais

476. Le juge administratif gabonais dispose d'une certaine liberté de choix en ce qui concerne la détermination du temps dans le cadre de la navette judiciaire (b1). Toutefois, cette liberté a des limites (b2).

b1. Les possibilités d'identification du temps par le juge gabonais

477. Le juge administratif gabonais est souvent « le maître à bord » dans le cadre de la navette judiciaire. En matière d'urgence, comme le sursis, et même en matière ordinaire, lorsqu'il estime que la solution du litige est évidente, il « peut décider qu'il n'y a pas lieu à instruction ». Et dans ce cas, il désigne un rapporteur et fixe en même temps l'affaire à la plus prochaine audience pour le rapport[607].

478. Ces possibilités peuvent aussi provenir du fait qu'il peut « ordonner les mesures qu'il estime nécessaires à l'examen du litige ». Ce pouvoir s'exerce « en tout état de la procédure ». On peut noter, par exemple, qu'en matière d'urgence, lorsqu'il exige la comparution personnelle des parties ou la production des pièces, notamment lorsqu'il rend une ordonnance assortie d'une exécution provisoire, il doit indiquer le temps imparti à l'autre partie pour présenter ses réponses. Il lui revient également de préciser la date à laquelle le litige sera évoqué en référé une fois son instruction achevée[608].

479. Mais, prenant en compte le caractère urgent de ces procédures, le législateur indique, cependant, que le juge doit fixer les délais de façon réduite. Ces délais doivent être pris en compte de manière très rigoureuse. Il en est ainsi en matière de sursis à exécution.

480. Cette relative liberté de choisir les délais apparaît aussi à travers la possibilité qui lui est offerte de proroger des délais qu'il a fixés dans le cadre des échanges des mémoires. Si au terme des délais initialement fixés, la partie concernée n'a pas agi, il pourra ordonner à nouveau la notification aux parties des pièces et des mémoires introduits au greffe tout en leur prescrivant un nouveau délai pour la production de tous leurs mémoires.

481. On peut aussi relever le cas de la force majeure, laquelle vient renforcer cette possibilité. En ce sens, pour l'introduction des mémoires ampliatifs,

---

[607] Art. 147, alinéa 2 et 53, *Cja*.
[608] Art. 61, *Cja*.

de même qu'en ce qui concerne la production de tous les documents qu'il juge bon de présenter, le juge peut rallonger les délais en cas de force majeure et à la demande de la partie défaillante.

482. Comme en matière de recours, dans le cas où le délai de réponse aux instructions est expiré, le juge adresse une mise en demeure à la partie défaillante, mais peut aussi, en cas de force majeure, lui accorder un nouveau délai[609]. Cependant, l'ensemble de ces pouvoirs accordés au juge sont strictement encadrés.

b2. Les limites: la résurgence de l'approche quantitative des délais

483. Dans certains cas, les pouvoirs du juge administratif gabonais en matière de définition du temps de l'instruction sont restreints. Ces restrictions apparaissent dans le domaine des notifications ou de la communication des actes. Cette limitation est positive dans la mesure où elle permet de combiner des délais qualitatifs et quantitatifs. Cela est un moyen de recadrer le juge s'agissant des pouvoirs qui lui ont été reconnus en matière d'instruction.

484. En effet, en matière de référé, par exemple, c'est l'adverbe « immédiatement » qui est utilisé. Cela montre le rôle du législateur en la matière. Cet adverbe invite ainsi le juge à transmettre aussitôt la copie de la requête en référé dont il est saisi au défendeur. Aussi, on notera que bien qu'il puisse fixer la date de l'audience, le juge doit informer les parties de la date de la tenue de celle-ci huit (08) jours à l'avance.

485. Par ailleurs, le pouvoir dont dispose le juge s'agissant du prolongement des délais de production des mémoires est cependant encadré. Dans ce cas, « en tout état de cause, le délai de production du mémoire ne saurait excéder quatre (04) mois depuis la notification de l'ordonnance de communication »[610].

---

[609] Art. 63, alinéa 2, *Cja*. Il existe de nombreux autres exemples. Le tribunal administratif doit, lorsqu'il prescrit une enquête, une expertise ou encore un interrogatoire, indiquer aux parties les délais dans lesquels ils peuvent produire leurs témoins ou encore celui dans lequel l'expert est tenu de déposer son rapport aux greffes. Il doit également, en cas de vérification d'écriture ou d'inscription de faux fixer le délai dans lequel la partie qui soulève de telles exceptions doit indiquer si elle entend s'en servir. Il lui incombe aussi la charge d'indiquer le temps imparti aux justiciables pour l'introduction des mémoires en défense et les documents jugés utiles à l'instruction de l'affaire. C'est à lui que revient, enfin, le pouvoir de fixer la date à laquelle le litige sera appelé ou jugé. Art. 54, 59, 71, 109, 125, 128 (2), 140 (2), 142 (2), 105, 119,144 et 67, *Cja*.
[610] Art. 63, alinéa 3, *Cja*.

486. Des limites interviennent également dans le cadre des incidents. C'est le cas en matière de litispendance et de connexité[611]. Dans ces deux cas, le juge doit dans un délai de dix (10) jours transmettre le dossier à la juridiction compétente et en informer les parties. Dans le même sens, lorsque la décision est rendue, sa minute doit être signée dans un délai de quarante-huit (48) heures et portée à la connaissance des parties dans un délai d'un (01) mois.

487. On peut aussi noter ces limitations en matière de voie de recours. Dans ce cas, la transmission du dossier auprès de la juridiction saisie en appel doit être faite dans un délai d'un (01) mois à compter de la déclaration d'appel ou encore, l'information des parties, quant à la tenue de l'audience, intervient trois (03) jours à l'avance.

488. Toutes ces précisions qui ont également été observées en droit camerounais traduisent les interventions du législateur. Celles-ci témoignent de sa place prépondérante en matière de définition du temps de la justice. Elles montrent que les pouvoirs des juges n'excluent pas le rôle du législateur dans la définition du temps. Ainsi, en contentieux administratif, les juges africains, à l'opposé de leur homologue français, disposent, certes, des possibilités d'aménager le cadre temporel du procès mais pas de manière très étendue comme on va le voir en France. Qu'en est-il des justiciables ?

B. La place des justiciables dans la définition du temps

489. Dans le contentieux administratif, notamment en matière d'instruction, le « rôle premier est abandonné au juge qui, de ce fait, se trouve propulsé au cœur de l'instance dont il devient l'animateur principal »[612]. En effet, il a « l'entière maîtrise du déroulement de l'instruction. Si les parties disposent du pouvoir de fixer le cadre de l'instance, la conduite de celle-ci, au stade de l'instruction, est le fait exclusif du juge. Du début à la fin du procès il fait figure de véritable chef d'orchestre »[613].

490. Les parties, quant à elles, peuvent influencer aussi le temps de la justice, notamment dans le cadre de certains incidents. Cette forme de régulation réduit le monopole des textes en matière d'identification du temps. En

---

[611] Il faut rappeler que d'après le Code des juridictions administratives, la litispendance intervient lorsqu'a précédemment été formée devant une juridiction administrative d'un autre ressort une demande concernant les mêmes parties pour des causes et des objets identiques. Quant à la connexité, elle intervient lorsque la solution d'un litige porté devant une juridiction administrative dépend de la solution d'une autre affaire portée devant une autre juridiction administrative. Art. 24, *Cja.*

[612] A. CLAEYS, *L'évolution de la protection juridictionnelle de l'administré au moyen du recours pour excès de pouvoir*, *op. cit.*, p. 508.

[613] *Ibid*, p. 509.

droit camerounais, cette possibilité a été rejetée, contrairement au droit gabonais. En effet, le décès de l'une des parties au procès a des conséquences sur le temps de la justice. En pareil cas, le juge ne peut, de sa propre initiative, relancer l'instance. Autrement dit, en cours d'instance, lorsque survient le décès de l'une des parties, la suite de la procédure est liée à l'attitude des ayants droit de la partie défunte. C'est en ces termes que se traduit leur apport au temps du procès. Dans ces conditions, il n'y a pas de délai prescrit. Il revient aux parties ou à l'ayant droit du défunt de relancer le procès[614]. Ainsi influencent-ils le temps du procès.

491. Le droit camerounais par contre fixe un délai en la matière. D'une part, « le décès de l'une des parties survenu avant la décision donne lieu à une reprise d'instance ». D'autre part, « la reprise d'instance est demandée par les héritiers dans les six (06) mois de leur connaissance du décès [...] »[615]. Dans ces conditions, le temps n'est pas librement laissé aux justiciables de relancer la procédure à leur moment voulu. Le temps est donc prescrit et non librement choisi. C'est en cela qu'on trouve l'idée de la limitation de la place des parties en ce qui concerne la définition du temps dans le procès administratif.

492. Au Gabon, le Code des juridictions administratives n'a pas envisagé cette hypothèse. Dès lors, on peut se référer aux règles du Code civil qui, sauf dérogations expresses, sont applicables en matière administrative[616]. En matière civile, en effet, l'intervention des justiciables dans ce cadre est admise. L'alinéa 2 de l'article 51 du Code gabonais des juridictions administratives gabonais évoque d'ailleurs une hypothèse de suspension d'instance, à l'instar de la péremption, sans en préciser le régime. De ce point de vue, on ne saurait absolument exclure la possibilité pour le justiciable de relancer librement le procès donc d'influencer son temps.

493. Par ailleurs, en raison du principe de loyauté, les parties peuvent fixer un calendrier d'audience afin d'organiser le procès selon le cadre temporel qui leur est convenable. La régulation du temps par les juges africains n'est pas significative comme la réglementation.

§ 4. Un temps jurisprudentiel marqué par une absence de confiance à l'égard du juge

494. En dépit du rôle que jouent les juges administratifs africains concernant le temps dans le contentieux, il apparaît clairement au regard de la

[614] CS/CA (Cameroun), jug. n° 7, 30 oct. 1980, *Libam Kouang Melchiade* c/ *État du Cameroun*

[615] Art. 102, 103, loi n° 2006/022, relative aux tribunaux administratifs, *précitée*.

[616] Art. 36, *Cja*.

prédominance de la réglementation du temps que ces droits ne font pas, comme en France, une grande confiance au juge. Le temps dans le contentieux administratif est essentiellement un temps réglementé.

495. Dans ces législations africaines, la jurisprudence est « bien une source formelle du droit administratif [...] mais elle n'est qu'une source accessoire qui ne s'affirme véritablement que dans le silence de la loi »[617]. En d'autres termes, « le caractère jurisprudentiel du droit administratif connaît un infléchissement dans les États africains de succession française où le juge se comporte plus comme un serviteur de la loi que comme un créateur d'un droit spécial applicable à l'administration »[618].

496. Pour assurer un meilleur équilibre du temps dans le contentieux administratif, il est dans une certaine mesure intéressant de faire confiance au juge. Cette confiance doit être assortie de certaines mesures de précaution. Ainsi, on pourrait comme en France consacrer des délais qui, en cas de violation, sont sanctionnés. En France, relève le pr David Bailleul, « il est remarquable que parmi les délais impartis pour se prononcer, certains ont un caractère impératif. Le non-respect par le tribunal concerné du délai qui lui est assigné entraînera le dessaisissement au profit du Conseil d'État ou de la cour administrative d'appel, lequel ou laquelle statuera comme juge de premier ressort sur le litige qui lui aura été transmis d'office ou par les parties »[619]. C'est le cas en matière d'élections municipales et cantonales où, « faute d'avoir statué dans les délais [...], le tribunal administratif est dessaisi. Le secrétaire-greffier en informe le préfet et les parties intéressées en leur faisant connaître qu'ils ont un délai d'un (01) mois pour se pourvoir devant le Conseil d'État »[620].

---

[617] S. YEDOH LATH, « Les caractères du droit administratif des États africains de succession française. Vers un droit administratif africain francophone ? », *op. cit.*, p. 1255- 1256 .

[618] *Ibid.*

[619] D. BAILLEUL, *L'efficacité comparée des recours pour excès de pouvoirs et de plein contentieux... op. cit.*, n° 137.

[620] Art. R. 117 et 121, Code électoral. Dans d'autres cas, la législation française n'adopte pas le dessaisissement comme sanction mais plus tôt la naissance d'une décision de justice dite implicite. C'est le cas en matière électorale, notamment en ce qui concerne l'enregistrement des candidatures. En effet, « chaque candidat du binôme qui s'est vu opposer un refus d'enregistrement dispose d'un délai de vingt-quatre heures pour saisir le tribunal administratif. Le tribunal administratif statue sous trois jours. Faute pour le tribunal administratif d'avoir statué dans ce délai, la candidature du binôme de candidats est enregistrée ». De même, « en cas de refus de délivrance du récépissé, tout candidat de la liste intéressée dispose de vingt-quatre heures pour saisir le tribunal administratif qui statue, en premier et dernier ressort, dans les trois jours du dépôt de la requête. Faute par le tribunal administratif d'avoir statué dans ce délai, le récépissé est délivré ». Art. L. 210-1 (8, 9), 265 (8, 9), 351 (4), *Ce*.

497. En définitive, l'importance d'une approche quantitative du temps en contentieux administratif camerounais et gabonais est favorable à l'administration même si cette réglementation est dans certains cas limitée par la régulation.

498. Par ailleurs, comme on l'a montré en matière de jugement et d'instruction, le juge peut aussi apparaître comme un créateur du droit susceptible de réguler le temps en assurant un équilibre entre le droit du justiciable et la sécurité juridique. L'approche est différente en droit français.

Section 2. L'avantage au droit du justiciable eu égard à la diversification des approches du temps du contentieux en droit français

499. En droit français, la souplesse qui caractérise le temps en contentieux administratif se traduit par un dépassement d'une approche quantitative des délais, contrairement à ce qui a été analysé dans les droits africains. L'analyse montre que ce temps est essentiellement avantageux pour le justiciable (Sous-section 1). Mais, cette souplesse est également liée à une régulation très importante du temps. Dans ce second cas, ce temps régulé vise à garantir l'équilibre entre la sécurité juridique et le droit du justiciable (Sous-section 2).

Sous-section 1. Un temps souple lié au dépassement d'une approche quantitative : la préservation du droit du justiciable

500. Comme on l'a analysé en droit camerounais et gabonais, pour bien comprendre la forme souple qu'épouse la temporalité, notamment en contentieux administratif français, il faut, au préalable, déterminer, d'un point de vue quantitatif, les délais en vigueur (§ 1). Il s'agit des durées applicables tant en matière de saisine que d'exécution en passant par l'instruction et le jugement. C'est à la suite de cette identification qu'on mettra en exergue le dépassement de cette approche quantitative. Ce dépassement se traduit par la consécration des durées à la fois relatives (§ 2) et conjoncturelles (§ 3) plus avantageuses pour les justiciables.

§ 1. L'identification de l'approche quantitative du temps

501. En droit français du contentieux administratif, les quanta des délais qui s'appliquent en matière de recours, d'instruction, de jugement et d'exécution sont nombreux. Une étude exhaustive de ceux-ci serait fastidieuse. Par ailleurs, ces quanta ont fait l'objet d'études plus détaillées. Ces études ont été faites soit en fonction des matières, comme dans les contentieux d'urgence[621], soit uniquement en ce qui concerne les recours[622]. Elles ont également été plus globales[623]. On peut se limiter à relever quelques exemples à travers un tableau. Ce tableau dégage quelques délais consacrés en distinguant les délais d'exercice des matières concernées de ceux des phases du contentieux en question.

[621] O. LE BOT, *Le guide des référés administratifs et des procédures d'urgence devant le juge administratif*, Paris, Dalloz, coll. « Guide Dalloz », 2013, 914p.

[622] C. AUBERT, *Le délai du recours pour excès de pouvoir*, Thèse, Paris, 1937, 187p ; P. HOSTEING, *Le délai du recours pour excès de pouvoir*, Thèse, Paris, 1939, 192p ; C. EUDE, *Le délai pour agir devant le juge administratif*, Thèse, université de Rouen, 1988, 509p.

[623] M. CHARDON, G. PAYAN, *Guide pratique des délais et voies de recours*, Paris, Berger-Levrault, 2010, 307p ; J. ROUVIERE, *Les délais de recours en matière administrative et fiscale Guide pratique*, Paris, Berger-Levrault, 2e éd., 2002, 222p.

Nature des affaires et les délais						
Phase de la saisine	2 mois[624]	1 mois Impôt communal[625]	2 mois Refus démission conseiller[626]	4 mois Contentieux logement[627]	3 mois Juridiction de Mayotte Mata-utu[628]	48 h, 15jrs 1 mois, 3 mois Contentieux étrangers[629]
			Contentieux électoral[630]	2 mois Contentieux fiscal[631]	Délais de distance : 1 mois -France continentale 2 mois - Reste du monde[632]	24h, 10, 2, 3, 5, 15, 6,8, jours, 1 mois
Phase de l'instruction		7, 4 jours notification avis d'audience 2 jours si urgence 10 jours juridictions outre-mer[633]	15 jours notification clôture d'audience 2 jours si urgence 1 mois devant tribunaux outre-mer[634]			

[624] Art. R. 421-1, *Cja.*
[625] Art. R. 2132-3, *Cgct.*
[626] Art. R. 2121-5, *Cgct.*
[627] Art. R. 772-2, 778-2, *Cja.*
[628] Art. R. 421-1, *Cja.*
[629] Art. R. 421-6, *Cja.*
[630] Art. R. 12, 113, 114, 115, 119, 120, 121, 132. *Ce.*
[631] Art. R.199-1, *Lpf.*
[632] Art. R. 421-7, *Cja.*
[633] Art. R. 711-2, *Cja.*
[634] Art. R. 613-1, 2, *Cja.*

Phase de la production des mémoires[635]	3 mois[636]					
Phase du jugement	voir ensemble des référés[637]					
Phase des voies de recours	2 mois[638]	1 mois Contentieux des gens du voyage[639]	15 jours, Référé préfectoral[640]	1, 6 mois Référé précontract uel[641]	8 jours Référé fiscal[642]	15 jours Référé d'urgence[643]
Phase de l'exécution[644]	3 mois Demande d'aide à l'exécution[645]	6 mois Recours contentieux après médiation[646]				

[635] Art. R. 611-1, à 612-6, *Cja.*
[636] Art. R. 611-1, *Cja.*
[637] O. LE BOT, *Le guide des référés administratifs et des procédures d'urgence devant le juge administratif*, *op. cit.*, p. 847 à 856.
[638] Art. R. 761-5, *Cja.*
[639] Art. R. 779-7, *Cja.*
[640] Art. L. 554-1, 4, 9, *Cja.*
[641] Art. L 551-1, *Cja.*
[642] Art. L. 279 (2), *Lpf.*
[643] Art. R. 523-1, *Cja.*
[644] Art. R. 921-1 à 931-6, *Cja.*
[645] Art. R. 921-1, *Cja.*
[646] Art. R. 921-6, *Cja.*

502. L'ensemble de ces délais est consacré par de nombreux textes, parmi lesquels le Code de justice administrative. Par rapport aux droits d'Afrique francophone, on remarque la présence d'une diversité de délais se caractérisant par une relative uniformité. À côté de cette approche quantitative, ou encore des délais fixes, le droit français a adopté également d'autres conceptions du temps. C'est ce qui lui confère, comme on va le démontrer, un caractère souple.

§ 2. Une adjonction de l'approche qualitative à l'approche quantitative favorable aux justiciables

503. La forme souple sous laquelle le temps apparaît dans la phase de jugement en contentieux administratif français se traduit par l'adoption des délais dits relatifs, notamment dans la phase de l'instruction (A). Cette détermination, sous forme relative, des délais s'observe également dans les contentieux d'urgence (B). Cela réduit la place de la sécurité juridique au profit des justiciables.

A. L'avantage au justiciable d'un temps de l'instruction fixé selon l'approche qualitative

504. Il faut rappeler que l'idée de délai relatif s'oppose à celle de délai préfix ou de délai quantitatif. Un tel délai est synonyme de délai qualitatif[647] ou encore des « durées relatives »[648]. Dans ce cas, il n'y a pas de délais précis, l'on est en présence des « durées mesurées à l'aide de standards juridiques »[649]. Il ne s'agit donc pas de la chronométrie comme dans une approche strictement quantitative.

505. Cette approche du temps dans le contentieux administratif apparaît clairement dans la législation française. Contrairement aux droits d'Afrique francophone, le droit français a considérablement usé de cette forme d'identification du temps.

506. C'est le cas en matière d'instruction où le juge administratif fixe les délais qui rythment cette phase du procès. En effet, le Code français de justice administrative dispose qu'il incombe au rapporteur la charge de déterminer, « eu égard aux circonstances de l'affaire, le délai accordé aux parties pour produire leurs mémoires »[650].

507. Cette approche est avantageuse pour le justiciable car elle lui permet de profiter d'un procès s'inscrivant dans une durée raisonnable. En

---

[647] J. KLEIN, « Le rythme juridique du temps », *in Le temps et le droit*, *op. cit.*, p. 70.
[648] M. LATINA, « Les mesures du temps », *in Le temps et le droit*, *op. cit.*, p. 96.
[649] *Ibid*, p. 95.
[650] Art. R. 611-10, 612-1, 621-12, 711-2, 712-1, *Cja*.

effet, « cette règle d'application générale impose [...] au juge de moduler les délais d'instruction en fonction des particularités de chaque espèce ». Dans ces conditions, le juge devra prendre en considération de nombreux facteurs comme notamment le caractère urgent de l'espèce, son caractère complexe, « la nature ou l'importance des documents portés à la connaissance des parties pour qu'elles formulent leurs observations. Quelles puissent être les considérations guidant le juge dans la détermination des délais accordés aux parties, celui-ci devra toujours, en application d'un standard habituel, présenter un caractère raisonnable ou suffisant »[651]. Cela renvoie bien à l'idée de délai relatif, c'est-à-dire des délais qui sont adoptés selon la nature et la particularité de chaque contentieux.

508. Dans le cadre de l'exercice de ce pouvoir, le juge doit identifier des délais suffisants. Autrement dit, les délais en matière d'instruction doivent être utiles, ou raisonnables, comme le rappelle la jurisprudence. Par exemple, dans l'affaire Association Les amis du site Clagny[652], le Conseil d'État relève que la communication du mémoire en défense faite le même jour n'offrait à l'Association qu'un délai de vingt-quatre (24) heures pour en prendre connaissance, qu'un tel délai « n'a pas été suffisant » donc méconnaît le principe du contradictoire. Une solution similaire a été adoptée dans l'affaire Association des amis de l'ile de croix[653].

509. Dans la même perspective, le droit français a été plus précis dans l'usage d'une approche qualitative du temps en matière d'instruction. C'est le cas dans le contentieux de la question prioritaire de constitutionnalité. En effet, afin d'accélérer cette procédure, le Code de justice administrative prévoit que « le mémoire distinct par lequel une partie soulève [...] un moyen tiré de ce qu'une disposition législative porte atteinte aux droits et libertés garantis par la Constitution est notifié aux autres parties [et il] leur est imparti un bref délai pour présenter leurs observations »[654].

510. Un tel délai a été consacré récemment en matière de question préjudicielle par le décret n° 2015-233 du 27 février 2015 relatif au Tribunal des conflits et aux questions préjudicielles. En effet, selon l'article 47 de ce texte, consigné à l'article R. 771-2-1, du Code de justice administrative, « lorsque la juridiction administrative compétente est saisie d'une question préjudicielle soulevée par une juridiction judiciaire, l'affaire est instruite et jugée comme une affaire urgente. Les délais les plus brefs sont donnés aux parties pour produire leurs observations. À

---

[651] A. CLAEYS, *L'évolution de la protection juridictionnelle de l'administré au moyen du recours pour excès de pouvoir*, *op. cit.*, p. 529.

[652] CE, sect., 11 oct. 1963, *Association Les amis du site Clagny*, *Rec.*, p. 480.

[653] CE, sect. 31 déc. 1976, *Association Les amis de l'ile de Groix*, *Rec.*, p. 585.

[654] Art. R. 771-15, *Cja*.

défaut de production dans le délai imparti, il est passé outre sans mise en demeure ».

511. Les vocables « délais les plus brefs », « bref délai » indiquent clairement la référence à une approche dite relative, ou alors qualitative, des délais contentieux. Cela est tout à fait intéressant lorsqu'on sait que fixer à l'avance tous les délais est parfois inapproprié et la procédure relative à une question prioritaire de constitutionnalité peut entraîner un rallongement du temps du procès.

512. De ce point de vue, le juge administratif doit identifier des délais en prenant en compte le temps raisonnable pour juger. Le juge administratif, contrairement au juge civil, en vertu du caractère inquisitorial de la procédure administrative contentieuse « dispose de pouvoirs qui lui permettent de réagir contre la lenteur excessive de l'instance »[655]. Cela relève d'une approche souple des délais, avantageuse aux justiciables. C'est une démarche identique qui s'observe en matière d'urgence.

B. La protection du justiciable contre les durées déraisonnables de jugement en matière d'urgence : l'obligation de statuer « dans les meilleurs délais » ou dans de « très bref délai »

513. Dans certains contentieux, notamment en matière de jugement, on observe également la forme souple du temps dans le procès administratif français. Cela est lié à l'adoption des délais relatifs, ou encore qualitatif, et non quantitatif comme dans les autres cas.

514. C'est le caractère urgent de cette procédure, lié à la nécessité d'observer le délai raisonnable de jugement, qui a conduit le législateur à rejeter la forme quantitative des délais. Un délai de cette même nature apparaît en matière de référé-suspension. L'alinéa 2 de l'article L. 521-2 du Code français de justice administrative dispose que « lorsque la suspension est prononcée », s'agissant d'« une décision administrative, même de rejet », laquelle « fait l'objet d'une requête en annulation ou en réformation, il est statué sur la requête en annulation ou en réformation de la décision dans les meilleurs délais ».

515. Ici, l'idée de la forme souple du temps apparaît à travers les notions de « délais les plus brefs » ou de « meilleurs délais ». En effet, la législation française fait usage d'un vocabulaire varié afin de déterminer, de façon qualitative, les délais contentieux. L'on passe ainsi des délais fixés « eu égard aux circonstances de l'affaire », s'agissant de la phase de l'instruction, aux « meilleurs délais », ou dans de « très bref délai » en

---

[655] C. DEBBASCH, *Procédure administrative contentieuse et procédure civile*, Paris, LGDJ, coll. « Bibl. de droit public », t. xxxviii, 1962, préface de Jean Boulouis, n ° 323, p. 299.

matière de jugement, en passant par l'exigence d'un « bref délai » pour ce qui concerne l'instruction dans le contentieux de la question prioritaire de constitutionnalité.

516. Selon le pr Olivier Le Bot, la décision devant intervenir dans les « meilleurs délais » s'applique également dans le cadre d'autres référés comme le référé-mesure utile, le référé-constat, le référé instruction, le référé provision et certaines procédures à l'initiative exclusive des autorités publiques, comme le référé menaçant ruine et le référé audiovisuel[656].

517. Ces obligations de juger « dans les plus brefs délais » ou « dans les meilleurs délais » sont donc consacrées par des textes. Celle de statuer dans un « très bref délai » apparaît, quant à elle, dans la jurisprudence. Dans ce second cas, le juge administratif relève, par exemple, que des « restrictions apportées à la liberté d'aller et venir » par « une décision prononçant l'assignation à résidence d'une personne, prise par l'autorité administrative [...] porte en principe et par elle-même [...] une atteinte grave et immédiate à la situation de cette personne, de nature à créer une situation d'urgence justifiant que le juge administratif des référés, saisi sur le fondement de l'article L. 521-2 du Code de justice administrative, puisse prononcer dans de très bref délai [...] une mesure provisoire et conservatoire de sauvegarde »[657].

518. Cette notion de délai raisonnable, comme on l'a relevé en droits africains, s'inscrit aussi dans le cadre de l'internationalisation du droit procédural avec notamment les articles 6 § 1 et 13 de la Convention européenne des droits de l'Homme, homonymes de l'article 7d de la Charte africaine des droits de l'Homme et des peuples. D'ailleurs, en France, la responsabilité de l'État peut être engagée pour durée déraisonnable des procédures[658]. Elle est de la compétence du Tribunal des conflits[659].

519. Dans tous ces différents cas, il n'y a pas de durée déterminée, quantifiée, par avance. La forme souple du temps du procès apparaît donc dans le fait que le juge est, d'une manière générale, invité à organiser l'instruction du dossier dans un délai convenable et en prenant en compte la règle de la contradiction. Le Code de justice administrative souligne

---

[656] O. LE BOT, *Le guide des référés administratifs et d'autres procédures d'urgence devant le juge administratif*, *op. cit.*, p. 847 à 856.

[657] CE, ord., 11 déc. 2015, *Mme A...B*, n° 395002 ; ass., 24 mars 2006, *Rolin* et *Boisvert*, n° 286834.

[658] Voir en ce sens, C.-A. DUBREUIL, « Dépassement du délai raisonnable de jugement », *La Semaine juridique édition générale*, n° 24, 14 juin 2010, 669.

[659] Voir art. 16 et 43, loi du 24 mai 1872, relative au Tribunal des conflits et décret n° 2015/233 du 27 févr. 2015, relatif au Tribunal des conflits et aux questions préjudicielles, respectivement.

que le juge, en toutes circonstances, doit faire observer et observer lui-même le principe de la contradiction. Autrement dit, « l'instruction des affaires est contradictoire. Les exigences de la contradiction sont adaptées à celles de l'urgence »[660]. Il doit prendre en compte le contradictoire[661]. Ce texte prescrit donc une adaptation de la contradiction à l'urgence. On sait, par exemple, que « les exigences du procès équitable [...] ne peuvent être réalisées que dans la durée, dans un espace de temps qui potentiellement, risque de s'opposer au principe de célérité »[662].

520. Cette forme d'approche du temps témoigne de son caractère souple. Cette forme d'identification des délais est sans doute fondée sur l'idée qu'on ne peut pas tout prévoir à l'avance, notamment la durée d'une affaire. Le juge doit apprécier les délais suffisants pour rendre une décision.

521. Mais, cette approche soulève quelques questionnements. En effet, il est difficile, par exemple, d'identifier la notion de délai raisonnable[663]. Tout dépend de l'affaire. Mais, comme le relève le pr Mathias Latina, « le délai raisonnable est celui qui est accessible à la raison : ni trop court, ni trop long. Il s'agit d'un délai moyen, qui n'oblige pas à agir dans la précipitation, et qui ne force pas à attendre trop longtemps »[664]. C'est ainsi qu'en matière d'instruction, le Conseil d'État a jugé qu'un délai bref, de quarante-huit (48) heures, était suffisant. En l'espèce, le juge relève que le requérant qui soutenait de n'avoir disposé que d'un délai aussi court pour prendre connaissance d'un mémoire dont le volume était important alors que ce dernier « ne comportait pas d'élément nouveau par rapport à ceux qui lui avaient été précédemment communiqués [...] le principe du contradictoire n'a pas en l'espèce été méconnu »[665].

522. L'approche relative des délais est nécessaire car il n'y a de justice digne de ce nom que si la contradiction entre les parties est prise en compte[666].

---

[660] Art. L. 5, *Cja* ; 16, *Cpc*.

[661] En ce sens, O. GOHIN, « La contradiction hors de l'influence de l'article 6 § 1 de la Convention européenne des droits de l'homme La contradiction avant l'article 6 § 1 », *RFDA*, n° 1/2001, p. 2-12.

[662] D. CHOLET, *La célérité de la procédure en droit processuel*, Paris, LGDJ, coll. « Bibl., de droit privé », 2006, préface de Géneviève Giudicelli-Delage, p. 458.

[663] L. CAUTRON, « La réorientation du contentieux du délai raisonnable de jugement dans la jurisprudence de la Cour de justice de l'Union européenne », *RDP*, n° 6/2014, p. 1667.

[664] M. LATINA, « Les mesures du temps », *in Le temps et droit*, *op. cit.*, p. 95.

[665] CE, 29 déc. 2000, *Gubler*, n° 211240, *RFDA*, 2001, p. 294. En matière de décision, il a jugé « excessif » une durée de jugement de six ans devant un tribunal administratif lorsque l'affaire ne présentait aucune difficulté particulière et, raisonnable, une durée de deux ans quatre mois devant la cour d'appel. TA, Melun, 11 déc. 2003, *Mme Charmois*, n° 03-467, *AJDA*, 2004, p. 787.

[666] L. CADIET, « Et les principes directeurs des autres procès ? Jalons pour une théorie des principes directeurs du procès », *in Justice et droits fondamentaux*, *Études offertes à Jacques Normand*, Paris, LexisNexis, 2003, n° 15.

Cette contradiction peut être sujette à caution par la présence des délais exclusivement fixes. Ce renforcement de l'approche qualitative des délais montre le caractère souple du temps du procès administratif français.

523. La forme souple des délais est également renforcée en ce qui concerne l'emprise du temps sur le droit, c'est-à-dire la mise en place d'un temps applicable à une catégorie de justiciable. Cette idée d'« adaptation conjoncturelle du temps » corrobore la thèse d'une approche souple, ou dynamique, du temps en contentieux administratif français, contrairement aux droits d'Afrique francophone. Le justiciable est nécessairement pris en compte.

§ 3. La souplesse liée à l'adoption des délais particuliers : la prise en compte de la situation des justiciables

524. Il faut repréciser que les délais particuliers correspondent à une adaptation conjoncturelle du temps du contentieux. L'idée est que « le temps juridique est un temps relatif. Il n'est pas le même pour les uns et pour les autres. Il ne court pas au même rythme selon les situations, selon les groupes sociaux ou les individus. En ce sens, le rythme juridique du temps sert une politique juridique »[667].

525. En France, l'adaptation conjoncturelle du temps apparaît, de façon importante, en matière des délais applicables devant les juridictions administratives dites d'outre-mer. En effet, en matière de délai, ces juridictions sont placées sous un régime spécial. S'agissant, par exemple, du délai de recours contentieux, on note qu'il en existe un qui est propre aux tribunaux administratifs de Mayotte, de la Polynésie française, de Mata-Utu et de la Nouvelle-Calédonie. Devant ces juridictions, le délai de recours contentieux passe de deux (02) à trois (03) mois[668].

526. Il ne s'agit pas de la seule dérogation au régime général des délais tel qu'il est mis en œuvre en France métropolitaine. Dans le cadre de l'instruction, il appartient aux présidents de fixer par ordonnance les durées au cours desquelles les parties doivent être averties ainsi que les moyens par lesquels cet avis est porté à leur connaissance. Ce délai comptant pour l'avertissement est de quatre (04) jours[669]. Ils doivent aussi informer les parties sur la date à laquelle l'audience sera close, soit quinze (15) jours avant cette échéance et deux (02) jours en cas d'urgence.

527. Toutefois, pour les juridictions de « Mayotte, de la Polynésie française, de Mata-Utu et de Nouvelle-Calédonie », ce délai de notification est porté

---

[667] J. KLEIN, « Le rythme juridique du temps », *in Le temps et le droit*, *op. cit.*, p. 73.
[668] Art. R. 421-6, *Cja.*
[669] Art. R. 621-7, *Cja.*

à un (01) mois[670] et le délai relatif à la notification des avis d'audiences est, quant à lui, prolongé à dix (10) jours[671].

528. Cette approche est dite conjoncturelle car ces délais propres à ces juridictions sont fondés, sans doute, sur le contexte sociologique, sur le niveau d'évolution de ces territoires. C'est le justiciable qui est pris en compte ici. En effet, comme le révèlent certains observateurs, « le service public judiciaire dans le contexte de l'outre-mer doit souvent composer avec les particularismes sociologiques et la structure communautaire de nombreuses sociétés insulaires »[672]. Cela explique ce souci « d'adaptation » du temps aux réalités de ces groupes sociaux et dont il reste « encore des marges importantes à conquérir »[673]. Ces mesures spécifiques s'appuient donc sur leur contexte et visent à « faciliter le rattrapage économique de ces régions »[674].

529. Ainsi, c'est au regard de « leur individualité et leur identité propres [...] » avec le visage d'une « micro-societé qui se trouve aujourd'hui dans une situation souvent difficile et incertaine »[675] que le législateur a bien voulu leur accorder un traitement particulier[676]. Autrement dit, au-delà du défi historique que doivent relever les pouvoirs publics en ce qui concerne les territoires d'outre-mer, il y a aussi, comme l'affirme un observateur, un « défi à la géographie ». Il en est ainsi dans la mesure où ces départements sont « situés à des distances que le développement des moyens de transport ne peut à lui seul effacer »[677].

530. Cette approche a aussi été saluée, récemment, avec l'adoption du Code des relations entre le public et l'administration. Ce nouveau texte a

---

670 Art. R. 613-1 (2), *Cja.*

671 R. 711-2, *Cja.*

672 R. LAFARGUE, « La justice outre-mer : justice du lointain, justice de proximité », *RFAP*, n° 101/2002, p. 97.

673 O. GOHIN, « La juridiction administrative d'outre-mer », *in Mélanges René Chapus*, *op. cit.*, p. 296.

674 C. VITALIEN, « Les régions ultra-périphériques entre assimilation et différenciation », *RFAP*, n° 101/2002, p. 119.

675 G. BELORGEY, *Outre-mer : le défi des singularités*, Paris, La documentation française, 1993, p. 215.

676 Cela rejoint d'ailleurs le processus d'ajustement manifesté encore de nos jours par le législateur au profit de ces territoires. En ce sens, le gouvernement a indiqué dans l'exposé des motifs de la loin° 2013/1029 du 15 novembre 2013 portant diverses dispositions relatives aux outre-mer qu'elle poursuivait « le processus de départementalisation de Mayotte en étendant les dispositions de droit commun avec les adaptations nécessaires dans les domaines du logement [...]. D'autres encore visent à doter certains territoires d'une législation adaptée à leur organisation, comme, par exemple, en matière budgétaire et comptable dans les futures collectivités uniques de Guyane et de Martinique ». Voir http://www.senat.fr/leg/pjl12-718.html. Consulté le 25 juin 2014 à 20h.

677 G. BELORGEY, « Le ministère de l'outre-mer : les raisons de la permanence et les besoins de réforme », *RFAP*, n° 101/2002, p. 83.

consacré une partie aux territoires d'outre-mer. À cet égard, un observateur précise que dans une certaine mesure, cette codification est liée aux « difficultés juridiques inhérentes à l'application outre-mer des règles de procédure administrative non contentieuse », lesquelles « n'en sont pas moins susceptibles d'être reprises dans le cadre d'autres Codes et nourriront ainsi les réflexions récurrentes sur l'écriture du droit de l'outre-mer »[678]. C'est certainement dans ce sens que le pr Olivier Gohin a affirmé que « l'unité du droit français n'a jamais signifié [...] son uniformité, ce que, du reste, à la sortie de la colonisation, la Constitution française énonce, en 1946, et maintient, en 1958, retenant alors, tout à la fois, la conservation du statut personnel dans certains outre-mer ainsi que l'application du droit commun dans l'ensemble des outre-mer [...] »[679]. Il y a donc à l'égard des territoires d'outre-mer un défi historique à relever, ce dernier est lié à l'histoire coloniale qui avait « donné lieu à des sociétés particulières, marquées par des inégalités reflétant les différents niveaux d'acculturation aux mentalités européenne »[680]. On observe, une fois de plus, un dépassement de l'approche quantitative du temps, un glissement considérable vers une approche à la fois qualitative et conjoncturelle.

531. C'est aussi en cela que le temps, en contentieux administratif français, se caractérise par la souplesse. Cette souplesse est donc liée à une association, importante, des approches qualitative et conjoncturelle à une approche quantitative. Dans ces conditions, on a pu observer que le temps est, pour l'essentiel, tourné vers la protection du justiciable. Mais, davantage, cette flexibilité relève de la place prépondérante réservée au juge et au justiciable dans la définition du temps. En d'autres termes, le caractère malléable du temps dans le contentieux administratif français est aussi lié à l'importance de sa régulation. C'est un gage de l'équilibre entre le droit du justiciable et la sécurité juridique.

Sous-section 2. L'importance de la régulation du temps : un gage de l'équilibre entre le droit du justiciable et la sécurité juridique dans la phase de jugement

532. La place accordée aux juges et aux justiciables en matière d'identification du temps du contentieux traduit son caractère malléable. Il s'agit de la régulation du temps. C'est à ce niveau que s'exprime également le rejet

---

[678] F. ROUSSEL, « Un code également innovant dans sa partie outre-mer », *RFDA*, 2016, p. 69.

[679] O. GOHIN, « Religion, statut personnel et adaptation du droit dans les outre-mers français », *in* F. Faberon (dir), *Liberté religieuse et cohésion sociale : la diversité française*, PUAM, coll. « Droit et religion », 2015, préface de Jacques Robert, p. 541.

[680] G. BELORGEY, « Le ministère de l'outre-mer : les raisons de la permanence et les besoins de réforme », *op. cit.*, p. 83.

d'une construction rigide du temps. En effet, l'élargissement de la régulation contribue au dépassement d'une approche quantitative des délais.

533. L'importance de la régulation, laquelle traduit le caractère souple du temps dans le contentieux administratif en France relève l'idée que la civilisation juridique française fait confiance au juge. C'est à lui que « revient de trancher au mieux le litige dont il est saisi », il lui est « laissé en principe tout le temps dont il a besoin pour remplir son office ». Autrement dit, c'est à la « raison du juge »[681] qu'on abandonne les délais de jugement. Cette importante régulation du temps, depuis la phase des recours jusqu'à l'exécution (§ 1) sans oublier celle du jugement (§ 2), permet d'assurer à un équilibre entre le droit du justiciable et la stabilité des situations juridiques.

§ 1. Un temps souple gage de l'équilibre entre sécurité juridique et droit du justiciable en dehors de la phase du jugement

534. Par souci de clarté, il convient de voir, tour à tour, la régulation du temps en matière de recours (A), d'instruction (B) et d'exécution (C).

A. Un gage d'équilibre eu égard à l'importance de la régulation du temps des recours par le juge administratif français

535. Le caractère inquisitorial de la procédure administrative contentieuse conduit nécessairement le juge à influencer le temps de la justice. Il peut ainsi apporter des aménagements aux délais, notamment en cas de force majeure ou encore de toutes situations particulières. Ainsi, dans bien des cas, le juge administratif « peut être conduit à une application souple de la sanction procédurale »[682]. De ce point de vue, « l'efficacité de la forclusion », sanction prévue en cas de non-respect des délais, « pourrait dépendre en grande partie des pouvoirs d'instruction »[683] du juge. C'est en ce sens que le juge peut aménager les délais de recours. Ainsi, le juge peut prendre la mesure qui s'impose afin de veiller au respect du droit au recours et de la bonne administration de la justice.

536. En droit français, en principe, et à l'exception de certaines dispositions anciennes[684], rien ne laisse apparaître, de manière claire, la possibilité

---

[681] D. BAILLEUL, *L'efficacité comparée des recours pour excès de pouvoir et de plein contentieux objectif... op. cit.*, n° 134.

[682] C. EUDE, *Le délai pour agir devant le juge administratif, op.cit.*, p. 328.

[683] *Ibid.*

[684] Art. 4, loi du 16 juil. 1987 concernant les rapatriés d'outre-mer. Voir R. CHAPUS, *Droit du contentieux administratif, op. cit.*, n° 743.

pour le juge de relever un requérant de la forclusion. L'article R. 612-3 du Code de justice administrative dispose qu'« en cas de force majeure, un nouveau et dernier délai peut être accordé ». On ne saurait voir ici une consécration du relevé de forclusion.

537. Toutefois, l'analyse de la jurisprudence montre la possibilité pour le juge de recourir à cette technique. Ainsi a-t-il eu à l'admettre en rejetant un moyen de défense tendant à faire valoir la forclusion soulevée par une partie. Il a relevé à cet effet qu'une « demande tendant à l'annulation » qui n'avait été « enregistrée au greffe [...] que le 29 mars 1967 », alors qu'elle « avait été postée par lettre recommandée avec accusé de réception le 23 mars 1967, en temps utile pour être enregistrée avant l'expiration du délai de deux mois imparti [...] » ne pouvait être frappée de forclusion, qu'il était donc « à bon droit que, par le jugement attaqué, le tribunal administratif [...] » avait « rejeté les conclusions [...] tendant à ce que soit déclarée irrecevable pour tardiveté la demande »[685] en question. On peut alors dire qu'afin de relever les requérants de la forclusion, le juge peut prendre en considération les délais d'acheminement par voie postale, notamment lorsque les délais sont particulièrement anormaux. Il y a là une appréciation concrète des règles dans le sens de les adapter aux différents cas.

538. Cette décision s'inscrit dans la continuité de la jurisprudence antérieure. Une telle possibilité n'est applicable que dans certains cas comme notamment l'acheminement dans une durée excessive des courriers d'une ville à une autre ou encore en cas de grève des services des postes[686]. En effet, prenant en compte « l'équité, le juge a tempéré le principe qui veut que la juridiction ne soit considérée comme valablement saisie qu'à partir de l'instant où la requête introductive d'instance parvient au greffe de la juridiction pour l'enregistrement » en admettant ainsi qu'« un délai d'acheminement anormal du courrier et l'absence de prévisibilité d'un tel retard constituent des motifs qui [...] couvrent une forclusion injuste pour les justiciables prévoyants »[687].

539. Ainsi, même en l'absence de textes consacrant le relevé de forclusion, le juge administratif français, contrairement à son homologue camerounais, l'a mis en œuvre. En usant ainsi de cette technique, il a renforcé son pouvoir de réguler le temps de la justice. En d'autres termes, « il décide [...] du temps pour agir en acceptant ou en rejetant l'exercice tardif d'une action en justice »[688]. De ce point de vue, l'identification du temps de la

---

[685] CE, 20 fév. 1970, *Delort*, *Rec.*, p.130.
[686] CE, sect., 1er fév. 1952, *Regnier*, *Rec.*, p. 83.
[687] A. CLAEYS, *L'évolution de la protection juridictionnelle de l'administré au moyen du recours pour excès de pouvoir*, *op. cit.*, p. 269.
[688] S. AMRANI-MEKKI, *Le temps et le procès civil*, *op. cit.*, n° 248.

justice n'est pas seulement quantitative. Cela apporte un éclairage supplémentaire sur le caractère dynamique du temps. Ce dynamisme permet de garantir les différents droits en présence.

B. Un gage d'équilibre eu égard à l'importance de la régulation du temps de l'instruction par le juge administratif français

540. L'on doit rappeler, et c'est d'ailleurs une solution de bon sens, que pour parler d'un procès loyal, équitable, le droit doit imposer et faire « respecter aux parties des délais raisonnables [...] et qu'il s'impose des délais connus et également raisonnables »[689]. Mais cela ne signifie pas que tous les délais doivent absolument être identifiés à l'avance. C'est le cas dans la phase de l'instruction en droit français du contentieux administratif.

541. En procédure administrative contentieuse en France, notamment en matière d'instruction, lorsque l'introduction d'une requête est dite sommaire, elle doit être suivie d'un « mémoire ampliatif ». Par la suite, peut intervenir un « mémoire en défense » qui donne lieu à un « mémoire en réplique » dont la réponse constituera un deuxième mémoire en défense et, par la suite, un « mémoire en duplique »[690]. En effet, « le principe est qu'il appartient à chaque juridiction [...] le plus souvent au rapporteur chargé de l'affaire, de fixer les délais dans lesquels les parties doivent produire et échanger entre elles leurs différents mémoires »[691].

542. Dans cette phase dite de l'instruction, le juge est donc chargé de définir les délais impartis aux justiciables. Il doit indiquer le délai de production de tous les mémoires y compris les mémoires incidents. Il lui revient d'indiquer le délai relatif au dépôt du rapport d'expertise de même que celui concernant son exécution. Pour ce qui est des incidents de procédure, il fixe les délais en matière de procédure d'inscription en faux et même ceux concernant la demande de désaveu. En effet, dès lors que « le désaveu est relatif à des actes ou procédures accomplis devant le Conseil d'État, il est procédé à l'examen de la demande dans les délais fixés par le président de la sous-section saisie »[692]. Ce pouvoir apparaît tant en contentieux fiscal que social[693].

543. Le décret du 2 novembre 2016 portant modification de certaines dispositions du Code de justice administrative a apporté un certain

---

[689] B. ODENT, « L'avocat, le juge et les délais », *in Mélanges René Chapus*, *op. cit.*, p. 484.
[690] R. CHAPUS, *Droit du contentieux administratif*, *op. cit.*, n° 973.
[691] *Ibid*, n° 983 ; R. CHAPUS, *L'administration et son juge*, Paris, PUF, coll. « Doctrine juridique », 1999, p. 293-370.
[692] Art. R. 635-3, *Cja*.
[693] Voir, respectivement, art. R. 198-10, 199-1, 200-5 et 9, R. 772-6, *Lpf* et *Cja*.

nombre de réformes en matière d'instruction. C'est le cas avec la cristallisation des moyens, le désistement d'office en l'absence de production d'un mémoire récapitulatif et le désistement d'office pour perte d'intérêt de la requête. Dans le premier cas, l'article R. 611-7-1 du Code dispose que « lorsque l'affaire est en état d'être jugée, le président de la formation de jugement ou, au Conseil d'État, le président de la chambre chargée de l'instruction peut, sans clore l'instruction, fixer par ordonnance la date à compter de laquelle les parties ne peuvent plus invoquer des moyens nouveaux ».

544. Le deuxième cas est consacré à l'article R. 611-8-1 qui prévoit que « le président de la formation de jugement ou, au Conseil d'État, le président de la chambre chargée de l'instruction peut en outre fixer un délai, qui ne peut être inférieur à un mois, à l'issue duquel, à défaut d'avoir produit le mémoire récapitulatif mentionné à l'alinéa précédent, la partie est réputée s'être désistée de sa requête ou de ses conclusions incidentes ».

545. Le troisième cas, enfin, est prévu à l'article R. 612-5-1 dispose que « lorsque l'état du dossier permet de s'interroger sur l'intérêt que la requête conserve pour son auteur, le président de la formation de jugement ou, au Conseil d'État, le président de la chambre chargée de l'instruction, peut inviter le requérant à confirmer expressément le maintien de ses conclusions. La demande qui lui est adressée mentionne que, à défaut de réception de cette confirmation à l'expiration du délai fixé, qui ne peut être inférieur à un mois, il sera réputé s'être désisté de l'ensemble de ses conclusions ». Tout ceci contribue à renforcer les pouvoirs du juge s'agissant de la détermination du cade temporel du procès notamment dans la phase de l'instruction.

546. Les pouvoirs du juge administratif apparaissent aussi dans le cadre de la « procédure à jour fixe »[694]. En effet, il dispose, à condition que « les circonstances de l'affaire le justifient » et « dès l'enregistrement de la requête », de la possibilité de fixer la date à laquelle l'instruction sera close. Au moment de la notification de cette ordonnance aux parties, celles-ci sont informées de la date prévue pour l'audience[695]. Cela traduit toute l'influence du juge sur le temps de l'instruction. Il lui est ainsi donné le pouvoir d'identifier, d'apprécier ce que justifient « les circonstances de l'affaire » d'une part, et, d'autre part, une telle décision, qu'elle soit prise à la demande des parties ou de sa propre initiative, ne nécessite pas de motivation et est insusceptible de recours[696].

---

[694] R. CHAPUS, *Droit du contentieux administratif*, *op. cit.*, n° 982.
[695] Art. R. 611 et ss, *Cja*.
[696] R. CHAPUS, *Droit du contentieux administratif*, *op. cit.*, p. 856.

547. Ce pouvoir permet au juge d'instruire le dossier en fonction d'un temps qu'il juge nécessaire à la manifestation de la vérité tout en contournant les manœuvres dilatoires des parties et d'assurer ainsi le droit à un jugement dans un délai raisonnable et la stabilité des situations juridique. Cette forme de délai réduit les effets d'un temps fixé à l'avance.

548. Le juge administratif est donc le « maître à bord » s'agissant de la détermination des délais dans la phase de l'instruction. Il y a donc un déclin important de l'approche fixe des délais contentieux, des délais déterminés en amont par les textes. De ce point de vue, le temps du procès peut être qualifié de malléable. Par le fait de ne pas indiquer à l'avance toutes les durées applicables aux différentes phases du déroulement du procès, comme c'est généralement le cas en droit camerounais et gabonais, l'idée du caractère dynamique du temps retrouve tout son sens. Autrement dit, ce glissement vers une approche qualitative du temps justifie l'idée de son caractère souple. Bien évidemment, comme on l'a vu s'agissant d'une approche qualitative du temps, le juge doit prendre en compte le principe du contradictoire lorsqu'il fixe ces délais. L'examen de l'identification du temps de l'exécution par le juge permet aussi de corroborer cette idée de souplesse.

C. Un gage d'équilibre eu égard à la régulation du temps de l'exécution par le juge et les parties

549. Le juge administratif et le justiciable exercent aussi une influence sur le temps de l'exécution (1). Par ailleurs, la question du temps de l'exécution des décisions de justice pose en France, comme d'ailleurs dans les pays africains, un certain nombre de problèmes qu'il convient aussi d'analyser (2).

1. La détermination du temps de l'exécution par le juge et les parties

550. Ici, on peut observer, comme en matière de jugement, une minoration de la participation des justiciables (b) et, à l'inverse, une majoration de celle des juges (a).

a. Une garantie pour l'équilibre eu égard à la majoration du rôle des juges dans la définition du temps de l'exécution

551. Le juge détermine le temps de l'exécution soit en fixant des délais d'exécution (a1), soit à travers les sursis qu'il peut prononcer en matière d'exécution des décisions de justice (a2).

a1. La détermination du temps de l'exécution à travers la fixation des délais par le juge

552. En matière de procédure relative à l'exécution des décisions, le juge administratif joue un rôle au niveau de la détermination du temps y afférent.

553. En guise d'exemple, lorsque la décision du juge administratif « implique nécessairement qu'une personne morale de droit public ou un organisme de droit privé chargé de la gestion d'un service public prenne à nouveau une décision après une nouvelle instruction, la juridiction, saisie des conclusions en ce sens, prescrit, par la même décision juridictionnelle, que cette nouvelle décision doit intervenir dans un délai déterminé »[697]. De même, « lorsque sa décision implique nécessairement qu'une personne morale de droit public ou un organisme de droit privé chargé de la gestion d'un service public prenne à nouveau une décision après une nouvelle instruction, la juridiction, saisie de conclusions en ce sens, prescrit, par la même décision juridictionnelle, que cette nouvelle décision doit intervenir dans un délai déterminé »[698]. Aussi, « si le jugement ou l'arrêt dont l'exécution est demandée n'a pas défini les mesures d'exécution, la juridiction saisie procède à cette définition. Elle peut fixer un délai d'exécution et prononcer une astreinte »[699].

554. En effet, sur la base de ces dispositions, en ce qui concerne le temps de l'exécution, le juge administratif français peut en déterminer, à côté des dispositions prises par le Code de justice administrative, un autre cadre temporel. Ainsi, le délai d'exécution d'une décision de justice peut être fixé par le juge, concomitamment au prononcé de sa décision. Dans ce même cadre, l'exécution d'une décision assortie d'astreinte ne peut faire l'objet d'une mise en œuvre que suivant le délai que la juridiction aura indiqué dans sa décision.

555. On relève alors que le Code français de justice administrative n'a pas le monopole de la définition du temps en matière d'exécution des décisions de justice. Cet apport considérable du juge, cette dérèglementation, ou alors cette régulation du temps traduit son caractère souple.

556. Aussi, en matière d'urgence, l'absence de délai quant à la notification des décisions est tempérée par l'intervention du juge. Ici, il est admis, à titre dérogatoire et sans doute en raison de l'urgence, que « le juge des référés peut décider que [l'ordonnance] sera exécutoire aussitôt qu'elle aura été

[697] Art. L. 911-1, *Cja*.
[698] Art. L. 911-2, *Cja*.
[699] Art. L. 911-4, alinéa 3, *Cja*.

rendue »[700]. À cet effet, il doit mentionner cette mesure dans le dispositif de cette ordonnance. Il peut aussi indiquer qu'au vu de l'urgence, le dispositif de l'ordonnance pourra être communiqué séance tenante aux parties qui devront en accuser réception à condition que ce dispositif soit revêtu de la formule exécutoire[701]. Le juge administratif joue donc aussi un rôle malgré la règle de l'identification du temps de la notification des décisions par les parties.

557. À l'occasion de l'affaire Préfet des Hauts-de- Seine c/Makhlouq[702], le Conseil d'État a considéré comme irrégulière la décision rendue le 5 novembre 2001 alors que l'audience publique s'était ténue sept (07) jours auparavant.

558. Cette exception est tirée de l'urgence qui, elle aussi, représente l'une des caractéristiques des procédures d'exécution. L'obligation d'exécuter une décision de justice a aussi, sans aucun doute, un caractère immédiat. « D'abord parce qu'elle naît de la simple notification du jugement à la partie perdante [...] sans que son bénéficiaire n'ait à la réclamer expressément auprès de la partie perdante ensuite, dans la mesure où l'obligation d'exécution n'est généralement pas suspendue par l'exercice d'une voie de recours »[703].

559. L'on retrouve la même règle en matière civile où l'on a consacré une exception à la règle du libre choix dont disposent les parties s'agissant du déclenchement de l'exécution des décisions. En effet, « si le jugement n'a pas été notifié dans le délai de deux (02) ans de son prononcé, la partie qui a comparu n'est plus recevable à exercer un recours à titre principal après l'expiration dudit délai »[704]. Ainsi, un jugement ne saurait rester en vigueur jusqu'à sa prescription. Commentant cette mesure, un auteur indique que « le législateur a pensé, non sans raison, que si aucune des parties ne décide de se prévaloir d'un jugement en le notifiant ou en le critiquant, mieux vaut le tenir pour définitivement acquis plutôt que d'ouvrir carrière, sans limitation de durée, à des recours dont la seule éventualité perpétuerait une continuelle incertitude sur la chose jugée »[705].

---

[700] Art. R. 522-13, *Cja*.
[701] CE, ord., 11 avr., 2006, *Tafaarere*, n° 292029.
[702] CE, 30 déc. 2002, req. n° 243113, *Jurisclaseur Administratif*, Fasc. 236.
[703] J. GOURDOU, A. GARCIA, « Exécutions des décisions de la juridiction administrative », *Répertoire de contentieux administratif*, Paris, Dalloz, n° 3.
[704] Art. 528-1, *Cpc*.
[705] Observations sous, civ. 2e, 11 mars 1998, *Revue trimestrielle de droit civil*, 1998, p. 475.

560. Dans ces conditions, le juge intervient pour corriger les inégalités qui peuvent résulter d'un retard dans l'exécution. Au-delà de ces cas, le juge fixe aussi le temps dans le cadre du sursis à exécution des décisions.

a2. Une garantie pour l'équilibre eu égard à l'influence du temps à travers les possibilités de sursis à exécution des décisions par le juge administratif français

561. En matière d'exécution des décisions de justice, on retrouve aussi le pouvoir de suspension du juge administratif français. Ici, la juridiction statuant en appel peut à cette occasion, à la demande de l'appelant, et sous certaines conditions, prononcer le sursis à exécution du jugement querellé[706]. Cette mesure peut également être prononcée contre un jugement portant condamnation à la demande d'un tiers lorsque l'exécution risquerait de faire supporter à celui-ci des sommes qui ne devraient pas rester à sa charge. Il en est de même d'une décision rendue en dernier ressort. Cette possibilité de suspendre la décision influence le temps de son exécution. Dans ces conditions, le juge administratif est aussi un acteur de la détermination du cadre temporel du procès, un régulateur de ce temps.

562. Le sursis à exécution, qui peut être partiel ou total, peut concerner l'exécution d'un référé provision, d'une ordonnance de référé suspension ou encore une décision de rejet d'un recours en annulation[707]. Mais dans ce dernier cas, le juge ne peut l'ordonner que si la décision de rejet a modifié la situation de droit ou de fait du requérant[708].

563. La modification du temps de l'exécution par le juge ne se limite pas à la suspension de la mise en œuvre de sa décision. Il peut aller plus loin. Cela traduit aussi le caractère dynamique du temps dans le contentieux administratif français. En effet, contrairement à ses homologues camerounais et gabonais, le juge administratif français est davantage « soucieux du temps qui s'est écoulé et des conséquences négatives liées au décalage temporel de son intervention ». C'est pour cette raison qu'il « veille aujourd'hui, plus nettement encore qu'hier, à éviter les remises en causes excessives des situations individuelles qui se sont constituées »[709]. Il dispose, en effet, de la possibilité de mettre un terme, à tout moment, à

---

[706] CE, 5 déc. 1980, *Office national de la chasse*, *RDP*, 1981, p. 845.
[707] Art. R. 811-15 à 17 et 821-5, *Cja*.
[708] CE, 16 juin 2008, *Kerorgant*, n° 304503.
[709] M. VIALETTES, A. CORREGES et A. ROBINEAU-ISRAËL, « Les temps de la justice administrative », *in juger l'administration, administrer la justice*, *op. cit.*, p. 836.

la suspension de la mise en œuvre de la décision qu'il a ordonnée et même d'en moduler ses effets dans le temps[710].

564. Ainsi, les nombreux pouvoirs dont dispose le juge administratif français lui permettent de déterminer considérablement le cadre temporel du procès administratif. Une décision récente, Société Addmedica[711] abonde dans ce sens[712]. De ce point de vue, le juge sait « se faire pédagogue pour indiquer à l'administration les voies et moyens de reconstituer au mieux le passé, sans méconnaître, en aucune façon, les effets rétroactifs de l'annulation contentieuse »[713]. Ainsi, s'agissant de la définition du temps du procès, tout n'est pas laissé à la charge des textes. Autrement dit, le législateur ou le pouvoir réglementaire n'a pas le monopole de l'identification des délais contentieux. Les parties, tout comme le juge, y participent également.

b. Le rôle des parties dans la détermination du temps de l'exécution

565. L'exécution d'une décision de justice nécessite au préalable une notification aux parties concernées. Autrement dit, la notification commande la mise en œuvre de la décision. La durée au cours de laquelle cette formalité doit être accomplie est laissée, en principe, au choix des parties. Ce sont donc les parties qui engagent librement le temps de l'exécution. Il convient d'analyser les inconvénients de cette liberté (b2) à la suite de l'examen de son contenu (b1).

b1. Le libre choix du temps de la notification par les parties

566. En dehors de la possibilité pour les parties de fixer de commun accord des délais et dates d'audience et ce en vertu du principe de loyauté, ils peuvent aussi influencer le temps dans la phase de l'exécution. Le droit français n'a pas cru devoir fixer des délais relatifs à la notification des décisions rendues par le juge de l'administration. Sans aucun doute, ce silence est fondé sur l'idée qu'il incombe au justiciable qui a introduit l'action en justice de prendre aussi l'initiative de faire rétablir ses droits à la suite de la décision intervenue. On est donc en présence d'un temps régulé. Cela traduit cette idée de souplesse. Les justiciables sont ainsi associés à la définition du cadre temporel du contentieux administratif.

---

[710] CAA, Paris, 11 mai 2009, n° 09pa01634, *Ministre du Travail, des relations sociales… AJDA*, 2009, p. 2066, concl. B. Bachini.
[711] CE, 14 mai 2014, n° 363195.
[712] Voir aussi S. FERRARI, *La rétroactivité en droit public français*, Thèse, Université Panthéon-Assas, 2011, p. 512 et ss.
[713] O. GOHIN, « Le contournement de la rétroactivité », *in* B. Seiller (dir), *La rétroactivité des décisions du juge administratif*, Paris, Economica, coll. « Études juridiques », 2007, p. 97.

567. Dans ce sens, comme le rapportent certains auteurs, à propos d'une décision de justice notifiée quinze (15) mois après sa lecture, la cour administrative d'appel de Paris a rappelé qu'il n'existe pas de délai concernant la notification des décisions de justice même si dans une circulaire édictée le 26 avril 1959, le ministre de l'Intérieur avait prescrit un délai d'un (01) mois[714].

568. En principe, en matière ordinaire, tout comme dans les contentieux d'urgence, à moins que la loi n'en dispose autrement, les décisions de justice sont portées le même jour à la connaissance de toutes les parties[715]. Ainsi en est-il de l'ordonnance. Celle-ci doit être notifiée « sans délai et par tous moyens aux parties »[716]. Ce sont les parties qui ont le choix du moment de la notification lorsque la décision est en voie d'être exécutée. Ce n'est donc qu'en cas d'urgence, comme on l'a dit, que le juge peut intervenir. Quels sont alors les inconvénients que comporte une telle possibilité ?

b2. Les inconvénients de la liberté de choix des justiciables concernant le temps de l'exécution

569. Selon le professeur Soraya Amrani-mekkhi, l'absence de précision concernant le temps de la notification conduit à une absence de notification pouvant ralentir, non seulement, le point de départ des délais mais aussi laisse l'éventualité de l'intervention d'une autre action en justice longtemps après la décision de justice à exécuter[717]. Il semble alors nécessaire d'apporter des limites à cette liberté. On sait, par exemple, que l'idée selon laquelle une « durée limitée quantitativement déterminée » est de nature à sauvegarder des intérêts et permet de consolider « l'efficacité de la politique juridique et la dimension contraignante de la règle de droit »[718]. De ce point de vue, le libre choix ainsi offert aux justiciables est sujette à caution.

570. Cette liberté de choisir met peut compromettre la sécurité juridique puisqu'elle laisse l'autorité de la chose jugée « suspendue au bon vouloir des parties »[719]. Ainsi, l'inexistence d'un délai pour la notification n'est pas loin d'une absence d'exécution de la décision. C'est sans doute pourquoi les contentieux d'urgence n'ont pas été entièrement soumis à ce régime. Par ailleurs, on peut aussi relever des retards dans l'exécution en

---

[714] C. HUGLO, C. LEPAGE (dir), *Code de justice administrative 2013*, Paris, Lexis Nexis, 2013, p. 733.
[715] *Ibid* ; Art. R. 751-3, *Cja.*
[716] *Ibid.*
[717] S. AMRANI-MEKKHI, *Le temps et le procès civil*, *op. cit.*, n° 205.
[718] M. CRESP, *Le temps juridique en droit privé… op. cit.*, n° 368.
[719] S. AMRANI-MEKKHI, *Le temps et le procès civil*, *op. cit.*, n° 206.

raison de l'obligation de notifier l'exécution auprès de certaines autorités[720]. En définitive, comme on l'a vu, le juge dispose ici du pouvoir de fixer le temps. Au-delà de cette organisation qui permet tant au juge qu'au justiciable de contribuer à l'identification du temps, l'exécution des décisions de justice pose le problème de lenteur.

2. Les lenteurs relatives à l'exécution et les solutions pour y remédier

571. Il convient de ne pas oublier qu'en dépit du dispositif tendant à assurer l'effectivité des décisions des juridictions administratives, le temps de la justice en France est lent même au regard des modèles britannique, allemand ou même italien[721].

572. En France, comme dans les pays d'Afrique francophone, les cas d'inexécution de même que des exécutions tardives existent. C'est ce que relève d'ailleurs le Conseil d'État dans son tout dernier rapport[722]. En effet, souligne ce rapport, « à l'instar des années précédentes, les inexécutions ou les exécutions tardives se concentrent sur trois types de décisions juridictionnelles : celles condamnant l'administration au paiement d'une somme d'argent ou mettant à sa charge les frais visés à l'article L. 761-1 du Code de justice administrative, celles intervenues en matière de fonction publique, enfin, celles annulant des refus de titre de séjour ou des obligations de quitter le territoire français »[723].

573. Comme a pu le souligner, par ailleurs, un auteur, la présence du « contentieux indemnitaire public au premier rang des [...] condamnations de la France par la Cour européenne des droits de l'Homme », laisse apparaître le fait que « le mécanisme de la responsabilité publique, par nature contentieuse, est mal adapté pour l'indemnisation rapide des victimes »[724]. Tous ces éléments donnent une idée sur les difficultés qu'éprouvent les citoyens à rentrer, en temps utile, dans leurs droits.

574. Le Conseil d'État a apporté une solution à ce problème en reconnaissant un pouvoir d'injonction dans le plein contentieux indemnitaire. Cela renforce son pouvoir régulateur du temps dans le procès administratif. Ce pouvoir lui permet d'influencer le temps de l'exécution des décisions de

---

[720] Art. R. 751-8, *Cja.*

[721] J. LEMASURIER, *Le contentieux administratif en droit comparé*, *op. cit.*, p. 9.

[722] *Conseil d'État. Rapport public 2015 Activité juridictionnelle et consultative des juridictions administratives*, Paris, La documentation française, 2015, p. 167.

[723] *Ibid.*

[724] A. FRANK, *Le droit de la responsabilité administrative à l'épreuve des fonds d'indemnisation*, Paris, L'Harmattan, coll. « Logiques juridiques », 2008, préface de Maryse Deguergue, n° 153.

justice. En effet, dans sa décision *B. À c/ Commune d'Hébuterne*[725], il affirme que « lorsque le juge administratif statue sur un recours indemnitaire tendant à la réparation d'un préjudice imputable à un comportement fautif d'une personne publique et qu'il constate que ce comportement et ce préjudice perdurent à la date à laquelle il se prononce, il peut, en vertu de ses pouvoirs de pleine juridiction et lorsqu'il est saisi de conclusions en ce sens, enjoindre à la personne publique en cause de mettre fin à ce comportement ou d'en pallier les effets ; qu'il ressort des pièces du dossier soumis aux juges du fond que M. A...demandait, outre la réparation du préjudice qu'il avait subi par la faute de la commune d'Hébuterne, d'ordonner à cette commune de prendre les mesures nécessaires pour mettre fin aux pollutions dont il était victime ou, à défaut, de mettre à sa disposition une pâture saine ; qu'en rejetant ces conclusions au motif que les injonctions demandées n'étaient pas de celles que le juge administratif saisi d'un recours indemnitaire peut prononcer, la cour administrative d'appel a commis une erreur de droit ».

575. Il est possible d'envisager d'autres solutions pour faire face à ce problème. Des solutions qui valent même pour les autres pays dès lors qu'on sait que parmi les projets politiques de l'ensemble des gouvernements figure la promotion d'un État de droit avec en toile de fond le respect des décisions de justice.

576. Au regard de la lourdeur qui caractérise parfois la procédure d'exécution, on peut envisager la mise en place d'un fonds spécial pour le paiement des condamnations pécuniaires prononcées par le juge administratif au profit des justiciables. L'idée ne relève pas de la démagogie. Pour faire remarquer que l'indemnisation dans un délai raisonnable représente l'une des raisons fondamentales conduisant les États à mettre en place des fonds d'indemnisation présentés, comme des « supplétifs au droit commun de la responsabilité administrative », cet analyste s'est appuyé sur le projet de loi de financement de la sécurité sociale pour 2001. Ce projet indique que « dans la continuité des actions engagées par l'État pour la protection des salariés et de la population contre les dommages […] et leur indemnisation la plus complète, la loi institue un établissement public chargé d'administrer un fonds afin que les victimes et leurs familles puissent obtenir une réparation intégrale en évitant des procédures longues et difficiles »[726].

577. Pourquoi le législateur n'oserait-il pas aller dans ce sens en matière de paiement des condamnations pécuniaires prononcées contre la puissance

---

[725] CE, 27 juil. 2015, *B. À c/ Commune d'Hébuterne*, n° 367484.
[726] *Ibid*, n° 155.

publique à la suite d'un recours en responsabilité au lieu d'une procédure d'aide « allant de la médiation à l'admonestation en passant par le conseil »[727] et dont l'efficacité est parfois insuffisante ?

578. En somme, l'apport de la régulation dans l'identification du temps dans le contentieux administratif est important en droit français. À travers ce dépassement d'une approche quantitative des délais, on observe le caractère souple, dynamique du temps de la justice administrative. Cette régulation est essentiellement celle du juge. Elle permet d'éviter les inconvénients d'un temps essentiellement quantitatif donc d'assurer un certain équilibre. On peut le comprendre, davantage, en examinant l'âge des procédures judiciaires tel qu'il ressort de la jurisprudence.

§ 2. La souplesse par l'importance de la régulation en matière de durée des procès : la garantie d'un équilibre entre sécurité juridique et droit du justiciable

579. Il convient, en s'appuyant sur des données statistiques[728], d'analyser le temps des procédures (A). À la suite de cette analyse, des solutions pour l'améliorer seront relevées (B).

A. La garantie offerte par le rôle du juge administratif français dans la détermination du temps des procédures

580. En droit français, comme dans les législations d'Afrique francophone, le temps des procédures fait aussi l'objet de critiques. Les délais de jugement restent encore longs (2). En dehors de cet aspect, il convient, préalablement, de relever l'influence considérable que peut exercer le juge sur la durée des procédures au regard de l'étendue des possibilités de surseoir dont il dispose dans le cadre de l'instruction des affaires. Cette

[727] J. LEGER, « La procédure d'aide à l'exécution », *op. cit.*, p. 3135.

[728] Pour bien analyser la question des lenteurs judiciaires, certains préalables méritent d'être signalés. Il convient, dans un premier temps, de rappeler que l'analyse du temps judiciaire n'est pas une chose évidente car de nombreux paramètres doivent être pris en compte. Par exemple, chaque affaire comporte sa particularité et l'allongement du procès peut être lié à cela. De plus, ne disposant pas des possibilités d'examiner avec exactitude les décisions mises en œuvre, on s'en tiendra au temps du procès « stricto sensu » donc sans tenir compte de l'exécution. Dans un second temps, l'analyse s'appuiera sur des statistiques qui, de manière générale, ne mettent pas souvent en exergue la réalité profonde du temps de la justice. En effet, indiquait un observateur, en choisissant de « repérer dans les statistiques le nombre d'affaires qui correspondent [au standard du procès équitable], une difficulté majeure vient de ce que les données diffusées par le Conseil d'État sur l'état des stocks des juridictions administratives ne contiennent pas une analyse de l'ancienneté des stocks des juridictions du fond [...]. La reconstitution de cette donnée, essentielle, ne peut donc être faite que sur la base de paramètres délicats à manier ». (F. ROLIN, « Le coût du retard à juger devant les juridictions administratives. L'arrêt qui valait un milliard d'euros », *AJDA*, 2004, p. 2145). Mais cela donne tout de même une idée sur l'état de la justice.

possibilité lui permet de veiller à la règle du jugement dans un délai raisonnable (1).

1. Un gage d'équilibre eu égard aux sursis facultatifs offerts au juge administratif français dans l'instance

581. En matière de jugement, tant les parties que le juge y interviennent et influencent de ce fait la durée du procès. Mais l'influence des parties est minorée[729]. Il convient d'insister sur celle du juge.

582. En matière de sursis[730], la particularité du droit français s'agissant de l'importance de l'influence du juge sur le temps se situe au niveau du sursis facultatif car le juge décide librement de surseoir ou non. C'est en cela qu'il influence particulièrement le temps de l'intervention de la décision puisque la décision de sursis dans l'instance conduit à une suspension de la procédure pour une durée précise et en référence à une date ou un évènement[731]. De ce point de vue, un temps fixé à l'avance par la loi ne prend pas en compte cet élément. On peut évoquer trois exemples : il y a, d'abord, le sursis en matière de question prioritaire de constitutionnalité (a), ensuite, celui de l'avis sur une question de droit (b) et, enfin, le cas du désaveu d'avocat (c).

a. Le choix de surseoir offert au juge dans l'instance en cas de question prioritaire de constitutionnalité

583. En matière de question prioritaire de constitutionnalité, notamment au regard des articles 61-1 de la Constitution française et de l'article 23-1 et suivants de la loi organique n° 2009-1523 du 10 décembre 2009 relative à l'application de l'article 61-1 de la Constitution, on note la présence de deux éléments qui matérialisent les pouvoirs du juge sur le temps du procès. En effet, les juridictions du fonds doivent vérifier si les conditions

---

[729]La possibilité accordée aux justiciables de fixer à leur tour le cadre temporel du procès dans la phase de l'instruction existe en droit français. Les justiciables peuvent suspendre la procédure en procédant à la destitution de leurs conseils. En effet, « dans les affaires qui ne sont pas en état d'être jugées, la procédure est suspendue par la notification du décès de l'une des parties ou [...] la destitution de son avocat. Cette suspension dure jusqu'à la mise en demeure pour reprendre l'instance ou constituer avocat ». Art. R. 634-1, *Cja*.

[730]Le sursis, on le sait, peut-être obligatoire ou facultatif. Dans le premier cas, le juge est en présence d'une question préjudicielle. Il peut s'agir du renvoi devant le juge judiciaire lorsqu'il s'agit des questions relatives à l'état des personnes, de la nationalité, du droit de propriété, de la validité, de l'interprétation des contrats ou des actes de droit privé. Voir, respectivement, CE, 27 juil. 1979, *Salati*, *Rec.*, p. 333 ; sect., 19 nov. 1960, *Commune de Bugue*, *Rec.*, p. 627 ; sect., 22 oct. 1965, *Sté « La langouste »*, *Rec.*, p. 543. Dans le même sens, le Traité de l'Union européenne, en son article 234, prévoit le renvoi devant la Cour de l'Union.

[731] H. SOULUS, R. PERROT, *Procédure de première instance*, Paris, Sirey, 1991, t. 3, n° 1117, cité par S. AMRANI-MEKKI, *Le temps et le procès civil*, *op. cit.*, n° 212.

de fonds et de formes prévues à cet effet sont réunies avant de décider, de manière discrétionnaire, s'il y a lieu de renvoyer ou non la question au Conseil d'État. C'est le tout premier filtrage. Le Conseil d'État, à son tour, doit procéder à un second filtrage en vérifiant si les conditions relatives au caractère sérieux et nouveau de la question sont remplies afin de décider, éventuellement, à son tour, du renvoi devant le Conseil constitutionnel. Ce renvoi a pour résultat un allongement de la durée des affaires en cours d'instruction. Ce pouvoir permet donc au juge administratif d'influencer le temps du procès.

584. De plus, la décision de refus n'est susceptible d'aucun recours, elle ne peut qu'être discutée en appel à l'occasion d'un pourvoi. Certes, on peut aussi analyser ces filtrages comme étant des moyens visant à contourner des questions prioritaires de constitutionnalité dilatoires et fantaisistes et surtout pour donner une fonction utilitaire à cette procédure[732]. Mais, il demeure certain que ce pouvoir d'ordonner le sursis appartient aux juges et point de doute sur l'incidence de cette procédure sur le rythme, sur l'âge, ou simplement sur le temps du procès. Ainsi, le juge administratif ne peut ordonner une telle mesure sans prendre en compte le droit à une durée raisonnable du procès, la bonne administration de la justice ou encore la stabilité des situations juridiques.

585. Mais il aussi noter que la question prioritaire de constitutionnalité, à certains égards, n'est pas la question préjudicielle. La différence est que le juge dès qu'il pose la question préjudicielle doit attendre la réponse et cette question n'a de raison d'être que si la solution est nécessaire pour la résolution du litige. Ce qui n'est pas toujours le cas en ce qui concerne la question prioritaire de constitutionnalité. Ainsi, par exemple, une question prioritaire de constitutionnalité reste recevable même si la juridiction a statué au fond[733]. Quoi qu'il en soit, le juge a le choix de surseoir et ce sursis à exécution a des conséquences sur l'âge ou la durée du procès. C'est aussi le cas avec le sursis en matière d'avis sur une question de droit.

b. Le choix de surseoir offert au juge en matière d'avis sur une question de droit

586. La jurisprudence en tant que décision de justice concordante sur une question de droit[734] est l'œuvre des juridictions suprêmes. Ayant pour rôle d'harmoniser la jurisprudence des différentes juridictions administratives, elles donnent aussi des avis sur des questions de droit.

---

[732] D. LEVY, « L'efficacité de la question prioritaire de constitutionnalité-Le point de vue du justiciable et de ses conseils », *AJDA*, 2011, p. 1251.
[733] CE, 4 juin 2012, *Morel*, n° 357693.
[734] S. GUINCHARD, T. DEBARD, *Lexique des termes juridiques*, Paris Dalloz, 23e éd., 2015, p. 611.

587. Ainsi, dans un procès, le juge de première instance peut solliciter l'avis de la juridiction suprême. C'est l'exemple qu'offre le droit français. En effet, « avant de statuer sur une requête soulevant une question de droit nouvelle, présentant une difficulté sérieuse et se posant dans de nombreux litiges, le tribunal administratif ou la cour administrative d'appel peut, par une décision qui n'est susceptible d'aucun recours, transmettre le dossier de l'affaire au Conseil d'État, qui examine dans un délai de trois (03) mois la question soulevée. Il est sursis à toute décision au fond jusqu'à un avis du Conseil d'État ou, à défaut, jusqu'à l'expiration de ce délai »[735]. On y voit, de façon certaine, l'influence du juge sur le temps comme c'est le cas lorsqu'il y a désaveu d'un avocat.

c. Le choix de surseoir offert au juge dans l'instance en cas de désaveu de l'avocat

588. En matière d'incident, notamment dans le cadre de l'instruction, peut intervenir une demande de désaveu formulée par une partie contre des actes posés pour son compte par un avocat. Dans certains cas, « quand la demande intéresse un avocat au Conseil d'État pour des actes ou procédures accomplis devant une autre juridiction que le Conseil d'État, elle est transmise au président de la section du contentieux. Si celui-ci estime qu'elle doit être instruite, il la renvoie devant la juridiction qui statue dans le délai qui lui est imparti »[736].

589. On observe donc qu'à travers les sursis pour une question de droit et celui relatif au désaveu d'avocat, ces juridictions ont la possibilité de décider, souverainement, de la transmission ou non de cette question devant le Conseil d'État[737] ou alors, pour le cas du désaveu d'avocat, que le Conseil d'État juge de la nécessité de l'instruction conduisant au renvoi de la question devant la juridiction concernée, laquelle devra se prononcer dans le délai qui lui est prescrit. Concernant le renvoi pour avis, la décision de suspendre ou non n'est pas susceptible de recours elle est d'ailleurs, selon le Conseil d'État, une « mesure d'administration de la justice »[738]. On peut donc constater qu'en ce qui concerne les délais de jugement, ces pouvoirs offerts aux juges peuvent y exercer une influence importante. Ce droit est mis en œuvre au regard des exigences d'une bonne administration de la justice. Comment se traduit donc concrètement le temps adopté par le juge en matière de jugement à l'analyse des décisions rendues ?

---

[735] Art. L. 113-1, *Cja.*

[736] Art. R. 635-2, *Cja.*

[737] TA, Clermont-Ferrand, 15 oct. 2013, *T. K*, n° 1301106.

[738] CE, 6 juil. 2000, *Clinique chirurgicale de Coubon*, n° 199324.

2. Le caractère contestable du temps du jugement

590. L'étude des décisions rendues par les juridictions administratives, à en juger par le nombre considérable de condamnations de la France[739] par la Cour européenne des droits de l'Homme en raison du non-respect des délais raisonnables, montre que les lenteurs judiciaires restent d'actualité. À en juger les aménagements en vue d'éviter de nouvelles sanctions, on peut dire que les lenteurs observées ne sont pas insurmontables.

591. La réforme récente, intervenue le 2 novembre 2016 et portant sur le Code de justice administrative, a apporté un certain nombre de possibilités qui permettent de réduire les lenteurs judiciaires. Ce texte a renforcé les possibilités de rejet par ordonnance de certains recours devant les tribunaux administratifs et les cours administratives d'appel. Il s'agit des ordonnances de séries pouvant désormais être prises par les tribunaux sur la base d'un arrêt devenu irrévocable de la cour administrative d'appel dont ils relèvent. Elles concernent les recours en appel « manifestement dépourvus de fondement », lesquels pourront être rejetés par ordonnance selon l'article R. 222-1 (nouveau) de ce Code. C'est aussi le cas pour les pourvois en cassation manifestement dépourvus de fondement. Cela ressort de l'article R. 822-5 (nouveau) du Code. En effet, cette réforme s'inscrit dans la continuité de « l'impératif de célérité » qui retient de nos jours l'attention du juge administratif. Toutefois, ses « manifestations concrètes demeurent [...] peu significatives »[740]. Ainsi, « la lenteur et l'encombrement de la juridiction administrative, auxquels les réformes structurelles et juridictionnelles engagées n'ont pu mettre fin, constituent, à n'en point douter, une réalité contentieuse préjudiciable aux administrés »[741].

592. Ces retards qui contrarient les exigences de la Convention européenne des droits de l'Homme ont conduit à octroyer aux justiciables un droit à l'impatience[742] à travers l'engagement de la responsabilité de l'État pour retard excessif des jugements[743]. À ce titre, les méthodes de calcul du délai raisonnable de jugement ont été précisées. Suivant la jurisprudence

---

[739] CEDH, 21 févr. 1997, *Guillemin* ; 2 août 2000, *Satonnet* ; 27 juin 2000, *Frydlender* ; 19 juin 2001, *AAU*. Pour des cas plus anciens CEDH, 31 mars 1992, *X c/ France*, *AJDA*, 1992, p. 420, chron. J. F. Flauss ; 26 mars 1992, *Periscope* ; 24 oct. 1989 H. *c/ France*, *RFDA*, 1990, p. 203.

[740] A. CLAEYS, *L'évolution de la protection juridictionnelle de l'administré au moyen du recours pour excès de pouvoir*, *op. cit.*, p. 394

[741] *Ibid*, p. 396.

[742] H. HAENEL, M-A. FRISON-ROCHE, *Le juge et le politique*, Paris, PUF, 1998, p. 198.

[743] CEDH, 21 févr. 1997, *Guillemin* ; 2 août 2000, *Satonnet* ; 27 juin 2000, *Frydlender* ; 19 juin 2001, *AAU*. Pour des cas plus anciens CEDH, 31 mars 1992, *Xc/ France*, *AJDA*, 1992, p. 420, chron. J. F. Flauss ; 26 mars 1992, *Periscope* ; 24 oct. 1989 H. *c/ France*, *RFDA*, 1990, p. 203.

Kudla c/ Pologne[744], rendue par la Cour européenne des droits de l'Homme, laquelle confiait désormais le contentieux de la responsabilité pour ce fait aux juges nationaux, dans un premier temps, le juge administratif français avait eu l'occasion de préciser que cette réparation qui se fonde sur les articles 6 et 13 de la Convention européenne des droits de l'Homme et les « principes généraux qui gouvernent le fonctionnement de la justice administrative », devait être appréciée globalement. Elle devrait se faire suivant l'exercice des voies de recours et en fonction de la complexité de l'affaire, du comportement des parties ainsi que les particularités qui commandent un jugement rapide[745].

593. La condamnation de la France à l'occasion de l'affaire Gunes[746], amena le juge administratif français à revisiter cette méthode. Désormais, « lorsque la durée globale du jugement n'a pas dépassé le délai raisonnable, la responsabilité de l'État est néanmoins susceptible d'être engagée si la durée de l'une des instances a, par elle-même, revêtu une durée excessive »[747]. De ce point de vue, l'on « devra prendre en compte la durée globale d'une procédure, mais aussi, lorsque la durée sera raisonnable, la durée propre à chaque instance (première instance, appel, cassation). La durée anormalement longue d'une instance sera de nature à engager la responsabilité de l'État, ce qui n'était pas le cas auparavant »[748].

594. Bien qu'il soit possible d'affirmer, à l'issue des soixante (60) ans des tribunaux administratifs que ceux-ci « assurent un maillage de plus en plus serré du territoire », ou encore, que sa jurisprudence traite « des sujets [...] sensibles pour la société contemporaine », l'on reconnaît que ceux-ci ont encore des interrogations importantes à résoudre comme celle du traitement du contentieux de masse[749]. À en juger les réformes en cours, on peut affirmer que « la lenteur des procédures [demeure] un thème récurrent », il figure « au premier plan des doléances »[750] que formulent les administrés vis-à-vis de la justice.

---

[744] CEDH, 26 oct. 2000, n° 30210/96.
[745] R. CHAPUS, *Droit du contentieux administratif*, *op. cit.*, n° 872.
[746] CEDH, 25 sept. 2001, n° 31893/96.
[747] CE, sect., 17 juil. 2009, *Ville de Brest*, n° 295653.
[748] C. BRAUD, « Nouvelle méthode de calcul du délai raisonnable (à propos de l'arrêt du CE, section, 17 juil. 2009, Ville de Brest), *RDP*, n° 4/2010, p. 1137.
[749] Y. JEGOUZO, « Les 60 ans des tribunaux administratifs », *AJDA*, 2013, p. 2281.
[750] J. VAN COMPERNOLLE, « Le droit d'être jugé dans un délai raisonnable : les effectivités d'un droit processuel autonome », *in Justice et droits fondamentaux... op.cit.*, p. 471.

595. Le phénomène n'est pas propre à la France[751], d'autres pays européens sont eux aussi concernés. C'est le cas de la Belgique où, à la suite de

---

[751] Suivant le rapport du Conseil d'État rendu en 2012 (*CE, Rapport public*, Paris, La documentation française, p. 21-33. Voir aussi D. COSTA, *Contentieux administratif, op. cit*, p. 12-14) concernant les activités consultatives et juridictionnelles des juridictions administratives, les tribunaux administratifs ont reçu 182.916 requêtes nouvelles en données nettes (hors mis les affaires dites de série, c'est-à-dire celle qui présentent à juger en droit, sans appeler de nouvelles appréciations ou qualifications des faits, une question qui a déjà fait l'objet d'une décision juridictionnelle) et 187.384 en données brutes avec une augmentation par rapport à l'année précédente de 4.30 % en données nettes et de 2.2 en données brutes. Le délai prévisible moyen de jugement (ou délai d'élimination théorique du stock, qui correspond au ratio nombre d'affaires en stock à la fin de l'année divisé par le nombre d'affaires jugées définitivement au cours de la même année) était de dix (10) mois et vingt-sept (27) jours en moyenne nationale. Le délai moyen constaté en données nettes était, quant à lui, d'un (1) an et un (1) mois.

Devant les Cours administratives d'appel, il y a eu une augmentation de 3.2 % et 2.7 pourcent pour 28.521 et 28.279 affaires enregistrées en données nettes et brutes respectivement. Du point de vue du temps du jugement, le délai moyen de jugement constaté a été de moins d'un (01) an « pour la première fois dans l'histoire » desdites Cours. Pour le délai moyen de jugement constaté, il était d'un (1) an un (1) mois soit une réduction de treize (13) jours par rapport à l'année précédente.

Devant le Conseil d'État, les données nettes en termes d'affaires enregistrées ont diminué d'un 1% soit 9.346 affaires et de 25 pourcent pour les données brutes soit 9.963 affaires par rapport à l'année 2010. En termes de durée de jugement, le délai prévisible moyen de jugement était de 8 mois 12 jours, et de 13 mois 28 jours pour le délai moyen de jugement (pourvoi en cassation) hors les décisions rendues en matière de référé et dix-sept (17) mois quinze (15) jours pour le délai moyen de l'instance pour les affaires ordinaires.

En matière d'urgence, bien que certaines dispositions indiquent que le juge des référés-liberté doit juger dans un délai de quarante-huit heures (Exception faite de la récente affaire *Dieudonné)*, suivant la pratique, le délai moyen de jugement est de cinq (05) jours pour près de trente mille recours introduits chaque année. En matière d'urgence de manière générale, la durée moyenne de jugement des référés-suspension est de vingt jours (20) avec un taux variant entre 15 et 20 % de réussite pour 10.000 demandes introduites par an devant les tribunaux administratifs. Pour ce qui est du référé-mesure utile, de manière générale, près de 1.500 recours sont introduits chaque année devant les tribunaux avec un délai moyen de jugement de trente (30) et quarante (40) jours (O. LE BOT, *Le guide des référés administratifs… op. cit.*, p. 61, 118 et 401). On peut en conclure que selon le juge administratif de l'urgence, ces délais peuvent être considérés comme un « meilleur délai » puisqu'il renvoie au délai indiqué par le législateur.

Ne pourrait-il faire mieux ? Si l'on peut noter des améliorations dans cette évolution, il faut tout de même relever que des manquements existent toujours. Le délai de jugement de moins d'un (01) an devant les Cours administratives souligné avec satisfaction ne concernait cependant pas les Cours de Versailles et Marseille. Ces données doivent être perçues avec réserve du fait d'une observation « plus fine des statistiques de chacun des tribunaux, aussi bien en ce qui concerne le délai moyen de jugement que le taux de productivité des magistrats par tribunal, car certains se placent au-dessous du délai moyen en traitant les requêtes en moins d'un (01) an ou en moins de deux (02) ans, d'autres au contraire dépassent le délai moyen global de quelques mois, mais aussi parfois de plus d'une année » (H. OBERDORFF, « Le justiciable, le juge administratif et le temps », *in* G. Gardeau, H. Oberdorff (dir), *Le juge administratif à l'aube du XXIe siècle, op. cit*, p. 482). En effet, des confusions demeurent avec notamment des juridictions encore loin de l'objectif d'un délai l'arrêt Kudla, précité, les tribunaux ont à plusieurs reprises condamné l'État pour manquement à la règle des délais raisonnables de jugements[752]. On peut ainsi, en vue d'améliorer la qualité de la justice, proposer des solutions pour une meilleure efficacité.

B. L'efficacité de la justice administrative à travers une gestion optimale du temps : la nécessité de maitriser le flux contentieux par l'amélioration des procédures

596. Il faut rappeler que s'agissant des compétences et fonctionnement des juridictions administratives, certains textes ont été adoptés. On pense notamment au décret du 22 novembre 2000, relatif à l'application de la loi du 30 juin 2000 sur les référés, celui du 23 décembre 2006, modifiant la partie réglementaire du Code de justice administrative et du 22 février 2010 sur la compétence et le fonctionnement des juridictions administratives.

597. Ces textes ont apporté des éléments nouveaux tendant à assurer une meilleure instruction des dossiers en permettant, entre autres, de gagner du temps dans le jugement des affaires. On ne manquera pas d'indiquer l'apport des procédures dématérialisées[753]. Tout ceci s'est traduit par une « différenciation progressive des délais »[754] dans lesquels elle s'organise. Il a été attribué de nombreux pouvoirs au juge administratif pour lui permettre de diligenter les procédures en réduisant les « temps morts »[755] dans l'instruction. Mais, certaines exigences liées à la transparence et à la qualité de la décision peuvent toujours occasionner des lenteurs d'où l'intérêt d'y apporter des correctifs.

598. En effet, le décret de 2010, précité, permet au juge de contrôler l'expertise. Il peut étendre cette mesure d'instruction à des individus autres que ceux désignés au départ, élargir la mission de celui-ci à des questions techniques nécessaires pour accomplir dans les meilleures conditions cette mesure. Le président de la juridiction peut remplacer l'expert qui n'accomplit pas la tâche, dûment acceptée, ou alors qui n'a pas mis à la disposition de la juridiction, selon le calendrier prévu, son

---

moyen de jugement d'un (01) an (P. MINDU, « Quelles perspectives pour le droit du procès administratif ? », *in* J. Fialaire, G. Kimboo (dir), *Le nouveau droit du procès administratif Les évolutions choisies, les évolutions subies*, Paris, L'Harmattan, coll. « Logiques juridiques », 2013, p. 205). Sur l'évolution récente, voir *Conseil d'État. Rapport public 2015*, *op. cit*, p. 21 à 37.

[752] H. OBERDORFF, « Le justiciable, le juge administratif et le temps », *in* G. Gardeau, H. Oberdorff (dir), *Le juge administratif à l'aube du XXIe siècle,op. cit*, p. 482.

[753] Voir *La lettre de la justice administrative*, n° 33, déc. 2013.

[754] G. QUILLEVERE, « L'organisation de l'instruction du procès administratif », *in* J. Fialaire, G. Kimboo (dir), *Le nouveau droit du procès administratif… op. cit.*, p. 37.

[755] S. AMRANI-MEKKI, « Le principe de célérité », *op. cit.*, p. 43.

rapport. De manière générale, « lorsqu'une question technique ne requiert pas d'investigations complexes, la formation de jugement peut charger la personne qu'elle commet de lui fournir un avis sur les points qu'elle détermine »[756]. Il peut s'agir d'un expert ou d'un consultant.

599. Ce recours à l'expertise, bien qu'encadré par les pouvoirs octroyés au juge, peut occasionner des retards. On pourrait alors imaginer le recours à un élargissement de l'accès au corps de la magistrature (administrative) à des non juristes notamment aux économistes, aux gestionnaires ainsi qu'aux informaticiens, comme l'a fait récemment le législateur camerounais. L'incidence en serait que les juridictions administratives n'auraient plus systématiquement à faire recours à des tiers dans le cas où adviendraient des questions éloignées de leur formation ou de leur expérience.

600. Au Cameroun, avant l'adoption de cette solution, « l'intervention des tiers sollicités [n'était] pas encadrée dans des délais stricts parce que l'ordonnateur avait le loisir ainsi que lui permettait la loi de proroger les délais initialement fixés, il n'était pas rare que celle-ci aboutisse à un allongement anormal de la durée du procès »[757]. L'on pourrait alors gagner un temps supplémentaire tout en garantissant la qualité des décisions de justice.

601. Pour ce qui est de la diversification des méthodes de travail, même s'il est satisfaisant de constater que l'organisation de l'instruction se « contractualise » et tend à « associer plus activement les parties à la mise en état des affaires en contrepartie d'un engagement du juge sur le délai de jugement »[758], il convient de restreindre la collégialité. Il ne s'agit pas de passer au juge unique, mais d'élargir les cas où la formation de jugement pourrait travailler sans être assistée d'un rapporteur public. Cela permettrait à celui-ci de « concentrer ses efforts sur les affaires les plus délicates juridiquement en le libérant de l'obligation de conclure dans certaines affaires sans difficultés sur lesquelles il n'apporte en pratique aucune plus-value véritable »[759]. Cet allègement de la formation permettrait d'améliorer la durée des affaires.

---

[756] Art. R. 621-1 et ss, *Cja*.

[757] S. S. KUATE TAMEGHE, « La réforme du statut de la magistrature au Cameroun », *in* D. Abouem A Tchoyi, S.-C. M'bafou (dir), *50 ans de réforme de l'État au Cameroun. Stratégies, bilans et perspectives*, Paris, L'Harmattan, préface de Simon Achidi Achu, 2013, p. 392. Voir décrets n° 2012/188 et n° 2012/189 du 18 avr. 2012 modifiant et complétant les articles 8 et 11 du décret n° 95/048 du 8 mars 1995 portant statut de la magistrature, notamment l'art. 1 du premier décret.

[758] G. QUILLEVERE, « L'organisation de l'instruction du procès administratif », *in* J. Fialaire, G. Kimboo (dir), *Le nouveau droit du procès administratif…*, *op. cit.*, p. 47.

[759] P. MINDU, « Quelles perspectives pour le droit du procès administratif ? », *in* J. Fialaire, G. Kimboo (dir), *Le nouveau droit du procès administratif… op. cit.*, p. 202.

Conclusion du chapitre

602. Tant dans la phase des recours, de l'instruction, du jugement que de l'exécution, il est difficile de parler d'un temps souple dans les législations d'Afrique francophone. En effet, la réglementation. Celle-ci est par ailleurs marquée par un caractère formel. Autrement dit, le temps en matière administrative au Cameroun et au Gabon apparaît sous une forme rigide. Cette rigidité est liée à la prédominance d'une approche quantitative des délais et de leur caractère parfois invariable. Elle relève du droit écrit hérité de la colonisation et dont le maintien permet d'assurer moins les droits du justiciable que le principe de sécurité juridique dans un contexte encore marqué par l'hégémonie de l'administration.

603. C'est l'inverse qui s'observe en droit français. La forme souple du temps dans le contentieux administratif français est liée à un dépassement de l'approche quantitative. On y relève un usage considérable d'une approche « imagée » et conjoncturelle des délais. Il ne s'agit pas seulement des durées fixes, c'est-à-dire des délais qui procèdent d'un ordre déterminé à l'avance, mais il y a aussi des délais qui peuvent être démentis en fonction de l'évolution des affaires. La régulation y est présente et contribue à cette souplesse.

604. Cette forme souple du temps évite sans doute le rejet souvent systématique des recours en cas d'inobservation des délais lorsque ces délais sont fixés à l'avance. De ce point de vue, la souplesse conduit à la prise en compte du droit au juge. Dans le même ordre d'idées, la compréhension des étendues du temps suppose aussi l'évaluation des durées des procès au regard des facteurs qui peuvent influencer cette durée comme c'est le cas avec les recours pré-contentieux. À ce niveau également, les approches souple et rigide du temps apparaissent dans ces différentes législations avec leurs conséquences tant sur la sécurité juridique, la bonne administration de la justice que les droits des justiciables.

Chapitre 3

Une articulation souple ou rigide des étendues du temps protectrice des droits du justiciable ou de la sécurité juridique eu égard aux « citations directes »

605. L'étude du temps dans le contentieux administratif doit aussi prendre en compte l'influence que les formalités pré-contentieuses peuvent exercer sur sa durée. Autrement dit, la longévité des procédures doit également s'apprécier à la lumière des « citations directes ». Cela dit, les formalités préalables ont une incidence sur le temps du procès administratif.

606. En effet, il faut rappeler que les formalités pré-contentieuses correspondent aux recours ou aux formalités qui précèdent la saisine du juge administratif. Elles peuvent, soit prolonger, soit réduire le temps des procédures administratives contentieuses. Cette influence qu'elles exercent sur la durée des procédures doit être perçue de deux manières. D'une part, on doit dire que leur absence conduit à un raccourcissement de la durée du contentieux car, eu égard à leur absence, on passe directement à la phase contentieuse proprement dite. D'autre part, il faut relever que la présence d'une formalité pré-contentieuse entraîne un allongement de la durée du procès si, par la suite, le litige atteint la phase contentieuse. Ces formalités ne peuvent donc réduire le temps du procès qu'en menant à une solution satisfaisante pour les parties. Cela évite un véritable procès dans la mesure où le litige est résolu au niveau de la phase pré-contentieuse.

607. À cet égard, certains observateurs relèvent qu'il est « incontestable que la procédure de réclamation préalable [...] est particulièrement efficace, puisque les décisions finalement contestées devant le juge ne constituent qu'une infime partie des décisions rendues par l'administration sur ces réclamations »[760]. C'est en ce sens que, le magistrat Daniel Chabanol avait, en 1986, relevé qu'en matière fiscale, par le biais du recours préalable obligatoire, uniquement un recours contentieux avait lieu sur une centaine de réclamations[761].

608. Une étude comparée du régime juridique des formalités préalables permet donc aussi d'identifier les approches du temps dans le contentieux administratif dans ces différentes législations. Il convient donc de montrer comment le temps se présente dans le contentieux administratif français au regard des possibilités de recours contentieux immédiats. Ici, pour

---

[760] H. CHAVRIER, M. DELAMARRE, *Leçons de contentieux administratif*, Paris, Ellipses, 2013, préface de Daniel Labetoulle, p. 120.

[761] D. CHABANOL, « Barrage contre le recours contentieux », *Revue de droit fiscal*, n° 31/1986, 100036.

identifier les manifestations du temps, il faut observer les possibilités offertes aux justiciables de saisir directement la juridiction administrative, c'est-à-dire d'agir en justice sans observer la phase pré-contentieuse. Ainsi, lorsqu'il y a une majoration du droit de citation directe, on observe un raccourcissement de la durée du procès. Dans ce cas, on peut parler d'un caractère souple du temps en raison de ce raccourcissement de la durée du procès.

609. En revanche, lorsqu'il s'agit d'une minoration de ce droit, on y voit un allongement du procès, un prolongement de sa durée, un durcissement du temps. C'est ce qui traduit l'idée du caractère rigide. Autrement dit, la souplesse correspond à une disqualification de la phase pré-contentieuse, permettant ainsi de réduire les risques de rallongement de la durée des procès, contrairement à la multiplication des exclusions des citations directes qui a pour conséquence la rigidité du temps, donc l'augmentation des risques de rallongement de sa durée.

610. Les risques de rallongement de la durée des affaires en contentieux administratif français et dans les droits d'Afrique francophone ne traduisent pas une véritable distinction des caractères du temps entre ces législations. En effet, en cette matière, ces droits tendent quasiment tous vers la souplesse car tant en droit français que dans les pays africains, des citations directes ont été consacrées, même si c'est à des degrés divers, et réduisent ainsi les risques d'allongement du temps des procédures.

611. Il sera question de montrer qu'en ce qui concerne les possibilités de recours contentieux directs, potentiel moyen d'allégement de la durée des procédures, le caractère rigide du temps dans le contentieux administratif en Afrique francophone est relatif (Section 2). En effet, des cas de citations directes apparaissent dans ces droits et la réduction du temps des procédures qu'elles peuvent entraîner relève d'une approche souple du temps dans le procès. Ces cas de citation directe sont aussi applicables en droit français et montre qu'il n'y a pas une opposition radicale avec le droit français, marquée, d'emblée, par la souplesse (Section 1). Dans ces différents cas, le droit à une justice dans un délai raisonnable est essentiellement pris en compte.

Section 1. La souplesse du temps au regard de l'amélioration de la durée des procès par les citations directes: la préservation des droits du justiciable en droit français

612. En France, même si « l'obligation de former un recours administratif préalablement à l'introduction d'un recours juridictionnel [...] tend à se développer dans différents domaines »[762], il faut relever que cette

---

[762] H. CHAVRIER, M. DELAMARRE, *Leçons de contentieux administratif*, *op. cit.*, p. 120.

exigence n'est pas généralisée comme dans les législations africaines. Plus précisément, le droit français a mis en place de nombreuses exceptions tant pour la règle de la décision préalable (§ 1) que pour les autres formalités pré-contentieuses (§ 2). Dans ces deux cas, on retrouve la souplesse qui singularise le temps dans la justice administrative française. Cette consécration des citations directes s'inscrit dans la continuité de la garantie du droit à un procès équitable. Cette démarche est donc favorable aux justiciables puisqu'elle leur garantit un droit à une justice rendue dans un délai raisonnable (§ 3).

§ 1. Un temps souple eu égard à la réduction des risques d'allongement des durées des procès : les exceptions à la règle de la décision préalable

613. En droit français, on peut relever plusieurs cas de dispense relative à la règle de la décision préalable. La dispense de cette exigence donne droit à une procédure moins longue. Il convient de distinguer les contentieux ordinaires (A) des contentieux d'urgence (B).

A. Les exclusions de la décision préalable dans les contentieux ordinaires et leur influence sur le temps de la procédure

614. La dispense de la décision préalable donnant droit à la résolution dans un délai raisonnable des litiges est possible dans trois cas : d'abord lorsque l'administration est demandeur à l'instance (1), ensuite, lorsqu'il s'agit des contrats en matière de déféré (2), et, enfin, en matière d'interprétation et de renvoi du juge civil (3).

1. L'allégement du temps du procès à travers l'exclusion de la décision préalable en cas de recours initié par l'administration

615. Cette exclusion est une règle (a) qui n'a cependant pas un caractère absolu. Elle connaît donc une exception (b).

a. Le principe de l'exclusion de la décision préalable en cas de recours initié par l'administration

616. En principe, en l'absence d'une décision spontanée de la part de l'administration, l'administré doit introduire une demande auprès de l'administration afin d'obtenir de celle-ci la réparation du préjudice qu'elle a causé[763]. Cette exigence connaît quelques atténuations. Parmi ces exceptions, figure le cas de l'administration en tant que demanderesse. En contentieux administratif, on distingue, d'une part, les parties requérantes, à savoir les demandeurs initiaux (collaborateurs de

---

[763] B. D'ASSO, F. MONERA, *Contentieux administratif*, *op. cit.*, p. 220.

l'administration et tiers à l'activité administrative) et les demandeurs dérivés (les intervenants et les tiers opposants), et, d'autre part, les parties défenderesses, à savoir les défendeurs de l'État (exécutif, autorité législative, autorité judiciaire) et les défendeurs sous-tutelle de l'État.

617. Ainsi, de manière générale, l'administration est souvent partie au procès en qualité de défenderesse. Mais cette répartition n'est pas absolue car il peut arriver que l'État ait la position de demandeur. Ce dernier cas arrive lorsqu'elle conteste une décision prise par une autre personne publique. Cela peut également arriver lorsqu'elle remet en cause le comportement d'un particulier. C'est le cas en matière de contravention de grande voirie ou encore en matière d'évacuation d'agents gréviste occupant le domaine public comme l'a récemment précisé le juge administratif des référés du tribunal administratif de Lyon à la demande de la commune de Saint-Étienne[764].

618. Dans l'hypothèse où l'administration est dans la situation de demandeur, la condition relative à la décision préalable ne lui est, en principe, pas opposable. Cela ressort de la jurisprudence[765]. En effet, la personne publique n'est pas tenue de justifier d'une décision préalable dans le cas où c'est elle qui introduit un recours contre un administré. Autrement dit, la règle de la décision préalable ne s'applique pas lorsque c'est l'administration qui est à l'origine du recours donc lorsqu'elle est demanderesse.

619. Le fondement de cette règle doit être précisé afin de mieux comprendre l'exception. En effet, lorsque le contentieux administratif oppose l'administration à l'administré, les parties ont des prétentions différentes sur une décision prise par l'administration. Cet objet sur lequel les deux parties ont des prétentions opposées provient de façon spontanée ou provoquée de l'administration. C'est une décision préalable. Or, dans le cas où c'est l'administration qui est demanderesse, elle ne saurait solliciter ou alors provoquer auprès d'elle-même une décision préalable[766]. De ce point de vue, il apparaît tout à fait logique que la règle de la décision préalable soit exclue. Mais ce n'est pas dans tous les cas où l'administration est demanderesse qu'on peut assister à un allégement de l'âge du procès en raison de l'exclusion de la décision préalable.

---

[764] TA Lyon, 8 juin 2016, *Commune de Saint-Etienne*, n° 1604058.

[765] CE, 25 juin 1955, *Commune de Marles-les-Mines*, *Rec*., p. 662, cité par J.-C. RICCI, *Contentieux administratif*, *op. cit*, n° 151, p. 80.

[766] En ce sens, M. DEGUERGUE, *La procédure administrative contentieuse*, Paris, LGDJ, coll. « Focus droit », 2003, p. 80.

b. L'exception

620. Cette exclusion de la décision préalable dans un contentieux initié par l'administration ne s'applique pas dans tous les cas. À cet égard, le juge administratif a jugé dans une affaire qui opposait la ville de Roubaix à celle de Wattrelos que les conclusions introduites par la première et tendant au rejet de la demande de garantie dirigée contre elle devaient être regardées comme une décision de rejet de ladite demande, susceptible de lier le contentieux ; que dès lors, elle n'était pas fondée à soutenir que le tribunal administratif avait méconnu l'exigence de la décision préalable en déclarant recevable la demande en garantie de la ville de Wattrelos[767].

621. Cette jurisprudence laisse donc voir qu'une personne publique ne peut être dispensée de la décision préalable dans le cas où elle sollicite devant le juge la condamnation d'une autre personne publique. On observe donc une exception au raccourcissement de l'âge du procès. S'agissant toujours des dispenses relatives à la décision préalable, elles concernent aussi les contrats. Il s'agit de la seconde exclusion de la phase pré-contentieuse sans relation avec l'exclusion des délais.

2. La souplesse par l'allégement du temps du procès à travers l'exclusion de la décision préalable en matière de déféré de contrat

622. L'examen de la jurisprudence administrative française montre que le juge admet que la règle de la décision préalable ne s'applique pas en matière contractuelle. Ainsi a-t-il affirmé que lorsqu'un requérant a introduit son recours auprès du juge du contrat et non devant le juge de l'excès de pouvoir, il n'est pas possible de soulever l'absence de décision préalable ou encore le caractère tardif de la demande en justice[768]. Ainsi, en matière de déféré préfectoral, entendu comme la possibilité pour les représentants de l'État d'introduire des recours contentieux contre les actes des collectivités locales[769], il faut noter que de tels recours, lorsqu'ils sont relatifs aux contrats conclus par les collectivités ou leurs démembrements, nonobstant l'obligation de transmission ou non, ne sont pas soumis à la règle de la décision préalable[770].

---

[767] CE, 18 févr. 1959, *Ville de Roubaix*, *Rec.*, p. 125.
[768] CE, 1er mars 2006, *Sieur Jean x*, n° 272328.
[769] S. GUINCHARD, T. DEBARD (dir), *Lexique des termes juridiques*, Paris, Dalloz, 22e éd., 2014, p. 323.
[770] J.- C. RICCI, *Contentieux administratif*, *op. cit*, n° 154. Voir aussi, CE sect., 9 déc. 2011, n° 337255, *Droit Administratif*, n° 2/2012, note F. Melleray. Disponible sur le site http://www.lexisnexis.com/fr/droit/auth/checkbrowser.do?ipcounter=1&cookieState=0&rand=0.844731145068 6479&bhcp=1. Consulté le 16/11/2015 à 19 h.

623. Aussi, si l'on s'en tient à la notion de décision préalable, entendue comme un acte doté d'un caractère décisoire, il conviendrait de souligner, comme l'indique un analyste, qu'en matière de déféré préfectoral, l'autorité administrative dispose encore de la possibilité de déférer devant le juge administratif les actes des collectivités n'ayant pas un caractère décisoire[771].

624. Il faut d'ailleurs relever que le caractère limité de cette exigence de la décision préalable en droit français est ancien. À l'opposé de la procédure civile où « la conciliation était, à l'origine, un préalable obligatoire », la décision préalable en matière administrative « a souffert d'une certaine aversion de la part de la doctrine administrative relayée par le législateur et le Conseil d'État qui y voyaient une possibilité de retour à l'administration qui juge »[772]. On remarque donc cette relative importance de la décision préalable. Par ailleurs, ce caractère relatif de la décision préalable peut aussi être compris par rapport à l'exclusion des délais.

625. Avant d'analyser le cas de dispense de la décision préalable s'agissant de l'interprétation sur renvoi du juge civil, il convient de rappeler le cas historique de la décision préalable, abrogé par le décret n° 2016-1480 du 2 novembre 2016 portant modification du Code de justice administrative[773].

626. En effet, selon l'article R. 421-1 (ancien) du Code français de justice administrative, la règle de la décision préalable n'était pas applicable en matière de travaux publics. La justification de cette exclusion donna lieu à des discussions. À cet effet, le pr Franck Moderne estimait que c'est parce qu'il est impossible de demander une décision administrative à une personne privée que les entrepreneurs peuvent être attraits en justice pour les dommages qu'ils ont causés et ceci sans décision préalable[774]. Un autre analyste estime, pour sa part, que le législateur a voulu renforcer la protection des droits des requérants, notamment dans une « matière aussi complexe que celle des travaux publics », raison pour laquelle, en « écartant cette règle il a supprimé tout délai de recours autre que celui relatif à la prescription quadriennale »[775].

---

[771] B. DEFOORT, *La décision administrative*, *op. cit.*, n° 545, p. 385.

[772] R. DUHAN, N. MAHE, « La phase pré-contentieuse en procédure civile et administrative », *in* Christian Vallar et autres (dir), *Procès administratif et procès civil : convergences et divergences*, PUAM, 2014, p. 36.

[773] L'entrée en vigueur de cette réforme est fixée à janvier 2017.

[774] F. MODERNE, note sous CE, 11 oct. 1968, *Allard*, *AJDA*, 1969, p. 212.

[775] J. ROCHE, « Les exceptions à la règle de la décision préalable devant le juge administratif », *in Le juge et le droit public*, *Mélanges offerts à Marcel Waline*, Paris, LGDJ, 1974, t. 2, p. 738.

627. Cette dernière position est bien compréhensible puisqu'on sait que la dispense de la décision préalable restait valable même lorsqu'intervenait une décision expresse tenant lieu de décision préalable.

628. Cette position est donc soutenable pour la simple raison qu'elle est en harmonie avec la règle générale selon laquelle les justiciables, en France, contrairement au cas des pays africains, sont relativement obligés d'observer la phase pré-contentieuse.

629. S'agissant des caractères du temps, cette exclusion de la décision préalable que le requérant devrait normalement provoquer permet d'aboutir directement à la phase contentieuse proprement dite. On peut alors y voir un allègement du temps du contentieux. Cela va dans le compte du caractère flexible du temps en contentieux administratif français.

3. L'allégement du temps par le rejet de la décision préalable en matière d'interprétation sur renvoi du juge civil

630. Comme le souligne le pr René Chapus, en matière de saisine du juge administratif à la suite d'un renvoi du juge judiciaire en raison d'une question préjudicielle portant sur l'interprétation ou l'appréciation de la validité d'un acte administratif, celui-ci doit se prononcer « même dans le cas où, s'il était saisi d'un recours principal, il y aurait matière à irrecevabilité »[776]. Le juge administratif doit donc se prononcer « même si la difficulté qui a provoqué le renvoi et l'exercice du recours n'est pas constitutive d'une question préjudicielle »[777]. Cette saisine du juge administratif à la suite d'un renvoi du juge judiciaire au sujet de l'interprétation d'un acte administratif n'est pas subordonnée à l'exigence d'une décision préalable.

631. Ainsi, l'on ne devrait pas perdre de vue que, « dans la tradition de la juridiction administrative française »[778], contrairement à celle des pays africains comme le Cameroun et le Gabon, « les conditions de recevabilité ne sont pas de nature à fermer le prétoire aux actions des administrés. Le mécanisme de contrôle par le juge de la légalité des actes administratifs est largement ouvert […] »[779]. Autrement dit, comme l'indique le pr Alain Bockel à propos du droit sénégalais, les conditions de formes et de délais sont, et c'est le cas dans l'ensemble de ces pays africains ralliés à la tradition juridique française, plus formaliste que la

---

[776] R. CHAPUS, *Droit du contentieux administratif*, *op. cit.*, p. 758.
[777] *Ibid.*
[778] J.- H. STAHL, « La saisine du juge administratif : procédure préalable et conditions de recevabilité », *Revue administrative*, n° 7 (spécial), 1999, p. 102.
[779] *Ibid.*

législation française[780]. Cette réduction des risques de rallongement de la durée du procès en raison de la disqualification de la décision préalable est également observable dans les contentieux d'urgence.

B. L'allégement du temps du procès par le rejet de la décision préalable en matière d'urgence

632. La disqualification de la phase préalable en matière d'urgence[781] donne aussi lieu à un allégement de la durée du procès administratif. Les possibilités d'exercer directement un recours contentieux peuvent aussi être analysées en fonction des caractéristiques des affaires. C'est l'exemple des affaires dites urgentes. En général, dans les affaires de cette nature les règles de procédures sont marquées par quelques assouplissements. Parmi ces assouplissements, on peut relever l'exclusion des formalités pré-contentieuses. Cela est logique car la décision doit intervenir dans un bref délai. La disqualification de la phase pré-contentieuse est intéressante dans la mesure où elle relève du souci d'une bonne administration de la justice. Dans ce registre, on peut classer le contentieux des libertés publiques, les matières associatives et électorales. En droit français, ces exclusions de la décision préalable en matière d'urgence ont été adoptées tant par le législateur (2) que par le juge administratif (1). Elles contribuent à raccourcir la durée du procès donc à lui donner un caractère souple.

1. L'allégement du temps du procès à travers l'exclusion de la phase préalable en cas de référé pré-contractuel par le juge administratif français

633. En droit français du contentieux administratif, l'admission des citations directes en matière d'urgence s'est développée avec le concours du juge.

---

[780] A. BOCKEL, *Droit administratif*, Dakar, Nouvelles éditions africaines, 1978, p. 468.

[781] En effet, les matières urgentes peuvent s'entendre de deux façons. D'une part, ce sont des procédures contentieuses dans lesquelles le juge administratif doit, même partiellement, donner une solution rapide et non définitive au litige (O. LEBOT, « La détermination, par le juge des référés, des conditions de recevabilité des recours au fond », *in* V. Donier, B. Lapérou-Scheneider (dir), *La régulation par le juge de l'accès au prétoire*, *op. cit*, p. 92). Ce sont des procédures que l'on peut aussi qualifier d'accessoires puisqu'elles sont liées à des affaires déjà en cours, elles sont, autrement dit, incidentes (CS/CA (Cameroun), ord., sursis, 28 juin 1996, *Ohanda Dieudonné* c/ *État du Cameroun*, cité par J.-C. Aba'a Oyono, note sous CS/CA, ord., sursis, 07 déc. 2000, *Mama Biloa Sandrine* c/ *Université de Ngaoundéré*, *Juridis Périodique* n° 51/2002, p. 24). C'est l'exemple du sursis à exécution et du référé administratif. D'autre part, les matières urgentes intéressent des procédures qui ont été conçues pour être à l'abri de tout retard dans le dénouement des litiges. De ce point de vue, M. Bernard-Raymond Guimdo Dongmo affirme qu'« on peut parler, sans peine, de procédure d'urgence à partir du moment où de telles procédures ont été spécialement instituées pour ne pas retarder une issue juridictionnelle » (B.-R. GUIMDO DONGMO, *Le juge administratif camerounais et l'urgence*, Thèse, université de Yaoundé 2, 2004, p. 28 et 29).

L'exemple du référé pré-contractuel le montre[782]. En effet, avant la loi du 30 juin 2000 relative aux procédures d'urgence, l'exercice d'un référé pré-contractuel, dont le but est de permettre au juge de supprimer les manquements aux obligations de publicité et de mise en concurrence en matière de délégation de service public et de passation des marchés publics, était, selon les articles R. 241-21 du Code français des tribunaux administratifs et 1441-1 du Code français de procédure civile, soumis à un recours administratif préalable.

634. Toutefois, le juge a eu à disqualifier cette exigence pré-contentieuse. Il s'est fondé sur l'idée selon laquelle cette formalité est susceptible d'alerter les collectivités publiques sur l'illégalité possible de leurs contrats, de leur donner un temps supplémentaire pour les conclure et de tenir alors en échec les pouvoirs du juge[783].

635. Cette position a été entérinée par le législateur lors de la réforme du 30 juin 2000[784] relative aux procédures d'urgence. Ainsi, selon l'article L. 551-1 du Code français de justice administrative, « le président du tribunal administratif, ou le magistrat qu'il délègue, peut être saisi en cas de manquement aux obligations de publicité et de mise en concurrence auxquelles est soumise la passation par les pouvoirs adjudicateurs de contrats administratifs ayant pour objet l'exécution de travaux, la livraison de fournitures ou la prestation de services, avec une contrepartie économique constituée par un prix ou un droit d'exploitation, ou la délégation d'un service public ». Ainsi, la saisine préalable devient facultative.

636. Toutefois, l'exclusion est également en vigueur pour les recours contre la passation des contrats de droit privé. Et même dans ce dernier cas, le juge judiciaire estime, lui aussi, que l'article 1441-1 du Code de procédure civile (nouveau) n'a prévu aucune sanction en cas de manquement à cette formalité. Elle ne semble donc pas être exigée à peine d'irrecevabilité. Le droit de citation directe qui permet ainsi de gagner du temps demeure applicable. Une telle tendance a également été adoptée par le législateur.

---

[782] Dans le même sens, CE, 19 mars 1997, *Ministère de l'Agriculture, de la Pêche et de l'Alimentation c/ Sté Bul*, *Rec.*, p. 941.

[783] F. LLORENS, « Le référé précontractuel entre continuité et changement », *in* P. Wachsman (dir), *Le nouveau juge des référés. Réflexions sur la réforme opérée par la loi du 30 juin 2000*, Presses universitaires de Strasbourg, 2002, p. 54.

[784] P. CASSIA, *Pratique des référés précontractuels*, Paris, Litec, coll. « Litec professionnels », 2008, p. 79 ; TGI, Besançon, référé, 5 déc. 2006, *Sarl Cedara Software c/ Groupement de coopération sanitaire Emosift-FC*, n° 06/00297. Rapporté par P. CASSIA, *Pratique des référés précontractuels*, *op. cit.*, p. 81.

2. L'allégement du temps du procès à travers l'exclusion de la phase préalable en matière d'urgence par les textes

637. Il faut, par souci de clarté, distinguer la portée de cette exclusion (b) de cette exclusion en elle-même (a).

a. Le principe de l'exclusion

638. En droit français du contentieux administratif, l'exclusion de la phase préalable en matière d'urgence est clairement exprimée par le législateur. À cet effet, l'alinéa 3 de l'article L. 521 du Code de justice administrative dispose qu' « en cas d'urgence, et sur simple requête qui sera recevable même en l'absence de décision administrative préalable, le juge des référés peut ordonner toutes autres mesures utiles sans faire obstacle à l'exécution d'aucune décision administrative ». De ce point de vue, lorsqu'il s'agit des affaires dans lesquelles le juge doit intervenir rapidement afin de réduire ou d'empêcher la survenance d'un préjudice, l'action en justice est possible par un simple recours. Il n'est pas nécessaire de rechercher une décision préalable. L'exclusion de la phase pré-contentieuse est donc consacrée.

639. Cette exclusion s'applique en matière de référé-injonction[785] et même en ce qui concerne les référés spéciaux à certains contentieux. C'est le cas en matière de référé fiscal où le contribuable peut, seulement en matière d'impôt indirect et de taxe sur le chiffre d'affaires, porter la contestation devant le juge administratif des référés sur simple requête écrite[786]. En effet, selon l'article L. 279 du Livre des procédures fiscales auquel renvoie l'article L. 552-1 du Code de justice administrative, « en matière d'impôts directs et de taxes sur le chiffre d'affaires, lorsque les garanties offertes par le contribuable ont été refusées, celui-ci peut, dans les quinze jours de la réception de la lettre recommandée qui lui a été adressée par le comptable, porter la contestation, par simple demande écrite, devant le juge du référé administratif ».

640. Il convient de noter, par ailleurs, que le législateur français ne se limite pas simplement à l'exclusion de la décision préalable. En effet, en cas d'urgence, l'exclusion de nombreuses exigences est observable. Le pr Olivier Gohin relève à ce propos qu'en matière d'urgence, il y a aussi la « dispense de recours obligatoire […] ; dispense d'autorisation d'agir en justice et donc de régularisation sur ce point ; dispense systématique du ministère d'avocat, en cas de demande de référé-liberté ; dispense d'instruction "lorsqu'il apparaît manifeste, au vu de la demande, que

---

[785] M. DEGUERGUE, *Procédure administrative contentieuse*, *op. cit.*, p. 80.
[786] Art. L. 552-1, *Cja*.

celle-ci est irrecevable ou qu'elle est mal fondée" […] »[787]. Il en est ainsi de la procédure du référé-liberté, laquelle n'est pas subordonnée au dépôt d'une requête principale car il s'agit bien d'une procédure autonome destinée à remédier à une situation intolérable, à la sauvegarde d'une liberté fondamentale[788].

641. S'agit-il alors d'une règle d'ordre général ? Autrement dit, toutes les procédures de référé bénéficient-elles du droit de citation directe ? La réponse ne semble pas affirmative. Il faudrait alors dégager les limites de cette exclusion, de ces possibilités d'allégement des délais de jugement en matière d'urgence par les citations directes.

b. Les limites de la consécration des citations directes en matière d'urgence

642. L'exclusion de la décision préalable en matière d'urgence, comme le consacre le législateur français, n'est pas une règle absolue. Autrement dit, l'allégement du temps du jugement par l'exclusion de la décision préalable en matière d'urgence ne doit pas être généralisé.

643. En matière de référé-suspension, par exemple, cette exclusion ne s'applique pas. Dans ce cas de figure, le recours devant le juge des référés n'est ouvert que contre un acte dont le juge de l'excès de pouvoir pourrait prononcer la nullité. Il est donc exigé, en cette matière, que puisse exister une décision administrative qui peut être provoquée[789]. En effet, en considérant que le référé-suspension fait partie des procédures d'urgence accessoires à une action principale, on conviendrait alors de l'exclusion du droit de citation directe car, cette action principale est, sauf exception, dirigée contre une décision.

644. D'ailleurs, l'article L. 521-1 du Code français de justice administrative qui consacre le référé-suspension dispose que « quand une décision administrative, même de rejet, fait l'objet d'une requête en annulation ou en réformation, le juge des référés, saisi d'une demande en ce sens, peut ordonner la suspension de l'exécution de cette décision, ou de certains de ses effets, lorsque l'urgence le justifie […] ». Et, à cet égard, le juge administratif a précisé que « comme la requête en annulation dont l'existence conditionne la recevabilité, les conclusions à fins de

---

[787] O. GOHIN, « Les procédures d'urgence dans le contentieux administratif général », *in* O. Gohin (dir), *Les procédures d'urgence : approche comparative*, *op. cit.*, p. 153.
[788] F. MODERNE, « Le référé-liberté devant le juge administratif », *in* P. Wachsman (dir), *Le nouveau juge des référés… op. cit.*, p. 146.
[789] CE, 20 déc. 2005, *Meyet*, *Rec.*, p. 856.

suspension ne peuvent être dirigées que contre une décision administrative »[790].

645. Ainsi, cette disposition exige que la requête à fin de suspension soit accompagnée d'une copie du recours en annulation ou en réformation. Ce recours principal peut être, alors, précédé d'un recours obligatoire susceptible de provoquer la décision administrative litigieuse.

646. De ce point de vue, en matière de décision préalable, le droit français a pu reconnaître, à travers ces cas d'exclusions, qu'« il n'est pas bon de figer le litige dans une phase aussi préliminaire [...] » compte tenu du fait que « les prétentions des parties ne sont pas organisées avec précision dès le commencement du débat [...]. Si, elles découvrent un autre terrain juridique sur lequel fonder leur demande, elles ne pourront le faire valoir qu'à la condition de former une nouvelle demande de décision préalable à l'administration [...] »[791]. C'est en cela qu'apparaît le caractère pernicieux de ce formalisme, notamment lorsqu'il est impératif.

647. À la lumière de toutes ces dispenses accordées à la décision préalable, l'administré, justiciable, peut voir sa procédure s'achever dans un délai moins long que dans le cas où cette exigence serait applicable. De ce point de vue, ce caractère souple du temps est tourné vers la bonne administration de la justice. Ceci apparaît également au niveau des autres formalités pré-contentieuses comme les recours administratifs et la notification préalable.

§ 2. Un temps souple eu égard à la réduction des risques d'allongement des durées des procès par les exceptions aux autres formalités préalables

648. Il convient de rappeler qu'en dehors de la règle de la décision préalable, les formalités pré-contentieuses peuvent aussi porter sur les recours administratifs facultatifs, les recours administratifs obligatoires et les notifications nécessaires dans certaines matières.

649. Pour ce qui concerne les recours administratifs obligatoires, on sait qu'il s'agit des recours consacrés par des textes spécifiques. De nombreux cas ont été invoqués dans l'étude des exigences pré-contentieuses. En général, et ceci n'est qu'un rappel, ces recours concernent des domaines variés comme notamment le contentieux fiscal, le contentieux du recouvrement des créances de l'État, le contentieux des élections

---

[790] CE, ord., 31 janv. 2001, *Association promouvoir*, *Rec.*, p. 525 ; sect., 12 oct. 2001, *Sté produits roche*, *Les petites affiches*, n° 249/2001, note Février.

[791] C. DEBBASCH, *Procédure administrative contentieuse et procédure civile*, *Étude de droit comparé interne*, Paris, LGDJ, 1962, p. 29.

universitaires, le contentieux de la communication des documents administratifs, le contentieux du sport, le contentieux de la fonction publique, le contentieux des étrangers[792].

650. Certains observateurs relèvent que l'histoire des recours administratifs préalables obligatoires est « faite de désordres, d'atermoiements, de dispersions, de tergiversations, d'indécisions »[793]. Toutefois, la présence de ces recours tend à relativiser l'idée de l'allégement de la durée du procès en raison de la réduction des formalités préalables tel qu'on le voit en droit français. Dans l'ensemble, il faut dire que ces recours restent exceptionnels et leur présence ne remet pas en cause le caractère relatif des exigences préalables en droit français par rapport aux législations camerounaise et gabonaise. C'est pour cette raison que dans le cadre de l'analyse des caractères du temps dans le procès administratif français, pris sous l'angle des citations directes, on ne prendra en compte que les recours administratifs dits facultatifs et les notifications préalables.

651. Cette précision étant faite, l'idée de souplesse, en tant que caractère du temps dans le contentieux administratif français concerne les recours facultatifs (A) et la notification préalable (B). Il en est ainsi parce que des exclusions ont aussi été apportées à ces différentes formalités. Cette souplesse est davantage favorable à la bonne administration de la justice en raison de la possibilité de voir intervenir une solution dans un délai moins long.

A. L'allégement du temps du procès par les assouplissements de l'exigence des recours administratifs dits facultatifs

652. Les recours administratifs dits facultatifs connaissent eux aussi des limitations. Cela traduit, une fois de plus, le caractère relatif des formalités pré-contentieuses en droit français. Un auteur résume cette situation en ces termes : « s'ils n'ont, en règle générale, pas l'obligation d'exercer un recours administratif préalable avant de saisir le juge, les justiciables peuvent cependant toujours en former un s'ils préfèrent tenter de résoudre à l'amiable le litige qui les oppose à l'administration »[794]. Il s'agit, en effet, des recours hiérarchiques et gracieux. Lorsqu'on met ces recours en relation avec le temps de la justice administrative, on relève bien l'idée de souplesse. La durée du procès est potentiellement réduite.

---

[792] H. CHAVRIER, M. DELAMARRE, *Leçons de contentieux administratif*, *op. cit.*, p. 120.

[793] R. DUHAN, N. MAHE, « La phase pré-contentieuse en procédure civile et administrative », *in* Christian Vallar et autres (dir), *Procès administratif et procès civil… op. cit.*, p. 38.

[794] J.-H. STAHL, « La saisine du juge administratif : procédure préalable et conditions de recevabilité », *op. cit.*, p. 101.

653. Le Conseil d'État a fait de ces formalités préalables un principe général de procédure applicable sous réserve d'un texte contraire. C'est dans la jurisprudence Vinceguerra[795], qu'il a relevé que les justiciables ont toujours la faculté, sauf si des législations spéciales ont créé des procédures spécifiques, de saisir dans un premier temps l'auteur de la décision en cause ou alors le ministre ou encore son supérieur hiérarchique. Mais, même dans ce cas, ils connaissent des limitations.

654. D'une part, comme dans le cas de la décision préalable, le législateur français a apporté une limitation aux recours administratifs de droit commun. Cette limitation s'applique en matière d'aménagement foncier. Elle ressort du paragraphe premier de l'alinéa 10 de l'article L. 121 du Code rural qui prévoit que des modifications peuvent être apportées par la commission communale ou intercommunale d'aménagement foncier aux opérations décidées par la commission départementale d'aménagement et « ses décisions peuvent, à l'exclusion de tout recours administratif, faire l'objet d'un recours pour excès de pouvoir par les intéressés ou par le préfet ou le président du conseil général devant la juridiction administrative ».

655. D'autre part, un autre cas de limitation est observable dans la jurisprudence du Conseil d'État. En effet, dans l'affaire ministre de l'Environnement c/ Compagnie des bases lubrifiantes[796], affaire relative aux installations classées et à la protection de l'environnement, le juge administratif a conclu à l'exclusion du recours préalable de droit commun en se fondant sur la présence des procédures exceptionnelles rendant impossible l'exercice de ce recours.

656. En effet, le Conseil d'État a jugé, sur la base de l'article 14 de la loi du 19 juillet 1976 relative aux installations classées pour la protection de l'environnement que dans le contentieux des actes pris sur la base de certaines dispositions de cette loi, notamment les articles 3 et suivant, il existe des « procédures particulières à la législation des installations classées » lesquelles font « obstacle à ce que les décisions prises en application » des dispositions susvisées « puissent faire l'objet de la part des demandeurs ou exploitants, dans le délai qui leur est imparti pour l'introduction du recours contentieux, d'un recours gracieux ou hiérarchique ».

657. De même, le Conseil d'État a exclu le recours administratif dans le cadre des sanctions en matière de contrôle prudentiel. Il a indiqué « qu'eu égard à la nature, à la composition et aux pouvoirs de la commission de contrôle

---

[795] CE, sect., 23 mars 1945, *Vinceguerra*, *Rec.*, p. 56.

[796] CE, 16 nov. 1998, *Ministre de l'Environnement c/ Compagnie des bases lubrifiantes*, n° 182816.

des assurances, la procédure particulière instituée par ces dispositions fait obstacle à ce que les décisions de sanction qu'elle prend puissent faire l'objet, de la part des personnes sanctionnées, dans le délai qui leur est imparti pour l'introduction d'un recours de plein contentieux, d'un recours gracieux [...] »[797]. Comme le législateur, le Conseil d'État a, à son tour, apporté une restriction à la règle du recours administratif préalable facultatif.

658. On remarque que bien que les recours gracieux ou hiérarchique qui sont des recours facultatifs, donc des formalités dont l'exercice est laissé au libre choix du justiciable, sont dans ce cas exclus. Le requérant ne dispose pas du choix d'envisager de tels recours et doit saisir directement la juridiction administrative compétente. Ce droit de citation directe permet donc de gagner du temps donc d'alléger la durée du procès.

659. Autrement dit, compte tenu de cette disqualification de la phase pré-contentieuse, la durée du procès s'en trouve réduite en raison de ce passage immédiat à la phase contentieuse proprement dite. C'est ce qui permet donc d'affirmer qu'en contentieux administratif français, le rapport au temps est souple. De ce point de vue, lorsque le pr Dominique Turpin souligne, en ce sens, que même si les recours administratifs « contribuent à la prévention du contentieux administratif et, à ce titre, devraient être amenés à se développer davantage » mais en rallongeant « la durée des procédures »[798], cela n'est justifié que si malgré cette phase préalable, l'on aboutit systématiquement vers un recours contentieux. Cette idée est également observable en matière de notification. Celle-ci est applicable dans le contentieux de l'urbanisme.

B. L'allégement du temps du procès par les assouplissements de l'obligation de notification préalable en matière d'urbanisme

660. En droit français, l'obligation de notifier les recours préalables, les réclamations ou même des recours contentieux aux parties et à certaines autorités dans le contentieux de l'urbanisme fait partie des formalités préalables applicables au procès administratif. Il suffit de rappeler certaines dispositions du Code de justice administrative renvoyant au Code de l'urbanisme

661. En effet, il ressort de l'article R* 600 du Code de l'urbanisme que, s'agissant d'un recours contentieux ou même d'un déféré préfectoral portant sur un certificat d'urbanisme ou encore d'une décision de non-

---

[797] CE, 5 déc. 2001, *Société Capma-Capmi*, *Rec.*, p. 632.

[798] D. TURPIN, *Contentieux administratif*, Paris, Hachette supérieure, coll. « Les fondamentaux », 5e éd., 2010, p. 92.

opposition à une déclaration préalable ou d'un permis de construire, d'aménager ou de démolir, le requérant, qu'il s'agisse de l'autorité préfectorale ou d'un particulier, doit, à peine d'irrecevabilité, informer par voie de notification l'auteur de la décision de son action et même le titulaire de l'autorisation.

662. Cette notification doit également être effectuée dans les mêmes conditions en cas de demande tendant à l'annulation ou à la réformation d'une décision juridictionnelle concernant un certificat d'urbanisme, une décision de non-opposition à une déclaration préalable ou un permis de construire, d'aménager ou de démolir. L'auteur d'un recours administratif est également tenu de le notifier à l'auteur de la décision à peine d'irrecevabilité du recours contentieux qu'il pourrait intenter ultérieurement en cas de rejet du recours administratif.

663. Il faut rappeler que la Cour européenne des droits de l'Homme, dans une affaire où les requérants évoquaient une restriction de leur droit au juge du fait de cette exigence, avait rejeté un tel grief[799].

664. Toutefois, une limite a été apportée à cette formalité. En effet, le champ d'application de ce formalisme depuis l'année 2007 a été limité aux actes individuels[800]. Cette limitation exerce bien une influence sur la durée de la procédure.

§ 3. Une souplesse liée aux évolutions du droit à un procès équitable

665. Le droit à un procès équitable est une préoccupation constante en droit français. C'est sans doute ce que traduit cette souplesse qui caractérise le rapport du temps avec le contentieux administratif. Il est certainement à l'origine de ces allégements des procédures à travers la consécration des citations directes.

666. En effet, les possibilités d'agir en justice sans formalité pré-contentieuse s'appliquent généralement en matière d'urgence. Cela se justifie par l'idée que les procédures d'urgence relèvent de l'office du juge du référé, organe devant lequel certaines conditions relatives à la procédure méritent des assouplissements ou doivent simplement disparaître. Autrement dit, les citations directes observées dans les procédures d'urgence sont fondées sur la recherche de la célérité. Cette célérité est la raison d'être de ces mêmes procédures. Le rythme de la justice est un élément important dans la préservation des droits de l'Homme. Très

[799] CEDH, 21 nov. 2000, *Comité des quartiers Mouffetards et des bords de Seine et autres c/ France*, n° 56188/00.
[800] H. CHAVRIER, M. DELAMARRE, *Leçons de contentieux administratif*, *op. cit.*, p.124.

souvent, l'on redoute la justice à cause de sa lenteur, de ses interventions tardives. De ce point de vue, les contentieux d'urgence apparaissent comme des solutions contre les lenteurs observées dans les contentieux ordinaires. Dans ces conditions, « même si dans l'urgence il n'est pas facile de décider, il faudrait bien que certaines règles de procédure, [comme notamment celle du recours pré-contentieux], puissent être assouplies face à l'urgence »[801].

667. Ainsi, par exemple, en matière d'assignation à résidence surveillée ou de placement en détention, le législateur français a réduit les délais de la procédure contentieuse contre de telles décisions. Il s'agit, comme le note le pr René Chapus, des procédures d'urgence spéciales. Dans ces conditions, l'exercice d'un recours administratif entraînant la prorogation des délais de recours pourrait rallonger le temps de cette procédure.

668. Sous un autre angle, c'est l'idée du caractère superflue de ces recours dans certains cas qui justifie cette limitation. Ces limitations permettent sans doute de réduire les prorogations inutiles des délais lesquelles prorogations sont susceptibles de rallonger le temps des procédures.

669. Ces exceptions se fondent donc, essentiellement, sur le souci d'une bonne administration de la justice. Les contentieux d'urgence sont de ce fait assortis des modifications concernant certaines règles de procédure afin de faciliter l'intervention en temps utile de la décision de justice. L'allégement du temps du procès est donc recherché par la multiplication des exclusions relatives aux formalités pré-contentieuses. Il y a donc un rapport au temps marqué par la souplesse. Ces exceptions montrent que les exigences pré-contentieuses qui influencent le temps s'appliquent en prenant en compte le principe d'une bonne administration de la justice. Ainsi, l'influence de ces formalités sur la durée des affaires ne peut pas être sous-estimée. La phase pré-contentieuse reste donc assortie de nombreux assouplissements favorables aux justiciables. Dans les droits d'Afrique francophone, de tels assouplissements sont également observables.

Section 2. La relativité du temps rigide dans les droits africains : la consécration des citations directes et le droit à un jugement dans un délai raisonnable

670. Dans les législations africaines, on observe aussi de nombreux cas de citations directes. Ils sont eux aussi susceptibles de réduire les risques d'allongement du temps des procédures. De ce point de vue, l'approche rigide du temps qu'on observe dans ces législations mérite d'être

---

[801] L. VOGEL, « Allocution d'ouverture », *in* O. Gohin (dir), *Les procédures d'urgence : approche comparative*, *op. cit.*, p. 13.

relativisée. Cette souplesse liée à la réduction des délais de jugement à travers les citations directes concerne les contentieux ordinaires (§ 1) et, davantage, les contentieux d'urgence (§ 2). Ces citations directes, favorables au droit du justiciable, ou encore à une bonne administration de la justice, sont, en partie, la résultante du vent de démocratisation qui a soufflé sur le continent africain (§ 3).

§ 1. La relativité du temps rigide dans les droits africains : le droit à la justice dans un délai raisonnable eu égard aux citations directes en matières ordinaires

671. Il convient de rappeler que la règle du pré-contentieux est presque généralisée dans la plupart des droits d'Afrique francophone. C'est le cas notamment dans les contentieux ordinaires. À cet égard, on sait que l'article 42 du Code gabonais de justice administrative consacre le recours gracieux préalable en matière d'excès de pouvoir[802]. Mais en matière de plein contentieux la citation directe est possible. Dans ce dernier cas, le justiciable profite d'une durée contentieuse moins longue que dans le cas où la phase pré-contentieuse est applicable.

672. Une observation identique est possible en droit camerounais. En effet, quelques cas de citations directes ont été observés en matière de recours gracieux et de tutelle.

673. D'une part, en matière de recours gracieux, le premier exemple résulte des textes. En effet, la loi n° 74/18 du 5 décembre 1974 relative au contrôle des ordonnateurs, gestionnaires et gérants de crédits publics et des entreprises d'État, aujourd'hui abrogée, habilitait le conseil de discipline budgétaire et comptable à sanctionner les irrégularités constatées dans la gestion de la fortune publique. La règle du recours gracieux était cependant exclue dans l'éventualité d'une contestation de la mise en débet. En effet, l'article 12 de la loi précitée disposait que les décisions dudit conseil pouvaient être déférées directement pour annulation devant la juridiction administrative.

674. Aujourd'hui, c'est le conseil de discipline budgétaire et financière qui a vu son organisation et son fonctionnement fixés par le décret n° 2008/028 du 17 janvier 2008, qui est chargé de prendre des sanctions à l'encontre des agents publics, patents ou de fait, coupables des irrégularités et fautes ayant eu pour effet de porter préjudice aux intérêts des personnes

---

[802] Le juge administratif gabonais emploie d'ailleurs la formule de « recours administratif préalable gracieux », TA, Libreville, 14 févr. 2007, *Youssouf Idrissou et Hoirs c/ État gabonais*, rep., n° 10 ; CE, 25 juin 2010, *Fickat Félicité c/ État gabonais*, rep., n° 29/09-10 ; TA, Libreville, 1er fév. 2005, *Diouf Célestin c/ État gabonais* ; CS/CA, 8 janv. 1988, *Obiang Nguema Siméon et autres c/ État gabonais*.

publiques[803]. L'article 16 de ce texte ajoute que les décisions du conseil ne sont pas susceptibles de recours gracieux préalable. Elles peuvent faire l'objet de recours en annulation devant la juridiction administrative, sans que ce recours soit suspensif. Mais, par ailleurs, cette situation pose un problème. En effet, comment un décret peut-il déroger à une loi puisque l'exigence du recours gracieux est consacrée par la loi de 2006/022, précitée, relative aux juridictions administratives ?

675. Le second cas apparaît dans la jurisprudence. En effet, par son jugement n° 27/2002-2003 du 28 novembre 2002, Pemité Jean Calixte c/ communauté urbaine de Douala, le juge administratif camerounais avait-il sonné le glas du recours gracieux en matière d'excès de pouvoir ? On ne saurait le dire avec certitude mais la question mérite au moins d'être posée.

676. Selon les faits de l'espèce, en date du 24 mars 1998, le sieur Pemité Jean Calixte avait saisi le juge administratif aux fins d'obtenir l'annulation d'un acte pris par le délégué du gouvernement auprès de la communauté urbaine de Douala, lequel l'invitait à libérer un local appartenant à la communauté susdite et occupé par le requérant en qualité de locataire. Mais avant ce recours contentieux, le requérant avait, en date du 06 mai 1997, adressé une correspondance à l'autorité municipale concernée à titre de recours gracieux. Toutefois, ladite correspondance citait en objet : « demande d'autorisation au régisseur du marché pour percevoir les loyers ». Ce libellé avait alors suscité des discussions. C'est pourquoi, pour sa part, la communauté concluait à l'irrecevabilité de ce recours parce que n'ayant pas été précédé d'un recours gracieux. Selon elle, ladite correspondance n'en tenait pas lieu au regard de son objet. Pour être considérée comme un recours gracieux, celle-ci méritait comme objet « demande d'annulation de la décision attaquée », affirme la partie défenderesse.

677. Mais en date du 02 novembre 2001, alors que le litige était pendant, la communauté urbaine de Douala fit parvenir une correspondance au demandeur par laquelle elle lui attribuait à nouveau le local objet du litige. Appelé, en tout cas, à se prononcer le juge affirma, d'abord, que la communauté est revenue incontestablement sur sa décision, qu'ensuite, ce recours est sans objet, et, enfin, que le requérant continuera à exploiter paisiblement son local.

678. En rendant cette décision sans toutefois prendre position sur la recevabilité du recours, notamment en ce qui concerne le recours gracieux, on peut penser que ce défaut de recours gracieux, comme le

---

[803] Art. 2.

relevait d'ailleurs un observateur à l'occasion d'une espèce similaire[804], n'entraîne pas le rejet du recours contentieux. Il semble que le juge s'est réfugié derrière la réaction de la défenderesse et a manqué de résoudre le problème de la forme à laquelle est soumis un recours gracieux. En d'autres termes, le juge s'est prononcé sans s'intéresser à la recevabilité, du moins explicitement, du recours, notamment sur cette exigence du recours pré-contentieux.

679. Cela suppose, selon le juge, que la correspondance présentée le 06 mai 1997 par le requérant est un recours gracieux. Cela est discutable. À titre de droit comparé, le juge administratif gabonais relève à ce sujet que le recours administratif préalable est un acte qui « renferme de véritables conclusions tendant à obtenir de l'auteur de l'acte, la disparition de celui-ci »[805]. L'on aurait été davantage convaincu si la communauté n'était pas revenue sur sa décision. Le juge allait-il recevoir un tel recours comme ce fut le cas dans l'affaire Mama Biloa Sandrine c/ université de Ngaoundéré ? Il se pourrait qu'il puisse admettre, en matière d'annulation, des actions sans recours gracieux préalable, du moins, présentées au mépris des règles de l'art, c'est-à-dire « sans considération aucune vis-à-vis de l'exigence de pureté dans l'expression juridique »[806].

680. En France et au Gabon, la jurisprudence précise que « [...] le recours gracieux [...] doit se présenter formellement comme une demande de retrait, d'abrogation ou de nouvelle décision [...]. Au nom du principe de la sécurité juridique, il doit n'y avoir aucune ambiguïté. L'acte contre lequel est dirigé le recours gracieux doit être clairement décrit comme illégal et il doit être clairement demandé sa fin »[807]. De même, un recours gracieux formulé dans une langue autre que celle qui est d'usage entre les parties constitue un défaut de recours gracieux[808].

681. Ainsi, affirme le pr Jean-Calvin Aba'a Oyono, les « mauvaises habitudes dans la rédaction des recours inondent le cours de la justice, et le juge administratif camerounais semble s'en accommoder alors qu'il devrait se montrer inflexible face à ces errements qui finissent par avilir et à galvauder le droit »[809]. Peut-être qu'il s'agit de la part du juge d'une prise

---

[804] CS/CA, ord., sursis, 07 déc. 2000, *Mama Biloa Sandrine c/ Université de Ngaoundéré*, *Juridis Périodique* n° 51/2002, p. 24, note J.-C. Aba'a Oyono, *précité*.

[805] TA, Libreville, 08 avr. 2002, *Nguimbi François c/ État gabonais*, rep., n° 8/2001-2002.

[806] CS/CA, ord., sursis, 07 déc. 2000, *Mama Biloa Sandrine c/ Université de Ngaoundéré*, *précité*.

[807] TA, Lille, 8 juil. 1997, *Préfet du Pas-de-Calais c/ Commune de Lens et autres*, *RFDA*, 1998, p. 546, concl. T. Celerier ; TA, Libreville, 08 avr. 2002, *Nguimbi François c/ État gabonais*, rep., n° 8/2001-2002, *précité*.

[808] CE, sect., 05 janv. 2000, *Commune de Macot-la-Plagne*, *AJDA*, 2000, p. 179.

[809] CS/CA, ord., sursis, 07 déc. 2000, *Mama Biloa Sandrinec/ Université de Ngaoundéré*, *précité*.

de conscience par rapport à la longévité des procès causée par la règle du recours gracieux. Par ailleurs, on a également observé des atténuations en ce qui concerne le recours de tutelle.

682. D'autre part, et c'est le cas du recours de tutelle, des limitations ont été observées. Le pr Maurice Kamto rappelait, récemment, que « le problème du justiciable camerounais demeure celui de l'introuvable jurisprudence administrative car, d'une espèce à l'autre présentant pourtant les mêmes circonstances de faits, les décisions sont fluctuantes et variables parfois à l'extrême ». Et l'auteur conclut que cette « imprévisibilité déstabilisante [...] est vectrice d'insécurité juridique et judiciaire »[810]. La question du recours de tutelle a donné lieu à de telles incertitudes dans la jurisprudence administrative camerounaise. En effet, le recours de tutelle est une exigence pré-contentieuse supplémentaire en ce qui concerne le contentieux des actes des responsables municipaux en droit camerounais. Les affaires Kwanya et autres, précitées, le rappellent.

683. Toutefois, dans plusieurs espèces qui ont précédé les affaires Kwanya et autres, à l'exemple des jugements Pellamié Joseph c/ communauté urbaine de Douala[811], Succession Tchandja Mimba c/ commune rurale de Bassamba[812], Nana Jean Claude c/ communauté urbaine de Douala[813], Fonkoua Célestin c/communauté urbaine de Yaoundé[814], le juge n'avait pas fait allusion à l'exigence du recours de tutelle. Ces espèces sont différentes des affaires Mahamadou Bachirou[815], Tah Thomas[816]et autres[817], à l'occasion desquelles le juge rappela l'exigence du recours gracieux, en ce que, dans ces affaires, l'action des requérants avait été frappée d'une fin de non- recevoir tirée du défaut de recours gracieux alors que dans les affaires Pellamié et autres, le juge ne s'est pas réservé d'examiner le bien-fondé des prétentions qui lui étaient soumises. Il n'évoquera donc pas la question du recours de tutelle. En effet, dans la jurisprudence Pellamié, il faut remarquer que pour justifier la recevabilité de ce recours, le juge avait simplement rappelé « que le recours gracieux ayant été implicitement rejeté par le silence gardé pendant trois (03) mois

---

810 M. KAMTO, « préface », *Éléments de contentieux administratif camerounais*, P. Ngollé Ngwessé, J. Binyoum, *op. cit.*

811 CS/CA/ADD, jug. n° 30, 04 fév. 2004.

812 CS/CA, jug. n° 56, 28 janv. 2009.

813 CS/CA, jug. n° 14, 14 janv. 2009.

814 CS/CA, ord., sursis, n° 5, 26 mars 2009, *Fonkoua Célestin c/ communauté urbaine de Yaoundé* ; ou encore n° 9, 18 fév. 2009, *Fotso Foumtsé Omer c/ communauté urbaine de Yaoundé, précitées.*

815 CS/CA, jug. n° 117, 30 nov. 1995, *Mohamadou Bachirou* c/ *Commune urbaine de Ngaoundéré*

816 CS/CA, jug. n° 53, 25 juin 1992, *Tah Thomas* c/ *État du Cameroun, précité.*

817 CS/CA, jug. n° 66, 27 sept. 2001, *Succession Ngo Ngue Célestin* c/ *Communauté Urbaine de Yaoundé, précité.*

par l'autorité compétente, le requérant avait […] jusqu'au 03 avril 2000 pour déposer son recours contentieux […] ». Le juge dans cette affaire semble bien aller à contre-courant des affaires Kwanya et Entreprise des travaux d'hydrauliques, précitées.

684. Avant les affaires Kwanya, précitées, le juge n'avait pas fait allusion à l'exigence du recours de tutelle. Mais deux années après les affaires Kwanya, il a opéré un autre changement. En effet, dans son jugement n° 153/2011/CA/CS du 15 juin 2011, dame veuve Fonkoua née Meidié Augustinec/commune de Dschang, le juge administratif a accueilli le recours, sans faire allusion au décret de 1977 modifié en 1990 et la loi de 1987 relative au pouvoir de tutelle et aux communautés urbaines, précitées, qu'il avait pourtant rappelé dans les affaires Kwanya et consorts.

685. En date du 11 décembre 2007, en effet, dame veuve Fonkoua avait reçu la correspondance n°. 204/L/Dsch à elle adressée par le maire de la commune de Dschang relative au rejet de sa demande de permis de bâtir. Avant d'introduire son recours contentieux le 30 mai 2008, elle avait introduit un recours gracieux auprès du maire le 16 juin de la même année. Ce recours fut implicitement rejeté au bout de trois (03) mois de silence gardé par l'autorité municipale. C'est donc sur la base de cette seule formalité préalable qu'elle avait introduit son recours contentieux. On pouvait alors, sur la base des décisions antérieures et des textes en vigueur, s'attendre à ce que le juge, en vue de déclarer cette requête irrecevable, rappelât, une fois de plus, comme dans les espèces Kwanya et autres, les articles 31 et 56 des textes sus-évoqués, avant de tirer les conséquences qui en découlaient. Au contraire, avant de donner gain de cause à la requérante, le juge a accueilli sa demande. Il a affirmé « […] que le recours est recevable pour avoir été introduit dans les formes et délais légaux […] ». Ainsi, le juge camerounais a pu réduire le temps de la justice en dispensant ces justiciables du recours de tutelle. Dans ces hypothèses, la durée du litige est réduite en raison de ce passage direct vers la phase contentieuse. Cela s'observe également dans les contentieux d'urgence dite spéciale.

§ 2. La relativité du temps rigide dans les droits africains : le droit à la justice dans un délai raisonnable par les citations directes en matière d'urgence

686. L'analyse peut se faire au regard des formes d'urgence. On peut distinguer l'urgence dite « générique » de l'urgence dite « spécifique »[818].

---

[818] O. DUGRIP, *L'urgence contentieuse devant les juridictions administratives*, Paris, PUF, coll. « Les grandes thèses du droit français », 1991, préface de Roland Drago, p. 44 et 60.

En effet, le caractère relativement rigide du temps dans le contentieux administratif en droit camerounais et gabonais apparaît aussi dans les contentieux d'urgence accessoire (A), et davantage dans les contentieux dite spéciale (B). Dans ces cas, le droit du justiciable est mieux pris en compte en raison du raccourcissement du temps de la procédure.

A. L'allégement du temps du procès par les citations directes en matière d'urgence accessoire

687. Les procédures d'urgence accessoire en vigueur en contentieux administratif dans les pays d'Afrique francophone renvoient au référé (1) et au sursis à exécution (2).

1. L'allégement du temps du procès à travers les citations directes en matière de référé

688. À l'exception du droit camerounais qui a exclu la citation directe en matière de référé (b), la majorité des législations d'Afrique francophone, comme notamment le Gabon (a) ont consacré la citation directe en cette matière.

a. L'allégement du temps du procès à travers les citations directes en matière de référé au Gabon

689. Le droit gabonais admet la possibilité de saisir le juge administratif en matière de référé sans observer la phase pré-contentieuse (a1). Toutefois, cette règle qui entraîne un allégement du temps du procès connaît une exception (a2).

a1. La règle de la citation directe en matière de référé au Gabon

690. En matière de référé administratif au Gabon, le temps de la justice est moins long, donc profitable au justiciable puisque ce dernier dispose ainsi d'un droit à une justice dans un délai raisonnable. Le droit gabonais a exclu la règle de la formalité préalable en cette matière.

691. En effet, l'article 16, alinéa 2, de la loi du 22 juin 1959 qui organisait, jadis, le contentieux administratif et consacrait la procédure du référé a été repris et complété par l'article 142 de la loi de 1984 portant Code des juridictions administratives. Il ressort de cette disposition qu'« en cas d'urgence, le président ou le juge délégué peut, sur simple requête qui sera recevable même en l'absence de toute décision administrative préalable, ordonner toutes mesures utiles [...] ». Cette formulation, à travers la notion « d'absence de toute décision administrative préalable », consacre donc de manière explicite un droit de citation directe en matière de référé administratif. Ceci est proche du droit français.

692. Ainsi, un administré qui critiquerait une décision de l'autorité administrative et serait exposé à un préjudice grave dispose d'un droit de citation directe pour ce qui est de la mesure provisoire sollicitée pour mettre fin à cette atteinte[819]. C'est une approche qui est observable dans bon nombre de pays africains ralliés à la tradition juridique française. On peut citer les cas du Bénin[820], du Sénégal[821] de l'Algérie[822], de la Tunisie[823] ou de la Côte d'Ivoire[824]. Mais, contrairement au droit français,

[819] En ce sens, CS/CA, 25 mars 1971, *Ndinga-Malecky*, rép., n° 24, *in* G. Pambou Tchivounda, *Les grandes décisions de la jurisprudence administrative du Gabon*, *op. cit.*, p. 159.

[820] Au Bénin, l'absence d'exigence de la formalité préalable est clairement posée en ce qui concerne le constat d'urgence car « dans tous les cas d'urgence », le juge administratif, même« en l'absence d'une décision administrative préalable » peut adopter une mesure d'urgence comme par exemple « désigner un expert pour constater sans délai, les faits susceptibles de donner lieu à un litige devant la chambre administrative du tribunal [...] ». Art. 840, loi n° 2008/07, 28 févr. 2011 portant Code de procédure civile commerciale sociale administrative et des comptes.

[821] Au Sénégal, en effet, s'agissant notamment du constat d'urgence et du référé, les articles 77 et 78 de la loi relative à la Cour suprême dispose, respectivement, que dans tous les cas d'urgence, le premier président de la Cour suprême ou le président de la Chambre administrative peut, d'office ou sur simple requête présentée, avec ou sans ministère d'avocat, et qui est recevable même en l'absence d'une décision administrative préalable, désigner un expert pour constater sans délai les faits survenus, susceptibles de donner lieu à un litige devant la Cour suprême ou alors, et c'est le cas du référé, ordonner toutes mesures utiles en vue de la solution d'un litige, sans faire préjudice au fond et sans faire obstacle à l'exécution d'aucune décision administrative.

[822] En Algérie. Les articles 919 à 922 du Code de procédure civile, précité, ont réglementé les procédures de référé. En dépit du caractère facultatif des formalités préalables en cette matière, le législateur algérien précise qu'en cas d'extrême urgence, même en l'absence d'un acte administratif préalable, le juge des référés peut ordonner par ordonnances toutes autres mesures utiles sans faire obstacle à l'exécution de tout autre acte administratif. Cette précision apparaît superflue dans la mesure où l'exigence d'un recours administratif n'est pas obligatoire. Cela ne pose donc pas de problème.

[823] En Tunisie ou encore en Côte d'Ivoire, on peut dire que l'exclusion de la phase préalable y est implicitement consacrée au regard de l'usage par ces législateurs de la notion de « simple requête » en matière de référé. Ainsi, en Tunisie, le législateur a prévu, à côté du référé, du constat d'urgence et du sursis à exécution, le référé-provision comme en Algérie. Cette procédure permet en cas d'urgence, aux présidents des Chambres de première instance ou d'appel devant lesquelles une affaire est déjà enrôlée d'ordonner d'urgence au débiteur (défendeur) de verser à son créancier une provision à condition qu'il n'y ait pas une contestation sérieuse sur le fond. Parmi les conditions qui encadrent cette procédure, en dehors de l'urgence, de l'absence de préjudice au principal et l'absence d'obstacle à l'exécution d'une décision, le recours est introduit par simple requête. Art. 81 et 82 (nouveau), loi de 1974 relative aux tribunaux administratifs ; K. GORDA, « La procédure devant le tribunal administratif », *in* Sadok Belaid (dir), *L'œuvre jurisprudentielle du tribunal administratif tunisien*, Université de Tunis, Centre d'études de recherche et de publications, 1990, p. 203.

[824] En Côte d'Ivoire, les procédures d'urgence sont organisées par la loi n° 97/24 du 25 avril 1997. Selon l'article 79 de la loi organique relative à la Cour Suprême, précitée, « dans tous

le législateur gabonais n'a pas généralisé ce droit de citation directe. Cela suscite quelques interrogations.

a2. L'exception

693. La législation gabonaise a consacré une limite au droit de citation directe en matière de référé. Celle-ci a été relevée par jurisprudence. En effet, dans l'affaire Oprag c/ Direction des douanes[825], la Cour administrative, s'appuyant sur des dispositions particulières, a rappelé une atténuation à cette règle et a rejeté une requête en référé tiré du défaut d'un recours administratif. Elle affirme, en effet, qu'une requête qui donne à connaître des intérêts d'un établissement public dont les textes relatifs à son organisation prescrivent une procédure préalable, notamment la saisine du directeur général, la saisine du juge de l'urgence, en l'absence de ce préalable doit être sanctionnée par l'irrecevabilité.

694. Cette limitation apportée au droit de citation directe en matière de référé est critiquable. S'agissant d'une matière urgente, le rejet de la citation directe augmente le risque d'allongement de la durée de la procédure. Cela est lié à la présence de la phase préalable dès lors que cette dernière phase ne s'achève pas par une entente entre les parties.

695. La citation directe ne devrait pas, compte tenu de l'urgence, connaître des restrictions en matière de référé. En effet, comme l'a affirmé le juge administratif gabonais, la « procédure de référé doit porter la caractéristique essentielle de la célérité, étant donné qu'elle reflète le souci du législateur de réaliser une justice affranchie des lenteurs souvent excessives et, par conséquent, préjudiciable aux intérêts des justiciables ». C'est la raison pour laquelle, poursuit-il, « le juge, en ce qui le concerne, se doit notamment d'accélérer les procédures qui, malheureusement, ont trop tendance à s'étirer en longueur alors que des intérêts sont en

---

les cas d'urgence, le président de la Chambre administrative peut sur simple requête désigner un expert pour constater sans délai des faits susceptibles de donner lieu à un litige devant la Chambre administrative ». L'article 79 (nouveau) de la loi de 1997, précitée, parlant du référé administratif reprend presque la même formule que les autres législations africaines selon lesquelles le juge, sur simple requête, peut ordonner toute autre mesure utile, sans faire préjudice au principal ni obstacle à l'exécution d'aucune décision administrative.
La question de l'exigence de la formalité préalable se pose alors ici en raison du silence du législateur contrairement aux autres pays. À cet égard, le droit de citation directe trouve à s'appliquer non seulement en raison du caractère urgent de la procédure, mais aussi en raison de la formulation même de cette disposition notamment avec la notion de « simple requête ». Ce vocable conduit sans aucun doute à disqualifier toutes mesures préalables. CS/CA, ord., référé, 30 août 1999, *Dame D c/ Ministère du Logement et de l'Urbanisme*.

[825] CA, ord., 10 déc. 1998, *Oprag c/ Direction générale des douanes*.

péril »[826]. Ceci explique pourquoi le législateur peut être amené à instituer des procédures accélérées[827].

696. En tout cas, on ne saurait nier le fait que l'exigence pré-contentieuse en matière de référé apparaît, au moins pour deux raisons, comme étant une régression regrettable. D'une part, au regard de la finalité de la procédure de référé, qualifiée à juste titre de préventive et de rapide[828], le recours gracieux peut nuire à la possibilité d'intervention d'une décision rapide. On sait qu'en pareil cas, le juge doit relever le défi du temps, que son intervention doit répondre à des impératifs de rapidité de simplicité et d'efficacité[829].

697. D'autre part, subordonner l'action du juge administratif à l'exercice préalable d'un recours administratif, et en particulier celle du juge des référés, c'est adopter des recours contentieux auprès des autorités qui n'ont pas la qualité de juge ou encore c'est confondre les voies administratives et juridictionnelles[830].

698. Au Cameroun, la situation est plus contestable car aucune possibilité de citation directe n'est observable en matière de référé contrairement au droit gabonais où elle est limitée. En effet, rompant avec son mutisme d'antan, le législateur camerounais a clairement consacré le recours administratif préalable en matière de référé.

b. Les risques d'allongement du temps du procès par l'exclusion des citations directes en matière de référé au Cameroun

699. En droit camerounais, le droit à une justice dans un délai raisonnable n'est pas observable dans le cadre du référé administratif. Ainsi, à l'opposé des autres législations d'Afrique francophone, le législateur camerounais a clairement fait de la phase pré-contentieuse une condition de recevabilité des recours contentieux en matière de référé. En effet, il convient de relever, d'abord, que les articles 122, 123 et 124 de la loi n° 75/17 du 08 décembre 1975 fixant la procédure devant la Cour suprême statuant en matière administrative, lesquels organisaient la procédure du référé, ont été corrigés par les dispositions de la loi n° 2006/022 relative à

---

826 CS/CA, 26 juin 1987, *Ognane Patrice c/ État gabonais*, rép., n° 16.

827 Le constat d'urgence quant à lui est prévu par l'art. 141 du Code des juridictions administratives.

828 Le juge admet lui-même que l'urgence constitue le fondement même de la décision de référé. Voir CS/CA, ord., référé n° 7/1977-1978, 26 nov. 1977, *Lélé Gustave* c/ *État du Cameroun*.

829 En ce sens, F. MODERNE, « Le référé-liberté devant le juge administratif », *in* P. Wachsman (dir), *Le nouveau juge administratif des référés… op. cit.*, p. 149 et 150.

830 J.-F. BRISSON, *Les recours administratifs en droit public français*, Paris, LGDJ, coll. « Bibl. de droit public », 1996, t. 185, p. 35.

l'organisation et au fonctionnement des tribunaux administratifs. À cet effet, l'alinéa 1 de l'article 27 de la loi n° 2006/022, reprenant en quelque sorte le substrat des articles précités, dispose que « dans les cas d'urgence, le président du tribunal [...] peut, sur requête et si le demandeur justifie de l'introduction d'un recours gracieux, [...] ordonner, en référé, toutes les mesures utiles, sans faire préjudice au principal ».

700. Ici, le législateur camerounais a repris une approche initiée auparavant par le juge notamment dans l'affaire Sosso Emmanuel du 08 décembre 1988[831]. En effet, jadis, le juge administratif avait affirmé dans l'espèce Sighoko Fossi Abraham[832], du 18 janvier 1984, que cette procédure, au regard de l'urgence, était affranchie de la règle du pré-contentieux. On pouvait donc admettre, d'une part, qu'en adoptant cette position, le juge avait enfin « levé l'hypothèque du recours gracieux »[833] et, d'autre part, qu'il avait rangé la demande en référé dans la rubrique des requêtes usant du droit de citation directe. Malheureusement, cette conception va être remise en cause à l'occasion de l'affaire Sosso Emmanuel. En l'espèce, le juge administratif affirma qu'un tel recours est irrecevable en l'absence d'un recours gracieux préalable[834]. Cette approche comporte des aspects à la fois positifs et négatifs.

701. Vue sous un angle positif, la consécration du recours administratif en matière de référé comporte de nombreux avantages. D'une part, le législateur a voulu mettre fin à l'embarras dans lequel la jurisprudence, concernant l'exigence du recours gracieux en matière de référé avait plongé les justiciables en excluant parfois cette exigence.

702. Dans un second temps, il faut noter que le législateur camerounais a fait preuve de prudence. Prudence parce que le fait de généraliser la citation directe en matière d'urgence soulève des interrogations. En généralisant le droit de citation directe en matière de référé, comment ne peut-on pas craindre un abus des procédures d'urgence, ou alors un effacement de l'office ordinaire du juge, du moins, une invasion du prétoire par les procédures d'urgence ? La doctrine, en France, l'a d'ailleurs fait observer

---

[831] C. KEUTCHA TCHAPNGA, « La réforme attendue du contentieux administratif au Cameroun », *Juridis Périodique*, n° 70/2007, p. 29.

[832] CS/CA, ord., référé, n° 12, 18 juil. 1984, *Sighoko Fossi Abraham* c/ *État du Cameroun*.

[833] B.-R. GUIMDO DONGMO, *Le juge administratif camerounais et l'urgence... op. cit.*, p. 79.

[834] CS/CA, ord., référé, n° 6, 08 déc. 1998, *Sosso Emmanuel* c/ *Crédit Foncier du Cameroun*, *Juridis Périodique*, n° 45/2000, p. 41, note C. Keutcha Tchapnga.

à propos de la réforme de 2000 relative aux référés. Selon elle, trop de référé tue le référé[835].

703. D'autre part, on pourrait penser qu'à travers cette consécration, le législateur camerounais a voulu rappeler au juge administratif qu'il ne doit pas s'éloigner des règles de droit en vigueur. Cela justifie l'idée selon laquelle dans ces législations africaines, l'importance des sources écrites en droit administratif fait du juge moins un créateur du droit qu'un serviteur de la loi. Ainsi, le droit de citation directe, admis par le juge dans l'espèce Sighoko, s'apparentait à une violation de l'ordonnance de 1972 ci-dessus évoquée. À la suite donc du juge de l'espèce Sosso Emmanuel, on pourrait conclure que le législateur camerounais a apporté un correctif à cette déviation.

704. Plusieurs décisions rendues par le juge confirment directement ou indirectement, le caractère d'ordre public du recours gracieux désormais exigé en matière de référé par la récente loi de 2006[836]. À titre d'exemple, dans son ordonnance de référé du 08 octobre 2010, affaire Mvondo Bertin c/ Ministère des Domaines et des Affaires foncières (Mindaf), le juge a conclu à l'irrecevabilité du recours en l'absence d'un recours gracieux. En effet, il a clairement souligné qu'il résulte de l'article 27 alinéa 1 de la loi n° 2006/022 du 29 décembre 2006, « [...] que la saisine du juge des référés doit être consécutive à l'introduction d'un recours gracieux ».

705. Cette jurisprudence est bien reprise par les tribunaux administratifs. Ainsi, dans son ordonnance n° 05, du 8 août 2014, affaire Journal la scène c/ État du Cameroun (Ministère de la Communication), le juge des référés du tribunal administratif de Yaoundé relève que « le recours gracieux des requérants a été adressé au ministre de la Communication qui n'est pas l'auteur de l'acte querellé, encore moins la personne habilitée à représenter le Conseil national de la communication qui jouit d'une personnalité juridique ; dès lors les requérants ne justifient pas d'un recours gracieux, qu'il convient de déclarer leur requête irrecevable »[837].

706. Quant aux inconvénients, le regret qu'on peut exprimer ici porte sur la contradiction que présente la règle du recours administratif avec le souci

---

[835] D. LABETOULLE, « Débats », *in* P. Wachsman (dir), *Le nouveau juge administratif des référés…*, *op.cit.*, p. 165.

[836] CS/CA, ord., référé, n° 19, 15 oct. 2010, *Société Panalpina Cameroun c/État du Cameroun* (*Minefi*) ;ord., référé, n° 8, 26 mars 2010, *Gérard Désiré Nguelé c/ Sacaap* ;ord., référé, n° 6, 29 jan. 2010 *Njom Guillaume* c/ *État du Cameroun* (*Mindaf*) ; ord., référé, n° 14, 9 juil. 2010, *Collectivité Nti* c/ *État du Cameroun* (*Mindaf*).

[837] Voir aussi, TA, Yaoundé, ord., référé n° 02, 14 mars 2014, *Syndicat national de la communication c/ Cameroon télécommunication* ; TA, Yaoundé, ord., référé, n° 06, 22 août 2014, *Onambele Atangana c/ État du Cameroun* (*Mindcaf*)

de célérité. En effet, le législateur camerounais semble n'avoir pas compris qu'il est urgent d'alléger les conditions de recevabilité des demandes en référé. Cela est pourtant nécessaire[838].

707. Certes, on peut bien se demander s'il est plus contraignant d'exiger un recours administratif plutôt que l'introduction d'un recours au fond. Il faut dire que le recours gracieux semble être la voie idéale. C'est pour la simple raison qu'un procès peut s'allonger dans le temps par rapport à un arrangement. Or, dans la majeure partie des cas, l'administration n'accorde que très peu d'intérêt aux demandes qui lui sont adressées, notamment lorsqu'elles visent à l'inviter à modifier sa position.

708. L'intérêt du recours gracieux n'est donc appréciable que si cette procédure est bien prise en compte. Étant donné qu'en qualité de juge de l'urgence, le juge administratif n'est appelé qu'à prendre une mesure provisoire, il convient d'envisager la disqualification du recours gracieux. De ce point de vue, l'exigence du recours gracieux en cette matière est en contradiction avec l'exigence de célérité. Cette exigence est d'ailleurs exprimée par la loi au niveau de l'instruction de la requête en référé. En ce sens, l'alinéa 2 de l'article 27 de la loi n° 2006/022 prévoit, entre autres, que la notification de la requête en référé saisissant la juridiction doit être immédiatement faite au défendeur par la juridiction assortie de la fixation d'un délai de réponse ne pouvant excéder cinq (05) jours. Il s'agit d'une mesure visant à accélérer la procédure, laquelle s'accorde avec l'idée d'urgence.

709. La contradiction apparaît alors indéniable puisque la saisine préalable de l'administration en cas d'urgence peut plonger le litige dans le temps, dans le cas où le juge doit être saisi par la suite. Qu'en est-il du sursis à exécution ?

2. L'allégement du temps du procès par les citations directes en matière de sursis à exécution

710. Compte tenu du fait que le sursis à exécution est une procédure accessoire, comme c'est aussi le cas en droit français, le droit de citation directe n'est pas admis dès lors que le recours principal passe par une phase pré-contentieuse. Ce principe est bien observable en droit camerounais (a) alors que le droit gabonais admet une exception à celle-ci (b).

[838] H. PAULIAT, « Célérité de la justice administrative et qualité de la décision juridictionnelle », *in* N. Albert (dir), *Performance et droit administratif*, *op. cit.*, p. 255.

a. Les risques d'allongement du temps du procès par l'exclusion des citations directes en matière de sursis en droit camerounais

711. Au Cameroun, comme en matière de référé, le droit à une justice dans un délai raisonnable n'est pas observable dans le cadre du sursis à exécution des décisions de justice. Dans une certaine mesure, c'est le cas dans toutes les législations. En effet, la question du recours gracieux en matière de sursis à exécution en droit camerounais est aujourd'hui organisée par l'article 30, alinéa 1er, de la loi n° 2006/022 portant organisation et fonctionnement des tribunaux administratifs. Il ressort de cette disposition que « le recours gracieux contre un acte administratif n'en suspend pas l'exécution »[839].

712. Cependant, le juge peut ordonner le sursis à exécution lorsque l'exécution de la décision est de nature à causer un préjudice irréparable et que la décision attaquée n'intéresse ni l'ordre public, ni la sécurité ou la tranquillité publique, à condition également d'être saisi d'une demande en ce sens, notifiée aux autres parties, sans oublier les conclusions du ministère public.

713. L'alinéa 4 de cette même disposition prévoit la caducité de la décision ordonnant la suspension lorsqu'aucune requête introductive d'instance n'est présentée au tribunal administratif dans le délai prévu à l'article 18 de ce même texte. Selon l'ancienne formulation, notamment avec l'article 17 de la loi de 1975 fixant, jadis, la procédure devant la Cour suprême statuant en matière administrative, la requête visant à obtenir le sursis pouvait « être formée en même temps que la demande principale et par la même requête »[840].

714. Le juge administratif, avant la loi de 2006, semblait plutôt vacillant en ce qui concerne l'exigence du recours gracieux préalable en matière de sursis à exécution. Dans un premier temps, il n'avait pas admis le recours aux fins de sursis à exécution en l'absence d'un recours gracieux. Ainsi, le recours gracieux faisait partie des conditions de recevabilité de la demande de sursis à exécution.

715. Dans l'affaire Ngatchou Mbatkam Henri[841], rapporte le pr Bernard-Raymond Guimdo Dongmo, il a affirmé que lorsque la demande de sursis est formée en même temps que la demande principale, celle-ci doit être

---

[839] Art. 16, alinéa 1, loi n° 75/ 17, 8 déc. 1975, fixant la procédure devant la Cour suprême statuant en matière administrative, disposait au contraire que « le recours contentieux contre une décision administrative n'en suspens pas l'exécution ».

[840] Art. 17, loi de 1975, relative à la procédure devant la Chambre administrative de la Cour suprême.

[841] CS/CA, ord. sursis, n° 14/82-83, 23 mars 1983, *Ngatchou Mbatkam Henri*.

précédée d'un recours gracieux adressé à l'autorité compétente. Par la suite, ce fut l'affaire Djambou Maurice, espèce à l'occasion de laquelle, il a déclaré recevable une requête aux fins de sursis à exécution sans recours gracieux. Cette position avait été qualifiée d'innovatrice[842]. Comme le rapporte encore le pr Bernard-Raymond Guimdo Dongmo, dans d'autres affaires comme celles du 31 décembre 1997, du 14 octobre 1998 et du 5 avril 2001, il a affirmé « qu'il n'est pas lié par le recours gracieux mais plutôt par le recours contentieux »[843]. De ce point de vue, on peut parler d'une dispense de la formalité pré-contentieuse. Mais à l'analyse de l'évolution de la jurisprudence en la matière, on constate que le juge a été simplement chancelant.

716. En effet, dans des affaires récentes comme les jurisprudences Biwolé Sida Magloire, Social Democratic Front, c/ État du Cameroun[844], le juge a implicitement rejeté l'usage du droit de citation directe. En effet, affirme-t-il, le sursis à exécution peut être demandé dès l'introduction du recours gracieux, en l'absence du recours contentieux. Ainsi, les justiciables peuvent désormais soumettre, d'abord, le recours gracieux, afin de paralyser la décision administrative en cause, avant d'introduire le recours contentieux. Ceci conduit à la conclusion que la règle du recours gracieux reste en vigueur en matière de sursis à exécution en droit camerounais. La jurisprudence semble désormais constante sur la question[845]. Les jurisprudences Biwolé et autres, ci-dessus, révèlent donc la position adoptée par le juge, depuis la réforme de 2006.

717. Par exemple, le juge précise dans l'affaire Tchégoué Lucas que « [le requérant] ne justifie pas de l'existence de la réclamation présentée au ministre tenant lieu de recours gracieux, qu'il s'ensuit que la demande de sursis de paiement non précédée du recours gracieux n'est pas conforme aux prescriptions de l'article 30 et encourt irrecevabilité »[846]. Cela dit, toute requête tendant à solliciter le sursis « n'est recevable que si un recours gracieux a été adressé à l'autorité auteur de l'acte ou à celle statutairement habilitée à représenter la collectivité publique ou

---

[842] C. KEUTCHA TCHAPNGA, « Le régime juridique du sursis à exécution dans la jurisprudence administrative camerounaise », *Juridis Périodique*, n° 38/1999, p. 87.

[843] B.-R. GUIMDO DONGMO, *Le juge administratif* camerounais et l'urgence… *op. cit.*, p. 91.

[844] CS/CA, ord., sursis, 26 mars 2009 ; CS/CA, ord. sursis n° 1, 23 janv. 2009, *Social Democratic Front c/État du Cameroun*, *Juridis Périodique* n° 73/2009, p. 26, note Célestin Keutcha Tchapnga, respectivement.

[845] CS/CA, ord., sursis, n° 68, 03 août 2010, *Ndem Marthe veuve Koung à Yaka* c/ *État du Cameroun* (*Mindaf*) ; ord., sursis, n° 49, 24 juin 2010, *Établissement Mouring et compagnie* c/ *État du Cameroun* (*Mintp*).

[846] CS/CA, ord., sursis, n° 71, 3 août 2010, *Me Tchégoué Lucas* c/ *État du Cameroun* (*Minefi*).

l'établissement public en cause »[847]. De même, une « demande de sursis à exécution, antérieure au recours contentieux, mais introduite consécutivement au recours gracieux, est recevable tant que le recours au fond demeure ouvert ou que celui-ci est exercé dans le délai de 60 jours prescrit par la loi »[848]. Ces considérants traduisent bien le caractère d'ordre public de cette formalité en la matière.

718. Dans ces conditions, on voit bien les risques d'allongement du temps du procès en raison de cette formalité préalable. On y voit aussi le caractère rigide du rapport du temps avec le contentieux administratif. On peut illustrer ce risque d'allongement de la durée de la procédure avec l'affaire Association le centre de recherche de l'action pour le développement.... c/ État du Cameroun[849]. Dans cette affaire, l'intervention de cette décision n'a eu lieu que le 30 août 2010 alors que le recours avait été introduit le 30 août 2006, c'est-à-dire quatre (04) années après. Aussi, dans la jurisprudence Ondoa Jean-Jacques[850], le juge a conclu à l'irrecevabilité de la demande de sursis en invoquant le caractère prématuré du recours. En effet, il est critiquable de reprocher à un justiciable d'avoir précocement initié une action alors qu'il sollicite une mesure provisoire et urgente. Cela ne semble pas s'accommoder avec les objectifs d'une procédure dite urgente. Dans la législation gabonaise, la situation est nuancée.

b. Un relatif droit à une justice dans un délai raisonnable eu égard aux citations directes en matière de sursis au Gabon

719. Au Gabon, à titre exceptionnel, lorsqu'une décision en cause a fait l'objet de conclusions visant à solliciter sa suspension, le juge peut prescrire que son exécution soit suspendue, notamment s'il n'y a pas atteinte au maintien de l'ordre, à la sécurité et la tranquillité publique. Et, s'agissant de la forme, une demande allant dans ce sens doit être présentée, soit, dans la requête introductive d'instance au principal, soit par requête ou des conclusions différentes[851]. C'est en ces termes que le doit gabonais consacre le sursis à exécution. Le silence des textes sur la condition relative au recours administratif en cette matière apparaît aussi dans

[847] TA, Yaoundé, ord. sursis, n° 46, 24 juil. 2014, *Kouembou Weilagi c/ État du Cameroun* (*Mindcaf*).
[848] TA/ADD, Bafoussam, ord., sursis, n° 06, 15 juil. 2014, *Foka Koagne Félicité c/ État du Cameroun* (*Mindcaf*).
[849] CS/CA, ord., sursis, n° 42, 24 juin 2010, *précitée*.
[850] CS/CA, ord., sursis, n° 70, 30 août 2010, *Ondoa Jean-Jacques c/ État du Cameroun* (*Mindaf*), *précitée*.
[851] Art. 145, 146, *Cja*.

d'autres législations d'Afrique francophone. C'est le cas au Sénégal[852], en Tunisie[853] et en Algérie[854].

720. En effet, à la lecture des articles 146 et 147 du Code des juridictions administratives, lesquelles précisent le formalisme qui entoure la requête aux fins de sursis[855], l'on est amené à songer à l'inexistence d'un recours administratif préalable à une demande de sursis. Il en est ainsi parce que le traitement d'une telle procédure doit se faire en urgence avec notamment des délais fixés au minimum. Dans une certaine mesure, cela est compréhensible. Mais, admettre la possibilité d'un recours contentieux direct (b2) mérite d'être nuancé (b1).

b1. Le principe : les risques d'allongement du temps du procès par l'exclusion des citations directes en matière de sursis au Gabon

721. En droit gabonais, le temps de la justice devient rigide en matière de citation directe, et donc peu favorable au droit du justiciable, en matière

---

[852] Au Sénégal, sans aucune précision, et contrairement aux autres cas d'urgence, la loi prévoit de manière laconique aussi, qu'exceptionnellement, et sur demande d'une partie sous certaines conditions rigoureusement respectées par la jurisprudence, la Cour suprême peut suspendre la mise en œuvre des décisions prises par l'administration et faisant l'objet d'un recours en annulation.

[853] En droit tunisien, l'alinéa 2 de l'article 39 (nouveau) de la loi de 1972, modifiée par la loi n° 96/39 du 3 juin 1996 et relative aux tribunaux administratifs, relève simplement que la requête aux fins de sursis à exécution doit être distincte de la requête principale. Cette formulation amène à s'interroger sur la possibilité d'exercer un recours tendant à obtenir le sursis à exécution d'un acte sans observer le recours administratif préalable. La même question peut être posée en droit ivoirien lorsque l'article 76 de la loi n° 97/243 du 25 avril 1997, relative à la Cour suprême, dispose que « si une décision déférée à la Chambre administrative n'intéresse ni le maintien de l'ordre, ni la sécurité ou la tranquillité publique et si une requête expresse à fin de sursis lui est présentée, la Chambre administrative peut, après réquisition du ministère public, à titre exceptionnel, prescrire qu'il soit sursis à l'exécution de cette décision ».

[854] S'agissant du droit algérien, la formule adoptée par le législateur français en matière de référé-suspension consacré à l'article L. 521-1 du Code de justice administrative a été reprise. En effet, l'article 919 de la loi n° 08/09 du 25 février 2008 portant Code de procédure civile et administrative dispose que lorsqu' « un acte administratif, même de rejet, fait l'objet d'une requête en annulation totale ou partielle, le juge des référés, saisi d'une demande en ce sens, peut ordonner la suspension de l'exécution de cet acte ou de certains de ses effets lorsque l'urgence le justifie et qu'il est fait état d'un moyen propre à créer, en l'état de l'instruction, un doute sérieux quant à la légalité de l'acte ». Une fois de plus, aucune précision n'est apportée au sujet du recours administratif préalable s'agissant des conditions de recevabilité d'une telle action. Mais, rappelons d'emblée que cette exigence est de manière générale facultative en Algérie. C'est ce qui ressort de l'article 840 du Code susvisé.

[855] De manière laconique, cet article prévoit que la demande de sursis à exécution peut être formulée, soit dans la requête introductive d'instance au principal, soit par une requête ou des conclusions distinctes.

de sursis à exécution. Cela est lié à l'exclusion du recours sans formalité pré-contentieuse. En effet, cette exclusion est liée à l'idée que le sursis à exécution, comme le constat d'urgence et le référé, sont des procédures accessoires à une action principale. Ainsi, une demande de sursis exercée dans le cadre du contentieux de l'excès de pouvoir ou encore du contentieux des impositions obéira à l'exigence du recours administratif préalable. Ce cas renvoie donc à une exclusion du droit de citation directe découlant du fait que les recours en annulation et en matière fiscale sont obligatoirement soumis à une phase pré-contentieuse.

722. L'obligation de justifier de l'introduction d'un recours gracieux dans le cadre d'une demande de sursis à exécution ressort, en substrat, dans le jugement Société MCE c/ Ministère des Mines[856]. En l'espèce, la société requérante avait, en date du 24 juin 2002, saisi la juridiction administrative en vue d'obtenir le sursis à exécution de l'arrêté du 4 mars 2002 par lequel le ministre des Mines lui avait retiré les permis d'exploitation des carrières. Le juge relève qu'« à la lumière des dispositions combinées des articles 146 et 42 [du Code des juridictions administratives] que la recevabilité de la requête afin de sursis à exécution est subordonnée au dépôt, [...], d'un recours administratif préalable ; que ce recours gracieux ou hiérarchique qui marque le point de départ du recours pour excès de pouvoir, justifie la demande de sursis au sens des dispositions de l'article 146 [...] qu'en application de ces dispositions, la requérante a formulé sa demande de sursis [...] et exercé un recours gracieux auprès du ministre [...] qu'en conséquence, et vu l'urgence, il y a lieu de déclarer sa requête afin de sursis, recevable en la forme ». Dans ces conditions, la demande afin de sursis n'est admissible que si la requête principale l'est aussi[857].

723. Pour ce qui est du contentieux fiscal, on doit relever que le contribuable qui conteste son imposition peut, s'il en a expressément formulé la demande dans sa réclamation dans les conditions fixées aux articles p. 1036 (exigence du recours gracieux), être autorisé à différer le paiement de la partie contestée des impositions[858]. On retrouve, à travers ces deux exemples, l'absence d'un droit de citation directe. Dans ces conditions, on relève des risques d'allongement du temps du procès donc son caractère rigide. Toutefois, cette approche doit être nuancée.

---

[856] TA, Libreville, 15 juil. 2002, rep., n° 018-2001-2002.
[857] TA, Libreville, 03 déc. 2005, *Ossinga Paul c/ Direction générale des impôts.*
[858] Art. p. 1055, *Cgi.*

b2. L'allégement du temps du procès par l'exceptionnelle citation directe en matière de sursis à exécution au Gabon

724. En matière de sursis à exécution au Gabon, le rapport du temps avec le contentieux devient souple dans certains cas. En effet, la possibilité de profiter d'une citation directe en cette matière apparaît dans le cas où la requête aux fins de sursis est exercée dans le cadre d'un litige relatif aux travaux publics ou en matière de responsabilité. Dans ce cas, selon la législation gabonaise, un recours administratif préalable n'est pas exigible. Ainsi, on peut admettre l'existence d'un droit de citation directe. À titre d'illustration, un administré qui sollicite l'annulation d'une décision et le paiement des dommages et intérêts, sa requête assortie d'une demande de sursis, ne saurait être soumis au recours administratif puisqu'il s'agit d'un contentieux de pleine juridiction. En effet, on a vu qu'en matière de plein contentieux le droit gabonais exclut la formalité préalable. Le droit de citation directe est donc une conséquence de cette exclusion.

725. À la suite de cette première illustration simple, surgit une autre plus complexe. En effet, qu'adviendrait-il dans le cas où le justiciable solliciterait la condamnation de l'État au paiement des dommages intérêts, en principal, pour un acte portant expulsion, par exemple, et le sursis à exécution de cet acte ? Sans aucun doute, le droit de citation directe existe ici dès lors que le recours principal est dispensé du recours administratif puisqu'il est question d'un recours en responsabilité.

726. Mais ce cas soulève une question notamment celle de savoir si le sursis à exécution est valable sans un recours en annulation. Autrement dit, une requête aux fins de sursis à exécution introduite dans le cadre d'un recours en indemnisation est-elle recevable ? En d'autres termes, un administré qui, à partir d'un acte de l'administration, a été expulsé d'un immeuble classé, pourrait-il, en sollicitant la condamnation de l'administration au paiement des dommages intérêts, solliciter le sursis à exécution d'un tel acte ? La réponse à cette question varie suivant l'interprétation que l'on peut donner à l'article 145 du Code des juridictions administratives consacré au sursis à exécution.

727. En effet, l'interprétation de cette disposition, à la lettre, donc en suivant les vocables « le recours » ou encore la « décision administrative » retenus par l'article 145, permet de dire que la demande de sursis peut être recevable même en matière de responsabilité car le recours ou la décision attaquée n'exclut en rien les deux types de contentieux.

728. En revanche, si on prend en compte l'esprit de cette disposition, on va admettre plutôt que la demande en suspension d'une décision administrative ne peut être recevable que si elle est introduite dans le cadre d'une demande principale en annulation de cette décision. Ce qui veut dire que, n'ayant pas été saisi pour une action en annulation, le juge administratif ne peut pas, sans violer le texte susvisé, ordonner le sursis d'une telle décision.

729. Cette interprétation abonde dans le même sens que la jurisprudence. Dans un jugement du 14 février 2007, le tribunal administratif de Libreville rappelle que selon l'article 145 du Code des juridictions administratives, « la demande de sursis à exécution d'un acte administratif n'a de raison d'être que dans le cadre d'un recours tendant à l'annulation dudit acte [que] la recevabilité d'une telle demande est [...] subordonnée à la recevabilité de la requête principale »[859].

730. Malgré les limites observables en matière de citation directe dans ces législations africaines, on observe tout de même ces possibilités de citation directe qui conduisent vers une réduction des risques de rallongement du temps du procès. Cela rend imparfait le caractère rigide du temps dans le procès administratif. C'est également le cas avec les contentieux d'urgence spéciale.

B. La relative rigidité du temps dans les droits africains : le droit à une durée raisonnable du procès par la consécration des citations directes dans les contentieux d'urgence spéciale

731. On peut simplement remarquer qu'en droit camerounais, cette exclusion est moins explicite (2), contrairement au Gabon où elle est plus explicite, s'agissant précisément du contentieux électoral (1).

---

[859] TA, Libreville, 14 fév. 2007, *Etsale Léontine*. En Tunisie, par exemple, si l'alinéa 2 de l'article 39 (nouveau) de la loi de 1972 relative aux tribunaux administratifs est silencieux quant à l'exigence du recours administratif en matière de sursis à exécution, on doit, comme au Gabon et au regard du caractère à la fois facultatif et obligatoire de cette formalité, nuancer la réponse à la question de son exigence. En effet, on l'a noté, le recours administratif préalable est selon l'article 35 (nouveau) de la loi précitée obligatoire en matière de recours pour excès de pouvoir contre les décrets à caractère réglementaire. En conséquence, dans ces hypothèses, la demande de sursis doit être accompagnée d'un recours administratif préalable. Il y a donc obligation pour le requérant de respecter l'ensemble des conditions de recevabilité du recours en annulation parmi lesquelles celle du recours administratif. Ce qui ne serait pas le cas si le contentieux concerne les autres cas comme notamment les actes individuels où cette exigence n'est que facultative. La même solution est envisageable en ce qui concerne le droit béninois où la localisation de la règle du recours administratif a aussi été opérée en matière d'actes individuels. CS/CA, 16 nov. 2000, *Djaouga Boubakar Mamadou et consorts c/ État béninois*, *Rec.*, p. 236.

1. La durée raisonnable du procès par les citations directes en matière électorale au Gabon

732. La souplesse caractérise le temps du procès au Gabon en matières électorales. En effet, la saisine directe du juge administratif en cette matière est clairement consacrée[860]. La loi n° 07/96 du 12 mars 1996 portant dispositions communes à toutes les élections politiques, modifiée par la loi n° 10/98 du 10 juillet 1998 précise en son article 118, alinéa 3, que « [...] le recours du contentieux électoral n'est pas soumis au recours administratif préalable ».

733. Une disposition de même nature existait déjà dans le Code électoral issu de la loi du 09 novembre 1968 en son article 98. Avant de préciser une telle exclusion, l'article 118, alinéa 3, de la loi de 1998, en son article 115, alinéa 2, avait emprunté la formule couramment utilisée par le législateur camerounais selon laquelle « le tribunal administratif compétent est saisi par simple requête développant les moyens invoqués à l'appui du recours [...] ». La nouvelle formulation est donc plus claire et le justiciable, encore moins le juge, n'ont pas de difficulté à l'interpréter.

734. On peut aussi relever que cette précision qu'apporte le droit gabonais manque à l'approche du législateur camerounais. De plus, l'article 101, alinéa 2, de la loi n° 14 du 15 août 1990 portant Code électoral gabonais, laquelle loi avait précédé celle de 1996, précitée, et modifiée en 1998, était encore plus précise sur la question. Elle disposait que « l'exercice du recours [en matière d'élection] n'est pas soumis aux dispositions de l'article 42 du code des juridictions administratives relatives au recours administratif préalable ».

735. En dehors de tous ces cas, expressément aménagés par le droit gabonais, dans la plupart des procédures d'urgence spéciale, l'exclusion du recours préalable est fondée non seulement sur le caractère urgent de la procédure, mais aussi et surtout sur l'usage par les législateurs de l'expression de « simple requête »[861]. On peut donc, sans risque de se

---

[860] Sur le plan jurisprudentiel voir TA, Libreville, ord., n° 001/2005-2006, *Zacharie Myboto*.

[861] Cependant, ce ne sont pas toutes les législations africaines de succession française qui ont opté pour une telle exclusion. C'est l'exemple du droit ivoirien. En Côte d'Ivoire, en effet, les litiges relatifs aux élections municipales et régionales relèvent de la compétence de la Chambre administrative de la Cour suprême selon la loi n° 80/1181 du 17 octobre 1980 portant régime électoral municipal. Cette législation a placé le contentieux relatif à ces scrutins sous le même régime procédural que celui des recours pour excès de pouvoir donc justiciables devant la Chambre administrative de la Cour suprême. On le sait, la formalité préalable en droit ivoirien s'applique devant cette juridiction. Ainsi, l'article 17 de la loi de 1980 prévoit que l'autorité administrative est juge de la régularité des listes électorales. À cet effet, les candidats et les électeurs peuvent introduire des réclamations auprès de l'autorité de tutelle lorsque se pose la question de l'inéligibilité d'un candidat. En ce qui concerne le

tromper, conclure qu'en matière d'élections au Gabon, la règle du recours pré-contentieux a été exclue[862]. Qu'en est-il du droit camerounais ?

2. La durée raisonnable des procès par les citations directes en matière d'urgence spéciale au Cameroun

736. En droit camerounais, les citations directes, s'agissant des contentieux d'urgence spéciale, sont admises de manière implicite. Il faut distinguer le cas des actes des autorités municipales (b) des autres cas (a).

a. Le droit de citation directe dans les contentieux différents de celui des actes des autorités municipales

737. En matière d'élection des conseillers municipaux, l'article 194, alinéa 1, de la loi n° 2012/001 du 19 avril 2012 portant Code électoral dispose que « les contestations font l'objet d'une simple requête »[863].

738. En ce qui concerne la dissolution, la suspension ou le refus de légaliser un parti politique ou une association, la requête est dispensée du recours administratif, conformément aux articles 17, alinéa 2, 18, alinéas 3 et 8, 13, alinéa 3, des lois n° 90/05 et 90/053 du 19 décembre 1990 sur les partis politiques et les associations, respectivement. En effet, l'article 13 de la loi n° 90/05, susvisée, dispose que « par dérogation à l'article 12 de l'ordonnance n° 72/6 du 26 août 1972, fixant l'organisation de la Cour suprême, les actes prévus aux alinéas 1 et 2 ci-dessus sont susceptibles de recours sur simple requête devant le président de la juridiction administrative »[864].

739. De même, le décret n° 2008/052 du 30 janvier 2008 modifiant et complétant le décret n° 2007/255 du 04 septembre 2007, fixant les modalités d'application de la loi n° 97/012 du 10 janvier 1997 relative aux conditions d'entrée et de sortie des étrangers au Cameroun, dispense de la formalité du recours gracieux l'étranger qui exerce un recours contre la décision relative à sa reconduite à la frontière.

---

contentieux des votes, un recours administratif est nécessaire. CS/CA, 10 déc. 1981, *Lapka Fidel c/Marcel Bilé* ; CS/CA, 10 nov. 1981, *Koffi Bilé Denis c/ Konan Karamoko*, cité par P. AMBEU AKOUA, *La fonction administrative contentieuse en Côte d'Ivoire*, Thèse, Lyon , 2011, p. 250 et ss.

[862] En ce sens, C. ZOGO ONDO, *Libertés publiques et nouvel ordre politique en Afrique depuis la fin des partis uniques : Le cas du Gabon*, Thèse, Université Paris xi, 2003, p. 153 et ss.

[863] Il s'agit d'une reprise de l'art. 34, alinéa 1 (nouveau) de la loi n° 92/002 du 14 avr. 1992 fixant les conditions d'élection des conseillers municipaux.

[864] Il en était de même avec l'article 94 de la loi n° 92/010, 17 sept. 1992 relative à l'élection présidentielle. Cette loi ayant été abrogée par la loi n° 2012/001 du 19 avr. 2012 portant Code électoral.

740. Le contentieux de la suspension et de la dissolution des organisations non gouvernementales n'est pas en reste[865]. Dans certains cas, cette exclusion est consacrée par l'expression suivant laquelle la requête peut être faite « au besoin par télégramme »[866]. Le droit camerounais n'est d'ailleurs pas un cas isolé[867].

---

[865] Art. 22, loi n° 99/014, 22 déc. 1999, régissant les organisations non gouvernementales.

[866] B.-R. GUIMDO DONGMO, *Le juge administratif* camerounais et l'urgence... *op. cit.*, p. 33- 41.

[867] De nombreuses autres législations africaines ont opté pour une approche similaire. Au Sénégal, le recours contre les décisions relatives au contentieux de l'inscription sur les listes électorales et celui des élections régionale et municipale est formé « par simple requête enregistrée au greffe du tribunal départemental qui a rendu la décision attaquée » et au « greffe de la Cour suprême ». Mais avant d'envisager cette voie de recours, le recours devant les juridictions compétentes pour statuer en matière électorale comme notamment les Cours d'appel et les tribunaux administratifs obéissent à une logique similaire. Ainsi, « le recours contre les décisions de la commission administrative est porté devant le président du tribunal départemental. Il est formé sur simple déclaration au greffe du tribunal départemental ». Art. 75 et 76, loi de 2008 relative à la Cour suprême ; Art. L. 43, alinéa 2, loi n° 2014/18, 15 avr. 2014 abrogeant et remplaçant la loi n° 2012/01, 03 janv. 2012 portant Code électoral.

Toutefois, dans certains cas, le législateur sénégalais est muet comme on peut le constater à l'alinéa 2 de l'article L. 45 de la loi électorale. En effet, « tout citoyen omis sur la liste électorale ou victime d'une erreur purement matérielle portant sur l'un de ses éléments d'identification et détenant son récépissé peut exercer un recours devant le président du tribunal ». Le texte ne donne aucune précision sur l'exigence ou non d'un recours administratif préalable. Dans tous les cas, une demande préalable n'est pas exigible vu le caractère urgent du scrutin. Cela s'accommode bien avec la réduction des délais prescrits çà et là en matière de contentieux électoral.

En droit algérien, cette idée trouve aussi à s'appliquer. La loi organique n° 12/01 du 12 janv. 2012 relative au régime électoral, notamment en ses articles 22, alinéa 3, et 36, alinéa 5, y apporte des éclairages. En effet, les recours concernant les décisions de la commission au sujet des inscriptions sur les listes électorales se font devant la juridiction territorialement compétente sur « simple déclaration au greffe ». Sur le contentieux de la désignation des membres des bureaux de vote, le Code susvisé prévoit que la décision de la commission « est susceptible de recours devant le tribunal administratif territorialement compétent ». Ici, la formule est bien vague et n'apporte pas de précision sur l'exigence de la formalité préalable. Au-delà des raisons évoquées au sujet du droit Sénégalais, il faut rappeler que l'exigence du recours gracieux en droit algérien n'est pas obligatoire mais facultative. Il n'est donc pas incongru de conclure à l'exclusion de cette règle en matière électorale. Voir aussi M. BOUABDELLAH, *L'expérience algérienne du contentieux administratif : étude critique*, Thèse, Université des frères Mentouri Constantine, 2005, p. 104 à 113.

Dans la législation tunisienne, c'est une approche presque identique. L'article 22 alinéa 2 du décret-loi n° 2011/88 du 24 septembre 2011, portant organisation des associations, prévoit que la décision du secrétariat général du gouvernement portant refus d'inscription d'une filiale d'association étrangère peut être contestée par la voie du recours pour excès de pouvoir suivant la procédure édictée par la loi de 1972, modifiée, relatives aux tribunaux administratifs. Lorsqu'on se réfère à ces dispositions applicables en matière de contentieux administratif, il ne fait pas de doute que l'exigence du recours gracieux est obligatoire uniquement pour le contentieux des décrets à caractère réglementaire. Il en est de même en matière électorale. Par exemple, la Chambre d'appel du tribunal administratif est compétente pour statuer sur les décisions rendues par l'organe coordinateur du scrutin dénommé

741. Cependant, ces formules utilisées par le législateur et qui peuvent être entendues comme des dispenses au recours gracieux sont dans une certaine mesure discutables. En effet, la formule « simple requête » ne doit pas forcément être entendue comme étant une exclusion du recours gracieux. Elle peut aussi renvoyer à une dispense de l'exigence de joindre à son recours une copie de la décision attaquée.

742. Le législateur aurait bien pu, afin d'éviter toute équivoque, reprendre la formule en vigueur en matière de partis politiques où, l'article 13 de la loi de 1990 sur les partis politiques, exclu la formalité préalable en indiquant qu'il s'agit d'une « dérogation » à la règle du recours gracieux. Mais en dehors de ce bémol, le droit de citation directe est possible, notamment au Cameroun, comme on peut aussi le voir dans le cadre du contentieux des actes des autorités municipales. Cela apporte des nuances à l'idée de l'allongement du temps du procès du fait de l'exclusion des citations directes.

b. L'admission du droit de citation directe dans le contentieux des actes des autorités municipales au Cameroun

743. Au Sénégal, par exemple, comme c'est le cas au Cameroun, la question du recours gracieux peut se poser dans le cadre du contentieux des actes pris par les autorités municipales. En effet, d'une part, et cette approche semble calquée sur le droit français, le Code des collectivités dispose que le représentant de l'État au niveau de la collectivité locale peut déférer à la Cour suprême certains actes[868] qu'il estime entachés d'illégalité. Les actes déférés ne sont pas susceptibles de recours hiérarchique. L'autorité de tutelle peut assortir son recours d'une demande de sursis à exécution. Cela pourrait aboutir si l'un des moyens invoqués dans la requête paraît, en l'état de l'instruction, sérieux et de nature à justifier l'annulation de l'acte attaqué. Et le texte ajoute que dans le cas où l'acte en cause est de nature à mettre en mal l'exercice d'une liberté publique ou individuelle, le premier président de la Cour suprême, ou celui qu'il délègue à cet effet, prononce le sursis dans les quarante-huit (48) heures.

744. On peut, au regard de cette disposition clairement reprise par le droit camerounais, dire que lorsqu'il s'agit des recours initiés par les autorités de tutelle, il faut noter deux cas de citation directe. Le premier est d'ordre général (b1) et le second concerne les libertés publiques (b2).

---

l'« instance » comme prévoient les articles 46 et 145 de la loi organique n° 2014/16du 26 mai 2014 relative aux élections et aux référendums. Voir aussi, S. DABBOU, *Les conditions de recevabilité du recours pour excès de pouvoir en France et en Tunisie (mimétisme ou originalité)*, Thèse, Paris 1, 1998, p. 261 et ss.

[868] Voir art. 334 et 335, Code des collectivités.

b1. La problématique générale de la citation directe dans le contentieux des actes des autorités de tutelle au Cameroun

745. La question essentielle ici est celle de savoir si l'autorité de tutelle qui défère au juge administratif les actes des autorités sous-tutelles doit prendre en compte la phase pré-contentieuse. Au Cameroun, comme au Sénégal, les textes relatifs à la décentralisation prévoient que les actes des élus locaux, selon l'article 71 alinéa 2 de la loi n° 2004/017 du 23 juillet 2004 portant orientation de la décentralisation, peuvent être déférés par l'autorité de tutelle à la juridiction administrative compétente lorsqu'elle estime que ceux-ci sont entachés d'illégalités. Ce recours doit intervenir dans un délai maximal d'un (01) mois, à compter de leur réception. Ces dispositions suggèrent quelques réflexions allant dans le sens d'une exclusion, du moins implicite, du recours gracieux[869].

746. En effet, c'est l'analyse du mécanisme du recours gracieux tel que prévu aux articles 17 et suivants de la loi n° 2006/022 relative aux tribunaux administratifs, précitée, qui permet d'aboutir à l'exclusion du recours pré-contentieux. Selon ce mécanisme, le recours gracieux doit, d'abord, être exercé à peine de forclusion soit dans les trois (03) mois de la publication ou de la notification de l'acte attaqué, soit dans les six (06) mois suivant la réalisation du dommage, soit, enfin, dans les quatre (04) ans à partir de la date à laquelle l'autorité ayant compétence liée a été défaillante. L'autorité administrative dont l'acte est critiqué dispose, en ce qui la concerne, d'un délai de trois (03) mois pour donner une réponse au recours gracieux dont elle a été saisie. Cela veut dire que le silence gardé pendant ce délai entraîne une décision implicite de rejet offrant, enfin, la possibilité au justiciable de saisir la juridiction administrative dans un délai de soixante (60) jours à compter de cette décision de rejet[870].

747. À l'inverse, et c'est là qu'apparaît l'exclusion, la loi de 2004 relative à la décentralisation, précitée, précise que l'autorité de tutelle exerce un recours contentieux dans un délai maximal d'un (01) mois à compter de la réception de l'acte critiqué. On pourrait donc conclure qu'en fixant le moment à partir duquel l'autorité de tutelle est tenue d'exercer son recours contentieux à la date de la réception dudit acte, le législateur a exclu la règle du recours pré-contentieux. S'il en était autrement, il aurait certainement emprunté la formule de l'article 18, alinéa 1, de la loi de 2006/022 relative aux tribunaux administratifs, précitée, c'est-à-dire « un mois à compter de la décision de rejet du recours gracieux [...] ».

---

869 Au Sénégal, cette exclusion est sans équivoque. Cela au moins pour deux raisons. D'abord parce que la phase pré-contentieuse n'est applicable en droit sénégalais qu'en matière de plein contentieux selon l'article 729 du Code de procédure civile. Il n'y a donc pas de recours préalable ici. Ensuite, le législateur a exclu, expressément, le recours hiérarchique.

870 Art. 17 et 18, loi n° 2006/022, relative aux tribunaux administratifs, *précitée*.

748. Cette position n'est qu'une suite logique car on imagine mal que l'autorité de tutelle, dont les pouvoirs font déjà peser sur l'autonomie accordée aux collectivités locales une certaine limitation, se trouve liée par l'exigence d'un recours gracieux adressé à l'autorité municipale vis-à-vis de laquelle elle joue le rôle de tuteur. On peut, à cet égard, admettre que cette exclusion est valable pour tous les contentieux engagés par l'autorité de tutelle contre les actes des autorités sous-tutelles. Cela est valable qu'il s'agisse du contentieux de l'excès de pouvoir, de la responsabilité et même des contentieux d'urgence. C'est également à travers une analyse des textes qu'on peut parler d'un droit de citation directe lorsque l'acte de l'autorité sous-tutelle concerne les libertés publiques au Cameroun.

b2. Les actes des autorités municipales relatifs aux libertés publiques et les citations directes

749. Dans le cadre des contentieux d'urgence, et c'est le second cas concernant les actes des autorités sous-tutelles, l'article 72, alinéa 2, de la loi camerounaise de 2004 relative à la décentralisation, précitée, précise, par la suite, que lorsque l'acte attaqué, pris par une autorité décentralisée, est de nature à compromettre l'exercice d'une liberté publique ou individuelle, le président de la juridiction administrative saisie ou un de ses membres, délégué à cet effet, prononce le sursis dans un délai maximal de quarante-huit (48) heures.

750. On note ici une exclusion du recours gracieux. En effet, les notions de libertés publiques collectives et celles de libertés individuelles rejoignent l'ensemble des matières relevant des contentieux d'urgence spéciale, lesquelles sont dispensées du recours gracieux. On entend par libertés publiques, les prérogatives reconnues aux citoyens, lesquelles sont non seulement définies par la loi, mais aussi font l'objet d'un aménagement et d'une protection juridique particulièrement renforcés en raison de leur intérêt pour la liberté. Dans ce registre, on pourrait classer la liberté de la presse, la liberté d'association. Pour ce qui est de la notion de liberté individuelle, elle peut être entendue comme l'état de l'Homme qui n'est ni arrêté ni détenu, c'est-à-dire qui jouit de la liberté d'aller et de venir. C'est la garantie pour le citoyen qu'il ne fera l'objet des mesures arbitraires le privant de sa liberté matérielle comme notamment l'arrestation ou la détention de la part du pouvoir[871].

---

[871] L. DONFACK SOKENG, « Les incertitudes de la notion de "libertés publiques" », *Annales de la faculté des sciences juridiques et politiques de l'Université de Dschang*, Presses universitaires d'Afrique, 1997, t. 1, vol. 2, p. 26.

751. Le législateur camerounais a repris, en quelque sorte, les procédures spéciales de sursis à exécution consacrées par son homologue français[872] lesquelles ont été maintenues par l'article 24 de la loi du 30 juin 2000 à l'exception de celles qui étaient en vigueur en matière d'urbanisme, dans le domaine des astreintes et l'ancien article L. 10 du Code des tribunaux administratifs et des cours d'appel administratives[873].

752. L'exclusion de la règle des préalables en ces matières peut, par ailleurs, être soutenue par l'idée selon laquelle, constituant une protection avancée de toutes les autres, le constituant a voulu accorder à la liberté individuelle une protection spéciale[874]. On est donc en présence d'une possibilité d'accéder directement au prétoire du juge administratif. Autrement dit, d'un allégement de la durée du procès. Cela permet de nuancer l'idée d'une approche rigide du temps en contentieux administratif dans les États d'Afrique francophone. Ces recours contentieux sans phase préalable sont, pour l'essentiel, le résultat du vent de démocratisation ayant marqué le continent africain ces dernières années.

§ 3. Un allégement lié à la démocratisation du continent africain

753. Les consécrations du droit de citation directe que l'on observe dans les droits d'Afrique francophone sont nombreuses dans les contentieux dits d'urgence spéciale. Les contentieux d'urgence spéciale concernent essentiellement les affaires relatives aux partis politiques, aux associations ou aux libertés publiques. Ce sont des affaires qui, en raison de leur nature, exigent un traitement permettant d'éviter tout retard dans leur dénouement. On parle aussi de contentieux d'urgence par assimilation. Dans ces cas, le temps de la justice est assoupli. C'est le cas en ce qui concerne les législations camerounaise et gabonaise vu l'exclusion des formalités pré-contentieuses applicable ici. C'est une exclusion quasi générale.

754. Cet allégement du temps des procédures, lié à la disqualification des recours administratifs, est aussi la conséquence du vent de démocratisation qui a récemment marqué le continent africain. En Afrique, en effet, depuis 1990, la majorité des régimes politiques, organisés auparavant autour des partis uniques, ont évolué. Ces évolutions se sont opérées sous la pression des opinions publiques et des bailleurs de fonds[875]. S'agissant des opinions

---

[872] Art. L. 1111-7, alinéa 5, *Cgct*.
[873] G. EKERT, « Du sursis à exécution au référé- suspension », *in* P. Wachsman (dir), *Le nouveau juge des référés…op. cit.*, p. 128.
[874] L. DONFACK SOKENG, « Les incertitudes de la notion de "libertés publiques" », *op. cit.*, p. 30.
[875] En ce sens, L. DONFACK SOKENG, « Cinquante ans de réforme politique et constitutionnelle : la quête d'un "modèle" camerounais de démocratie », *in* D. Abouem A

publiques, il faut noter que les populations africaines confrontées, pour la plupart, au chômage ont revendiqué la démocratie donc leur droit de participer à la gestion des affaires publiques ainsi que la protection des droits fondamentaux afin d'améliorer leur condition de vie. Aussi, les bailleurs de fonds vont soumettre l'aide accordée à ces pays à la condition d'observer la démocratie et la bonne gouvernance[876]. C'est ainsi qu'au Gabon, par exemple, à l'issue de la conférence nationale tenue du 23 mars au 19 avril 1990, il y a eu la mise en place de nouvelles institutions avec l'adoption de la Constitution du 26 mars 1991. Au Cameroun, l'on note une véritable évolution des textes visant à moderniser les institutions. Ainsi, par exemple, par arrêté n° 416/Cab/Pr du 20 juillet 1990, le Président de la République du Cameroun mit sur pied une Commission chargée de réviser la législation sur les libertés publiques. Ainsi, affirmait-il : « [...] maintenant on va vers le pluralisme dans le pays, dans la cité... mais avant d'y parvenir, évidemment, il faut un aménagement des conditions juridiques, des lois, pour permettre d'accéder plus pleinement à une démocratie intégrale [...] »[877].

755. Le pr Alioune Badara Fall précise d'ailleurs que « ce mouvement démocratique n'est pas un phénomène nouveau dans l'histoire politique africaine ». Que, « seuls quelques spécialistes en Europe, notamment parmi les anthropologues savent que dans certains systèmes politiques africains précoloniaux, l'élection et la séparation des pouvoirs étaient des principes de gouvernement bien établis et dont la violation par le souverain était susceptible de provoquer sa destitution par les électeurs. Si cette époque, conclut l'auteur, de "bonne gouvernance" a été pendant longtemps éclipsée par la période coloniale et surtout celle qui a suivi les trente premières années d'indépendances, il n'est pas impossible que ce nouveau constitutionnalisme renoue avec ce passé certes lointain, mais qui marque encore la conscience collective des Africains »[878].

756. Dans un tel contexte, il a fallu, pour donner plein effet à la protection des droits et libertés ainsi consacrés, une protection juridictionnelle efficiente. C'est ce qui peut justifier la consécration du droit d'agir en justice sans observer la phase pré-contentieuse. Ceci a comme conséquence la réduction du temps de l'intervention des décisions de justice.

Tchoyi, S.-C. M'bafou (dir), *50 ans de réforme de l'État au Cameroun. Stratégies, bilans et perspectives*, Paris, L'Harmattan, préface de Simon Achidi Achu, 2013, p. 439-468.

[876] M. NDIAYE, *Gouvernance et démocratie en Afrique : le Sénégal dans la mondialisation des pratiques*, Thèse, Université Michel de Montaigne Bordeaux 3, 2006, p. 34 et s.

[877] Cf. Interview accordée à Radio Monté Carlo, le 21 Juillet 1990 par le Chef de l'Etat Paul BIYA.

[878] A. BADARA FALL, « Le droit africain a-t-il sa place dans le droit comparé ? », *in* J. Dubois de Gaudusson (dir), *Le devenir du droit comparé en France*, *op. cit.*, p. 163 et 164.

Conclusion du chapitre

757. L'analyse de la durée des procès au regard des exigences pré-contentieuses dans ces différents droits montre que la forme rigide qu'adopte, d'emblée, le temps dans le procès administratif camerounais et gabonais par rapport au droit français est imparfaite. Elle n'est donc pas absolue. Ces limitations sont liées au caractère urgent de certains contentieux.

758. Dans ces contentieux dits urgents, l'exercice d'un recours administratif pourrait rallonger la durée des procédures. C'est certainement cet argument qui prévaut dans le cas des citations directes observées en matière d'urgence spéciale dans les droits africains. En effet, la consécration des recours administratifs serait illogique ici. Elle pourrait compromettre la bonne administration de la justice en prolongeant inutilement le temps des procédures. Ainsi, ce caractère souple du temps accorde une place importante au droit du justiciable à une justice dans un délai raisonnable donc utile. Ceci est sans doute lié à l'influence de la démocratisation en Afrique depuis 1990. Toutefois, on ne peut pas nier l'intérêt du rejet des citations directes lorsque les parties trouvent un terrain d'entente au niveau de la phase pré-contentieuse. La minoration des citations directes n'a donc pas que des inconvénients, elle peut jouer en faveur du principe de stabilité des situations juridiques.

Conclusion du titre

759. En définitive, en droit français, la participation de l'ensemble des acteurs du procès à la définition du temps dans le contentieux administratif traduit la forme flexible qu'adopte le temps dans le procès. On y relève la participation constante du juge[879]. Le juge administratif français détermine, presque exclusivement, le temps de l'instruction. Il y a une détermination des délais sous une forme relative et conjoncturelle. La temporalité est donc caractérisée par la souplesse ; laquelle est liée à la combinaison de plusieurs approches dans la définition du temps. Il s'agit, en d'autres termes, d'une approche à la fois quantitative et qualitative. Cette approche marque la confiance qui est faite au juge administratif français ; confiance très limitée dans les droits d'Afrique francophone, en raison notamment du caractère essentiellement légiféré de ces droits.

760. Ainsi, dans les droits camerounais et gabonais, l'on observe un quasi-monopole de l'approche quantitative du temps. La fixation du cadre temporel du procès est marquée par une approche davantage quantitative. Celle-ci se fait en amont, c'est-à-dire à l'avance par les textes. Cette emprise de la réglementation traduit bien l'idée de l'adhésion à cette forme rigide du temps. Ces caractères conduisent alors vers un temps tourné, davantage, vers la préservation de la stabilité des situations juridiques, pour ce qui est du modèle africain car cette rigidité restreint les possibilités d'aménager des délais de façon à assouplir les conditions d'accès au juge, et davantage vers la prise en compte du droit du justiciable au recours contentieux dans le modèle français eu égard à cette malléabilité du temps.

761. Toutefois, ce caractère rigide qu'on observe dans les droits africains mérite d'être nuancé au regard des durées des procédures sous l'influence de la phase administrative pré-contentieuse. Dans cette phase, on relève que tant en France que dans les droits africains, et parfois plus qu'en France, les risques de rallongement des durées des procès en raison des limitations des citations directes sont réduits. On sait, en effet, qu'en consacrant des citations directes, on réduit le temps du jugement, on adhère à une approche souple du temps dans le procès.

762. Par ailleurs, la forme malléable du temps qu'on a observé en droit français comporte le défaut de rallonger[880] ou de prolonger les durées des affaires. En effet, le rallongement d'une durée préfixée, étant donné

---

[879] Y. LADIE, « La régulation par le juge des conditions de recevabilité des requêtes : la question de l'intérêt collectif devant le juge administratif », *in* V. Donier, B. Lapérou-Schneider (dir), *La régulation par le juge de l'accès au prétoire*, Paris, Dalloz, coll. « Thèmes commentaires actes », 2013, p. 47.
[880] B. PACTEAU, *Traité de contentieux administratif*, *op. cit.*, n° 170.

qu'elle est destinée à assurer certaines finalités, peut produire des conséquences pernicieuses sur la fonction qui lui est assignée[881]. Ainsi, cette approche dynamique du temps dans le procès, observable en droit français, contrairement à la forme rigide qui apparaît dans les droits d'Afrique francophone, comporte tant des avantages que des inconvénients.

763. La singularité de ces caractères qu'épouse le temps dans le contentieux administratif montre que malgré l'appartenance de ces différentes législations à la famille des droits romano-germanique, elles ont adopté des formules juridiques parfois différentes[882]. Pour le comprendre, davantage, il convient d'analyser l'articulation du temps au niveau de sa computation.

---

[881] M. CRESP, *Le temps juridique en droit privé…*, *op. cit.*, n° 230.

[882] J.-C. GAUTRON, « Réflexions sur l'autonomie du droit public sénégalais », *Annales africaines*, 1969, p. 38.

Titre 2
Une articulation souple ou rigide du temps protectrice des droits du justiciable ou de la sécurité juridique eu égard à sa computation

764. Après l'examen du temps dans le contentieux administratif en France et dans les pays d'Afrique francophone du point de vue de ses étendues, il est question dans ce second titre d'analyser les caractères du temps en ce qui concerne leurs modes de calcul. Cette computation correspond à ce que M. Bernard Pacteau a dénommé la technique du temps dans le procès administratif, contrairement à la théorie du temps[883]. Pour identifier donc les caractères du temps dans le contentieux administratif dans ces différents droits, il convient aussi d'étudier la computation du temps dans ces procès.

765. Pour y parvenir, il est nécessaire d'étudier, d'une part, les modalités selon lesquelles le temps dans le contentieux administratif est calculé. Il est également intéressant d'analyser les éléments qui permettent aux justiciables d'évaluer les délais qui leur sont impartis soit pour saisir le juge, soit pour introduire leurs conclusions ou encore pour produire des documents.

766. Le temps, on l'a dit, est synonyme de la durée au cours de laquelle se déploient les situations juridiques[884]. Il est un support que la vie juridique ne peut ignorer, « dont on ne peut éviter l'inexorable cours, mais dont on peut tenter de maîtriser les effets »[885]. Ainsi, « le droit positif doit [...] à la fois constater l'emprise du temps sur l'Homme et permettre une emprise de l'Homme sur le temps »[886].

767. S'agissant particulièrement du temps dans le procès administratif en France et dans les pays d'Afrique francophone, à l'instar du Cameroun et du Gabon, la recherche des caractères de ce temps du point de vue de sa computation, peut se faire à travers l'analyse, d'une part, de ses modes de calcul (Chapitre 1), et, d'autre part, à travers l'étude de ces différents cas de prorogation et de prolongation du temps dans ce procès (Chapitre 2).

---

[883] B. PACTEAU, *Traité de contentieux administratif*, *op. cit*, p. 209 et 225.
[884] M. CRESP, *Le temps juridique en droit privé… op. cit*, n° 242.
[885] J.-L. BERGER, *Théorie générale du droit*, *op. cit*, n° 114.
[886] *Ibid*.

Chapitre 1

Une articulation souple ou rigide du temps protectrice des droits du justiciable ou de la sécurité juridique eu égard à ses techniques de computation

768. Pour comprendre, amplement, les caractères que revêt le temps dans le contentieux administratif, il faut aussi envisager l'étude de ses modes de calcul. Autrement dit, afin d'expliquer la thèse d'une approche dynamique ou statique du temps dans le procès administratif français et des pays d'Afrique francophone, ainsi que leur incidence sur les droits du justiciable et la stabilité des situations juridiques, l'on doit également analyser leur mode de calcul ou de computation.

769. En effet, par le biais de l'analyse de ces techniques de calcul du temps, on peut identifier les formes sous lesquelles le temps se présente dans le procès administratif selon ces différentes législations et leurs implications sur le contentieux. En effet, dans les législations africaines, contrairement au droit français, on observe, de manière générale, la forme rigide du temps. Il convient de préciser que, d'une part, le critère de la rigidité ici n'est pas essentiellement relatif à l'opposition entre le temps quantitatif et le temps qualitatif, comme dans l'étude des étendues du temps, mais aux limites, à l'inadaptation des techniques de computation du temps à l'environnement socio-culturel de ces pays, et, d'autre part, au manque de transparence qui caractérise ces méthodes de calcul du temps. Ces défauts contribuent à rendre rigide le temps, notamment en réduisant les droits du justiciable au profit de la sécurité juridique. Ceci dans la mesure où ces méthodes de calcul ne favorisent pas la diffusion des décisions administratives auprès des administrés.

770. Cela signifie, au contraire, que s'agissant du droit français, le temps dans le procès administratif est un temps essentiellement souple, eu égard à la clarté de ses modes de calcul par rapport aux droits africains. Ce temps est donc plus favorable aux justiciables (Section 2). Ces caractères ne peuvent pas être bien compris sans une analyse, préalable, des différentes modalités de calcul du temps dans le contentieux administratif ou encore de l'analyse de la portée de ces modes de calcul. Ces dernières étant identiques en droit français et des pays africains (Section 1).

Section 1. L'identité des modalités de calcul du temps dans le procès administratif en France et en Afrique

771. Le calcul du temps en procédure administrative contentieuse s'opère à partir des extrémités qui l'encadrent. Il s'agit des limites qui marquent le début et la fin des délais. Autrement dit, ce sont les points de départ et la fin de l'écoulement d'un délai. Dans l'analyse des techniques de calcul du temps dans le contentieux administratif, il convient dans un premier temps d'analyser ces points de départ des délais (§ 1). Dans un second temps, il est important de mettre en exergue l'intérêt et les limites de la publicité dans le contentieux administratif, autrement dit sa portée (§ 2). Tous ces éléments apparaissent clairement en droit français et dans les législations d'Afrique francophone. Cette identité des techniques de calcul des délais est liée à l'histoire commune à ces différentes législations (§ 3).

§ 1. L'identité des points de départ relatifs au décompte du temps

772. Il faut mettre en exergue les différents points de départ des délais (A) et leur caractère franc (B).

A. L'identification des différents points de départ relatif à la computation des délais

773. En contentieux administratif, tant en France que dans les pays d'Afrique francophone, les points de départ relatifs au calcul des délais varient. On peut distinguer les points de départ liés à la diffusion de l'acte (1) des autres circonstances qui marquent eux aussi ces points de départ[887] (2).

1. La diffusion ou la publicité comme point de départ du décompte des délais

774. En règle générale, c'est le jour suivant à zéro (0) heure, de la journée au cours de laquelle la décision a été publiée, notifiée ou affichée que se situe le point de départ des délais.

775. La publicité consiste, en effet, à porter un acte à la connaissance des personnes concernées ou, de façon générale, des administrés. Cette formalité peut être traduite suivant un vocabulaire varié. Ainsi, dans le cadre de l'instruction, le législateur gabonais, par exemple, utilise parfois la notion de communication ou encore de transmission. Le décompte des délais en matière administrative s'opère essentiellement à partir de la date d'accomplissement de cette formalité qu'il s'agisse de l'exercice d'un recours ou de la production d'un mémoire.

776. Quoi qu'il en soit, le point de départ relatif à l'écoulement des délais se situe au niveau de la publicité. La publicité s'exprime sous deux facettes à savoir la publication et la notification. Elles correspondent aux formes

---

[887] En ce sens, C-A. DUBREUIL, « Computation du délai de recours opposable aux tiers en matière de contestation des décisions des commissions départementales d'aménagement commercial », *La semaine juridique administrations et collectivités territoriales*, n° 29, 15 juil. 2013, act. 620.

des décisions administratives. La publicité, en tant que point de départ relatif au calcul des délais, doit être analysée selon la distinction entre les actes réglementaires, les décisions d'espèces[888] (a) et les actes dits individuels (b).

a. La publication, point de départ des délais de recours contre les actes réglementaires et les décisions d'espèce

777. Lorsqu'il s'agit des actes de portée générale comme des actes réglementaires ou encore les décisions « suis generis » telles que les déclarations d'utilité publique, une publication est nécessaire. Pour compter les délais de recours contre ces actes administratifs, on doit donc tenir compte de la date de leur publication. Cette publication peut s'opérer soit dans des conditions normales (a1) soit dans des conditions d'urgence (a2).

a1. La diffusion des actes réglementaires dans les conditions normales

778. En temps ordinaire, la publicité des actes administratifs non individuels s'opère par leur insertion dans le journal officiel.

779. Au Gabon, par exemple, selon les dispositions du décret n° 13/PR du 15 janvier 1962, notamment en ses articles 1er et 2e, les lois, ordonnances et actes administratifs réglementaires doivent, en principe, être publiés au journal officiel[889]. Dans ce sens, à l'occasion de l'affaire Ndaot, le juge administratif gabonais rappelle qu'en matière de cession amiable des immeubles urbains, une demande relative à l'attribution de terrain devrait faire l'objet d'un enregistrement ; qu'un extrait devait faire l'objet d'une publication au journal officiel et l'autre publié par voie d'affichage sur « l'emplacement du lot sollicité »[890].

780. Selon le droit camerounais, l'ordonnance n° 72/11 du 26 août 1972 fixant la publication des lois, ordonnances, décrets et actes réglementaires préconise également la publication au journal officiel de l'État. En effet, « les lois, décrets et actes réglementaires publiés au journal officiel sont exécutoires à Yaoundé le jour même de leur publication. Dans les autres circonscriptions administratives, les lois et actes réglementaires des autorités centrales sont exécutoires le lendemain du jour de l'arrivée du journal officiel intéressé au chef-lieu de la circonscription. Le jour de

---

[888] Sur la notion voir I. POIROT-MAZERES, « Les décisions d'espèce », *RDP*, 1992, p. 443-512.

[889] F. MENGUE ME ENGOUANG, « La publicité des lois et règlements au Gabon », *Penant*, n° 788/789, 1985, p. 262.

[890] CS/CA, 17 févr.1984, *Ndaot*, rep., n° 31.

l'arrivée du journal officiel est constaté par le chef de la circonscription administrative »[891].

781. Par ailleurs, L'article premier du décret n° 77/04 du 06 janvier 1977 portant réglementation de la publication des actes au journal officiel de la République du Cameroun dispose que « seuls les actes ci-après seront insérés au journal officiel de la République [...] en vue de leur publication. Traités internationaux et décrets s'y rapportant en vue de leur insertion dans le droit national (ratification, publication) ; actes législatifs ; actes réglementaires : décrets, arrêtés ; actes de nomination à des postes de responsabilité ou accordant des charges (huissiers, notaires ...) ; actes créant un service public ou l'organisant ; textes domaniaux nécessitant une publicité ; les changements de noms ; les avis de concours ; les actes des pouvoirs publics dont la publication au journal officiel est prévue par un texte particulier ».

782. C'est à cette formalité de la publication que renvoie l'alinéa 3 (a) de l'article 17 de la loi n° 2006/022 relative aux tribunaux administratifs, lorsqu'il dispose que « le recours gracieux doit, sous peine de forclusion, être formé dans les trois mois de la publication [...] de la décision ». Cette disposition est clairement rappelée par la jurisprudence de la Chambre administrative de la Cour suprême[892]. Dans l'affaire Atangana Essomba Protais[893], le juge administratif indique précisément les différentes modalités de la publicité.

783. En France, le Code des relations entre l'administration et le public a précisé, comme sa devancière à savoir la loi de 2000, que la publicité des actes réglementaires s'opère suivant la formalité de l'insertion au journal officiel[894]. C'est le cas tant pour les actes ni individuels, ni réglementaires. En effet, selon l'article L. 200-1 de ce Code, « les actes administratifs unilatéraux décisoires comprennent les actes réglementaires, les actes individuels et les autres actes décisoires non réglementaires. Ils peuvent être également désignés sous le terme de décisions, ou selon le cas, sous les expressions de décisions réglementaires, de décisions individuelles et de décisions ni réglementaires ni individuelles ». Ce texte distingue donc les actes non réglementaires des actes réglementaires ainsi que les décisions d'espèces encore dites sui generis.

784. S'agissant de leur diffusion, elle est prévue aux articles L. 221-1-2 et 9. Le dernier alinéa dispose que « sont publiés au Journal officiel de la

---

[891] Voir art. 1, 2 et 3.
[892] CS/CA, jug. n° 161, 12 sept. 2012, *Mpessa Tsanga c/ État du Cameroun*.
[893] CS/AP, 24 mars 1983.
[894] Art. L. 221-1, 2, 9, *Cra*.

République française les lois, les ordonnances accompagnées d'un rapport de présentation, les décrets et, lorsqu'une loi ou un décret le prévoit, les autres actes administratifs ». Ainsi, la publication concerne aussi les décisions d'espèce. Prenant en compte l'évolution technologique, avec notamment l'outil informatique, l'alinéa 10 de l'article L. 221 du Code des relations entre le public et l'administration précise qu'en dehors de la version papier, la publication peut aussi se faire dans une version électronique. Le journal officiel n'est donc pas le seul support destiné à la publication des actes administratifs à caractère général. Il existe aussi les bulletins officiels des ministères[895]. Le Code a également mis en place des dispositions relatives à la publication des actes des communes, des régions, des départements et des autres organismes[896].

785. Ces différents moyens qui permettent de décompter les délais de recours ou l'accomplissement d'une formalité s'appliquent uniquement aux décisions administratives de portée générale et dans les conditions normales. Cela dit, dans des situations urgentes, les législations ont mis en place des procédés particuliers.

a2. La diffusion des actes réglementaires dans les conditions d'urgence

786. L'insertion des actes administratifs à caractère réglementaire dans le journal officiel représente le support de principe en matière de publication. De manière exceptionnelle, notamment en cas d'urgence, la publication peut s'opérer par la voie de l'affichage, des annonces publicitaires, de l'insertion à la presse ou encore de la lecture à la radio.

787. Au Gabon, ces procédés de publication sont prévus par les alinéas 3 et 4 du décret du 15 janvier 1962 relatif à la publication, précité. Ainsi, en cas d'urgence, les décisions à caractère réglementaire ou individuelle sont susceptibles de faire l'objet de publication selon la procédure d'urgence. Il s'agit de l'affichage ou la publication dans un journal d'annonce légale ou encore de la radio diffusion.

788. L'article 4 de l'ordonnance n° 72/11 du 26 août 1972 relative à la publication des actes au Cameroun abonde dans le même sens. En effet, comme le prévoit cette disposition, « lorsque les circonstances l'exigent, le président de la République peut décider que la loi ou l'acte réglementaire sera publié selon la procédure d'urgence. Dans ce cas, les dispositions nouvelles sont portées à la connaissance de la population par tous moyens, notamment par radio, et sont exécutoires immédiatement.

---

[895] Art. L. 221-17, *Cra.*
[896] Art. L. 222-1, 2, 3, 4, *Cra.*

Elles sont néanmoins publiées ensuite régulièrement (suivant le cas) au journal officiel de la République ».

789. En France, le Code relatif aux relations entre l'administration et le public évoque aussi l'affichage. Concernant la notion d'urgence, elle apparaît à l'article L. 221-3 qui dispose que « lorsque les actes [...] sont publiés au journal officiel de la République française, ils entrent en vigueur, dans les conditions prévues à l'article 1er du Code civil, à la date qu'ils fixent ou, à défaut, le lendemain de leur publication. Il en va différemment [...] en cas d'urgence ou lorsque des mesures d'application sont nécessaires à l'exécution du texte ».

790. Dans la jurisprudence Rolin et Boisvert[897] le Conseil d'État affirme, à l'occasion du recours tendant à obtenir l'annulation d'un décret mettant en œuvre l'état d'urgence, qu'« après avoir visé la disposition précitée du Code civil, [le décret en cause] a déclaré l'état d'urgence à compter du 9 novembre 2005, à zéro heure ; que l'article 3 de ce même décret prévoit en outre qu'il sera publié au journal officiel et entrera en vigueur immédiatement; que le décret n° 2005-1387 du même jour énonce qu'il entrera en vigueur dans les mêmes conditions; [...] qu'eu égard à sa formulation, le décret attaqué est entré en vigueur dès sa publication, conformément aux dispositions précitées de l'article premier du Code civil, et ne comporte aucune disposition autorisant son entrée en vigueur de façon rétroactive ».

791. S'agissant notamment de l'affichage, le juge administratif recherche si celle-ci a été faite dans des conditions qui garantissent une bonne information des administrés. Il s'interroge notamment sur son effectivité et les conditions matérielles dans lesquelles elle a été opérée. Cela dit, l'usage de l'affichage comme moyen de publication des actes administratifs à caractère réglementaires n'est pas l'apanage uniquement des droits africains. Elle est usitée en matière de diffusion des résultats des examens comme notamment le baccalauréat ou encore en matière de permis de construire en droit français[898].

792. En somme, le point de départ des durées concernant les décisions réglementaires est la publication. Cette formalité peut se faire, en principe, par voie ordinaire et à titre exceptionnel par voie d'urgence. C'est un mode de publicité qui s'oppose à la notification, cette dernière étant applicable aux décisions dites individuelles.

---

[897] CE, ass., 24 mars 2006, n° 286834, *précité*.

[898] M.-C. ROUAULT, *Contentieux administratif*, Bruxelles, Larcier, coll. « Master droit », 2015, n° 373.

b. La notification, point de départ des délais de recours contre les actes individuels

793. On sait que l'administration décide par le biais d'un acte administratif réglementaire unilatéral suivant des formes variées. Dans cette diversité de forme de décision, existent, à côté des décisions explicites, celles qui sont dites tacites. Elle décide donc aussi à travers son silence qui, de ce fait, est un acte susceptible de recours contentieux. Cela pose le problème du calcul du point de départ des délais en ce qui concerne ces décisions dites individuelles. Ceci peut donc s'analyser selon qu'il s'agit des actes explicites (b1) ou implicites (b2).

b1. La notification, point de départ de la computation des délais de recours contre des décisions individuelles explicites

794. On l'a dit, la publication est le mode de publicité des actes administratifs, c'est-à-dire le moyen par lequel une décision administrative est portée à la connaissance des administrés alors qu'en matière d'acte individuel l'on procède plutôt à une notification[899].

795. Ce procédé consiste à informer personnellement l'intéressé de l'existence et du contenu de la décision. Le juge administratif camerounais affirme à ce sujet qu'il « est de principe général et absolu qu'une disposition législative ou réglementaire pour être exécutoire doit, au préalable, avoir été portée à la connaissance des intéressés ; il ne saurait en résulter que la formalité de l'approbation, condition nécessaire mais non suffisante à l'application de ces décisions, dispense de la publication de ce texte »[900].

796. La diffusion des actes explicites soulève de nombreux problèmes. En premier lieu, il y a le problème des modalités de cette notification. La notification d'une décision explicite peut s'opérer par une remise en mains propres par une autorité, administrative ou un fonctionnaire de police, de gendarmerie contre décharge ou remise d'un reçu. Le juge administratif français a admis qu'une notification faite par un agent de l'administration est assimilable à une notification par lettre recommandée avec accusé de réception[901].

797. La notification peut aussi se faire par l'acheminement d'une lettre recommandée avec demande d'avis de réception. Le législateur camerounais le précise amplement en matière d'instruction. Ainsi, précise-t-il, « les notifications sont assurées par le greffier en chef, soit dans la forme administrative, soit par lettre recommandée avec accusé de

---

[899] Voir, par exemple, art. L. 221-8, *Cra.*
[900] CFJ/CAY, arrêt du 21 juin 1966, *Brasseries du Cameroun c/ Commune mixte rurale de Mbanga.*
[901] CE, 28 janv. 1998, *Sté Luminance internationale*, *Rec.*, p. 1084.

réception, soit par exploit d'huissier, soit par tout autre moyen laissant trace écrite »[902].

798. Dans l'affaire Savadogo Tirago, le juge administratif gabonais va dans le même sens en relevant que « seule la notification à personne ou par lettre recommandée avec accusé de réception constitue la forme régulière s'agissant d'un acte individuel », qu'un « communiqué par la presse ou par la radio ne saurait constituer un mode de notification »[903].

799. Cela dit, la notion de notification renvoie à « la transmission officielle (envoi avec accusé de réception ; transmission avec décharge ; ou tout autre moyen susceptible de prouver que l'acte a effectivement été porté par voie officielle à la connaissance de l'intéressé) à l'intéressé de l'acte, sous sa forme écrite »[904]. En d'autres termes, comme l'indique le juge administratif camerounais, il s'agit de « la remise à l'intéressé de la copie « in extenso » de la pièce à notifier ou tout au moins d'un écrit contenant tous les éléments nécessaires pour lui permettre de se faire un compte exact de la mesure prise à son égard, ainsi que des motifs pour lesquels elle a été prise »[905].

800. Il faut préciser qu'en droit camerounais, un texte récent, le décret n° 2013/234 du 18 juillet 2013, a organisé les annonces légales et judiciaires. Aux termes de l'article 5, seuls le journal officiel, les journaux habilités par les autorités compétentes, les quotidiens nationaux d'informations générales dont la régularité de parution est prouvée depuis deux (02) ans, avec diffusion à l'échelle nationale, et justifiant d'une vente effective par abonnements, dépositaires ou vendeurs, sont aptes à porter ces actes à la connaissance du public.

---

[902] Art. 25, loi n° 2066/022, relative aux tribunaux administratifs, *précitée*.

[903] Cour administrative, 14 déc. 1979, rep., n° 160.

[904] M. KAMTO, note sous CS/AP, arrêt du 24 mars 1983, *Njikiakam Towa*, *Penant*, n° 788/799, p. 356.

[905] CCA, arrêt n° 636, 10 août 1957, *Ndjock Jean* c/ *État du Cameroun*. Par ailleurs, la notification d'une décision expresse peut aussi se faire verbalement (CE, 11 mars 1991, *Mme Brunet*, *Rec.*, p. 1115) ou même par voie d'affichage. Pour ce qui est de l'affichage, on peut noter deux exemples tirés du droit français. À cet égard, une décision préfectorale fixant le classement d'une maison meublée et ayant fait l'objet d'un affichage à la préfecture, vaut notification. Il en est de même des décisions portant classement des hôtels. Ici, une notification individuelle « à chacun des locataires de ces établissements » n'est pas requise, seul l'affichage vaut notification (CE, 17 févr. 1965, *Dlle Bernard*, *Rec.*, p. 110). D'autre part, la notification par voie d'affichage s'applique en matière d'urbanisme notamment pour ce qui concerne les permis de construire (CE, 18 déc. 2002, *Haagen et Mme Stocky*, *Rec.*, p. 846). Aussi, en matière de concours, la publication des listes d'admissibilité par voie électronique ne vaut pas notification (CE, sect., 18 févr. 1994, *Ministre de l'Éducation nationale* c/ *Mme Wrobel*, *Rec.*, p. 1105).

801. Le deuxième problème que pose la notification des actes explicites concerne le récipiendaire de la décision administrative concernée. Lorsque la décision est servie par voie d'huissier, celui-ci indique dans le procès-verbal de notification, la prise de connaissance de ladite décision par le destinataire ainsi que copie dudit procès-verbal contre décharge ou en cas de refus ou d'impossibilité de pouvoir signer, il est fait également mention[906]. Le problème se pose notamment lorsque la décision est notifiée à un tiers donc à une personne autre que le destinataire de l'acte. L'on admet que la notification soit faite à un ascendant vivant sous le même toit que le destinataire, un descendant âgé, un conjoint qui n'est pas séparé ou divorcé ou même à un individu ayant reçu procuration pour cette fin[907].

802. Le troisième problème que soulève la notification des décisions explicites est celui du lieu où elle s'effectue. En effet, la notification doit être faite soit à la résidence soit au domicile du destinataire de l'acte. Ainsi, l'administré est tenu de maintenir une adresse exacte afin d'éviter des désagréments en cas d'adresse erronée. En cas de changement d'adresse, l'administré doit s'assurer un service suivi courrier ou alors communiquer sa nouvelle adresse à l'administration. Le cas échéant, la décision servie à la dernière adresse vaudra notification ; exception n'est faite qu'en situation particulière ne permettant pas de tenir informée l'administration du changement d'adresse. En effet, relève le Conseil d'État français, « l'administré comme le justiciable, à qui il appartient en principe, en cas de déménagement, de faire connaître à l'administration ou au greffe de la juridiction son changement d'adresse, prend néanmoins les précautions nécessaires pour que le courrier lui soit adressé à sa nouvelle adresse, et ne puisse donc lui être régulièrement notifié qu'à celle-ci, lorsqu'il informe La Poste de sa nouvelle adresse en demandant que son courrier y soit réexpédié»[908].

803. Le quatrième problème concerne les jours relatifs à la notification. L'on admet une notification faite le dimanche, sauf dispositions particulières contraires[909].

---

[906] CE, 10 févr. 1975, *Dlle Vivaudou*, *Rec.*, p. 101 ; 25 mars 2013, *Établissement public d'ingénierie pour l'informatique et les technologies de l'information et de la communication du Val-de-Marne*, *Rec.*, p. 423.

[907] CE, 22 mars 1985, *Hugon*, *Rec.*, p.725

[908] CE, 18 mars 2005, *Laurent*, *Rec.*, p. 118.

[909] CE, 23 avr. 1975, *Marion*, *Rec.*, p. 1192. Allant dans le même sens, le Conseil d'État français a indiqué dans l'affaire *Sieur Tyrek* que « si la lettre par laquelle le président de la commission » avait notifié la décision critiquée « n'était pas accompagnée du texte même de la délibération, il appartenait au requérant d'en demander la communication dans le délai de deux (02) mois à compter de la réception de la lettre ». CE, 6 déc. 1972, *Sieur Tyrek*, *Rec.*, p. 777.

804. Il convient de dire, comme on va d'ailleurs le développer à l'occasion de l'analyse du traitement des recours administratifs, notamment en droit français, que la notification doit contenir les éléments nécessaires à l'évaluation sereine des délais de recours contentieux par le destinataire. Il s'agit des voies de recours et de leurs délais. Ainsi, dans le contentieux concernant les militaires, par exemple, « en l'absence de toute mention, dans la notification des décisions attaquées, du caractère obligatoire » du recours administratif préalable, le délai de recours contentieux ne commence pas à courir et le justiciable « conserve la possibilité de former [...] un recours devant la commission »[910].

805. Enfin, la notification des décisions expresse pose le problème de la preuve. Le Conseil d'État français souligne qu'une simple photocopie de l'accusé de réception postal représente une preuve de notification si sa conformité au document original n'est pas contestée[911]. De même, en raison de l'exclusion du second avis d'instance, comme le prévoit la nouvelle législation relative à la présentation des courriers recommandés, une correspondance qui n'a pas fait l'objet d'un retrait et comportant la mention d'un seul avis d'instance sur l'enveloppe est une preuve de la notification[912]. Aussi, « lorsque le pli contenant la notification est retourné à l'administration, la preuve de la régularité de la notification peut résulter soit des mentions précises, claires et concordantes portées sur l'enveloppe, soit, à défaut, d'une attestation de l'administration postale ou d'autres éléments de preuve établissant la délivrance par le préposé du service postal, conformément à la réglementation en vigueur, d'un avis d'instance »[913].

806. En définitive, la question du moment à partir duquel un acte administratif individuel prend effet, y compris celui du délai de recours contentieux, repose sur une règle générale qu'est la notification. Celle-ci représente la condition d'entrée en vigueur des normes administratives individuelles[914]. Mais la notification ne s'applique pas en ce qui concerne les actes individuels implicites. Dans ces conditions, il convient de rechercher le point de départ relatif au décompte du délai de recours, s'agissant d'un tel acte.

---

910 CE, 19 mai 2004, *Jouve*, *Rec.*, p. 234.

911 CE, sect., 31 mars 1989, *Cne Renescure*, *Rec.*, p. 838

912 CAA, Nancy, 9 juin. 1992, *Lequain*, *Rec.*, p. 1204.

913 CE, 23 juin 2000, *Fabris*, *Rec.*, p. 1149 cité par M.-C. ROUAULT, *Contentieux administratif*, *op. cit*, n° 380.

914 C. KEUTCHA TCHAPNGA, C. SIETCHOUA DJUITCHOKO, note sous CS/CA, jug. n° 29, 3 mai 1990 *Mbarga Symphorien c/ État du Cameroun*, *Afrilex*, 2000, p. 7. Consulté le 5 août 2015 à 10h 30 mn.

b2. L'expiration du délai de réponse, point de départ de la computation des délais de recours contre des décisions individuelles implicites

807. Le décompte du temps de la justice en ce qui concerne les actes individuels implicites est différent de celui des actes explicites. En effet, on sait que lorsqu'un certain délai est écoulé à la suite d'une demande introduite auprès de l'administration, cela conduit à considérer le silence de celle-ci, soit comme une décision implicite d'acceptation[915], soit comme une décision tacite de rejet.

808. Dans les pays d'Afrique de tradition juridique francophone comme le Gabon, on sait qu'une décision implicite de rejet peut intervenir à la suite du silence gardé pendant plus de quatre (04) mois par l'administration face au recours administratif préalable dont elle est saisie[916]. Dans le même sens, en matière fiscale, il faut souligner que l'article p. 1054 du Code général des impôts dispose que « le silence gardé par l'administration dans le délai de quatre (04) mois » contre une réclamation« vaut décision implicite de rejet ».

809. C'est également le cas en droit camerounais où, « constitue un rejet du recours gracieux, le silence gardé par l'autorité pendant le délai de trois (03) mois sur une demande ou réclamation qui lui est adressée. [...] »[917]. En matière fiscale, elle intervient dans un délai de quinze (15), trente (30), quatre-vingt-dix (90) jours et deux (02) mois dans certains cas (voir supra).

810. Les décisions implicites existent aussi en droit français. L'on doit garder à l'esprit que depuis la récente loi n° 2013/1005 du 12 novembre 2013 habilitant le gouvernement à simplifier les relations entre l'administration et les citoyens, il y a eu inversement du principe en vigueur depuis la loi du 12 avril 2000 relative aux droits des citoyens dans leurs relations avec les administrations. En effet, la règle du silence valant acceptation a été consacrée. Celle-ci a été reprise parle Code des relations entre le public et l'administration comme on l'a vu.

811. En cas de recours administratif préalable introduit dans le délai de recours contentieux, et auquel l'administration a donné suite avant le délai d'intervention d'une décision tacite (deux mois), il y a interruption du délai de recours contentieux. En effet, ce nouveau délai de recours recommence à courir à compter de la notification de la décision prise par

---

[915] Voir, par exemple, C. KEUTCHA TCHAPNGA, « L'autorisation tacite, cinq ans après sa consécration en droit positif camerounais », *RJPEF*, n° 3/1997, p. 320.
[916] Art. 42 *Cja*. Pour le cas du Cameroun voir M. KAMTO, B.-R. GUIMDO, « Le silence de l'administration en droit administratif camerounais », *Lex Lata*, n° 005/1994, p. 10-14.
[917] Art. 18, alinéa 2, loi 2006/022, relative aux tribunaux administratifs, *précitée*.

l'administration[918]. Aussi, « une décision expresse intervenant avant l'expiration du délai contentieux contre le refus implicite fait à nouveau courir le délai »[919]. Cependant, le recours contentieux contre cette nouvelle décision expresse n'est possible que si elle est portée à la connaissance de l'administré dans le délai de deux (02) mois depuis l'intervention de la décision tacite[920].

812. Ce tour d'horizon montre qu'en matière de décision implicite, le point de départ du délai de recours est la date de l'intervention de la décision implicite, c'est-à-dire à l'expiration du délai imparti à l'administration ou à une partie pour donner suite à la demande ou encore pour accomplir une formalité[921]. Mais en dehors de la publication et la notification, d'autres circonstances peuvent constituer le point de départ dans la computation du temps dans le contentieux administratif français et dans les pays d'Afrique francophone.

2. Les autres circonstances relatives au point de départ de la computation des délais

813. En dehors de la publicité, on peut noter d'autres circonstances qui fixent le point de départ dans le calcul des délais. De nombreux exemples illustrent bien cette situation. On peut distinguer le cas de la prescription quadriennale (b) de celui de la demande d'aide juridictionnelle (c), d'une part, et, d'autre part, ceux relatifs à l'expiration des délais de recours gracieux et de réalisation d'un dommage (a).

a. L'expiration du délai d'examen du recours administratif et celui du jour de la réalisation du dommage comme point de départ du décompte des délais

814. Dans certains cas, notamment en droit camerounais, le pr Magloire Ondoa relève qu'en matière de déclenchement des délais, « la question ne pose pas de difficultés particulières » car, de manière générale, « les législations font courir les délais des recours administratifs, à partir de la date de publication ou de notification de la décision attaquée, d'une part, et de la réalisation du dommage »[922], d'autre part. De ce point de vue, les

---

[918] CE, 8 juil. 2011, *Botella*, *Rec.*, p. 323.
[919] CE, sect., 6 juil. 1979, *Auclair*, *Rec.*, p. 306.
[920] CE, sect., 1er mars 1996, *Habib*, *Rec.*, p. 65.
[921] C'est en ce sens que dans l'affaire *Gluck*, le Conseil d'État français a jugé qu'un justiciable pouvait se prévaloir de la date, erronée, mentionnée par l'administration comme point de départ du délai d'intervention d'un acte tacite de rejet. Cela est valable même dans le cas où une telle mention n'est pas exigée. CE, 29 mars 2000, *Rec.*, p. 1150.
[922] M. ONDOA, *Le droit de la responsabilité publique dans les États en développement… op. cit*, p. 136.

points de départ relatifs au décompte du temps peuvent être différents de la publicité. Autrement dit, en dehors de la publicité, d'autres circonstances peuvent marquer le point de départ dans le calcul des délais contentieux.

815. À cet égard, on peut relever, d'une part, qu'en dehors des dates et des notions de jours, décrits comme étant des référents en matière de décompte du temps du procès, le droit gabonais prévoit, par exemple, que le délai de recours contentieux court « à compter du jour de l'expiration du délai de quatre mois »[923] relatif au silence valant rejet à l'égard du recours administratif préalable. Malgré qu'un tel cas se rapproche d'une décision implicite, c'est la fin du délai imparti à l'administration pour donner suite au recours administratif ou hiérarchique qui marque le point de départ comptant pour le calcul du délai de recours devant le juge administratif.

816. D'autre part, en droit camerounais, par exemple, une autre circonstance, en dehors de la publicité, visant à fixer le point de départ des délais apparaît dans le contentieux de la responsabilité, précisément en ce qui concerne l'exigence d'un recours gracieux. En effet, dans le décompte du délai relatif au recours gracieux, le point de départ en matière de responsabilité, n'est ni la notification ni la publication comme c'est le cas en matière d'excès de pouvoir. En effet, selon l'alinéa 3 (b) de l'article 17 de la loi de 2006 relative aux tribunaux administratifs précitée, le recours gracieux doit être formé, en cas de demande d'indemnisation, dans les six (06) mois suivant la réalisation du dommage ou sa connaissance. La publicité, la notification n'ont donc pas le monopole de la marque des points de départ du déclenchement des délais en contentieux administratif. C'est ce que montre aussi le cas de la prescription quadriennale.

b. Le point de départ relatif au décompte des délais en raison de la prescription quadriennale

817. Cette hypothèse est abondamment illustrée dans la jurisprudence administrative française. En matière de prescription quadriennale, ce n'est pas la publicité de l'acte, encore moins la notification, c'est l'exercice budgétaire qui permet d'identifier les points de départ relatifs au décompte des délais. En effet, en matière de prescription quadriennale, c'est en fonction des exercices budgétaires qui courent au moment où la créance est née que l'on fixe le point de départ du délai de prescription. Comme le prévoit l'article premier de la loi française du 31 décembre 1968 relative à la prescription quadriennale, ce délai commence à courir

---

[923] Art. 53, alinéa 2, *Cja*.

le premier jour de l'année qui suit celle suivant celle au cours de laquelle les droits ont été acquis. Le point de départ est fixé à l'exercice au cours duquel la créance devient exigible dans le cas où celle-ci n'était pas arrivée à terme. De même, on part de l'année budgétaire au cours de laquelle s'est manifesté, avec certitude, le dommage.

818. Toutefois, le délai relatif à la prescription court à partir du 1er janvier de l'exercice au cours duquel l'acte a été annulé dans le cas où la dette résulte d'un acte administratif illégal.

819. La détermination du point de départ des délais de prescription peut poser des problèmes lorsque le dommage n'intervient pas sur une seule année. Dans ce cas, le point de départ se calcule d'un exercice budgétaire à un autre lorsqu'il s'agit d'une créance successive. En ce qui concerne un accident, par exemple, le point de départ de la prescription est l'année de la survenance de celui-ci. Dans le cas des blessures, le délai commence à courir à compter de l'année de leur consolidation. On retient également l'année budgétaire au cours de laquelle les blessures se sont consolidées dans le cas des incapacités permanentes partielles. Ainsi, dans la jurisprudence Centre hospitalier régional de Grenoble c/ Sieur Bosse, le Conseil d'État français a affirmé que « le délai de la déchéance quadriennale, en ce qui concerne la réparation de l'incapacité permanente partielle du préjudice, du préjudice esthétique, des troubles dans des conditions d'existence et des souffrances subies [...] ne saurait commencer à courir qu'à compter du début de l'exercice au cours duquel lesdites lésions ont été consolidées »[924].

820. Lorsqu'il s'agit de la responsabilité pour faute, le point de départ du délai de la prescription est le prochain exercice budgétaire à la suite de celui qui a connu la survenance du préjudice ou du fait à l'origine de la créance. Le point de départ du délai, lorsque le préjudice survient concomitamment avec le fait qui est à l'origine de la créance, est celui de l'exercice budgétaire qui a connu cette survenance. Aussi, le point de départ du délai de prescription correspond à chaque année ayant connu l'intervention du dommage lorsque ce dernier est évolutif[925]. Ainsi, la prescription quadriennale, comme la demande d'aide juridictionnelle, disqualifie parfois la publicité ou la notification en tant que point de départ relatif au calcul des délais contentieux.

---

[924] CE, sect., 15 mars 1963, *Chr de Grenoble c/ Bosse*, *Rec.*, p. 173.
[925] CE, 6 nov. 2013, *Mme B.Vve A c/ Cne Mauguio*, n° 3549313

c. Le point de départ relatif au décompte des délais en raison de la demande d'aide juridictionnelle

821. L'autre cas relatif au point de départ des délais de recours en dehors de la publicité concerne les demandes d'aide juridictionnelle. Comme on va le relever en matière de prorogation des délais, la demande d'aide juridictionnelle est, elle aussi, une cause de prorogation des délais de recours contentieux. Dès lors que cette demande est formulée dans les conditions et délais prescrits, le délai qu'il proroge recommence à courir ultérieurement. Dans ces conditions, il se pose la question de savoir à quel moment le délai recommence effectivement à courir.

822. Une solution a été dégagée par le juge administratif français à l'occasion de l'affaire Davoli[926]. À ce sujet, le Conseil d'État précise que « le délai de recours contentieux [...] recommence à courir [...] ; en cas de décision d'admission ou de rejet du bureau d'aide juridictionnelle [...] le jour où cette décision devient définitive, c'est-à-dire le jour où il n'est plus possible d'exercer contre elle l'un des recours prévus à l'article 23 de la loi du 10 juillet 1991 dans les délais prévus à l'article 56 du décret du 19 décembre 1991 ou, si un tel recours est exercé, le jour où il est statué sur ce recours ».

823. Dans le même sens, le juge relève qu'en revanche lorsque la requête tendant à obtenir une telle aide est acceptée et « si la désignation de l'auxiliaire de justice intervient postérieurement au jour où la décision statuant sur la demande [...] devient définitive, le délai de recours contentieux ne recommence à courir que le jour où l'auxiliaire de justice est désigné ». Aussi, selon la jurisprudence Tifani[927], en cas de non-acceptation de la part de l'avocat désigné sur le fondement de l'aide juridictionnelle, c'est à compter de la nomination d'un nouvel avocat par le bâtonnier que recommence à courir le délai de recours contentieux.

824. Cela dit, la publicité seule ne marque pas le point de départ dans le calcul des délais contentieux. Et pour mieux comprendre la publicité en tant que point de départ relatif à la computation des délais, il faut s'interroger sur leur caractère franc.

B. Le caractère franc des délais

825. Le caractère des délais s'articule ici autour de la question du moment à partir duquel le délai commence à courir et la fin de cet écoulement. Doit-on prendre en compte ces deux extrémités dans le décompte de ces

---

[926] CE, 28 juin 2013, *M. Davodi*, n° 363460.
[927] CE, 8 févr. 1999, *Tafani* , n° 196045.

délais ? C'est en ces termes que se pose la question du caractère franc ou non des délais.

826. Dans les législations africaines de tradition juridique francophone, explicitement ou non, il ressort que les délais sont en général francs[928]. Les durées sont comptées de quantième à quantième. C'est le cas même en droit camerounais lequel a pendant longtemps tergiversé avant d'adopter cette solution. En effet, dans un premier temps, le juge administratif camerounais avait opté pour la règle des délais francs, comme l'indique la jurisprudence Ekong Yves Adolphe[929], avant de revenir sur sa position en prenant en compte le jour de la publication, de la notification de la décision en cause, de la connaissance ou de la réalisation du dommage et le jour où prend fin le délai de recours. En d'autres termes, il prenait en compte le « dies a quo » ainsi que le « dies ad quem » dans le calcul des délais[930]. Or, un délai est dit franc lorsqu'on ne prend pas en compte ces deux éléments s'agissant de sa computation[931].

827. Mais selon la loi du 29 décembre 2006 relative à l'organisation et au fonctionnement de la Cour suprême, le droit camerounais est revenu à la solution des délais francs. En effet, l'article 143 de ce texte prévoit que « le jour où s'accomplit l'acte qui fait courir le délai n'entre pas dans la computation du délai ; le délai fixé en années ou en mois se calcule de date à date ; le délai fixé en heures se calcule d'heure en heure, lorsque le dernier jour est un samedi, un dimanche ou un jour férié, le délai est prorogé jusqu'au jour ouvrable suivant ».

828. Autrement dit, les délais se calculant de quantième à quantième, un délai fixé en mois prend fin le dernier jour du mois qui marque un quantième identique à celui qui suit la publicité de l'acte concerné. Il en est de même lorsqu'il s'agit d'une année ou des jours. Par exemple, un délai de deux (02) mois, pour une décision dont la publicité a été réalisée le 2 février, commencera à courir le 3 février à 0 heure et expirera le 3 avril à 24 heures. L'enclenchement est donc fixé à 0 h et expire à 24 h. Et si ce

---

[928] M. ONDOA, *Le droit de la responsabilité publique dans les États en développement… op. cit.*, p. 137.

[929] CCA, 29 nov. 1956. Cité par M. ONDOA, *Le droit de la responsabilité publique dans les Etats en développement… op. cit.*, p. 137.

[930] CFJ/CAY, 8 juin 1971, *Owona Essono Benoit* c/ *État fédéré du Cameroun oriental*, Cité par M. ONDOA, *Le droit de la responsabilité publique dans les États en développement… op. cit.*, *ibid.*

[931] C'est le cas en droit ivoirien et tunisien. Voir, respectivement, P. AKOUA AMBEU, *La fonction administrative contentieuse en Côte d'Ivoire*, *op. cit*, p. 235 ; S. DABBOU, *Les conditions de recevabilité du recours pour excès de pouvoirs en France et en Tunisie* (*mimétisme et originalité*), Thèse, université Paris 1, 1998, p. 289 et ss.

dernier est un samedi, un dimanche ou un jour férié ou chômé, le délai est prorogé jusqu'à la fin du premier jour ouvrable qui suit.

829. Pour ce qui est des jours, si un délai de cinq (05) jours est prévu pour attaquer les résultats d'un scrutin proclamés dimanche avant 24 h, il « expire le vendredi à 24 h, mais si le résultat est proclamé après 24 h dans la nuit du dimanche au lundi, le délai expire le lundi suivant à 24 h »[932].

830. Toutefois, il faut noter qu'en raison du fait que certains mois n'ont pas des quantième correspondant à celui du moment où commence à courir le délai, la durée prend fin le « dernier jour du mois de son terme »[933]. Il faut également relever que lorsque les durées sont exprimées par heure, le caractère franc des délais disparaît. Ainsi, par exemple, arrive à expiration à « 11 h 2 le mercredi si la décision a été notifiée à 11h 2 le lundi précédent »[934] pour ce qui concerne un délai de quarante-huit (48) heures. Cela signifie que le délai prend fin au moment où le nombre d'heures fixé est complètement achevé[935]. Ce principe du caractère franc des délais est en vigueur tant en droit français que dans les autres pays d'Afrique francophone.

§ 2. La portée de la publicité

831. L'étude des points de départ relatifs à la computation du temps dans le procès administratif comporte deux dimensions. Il y a l'aspect technique à savoir la publicité. La publicité représente la phase terminale de l'adoption d'une décision administrative. Il y a aussi l'aspect juridique qu'est l'opposabilité de l'acte. Elle est encore appelée la portée de la publicité. Le premier aspect ayant déjà été analysé, il convient de s'intéresser au second. En effet, l'analyse de la portée de la publicité renvoie à l'examen de deux points essentiels à savoir sa nécessité (1) et ses limites (2).

1. L'intérêt de la publicité dans le contentieux administratif : l'opposabilité des décisions et des délais de recours

832. Dans l'analyse du temps de la justice administrative, la question des points de départ est plus intéressante. En effet, c'est la publicité qui fait courir le délai de recours contentieux[936]. Afin de mieux cerner la portée

---

[932] M.-C. ROUAULT, *Contentieux administratif, op. cit.*, p. 270
[933] *Ibid.*, p. 269.
[934] *Ibid.*
[935] CE, sect., 4 juin 1954, *Cne Décines-Charpieu*, *Rec.*, p. 336.
[936] CE, ass., (France) 12 avr. 1972, *Brier*, *Rec.*, p. 272.

de la publicité, on peut l'analyser selon qu'il s'agit des actes réglementaires (a) ou individuels (b).

a. La portée de la publicité vue sous l'angle des actes réglementaires

833. La publicité d'une décision entraîne comme conséquence son opposabilité et détermine le point de départ des délais de recours. En effet, une décision administrative réglementaire qui n'a pas fait l'objet d'une publication est inopposable aux tiers.

834. Toutefois, comme l'a relevé le juge administratif camerounais, l'adoption d'une décision, en l'absence de publication, s'impose à l'administration. Le juge relève qu'il existe une distinction entre la validité de la décision administrative et son opposabilité aux tiers. Un acte administratif « entre en vigueur du fait et à partir de son émission par l'autorité administrative, même s'il ne devient opposable aux administrés que du jour où il a été porté à leur connaissance par un procédé de publication ». Autrement dit, il « est exécutoire et opposable à l'administration elle-même dès sa signature ; indépendamment de toute publication, dont l'objet est en effet, non pas de rendre la loi ou le décret exécutoire, mais seulement opposable aux tiers »[937]. Le pr Guillaume Pambou Tchivounda affirme à ce sujet que « si la publicité d'un acte conditionne son entrée en vigueur en dehors de l'administration, elle n'affecte pas la légalité de l'acte. L'irrégularité de la publicité ou [...] le défaut de celle-ci n'implique donc pas l'irrégularité de l'acte lui-même »[938].

835. Pour les actes réglementaires, l'insertion au journal officiel marque cette opposabilité. La date d'entrée en vigueur de la décision n'a aucune influence sur ce point[939]. Ainsi, en droit français, en matière de mesure de police, notamment pour des mesures relatives au stationnement et à la circulation, sans prendre en compte les mesures relatives à leurs opposabilités aux usagers[940], le délai de recours est enclenché depuis la publication. La publicité constitue donc une garantie essentielle pour les administrés, elle marque le moment auquel les voies de droits peuvent être mises en mouvement par les justiciables[941].

---

[937] CFJ/CAY, arrêt n° 90, 30 sept. 1969, *Messomo Atenen Pierre c/ État du Cameroun, in* F-X MBOUYOM, *Recueil des grands arrêts de la jurisprudence administrative de la Cour fédérale de justice 1962-1970, op. cit.*, p. 222.

[938] G. PAMBOU TCHIVOUNDA, *Les grandes décisions de la jurisprudence administrative gabonaise, op. cit*, p. 223.

[939] CE (France), 3 mars 1995, *Mme Memmi et Zimmermann, Rec.*, p. 120.

[940] CE, 22 oct. 1980, *Fabert, Rec.*, p. 381.

[941] Toutefois, dans certains cas, la publicité par affichage ne représente que de simples mesures d'informations. C'est le cas des déclarations d'utilité publique prononcées par décret en Conseil d'État. CE (France), 27 févr. 2006, *Ass Alcaly et autres, Rec.*, p. 871.

836. Pour les actes réglementaires pris par les autorités centrales, il faut distinguer, en droit français, le point de départ des délais à l'égard des administrés et des tiers. En effet, pour ce qui est des agents publics, y compris pour ceux en position de détachement, le délai court à compter de la date à laquelle ces actes parviennent dans les services[942]. Cette solution ne s'applique pas aux autres administrés tels que les usagers des services publics[943].

837. À moins que la loi n'en dispose autrement, l'insertion dans le recueil des actes administratifs du département, d'un arrêté pris par le préfet n'entraîne pas l'écoulement des délais de recours contentieux[944]. Par contre, le délai de recours est enclenché à l'égard de tous, pour ce qui est d'une décision préfectorale faisant l'objet d'une insertion dans le bulletin municipal de la ville de Paris[945]. S'agissant des délibérations des conseils municipaux, un simple affichage en mairie enclenche les délais de recours contentieux[946].

838. La question de la pluralité de publicité s'est aussi posée. En effet, il peut arriver qu'une décision fasse l'objet de diverses formes de publicité comme en matière de permis de construire. Ici, il y a affichage sur le terrain et en mairie. Dans ce cas, le juge administratif français a jugé que le délai de recours est enclenché à partir de la dernière mesure de publicité[947].

839. L'on doit relever, par ailleurs, que la théorie des vises cachés trouve aussi application en la matière. Le juge administratif français affirme, à propos des arrêtés de nomination dont des extraits avaient fait l'objet d'une publication au journal officiel en omettant les mentions de nature à permettre l'identification de l'autorité auteur desdits actes, que le recours contentieux tardif, tiré du moyen que ces actes n'avaient été signés par le ministre, était recevable[948]. La portée de la publication des actes concerne aussi les décisions individuelles.

---

[942] CE, sect., 12 nov. 1955, *Sieur Grip et autres*, *Rec.*, p. 538 ; 30 nov. 1994, *Guyot*, *Rec.*, p. 517

[943] CE, 31 janv. 1979, *De Barnier*, *Rec.*, p. 34.

[944] CE, 27 oct. 1972, *Depuydt*, *Rec.*, p. 683.

[945] CE, 25 oct. 1968, *Sieur Bertrand et autres*, *Rec.*, p. 516.

[946] CE, 6 déc. 1993, *Bon*, *Rec.*, p. 945 ; 29 déc. 1993, *Commune d'Agde*, *Rec.*, p. 945.

[947] CE, 18 févr. 1976, *Union des chambres syndicales d'affichage et de publicité externe*, *Rec.*, p. 101 ; 24 juil. 1987, *Sté Guichard Perrachon et compagnie*, *Rec.*, p. 270 ; 16 mai 2011, *Association En toute franchise des Bouches-du-Rhone et autres*, *Rec.*, p. 1069 ; sect., 28 juin 1996, *Fédération pour les espaces naturels et l'environnement catalan*, *Rec.*, p. 253 ; ass., 25 juil. 1975, *SCI Les Hortensias*, *Rec.*, p. 437.

[948] CE, sect., 1er juil. 1955, *Charles*, *Rec.*, p. 379.

b. La portée de la publicité par rapport aux actes individuels

840. Le délai de recours contre un acte non réglementaire, implicite ou explicite, est enclenché à compter de sa notification. Il convient alors de cerner la date de cette notification. Ainsi, par exemple, comme l'a précisé le juge administratif français, dans le cas d'une décision des services d'aide juridictionnelle « prononçant une admission provisoire ou constatant la caducité de la demande, le délai de recours contentieux recommence alors à courir à compter de la notification de la décision »[949].

841. En règle générale, le délai de recours est enclenché à compter de la notification au profit du concerné. Mais, selon le juge administratif français, il peut aussi arriver que ce point de départ s'applique à l'égard du tiers lorsque l'acte a été porté à sa connaissance par la personne concernée[950].

842. Plus précisément, le délai de recours contentieux n'est enclenché qu'à la suite d'une notification personnelle. Ainsi, une publication de liste ne saurait déclencher le délai de recours en dépit d'une notification ultérieure faite aux concernés. C'est la solution retenue par le juge administratif français à l'occasion de la publication d'une liste d'avancement des fonctionnaires[951]. Il en est de même de la publication au registre des délibérations du conseil municipal, d'une décision engageant un agent de la commune[952].

843. En définitive, c'est la publicité, tant dans son sens large que dans son sens restreint, autant dans les droits d'Afrique francophone qu'en France, qui enclenche le délai de recours. Même lorsque le destinataire de l'acte se réserve de recevoir la notification, le délai court depuis cette date[953]. Il en est de même en cas d'absence lors de la notification suivie d'un retrait dans le délai de quinze (15) jours[954] auprès du bureau des postes[955], comme le prévoit le droit français. Lorsque l'absence de retrait est liée à l'impossibilité de fournir une pièce d'identité, le délai ne court pas. La date de passage du facteur au domicile du concerné enclenche le délai de recours en cas de refus de retrait de la correspondance[956].En d'autres termes, d'un point de vue technique, dans le mécanisme qui mène à

---

[949] CE, 28 juin 2013, *M. Davodi*, n° 363460.
[950] CE, 15 oct. 1982, *Asselin*, *Rec.*, p. 342, concl. Pauti ; 30 juil. 1997, *Mme Rousseau*, *Rec.*, p. 992.
[951] CE, 27 janv. 2006, *Ministre de la Défense* c/ *Fixot*, *Rec.*, p. 735.
[952] CE, 23 juil. 1976, *Pauillac*, *Rec.*, p. 1053
[953] CE, 31 juil. 1992, *Walter*, *Rec.*, p. 313 ; 9 nov. 1992, *Préfet des Bouches-du-Rhône* c/ *Dogan*, *Rec.*, p. 1205.
[954] CE, 24 fév. 1999, *Avduli*, n° 179689.
[955] CE, 2 mai 1980, *Ibaziziene*, *Rec.*, p. 831.
[956] CE, 21 juil. 1970, *Dme Perrucot*, *Rec.*, p. 536.

l'adoption des actes administratifs, la publication est la dernière opération. D'un point de vue juridique, cette publication marque le point de départ de l'invocabilité ou de l'opposabilité de l'acte car, à compter de cette publication, les concernés sont censés en avoir pris connaissance. Le défaut de publicité ou une publication incomplète ou faussée n'entraîne donc pas l'écoulement du délai. De même, une décision assortie d'une condition suspensive non réalisée ne saurait entraîner le délai.

844. Le juge administratif camerounais précise en ce sens que lorsqu'il n'est pas possible d'affirmer avec certitude que la notification de l'acte a été effectuée, l'action en justice est considérée comme ayant été exercée dans les délais[957]. C'est donc une formalité sans laquelle aucune forclusion ne peut être opposée aux justiciables. Toutefois, il peut arriver que l'acte fasse l'objet d'une mise en application à défaut d'une publication.

2. Les limites de la diffusion des actes administratifs en tant que point de départ du décompte des délais de recours

845. Tant en droit français qu'en Afrique francophone, il existe des cas dans lesquels le délai de recours commence à courir même en l'absence de publicité. Il en est ainsi en vertu de la théorie de la connaissance acquise (a) qu'il faut distinguer des autres cas (b).

a. La dispense de la publicité par la théorie de la connaissance acquise

846. La théorie de la connaissance acquise entre en vigueur lorsque le justiciable laisse apparaître par son attitude qu'il a eu connaissance de l'acte en cause[958]. C'est le cas en matière d'actes adoptés par des organismes collégiaux ou des assemblées délibérantes s'agissant des recours introduits contre leurs décisions par leurs membres.

847. Ainsi, l'on est réputé avoir eu connaissance des décisions prises par une assemblée délibérante dès lors que l'on a été convoquée à la séance de délibération tenue par ladite assemblée. Cette connaissance est née à la date de la séance qui a donné lieu à l'adoption de la décision en question. C'est donc à compter de la date de la délibération que le délai de recours commence à courir à l'égard des membres de l'assemblée. Pour les autres, c'est à compter de la publication de l'acte au journal officiel[959]. Autrement dit, en cas d'absence on est réputé, en tant que membre de

---

[957] CCA, arrêt n° 374, 3 sept. 1954, *Mounyol Magloire*.
[958] CE, 25 mai 2005, *Commune Banon*, *Rec.*, p. 1015 ; sect., 27 juil. 2005, *Million*, *Rec.*, p. 336.
[959] CE, sect., 14 mai 1993, *Union pour la défense des radios locales privées*, *Rec.*, p. 155.

ladite assemblée, en avoir eu connaissance même si la décision ne figurait pas sur les thèmes à l'ordre du jour tel qu'indiqué dans la convocation[960].

848. Dans le même sens, le juge administratif français a admis qu'en cas d'annulation d'un acte administratif, le justiciable est également réputé avoir eu connaissance de ladite décision au plus tard à la date à laquelle il introduit son action[961]. De même, si un acte individuel est notifié à un tiers et laissant apparaître qu'un autre acte a déjà été notifié à ce tiers, cela enclenche le délai de recours à l'égard de la précédente décision[962]. Il y a aussi connaissance acquise au cas où le tiers auquel un acte n'a pas été notifié en obtient une copie qu'il produit devant la juridiction[963].

849. Dans l'affaire Tchamba Jean-Claude, la Chambre administrative de la Cour suprême du Cameroun relève que même en prenant en compte le fait que le requérant n'avait « pas été officiellement notifié de la décision individuelle de suspension de sa bourse d'études, il est indiscutable qu'à la date du 07 novembre 1991 date de sa première requête adressée au ministre de l'enseignement supérieur, le requérant était au courant que sa bourse était déjà suspendue [...] Dès lors, il lui appartenait, à peine de forclusion, de saisir le juge administratif de son recours au plus tard le 7 avril 1992, date à laquelle il devait constater le rejet implicite de son recours gracieux »[964].

850. Le Conseil d'État français a également circonscrit le champ d'application de cette théorie. Ainsi, lorsqu'un syndicat des communes adopte une délibération en présence des délégués des communes, le délai de recours contre ces actes ne court pas contre les communes faisant partie de ce syndicat. En effet, « les communes, à la différence de leurs délégués, ne sont pas membres de l'instance délibérante du syndicat intercommunal. On ne peut donc pas leur opposer la théorie de la connaissance acquise, et l'exception de tardiveté de leur recours. Vis-à-vis de ces dernières, le délai ne court pas du jour où la délibération a été adoptée, mais du jour où elle leur a été notifiée ou publiée »[965].

851. La théorie de la connaissance acquise pose également des difficultés en ce qui concerne les recours administratifs. On sait, par exemple, que le

---

[960] CE, 3 déc. 1999, *Région Guadeloupe*, n° 159041 ; 25 juin 1976, *Romeyron*, *Rec.*, p. 336 ; 27 sept. 2000, *Fabre*, n° 189006 ; CFJ/CAY (Cameroun), arrêt n° 51, 25 mars 1967, *Ngué c/ Commune de plein exercice de Mbalmayo*.

[961] CE, 11 déc. 2013, *Mme N'Dre Regnault*, *Rec.*, p. 311.

[962] CE, sect., 25 juin 1954, *Sieurs Fabre et Mercier*, *Rec.*, p. 383.

[963] CE, 11 avr. 2008, *Sté Défi France*, n° 307085.

[964] CS/CA, jug. n° 33/04-05, 29 déc. 2004, *Tchamba Jean-Claude* c/ *État du Cameroun*.

[965] CE, 31 mars 2008, *Syndicat intercommunal à vocation unique pour le plan d'aménagement du Sundgau*, n° 297961.

fait pour l'administré d'exercer un tel recours montre qu'il a eu connaissance de la décision.

852. Mais cela semble ne plus s'appliquer en droit français. En effet, « la formation d'un recours administratif manifeste la connaissance acquise par l'intéressé de la décision mise en cause, mais cette seule circonstance ne suffit pas à faire courir le délai de recours contentieux si la décision initiale ou la décision prise à l'issue du recours administratif ne mentionnent pas les voies et délais de recours »[966].

853. Cependant, en l'absence de notification d'un acte avec indication des délais et voie de recours à un tiers, l'exercice d'un recours administratif entraîne la connaissance acquise de l'acte et marque ainsi le moment du déclenchement du délai de recours devant le juge[967]. En effet, d'autres cas d'invocabilité des actes sans formalité de publication existent.

b. Les autres cas de dispense de la publicité

854. En dehors de la théorie de la connaissance acquise, il existe aussi le cas de certains actes-condition. En effet, l'acte-condition met son destinataire dans une situation juridique entièrement préétablie par le droit. Il est question d'actes non réglementaires dont le prototype est la décision de mise en retraite.

855. Le juge administratif camerounais est allé dans ce sens en admettant qu'étant donné que l'âge limite des retraites est prévu par un règlement, une décision mettant en retraite un fonctionnaire ne prend pas effet à partir de la notification[968].

856. Certaines circonstances, comme l'état d'urgence, l'état de siège, les circonstances exceptionnelles, la théorie des formalités impossibles, peuvent aussi conduire l'administration à ne pas procéder à la publicité de certaines décisions. Cette publicité peut aussi ne pas être réalisée du fait de la nature de l'acte. C'est le cas pour un acte verbal. De même, du fait de leur objet et de leur contenu, l'administration peut ordonner l'entrée en vigueur immédiate de certains actes. Cela peut être lié, par exemple, à la nécessité de mettre en place l'état d'urgence[969].

857. Cette convergence relative à la computation du temps dans ces différentes législations ressort aisément de l'étude des points de départ ainsi que du

---

[966] CE, sect., 13 mars 1998, *Mme Mauline*, *Rec.*, p. 80.
[967] CE, 6 oct. 1978, *Ass du quartier La corvée la roche aux fées*, *Rec.*, p. 909
[968] CS/CA, jug. n° 17/77-78, 27 avr. 1978, *Obam Esaie c/ État du Cameroun*. Cité par Salomon Bilong, *Approche méthodologique du droit administratif*, Presses universitaires de Dschang, 2007, p. 85.
[969] Voir, en France, art. 2, décret du 8 nov. 2005, relatif à l'état d'urgence.

caractère franc des délais. Mais le caractère rigide du temps dans les législations camerounaise et gabonaise se traduit par les nombreuses limites et carences liées à ces différentes techniques de computation des délais contentieux. Cette identité des techniques de calcul des délais en contentieux administratif est liée à l'histoire commune, sur le plan du droit, entre ces différentes législations.

§ 3. Une identité des techniques de computation du temps liée à l'histoire

858. L'analyse du régime de la computation des délais de recours en contentieux administratif français et des pays d'Afrique francophone a permis de voir la ressemblance qui existe entre ces différents modèles. L'origine de cette identité se trouve dans l'histoire des relations entre ces différents pays.

859. En effet, l'histoire des institutions en Afrique francophone fait appel, nécessairement, aux rapports que ces pays ont entretenus avec la France, puissance colonisatrice. C'est ainsi que malgré les indépendances, donnant la possibilité à ces pays africains de développer un droit qui leur est propre, ce qu'attestent d'ailleurs certaines spécificités observées çà et là, ces pays d'Afrique francophone ont adopté la tradition juridique dite française. C'est pour cette raison qu'on peut de nos jours encore, malgré quelques nuances liées aux contextes économiques, administratifs et culturels de ces pays, observer une identité presque parfaite entre leurs droits et la législation française.

860. C'est ce que traduit cette ressemblance qui existe entre les techniques de computation du temps dans le contentieux administratif camerounais, gabonais et français. C'est d'ailleurs le cas dans l'ensemble de ces pays d'Afrique ralliés à la tradition juridique française. L'identité des techniques de computation ainsi enregistrée concerne tant la publicité et sa portée, que le caractère franc des délais de recours contre les décisions administratives.

861. De ce point de vue, la tradition juridique française est « incontestablement un patrimoine historique commun aussi bien à la France qu'aux États d'Afrique de succession française. Cela dans la mesure où la tradition administrative francophone prend non seulement en compte le droit administratif français mais aussi indivisiblement le droit administratif des États africains de succession française. Il s'agit d'une évidence résultant de la communauté politique et juridique qui a historiquement existé entre la France et ses colonies devenues plus tard des États membres de la Communauté française, puis des États indépendants »[970]. Cette histoire s'est d'ailleurs aussi traduite par l'apport des pays africains, du point de vue spatial, au développement du droit administratif français.

862. Mais cette identité en matière des techniques de computation du temps en contentieux administratif dans ces différentes législations n'a pas gardé la même ampleur avec le temps. En effet, l'évolution significative du droit des rapports entre l'administration et les citoyens en France a conduit à une démarcation entre ces droits. Cette démarcation a donné une forme souple au temps dans le contentieux français, favorable aux justiciables, contrairement aux pays africains. Dans ces derniers pays, en effet, on observe une approche du temps marquée par la rigidité, essentiellement, et dont la conséquence est son caractère très favorable à l'efficacité de l'action administrative.

Section 2. La rigidité du temps au regard de ses techniques de computation en droit africains et sa souplesse en France

863. La computation des délais en matière administrative dans ces législations de tradition francophone s'opère selon des modalités identiques. Ces délais qui ont un caractère franc, commencent à courir à compter de la date de la publicité de l'acte. Ces procédés ne posent pas de sérieux problèmes en droit français. Cependant, en ce qui concerne les pays d'Afrique francophone, de nombreuses difficultés existent. Ces techniques sont presque inadaptées aux pays africains au regard de certains facteurs d'ordre socio-culturel. Dans un premier temps, c'est en cela que le temps dans le procès administratif dans ces pays se présente sous une forme rigide. (Sous-section 1). Dans un second temps, il existe également d'autres facteurs comme l'absence de clarté dans leur computation, contrairement au droit français (Sous-section 2). Il est, de ce point de vue, plus favorable à la stabilité des situations juridiques qu'au droit du justiciable, donc contrairement au droit français.

Sous-section 1. Une rigueur temporelle avantageuse à la sécurité juridique : l'inadéquation des techniques de computation du temps aux réalités des pays africains

864. Ce caractère inadapté des techniques de computation du temps se traduit, d'une part, par les limites de celles-ci, et, d'autre part, par le fait qu'elles ne prennent pas en compte certaines réalités socio-culturelles africaines (§1). Cette rigidité, favorable à la sécurité juridique, n'est pas insurmontable, on peut trouver des moyens pour l'améliorer (§ 2).

---

[970] S. YEDOH LATH, « Les caractères du droit administratif des États africains de succession française. Vers un droit administratif africain francophone ? », *op. cit.*, p. 1255- 1256.

§ 1. La rigidité en raison des limitations des techniques de computation du temps

865. Les techniques de calcul du temps dans le contentieux administratif en Afrique francophone comportent de nombreuses limites qui rendent rigide l'approche du temps dans ce procès. En effet, l'approche statique qui caractérise le temps dans le contentieux administratif en droit camerounais et gabonais s'observe aussi dans le cadre de la computation des délais. En effet, ces techniques sont non seulement peu efficaces (A), mais aussi inappropriées (B).

A. L'inefficacité des techniques de computation

866. Cette inefficacité est liée aux diverses limites que rencontrent les procédés de calcul des délais contentieux. En effet, la pratique du journal officiel est difficile dans ces États (1). On peut y ajouter les autres modes de diffusion des décisions qui, eux aussi, comportent de nombreuses dérives (2).

1. La difficile pratique du journal officiel

867. L'idée du caractère rigide du temps en contentieux administratif apparaît ici du fait des contraintes liées à la règle de la publicité en tant que point de départ du calcul des délais de recours. Cette exigence pose de nombreux problèmes tant en droit français que dans les pays d'Afrique francophone. Ainsi, on analysera d'abord le cas de la France (a), bien que cette difficulté semble limitée, et, ensuite, celui des législations d'Afrique francophone (b).

a. Les difficultés de la publicité en droit français

868. Même en France, la publication des actes est confrontée à des difficultés. Comme l'indique le pr Deumier, l'analyse du droit positif laisse apparaître que « la connaissance de la loi, même probable, ne peut être présumée de sa publication. L'adage nul n'est censé ignorer la loi s'impose à titre de fiction, alibi bien fragile de la force obligatoire de la loi »[971].

869. En d'autres termes, on peut relever que le caractère rigide du temps de la justice administrative ne s'observe pas seulement dans les pays africains ralliés à la tradition juridique française. Elle est simplement plus accentuée comme on va le voir en matière de publication. En effet, en droit français, la diffusion des normes par la publication pose problème

---

[971] P. DEUMIER, « La publication de la loi et le mythe de sa connaissance », *Les petites affiches*, n° 46/2000, p. 6.

au regard du volume des textes à publier. Cela se comprend aisément lorsqu'on observe la flambée législative qui marque l'environnement juridique français. Ainsi, face à cette « incontinence législative [...] nul ne connaît la loi » qui est « déjà peu et mal connue autrefois »[972]. Dans ces conditions, souligne Mme Pascale Deumier, « si les rédacteurs du Code civil avaient pu croire en l'illusion d'une connaissance effective de leur œuvre, au moins par les plus érudits, l'absurdité de l'adage augmente avec le nombre de pages du journal officiel »[973].

870. Par ailleurs, la jurisprudence y occasionne souvent la confusion. En effet, alors qu'il est illogique de revendiquer la « connaissance d'un texte » qui n'a pas fait l'objet de publication, la Chambre civile de la Cour de cassation avait admis que la « connaissance personnelle » du texte remplace son « caractère non officiel »[974]. Cette position a introduit du doute en la matière même si cette décision a été réformée par la suite.

871. Aussi, bien que le délai offert aux administrés pour prendre connaissance des actes soit variable en fonction du parcours du journal et la date d'entrée en vigueur de l'acte, « les solutions apparaissent totalement inaptes à fonder une présomption de connaissance »[975]. Dans le même sens, le jour de l'arrivée du journal n'a pas moins soulevé des problèmes. Comme le rapporte encore le pr Pascale Deumier, la Cour d'Appel de Montpellier a eu à accueillir un moyen de défense soulevé par une partie qui faisait valoir dans une instance de divorce que le journal officiel qui contenait la loi applicable en l'espèce n'avait pas été enregistré à la préfecture[976].

872. Apparaît alors « l'impuissance du plaideur en l'absence d'enregistrement : la preuve de la publication régulière de la loi n'était pas rapportée, et ne pouvait pas l'être, le journal officiel n'étant vraisemblablement jamais arrivé à la préfecture de Montpellier »[977].

873. Par ailleurs, la Cour européenne des droits de l'homme en matière des décisions relatives au classement des sites a eu a relevé que « l'extrême complexité du droit positif était propre à créer un état d'insécurité juridique [...] quant au mode de calcul du délai de recours [que] ; le requérant était en droit de compter sur un système cohérent qui ménageât un juste équilibre entre les intérêts de l'administration et les siens ; spécialement il devrait jouir d'une possibilité claire, concrète et effective

---

[972] *Ibid.*
[973] *Ibid.*
[974] *Ibid.*
[975] *Ibid.*
[976] *Ibid.*
[977] *Ibid.*

de contester un acte administratif qui constituait une ingérence directe dans son droit de propriété »[978]. On peut, à cet égard, dire que ce mode de diffusion comporte aussi des difficultés en droit français comme on peut le relever, davantage, en droit camerounais et gabonais.

b. Des difficultés renforcées dans les droits africains

874. On sait que la publicité des actes administratifs à caractère réglementaire se fait par l'insertion au journal officiel. Cette insertion marque le point de départ du délai de recours contentieux. Or, dans les pays africains, le journal officiel paraît de façon intermittente voir pas du tout.

875. Au Cameroun, par exemple, le pr André Akam Akam précise que la parution du journal officiel est « devenue aléatoire, sinon épisodique [...] sa diffusion est particulièrement restreinte, pour ne pas dire confidentielle. Dès lors, la publication des textes juridiques suivant la procédure d'urgence est pratiquement devenue la règle »[979]. Au Bénin, le pr Ibrahim Salami relève qu'en dehors de l'irrégularité de la parution du journal officiel, il y a la difficulté à identifier les domiciles des requérants ; l'administration ne disposant pas de la possibilité de faire usage d'autres moyens de publication des actes comme notamment la radio, les comptes rendus radiophoniques, la publication dans la presse privée ou publique, l'information à travers les journaux ou le recours à un crieur public[980].

876. Par ailleurs, la difficulté dans les pays africains concerne aussi l'accès aux décisions de justice. En effet, même si certains efforts sont faits, dans des pays comme le Sénégal ou encore la Côte d'Ivoire afin d'assurer la diffusion des décisions de justice par le biais des sites internet, cette diffusion reste quasi absente dans la majorité des pays. Au Cameroun, le pr André Akam Akam précise que « la dernière parution du bulletin des arrêts de la Cour suprême remonte à quelques décennies déjà »[981]. Dans ces conditions, pour avoir connaissance de quelques arrêts importants, il faut se retourner soit vers les « revues universitaires (dont la parution est d'ailleurs fort irrégulière pour ne pas dire anecdotique), soit vers des revues privées telles que le trimestriel Juridis périodique »[982]. Cela est

---

[978] CEDH, 16 déc. 1992, *Geouffre de la Pradelle*, *AJDA*, 1993, p. 110, chr. J-F. Flauss.

[979] A. AKAM AKAM, « Libres propos sur l'adage "nul n'est censé ignorer la loi" », *RRJ*, n° 1/2007, p. 43.

[980] I. SALAMI, « L'efficacité de la justice administrative au Bénin : cas du recours pour excès de pouvoir », *in* F. Hourqubie (dir), *Quel service public de la justice en Afrique francophone ?*, *op. cit.*, p. 70.

[981] A. AKAM AKAM, « Libres propos sur l'adage "nul n'est censé ignorer la loi" », *op. cit.*, p. 44.

[982] *Ibid.*

bien surprenant, souligne l'auteur, « dans un État qui, dans sa Constitution, a pourtant consacré le pouvoir judiciaire »[983].

877. Au Gabon, jusqu'en 1975, le journal officiel, mis en place depuis 1959, a paru normalement. Cependant, depuis cette dernière année, sa parution est devenue irrégulière. En effet, de nombreux numéros qui étaient censés être diffusés pour les années 1975 et 1984 n'ont pas été diffusés pendant que d'autres ne l'ont été qu'avec beaucoup de retard. « Le dernier numéro remonte au 15 juillet 1983 », relève le pr Fidèle Mengue Me Engouang[984]. Les raisons avancées pour justifier ces retards sont d'ordre financier.

878. Ainsi, comme l'indique justement un observateur, les difficultés de la publicité en Afrique se résument en deux points. Il y a, d'une part, celles qui sont relatives au journal officiel et, d'autre part, celles qui portent sur les recueils spécifiques visant également à assurer la publicité. Dans le cas du journal officiel, sa production est très limitée, cela se traduit par un « système centralisé de production », une « insertion sélective des textes », une « diffusion partielle », avec notamment une « uniformité du système de diffusion », laquelle diffusion est par ailleurs « diachronique »[985].

879. Dans le cas des autres supports, on relève, d'abord, une « production confuse »[986], avec notamment la multiplication des supports spécifiques ainsi que des organes qui en ont la charge, et, ensuite, que cette diffusion est également restreinte comme dans le cas du journal officiel. Ces difficultés apparaissent également au niveau de la publication par voie d'urgence.

2. L'extension de la rigidité aux moyens de diffusion autres que la publicité

880. En marge des difficultés que rencontre le journal officiel, il y a le problème de la publication selon la procédure d'urgence. Cette dernière gagne du terrain. En effet, on note davantage dans les pays africains que la majorité des décisions prises par l'administration sont diffusées selon la procédure d'urgence. Même si les textes prévoient souvent, en sus, une insertion au journal officiel, celle-ci reste douteuse ou alors n'intervient que longtemps après. Dès lors, la procédure d'urgence (qui est un mode

---

[983] *Ibid.*

[984] F. MENGUE ME ENGOUANG, « La publicité des lois et règlements au Gabon », *op. cit*, p. 264.

[985] B.-J. OWONA OMGBA, *La publicité des actes juridiques en droit public camerounais. Recherche sur l'accès au droit au Cameroun*, Thèse, Université de Yaoundé 2, 2015, p. 63 et ss.

[986] *Ibid*, p. 79 et ss.

de publicité exceptionnel) fait ainsi l'objet d'une « application systématique »[987].

881. L'affichage, lui aussi, pose des problèmes. Comme le note, par exemple, le pr Fidèle Mengue Me Engouang, en dehors du caractère durable peu certain de ce procédé, très souvent, les panneaux devant recevoir ces affichages ne sont pas suffisants. Ainsi assiste-t-on parfois, à la superposition des affiches les unes sur les autres et au fait que de nombreux actes publiés par voie d'affichage font l'objet d'une publicité « éphémère ou précaire ». Ce caractère contingent et relativement durable est lié au fait que ces affichages se font sur des supports peu fiables. Il s'agit, notamment, des portes et murs des édifices abritant les services publics. Dans ces conditions, ceux-ci sont exposés aux intempéries sans oublier les actes de vandalisme[988].

882. Concernant la publication d'urgence réalisée par l'insertion au journal d'annonces légales, on enregistre également des difficultés. En droit gabonais, on peut évoquer les exemples des supports comme « l'Union » et « Hebdo-informations » qui opèrent comme quotidien d'information et journal officiel, respectivement. Ils assurent la diffusion des textes et annonces légales. Malgré le vide comblé par ces supports, en raison de la rareté du journal officiel, quelques difficultés persistent. En effet, au-delà du fait que ce moyen de publicité ne peut remplacer le journal officiel, ainsi que des problèmes pratiques liés à son volume qui ne lui permet pas de recevoir tous les textes, ils ne touchent véritablement que « le public des grandes villes où leur distribution est parfaitement assurée. Ils sont en revanche mal connus des populations de l'intérieur du pays »[989] y compris des personnes publiques.

883. Il y a également le cas de la radio diffusion. Elle sert aussi de moyen de publicité des actes. Le juge administratif camerounais l'a implicitement admis dans la jurisprudence Wambé Sango Chaoke[990]. Mais ce support est limité, d'abord, pour la simple raison qu'il sert essentiellement pour les actes non réglementaires. Il s'opère par le canal de la presse écrite, avec notamment le journal Cameroun tribune, ainsi que par la voie orale, avec notamment la « Cameroon radio and télévision ». Ceux-ci

---

987 F. MENGUE ME ENGOUANG, « La publicité des lois et règlements au Gabon », *op. cit.*, p. 265.

988 *Ibid.*, p. 266.

989 *Ibid.*, p. 267.

990 CS/CA, jug. n° 17, 27 janv. 1983, *Wambé Sango Choake* c/ *État du Cameroun*. Cité par M. Kamto, note sous, CS/AP, arrêt du 24 mars 1983, *Njikiakam Towa*, *Penant*, n° 788/799, p. 356.

apparaissent alors comme des supports réguliers servant à porter l'information juridique à la connaissance des administrés[991].

884. On peut aussi relever la question de « l'authenticité, la fiabilité et l'intégrité des textes publiés à travers ces médias »[992]. En effet, avec ces formes de publicité, les normes peuvent être diffusées avec des erreurs pouvant modifier leur sens.

885. Aussi, regrettant l'usage abusif de la procédure d'urgence, un observateur précise qu'en droit camerounais, ce procédé ne repose sur aucune base légale vu le silence du législateur sur le support utilisable en la matière. L'auteur de s'interroger : « comment comprendre cette pratique généralisée et qui plus est tombée sous le charme de la doctrine et du juge sans véritable remise en cause ? Ainsi, pendant que le Pr Maurice Kamto se contente de conseiller les recourants que la publication dans le quotidien Cameroun tribune fait courir le délai du précontentieux, le juge n'hésite pas à appliquer la théorie de la connaissance acquise dans le cadre d'un message radio-porté, d'un télex et bien d'autres cas encore »[993]. Il y a donc l'insertion d'un système informel dans l'action de l'administration au mépris de l'exigence de légalité de l'action des pouvoirs publics[994].

886. Toutefois, cette idée doit être nuancée car aux termes de l'article 4 de l'ordonnance n° 72/11 du 26 août 1972 relative à la publication des actes au Cameroun, la possibilité de procéder par voie d'urgence est admise. Elle se fait « par tous moyens, notamment par radio ».

887. Par ailleurs, on peut voir dans l'usage de la radio-diffusion la volonté pour les États africains de prendre en compte « l'état de sous-développement [de ces pays] où la radio reste encore le moyen privilégié de communication officielle et où l'on trouve des postes récepteurs »[995] dans l'ensemble du territoire. Mais cette seconde idée doit, elle aussi, être relativisée. En effet, le pr Fidèle Mengue Me Engouang observe que « si la radio peut valablement contribuer à la publicité des lois et règlements [...], elle reste cependant inaccessible à certains ménages, son prix n'étant pas à la portée de toutes les bourses »[996]. Aussi, la couverture de l'ensemble du pays par cet outil n'est pas rassurante vu la fracture

---

991 *Ibid.*

992 A. AKAM AKAM, « Libres propos sur l'adage "nul n'est censé ignorer la loi" », *op. cit.*, p. 44.

993 O. TOGOLO, « La publicité des actes administratifs par voie de masse-média », *in* M. Ondoa (dir), *L'administration camerounaise à l'heure des réformes*, *op. cit.*, p. 205 et ss.

994 *Ibid.*

995 M. KAMTO, note sous CS/AP, arrêt du 24 mars 1983, *Njikiakam Towa*, *précité*, p. 356.

996 F. MENGUE ME ENGOUANG, « La publicité des lois et règlements au Gabon », *op. cit.*, p. 268.

numérique qui y prévaut. On n'est également pas certain sur la réception de l'acte par le concerné. Il n'y a pas de moyen pour savoir que le concerné sera à l'écoute du communiqué au moment de sa diffusion « dès lors qu'il n'y est tenu par aucune obligation juridique. Et lors même qu'il aurait été à l'écoute, rien ne permet de le vérifier matériellement »[997].

888. On doit aussi signaler qu'en dehors de ces cas, le droit camerounais a consacré d'autres moyens de publication comme l'annonce publique et l'affichage. Ainsi, les articles 5 de l'ordonnance de 1972, précitée, relative à la publicité, 33 de la loi de 1990 sur la communication sociale et 75 de la loi de 2004 relative à l'orientation de la décentralisation, précitées, adoptent l'affichage comme mode de publicité. Il en est de même de l'annonce publique. Celle-ci ressort aussi de l'article 4 de l'ordonnance de 1972, susvisée, et de l'article 75 de la loi de 2004, précitée, portant orientation de la décentralisation. Cependant, leur consécration reste « laconique » en raison de l'absence d'identification des modalités de leur application[998].

889. En dehors de ces limitations liées aux textes, il faut relever aussi que la jurisprudence n'est pas précise sur ces moyens de publication. Le juge administratif camerounais, par exemple, reste souvent imprécis à propos des supports de diffusion des actes. Ainsi a-t-il affirmé qu'il est de « principe que, s'agissant des décisions administratives réglementaires et d'espèce, le délai à l'égard de toute personne concernée est déclenché par la publication ou l'affichage ; il est tout aussi de jurisprudence établie qu'en cas de décision individuelle, le délai est déclenché également par la publication ou l'affichage à l'égard des tiers et à l'égard du destinataire non seulement par la notification qui lui est faite mais aussi par la connaissance de fait de l'existence de telles décisions »[999].

890. Ce sont tous ces obstacles qui conduisent finalement à affirmer qu'en Afrique c'est la maxime « nul n'est censé connaître la loi »[1000] qui prévaut. Cela permet aussi de comprendre que les moyens mis en œuvre

---

[997] M. KAMTO, note sous CS/AP, arrêt du 24 mars 1983, *Njikiakam Towa, précité*, p. 356.

[998] B.-J. OWONA OMGBA, *La publicité des actes juridiques en droit public camerounais. Recherche sur l'accès au droit au Cameroun, op. cit.*, p.135 et ss.

[999] CS/CA, jug. n° 33/04-05, 29 déc. 2004, *Tchamba Jean-Claude c/ État du Cameroun* ; CS/CA (Cameroun), jug. n° 13, 5 nov. 2003 *Esso Laurent-Marie c/ État du Cameroun*, n° 36, 12 janv. 2011, *Succession feue Edimo Régine c/ État du Cameroun*. Il convient aussi de signaler que la connaissance acquise entraîne un rallongement des délais. En effet, « ce n'est plus la publicité formelle ou officielle qui enclenche le délai mais la connaissance ». B.-J. OWONA OMGBA, *La publicité des actes juridiques en droit public camerounais... op. cit.*, p. 356.

[1000] R. DEGNI-SEGUI, « L'accès à la justice et ses obstacles », *in L'effectivité des droits fondamentaux dans les pays de la communauté francophone*, Montréal, Aupel-Uref, 1194, p. 252.

pour le décompte des délais, notamment en contentieux administratif, ne semblent pas être en adéquation avec les réalités de ces pays d'Afrique francophone. C'est ce qui justifie aussi l'idée d'un caractère rigide du temps de la justice.

B. L'inadéquation des techniques de computation du temps dans les pays d'Afrique francophone

891. Les modes de diffusion des normes selon l'analyse qui a été faite ne sont pas appropriés pour les pays africains. On sait, par exemple, que dans la plupart de ces pays, on reproche à l'administration de fonctionner de manière lente. Au Cameroun, par exemple, le service des postes et télécommunications, malgré les évolutions enregistrées, reste encore marqué par de nombreux défauts, notamment dans la distribution des correspondances. On observe des lenteurs dans l'acheminement des courriers. Dans une affaire où le requérant mettait en cause la responsabilité de ce service, le juge administratif camerounais a relevé que « le télégramme par lequel le requérant a adressé le 10 août 1992 de la poste de Monatélé au greffier en chef du tribunal de première instance de Nanga-Eboko son opposition contre le jugement social rendu par défaut contre lui, télégramme répercuté le même jour à la poste de Yaoundé n'a été transmis par celle-ci à la poste de Nanga-Eboko de la localité d'arrivée que le 31 mars 1993 (soit environ huit mois plus tard) alors que ledit jugement revêtu de la formule exécutoire depuis le 27 août 1992, faute de la trace de cette opposition ; qu'aucune raison autre que la négligence des services postaux ne peut expliquer ce retard particulièrement anormal »[1001]. Cette jurisprudence illustre bien les difficultés de fonctionnement de ce service.

892. Le niveau de scolarisation des populations face à ces modes de fonctionnement de la justice administrative pose également problème. Il faut dire que malgré les moyens de publicité mis en place, « l'analphabétisme et la technicité qui caractérisent les normes juridiques ne facilitent pas la diffusion du droit auprès des populations »[1002]. Cela est davantage perceptible pour les zones peu urbanisées car, en Afrique, on observe que les populations des zones rurales vivent de façon séparée de la « société nationale », que les pouvoirs publics « conçoivent et résolvent les problèmes de la communauté nationale en citadins [...] »[1003]. La

[1001] CS/CA, jug. n° 87/03-04, 30 juin 2004, *Beyina Messanga Jean Baptiste c/ État du Cameroun*.

[1002] A. BADARA FALL, « L'accessibilité à la justice en Afrique », *in* E. Decaux (dir), *Justice et droits fondamentaux*, Bruxelles Bruylant, 2003, p. 335.

[1003] P. NGAOSYVATHN, *Le rôle de l'impôt dans les pays en voie de développement*, Paris, LGDJ, 1974, coll. « Bibl. de science financière », t. xii, p. 46.

publicité, considérée comme moyen primordial de diffusion des normes, son caractère écrit n'est pas approprié du fait de l'analphabétisme des populations de ces zones dites reculées du pays.

893. Il en est de même pour la radio. Celle-ci pose problème au niveau de la langue, notamment l'usage de la langue française pour la diffusion des informations. Or, de nombreuses populations s'expriment encore dans les langues dites traditionnelles. Cela réduit la portée de ce moyen de publication des normes. Cela relève, comme l'a souvent décrié la doctrine africaine, d'« une production informelle du droit écrit et le maintien d'une culture de plagiat » car, très souvent, les législateurs africains se contentent de « s'inspirer des solutions adoptées par l'ancienne puissance coloniale »[1004]. Il en résulte donc, logiquement, une ineffectivité des textes puisque « la règle adoptée introduit une solution à une question non identifiée au préalable, souvent inadaptée à l'environnement qui la reçoit »[1005].

894. La forme rigide du temps dans le procès administratif au Cameroun et au Gabon est donc liée au fait que ces techniques de diffusion des normes sont « tantôt aléatoire, tantôt dérisoire voire inexistante »[1006]. Elles ne permettent pas aux administrés d'agir sans risque de ne pas tomber sous le coup d'une sanction liée au non-respect du temps. Cela ne permet pas aux justiciables de prendre en temps utile les moyens nécessaires pour agir en justice. La situation est différente en droit français. Il convient dès lors de proposer des solutions en vue d'améliorer ces mécanismes.

§ 2. Les solutions pour l'amélioration des techniques de computation des délais dans le procès administratif en Afrique francophone

895. La défaillance des supports de diffusion du droit dans les pays africains fait de l'accès au droit un mythe. C'est en cela qu'on peut parler d'une approche rigide du temps dans la justice administrative dans ces pays d'Afrique francophone. Cette limitation influence les techniques de computation des délais. Ceci soulève également la question des enjeux du pluralisme juridique en Afrique au sud du Sahara[1007]. À ce sujet, un observateur s'interroge : « comment exploiter la pluralité pour gérer les systèmes juridiques ? Posée de cette manière, la question n'a pas

[1004] A. CISSE, « Introduction générale pour une approche plurale du droit africain », *in De l'esprit du droit africain, Mélanges en l'honneur de Paul Gérard Pougoué*, *op. cit.*, p. 6.
[1005] *Ibid.*
[1006] F. MENGUE ME ENGOUANG, « La publicité des lois et règlements au Gabon », *op. cit.*, p. 269.
[1007] T. RAMBAUD, *Introduction au droit comparé. Les grandes traditions juridiques dans le monde*, *op. cit.*, p. 125.

interpellé les auteurs camerounais qui, pour la plupart, à l'occasion de l'analyse du pluralisme juridique, ont mis l'accent sur un autre chantier important : le point de savoir s'il faut ou non supprimer les droits traditionnels pour construire un droit au développement »[1008]. Dans les pays africains, le temps dans le procès administratif doit prendre en compte ce pluralisme normatif afin de concilier les droits des justiciables et la sécurité juridique. Pour cela, il faut agir tant sur le plan technique (A) que culturel (B).

A. Les solutions d'ordre technique relatives à une amélioration de la computation du temps dans les droits africains

896. D'un point de vue technique, il s'agit de restructurer, d'améliorer le mécanisme mis en place donc de réduire les limitations que connaît celui-ci. En effet, la relance du journal officiel, de façon régulière, en mettant en place des ressources financières adéquates est nécessaire. Dans le même sens, regrettant la « diachronie » qui existe dans l'entrée en vigueur des actes insérés au journal officiel, un observateur propose l'harmonisation de ces délais. Cela pourrait se faire par la mise en place d'un « délai entre la publication et l'entrée en vigueur de l'acte en fonction de la portée géographique et matérielle du texte »[1009].

897. Aussi, en intégrant les nouvelles technologies de l'information et de la communication, l'on pourra rapprocher l'information juridique des administrés. La diffusion par voie d'affichage devra être consolidée à travers la mise en place des supports éloignés des intempéries. Il faut aussi créer des bulletins officiels au sein des ministères, mettre en place des bulletins des décisions au sein des juridictions suprêmes, rendre moderne la communication dans ce domaine[1010].

898. S'agissant précisément de la prise en compte de l'outil informatique, à titre de droit comparé, on peut évoquer l'exemple de la législation française. En droit français, en effet, « la publication des actes », notamment les lois, les ordonnances y compris leur rapport de présentation, les décrets ainsi que les autres décisions administratives tel que le prévoient les textes, « est assurée, le même jour, dans des conditions de nature à garantir leur authenticité, sur papier et sous forme électronique ». Le journal officiel étant aussi de façon constante et

---

[1008] P. E. KENFACK, « La gestion de la pluralité des systèmes juridiques par les États d'Afrique noire : les enseignements de l'expérience camerounaise », *Revue du Centre de recherche sur les droits fondamentaux*, université de Caen, n° 7/2009, p. 158.

[1009] B.-J. OWONA OMGBA, *La publicité des actes juridiques en droit public camerounais. Recherche sur l'accès au droit au Cameroun*, *op. cit.*, p. 488.

[1010] A. AKAM AKAM, « Libres propos sur l'adage "nul n'est censé ignorer la loi" », *op. cit.*, p. 44.

gratuitement « mis à la disposition du public sous forme électronique »[1011].

899. Ensuite, une publicité directe s'impose. Il est question ici de mettre en place des actions visant à promouvoir l'information juridique par les administrations au niveau central, à travers les parlementaires, de même qu'au niveau local, en faisant intervenir les élus locaux sur le « terrain » afin d'expliquer et commenter, à l'attention des citoyens, les normes adoptées[1012]. Surtout, des solutions doivent être adoptées sur le plan culturel.

B. Les solutions d'ordre culturel relatives à une amélioration de la computation du temps dans les droits africains

900. Sur le plan culturel, il est nécessaire de renforcer ou d'alterner, les moyens de publication en cours par d'autres moyens en s'inspirant de « l'environnement socio-culturel d'oralité et du niveau de conscience administrative et civique des citoyens »[1013]. Certes, même si l'admission de l'oralité dans le droit moderne « a pour conséquence […] d'introduire l'incertitude dans le système juridique » et de renforcer le « laxisme dans la pratique administrative »[1014], il s'agit d'un « héritage millénaire des cultures africaines » susceptible de renforcer les autres moyens de publication des actes.

901. En droit béninois, par exemple, le juge administratif, bien que n'ayant pas admis ces autres modes de publication, a néanmoins relevé leur intérêt en la matière. En effet, il a affirmé que « le communiqué radiodiffusé, l'insertion d'une information dans une presse publique ou privée, ou le recours à un crieur public ne saurait tenir lieu et être considéré comme mode régulier de publicité des actes administratifs à savoir la notification des actes individuels et la publication au journal officiel des actes réglementaires, tout au plus, ces moyens peuvent servir d'amplificateurs aux modes réguliers de publicité que sont la notification et la publication au journal officiel »[1015].

[1011] Art. L. 221-10, *Cra*.

[1012] F. MENGUE ME ENGOUANG, « La publicité des lois et règlements au Gabon », *op. cit.*, p. 269.

[1013] CS/CA, 16 janv. 1998, *Jonhson Léonard Désiré*, *Rec.*, 1998, p. 123 ; 15 mai 1998, *Collectif des enseignants de l'Ena*, *Rec.*, 1998, p. 218 rapporté par I. Salami, « L'efficacité de la justice administrative au Bénin : cas du recours pour excès de pouvoir », *in* F. Hourqubie (dir), *Quel service public de la justice en Afrique francophone ? op. cit.*, p. 70.

[1014] M. KAMTO, note sous CS/AP, arrêt du 24 mars 1983, *Njikiakam Towa*, *précité*, p. 356.

[1015] CS/CA, 16 janv. 1998, *Jonhson Léonard Désiré*, *Rec.*, 1998, p. 123 ; 15 mai 1998, *Collectif des enseignants de l'Ena*, *Rec.*, 1998, p. 218, *précité*.

902. Lorsque le juge administratif camerounais affirme qu'il n'existe aucun texte qui détermine expressément le mode par lequel les informations doivent être communiquées aux fonctionnaires, ou encore que l'essentiel c'est qu'elles atteignent les personnes concernées[1016], on se serait attendu à ce qu'il précise les modes de communication adaptés au contexte comme l'a si bien relevé son homologue congolais (Brazzaville).

903. En effet, en matière de publication des actes, le juge administratif congolais a affirmé que « [...] nonobstant la précision figurant dans la loi[...] au sujet de sa publication au journal officiel, la forme de la publicité d'une loi est une question que le juge apprécie souverainement en se rapportant au contexte socio-économique du pays ; [...] qu'il est concevable que dans une conjoncture de récession financière constante, les mesures de publicité puissent prendre diverses formes, notamment la publicité dans la presse publique et privée, pourvu que les modalités choisies soient adaptées à leur objet et procurent aux citoyens la connaissance de l'existence de la loi [...] »[1017]. Ce considérant révèle bien l'intérêt d'adapter les techniques de diffusion des normes au contexte de ces pays d'Afrique francophone.

904. À travers l'exemple de la diffusion par voie de radio, on relève que l'usage des langues dites officielles, comme le français et l'anglais au Cameroun, ne touche pas toutes les couches de la population en raison de l'analphabétisme. Cela nécessite alors l'introduction des langues dites traditionnelles en matière de publicité audio-visuelle[1018].

905. En effet, aujourd'hui encore, comme le souligne un observateur, « l'oralité et la gestualité restent les modes principaux et privilégiés de communication sociale [...] »[1019]. Parmi les éléments qui traduisent la « pluralité juridique en Afrique », il y a « l'oralité ». Ainsi, « même si les droits africains des États francophones appartiennent aujourd'hui à la famille de droit continental ou de droit écrit, la règle traditionnelle africaine n'est pas écrite. La pensée juridique africaine traditionnelle comme la jurisprudence traditionnelle sont véhiculées par la parole. La règle de droit s'exprime à travers le verbe et non l'écrit, et le rituel y tient lieu de formalité »[1020]. De ce point de vue, en Afrique, « les institutions

---

1016 CS/CA, jug. n° 63, 27 juil. 2000, *Les Établissements le paysan c/ État du Cameroun.*

1017 CS, 22 déc. 2000, *M.c/ Université Marien Ngouabi.*

1018 F. MENGUE ME ENGOUANG, « La publicité des lois et règlements au Gabon », *op. cit.*, p. 269.

1019 C. KUYU NWISSA, « Les institutions de la démocratie et de l'État de droit. Point de vue anthropologique », *in Actes de la deuxième réunion préparatoire au symposium de Bamako.* N'djamena, 29 mars 2000, p. 52.

1020 A. CISSE, « Introduction générale pour une approche plurale du droit africain », *in De l'esprit du droit africain, op. cit.*, p. 5 et 6.

de la démocratie et de l'État de droit gagneraient en efficacité en utilisant des modes de communication comme la musique et le théâtre pour la vulgarisation des droits et des procédures judiciaires »[1021]. Le droit burkinabé en donne un exemple. Comme le note fort justement un observateur, le gouvernement burkinabé « avait décidé d'abonner tous les fonctionnaires au journal officiel qui était utilisé pour la vulgarisation du droit et des droits. Les journaux se retrouvaient finalement au marché comme emballage. Tirant les leçons de cette expérience malheureuse, le gouvernement a réagi en changeant de stratégies. Fut alors créée une émission radio, le quart d'heure du justiciable, dont le succès a été immédiat »[1022]. Au Cameroun, depuis plusieurs années, l'émission « le point du droit » sur la chaîne de radio nationale abonde dans le même sens. Cette rigidité concerne aussi le manque de clarté dans le calcul des délais.

Sous-section 2. Une rigueur temporelle avantageuse à la sécurité juridique : l'absence de transparence des techniques de computation en Afrique et sa souplesse en France

906. Il arrive, très souvent, qu'en prélude au recours contentieux, le justiciable introduise une demande auprès de l'administration. En effet, selon le professeur Guy Isaac, « les princes ont consenti de bonne heure à être saisis des décisions de leurs serviteurs, car c'était là un moyen pour être informé et contrôler [...] »[1023]. C'est donc, comme en cas de recours administratifs obligatoires, contre la décision prise par l'administration à la suite de cette demande que l'administré va introduire un recours contentieux.

907. Dans cette perspective, afin d'évaluer le délai de recours contentieux, l'administré doit connaître avec précision la date à laquelle est intervenue la décision de l'administration. C'est à ce moment qu'il pourra exercer son recours contentieux sans courir le risque d'être frappé par une sanction relative à l'inobservation des délais. Cela concerne donc la question de la computation ou alors du calcul des délais. Le justiciable ne pourra donc bien introduire son recours contentieux que si le traitement de la demande préalable, éventuellement adressée à l'administration est encadré d'une certaine façon. S'agissant de l'analyse de cet encadrement dans l'étude du temps dans le contentieux, ce traitement doit rendre possible l'identification des dates ainsi que les différentes possibilités de contestation offertes contre la décision de l'administration. Cette forme

---

[1021] C. KUYU NWISSA, « Les institutions de la démocratie et de l'État de droit. Point de vue anthropologique », *op. cit.*, p. 52.
[1022] *Ibid.*
[1023] G. ISAAC, *La procédure administrative non contentieuse*, Paris, LGDJ, 1968, p. 618.

de concession faite par l'administration aux usagers et aux tiers en leur donnant une dernière chance de convaincre les services administratifs en proposant une nouvelle interprétation des règles applicables aux litiges ou en faisant état des motifs d'opportunité et d'équité[1024], a une incidence sur le temps dans le contentieux administratif.

908. De ce point de vue, la législation française et celle des pays d'Afrique francophone sont caractérisées par la souplesse pour le premier et la rigidité pour les secondes. La souplesse qui singularise le temps, à ce stade du contentieux administratif en France, se traduit par la présence des moyens permettant aux justiciables de déterminer avec précision la date à laquelle intervient la réponse de l'administration, suite au recours administratif et les voies de recours qui leur sont offertes. Autrement dit, il existe un certain nombre d'exigences qui permettent à l'administré de bien évaluer le temps qui lui est imparti pour un éventuel recours contentieux.

909. Dans les législations d'Afrique francophone, de telles exigences sont inexistantes. En effet, en droit camerounais et gabonais, aucune mesure n'a été consacrée afin de permettre aux administrés d'identifier avec certitude les délais dont ils disposent pour introduire leur recours contentieux à la suite du recours administratif.

910. De ce point de vue, le caractère singulier du temps dans le contentieux administratif français est lié aux obligations de l'administration tant au niveau de la réception que du traitement des demandes dont elle est saisie, en prélude à une éventuelle action en justice (§ 1). Dans les législations camerounaise et gabonaise, en revanche, c'est l'inexistence de telles obligations qui traduit ce caractère rigide du temps (§ 2). Ainsi, dans le premier cas, le temps est plus favorable au justiciable car il peut agir en justice de manière plus sereine que dans le second cas où on peut observer une certaine confusion favorable à la sécurité juridique.

§ 1. La souplesse tirée de la clarté de l'identification des points de départ de l'écoulement des délais en France : un trait de l'évolution des rapports administrations et administrés

911. L'évolution du droit des rapports entre l'administration et les citoyens en France s'est traduite de nos jours par l'adoption d'un Code organisant ces relations. De manière plus concrète, le texte comme ses devanciers a encadré le traitement des recours administratifs de manière à éviter les risques de pertes pour les justiciables de leurs droits au recours en raison de la violation du temps.

[1024] S. JEANNARD, *Le recours administratif dans le système juridique français*, *op. cit.*, p. 92.

912. En France, en effet, lorsqu'elle est saisie d'un recours administratif, l'administration doit, dans un premier temps, en accuser réception. En effet, le principe de l'accusé de réception est actuellement en vigueur sous l'égide du Code des relations entre le public et l'administration de janvier 2016. Il convient d'identifier, d'une part, ce mécanisme d'encadrement (Sous-paragraphe 1) des recours administratifs, et, d'autre part, son impact sur le temps dans le procès administratif (Sous-paragraphe 2). C'est de cette manière qu'on pourra cerner la souplesse qui caractérise le temps du procès administratif français, contrairement à la rigidité des législations camerounaise et gabonaise.

Sous-paragraphe 1. Les obligations de l'administration saisie d'un recours administratif

913. L'encadrement des recours administratifs exerce une influence sur la computation du temps dans le contentieux administratif. En effet, en droit français, de nombreuses obligations ont été mises à la charge de l'administration lorsqu'elle est saisie d'un recours administratif. Il est question ici, d'une part, de l'obligation d'accuser réception et de transmission de la demande à l'autorité compétente en cas de saisine par erreur (A), et, d'autre part, celle d'indiquer les délais et voies de recours en cas de réponse (B).

A. La règle de la délivrance d'un accusé de réception et les obligations subséquentes

914. En droit français, la notification d'un accusé de réception à la suite d'une demande introduite par l'administré auprès d'une administration doit intervenir avant tout examen ou alors toute décision faisant suite à ladite demande (1). Au-delà de cette règle, on doit aussi relever la présence de l'obligation de transmettre à l'autorité compétente des demandes dont une autorité a été saisie par erreur (2).

1. L'obligation d'accuser réception

915. Selon le Code, français, des relations entre le public et l'administration, l'obligation d'accuser réception a été reprise de la loi du 12 avril 2000 qui organisait les relations entre l'administration et les usagers. En effet, d'après l'article L. 112-3 de ce Code, « toute demande adressée à l'administration fait l'objet d'un accusé de réception »[1025]. En effet, cette règle fait obligation à l'administration, destinataire d'une demande initiée

[1025] Selon l'art. 19 de la loi de 2000, « toute demande adressée à une autorité administrative fait l'objet d'un accusé de réception délivré dans des conditions définies par décret en Conseil d'État ».

par l'usager, de porter à la connaissance de celui-ci un document faisant état de son entrée en possession de ladite demande.

916. Ainsi, à défaut d'une délivrance régulière d'un accusé de réception, aucun délai de recours n'est déclenché, notamment pour les actes implicites de rejet. Sans doute, dans l'optique d'éviter toute confusion, le législateur a apporté des précisions relatives au domaine, aux modalités de mise en œuvre de cette règle ainsi que ses limites. On peut, à cet égard, distinguer les personnes (b) des actes (a) soumis à la règle de l'accusé de réception.

a. La notion de demande soumise à l'obligation d'accuser réception

917. En droit français, l'obligation pour l'administration d'accuser réception des demandes dont elle est saisie de la part des administrés n'est pas une innovation de la loi de 2000, encore moins du récent Code aux relations entre le public et l'administration. En effet, cette obligation existait déjà à travers le décret du 28 novembre 1983 relatif aux relations entre l'administration et les usagers. L'article 5 de ce texte disposait que « les délais opposables à l'auteur d'une demande adressée à l'administration courent de la date de la transmission, à l'auteur de cette demande, d'un accusé de réception [...] ».

918. La notion de demande au sens de ce texte n'était pas précise. C'est la loi du 12 avril 2000, reprise par le récent Code qui lui a donné un sens concret mettant ainsi fin à une interprétation limitative issue de la jurisprudence du Conseil d'État. En effet, selon l'article L. 110-1 du Code précité, « sont considérés comme des demandes [...] les demandes et les réclamations, y compris les recours gracieux ou hiérarchiques, adressés aux autorités administratives ». Dans une affaire antérieure à cette disposition, le juge administratif avait exclu les recours administratifs du registre des demandes au sens du décret de 1983 précité. Selon lui, « [...] aux termes de l'article 5 du décret du 28 novembre 1983 concernant les relations entre l'administration et les usagers, [...] un recours administratif gracieux ou hiérarchique ne présente pas le caractère d'une "demande adressée à l'administration" [que] si l'autorité administrative n'a pas accusé réception, dans les conditions prévues à l'article 5 du décret du 28 novembre 1983, du recours gracieux formé [...] cette circonstance n'a pu faire obstacle à ce que le délai du recours contentieux commençât à courir au terme d'une période de quatre mois à compter de la réception du recours gracieux »[1026].

[1026] CE, sect., 29 mars 1991, *SA Laboratoires Lafon*, *Rec.*, p. 113.

919. D'un point de vue historique, la règle de l'accusé de réception remonte à la loi des 17 et 19 juillet 1900 modifiant celle du 25 octobre 1888 relative à la création d'une section temporaire du contentieux administratif au sein du Conseil d'État. En effet, l'article 3 de ladite loi disposait que « la date du dépôt de la réclamation et des pièces [...] est constatée par un récépissé. [...]. À défaut de décision, ce recours doit, à peine de déchéance, être produit par les parties à l'appui de leur recours au Conseil d'État ».

920. La jurisprudence du Conseil d'État le montre à travers des cas de rejet des recours pour forclusion occasionnée par l'inexistence des traces de dépôt des recours administratifs. Ainsi, par exemple, dans une affaire où le requérant contestait un ordre de réquisition qui lui avait été délivré, pour conclure à l'irrecevabilité de son action, le juge administratif releva que si le requérant « prétend avoir formé contre la décision attaquée un recours hiérarchique dont il produit copie, il ne justifie ni par un récépissé de l'administration, ni par un récépissé postal de lettre recommandée, ni par aucune pièce ayant date certaine, avoir introduit ce recours hiérarchique [...] qu'en admettant d'ailleurs que ce recours hiérarchique ait été transmis [...] faute, comme il vient d'être dit, de justifier de la date de dépôt de son recours, n'établit pas davantage qu'il se soit pourvu en temps utile contre la décision implicite de rejet [...] »[1027]. Comme on peut le constater, l'inexistence de la preuve du dépôt du recours administratif conduisait à la forclusion en dépit de la mauvaise foi de l'administration.

921. C'est donc à la suite de ces incertitudes qu'était intervenu le décret du 28 novembre 1983, précité, avec notamment son article 5 qui, en conditionnant le déclenchement du délai de recours contentieux à la notification de l'accusé de réception de la demande à son auteur, renforça alors cette exigence. Il y a, ensuite, s'agissant toujours du domaine d'application de cette règle, la question des personnes concernées.

b. Les personnes concernées par la règle de l'accusé de réception

922. Le second aspect du domaine de l'obligation d'accuser réception des demandes formulées par les administrés est relatif aux personnes concernées. De manière générale, selon l'article L. 100-3 du Code des relations entre le public et l'administration, ce texte « régit les relations entre le public et l'administration en l'absence de dispositions spéciales applicables » et « sauf dispositions contraires » de ce même texte, « celui-ci est applicable aux relations entre l'administration et ses agents ».

[1027] CE, sect., 26 avr. 1951, *Sieur Lesmayoux*, *Rec.*, p. 215.

923. Mais en ce qui concerne l'exigence de l'accusé de réception, l'article L. 112-2 de ce même Code dispose que cette règle ne s'applique entre l'administration et ses agents. Ainsi, d'une part, entrent dans le cadre de cette règle les rapports entre les personnes publiques et les administrés en tant qu'usager donc exclut les personnes au service de l'administration. D'autre part, en sont également exclus, eu égard à l'objet de ce Code, les rapports entre l'État et les collectivités territoriales et sans doute aussi les relations entre ces dernières[1028]. Toutefois, comme le relève le pr Charles-André Dubreuil, même si l'on sait « d'emblée les situations régies par le Code, les administrations et le public concernés, ce souci de pédagogie, que l'on ne peut que saluer, aurait toutefois pu conduire les rédacteurs à inclure d'autres définitions dans la partie préliminaire. Notamment, les notions de personnes publiques, de service public ou de service public administratif employées pour délimiter le champ d'application personnel des dispositions ou principes codifiés auraient peut-être gagné à être définies afin de renseigner ses utilisateurs sur la notion d'administration »[1029].

924. La règle de l'accusé de réception ne s'applique donc pas aux relations entre l'administration et ses agents. Sous l'égide de la loi de 2000, la jurisprudence n'a pas démenti cette interprétation. Ainsi, dans une espèce relative à la demande d'une requérante qui avait servi au sein d'une administration, le Conseil d'État a jugé que la demande introduite sans aucune décision tacite et tacitement rejetée au bout de quatre (04) mois, le pourvoi « contre cette décision implicite expirait deux mois après l'intervention de cette décision alors même, s'agissant d'une décision concernant "les relations du service avec ses agents" [...] la demande du 16 février 1984 n'aurait pas fait l'objet de l'accusé de réception [et] dans ces conditions, les décisions des 23 mai et 14 novembre 1985 par lesquelles le ministre a expressément rejeté la demande [...] »[1030] celle introduite le 14 janvier 1986 était forclose.

925. Dans le cadre de l'ancien dispositif, le juge avait clairement indiqué que « [...] les dispositions des articles 19 à 24 de la loi du 12 avril 2000 [...] ne s'appliquent pas, [...] aux relations entre les autorités administratives et leurs agents ; [...] elles ne peuvent donc être invoquées ni par les agents en activité ni par ceux qui ont été admis à la retraite »[1031]. Donc, tout moyen d'illégalité fondée sur l'irrégularité de la procédure telle que prévue par cette loi ne peut être retenu.

[1028] R. CHAPUS, *Droit du contentieux administratif*, *op. cit.*, n° 697.
[1029] C.-A. DUBREUIL, « Le champ d'application des dispositions du code », *RFDA*, 2016, p. 17.
[1030] CE, 28 juil. 1989, *Mme Biscay*, *Rec.*, p.167.
[1031] CE, 1er mars 2000, *Jouany*, *Rec.*, p. 807.

926. S'agissant de l'inapplicabilité de l'obligation d'accuser réception dans le cadre des relations entre les personnes publiques, le juge administratif l'avait bien précisé dans une espèce où le recours contentieux était forclos alors même que le requérant évoquait l'absence d'accusé de réception à la suite de son recours gracieux. À cette occasion, le Conseil d'État avait apporté des précisions non seulement en ce qui concerne les objectifs de la législation relative aux rapports entre l'administration et les usagers, mais aussi le domaine d'application du principe de l'accusé de réception.

927. Ainsi, dans la jurisprudence Région Haute-Normandie, le juge affirme que « l'arrêté litigieux, en date du 29 décembre 2003, a été publié au journal officiel du 30 décembre 2003 ; que la région a formé [...] un recours gracieux par lettre recommandée adressée le 24 février 2004, réceptionnée le 26 février 2004 ; qu'une décision implicite de rejet a été acquise le 26 avril 2004 par suite du silence gardé pendant plus de deux mois par le ministre sur ce recours gracieux ». Dans ces conditions, la requérante ne pouvait « utilement se prévaloir des dispositions de l'article 19 de la loi du 12 avril 2000 » car son recours n'ayant été introduit « que le 2 juillet 2004, soit après l'expiration du délai de recours contentieux »[1032]. Son recours n'était donc pas recevable. En effet, pour justifier cette solution, le Conseil d'État a indiqué au préalable que « le législateur, qui a eu pour objectif d'améliorer et d'accélérer le traitement des demandes adressées par les usagers aux administrations, n'a pas entendu régir, par ces dispositions, les relations contentieuses entre l'État et les collectivités territoriales »[1033].

928. Cette exigence renforce, quoi qu'il en soit, la visibilité dans le calcul du temps du contentieux. Elle montre que la volonté du législateur, à travers ce dispositif, est de protéger les administrés contre certaines pratiques administratives consistant à ignorer la réception des demandes. Allant dans le même sens, il est également fait obligation à l'administration de prendre en compte les règles de compétence. C'est l'obligation de transmettre lorsqu'elle est saisie d'une demande dont elle n'est pas compétente pour en connaître.

2. L'obligation de transmettre en cas de demande mal dirigée

929. En France, l'administration, lorsqu'elle est saisie par erreur d'une demande, ne saurait la rejeter. Elle a l'obligation de la transmettre à l'autorité compétente (b). Mais, il convient de souligner, au préalable, que lorsqu'elle est saisie d'une demande, l'administration ne doit pas à tort se déclarer incompétente (a).

[1032] CE, 16 janv. 2006, *Région Haute-Normandie*, n° 269384.
[1033] *Ibid.* D'autres exceptions existent comme notamment art. L. 112-3 et R. 112- 4, *Cra.*

a. La prohibition de toute déclaration d'incompétence injustifiée

930. Jadis, la jurisprudence n'admettait pas une telle obligation. L'administration pouvait rejeter les demandes dont elle est saisie par erreur. C'est plus tard qu'elle est revenue sur cette position en mettant désormais à la charge de l'administration l'obligation de statuer sur les demandes qui lui sont adressées[1034]. Ainsi, un ministre méconnaît sa compétence en refusant de statuer sur un recours dont il est saisi à l'encontre d'un arrêté préfectoral dès lors que le litige en cause fait partie de ses attributions[1035].

931. De manière plus précise, cela est apparu à l'occasion de la jurisprudence Quérault. À cet égard, le juge a d'abord relevé qu'une décision prise par l'administration, à l'instar de l'inspecteur du travail, « reste soumise, à défaut de dispositions contraires de la loi et conformément aux principes généraux du droit public, au contrôle hiérarchique ». Ensuite, il a considéré comme étant un excès de pouvoir conduisant à l'annulation de la décision en raison de la méconnaissance de sa compétence, le fait pour le ministre du Travail de s'abstenir « [...] d'user de son pouvoir hiérarchique et d'examiner au fond la réclamation ». Ainsi, conclura-t-il qu'en agissant ainsi, l'autorité administrative a « privé l'employeur d'une garantie légale »[1036]. Depuis lors, l'obligation pour l'administration de statuer sur les demandes dont elle est saisie est consacrée. Cela oblige donc l'administration saisie par erreur d'une demande de la transmettre à l'autorité compétente.

b. L'obligation de transmettre

932. Il peut effectivement arriver que l'administré, face à un appareil administratif complexe, confonde celle qui est à même de traiter sa demande. Il peut alors arriver qu'il s'adresse à une administration incompétente. C'est, sans doute, au regard de cela que le législateur français, en vue d'assurer et de renforcer l'efficacité de l'action administrative, a mis en place l'obligation pour l'autorité saisie à tort de faire parvenir la demande à celle qui est compétente pour en assurer le traitement.

933. L'article L. 114-2 du Code des relations entre le public et l'administration prévoit qu'une administration saisie d'une demande dont elle est incompétente pour en assurer l'instruction doit la transmettre à l'autorité compétente et en informer l'intéressé. Et, le texte n'oublie pas de rappeler

---

[1034] S. JEANNARD, *Le recours administratif dans le système juridique français*, *op. cit.*, p. 104.
[1035] CE, 31 juil. 1903, *Picard*, *Rec.*, p. 594.
[1036] CE, sect., 30 juin 1950, *Quérault*, *Rec.*, p. 413.

le sort de l'accusé de réception dans ces conditions. En effet, « l'accusé de réception est délivré dans tous les cas par l'administration compétente »[1037]. Il faut rappeler qu'auparavant, le Conseil d'État ne considérait pas la transmission comme une obligation[1038].

934. C'est certainement en raison de la prise en compte des règles de compétence relatives à l'examen des demandes introduites auprès de l'administration et surtout face à la complexité de l'administration qu'il a prohibé le retour de la demande à l'intéressé. Ainsi, l'administration ne doit pas retourner la demande dont elle est saisie, au cas où elle est incompétente, mais doit la transmettre à l'autorité administrative compétente. En dehors de cette obligation d'accuser réception et de transmettre la demande à l'autorité administrative compétence en cas de saisine par erreur, il existe aussi l'obligation de préciser dans sa réponse les délais et voies de recours offerts, éventuellement, à l'administré contre sa décision.

B. L'obligation d'indiquer les délais et voies de recours

935. Une autre singularité du droit français s'agissant des relations entre le public et l'administration se trouve en l'obligation pour l'administration d'indiquer les délais et voies de recours tant dans l'accusé de réception du recours administratif dont elle est saisie (1) qu'en cas de réponse explicite de sa part (2).

1. L'obligation de préciser les délais et voies de recours dans l'accusé de réception

936. La règle de l'accusé de réception est assortie d'un certain nombre de formalités comme l'obligation d'y mentionner les délais et les voies de recours dont dispose l'administré. En effet, on l'a vu, « toute demande adressée à l'administration fait l'objet d'un accusé de réception » en vertu de l'article L 111-3 du Code précité. L'accusé de réception comporte la date de réception de la demande et la date à laquelle, à défaut d'une décision expresse, celle-ci sera réputée acceptée ou rejetée la désignation, l'adresse postale et, le cas échéant, électronique, ainsi que le numéro de téléphone du service chargé du dossier, il indique aussi si la demande est susceptible de donner lieu à une décision implicite de rejet ou à une décision implicite d'acceptation. Dans le premier cas, l'accusé de réception mentionne les délais et les voies de recours à l'encontre de la décision. C'est ce que prévoit l'article R. 112-5 du Code des relations

---

[1037] Art. L. 114-4, *Cra.*

[1038] Voir S. JEANNARD, *Le recours administratif dans le système juridique français*, *op. cit.*, p. 100.

entre le public et l'administration. Cette exigence n'est donc pas applicable seulement au niveau de la décision explicite.

2. L'obligation de préciser les délais et voies de recours en cas de décision explicite

937. Dans la notification de sa décision, l'administration doit aussi observer cette règle à la mention des délais et voies de recours dont dispose l'administré contre son acte. En effet, l'article R. 421-5 du Code de justice administrative prévoit que « les délais de recours contre une décision administrative ne sont opposables qu'à la condition d'avoir été mentionnés, ainsi que les voies de recours, dans la notification de la décision ».

938. Cette obligation dont le contenu a bien été précisé par la jurisprudence a un impact considérable sur la protection des justiciables contre les sanctions liées à l'inobservation des délais contentieux. En effet, lorsqu'on analyse les sanctions encourues en cas de non-respect de l'obligation pour l'administration de mentionner dans la notification de sa décision les délais et voies de recours dont bénéficient les administrés, on peut aisément mesurer la portée de cette règle en matière des délais contentieux.

939. En donnant une réponse à la demande dont elle a été saisie, l'administration est tenue d'y indiquer le temps imparti au bénéficiaire de l'acte pour un éventuel recours contentieux de même que les différents recours dont il dispose contre cette décision[1039].

940. En effet, la notification de l'acte doit contenir l'indication des délais ainsi que les possibilités de contestation dont dispose l'administré. Il peut s'agir, soit d'un recours contentieux, soit d'un recours administratif. S'agissant des délais, ils peuvent même être indiqués dans une annexe à la décision[1040].

941. En ce qui concerne les voies de recours, lorsque la décision prise fait l'objet d'un recours administratif, la règle de la mention des délais et voies de recours s'applique. Elle doit apparaître sur la notification de la première décision ou sur celle qui a été adoptée à la suite du recours administratif[1041].

942. Toutefois, la jurisprudence a admis que l'inexistence de la mention relative à un recours administratif, lorsque ce dernier n'est pas

[1039] CE, 8 avr. 1998, *Lahrache*, n° 171548.
[1040] CE, 6 mai 1996, *Préfet des Yvelines*, n° 156237.
[1041] CE, 7 oct. 1988, *Association nationale de réadaptation sociale*, *Rec.*, p. 949 ; CE, 15 nov. 2006, *Toquet*, n° 264636.

obligatoire, est suffisante. Cela dit, il y a violation de cette obligation si l'administration ne mentionne que le délai du recours contentieux sans indiquer le recours administratif alors qu'il s'agit d'un préalable obligatoire[1042].

943. Comme le note le pr René Chapus, le législateur n'est pas suffisamment clair en ce qui concerne le domaine d'application de cette règle. Cette imprécision porte notamment sur le type de décision administrative soumise à cette exigence. L'analyse de l'article R. 421-5 du Code de justice administrative ainsi que de la jurisprudence permet de relever que cette exigence ne prend en compte que les actes faisant l'objet d'une notification. Elle exclut donc les actes réglementaires qui ne peuvent, comme on le sait, que faire l'objet d'une publication. Sont donc concernées, les décisions individuelles et explicites puisque seule leur notification fait déclencher le délai de recours à l'égard des destinataires de ces actes[1043]. Les décisions d'espèce, c'est-à-dire les actes à la fois individuels et réglementaires, sont également concernées dès lors qu'elles peuvent faire l'objet d'une notification[1044].

944. Aussi, on doit relever que cette obligation de mentionner les délais et voies de recours ne concerne pas la détermination du délai imparti aux tiers pour saisir la juridiction compétente à la suite d'une décision rejetant les recours administratifs introduits par ceux-ci contre les autorisations individuelles créant des droits au profit de leurs bénéficiaires[1045]. C'est aussi le cas pour les recours administratifs qu'ils peuvent diriger contre les délibérations des assemblées délibérantes locales choisissant un délégataire de service public et autorisant la signature du contrat[1046]. L'exclusion des tiers est compréhensible. Elle se fonde, comme le souligne un analyste, sur le souci de protéger les droits acquis et surtout celui de préserver la stabilité des situations juridiques[1047].

945. Le Conseil d'État relève aussi que cette exigence n'est pas applicable « pour un formulaire administratif, spécialement celui permettant de procéder à la déclaration de taxe sur la valeur ajoutée » de même qu'en ce qui concerne les recours de plein contentieux[1048]. En analysant les sanctions qui suivent la violation de cette règle, on comprend mieux sa

---

[1042] CE, 9 févr. 1996 *Ragot*, *Rec.*, p. 32.
[1043] CE, 8 juin 1994, *Mme Moumouni*, *Actualité juridique*, 1994, p. 729.
[1044] R. CHAPUS, *Droit du contentieux administratif*, *op. cit.*, p. 619.
[1045] CE, avis, 15 juil. 2004, *M. Mme Damon*, *Rec.*, p. 331.
[1046] CE, 10 déc. 2012, *Sté Lyonnaise des Eaux France*, *Rec.*, p. 857.
[1047] Concl. sous CE, avis, 15 juil. 2004, *M. Mme Damon.*
[1048] CE, 20 mars 2013, *M. A*, n° 357948 ; CE, sect., 21 mars 2011, *Commune de Béziers*, n° 304806, cités par S. Jeannard, *Le recours administratif… op. cit.*, p. 94.

portée par rapport à la protection des justiciables s'agissant de la condition de délai.

946. Ce dispositif ne s'est donc pas seulement limité à mettre à la charge de l'administration l'obligation de faire savoir qu'elle a pris connaissance de la demande. Elle doit aussi, lorsqu'elle est saisie par erreur, la transmettre à l'autorité compétente. Elle doit aussi indiquer les délais et voies de recours. Ainsi peut-on y voir la volonté de faire obstacle à l'incurie administrative. On y voit également un gain de temps considérable. De même, poursuivant l'affinement de ce mécanisme, le législateur français a précisé les modalités de mise en œuvre de ces exigences. C'est en cela qu'apparaît leur influence sur le temps de la justice administrative. Plus précisément, il confère un caractère souple au temps du contentieux administratif.

Sous-paragraphe 2. La souplesse subséquente du temps en raison de la clarté de l'identification des points de départ des délais en France

947. Pour plus de clarté, il convient de faire une distinction selon qu'il s'agit de l'obligation d'accuser réception, de transmission (A) et celle d'indiquer les délais et voies de recours (B).

A. La forme souple du temps en raison de l'obligation d'accuser réception et de transmission

948. Il convient de montrer le caractère souple du temps de la justice du fait de ces obligations (1) ainsi que leurs limites (2).

1. Une souplesse tirée des modalités d'application des obligations d'accuser réception et de transmettre

949. On examinera, d'une part, le cas de l'obligation d'accuser réception (a) et celui de transmettre, d'autre part (b).

a. L'illustration de la souplesse par l'obligation d'accuser réception et l'avantage au droit du justiciable

950. Cela peut s'observer tant en ce qui concerne les procédures dématérialisées (a2) que celles qui ne sont pas dématérialisées (a1).

a1. L'illustration d'un temps souple dans les procédures non dématérialisées et l'avantage au droit du justiciable

951. Sous l'égide la loi de 2000, précitée, le pouvoir réglementaire, à la suite du législateur (loi du 12 avril 2000), était intervenu à travers le décret du

6 juin 2001 pour l'application du chapitre II du titre II de ladite loi. C'est ce décret qui avait donc précisé les modalités de mise en œuvre de l'obligation d'accuser réception des demandes dont les administrations sont saisies.

952. Avec le Code des relations entre le public et l'administration, les choses ont été traitées différemment car le Code a lui-même organisé les modalités de l'accusé de réception. En effet, on doit retenir de ces modalités de délivrance de l'accusé de réception, la transparence, la garantie offerte aux administrés s'agissant de l'identification du point de départ des délais de recours contentieux. D'après ces modalités, le calcul des délais de recours apparaît avec beaucoup de clarté pour les justiciables potentiels. Il ressort de l'article R. 112-5 de ce texte qu'il doit figurer dans l'acte accusant réception de la demande, la date de la réception de ladite demande, celle à laquelle, à défaut d'une décision expresse, ladite demande sera réputée rejetée ou acceptée ; la désignation, l'adresse postale et, le cas échéant, l'adresse électronique, ainsi que le numéro de téléphone du service chargé du dossier.

953. Aussi, il doit y être mentionné si la demande peut conduire à une décision implicite de rejet ou d'acceptation. Si l'acte peut donner naissance à une décision tacite de rejet, cet accusé de réception devra indiquer les délais ainsi que les possibilités de recours contre ladite décision. Si l'acte peut, par contre, conduire à une décision implicite d'acceptation, l'accusé de réception devra indiquer la possibilité offerte au demandeur de se voir délivrer une attestation[1049].

954. La demande introduite par l'administré peut, par ailleurs, être entachée de vice. C'est le cas notamment lorsqu'elle est incomplète. Le nouveau texte a consacré certaines dispositions aux « demandes de régularisation des dossiers incomplets ou irréguliers ». Dans ce cas, l'accusé de réception doit attirer l'attention du requérant sur les pièces manquantes et nécessaires à l'étude de sa demande. Celui-ci devra alors être invité à les produire. Cette exigence corrobore l'idée de la protection des droits des administrés dans le cadre des procédures administratives non contentieuses comme notamment « la règle de la communication à l'administré des griefs déterminants sur la base du principe des droits de la défense »[1050].

955. L'accusé de réception devra ainsi indiquer un délai pour la production de tous ces documents, à l'expiration duquel commence à courir le délai au

---

[1049] Art. R. 112-5, alinéa 2, *Cra.*

[1050] VASSILIKI, KAPSALI, *Les droits des administrés dans la procédure administrative non contentieuse. Étude comparée des droits français et grec*, Paris, LGDJ, coll. « Bibl. de droit public », t. 291, 2015, préface de Yves Gaudemet, n° 529, p. 420.

terme duquel, à défaut de décision expresse, la demande est réputée acceptée ou rejetée. Aussi, « le délai mentionné au même article au terme duquel, à défaut de décision expresse, la demande est réputée rejetée est suspendu pendant le délai imparti pour produire les pièces et informations requises. Toutefois, la production de ces pièces et informations avant l'expiration du délai fixé met fin à cette suspension »[1051].

956. Une illustration de cette exigence apparaît dans la jurisprudence du Conseil d'État. Ainsi a-t-il souligné qu'une décision de licenciement d'un employé « [...] qui n'a été notifiée qu'à l'employeur, auteur de la demande, n'a pu faire courir de délai à l'encontre [du requérant] »[1052]. En l'espèce, par un recours gracieux en date du 18 juin 1987, un employé avait demandé à l'inspecteur du travail le retrait de sa décision du 17 avril 1985, recours qui avait été rejeté par « une décision en date du 10 juillet 1987, comportant des indications erronées relatives au délai dans lequel l'intéressé pouvait former un recours contentieux ». De ce fait, la demande enregistrée au greffe du tribunal administratif [...] le 1er février 1988, à la suite du rejet, par une décision du 3 décembre 1987, confirmée le 25 janvier 1988, des recours hiérarchiques adressés au ministre du Travail, de l'Emploi et de la Formation professionnelle, n'était pas tardive [...] ».

957. Il apparaît aussi dans ce nouveau dispositif que lorsque la requête introduite auprès de l'administration est irrégulière ou encore incomplète, donc atteinte d'un défaut empêchant son examen, lequel défaut, qu'il soit relatif à la forme ou à la procédure, peut être régularisé dans le temps légal, l'administration doit inviter l'usager à régulariser en lui indiquant le délai imparti à cet effet, les formalités, les procédures à suivre, ainsi que les normes qui les prévoient. Au cas où la réponse de l'administration ne comporterait pas ces mentions, les délais de recours ne seront pas opposables à l'administré auteur de ladite demande[1053].

958. Le juge administratif a aussi sanctionné l'indication d'une mention inexacte dans l'accusé de réception. Cela a été observé dans la jurisprudence Gluck[1054]. Le litige portait sur le refus d'une aide destinée à la création d'entreprise. Le requérant avait alors introduit un recours contentieux après un rejet tacite de son recours hiérarchique formulé auprès du ministre du Travail et des Affaires sociales. En prenant en compte le moment de la réception de son recours administratif comme le déclencheur de la durée dont l'écoulement donne naissance à une

---

[1051] Art. L. 114-5-6, *Cra.*

[1052] CE, 8 janv. 1992, *Masses*, *Rec.*, p. 1204.

[1053] Art. L. 114-5-6, *Cra.*

[1054] CE, 29 mars 2000, *Gluck*, *Rec.*, p. 1150.

décision tacite de rejet, son recours contentieux était irrecevable pour cause de forclusion.

959. Toutefois, l'acte faisant état de la réception du recours hiérarchique introduit par le requérant comportait une date inexacte. Pour conclure à la recevabilité de ce recours, le juge administratif a relevé que compte tenu du fait de cette indication erronée, la demande présentée [...] n'était pas tardive ».

960. On voit donc en l'exigence d'accuser réception un moyen permettant aux administrés de développer sereinement une stratégie contentieuse sans, probablement, être atteint, sauf négligence de leur part, par les sanctions liées à l'inobservation du temps exigé. Cela participe du caractère souple, dynamique, du temps de la justice administrative. C'est ce qu'illustre aussi l'application de cette exigence dans les procédures dématérialisées.

a2. L'illustration d'un temps souple dans les procédures dématérialisées et l'avantage au droit du justiciable

961. La transparence administrative va aussi avec le déploiement des techniques de l'information et de la communication.

962. En effet, l'accusé de réception a intégré l'usage des moyens électroniques. Selon l'article 9 de l'ordonnance n° 2005/1516, du 8 décembre 2005 relative aux échanges électroniques entre les usagers et les autorités administratives et même entre les autorités administratives entre elles, « un référentiel général de sécurité fixe les règles que doivent respecter les fonctions des systèmes d'information contribuant à la sécurité des informations échangées par voie électronique telles que les fonctions d'identification, de signature électronique, de confidentialité et d'horodatage [...] ». Ce texte reste en vigueur et accompagne le Code des relations entre l'administration et le public. On peut donc toujours considérer cette disposition comme le corolaire ou le prolongement sur le plan législatif du Code des relations entre l'administration et le public. C'était le cas avec la loi du 12 avril 2000[1055].

963. En ce qui concerne précisément la règle de l'accusé de réception, l'article 5 de cette même ordonnance, modifiée par celle du 6 novembre 2014 dispose que « tout envoi par un usager à une autorité administrative par voie électronique ainsi que tout paiement opéré dans le cadre d'un télé-service fait l'objet d'un accusé de réception électronique et, lorsque celui-ci n'est pas instantané, d'un accusé d'enregistrement électronique. Cet accusé de réception et cet accusé d'enregistrement sont émis selon un

---

[1055] B. DELANAUY, « Le régime des demandes. Les obligations de l'administration », *in* S. Saunier (dir) *La loi du 12 avril 2000... dix ans après*, *op. cit.*, p. 221.

procédé conforme aux règles fixées par le référentiel général de sécurité » prévu par l'article 9, précité. Cette disposition a été reprise par le nouveau texte. En effet, le Code des relations entre le public et l'administration a mis en place des dispositions relatives au « droit de saisine par voie électronique »[1056]. Ceci apparaît en filigrane à l'article L. 112-11 dudit Code.

964. Du point de vue de la computation des délais, l'usage de l'électronique apparaît plus efficace en ce qui concerne le temps dont dispose l'administré pour acheminer son courrier que celle de la voie postale. Ainsi, « vu sa fiabilité et sa rapidité »[1057], l'électronique offre la possibilité au justiciable d'augmenter ses chances d'observer le temps qui lui est imparti. Par ailleurs, ce moyen favorise la preuve de l'introduction de la demande. Cela est lié à la conservation des courriels envoyés à l'administration[1058].

965. Aussi, comme en ce qui concerne les demandes introduites par voies ordinaires, celles formulées électroniquement obéissent à des principes dont l'inobservation est sanctionnée. À cet égard, il est prévu que, d'une part, « les délais de recours ne sont pas opposables à l'auteur d'une demande lorsque l'accusé de réception ne lui a pas été transmis ou ne comporte pas les indications prévues » et, d'autre part, que « le défaut de délivrance d'un accusé de réception n'emporte pas l'inopposabilité des délais de recours à l'encontre de l'auteur de la demande lorsqu'une décision expresse lui a été régulièrement notifiée avant l'expiration du délai au terme duquel est susceptible de naître une décision implicite »[1059].

966. Comme on le voit, l'exigence de l'accusé de réception expose moins les justiciables aux sanctions liées au non-respect du temps. Ici, le moment du déclenchement des délais peut aisément être mesuré par le justiciable qui peut alors prendre les dispositions conséquentes. Cette exigence permet de justifier et de contester en temps utile la décision devant intervenir. Elle confère une certaine visibilité dans l'appréciation du temps des, éventuels, recours contentieux et traduit de ce fait l'idée de souplesse en tant que caractère du temps. C'est dans ce sens qu'abonde l'obligation de transmettre en cas de saisine mal dirigée.

[1056] Art. L. 112-8-9, *Cra.*

[1057] C. FOULQUIER, « La certification de la date d'accomplissement d'une formalité administrative », *in* S. Saunier (dir) *La loi du 12 avril 2000... dix ans après, op. cit.*, p. 206.

[1058] *Ibid.*

[1059] Art. 112-12, *Cra.*

b. L'illustration d'un temps souple par l'obligation de transmettre et l'avantage au droit du justiciable

967. L'exigence de clarté dans les relations entre l'administration et les administrés que l'on observe en droit français permet aux justiciables de réagir à temps lorsqu'ils envisagent d'enclencher la phase contentieuse.

968. L'interdiction faite à l'autorité administrative de se déclarer à tort incompétente pour connaître d'une demande qui lui est adressée en fait aussi partie.

969. En effet, la prise en compte de la durée fixée en matière de procédure administrative contentieuse est importante. L'administré doit être en mesure de l'identifier. On peut alors comprendre que le rejet d'une demande par l'administration du fait qu'elle ait été saisie par erreur peut retarder l'issue de la procédure, le temps du procès.

970. Au Cameroun, par exemple, un observateur a pu relever le fait que « l'administration par sa lenteur », profite du « caractère impératif des délais » pour empêcher « les justiciables de revendiquer leurs droits »[1060]. Cette situation est assimilable à celle qui avait pendant longtemps prévalu en France lorsque le Conseil d'État estimait que l'administration ne commettait aucune erreur de droit en s'abstenant de donner suite à des demandes dont elle est saisie. Ainsi, par exemple, il avait jugé que le fait pour l'administration de rejeter une demande relative à l'exhumation d'un corps faisait partie de ses pouvoirs de police et l'approbation d'un tel refus par le ministre de l'Intérieur ne pouvait pas faire l'objet d'un recours contentieux[1061].

971. Désormais, avec la reconnaissance de l'obligation de transmettre, l'intérêt est certain en ce qui concerne le temps de la justice. Si l'administration pouvait, comme auparavant, jouir de la liberté d'examiner ou encore de s'en déclarer incompétente, cela conduirait à retarder l'issue d'un recours contentieux. Il en est de même lorsqu'elle n'est pas obligée de porter la demande à l'administration qui est normalement compétente.

972. On peut, à travers cette disposition, relever que le législateur français a compris que bien que les administrations soient réparties, chacune selon ses compétences, elles visent toutes un seul et même but à savoir la satisfaction de l'intérêt général. Il lui revient, de ce fait, de guider les administrés car, comme la justice, l'administration est « un service public

---

[1060] B. MOMO, « Le problème des délais en contentieux administratif camerounais », *op. cit.*, p. 159.

[1061] CE, 20 janv. 1882, *Héritiers Lafaille*, *Rec.*, p. 53, cité par S. Jeannard, *Le recours administratif dans le système juridique français*, *op. cit.*, p. 104.

dont la raison d'être est l'usager »[1062]. Toutefois, cette exigence n'est pas applicable dans tous les cas. Cela conduit alors à s'interroger sur le sort des actes qui ont été exclus du champ d'application de la règle de l'accusé de réception et de celle de l'obligation de transmettre.

2. Le sort des actes exclus du domaine des obligations d'accuser réception et de transmettre

973. Ici, également, il convient de mener l'analyse en distinguant selon qu'il s'agit de l'obligation d'accuser réception (a) ou celle de transmettre (b).

a. Sur l'obligation d'accuser réception

974. L'application de la règle de l'accusé de réception ne va pas sans exception. Cela relativise alors l'idée de la transparence notamment en ce qui concerne le point de déclenchement du délai de recours contentieux. En dehors des cas d'exclusion qui ont été implicitement dégagés lors de l'étude du champ d'application de cette règle, comme notamment les personnes morales de droit privé en charge d'un service public industriel et commercial, les établissements publics à caractère industriel et commercial, il en existe d'autres qui apparaissent expressément dans le droit en vigueur.

975. On doit donc s'interroger sur la situation qui échoit finalement aux actes qui ne sont pas passibles des obligations ainsi posées et dont l'impact sur le temps de la justice est considérable. Autrement dit, comment s'organise alors le déclenchement du temps du procès en l'absence de l'accusé de réception ?

976. S'agissant d'abord des cas d'exclusions dites expresses, on peut en distinguer trois. Le premier cas concerne les actes non dématérialisés. Ceux-ci ressortent, respectivement, des articles R. 112-3 et 4 du Code des relations entre l'administration et le public. Selon ces dispositions, dans un premier temps, l'accusé de réception ne s'applique pas, d'une part, « aux demandes abusives, notamment par leur nombre ou leur caractère répétitif ou systématique » ainsi qu'à celles « définies par décret en Conseil d'État, pour lesquelles l'administration dispose d'un bref délai pour répondre ou qui n'appellent pas d'autre réponse que le service d'une prestation ou la délivrance d'un document prévus par les lois ou les règlements ».

977. Par ailleurs, il en est de même, d'une part, « lorsqu'une décision implicite ou expresse est acquise en vertu des lois et règlements au profit

[1062] J. RIVERO, « Sanction juridictionnelle et règle de droit », *Mélanges Léon Julliot De La Morandière*, Paris, Dalloz, 1964, p. 457.

du demandeur, au terme d'un délai inférieur ou égal à quinze jours à compter de la date de réception de la demande » et, d'autre part, « lorsque la demande tend à la délivrance d'un document ou au service d'une prestation prévue par les lois et règlements pour laquelle l'administration ne dispose d'aucun autre pouvoir que celui de vérifier que le demandeur remplit les conditions légales pour l'obtenir ».

978. Le deuxième cas concerne les procédures dématérialisées. En effet, « l'administration n'est pas tenue » d'accuser réception « pour les envois abusifs, notamment par leur nombre ou leur caractère répétitif ou systématique, ou les envois susceptibles de porter atteinte à la sécurité de son système d'information »[1063].

979. Sous l'égide de l'ancien dispositif, le Conseil d'État a adopté un troisième cas. En effet, dans un avis rendu le 15 juillet 2004, il a exclu l'application de l'exigence de l'accusé de réception à l'égard des tiers. Ainsi affirme-t-il que la loi du 12 avril 2000, notamment en ses articles 18 et 19, « demeure sans incidence sur les règles applicables aux recours administratifs, gracieux ou hiérarchiques, formés par des tiers à l'encontre d'autorisations individuelles créant des droits au profit de leurs bénéficiaires »[1064]. Aussi, si une décision expresse a fait l'objet d'une notification au demandeur avant l'intervention d'une décision implicite, la notification ainsi intervenue fait courir le délai de recours même si l'accusé de réception n'a pas été délivré[1065].

980. S'agissant du sort des actes non soumis à l'obligation d'un accusé de réception, le droit commun s'applique, c'est-à-dire les administrés doivent dans ce cas introduire leurs recours contentieux sans se préoccuper de la prise en compte ou non de leur demande par l'autorité administrative. Qu'en est-il de l'obligation de transmettre ?

b. Sur l'obligation de transmettre

981. L'idée de clarté qui apparaît à travers les exigences de la transmission des requêtes aux autorités administratives compétentes en cas de saisine, par erreur, d'une administration ainsi que l'exclusion du rejet des demandes pour incompétence non fondée mérite d'être relativisée.

982. En ce qui concerne l'obligation de donner suite à la demande, donc de ne pas se déclarer incompétente alors qu'elle ne l'est pas, cette exigence n'est pas possible lorsqu'on sait que l'administration dispose de la possibilité de rendre des décisions implicites. Cette forme de réponse aux

---

[1063] Art. L. 112-11, *Cra.*
[1064] CE, avis, 15 juil. 2004, *M. Mme Damon*, *Rec.*, p. 331, concl. Stahl.
[1065] R. CHAPUS, *Droit du contentieux administratif*, *op. cit.*, p. 620.

demandes a d'ailleurs fait l'objet de nombreuses critiques. En effet, les décisions implicites se concilient difficilement avec les voies classiques de prise des décisions par l'administration, notamment avec la publicité ou encore la motivation. Cependant, elles ont l'avantage d'apparaître comme étant un moyen permettant de corriger l'iniquité née du fait que le silence de l'autorité administrative prive les administrés de l'accès au juge[1066].C'est certainement la raison pour laquelle cette façon d'édicter des actes administratifs a été consacrée. Considérer le silence de l'administration comme un acte administratif est non seulement un principe de valeur législative[1067] mais aussi un « principe général »[1068]. Ainsi, en cas de silence, on considère qu'il s'agit d'une décision implicite. Comme le note le pr Jean Delvolvé dans ses conclusions sur l'affaire Quérault[1069], précitée, « lorsqu'elle est saisie d'un [...] recours, l'autorité [...] est tenue de l'examiner et de prendre une décision. Cette obligation tient à l'institution même du recours. Cela ne signifie pas qu'elle sera tenue de prendre une décision explicite. Il serait souhaitable qu'elle le fît. Il ne peut être question de lui imposer. La règle de la décision implicite trouvera ici [...] son application »[1070]. Dans cette hypothèse, l'idée de la préservation des potentiels justiciables contre les sanctions relatives à la violation du temps est bien relative.

983. Malgré ce caractère quelque peu limité[1071], le temps apparaît souple en droit français puisque dans ces conditions, les droits des justiciables sont préservés face à la condition de délai qu'ils pourront ainsi évaluer avec sérénité avant d'exercer leurs recours contentieux éventuels. Cette démarche n'apparaît pas dans les droits africains.

984. En définitive, en mettant à la charge de l'administration l'obligation de faire savoir aux usagers qu'elle a pris connaissance de leur demande, qu'elle doit transmettre à l'autorité compétente une demande dont elle est saisie par erreur ou encore s'abstenir de se déclarer incompétente de manière injustifiée, les potentiels justiciables sont mieux à même de gérer la temporalité relative à la phase contentieuse qu'ils pourront, éventuellement, enclencher. Le point de départ relatif au calcul des délais est donc plus visible.

985. Il est donc certain qu'en inscrivant les recours administratifs dans le registre des demandes à l'égard desquelles l'administration est tenue d'en

[1066] B. PACTEAU, *Traité de contentieux administratif*, *op. cit.*, n° 159.
[1067] CC, décision n° 69-55 L, 26 juin 1969.
[1068] CE, 27 juil. 2005, *Société Arbed*, n° 264913.
[1069] CE, sect., 30 juin 1950.
[1070] Propos rapportés par Sébastien JEANNARD, *Le recours administratif... op. cit.*, p. 106.
[1071] Voir aussi, I.-POIROT-MAZERES, « La loi dcra, horizon indépassable de la relation administrative ? », *in* S. Saunier (dir), *La loi du 12/04/2000 ... dix ans après*, *op. cit.*, p. 294.

accuser réception[1072] on observe de la clarté au niveau du point de départ des délais de recours.

986. De manière plus significative, la protection des administrés contre la forclusion est liée à l'obligation pour l'administration d'indiquer, non seulement les voies, mais aussi les délais de recours contentieux dans la décision qu'elle adoptera à l'issue de l'instruction de la demande dont elle a été saisie.

B. L'illustration d'un temps souple par l'obligation d'indiquer les voies de recours et les délais : l'avantage au droit du justiciable

987. L'on a vu que tant pour l'accusé de réception que pour la notification d'une décision explicite, la règle relative à la mention des délais et voies de recours s'applique. Cette obligation pour l'administration de mentionner dans la notification de sa décision les délais et voies de recours s'inscrit en droite ligne de l'évolution que connaissent les recours administratifs en tant que moyens destinés à harmoniser les relations entre l'administration et les usagers. De plus en plus, on assiste à la mise en place d'un dialogue entre administration et administré. En effet, le passage de « l'administration consultative, dispensatrice d'avis à l'administration active » voit le jour dans le but d'« écouter les administrés, soit par le canal de représentants stricto sensu, soit par le canal de compétences »[1073]. C'est dans ce même registre qu'on peut classer l'obligation pour l'administration d'indiquer les délais et les voies de recours. Mais au-delà de cet intérêt, il y a la question de la qualité du temps de la justice.

988. En effet, on doit noter que cette exigence prescrite par l'article R. 421-5 du Code de justice administrative marque une évolution. Il faut rappeler que sous l'égide de la loi n° 56/557 du 7 juin 1956 relative aux délais de recours contentieux en matière administrative, notamment en son article 1er alinéa 1, « […] les délais inférieurs à deux mois [devaient], à peine de nullité, être mentionnés dans la décision de notification ».

989. Cette formulation ancienne a été reprise par le Code de justice administrative en ce qui concerne les délais des voies de recours applicables aux décisions de justice. C'est dans ce sens que le Conseil d'État avait jugé que l'absence de mention du délai de dix (10) jours dans la notification d'une décision relative à une démission d'un poste de conseiller municipal entraînait l'inopposabilité du délai susvisé. Dans ces conditions, le requérant « disposait pour introduire son recours

---

[1072] CE, avis, 15 juil. 2004, *M. Mme Damon*, *Rec.*, p. 331.

[1073] A. MESTRE, « La démocratie administrative », *in Mélanges Paul Couzinet*, Université des sciences sociales de Toulouse, 1974, préface de Roger Pallard, p. 568.

contentieux du délai normal de deux mois, à compter du jour où il a reçu notification »[1074].

990. L'article R. 821-1 du Code de justice administrative prévoit, par exemple, que « le défaut de mention dans la notification de la décision d'un délai de recours en cassation inférieur à deux mois emporte application du délai de deux mois »[1075].

991. On peut relever par rapport à la règle posée par l'article R. 421-5 du Code de justice administrative, précité, que le législateur avait « institué une obligation plus restreinte »[1076]. On peut donc aisément constater que la nouvelle formulation de cette obligation de préciser les délais et voies de recours a été élargie. Cette règle concerne désormais, et de manière générale, les délais de droit commun. On pourrait, sans risque de se tromper, affirmer qu'il y a, en ce qui concerne les délais de recours contentieux ou même administratifs, une clarté considérable. Cette exigence permet aux potentiels justiciables, face à une administration devenue de plus en plus complexe, de prendre la bonne mesure des délais de recours contentieux dont ils disposent.

992. La sanction encourue en cas d'inobservation de cette exigence par l'administration permet aussi de le comprendre. En effet, malgré la solution controversée, comme cela a été évoqué dans le cadre des dispenses directes des délais, adoptée récemment par le Conseil d'État dans l'affaire, M A c/ Ministère de l'Économie et des finances[1077], l'absence de la mention des délais et voies de recours dans la notification d'une décision administrative donne droit à un recours contentieux sans condition de délai. Cela dit, lorsque l'administration ne précise pas la possibilité d'exercer un recours administratif obligatoire, cela empêche le délai de recours contentieux de courir. Dans ce cas, le recours devant le juge est ouvert sans condition de délai même si cela pourra être impossible en raison de l'absence d'un recours préalable obligatoire[1078]. L'inobservation de ces exigences entraîne donc la possibilité d'introduire le recours contentieux sans condition de délai.

993. Cette règle posée par l'article R. 421-5 du Code de justice administrative a bien un impact sur le temps de la justice, notamment en ce qui concerne

---

[1074] CE, sect., 4 nov. 1966, *Sieur Breton*, *Rec.*, p. 583.

[1075] Art. R. 821-1, *Cja*. Au Cameroun, et cela est assez étonnant, le législateur a aussi mis en place une telle exigence en matière d'opposition. En effet, l'article 111 de la loi n° 2006/022, relative aux tribunaux administratifs, dispose que « la notification de la décision doit, à peine de nullité, mentionner: le délai dont dispose la partie défaillante pour former opposition; qu'à l'expiration de ce délai, la décision devient définitive ».

[1076] R. CHAPUS, *Droit du contentieux administratif*, *op. cit.*, p. 619.

[1077] CE, ass., 13 juil. 2016, *M. A.* c/ *Ministre de l'Économie et des Finances*, n° 387763.

[1078] CE, 24 janv. 1996, *Blancard*, *Droit administratif*, n° 105/1996.

les lenteurs judiciaires pouvant résulter du dualisme juridictionnel. Le fait pour l'administration d'indiquer au justiciable la juridiction compétente est intéressant pour eux[1079]. On le voit bien, l'article R. 421-5 du Code français de justice administrative a une portée significative. C'est une disposition qui « témoigne d'une volonté de sécuriser les relations administratives en contraignant l'administration à informer ses usagers de leur possibilité d'exercer un recours administratif puis un éventuel recours juridictionnel dans les délais et les formes impartis »[1080]. Le fait pour l'administration d'être obligée d'attirer l'attention des administrés sur les délais et les possibilités de contestation de ses décisions traduit la nécessité de protéger les justiciables contre les erreurs qu'ils peuvent commettre en ce qui concerne le temps de la phase contentieuse.

994. La rigueur qui caractérise les délais en contentieux administratif dans les pays africains se justifie alors par l'absence de ces diverses obligations mises à la charge de l'administration en matière d'instruction des demandes dont elle est saisie. Ainsi, on comprend que c'est l'inexistence de telles exigences dans les législations d'Afrique francophone, comme le Cameroun et le Gabon, qui justifie aussi l'idée d'une approche statique du temps dans ces États de tradition juridique francophone.

§ 2. La rigueur temporelle liée à l'absence de clarté dans l'identification du dies acquo en Afrique : une administration encore marquée par le secret

995. En droit français, comme l'a souligné un auteur, l'un des moyens ayant sérieusement « permis de compenser la rigueur des délais » a été « le renforcement des mesures de transparence »[1081]. Cela s'est traduit par la mise en place des obligations comme celles d'accuser réception et d'indiquer les délais de recours par l'administration saisie d'une demande.

996. Dans les législations d'Afrique francophone, cette mention des voies de recours n'est pas une obligation sauf s'il s'agit des décisions de justice notifiées par les huissiers de justice. C'est dans ce cadre seulement qu'on peut remarquer l'obligation de mentionner dans l'acte de notification les voies de recours ainsi que les délais.

997. Aussi, il n'existe aucun texte obligeant l'administration d'accuser réception des demandes. L'accusé de réception faite sur les demandes relève simplement des pratiques d'une bonne administration dans un pays

1079 S. JEANNARD, *Le recours administratif… op. cit.*, p. 93.
1080 *Ibid.*
1081 A. CLAEYS, *L'évolution de la protection juridictionnelle de l'administré au moyen du recours pour excès de pouvoir*, *op. cit.*, p. 269.

comme le Cameroun. En l'absence de textes, aucune obligation ne pèse sur l'administration d'apposer sur une demande l'accusé de réception. Si l'agent qui a reçu la demande refuse d'apposer le cachet d'accuser de réception, l'usager qui en a besoin, peut-être pour la computation des délais, est tenu de passer par un huissier de justice ou par tout autre moyen laissant trace écrite.

998. Si l'autorité saisie est incompétente, aucune obligation non plus ne pèse sur elle pour transmettre cette demande à l'autorité compétente. Certes, une telle initiative n'est pas une faute pour un agent, elle est même la bienvenue. L'agent en question n'encourt aucune sanction bien que sachant qu'elle est incompétente ne transmet pas la demande à l'autorité compétente. De nombreux cas de recours gracieux mal dirigé le prouvent à suffisance au Cameroun[1082].

999. On note, par exemple au Cameroun, que, dans certaines administrations, les autorités s'abstiennent parfois, et de manière intentionnelle, d'enregistrer ou alors d'accuser réception des requêtes qui leur sont adressées. Une telle attitude a été relevée par le juge administratif en ces termes : « attendu qu'en refusant le calcul [des droits du requérant] conformément au décret [...] l'administration porte [...] un préjudice énorme au requérant [...] que pire encore lorsqu'il se présente auprès de cette institution étatique pour revendiquer ses droits, il se heurte à un farouche des agents du service du courrier qui poussent d'ailleurs le bouchon jusqu'au refus de décharger le recours gracieux préalable. Que le requérant n'a eu pour seul recours que l'administration des postes [...] qui a déchargé ledit recours par lettre recommandée »[1083].

1000. Dans de telles conditions, des requêtes peuvent rester sans traces et portent préjudice aux administrés qui souhaitent ainsi revendiquer leurs droits. C'est dans le même sens qu'un observateur a eu à relever qu'« on a l'impression que, profitant du caractère impératif des délais, l'administration, par sa lenteur, empêche les justiciables de revendiquer leurs droits »[1084]. Cela est préjudiciable pour les administrés. On relève, par exemple, que le juge administratif tunisien déclare irrecevables des recours contentieux lorsque le recours préalable est adressé à une autorité incompétente qui s'abstient de donner suite à la requête préalable et s'abstient de la transmettre à l'autorité compétente car,

[1082] Ces propos sont aussi l'essentiel de l'entretien avec le maire de la Commune de Dschang (Cameroun).

[1083] TA/ADD, Bafoussam, ord., sursis, n° 03, 8 mai 2014, *Tassé Pierre c/ État du Cameroun* (*Minesec*).

[1084] B. MOMO, « Le problème des délais en contentieux administratif camerounais », *op. cit.*, p. 159.

selon le juge, il y a une absence de décision tacite de rejet[1085]. En France par contre, soulignent certains observateurs, « la gravité des conséquences de l'expiration du délai de recours a toujours incité le juge à se montrer particulièrement exigeant pour éviter que l'administration par des manœuvres dilatoires, des notifications ou des publications imparfaites ou irrégulières empêche l'administré de former un recours en temps utile [...] »[1086]. De ce point de vue, « compte tenu de l'inégalité considérable qui existe entre administration et administrés, il est essentiel qu'en cette matière le juge se montre aussi rigoureux à l'égard de la première que libéral à l'égard des seconds »[1087].

1001. Ainsi, dans les droits des pays d'Afrique francophone[1088], toutes ces obligations mises à la charge de l'administration, comme on l'a vu en droit français, sont inexistantes. Cela est d'ailleurs regretté par de nombreux observateurs[1089]. Le formalisme qui entoure la réception des demandes des administrés en France ne s'applique donc pas ici.

1002. Il convient de remarquer, par exemple, dans la jurisprudence gabonaise que le juge se contente souvent de vérifier la preuve de la saisine préalable de l'administration sans s'interroger sur le formalisme qui peut entourer cette demande comme on l'a vu en droit français. Ainsi, dès lors qu'il constate que le recours n'a pas été précédé d'un recours administratif gracieux ou hiérarchique, il déclare ne pas être nécessaire d'examiner la requête au fond[1090]. En effet, ce n'est qu'à la suite du recours gracieux que le recours contentieux est ouvert. Le juge, afin de vérifier l'accomplissement de cette formalité préalable, exige tout simplement les traces de la demande, un simple accusé de réception en tant que preuve matérielle des demandes. On est donc constamment en présence d'actes implicites. Cela peut expliquer pourquoi les législateurs n'ont pas cru devoir renforcer la procédure relative aux demandes des usagers ; le contexte socio-administratif dans ces pays étant marqué par la prééminence des actes implicites de rejet.

[1085] TA, 1re chambre, 14 déc. 1982, *Mohamed Hédi Bedoui dit Badis c/ Ministère de l'Équipement.*

[1086] MM. CABANES, LEGER, « Chronique de jurisprudence sous CE, 22 nov. 1972, Sieur Deboise », *AJDA*, 1975, p. 135, cité par A. Claeys, *L'évolution de la protection juridictionnelle... op. cit.*, p. 270.

[1087] *Ibid.*

[1088] Pour le cas du Gabon, voir, S. KWAHOU, *La justice administrative au Gabon..., op. cit.*, p. 304.

[1089] C'est le cas notamment en Côte d'Ivoire, au Gabon ou en Tunisie. Voir, respectivement, P. AKOUA AMBEU, *La fonction administrative contentieuse en Côte d'Ivoire, op. cit.*, p. 233; S. DABBOU, *Les conditions de recevabilité du recours pour excès de pouvoirs en France et en Tunisie* (*mimétisme et originalité*), *op. cit.*, p. 280.

[1090] TA, Libreville, 27 juin 2002, *Bissaka Madeleine*, rep., n° 17/2001-2002.

1003. Cependant, dans certaines législations d'Afrique de tradition juridique francophone, comme l'Algérie, le législateur a repris certaines exigences en vigueur en France. En droit algérien, en effet, « le délai de recours devant le tribunal administratif est de quatre (4) mois à compter de la date de la notification à personne d'une copie de l'acte administratif individuel ou de la publication de l'acte administratif collectif ou réglementaire »[1091]. Ce délai « n'est opposable qu'à la condition d'avoir été mentionné dans la notification de l'acte attaqué »[1092]. Dans ces conditions, cette mention n'est que partiellement retenue. Elle ne concerne que le délai de recours contentieux.

1004. Au Gabon, l'article 44 du Code des juridictions administratives prévoit, simplement, que « la date de dépôt du recours administratif préalable adressé à l'autorité intéressée constatée par tous moyens doit être établie à l'appui de la requête ».

1005. Au Mali, aussi, s'agissant des droits des administrés dans leurs rapports avec l'administration tels qu'organisés par la loi du 24 novembre 1997, les articles 20 et 21 de ce texte disposent simplement que « chaque administration assure en son sein les informations utiles sur les procédures et formalités nécessaires à l'obtention des prestations qu'elle fournit », ou encore, que « l'administration est tenue de donner suite, par écrit, à une demande écrite d'un usager dans un délai maximum de trente jours, sans préjudice de l'application d'autres délais institués par des textes particuliers ». On ne retrouve aucune disposition claire, énoncée avec précision, sans ambigüités, à propos des obligations d'accuser réception, d'indiquer les délais et voies de recours à l'égard de l'administration[1093]. Dans ces conditions, l'inexistence d'obligations conforte la position de l'administration.

1006. Au Cameroun, notamment lorsque les textes ne sont pas précis sur l'autorité apte à recevoir une demande, la jurisprudence a admis, toutefois, en matière de recours gracieux cette possibilité pour l'autorité incompétente d'acheminer la demande à celle réellement compétente et l'obligation pour celle-ci de donner suite à cette demande.

1007. Ainsi, le juge administratif a affirmé que « si un recours gracieux adressé à une autorité incompétente est irrecevable parce que formé [au mépris de l'exigence du recours gracieux], cette règle devient inapplicable dans le cas où le ministre incompétent a transmis la requête

---

[1091] Art. 829, *Cpcca.*

[1092] Art. 831, *Cpcca.*

[1093] Voir aussi, B. FISCHER, *Les relations entre l'administration et les administres au Mali : contribution à l'étude du droit administratif des États d'Afrique subsaharienne de tradition juridique française*, Thèse, Université de Grenoble, 2011, 480p.

au ministre réellement compétent [...] le ministre réellement compétent à l'obligation de répondre et ne peut se dérober sous prétexte que la requête ne lui a pas été directement adressée [...] la transmission par l'autorité incompétente à l'autorité réellement compétente lie le contentieux à l'égard de l'administration »[1094].

1008. Cette position adoptée par le juge administratif camerounais a été saluée par de nombreux observateurs. Il s'agit d'un « apport majeur dans la règle du recours gracieux »[1095] dont l'application générale par tous les chefs de département ministériels saisis à tort permettrait de réduire le nombre, élevé, des cas d'irrecevabilités tirés du défaut de recours gracieux, parce qu'il a été introduit auprès d'une autorité incompétente. Toutefois, relève un observateur, « ce n'est pas toujours à tout hasard et de mauvaise foi, qu'un justiciable va introduire son recours gracieux devant le ministre incompétent, dans l'attente de la transmission vers le ministre effectivement compétent »[1096].

1009. Par ailleurs, en droit camerounais, l'accusé de réception est dans certains cas consacré mais de façon lapidaire. Il en est ainsi dans la série des lois adoptées en 1990 en matière de libertés publiques.

1010. L'article 4 de la loi n° 90/056 du 19 décembre 1990 relative aux partis politiques dispose que « la demande de création d'un parti politique se fait par le dépôt d'un dossier complet auprès des services du gouverneur territorialement compétent. Une décharge mentionnant le numéro et la date d'enregistrement du dossier est délivrée au déposant ».

1011. En matière d'association, des dispositions similaires existent. En effet, la déclaration relative à la création d'une association, selon l'article 7 alinéa 1 de la loi n° 90/053 relative à la liberté d'association, « est faite par les fondateurs de l'association à la préfecture du département où celle-ci a son siège. Un récépissé leur est délivré dès que le dossier est complet si l'association n'est pas frappée de nullité ».

1012. La loi n° 90/052 du 19 décembre 1990 sur la liberté de communication sociale, en son article 7 (nouveau), dispose que « toute personne physique ou morale désireuse de publier un organe de presse est tenue préalablement à la première parution, d'en faire la déclaration contre décharge au préfet territorialement compétent ».

[1094] CS/CA, jug. n° 66, 22 avr. 1976, *Bicec c/ État du Cameroun* ; CS/AP, arrêt n° 1, 6 déc. 1979, *Fouda Hubert c/ État du Cameroun*.

[1095] L.-P. GUESSLE ISSEME, *L'apport de la Cour suprême au droit administratif Camerounais*, Thèse, Université de Yaoundé 2, 2010, p. 278.

p. 278 et s.

[1096] *Ibid*, p. 279.

1013. Un autre cas est prévu à l'article 68 de la loi n° 2004/017 du 22 juillet 2004 portant orientation de la décentralisation. Selon cette disposition, l'exigence d'un accusé de réception est encore simplement exprimée. En effet, « les actes pris par les collectivités territoriales sont transmis au représentant de l'État auprès de la collectivité territoriale concernée, lequel en délivre aussitôt accusé de réception ». La preuve dudit accusé de réception peut être rapportée « par tout moyen ».

1014. Dans tous ces cas, on voit très bien qu'aucun formalisme de nature à clarifier le temps de la justice n'apparaît dans ce dispositif. L'accusé de réception dans ces différents cas semble se limiter « à faire savoir qu'un envoi a été reçu »[1097]. Cela réduit sa portée. C'est un inconvénient qui laisse apparaître la nécessité pour les législateurs d'adopter des règles précises, sans ambigüités en matière d'accusé de réception des demandes introduites auprès de l'administration.

1015. En effet, l'intérêt de l'accusé de réception tel qu'il est consacré en droit français est bien « plus qu'un simple reçu »[1098]. Il va « bien au-delà des informations » que peut fournir « un accusé de réception postal »[1099]. Contrairement à ce qu'on peut observer dans les cas évoqués en droit camerounais, le régime de l'accusé de réception en droit français « contribue également au respect des droits de la défense »[1100] en mettant à la disposition des administrés une somme importante d'« informations permettant d'organiser une stratégie contentieuse »[1101] à la suite de la réponse de l'administration. Les droits africains sont, de ce fait, vivement invités à intégrer de telles dispositions afin d'aider les justiciables à faire face à la complexité du temps du procès. Aussi, cela pourrait, non seulement, réduire le nombre de recours irrecevables pour non-observation des délais, mais aussi permettrait au juge d'examiner les litiges au fond[1102].

[1097] B. MUGNIER, *L'accusé de réception dans la procédure administrative non contentieuse*, Mémoire de DEA, Université de Lille 2, 2002, p. 53.
[1098] *Ibid.*
[1099] *Ibid.*
[1100] *Ibid.*
[1101] *Ibid*, p. 53.
[1102] P. AKOUA AMBEU, *La fonction administrative contentieuse en Côte d'Ivoire*, *op. cit*, p. 233.

Conclusion du chapitre

1016. En matière des techniques de calcul du temps dans le contentieux administratif français, camerounais et gabonais, les législations africaines, contrairement au droit français, sont marquées par de nombreuses limites. Ces limites sont relatives aux dérives des supports classiques de diffusion des normes comme la publication au journal officiel, la diffusion par voie de radio. Ces supports sont confrontés à l'analphabétisme d'une bonne franche de la population et surtout à leur technicité[1103].

1017. Par ailleurs, la clarté de l'identification des techniques de décompte des délais peut faciliter la conciliation entre le droit du justiciable et la sécurité juridique. En effet, l'autre problème que pose la computation du temps dans ces droits africains est celui de sa clarté. En droit français, d'une part, la souplesse se traduit par l'obligation pour l'administration d'accuser réception des demandes dont elle est saisie. Cela est formel, donc consacré avec précision et sans ambiguïté. Cette obligation permet ainsi à l'administré de noter la date d'enregistrement de sa demande et d'évaluer clairement les effets de la durée écoulée depuis l'introduction de cette demande. D'autre part, cette souplesse est liée à la présence de l'obligation, en cas de réponse explicite de la part de l'administration et même lors de la délivrance de l'accusé de réception, de faire état des délais et voies de recours offerts à l'usager contre cette décision. Ces exigences témoignent de la clarté qui peut entourer la computation des délais et corrobore la thèse d'une approche souple du temps dans le procès administratif français.

1018. La situation est différente dans les législations africaines. Au Cameroun, malgré les nombreuses mesures adoptées par les pouvoirs publics, comme notamment l'instruction générale n° 002 du 1er octobre 2002 prise par le président de la République et portant sur l'organisation du travail gouvernemental ou, encore, celle adoptée par le Premier ministre sur l'amélioration du fonctionnement du service public avec en toile de fond la lutte contre l'inertie, l'environnement reste « favorable au secret de l'administration »[1104], c'est-à-dire à l'absence de transparence.

[1103] P.-F. NKOT, *Usages politiques du droit en Afrique. Le cas du Cameroun*, *op. cit.*, p. 151 ; A. BADARA FALL, « Universalité des droits de l'homme et pluralité juridique en Afrique. Analyse d'un paradoxe », *in La Constitution et les valeurs*, *Mélanges en l'honneur de Dmitri Georges Lavroff*, *op. cit.*, p. 360.

[1104] B.-J. OWONA OMGBA, *La publicité des actes juridiques en droit public camerounais. Recherche sur l'accès au droit au Cameroun*, *op. cit.*, p. 456.

1019. Cette souplesse observée en France est favorable au justiciable dans la mesure où elle réduit les obstacles à l'accès au juge, contrairement à l'absence de clarté qui est susceptible de profiter à l'administration donc au principe de sécurité juridique. C'est pour toutes ces raisons qu'il est nécessaire de réformer ces moyens de diffusion des normes en les adaptant à l'environnement socio-culturel de ces pays. Cet environnement socio-culturel est marqué par la persistance des moyens dits traditionnels de communication. Autrement dit, la forme rigide sous laquelle se présente le temps dans le procès administratif dans ces législations d'Afrique francophone est liée au défaut d'harmonisation, d'articulation de ces techniques de diffusion des normes avec les réalités socio-culturelles de ces pays. C'est cette harmonisation qui pourrait faire émerger un système cohérent, reflétant les aspirations et les contraintes de ces pays[1105].

1020. Au-delà des obligations relatives à l'accusé de réception et de la mention des délais et voies de recours qui encadrent le traitement des recours administratifs et justifient l'idée d'un temps souple en droit français, il y a une diversification des cas de prolongement des délais. C'est aussi en ces termes que la souplesse qui singularise la computation du temps dans le procès administratif se traduit en droit français.

[1105] P. E. KENFACK, « La gestion de la pluralité des systèmes juridiques par les États d'Afrique noire : les enseignements de l'expérience camerounaise », *op. cit.*, p. 158 ; P. OGO SECK, « De l'État de droit en Afrique et au Sénégal Concept et réalité », *in* M. Badji, O. Devaux (dir), *De la justice coloniale aux systèmes judiciaires africains contemporains*, *op. cit.*, p. 403 et s.

Chapitre 2

Une articulation souple ou rigide du temps protectrice des droits du justiciable ou de la sécurité juridique eu égard à ses prorogations et prolongations

1021. L'étude de la computation du temps ne se réduit pas à ses différentes techniques de calcul. En dehors de ces techniques de calcul des durées, la computation concerne aussi les cas de prorogation ou de rallongement des délais. Autrement dit, et ceci n'est qu'un rappel, lorsqu'on évoque la question du calcul des délais, l'on fait allusion, d'une part, aux techniques de calcul des durées, et, d'autre part, à leur prorogation et prolongation.

1022. Le caractère rigide qui singularise le temps dans le contentieux administratif dans les législations d'Afrique francophone apparaît également au niveau de la prorogation et des prolongations des délais. La prorogation est synonyme d'atténuation du cours normal des délais. Il s'agit d'une « interruption conservatrice du délai »[1106] contentieux. À ce sujet, le professeur Magloire Ondoa affirme que dans les législations africaines, la règle c'est l'exclusion des cas de prorogation des délais[1107]. Cela signifie que les cas où les délais de recours sont reportés en raison de certains événements n'existent pas. Cela traduit certainement le caractère rigide du temps dans le procès administratif. Ainsi, au Sénégal, par exemple, l'article 732 du Code de procédure civile, commerciale et administrative prévoit qu'aucune dérogation n'est admise « aux formes et délais d'appel du droit commun ».

1023. Toutefois, il s'agit d'une règle générale car, comme en droit français, des cas de prorogation des délais sont applicables dans ces différentes législations d'Afrique francophone. Les délais peuvent connaître des interruptions, c'est-à-dire des reports ou même faire l'objet de rallongement.

1024. En effet, il ressort de l'analyse de ces différentes législations que la singularité du droit français est liée, d'une part, à la multiplication des cas de prorogation des délais, et, d'autre part, à l'adoption d'une approche conjoncturelle du temps en matière de prolongation des délais relatifs à la distance. Autrement dit, par rapport aux législations d'Afrique francophone, les cas de prorogation des délais dans le procès administratif français ont été diversifiés. Il y a, en effet, un « souci de

---

[1106] R. CHAPUS, *Droit du contentieux administratif*, *op. cit.*, n° 731, p. 631.

[1107] M. ONDOA, *Le droit de la responsabilité publique dans les États en développement…*, *op. cit.*, p. 139.

pragmatisme », une volonté de ne pas « condamner trop sévèrement le requérant par excès de formalisme »[1108]. C'est donc en ces termes que se traduit la forme souple du temps dans le contentieux administratif français (Section 2). On comprend donc que la forme figée, ou rigide, du temps dans le procès administratif, notamment dans les pays d'Afrique francophone, est liée à la restriction des cas de prorogation des délais. Comme en ce qui concerne les techniques de calcul des délais, ces législations sont restées sur des cas classiques, également applicables en droit français. Ces cas méritent d'être préalablement analysés pour mieux comprendre les différentes formes du temps dans le cadre du procès ainsi que leurs incidences sur le contentieux administratif (Section 1).

Section 1. L'identité de certains cas de prorogation et prolongation des délais dans l'ensemble des législations et la rigueur des droits africains

1025. Dans le cadre de la procédure administrative contentieuse, en ce qui concerne le temps, notamment sa computation, ces législations de tradition juridique francophone ont adopté des mécanismes visant à ne pas mettre en mal les droits des justiciables. Elles ont pris en compte certains évènements qui, lorsqu'ils interviennent pendant que les délais suivent leur cours, entraînent leur prorogation ou encore un report de leur point de départ. En d'autres termes, il s'agit des situations conduisant à faire recommencer l'écoulement du délai de recours ou à le rallonger. La forme souple du temps qui s'observe en droit français, opposée à celle des droits africains, est liée au dépassement de ces hypothèses de prorogation, contrairement aux droits africains.

1026. Ces hypothèses sont variées et s'appliquent en France et dans les droits d'Afrique francophone même si, dans certains cas, la jurisprudence africaine n'a pas encore eu à le préciser. L'analyse de ces hypothèses doit être faite en distinguant, dans un premier temps, cette diversité d'hypothèses dites classiques de prorogation (§ 1) et de rallongement (§ 2) des délais, avant de s'interroger, dans un second temps, sur leur portée limitée en matière de recours pré-contentieux (§ 3). Dans les droits africains, cette restriction des cas de prorogation profite, une fois de plus, à la sécurité juridique et moins au droit du justiciable, contrairement au droit français. Il convient de s'interroger, par ailleurs, sur la raison d'être de cette ressemblance. Elle est sans doute une reconduction du droit hérité de l'influence française (§ 4).

[1108] D. BAILLEUL, *L'efficacité comparée des recours pour excès de pouvoirs et de plein contentieux objectifs… op. cit.*, n° 107.

§ 1. Le resserrement des conditions d'accès au juge par un temps rigide eu égard à l'absence de dépassement des cas classiques de report des délais en Afrique

1027. En matière de report des délais contentieux, les droits d'Afrique francophone sont moins souples que la législation française. Cette rigidité, qui s'observe à l'analyse des délais des recours contentieux, des formalités d'instance (A), des cas spécifiques comme ceux liés à la prescription quadriennale (B) ou encore des cas des cumuls de prorogation (C) est plus tournée vers l'efficacité de l'action administrative que les droits des justiciables. Il y a, en effet, un resserrement du droit d'accès au juge.

A. Le temps rigide et le resserrement des conditions d'accès au juge par l'absence de dépassement des reports des délais dans la phase des recours et d'instruction en Afrique

1028. Les cas conduisant à un report des délais en matière administrative dans ces différents modèles francophones de contentieux administratif sont nombreux. On retrouve ici les recours administratifs préalables (1), la demande d'aide juridictionnelle (2), le report lié à la saisine d'une juridiction incompétente (3) et, enfin, le report en raison des circonstances particulières (4). Ce sont ces différents cas qui s'appliquent tant en France qu'en droit camerounais et gabonais.

1. L'exercice d'un recours administratif et la prorogation du temps dans le procès administratif français et en Afrique

1029. On peut, en premier lieu, analyser l'exemple du droit français (a) et, en second lieu, se pencher sur les droits africains (b).

a. L'exercice d'un recours administratif et l'interruption du temps en droit français

Ces cas d'interruption du délai doivent être analysés (a1) tout comme leurs limites (a2).

a1. Les cas d'interruption des délais liés aux recours administratifs préalables

1030. Marqué sans doute par la recherche d'un équilibre entre la préservation de l'intérêt général qu'assure l'administration et les libertés des justiciables, c'est d'abord le juge administratif qui a donné plein effet aux recours administratifs préalables. Ainsi, « afin de ne pas retirer son intérêt au recours administratif, gracieux, hiérarchique ou de tutelle, ce qui se produirait si l'administration tardant à répondre, la forclusion était encourue, la jurisprudence a décidé que ce recours conserve le délai »[1109].

1031. Autrement dit, la jurisprudence a considéré que le fait pour l'administration de ne pas donner une suite à la demande dont elle a été saisie est une nouvelle décision dont la conséquence est la renaissance du délai de recours contentieux[1110]. Dans le même sens, elle a admis que le recours de tutelle entraîne, dès lors qu'une « demande [...] présentée au préfet, si elle a été formée dans le délai du recours contentieux ouvert contre l'acte de la collectivité locale, a pour effet de proroger ce délai jusqu'à l'intervention de la décision explicite ou implicite par laquelle le préfet se prononce sur ladite demande »[1111]. C'est aussi le cas lorsque l'autorité administrative déconcentrée exerce un recours auprès du maire en vue du retrait d'un acte.

1032. Ainsi le juge a-t-il admis que la lettre adressée par le sous-préfet d'Évry au maire de Vigneux-sur-Seine lui demandant de « rectifier l'arrêté du 3 mars 1976, par lequel [il] avait procédé au reclassement de Mme X..., [...] en lui exposant les raisons pour lesquelles il estimait que cet arrêté était intervenu en méconnaissance des dispositions [réglementaires], qu'en l'absence de dispositions législatives ou réglementaires organisant une procédure particulière en la matière, cette demande doit être regardée comme constituant un recours gracieux qui, ayant été formé dans le délai du recours contentieux, a interrompu ce délai »[1112].

1033. Le récent Code des relations entre le public et l'administration n'a pas apporté de démenti à cette solution. En effet, l'article L. 411-2 (1) de ce texte dispose clairement que « toute décision administrative peut faire l'objet, dans le délai imparti pour l'introduction d'un recours contentieux, d'un recours gracieux ou hiérarchique qui interrompt le cours de ce délai ».

1034. L'exercice du recours administratif fait donc recommencer les délais de recours sauf dans certains cas. Pour cela, l'administré doit introduire son recours administratif dans le délai du recours contentieux. Il doit s'agir d'un recours qui tend à obtenir la modification ou le retrait rétroactif de la décision contestée. Il ne doit donc pas s'agir d'une simple demande de renseignement ou gracieuse.

1035. Aussi, selon l'article L. 412-4 du Code des relations entre le public et l'administration, « la présentation d'un recours gracieux ou hiérarchique

---

[1109] M.-C. ROUAULT, *Contentieux administratif*, *op. cit.*, p. 260.
[1110] CE, 13 avr. 1881, *Bansais*, *Rec.*, p. 29.
[1111] CE, sect., 25 janv. 1991, *Brasseur*, *Rec.*, p. 24.
[1112] CE, 16 mai 1984, *Commune de Vigneux-sur-Seine*, *Rec.*, p. 182.

ne conserve pas le délai imparti pour exercer le recours administratif préalable obligatoire non plus que le délai de recours contentieux ». Cela dit, le recours administratif de droit commun ne produira pas ses effets lorsqu'existe un recours administratif obligatoire[1113].

1036. En présence donc d'un recours administratif, on assiste à une réouverture du délai de recours contentieux à partir de l'exercice du recours préalable. Si l'administré introduit, par la suite, un autre recours administratif, le délai de recours contentieux ne peut être conservé une nouvelle fois[1114]. Il existe des limites en la matière.

a2. Les limites à la règle de l'interruption des délais au regard des recours administratifs préalables

1037. Dans certains cas, exceptionnellement, un texte peut prévoir qu'un recours administratif préalable, gracieux ou hiérarchique ne conserve pas le délai du recours contentieux[1115]. Ainsi, la réouverture du délai du recours contentieux en raison d'un recours administratif n'est pas toujours applicable. Ces exceptions sont édictées à la fois par la jurisprudence et des textes particuliers.

1038. Le Conseil d'État avait, par exemple, rappelé que la procédure prévue devant la commission départementale en matière de contentieux du démembrement rural était particulière et excluait dans tous les cas, la possibilité d'autres recours administratifs que ceux qui étaient consacrés par la loi du 9 mars 1941[1116]. Il a également relevé, en matière de droit des étrangers, que le délai de vingt-quatre (24) h imparti par l'article 22

[1113] Est-il nécessaire de rappeler que cette demande doit être adressée à l'autorité compétente et même qu'en cas d'erreur celle-ci doit transmettre à l'administration compétente ou encore que ce recours doit suivre l'obligation de notifier fixée à l'article 600 du Code de l'urbanisme lorsque le litige relève d'un tel domaine ? On sait que le droit peut mettre en place des cas obligatoires de saisine de l'administration préalablement à un recours contentieux (CE, 28 sept. 2005, *Louis*, *Rec.*, p. 401). De ce fait, l'administré doit impérativement, à l'exception d'une dérogation apportée à cette exigence obligatoire, exercer ce recours. Son recours contentieux n'est alors dirigé que contre la décision rendue à la suite de ce recours administratif obligatoire donc qui se substitue à la première décision (CE, sect., 28 juin 2013, *Sas Coutis*, *Rec.*, p. 184). C'est l'exemple en matière de communication de document administratif où, si l'autorité administrative réitère son refus de communiquer des documents à la suite de l'avis de cette commission, le recours contentieux contre ce refus est possible avant l'expiration du délai de recours contentieux qui commence à courir du jour de la notification expresse du refus de communiquer les documents (CE, 19 févr. 1982, *Mme Commaret*, *Rec.*, p. 78).

[1114] CE, 1er avr. 1992, *Clinique des Maussins*, *Rec.*, p. 144 ; 13 févr. 2006, *Hinopay*, n° 281840.

[1115] Voir R. ODENT, *Contentieux administratif*, *op. cit.*, p. 858.

[1116] CE, sect., 13 juin 1958, *Esnault*, *Guilbon* et *Bongrand* (3 espèces) *Rec.*, p. 343, concl. Guy Braibant.

bis de l'ordonnance du 2 novembre 1945, modifiée, pour solliciter auprès du président du tribunal administratif l'annulation d'un arrêté préfectoral de reconduite à la frontière ne pourrait faire l'objet d'une prorogation par la présentation d'un recours administratif contre une telle décision[1117]. De façon plus précise, le Code français de justice administrative a prévu, toujours en matière du droit des étrangers, que les délais de trente (30) jours et de quarante-huit (48) heures ouverts, respectivement, contre les obligations ainsi que les interdictions de retour sur le territoire et ceux relatifs à un placement en détention, ne peuvent faire l'objet d'un report en vertu d'un recours administratif[1118].

1039. L'assouplissement de la portée de la temporalité dans le procès administratif en France, notamment dans le cadre de sa computation, est aussi l'œuvre de la jurisprudence. Au-delà des cas de limitation du domaine d'application des effets des recours administratifs sur le décompte des délais tels que consacrés par les textes, le juge administratif a mis en place de nombreuses exclusions des cas de prorogation du fait des recours administratifs. En effet, le Conseil d'État exclut l'effet interruptif du délai de recours contentieux à la suite d'un recours administratif dans le cadre des sanctions en matière de contrôle prudentiel. Il a indiqué « qu'eu égard à la nature, à la composition et aux pouvoirs de la commission de contrôle des assurances, la procédure particulière instituée par ces dispositions fait obstacle à ce que les décisions de sanction qu'elle prend puissent faire l'objet, de la part des personnes sanctionnées, dans le délai qui leur est imparti pour l'introduction d'un recours de plein contentieux, d'un recours gracieux interrompant le cours de ce délai »[1119]. De même, réaffirmait-il, « eu égard à leur particularité, les règles relatives à la législation des installations classées font obstacle à ce que les décisions prises […] puissent faire l'objet de la part des demandeurs ou exploitants, dans le délai qui leur est imparti pour l'introduction du recours contentieux, d'un recours administratif interrompant le cours de ce délai »[1120]. Aussi, pour les décisions concernant les installations classées avec des prélèvements sur les eaux, il a relevé, afin d'exclure l'effet interruptif du recours administratif que le fait d'avoir associé « le demandeur ou l'exploitant à différentes étapes en le mettant à même de faire valoir ses observations en toute connaissance de cause avant l'intervention des décisions », d'une part, et, d'autre part, « confier au juge des pouvoirs étendus de pleine juridiction […] l'exercice d'un recours administratif,

---

[1117] CE, 12, févr. 1996, *Chergou*, *Rec.*, p. 943.
[1118] Pour l'ensemble, voir art. R. 776-5, I, II, 776-2, 776-3, 776-4, *Cja.*
[1119] CE, 5 déc. 2001, *Société Capma-Capmi*, *Rec.*, p. 632.
[1120] CE, 3 déc. 2003, *Roëls*, n° 242115.

qu'il soit gracieux ou hiérarchique, pour contester les décisions relatives aux installations, ouvrages, [...] ne peut avoir pour effet d'interrompre le délai de recours contentieux »[1121]. Il est allé dans le même sens dans une affaire relative aux actes portant sur la résiliation des contrats administratifs[1122]. Cette prise en compte des recours administratifs parmi les cas conduisant au report du temps des recours s'applique aussi dans les droits d'Afrique francophone.

b. L'exercice d'un recours administratif et l'interruption du temps dans les législations d'Afrique francophone

1040. Dans les pays africains de tradition juridique francophone, on sait que le recours administratif préalable est une formalité quasiment obligatoire. Aussi, cette phase préalable ne devrait pas entamer le temps imparti à l'administré pour introduire, éventuellement, son recours contentieux.

1041. En droit camerounais, par exemple, l'importance du recours administratif étant très marquée dans la jurisprudence administrative, nul doute sur le report des délais de recours contentieux en présence de cette formalité[1123]. Aussi, de nombreux cas de report de l'écoulement des délais y sont envisageables notamment dans le cadre de l'instruction. C'est le cas lorsque le juge doit, par exemple, inviter le requérant à produire des documents, à compléter son recours ou simplement à régulariser sa situation[1124].

1042. Au Gabon, il en est de même. Selon l'alinéa 3 de l'article 43 du Code des juridictions administratives, lorsque l'autorité administrative garde silence pendant plus de quatre (04) mois à la suite d'un recours administratif préalable, ce silence vaut rejet. Si elle réagit au cours du délai de trois (03) mois relatif à l'exercice du recours contentieux, le délai recommence à courir. De nombreuses autres législations africaines abondent clairement dans le même sens[1125].

[1121] CE, sect., 21 déc. 2007, *Groupement d'irrigation des prés de la forge*, n° 280195.

[1122] CE, 30 mai 2012, *Sarl Proresto*, n° 357151.

[1123] CS/CA, jug. n° 84, 20 juin 2012, *Nkouda Ahanda Dieudonné c/ Mindaf* ; n° 28, 25 janv. 2012, *Labang Laurent c/ Mindaf* ; n° 74, 20 juin 2012, *Bilong Olembé Suzanne c/ Mindaf* ; n° 45, 8 fév. 2012, *Effa Henri et autres c/ Mindaf* ; n° 17, 25 janv. 2012, *Succession Youdom c/ Mindaf* ; n° 107, 20 juin 2012, *Amuzumwa Abodo et autres c/ Mindaf* ; n° 92, 20 juin 2012, *Nneme Jean Ernest c/ Mindaf.*

[1124] Art. 37, alinéa 2, 38, alinéa 2, 40 alinéa 1, loi n° 2006/022, relative aux tribunaux administratifs ; 78, 82 alinéa 2, 98, alinéa 2, 99, alinéa 3, loi n° 2006/016, relative à la Cour suprême, *précitées*.

[1125] En droit burkinabé par exemple, voir S. YONABA, *La pratique du contentieux administratif en droit burkinabé... op. cit*, p. 118.
Le droit tunisien prévoit qu'en prélude au recours pour excès de pouvoir, le choix du requérant d'introduire un recours administratif préalable, interrompt le délai du recours, dès

1043. Dans certains cas, ces législations vont plus loin en envisageant l'hypothèse où le recours administratif est introduit auprès d'un organe délibérant. Dans ce cas, comme on peut l'observer en droit gabonais, tunisien et ivoirien, le délai de recours est prorogé en fonction des sessions de travail de l'organe concerné[1126]. Au Gabon, précisément, l'alinéa 4 de l'article 43 du Code des juridictions administratives dispose que « si l'autorité administrative à laquelle le recours hiérarchique est adressé est un corps délibérant, le délai de quatre mois [...] est prolongé, le cas échéant jusqu'à la fin de la première session légale qui suit le dépôt du recours». Ainsi, le délai de quatre (04) mois prévu, dont l'expiration donne droit d'agir dans les trois (03) mois, est susceptible de connaître une prorogation.

1044. La question de la prorogation[1127] du délai de recours dans le cas de l'intervention d'une décision explicite de l'administration après l'expiration du délai de réponse qui lui est imparti s'est souvent posée.

---

lors qu'il est introduit dans le délai du recours contentieux. Art. 37 (nouveau), alinéa 2, loi de 1972 relative aux tribunaux administratifs, *précitée*.

En effet, en Algérie, les recours pour excès de pouvoir sont introduits dans les deux (02) mois qui suivent la date de la publication ou de la notification des décisions attaquées. Toutefois, le silence observé par l'autorité concernée, durant deux (02) mois, à partir de l'introduction du recours administratif préalable, est considéré comme une décision implicite de refus permettant à l'administré de saisir le tribunal administratif. Il y'a donc un prolongement du délai relatif à la saisine de la juridiction administrative.

Au Sénégal, avant de se pourvoir contre une décision administrative, les intéressés peuvent présenter dans le délai du recours pour excès de pouvoir un recours administratif hiérarchique ou gracieux tendant à faire rapporter la décision en cause. Le silence gardé par l'autorité compétente sur le recours administratif vaut décision de rejet. Le délai de deux (02) mois prévu ci-dessus ne commence à courir qu'à compter de la notification ou de la signification de la décision de rejet du recours administratif et, au plus tard, de l'expiration d'une période de quatre (04) mois. Lorsque la législation ou la réglementation en vigueur prévoit une procédure particulière de recours administratif, le recours en annulation n'est recevable qu'après l'épuisement de ladite procédure et dans les mêmes conditions de délai que ci-dessus.

[1126] En droit tunisien, le cas échéant, et concernant les décisions tributaires des délibérations périodiques, la durée du recours contentieux est prorogée au mois (01) suivant la première session légale de l'assemblée délibérante concernée, tenue après le dépôt du recours administratif préalable.

En Côte d'Ivoire, les recours administratifs préalables étant obligatoires en matière d'excès de pouvoir, les recours administratifs, hiérarchique ou gracieux dont l'auteur justifie avoir introduit auprès de l'administration et auquel il n'a pas été répondu dans un délai de quatre (04) mois sont réputés rejetés à la date d'expiration de ce délai. Dans le cas où l'autorité administrative est un corps délibérant, le délai de quatre (04) mois est prolongé, le cas échéant, jusqu'à la fin de la première session légale qui suit le dépôt de la demande. Art. 59, loi du 16 août 1994, relative à la Cour suprême.

[1127] Au-delà des cas relatifs à l'interruption des délais, le législateur sénégalais ajoute des cas de suspension des durées. Ainsi, le délai de recours et le recours sont suspensifs en cas de déclaration d'utilité publique, d'expulsion d'étranger, d'extradition. Art. 73, alinéa 3, loi organique n° 2008/35 relative à la Cour suprême, *précitée*.

1045. Les droits camerounais et gabonais sont silencieux sur la question. En matière de décision implicite en France, on sait que celle-ci intervient au bout du silence gardé pendant deux (02) mois par l'autorité saisie d'une demande. Commence alors à courir un nouveau délai de deux (02) mois pour le recours contentieux. Dans ce cas de figure aussi, « lorsqu'une décision explicite de rejet intervient dans ce délai de deux (02) mois, elle fait à nouveau courir le délai du pourvoi »[1128].

1046. L'administration ne peut donc pas attendre, au détriment du requérant, l'expiration des délais pour faire intervenir sa décision et empiéter de ce fait sur le délai imparti au requérant pour saisir la justice. On peut dire que cette règle renforce le rôle conciliateur des recours préalables car le justiciable dans ces conditions peut « conduire une discussion sereine avec l'administration ». Le justiciable ne peut plus « entreprendre un recours conservatoire au milieu d'une négociation avec l'administration pour être sûr de ne pas se voir opposer ultérieurement la forclusion »[1129]. C'est aussi le cas lorsqu'il s'agit d'une demande d'assistance judiciaire.

2. La prorogation du temps en raison d'une demande d'aide juridictionnelle

1047. En raison des difficultés financières, et pour faire face au coût qu'entraîne une procédure juridictionnelle, l'aide juridictionnelle a été consacrée. C'est ce qui permet au service public de la justice de conserver le principe de gratuité atténué par les énormes coûts financiers[1130]. Cela est important compte tenu de la pauvreté[1131]. Le

---

En droit algérien, la même solution est applicable dès lors que le requérant choisit d'exercer son recours administratif préalable qui dans toutes les branches du contentieux demeure facultatif. Art. 830, *Code de procédure civile…, précité*.

[1128] Art. 421-2 (2), *Cja*. À ce sujet, le juge administratif sénégalais avait conclu à la non-prorogation du délai de recours. Ainsi, dans une espèce où le demandeur avait formé un recours administratif le 11 août 1972, sans suite, soit le 11 décembre 1972 donc quatre (04) mois plus tard, il disposait alors de deux (02) mois pour introduire son recours contentieux, notamment le 11 février 1973. En date du 31 janvier de la même année, l'administration porta à sa connaissance une décision explicite de rejet. Il avait alors introduit un recours en annulation le 23 mars 1973. Le juge administratif conclura au rejet de son action en raison de la forclusion[1128]. Mais, cette position fut mise en échec par le législateur. En effet, comme en droit français, le législateur sénégalais avait prévu par la suite que « la décision explicite de rejet intervenue postérieurement à l'expiration de la période de quatre mois[…]fait courir un nouveau délai de deux mois ». Art. 72, alinéa 3, loi relative à la Cour suprême.

[1129] J.-M. WOEHRLING, « Réflexions sur une crise : la juridiction administrative à la croisée des chemins », *in Service public et libertés, Mélanges Robert-Édouard Charlier*, Paris, Éditions de l'Université et de l'enseignement moderne, 1981, p. 348.

[1130] G.-M. PEKASSA NDAM, « La gratuité du service public de la justice en Afrique francophone : le cas du Cameroun », *in* Fabrice Hourquebie (dir), *Quel service public de la justice en Afrique francophone ?, op. cit*, p. 137.

recours à l'aide juridictionnelle a une incidence sur le décompte du temps. Une demande allant dans ce sens entraîne un report des délais.

1048. En droit français, c'est la loi n° 91/647 du 10 juillet 1991 qui organise l'aide juridictionnelle. Ce texte a été mis en œuvre par le décret n° 91/1266 du 19 décembre 1991. En effet, « lorsqu'une demande d'aide juridictionnelle en vue de se pourvoir en matière civile devant la Cour de cassation est adressée au bureau d'aide juridictionnelle établi près cette juridiction avant l'expiration du délai imparti pour le dépôt du pourvoi ou des mémoires, ce délai est interrompu. [...]. Ce dernier délai est interrompu lorsque le recours prévu à l'article 23 de la loi du 10 juillet 1991 est régulièrement formé par l'intéressé. Il en va de même lorsque la décision déférée rendue sur le seul fondement des articles 4 et 5 de la loi du 10 juillet 1991 est réformée et que le bureau est alors saisi sur renvoi pour apprécier l'existence d'un moyen sérieux de cassation ». Dans le même sens, on relève également une interruption des délais de recours « dans les mêmes conditions lorsque l'aide juridictionnelle est sollicitée à l'occasion d'une instance devant le Conseil d'État ou une juridiction administrative statuant à charge de recours devant le Conseil d'État »[1132]. Ainsi, « lorsqu'il relève appel, le requérant [doit] être regardé comme ayant été expressément informé que le délai de recours [est] interrompu par une demande d'aide juridictionnelle et qu'un nouveau délai [court] à compter du jour de la réception par l'intéressé de la notification de la décision du bureau d'aide juridictionnelle »[1133].

1049. La législation française en matière de demande d'aide juridictionnelle a donc prévu que la demande allant dans ce sens entraîne un report du délai du recours contentieux. Cette règle est bien affirmée par la jurisprudence[1134]. Le juge saisi, en présence d'une telle demande, doit

---

[1131] En ce sens, D. ROMAN, *Le droit public face à la pauvreté*, Paris, LGDJ, coll. « Bibl. de droit public », t. 221, 2002, préface de Etienne Picard, 2002, 494p.

[1132] Voir art. 38, 39 et 40 du décret n° 91/1266 du 19 déc. 1991 portant application de la loi n° 91/647 du 10 juil. 1991 relative à l'aide juridictionnelle. La jurisprudence est allée dans ce sens. Ainsi souligne le juge administratif « lorsqu'une demande d'aide juridictionnelle, dont le régime contribue à la mise en œuvre du droit constitutionnellement garanti à toute personne à un recours effectif devant une juridiction, a été présentée, toute juridiction administrative est tenue en vertu de ce principe, et afin d'assurer sa pleine application, de transmettre cette demande sans délai au bureau d'aide juridictionnelle compétent, qu'il soit placé auprès d'elle ou auprès d'une autre juridiction, et de surseoir à statuer jusqu'à ce qu'il ait été statué sur cette demande ; qu'il n'en va différemment que dans les cas où une irrecevabilité manifeste, insusceptible d'être couverte en cours d'instance, peut donner lieu à une décision immédiate sur le recours ». CE, 24 oct., *M. A B*, 2013, n° 363973.

[1133] CE, 31 déc. 2008, *M. A*, n° 290745.

[1134] CE, 24 oct., *M. A B*, 2013, n° 363973.

surseoir à statuer jusqu'à l'intervention de la décision rendue à cet effet[1135].

1050. Toutefois, la demande d'aide juridictionnelle ne s'applique pas devant les organismes administratifs non juridictionnels même s'ils disposent des pouvoirs de sanction[1136]. Ce report s'opère à condition que cette demande soit formulée dans le temps du recours contentieux[1137]. Le délai dans lequel le requérant doit saisir la juridiction depuis l'intervention de la décision est de trois (03) mois[1138]. Le Conseil d'État a, cependant, jugé que l'action intentée contre la décision relative à cette aide ne peut pas à son tour conduire à un report du délai[1139].

1051. En Afrique francophone, notamment au Cameroun et au Gabon, ce moyen conduisant à la prorogation du temps est aussi consacré même si cela n'apparaît pas clairement en droit gabonais. Cela est bien applicable au Gabon en vertu du principe de l'égalité entre les parties, principe auquel le droit gabonais est bien attaché[1140].

1052. En droit camerounais, l'article 19, alinéa 1 (a), de la loi de 2006 portant organisation et fonctionnement des tribunaux administratifs, précitée, dispose que le délai de recours contentieux est prorogé si le justiciable a « dans l'intervalle introduit une demande d'assistance judiciaire ». Aussi, en cas de recevabilité d'un recours contentieux, « le rapporteur en ordonne la communication au défendeur qui a trente (30) jours pour déposer son mémoire en défense. Il fixe dans l'ordonnance de soit-communiqué le délai accordé au défendeur pour produire son mémoire en défense. Ce délai court du lendemain de la notification de l'ordonnance de soit-communiqué au défendeur. Il est prorogé en cas de demande d'assistance judiciaire »[1141].

1053. Dans la législation gabonaise, bien que les textes ne l'aient pas expressément prévu, cela est bien possible à l'analyse de certaines dispositions du Code des juridictions administratives. Ledit Code dispose, par exemple, que les justiciables ont la possibilité de solliciter des délais de renvoi, que le juge, à son tour, peut fixer de nouveaux

---

[1135] CE, 12 juin 2013, *Mme B. A*, n° 357588.
[1136] CE, sect., 27 oct. 2006, *Parent et autres*, n° 276069.
[1137] CE, 6 août 2008, *Kheira*, n° 316193.
[1138] CE, 30 déc. 2009, *Mahamadou* x, n° 314972.
[1139] CE, sect., 8 nov. 1996, *Villechenoux*, p. 443.
[1140] M. AKENDENGUE, « Le principe de l'égalité des parties en procédure contentieuse administrative au Gabon », *in* E. Decaux (dir.), *Justice et droit de l'homme*, Bruxelles, Bruylant, 2003, p. 364-377.
[1141] Art. 38, loi n° 2006/022, relative aux tribunaux administratifs, *précitée*. Cela existe également, et de façon précise, en Algérie, Art. 832, *Cpcca*.

délais pour la production des pièces[1142]. Il faut aussi noter qu'en matière de récusation, ce sont les dispositions du Code civil qui s'appliquent en matière administrative selon l'article 69 de ce Code[1143]. Une interprétation extensive de cette disposition n'exclut pas le fait que des renvois peuvent être sollicités dans l'attente de l'intervention d'une décision relative à la demande d'aide juridictionnelle[1144]. Aussi, les délais peuvent être reportés dans le cadre de l'instruction.

1054. En effet, le temps du procès administratif ne se limite pas, on l'a vu, à la phase des recours. Il y a aussi celle de l'instruction. La question du report des durées en raison de ces différentes circonstances est systématique au niveau des délais de recours. Cela est lié au fait que le point de départ est généralement centré à ce niveau du contentieux.

1055. Cependant, l'étude de la phase de l'instruction montre que la demande d'assistance judiciaire peut donner lieu non seulement à la prorogation du délai de saisine, mais aussi du délai d'accomplissement des formalités d'instance comme, notamment, la production des mémoires.

1056. C'est le cas en droit camerounais[1145]. En vertu d'une demande d'assistance judiciaire, la durée de cette prorogation est de deux (02) mois. Le requérant pourra dans les soixante (60) jours qui suivent la notification de la décision statuant sur la demande d'assistance judiciaire, saisir le tribunal. C'est ce que prévoit l'article 19, alinéa 2, de la loi de 2006 portant organisation et fonctionnement des tribunaux administratifs, précitée. En des termes plus précis, l'article 38, alinéa 2, de cette même loi prévoit qu'après la réception de la requête introductive d'instance, le rapporteur qui ordonne la communication du dossier au défendeur fixe dans l'ordonnance de soit-communiqué le délai accordé au défendeur pour produire son mémoire en défense ; qu'en cas de demande d'assistance judiciaire, ce délai est prorogé.

[1142] Art. 60 et 61, *Cja*.

[1143] Art. 69, *Cja*.

[1144] Le recours aux règles de droit civil n'est pas étrange en droit administratif. Au Cameroun, par exemple, « en cas de pourvoi en cassation, les règles applicables à l'audience et lors du prononcé de l'arrêt sont celles applicables devant la Chambre Judiciaire ». Cela traduit la relativité du caractère autonome des règles de procédure devant le juge administratif. Un observateur y voit à la fois une « assimilation » et une « unification » entre celles-ci et celle en vigueur en matière judiciaire. Voir, C. SIETCHOUA DJUITCHOKO, « L'autonomie du recours en cassation en contentieux administratif au Cameroun », *Juridis Périodique*, n° 82/2010, p. 80.

[1145] Art. 82, alinéa 2, 99, alinéa 3, loi n° 2006/016, relative à la Cour suprême et 40, alinéa 2, loi n°2006/022, relative aux tribunaux administratifs, *précitées*. C'est sans doute à la lumière de ces dispositions que dans l'affaire *Owona née Minkue Laure c/ État du Cameroun* (CS/CA, jug. n° 81, 25 mars 2009) le juge a accordé « *un délai supplémentaire de grâce de 15 jours* » à l'État afin qu'il dépose son mémoire en défense, suite à l'expiration du délai de 30 jours prévu à cet effet.

1057. Mais ce cas de prorogation lié à l'aide juridictionnelle dans la phase de l'instruction n'apparaît pas dans les droits français et gabonais. En définitive, la demande d'aide pour la justice entraîne donc, en dehors des exceptions évoquées, une prorogation des délais. En dehors de l'aide juridictionnelle, le report est aussi possible en cas de saisine d'un juge incompétent.

3. La prorogation du temps suite à la saisine d'une juridiction incompétente

1058. La saisine d'une juridiction incompétente n'est pas surprenante dans un système où règne le dualisme juridictionnel. Un tel recours entraîne des conséquences sur le calcul des durées.

1059. En effet, en France, c'est le juge administratif qui, considérant la saisine d'une juridiction incompétente comme étant un recours administratif, a pu admettre, à travers la jurisprudence Raynaud[1146] qu'une telle action entraîne la prorogation du délai de recours. Cela ne s'applique qu'en ce qui concerne les deux ordres de juridiction car le Code de justice administrative a prévu l'obligation de transmettre les recours au sein des différentes juridictions de l'ordre administratif. Ainsi, à l'exception des irrégularités insusceptibles d'être couvertes en cours d'instance, « lorsque le Conseil d'État est saisi de conclusions relevant de la compétence d'une autre juridiction administrative [...] le président de la section du contentieux, saisi par la sous-section chargée de l'instruction du dossier, règle la question de compétence et attribue, le cas échéant, le jugement de tout ou partie de l'affaire à la juridiction qu'il déclare compétente »[1147]. Cette prorogation n'est donc envisageable que lorsqu'il s'agit du juge administratif et des autres juridictions ne relevant pas de l'ordre administratif.

1060. À cet effet, « la circonstance que la juridiction saisie est incompétente ne fait pas obstacle à la conservation, au profit de l'intéressé, du bénéfice du délai du recours contentieux, lorsque l'instance a été introduite avant l'expiration de ce délai, lui-même prorogé [...] par l'exercice d'un recours »[1148] administratif.

1061. Il y a également une prorogation du temps du recours lorsque le requérant saisit simultanément une juridiction d'appel à la suite d'une

---

[1146] CE, 25 mai 1928, *Rec.*, p. 688 ; R.CHAPUS, *Droit du contentieux administratif*, *op. cit*, n ° 741.
[1147] Art. R. 351-1, *Cja.*
[1148] CE, sect., 24 janv. 1958, *Sieur Maellet*, *Rec.*, p. 43.

juridiction de première instance dans le délai de deux (02) mois de la décision d'appel sur l'incompétence[1149].

1062. Le Conseil d'État en France admet, en revanche, que le fait d'agir devant le tribunal civil, lequel s'est déclaré incompétent et, dans l'intervalle, le fait de saisir le Conseil de préfecture qui à son tour s'est déclaré incompétent « n'est pas de nature à relever [...] de la déchéance encourue » par la saisine du juge administratif à l'expiration du délai de deux mois (19 octobre 1926) à la suite de la première décision d'incompétence (4 juin 1926)[1150].

1063. En ce qui concerne les conditions de validité de cette prorogation, l'analyse de la jurisprudence française permet de dire qu'en dehors de la condition que la juridiction doit être saisie dans le temps au cours duquel devrait être saisie la véritable juridiction compétente, la juridiction qui se déclare incompétente doit tirer une telle décision non pas sur l'irrecevabilité du recours, par exemple du fait de la forclusion, mais de son inaptitude à connaître de ce litige. Aussi, dans un délai de deux (02) mois, la véritable juridiction doit être saisie[1151].

1064. Cette circonstance conduisant au report du délai est également en vigueur dans les pays africains. En droit camerounais, cette possibilité est consacrée par les mêmes dispositions de la loi de 2006, précitée, relative à la demande d'assistance judiciaire. Dans ce cas, la durée de la prorogation est déterminée bien qu'il soit difficile de savoir dans quel délai la juridiction incompétente pourra se prononcer. Le législateur a soumis la durée de cette prorogation à soixante (60) jours[1152].

1065. Le droit gabonais est silencieux sur la question. Mais rien ne s'oppose à ce que ce cas de prorogation y soit applicable[1153]. C'est le cas aussi dans d'autres législations d'Afrique francophone[1154].

[1149] CE, 22 nov. 1961, *Ministre de l'Agriculture*, cité par J.-C. RICCI, *Contentieux administratif*, Paris, Hachette supérieure, 4e éd., 2014, *op. cit*, n° 235.

[1150] CE, 11 avr. 1930, *Société « Les grands moulins de seigle »*, *Rec.*, p. 458.

[1151] J.-C. RICCI, *Contentieux administratif*, *op. cit*, n° 235.

[1152] Voir les alinéas 2, art. 19 et 38 de la loi n° 2006/ 022, relative aux tribunaux administratifs, *précitée*.

[1153] Ceci ressort de l'entretien avec Mme Olympio, vice-présidente de la Cour d'appel administrative de Libreville.

[1154] En droit sénégalais, la jurisprudence l'a admis et à cet effet, la saisine d'une juridiction incompétente entraîne le report du délai de recours jusqu'à la date de la notification de la déclaration d'incompétence de l'instance saisie à tort. CS/CA, 9 févr. 1966, *Dame Fatou Diop*, *Annales africaines*, 1973, p. 268.

En droit algérien, elle représente la toute première cause d'interruption du délai de recours inscrit dans le Code de procédure administrative. Art. 832, *Cpcca.*

1066. Au-delà des recours administratifs, de la saisine d'une juridiction incompétente et la demande d'assistance judiciaire, des circonstances particulières peuvent aussi justifier un report des délais en contentieux administratif.

4. Le report du temps eu égard à des circonstances particulières

1067. En présence des situations difficiles, comme la guerre, ou des crises mettant en mal le fonctionnement normal des institutions, des cas de prorogation des délais peuvent être appliqués.

1068. En droit français, vers la fin de la deuxième guerre mondiale, par exemple, le législateur avait suspendu, jusqu'au 31 décembre 1946, toutes les durées qui allaient expirer. Aussi, peut-on évoquer l'exemple de la crise de 1968, avec notamment les révoltes étudiantes, les grèves générales et les crises politiques de cette époque. Ce fut aussi le cas à la suite de la grève générale des fonctionnaires en août 1953[1155]. Cette situation avait conduit à l'adoption de la loi du 17 décembre 1953 qui suspendait les forclusions encourues du fait de ces mouvements[1156]. Dans le même sens, l'article 1er de la loi du 31 juillet 1968, relative aux forclusions encourues en raison des mouvements de cette époque prorogeait des délais. Il disposait que « tout acte, formalité, inscription ou publication prescrit à peine de déchéance, nullité, forclusion ou inopposabilité, qui aurait dû être accompli entre le 10 mai 1968 et le 1er juillet 1968 inclus sera réputé valable s'il a été effectué au plus tard le 15 septembre 1968 ». Faisant application de cette disposition, le juge administratif soulignera dans l'affaire Sieur Sanna[1157] qu'à travers cette disposition, « le législateur [a entendu] accorder aux intéressés la jouissance complète du nouveau délai, même si le 15 septembre 1968 se trouvait être un dimanche ; que, par suite, il appartenait notamment aux administrations, pour les formalités dont l'accomplissement devait être enregistré par elle, de maintenir ouverts » leurs bureaux à cette date.

1069. De telles situations ne sont pas loin des motifs graves comme notamment l'emprisonnement, qui a conduit le juge administratif camerounais à admettre la prorogation des délais. Le motif grave pouvant être entendu comme une situation importante, sérieuse, de nature à mettre en péril les droits des requérants. C'est ainsi que, dans les affaires Essougou Benoît et Ngankou Flaubert Amos, la Chambre administrative de la Cour suprême du Cameroun a retenu cette notion

---

[1155] Voir M. PIGENET, D. TARTAKOWSKY, *Histoire des mouvements sociaux en France De 1814 à nos jours*, Paris, La Découverte, 2014, 799p.

[1156] J.-C. RICCI, *Contentieux administratif*, *op. cit.*, n° 233.

[1157] CE, 3 nov. 1972, *Sieur Sanna*, *AJDA*, 1973, p. 272, obs, Daniel Chabanol.

pour justifier la prorogation du délai de saisine[1158] et du délai relatif au recours gracieux[1159], respectivement. C'est aussi le cas d'un justiciable qui est dans l'impossibilité d'agir en raison de sa mise en résidence surveillée comme l'a relevé le juge administratif camerounais[1160].

1070. On peut aussi rattacher à ces circonstances particulières l'idée de la force majeure. Entendue comme un événement imprévu, insurmontable et extérieur aux parties, cette situation peut aussi être considérée comme faisant partie des circonstances particulières et justifier une prorogation du temps.

1071. Dans ce cas de figure, le droit gabonais offre un exemple en consacrant la possibilité pour le juge administratif de relever les requérants de la forclusion en cas de force majeure. De même, en matière d'instruction, dans le cas où le délai de réponse aux instructions est expiré, le juge adresse une mise en demeure à la partie défaillante, mais il peut aussi, en cas de force majeure, lui accorder un nouveau délai[1161]. C'était également le cas avant la réforme des textes relatifs aux élections adoptés en 2002[1162].

1072. Tous ces évènements ont pour conséquence le report du moment du déclenchement du temps des recours ou des formalités d'instruction à une date ultérieure. Le calcul du temps commencera alors à se faire à partir de cette dernière date. En dehors de ces cas, il en existe d'autres qui sont liés à la prescription quadriennale.

B. Le temps rigide et le resserrement des conditions d'accès au juge par l'absence de dépassement des reports en matière de prescription en Afrique

1073. Il est question ici de la prescription quadriennale. Elle est un mode d'extinction d'un droit à la suite de l'inaction de son bénéficiaire après l'écoulement d'une durée de quatre (04) années. Il s'agit de sanctionner l'inertie, le défaut de la part de l'administré d'avoir fait valoir son droit en temps utile. Elle s'applique lorsqu'il s'agit des créances dont on est bénéficiaire à l'égard d'une personne publique. Ainsi, dans le cadre du

---

[1158] CS/CA, jug. n° 34, 24 avr. 1984, *Essougou Benoit.*

[1159] CS/CA, jug. n° 9, 28 janv. 1982, *Nganko Flaubert Amos.*

[1160] CS/CA/ADD, jug. n° 43, 21 mai 1987, *Maigari Alhadji Hamadjoda c/État du Cameroun.*

[1161] Art. 45 et 63, alinéa 2, *Cja*, respectivement.

[1162] Les législations camerounaise et gabonaise ne sont pas les seules en Afrique d'expression et d'inspiration française à admettre de tels mécanismes. Le droit algérien est un autre exemple significatif car, ici, au registre des cas conduisant à la prorogation des délais il a inscrit non seulement la force majeure, mais aussi le cas fortuit, le décès ou encore le changement de capacité du requérant. Art. 832, *Cpcca.*

procès administratif, une créance vis-à-vis de la personne publique est éteinte à l'expiration de ce délai.

1074. Toutefois, cette durée peut être reportée dans de nombreux cas. En générale, c'est le cas en présence d'une reconnaissance de dette, d'une plainte avec constitution de partie civile ou encore d'une demande, qu'elle soit administrative ou judiciaire.

1075. Lorsque le créancier de l'administration sollicite et obtient de celle-ci une reconnaissance de dette, cela conduit à l'interruption du déclenchement de ce délai de prescription. Autrement dit, le comportement de l'administration peut conduire à l'interruption du délai comme le souligne le juge administratif français dans l'affaire Dame veuve Audin. En l'espèce, le juge relève que des « déclarations faites par l'autorité militaire à la suite de la disparition du sieur X... et les documents qui ont été produits à l'appui de ces déclarations ont eu, dans les circonstances de l'affaire, pour effet de détourner la requérante d'exercer les droits à réparation qu'elle pouvait être disposée à faire valoir contre l'état et constituent un fait de l'administration de nature à interrompre le délai de la déchéance »[1163]. C'est également le cas des communications faites par l'administration en rapport avec la créance, la production d'un moyen de paiement de ladite créance. Elles conduisent à une interruption du délai de prescription[1164].

1076. Aussi, dès lors que le créancier introduit une demande tendant au paiement de sa créance auprès de l'administration, soit directement ou alors par son représentant ou ses ayants droit et en indiquant le montant de ladite créance, elle entraîne une interruption de la prescription[1165]. Le juge administratif gabonais l'a rappelé dans l'affaire Ollomo-Mvé, lorsqu'il affirme que « la déchéance quadriennale frappe toute les créances de l'État, même celles nées d'un dommage résultant d'un accident ordinaire ou de la faute d'un service public ; qu'elle ne peut être interrompue que par le fait de l'administration ou le fait du requérant notamment par une demande en justice »[1166]. De même, le Code général des impôts (gabonais) le consacre expressément lorsqu'il dispose en ce qui concerne les actions en restitution que « les prescriptions sont interrompues par les demandes signifiées après l'ouverture du droit au remboursement »[1167].

[1163] CE, sect., 11 janv. 1978, *Dame Veuve Audin*, *Rec.*, p. 8.

[1164] CE, 5 oct. 2005, *Epoux Coquille*, *Rec.*, p. 816 ; art. 2, alinéa 4 et 5, loi du 31 déc. 1968, relative à la prescription.

[1165] M.-C. ROUAULT, *Contentieux administratif*, *op. cit.*, p. 381.

[1166] Cour administrative, 30 juin 1978, *Ollomo-Mvé*, rep, n° 124, *in* G. PambouTchivounda, *Les grandes décisions de la jurisprudence administrative gabonaise*, *op. cit.*, p. 244.

[1167] Art. p. 1036 alinéa 6, *Cgi*.

1077. En droit camerounais, la prescription quadriennale est également en vigueur. C'est le cas en matière fiscale où « les omissions totales ou partielles constatées dans l'assiette de l'impôt, les insuffisances et inexactitudes ou les erreurs d'imposition peuvent être réparées par l'administration jusqu'à la fin de la quatrième année suivant celle au titre de laquelle l'impôt ou la taxe est exigible ». Concernant le report de cette prescription, elle peut intervenir par « la notification de redressement, par la déclaration ou la notification d'un procès-verbal ou par tout acte comportant reconnaissance de l'impôt de la part du contribuable »[1168].

1078. La plainte avec constitution de partie civile entraîne également cette interruption. Une telle plainte dès lors qu'elle tend « à la recherche des auteurs d'un homicide [doit] être regardées comme relative à la créance des intéressés [et] ayant été introduites avant l'expiration du délai de la prescription quadriennale [...], elles ont [...] pour effet [...] d'interrompre ce délai »[1169].

1079. Dans la jurisprudence Département Morbihan, le juge administratif français affirme que « la plainte [...] avec constitution de partie civile déposée [...] a eu pour effet d'interrompre le cours de la prescription quadriennale à l'encontre de l'hôpital jusqu'à la date à laquelle le jugement du tribunal correctionnel [...] rejetant pour incompétence l'action civile [...]; qu'ainsi, les créances [...] n'étaient pas prescrites [à la] date de leur demande d'indemnité [...] tant en ce qui concerne celles qui doivent être rattachées à l'année au cours de laquelle est survenu l'accident qu'en ce qui concerne celles qui doivent être rattachées à l'année au cours de laquelle est intervenue la consolidation de l'état de santé [...] »[1170].

1080. Dans la jurisprudence Ollomo-Mvé, précitée, le juge administratif gabonais relève, pour conclure au rejet de l'action en responsabilité dont il avait été saisi contre l'État, que « l'action en justice ne peut être retenue comme cause d'interruption de la déchéance que s'il s'agit d'une instance contentieuse tendant à obtenir de la collectivité publique intéressée [...] le paiement de la dette menacée de déchéance »[1171]. Mais, en l'espèce, aucune mesure de cette nature n'avait été entreprise, le requérant n'ayant même pas mis en cause l'administration même lors de l'instruction de l'instance introduite devant le tribunal correctionnel.

[1168] Art. L. 34, 35, *Code général des impôts,* Paris, Éditions Droit d'Afrique, 2009, p. 174.
[1169] CE, 11 avr. 2008, *Jean-Michel C*, n° 294767, *Droit administratif*, n° 6/2008.
[1170] CE, sect., 27 oct. 2006, *Département Morbihan, Rec.*, p. 437.
[1171] Cour administrative, 30 juin 1978, *Ollomo-Mvé*, rep, n° 124, *in* G. PambouTchivounda, *Les grandes décisions de la jurisprudence administrative gabonaise*, *op. cit.*, p. 244.

1081. En somme, il y a lieu de retenir que dans les pays de tradition juridique francophone, le temps relatif à la justice administrative est calculé de manière presque identique même si certaines techniques, notamment en matière de prorogation, sont moins mises en œuvre dans la jurisprudence africaine. Dans tous ces cas, comme en ce qui concerne les cas de cumuls de prorogation, il n'y a pas, fondamentalement, de différence entre ces différents modèles.

C. Le temps rigide et le resserrement des conditions d'accès au juge par l'absence de dépassement des reports des délais en Afrique : le cas des cumuls de prorogation

1082. Il peut arriver que se superposent des cas de prorogation. La prorogation ne peut être possible, en règle générale, qu'une seule fois. L'exercice préalable d'un recours gracieux et hiérarchique n'a pas pour effet de proroger le délai pendant lequel le requérant peut intenter son recours contentieux dès lors que le recours contentieux peut, selon la volonté des parties, être précédé directement d'un recours hiérarchique[1172].

1083. Ces cas de report des délais sont nombreux en droit français. La jurisprudence indique que le délai de recours ne saurait être reporté en cas d'exercice de plusieurs recours administratifs, superfétatoires, comme notamment deux recours hiérarchiques ou gracieux[1173].

1084. Cependant, dans le cas où, « dans le délai initial du recours contentieux ouvert à l'encontre d'une décision administrative, le délai du recours contentieux, prorogé par l'exercice de ces recours administratifs, ne commence à courir à l'égard de la décision initiale que lorsqu'ils ont été l'un et l'autre rejetés »[1174].

1085. Dans la jurisprudence SA « Clinique Sainte-Croix », le Conseil d'État français affirme qu'un « recours gracieux faisant suite à un recours hiérarchique ne peut conserver le délai de recours contentieux lorsque ces recours ont été présentés par la même personne et alors même que le recours hiérarchique est un préalable obligatoire au recours contentieux »[1175].

1086. En matière de prorogation du délai en ce qui concerne la saisine d'une juridiction incompétente, cette circonstance ne peut produire cet effet plus d'une fois. Le recours devant une juridiction incompétente ne prolonge le délai qu'une fois[1176]. On retient la date d'enregistrement de

---

[1172] CE, 13 avr. 1881, *Bansais*, *Rec.*, p. 29.
[1173] CE, sect., 1er févr. 1980, *Ministre des Travaux et Sté peintures Corona*, *Rec.*, p. 59.
[1174] CE, 7 oct. 2009, *Ouahirou*, n° 322581, *AJDA*, 2009, p. 1862, obs. M.-C. de Montecler.
[1175] CE, 19 mai 1980, SA « *Clinique Sainte-Croix* », *Rec.*, p. 231.
[1176] CE, 11 avr. 1930, *Société des Moulins à Seigle*, *Rec.*, p. 458.

la requête auprès de la juridiction saisie par erreur pour en apprécier la recevabilité[1177]. En ce qui concerne la demande d'assistance judiciaire, celle-ci peut s'ajouter à une prorogation tirée de la saisine d'une juridiction incompétente. Toutefois, ne s'y rajoute celle d'un recours administratif à la suite de la demande d'assistance judiciaire[1178]. Enfin, la prorogation tirée de la demande d'assistance judiciaire peut être suivie d'une demande d'expertise[1179]. Dans tous ces différents cas les délais sont reportés. Une approche similaire s'observe en matière de distance.

§ 2. Le resserrement des conditions d'accès au juge par un temps rigide eu égard à l'absence de dépassement des cas classiques de prolongation des délais en Afrique

1087. Dans les droits d'Afrique francophone, comparativement au droit français, la rigidité qui caractérise le temps contentieux au niveau des prolongations des délais est liée à l'absence d'adaptation de ce cas de prolongation au contexte des pays africains. Il en est ainsi au regard de la généralisation de ce cas de prolongation, d'une application qui ne prend pas en compte les cas particuliers. Dans ces conditions, le droit du justiciable n'est pas mieux pris en compte que la sécurité juridique. En effet, du fait de la distance, les délais de recours peuvent être rallongés. Cette règle s'applique tant en droit français que dans les pays d'Afrique francophone. C'est le régime particulier auquel sont soumises certaines juridictions d'outre-mer, comme on pourra le relever en ce qui concerne la France, qui traduit la différence des approches du temps dans ces différents modèles.

1088. En matière administrative, tant en France (B) que dans les droits camerounais et gabonais (A), les justiciables ont droit à un rallongement des délais de recours au regard de la distance. Bien que ces rallongements des délais ne soient pas aussi étendus dans les droits africains, ils s'y appliquent tout de même. C'est cette restriction qui marque la forme rigide du temps dans le contentieux administratif des pays d'Afrique francophone.

[1177] CE, sect., 4 mars 1977, *Rondeau*, *Rec.*, p. 126.

[1178] CE, 4 juil. 1969, *Cadarcet*, *Rec.*, p. 364.

[1179] CE, 13 mars 2009, *Mme Vera*, n° 317567, cité par M.-C. ROUAULT, *Contentieux administratif*, *op. cit.*, p. 268.

A. Le temps rigide tiré de l'absence de dépassement du prolongement des délais en raison de la distance et le resserrement subséquent des conditions d'accès au juge en Afrique

1089. En droit camerounais, le délai de recours est prorogé en raison de la distance lorsque le requérant est domicilié à l'étranger. En effet, selon les articles 14 et 15 du Code de procédure civile, le délai de distance est de deux (02) mois si le requérant réside en Afrique et de quatre (04) mois pour le reste du monde.

1090. Par ailleurs, ce délai de distance ne s'applique pas seulement au niveau des recours. Il trouve aussi application dans la phase de l'instruction. Par exemple, dans le cadre du pourvoi en cassation, l'article 98, alinéa 2, de la loi du 29 décembre 2006, relative à l'organisation et au fonctionnement de la Cour suprême, prévoit qu'en présence d'une pluralité de défendeur n'ayant pas encore présenté leur défense, le greffier en chef met les défaillants en demeure d'avoir à s'exécuter dans un délai de trente (30) jours pour ceux qui habitent le Cameroun et de soixante (60) jours dans les autres cas. Cette disposition est ancienne, elle reprend l'article 12, alinéa 2, de la loi n° 75/17 du 18 décembre 1975 relative à l'organisation de la procédure devant la Cour suprême statuant en matière administrative.

1091. Le délai de distance ne s'applique donc ici qu'aux défendeurs et co-défendeurs. Il ne concerne pas un défendeur solitaire. Cette solution vise certainement à éviter que le jugement qui interviendra ne soit une décision par défaut, ou réputée simplement contradictoire pour une partie et non contradictoire pour une autre. Aussi, l'article 110 de la loi de 2006/022 relative aux tribunaux administratifs rappelle qu'en ce qui concerne les voies de recours, notamment l'opposition, ce recours doit s'exercer dans un délai de quinze (15) jours, délai auquel s'ajoute le délai de distance. Ici, les justiciables sont, non seulement, protégés contre les décisions rendues par défaut à leur égard, mais aussi contre les difficultés liées à la distance. On sait que du fait de l'éloignement de la juridiction, l'accès au juge peut être difficile, notamment dans le contexte actuel des pays africains marqué par l'éloignement géographique des juridictions.

1092. Le juge administratif camerounais n'a pas rejeté cette règle comme on peut le voir dans l'affaire Oumarou Paul. En l'espèce, la Chambre administrative de la Cour suprême relève que « compte tenu des délais de distance, le recours gracieux ayant été expédié de Bafoussam, [le requérant] devait considérer son recours rejeté [...] qu'au lieu de les multiplier, [il] aurait dû saisir la Chambre administrative [...] »[1180].

1093. Mais l'articulation de la règle des délais de distance pose un problème en droit camerounais. En effet, la loi de 2006, qui reprend celle de 1975 sur le fonctionnement de la justice administrative, prévoit que les parties peuvent se faire représenter par un avocat, d'une part, et, d'autre part, que « la constitution ou la désignation d'un avocat emporte de plein droit élection de domicile au cabinet de cet avocat pour les besoins de la procédure »[1181]. Dans ces conditions, le justiciable qui habite loin du lieu où se situe la juridiction, donc hors de Yaoundé, par exemple, ne peut véritablement pas suivre son affaire depuis son domicile, il ne peut qu'élire domicile à Yaoundé chez son avocat. Cette situation laisse comprendre que le bénéfice du délai de distance n'est possible qu'en l'absence d'un avocat. Soit l'un, soit l'autre, le justiciable devra choisir. Cette situation est, de ce point de vue, problématique[1182].

1094. Cela dit, la présence de l'avocat réduit la distance entre le juge et le justiciable tant du point de vue de l'instruction de l'affaire que d'un point de vue physique. Mais l'avocat ne saurait tout faire, la présence du requérant est nécessaire et le délai de distance devrait permettre de couvrir les carences observées dans les moyens de transport. Il n'est donc pas intéressant de faire un choix entre l'avocat et la présence du justiciable. Tout cela contribue à une approche rigide du temps en contentieux administratif.

1095. Au Gabon, l'atténuation du cours normal des délais en raison de la distance est également applicable[1183]. Selon l'article 66 de l'ordonnance du 2 février 1977 relative au Code de procédure civile, applicable en contentieux administratif, dans le cas où une demande est portée devant une juridiction qui a son siège au Gabon, les délais de comparution, d'opposition, d'appel et de pourvoi en cassation sont augmentés d'un (01) mois pour les personnes qui sont domiciliées hors du siège de la juridiction et dans les autres parties du territoire et de deux (02) mois dans tous les autres cas. Aussi, le juge peut fixer un délai particulier pour les justiciables qui résident en dehors du siège de la juridiction. En effet, en général, le rôle de chaque audience doit être porté à la connaissance des parties au minimum une (01) semaine par avance. Ce

---

[1180] CS/CA, jug. n° 46, 30 avr. 1981, *Oumarou Paul c/ État du Cameroun*.
[1181] Art. 20, 23 et 24, loi n° 2006/022, relative aux tribunaux administratifs, *précitée*.
[1182] R. MBALLA OWONO, *Les délais de distance en contentieux administratif camerounais*, Mémoire de DEA, Université de Douala, 2004, p. 61 et ss.
[1183] Art. 36, *Cja*.

délai est rallongé à quinze (15) jours lorsqu'il s'agit des justiciables vivants hors du siège de la juridiction[1184].

1096. De même, les justiciables gabonais ont la possibilité de faire signifier leur requête par voie d'huissier de justice et d'en déposer une copie au greffe de la juridiction dans un délai de dix (10) jours. Le calcul de ce délai, précise le texte, doit prendre en compte les « délais de distance prévus par le Code de procédure civile »[1185]. Il faut relever aussi que le Code de procédure civile limite l'usage de cette possibilité à des fins utiles car comme le précise l'article 67 de l'ordonnance précitée, « lorsqu'un acte destiné à une partie domiciliée hors du territoire est délivré à sa personne au Gabon, il n'emporte que les délais accordés à ceux qui y demeurent ». Autrement dit, la prorogation prend en compte, en vue de limiter tout abus, la position du requérant au moment de la réception de l'acte[1186]. Cette approche est constante dans les droits africains[1187]. Aussi, le délai est prorogé lorsqu'il arrive à son terme un dimanche ou encore un jour férié[1188]. Qu'en est-il de la législation française ?

B. Le prolongement des délais en raison de la distance en droit français

1097. Comme on l'a vu en examinant les droits du procès administratif en Afrique francophone, il existe aussi un report des délais en raison de la distance en droit français. En contentieux administratif français, pour ce qui est du délai de recours de droit commun, fixé à deux (02) mois, on peut envisager une prorogation de ce délai en raison de la distance[1189]. Cela veut dire qu'en ce qui concerne les délais autres que celui de deux

---

[1184] Art. 68, alinéa 1, *Cja.*

[1185] Art. 56, *Cja.*

[1186] Les législations camerounaise et gabonaise ne sont pas des cas isolés en la matière. Dans d'autres pays africains de tradition juridique francophone, cette prorogation est aussi expressément consacrée. C'est le cas en Côte d'Ivoire. Le Code de procédure civile commerciale et administrative ivoirien le prévoit en matière de plein contentieux. En effet, l'article 34, nouveau, de ce texte dispose que le délai de huit (08) jours observables entre le jour de l'assignation et la comparution des parties est augmenté d'un délai de distance de quinze (15) jours si le destinataire est domicilié dans un autre ressort et de deux (02) mois s'il demeure hors du territoire de la République.

En droit algérien, le législateur semble avoir limité ce délai à une certaine catégorie de recours. Ici, l'article 404 du Code de procédure civile commerciale et administrative prévoit une augmentation d'une durée de deux (02) mois aux délais d'exercice des voies de recours, notamment en ce qui concerne les délais d'appel, d'opposition de pourvoi en cassation et de recours en rétractation.

[1187] M. ONDOA, *Le droit de la responsabilité publique dans les États en développement… op. cit.*, p. 139.

[1188] Voir CS/CA, jug. n° 20, 27 janv. 1983, *Gebama Mpele pierre* c/ *État du Cameroun.*

[1189] Art. R. 421-1 -7, *Cja.*

mois, on ne peut, à moins qu'un texte n'en dispose autrement, appliquer le prolongement des délais en raison de la distance[1190].

1098. En effet, pour prendre en compte le délai de distance de droit commun, l'on considère le lieu de résidence du requérant ou son siège social. Ainsi, lorsque deux requérantes, personnes morales, représentées par des personnes physiques domiciliées à l'étranger, et ayant leur siège social en France, celles-ci ne « sauraient [...] être regardées comme des "personnes qui demeurent à l'étranger" au sens de l'article R. 421-7 du Code de justice administrative »[1191].

1099. En ce qui concerne les étendues de ce rallongement, d'abord, pour ce qui est de la saisine d'une juridiction administrative située en France continentale, pour les justiciables résidants en France d'outre-mer, le délai est fixé à un (01) mois. Cette même étendue est appliquée pour les requérants qui, se trouvant en France continentale, intentent un recours auprès d'une juridiction située en territoire d'outre-mer.

1100. Ensuite, cette durée est de deux (02) mois en ce qui concerne les requérants qui résident dans le reste du monde[1192]. Le juge administratif a affirmé à ce sujet que la cour d'appel administrative de Marseille avait commis une erreur de droit en rejetant le recours d'un résident de Monaco qui n'avait été « enregistrée qu'après l'expiration du délai de deux (02) mois imparti par les dispositions de l'article R. 811-2 » du Code français de justice administrative sans augmenter « ce délai supplémentaire de distance dont bénéficient les personnes qui demeurent à l'étranger »[1193]. Autrement dit, à la lumière de l'article R. 421-7 du Code de justice administrative, si une organisation associative telle que « l'association française du monde a pour objet de défendre les intérêts de ses adhérents et, plus généralement, des Français établis hors de France et est composée très majoritairement de français résidant à l'étranger, elle a son siège social en France et ne saurait, par suite, être regardée comme une personne qui demeure à l'étranger »[1194].

1101. Aussi, des requérants qui allèguent un changement d'adresse, « n'ayant pas expressément informé le greffe du tribunal [...] du changement [...] le domicile situé en France qu'ils mentionnaient dans leur requête introductive [doit] être regardé comme leur domicile réel »[1195]. Dans la

---

[1190] J.-C. RICCI, *Contentieux administratif*, *op. cit.*, n° 232.
[1191] CE, 6 avr. 2011, *Association Récit*, n° 339863.
[1192] Art. R. 421-7, *Cja.*
[1193] CE, 29 avr. 2011, *Guy B*, n° 344866.
[1194] CE, 1er févr. 2012, *Association française du monde*, n° 354075.
[1195] CE, 21 nov. 2008, *M et Mme Witold*, n° 308448. Ainsi, le bénéfice du délai de distance ne peut être admis que si le changement d'adresse a été signalé.

jurisprudence Demoiselle Benz, le juge administratif relève que « si l'arrêté d'expulsion attaqué a été notifié, le 10 juin 1968, sur le territoire français [à la requérante] qui avait alors en France sa résidence habituelle, il résulte de l'instruction que cette notification a été suivie d'une exécution forcée immédiate dudit arrêté qui a eu pour effet, le jour même de la notification, de priver de sa résidence en France [la requérante] laquelle s'est trouvée résider en Allemagne à compter de ce même jour ; qu'ainsi [elle] était fondée à se prévaloir des dispositions de l'article 1033-2 du code de procédure civile et que sa demande enregistrée [...] moins de trois mois après la notification de l'acte attaqué, a été présentée dans les délais du recours contentieux »[1196].

1102. Comme on le voit, ces modèles francophones de contentieux administratif ont, presque de manière identique, mis en place des moyens destinés à préserver les droits des justiciables, notamment le principe des droits de la défense[1197]. Ce cas de prorogation du cours normal des délais vise à permettre aux justiciables de profiter du temps qui leur est imparti dans le procès. Mais on peut regretter certains aspects restreints dans ces cas de prorogation même si le droit français semble être allé un peu plus loin que ceux des pays d'Afrique francophone. Cette restriction est remarquable en matière de recours pré-contentieux.

§ 3. Le resserrement des conditions d'accès au juge par un temps rigide eu égard à l'exclusion des prorogations en matière de recours pré-contentieux

1103. L'exclusion des prorogations des délais en matière de recours pré-contentieux vient renforcer le caractère rigide du temps observé dans les droits africains, donc à favoriser l'efficacité de l'action administrative. L'inobservation des délais en contentieux administratif, conduit très souvent à des sanctions comme l'irrecevabilité du recours contentieux. Cette sanction limite, eu égard à son caractère régulier, le rôle du juge. Le décompte des délais doit prendre en compte les cas de prorogation, lesquels peuvent sans doute réduire un tel risque.

1104. Ainsi, la mise en place des mécanismes de prorogation des délais apparaît dans une certaine mesure comme une limitation des risques de sanction. Le justiciable qui saisit une juridiction incompétente ne pourra être sanctionné en raison de l'écoulement des délais dans de telles circonstances. Autrement dit, sous certaines conditions, les délais

---

[1196] CE, sect., 11 déc. 1970, *Demoiselle Benz*, *Rec.*, p. 763.

[1197] En ce sens, J. P. EFFA, « Le principe du contradictoire dans la procédure administrative contentieuse au Cameroun », *Revue de droit administratif-Cameroun*, n° 3/2013, p. 23-306.

relatifs aux recours contentieux cessent de courir et ne reprennent effet qu'à une date ultérieure. On peut donc y voir un souci de préservation du principe des droits de la défense.

1105. Cependant, l'analyse de l'ensemble du dispositif en cette matière laisse apparaître certaines limites tant en droit français que dans les législations camerounaise et gabonaise.

1106. En effet, cette limite concerne l'absence de report des délais concernant les recours pré-contentieux. Il s'agit, par exemple, des délais des recours administratifs préalables. Autrement dit, l'atténuation du cours normal des délais ne concerne pas les délais de la phase pré-contentieuse. Ces législations n'ont pas étendu les possibilités de prorogation aux délais qui concernent cette phase du contentieux. Les cas de report des délais concernent essentiellement les délais de la phase de jugement ou alors ceux de la phase contentieuse.

1107. Au Cameroun, à l'exception de la jurisprudence Nganko Flaubert Amos[1198], où le juge administratif a admis la prorogation du délai de recours gracieux pour motif grave, les délais applicables aux recours gracieux, ou simplement à la phase pré-contentieuse ne peuvent être prorogés ni en cas de demande d'assistance judiciaire, ni lorsque les recours sont adressés à une autorité administrative incompétente, encore moins pour un motif grave[1199].

1108. La jurisprudence administrative française abonde dans le même sens. Elle relève clairement que les cas de reports « ne sont applicables qu'aux recours portés devant des juridictions [et] ne peuvent avoir pour effet de prolonger le délai dans lequel une décision administrative peut faire l'objet d'un recours gracieux ou hiérarchique »[1200]. Cette exclusion repose sans doute sur l'idée qu'une demande d'assistance judiciaire est inopportune lorsqu'on est encore à la phase pré-contentieuse et dans ce cas l'administration peut encore revenir sur sa décision. La présence de ces différents cas de prorogation dans les droits africains, comme en France, traduit une reconduction par ces pays du droit hérité de la période coloniale.

1109. Cette exclusion du report des durées, s'agissant des recours pré-contentieux, suscite des interrogations. On peut s'en inquiéter au moins pour deux raisons. La première est que le contentieux ne se limite pas

---

[1198] CS/CA, jug. n° 9, 28 janv. 1982, *Nganko Flaubert Amos*, *précité*.

[1199] En revanche, en matière de report des délais lié à la distance, comme on le démontrera, ce rejet du report des délais est discuté. L'application des délais de distance ne concerne pas la phase des recours administratifs selon monsieur B. MOMO, « Le problème des délais en contentieux administratif camerounais », *op. cit.*, p. 155.

[1200] CE, sect., 5 janv. 2000, *Commune de Macot-la-Plagne*, *Rec.*, p. 5.

aux recours juridictionnels, la phase des préalables en fait aussi partie. La seconde raison est que, lorsqu'on sait que dans les pays africains, la phase pré-contentieuse est presque une obligation et que de nombreux recours sont frappés par la forclusion en raison de l'inobservation de celle-ci, ce rejet de la prorogation des délais dans cette phase renforce cet obstacle.

§ 4. Une identité des mécanismes de report du temps liée à la reconduction du droit hérité de la colonisation en Afrique francophone

1110. Depuis les indépendances, les pays d'Afrique francophone se sont engagés dans un chantier de construction d'un ordre juridique qui leur est propre. Mais la question s'est toujours posée, notamment celle de savoir s'il s'agit d'un véritable ordre juridique autonome. En effet, la théorie du mimétisme a très vite été convoquée pour dénoncer la transposition des normes d'origine française dans ces législations d'Afrique francophone.

1111. Toutefois, les règles comme celle de la spécialité législative et la non-contrariété constitutionnelle des règles importées amènent à relativiser cette idée. Au regard de la ressemblance qui apparaît dans les techniques de prorogation du temps dans le contentieux administratif, on ne peut nier l'idée que les législations d'Afrique francophone « se sont inscrites exceptionnellement et par nécessité dans la logique d'une continuité juridique emportant la reconduction de la législation antérieurement applicable »[1201]. Ces pays ne semblent donc pas avoir rejeté ou alors évolués par rapport à ces principes. Ainsi, la consécration des cas de prorogations des délais, commune à toutes ces législations, traduit bien leurs ressemblances liées, certainement, à l'histoire. Cela est conforme à la rigueur qui caractérise le temps dans le contentieux administratif dans ces différentes législations d'Afrique francophone ; un temps favorable au principe de sécurité juridique, à l'efficacité de l'action administrative et moins au droit du justiciable.

1112. Cependant, cette ressemblance est dépassée avec le caractère malléable du temps dans le procès administratif français. Ce dépassement est lié à l'adoption d'autres cas d'atténuation du cours normal des délais. Il s'explique, sans doute, par la volonté du législateur français d'assouplir les conditions d'accès au juge en limitant ainsi les risques de forclusion. C'est l'une des manifestations de l'évolution du droit administratif

[1201] S. YEDOH LATH, « Les caractères du droit administratif des États africains de succession française. Vers un droit administratif africain francophone ? », *op. cit.*, p. 1255-1256.

français vers la protection des administrés. En effet, la législation française a dépassé ces différents cas qu'on vient d'analyser. C'est cette diversification des cas de prorogation, d'atténuation du cours normal du temps, qui justifie l'idée d'une approche dynamique du temps dans le procès administratif français, essentiellement favorable aux justiciables, contrairement aux législations d'Afrique francophone.

Section 2. La souplesse du temps par la diversification des cas de prorogation des délais en France : un trait du progrès de la justice administrative au profit des justiciables

1113. Les ressemblances observées entre le droit français et ceux des pays d'Afrique francophone en ce qui concerne les cas de prorogation des délais ne remettent pas en cause le caractère statique du temps dans le contentieux administratif camerounais et gabonais. En effet, en France, en dehors de tous les cas de prorogation qui viennent d'être analysés, certains textes, ainsi que la jurisprudence, partant du « désir libéral de sauvegarder toutes les possibilités d'action du requérant »[1202], ont adopté d'autres cas de prorogation du temps (§ 1). Par ailleurs, cette souplesse qui caractérise le temps dans le procès administratif français est aussi liée à l'adoption d'une approche conjoncturelle du temps en matière de délai de distance (§ 2). Ce sont donc tous ces éléments qui traduisent, en matière de prorogation du temps, cette souplesse du droit français, plus favorable au justiciable qu'à la sécurité juridique comme c'est le cas dans les droits africains.

§ 1. La souplesse du temps par la diversification des cas d'atténuation du cours normal des délais proprement dit : le souci de préservation du droit au recours du justiciable

1114. Le mécanisme de reports des points de départ relatifs au calcul des délais dans le procès administratif réduit les risques de sanction qu'encourent les justiciables en cas d'inobservation de ces délais. Dans ce registre, le caractère souple du temps du contentieux en droit français est tiré de la multiplication de ces cas de report dont la conséquence est la préservation du droit du justiciable. En effet, certains textes (A), de même que la jurisprudence (B), ont adopté d'autres cas de prorogation allant au-delà de ceux qui ont été observés dans les droits africains.

[1202] F. ROHMER-BENOIT, *La recevabilité dans le droit du contentieux administratif*, Thèse, université de Strasbourg, 1984, p. 58 et s.

A. Un temps souple à travers les dépassements textuels des cas classiques de report du temps et la préservation du droit d'agir

1115. Le dépassement des cas classiques de report des délais en droit français du contentieux administratif s'observe en matière d'exécution des décisions de justice (1), en cas de saisine d'un organe consultatif (2) et en matière d'obligation de motiver (3). Ce sont ces différents cas, supplémentaires, adoptés par des textes qui marquent le caractère dynamique ou malléable du temps.

1. La préservation du droit au recours par un temps souple tiré du renforcement des cas de report des délais en matière d'exécution des décisions de justice

1116. L'exécution des décisions de justice fait partie des évolutions de l'office du juge administratif en France. En cette matière, à la demande des parties, la juridiction qui a rendu la décision peut prescrire des mesures relatives à sa mise en œuvre. La juridiction peut aussi assortir cette décision d'une astreinte.

1117. Prenant acte des dispositions mises en place pour assurer la mise en œuvre des décisions rendues par la juridiction administrative, et garantir également l'état de droit, le Conseil d'État ne manque pas l'occasion de fustiger les résistances des personnes publiques à l'exécution des décisions de justice. Dans son rapport annuel de 1993, il a relevé que le refus de mettre en œuvre des décisions de justice constitue des entorses aux lois, un « défi public » lancé aux lois et une « prise d'otage des usagers »[1203]. C'est pourquoi, dans l'application de la législation relative à l'exécution des décisions de justice, il se montre de plus en plus exigeant. Cela fait partie des transformations de l'office du juge administratif français. Tout ceci permet de comprendre la position de la jurisprudence relative à la protection des justiciables dans le cadre du contentieux de l'exécution des décisions dont ils sont bénéficiaires. La haute juridiction a, par exemple, jugé qu'une demande d'astreinte concernant une décision de justice pouvait être introduite à l'initiative d'un requérant qui n'est pas partie au procès, à condition pour celui-ci d'avoir intérêt à l'exécution de la décision[1204]. En France, il est constant d'observer que le juge administratif fasse usage des injonctions. Cela vise l'incitation à la mise en œuvre des décisions.

[1203] *Études et Documents du Conseil d'État*, n° 46, p. 223.
[1204] CE, 27 janv. 1995, *Melot*, *AJDA*, 1995, p. 104, chron. L. Touvet, J.- H. Stahl.

1118. Le délai de recours relatif à l'obtention de cette mesure d'exécution peut faire l'objet d'une prorogation. En effet, « le délai de recours contentieux contre une décision administrative expresse refusant de prendre les mesures nécessaires à l'exécution d'une décision de la juridiction administrative est interrompu par une demande d'exécution [...] jusqu'à la notification de la décision qui statue sur cette demande »[1205]. En effet, jadis limitées aux décisions rendues par les tribunaux administratifs et les cours d'appel, ces mesures d'exécutions sont désormais, avec le Décret n° 2017/493 du 6 avril 2017, modifiant le Code de justice administrative, étendues aux décisions du Conseil d'État. Ce cas de prorogation n'existe pas en droit gabonais bien que cette législation a aussi mis en place des mécanismes relatifs à l'exécution des décisions de justice. Ce n'est pas non plus le cas en droit camerounais. Dans ce dernier cas, l'exécution des décisions n'a pas été envisagée. De ce point de vue, le droit français a opté pour une approche souple du temps. On peut également le relever dans la procédure relative à la saisine d'un organe consultatif.

2. La préservation du droit au recours par un temps souple tiré du renforcement des cas de report des délais en matière de saisine d'un organe consultatif

1119. En dehors du cas de l'exécution des décisions, le législateur français s'est penché sur celui des recours introduits auprès des organes consultatifs. La saisine d'un organe, ainsi qu'il a été démontré, donne droit au justiciable à un report de son délai de recours. C'est en ce sens que le droit français l'a admis dans d'autres cas. En effet, la prorogation, en dehors des autres cas, peut aussi être liée à la saisine d'un organe consultatif. Il faut rappeler, d'abord, que lorsque la saisine préalable d'un organe consultatif n'est pas facultative, donc obligatoire, elle entraîne, comme le recours administratif préalable, l'interruption des délais de recours. Mais lorsque les parties ont le choix d'introduire ou non une telle demande, le délai de recours est parfois reporté dans certains cas.

1120. Ainsi, si la saisine du Défenseur des droits n'entraîne ni l'interruption encore moins la suspension « par elle-même [des] délais de prescription des actions en matière civile, administrative ou pénale, non plus que ceux relatifs à l'exercice des recours administratifs ou contentieux »[1206], il en va autrement dans d'autres cas.

[1205] Art. R. 911-3 (nouveau), *Cja*.
[1206] Art. 6, loi organique du 29 mars 2011, relative au défenseur des droits.

1121. Cette même solution s'applique dans le cadre des litiges liés à la santé. Ici, « lorsque la commission régionale de conciliation et d'indemnisation des accidents médicaux est saisie par tout individu victime de dommage » médical, elle « suspend les délais de prescription et de recours contentieux »[1207]. En dehors de ce cas, celui de l'obligation de motiver a aussi été envisagé.

3. La préservation du droit au recours par un temps souple tiré du renforcement des cas de report des délais en matière d'obligation de motiver

1122. En droit français, avant l'intervention de la loi de 1978 relative à la motivation des actes administratifs, l'obligation de motiver n'existait pas. Cela pour la simple raison que cette obligation pouvait alourdir la procédure d'édiction des actes. Aussi, son utilité n'était pas avérée dans la mesure où le juge administratif dans le cadre d'une instance pouvait vérifier cette motivation et dans certains cas avait lui-même imposé à l'administration cette règle de la motivation[1208]. L'évolution des attentes des citoyens a finalement conduit le législateur français à adopter l'obligation de motiver. C'est dans la continuité de cette idée qu'on peut certainement ranger la prorogation du délai de recours contentieux en cette matière. Cela conduit à préserver le droit du justiciable à exercer son recours dans le temps qui lui est imparti.

1123. En effet, en matière d'obligation de motiver, le Code des relations entre le public et l'administration a remplacé la loi du 11 juillet 1979 relative à la motivation des actes administratifs et à l'amélioration des relations entre l'administration et le public. L'administration est, dans certains cas, tenue de motiver ses actes. Ce nouveau texte a consacré l'obligation de motiver en son article L. 211-2.

1124. Dans le cadre de l'ancien dispositif, notamment avec la loi du 12 avril 2000 sur les relations entre les citoyens et l'administration, le juge administratif avait rappelé que la prorogation peut être possible en cas de motivation. Ainsi a-t-il relevé que le fait pour un requérant de se borner, dans sa correspondance, « à demander au maire de lui faire connaître les motifs de son licenciement, ne peut être regardé, alors même que la décision [...] devait être motivée [...] comme constituant un recours gracieux de nature à conserver le délai de recours contentieux »[1209]. Aussi, l'introduction d'une demande de motivation qui a donné lieu à une décision explicite motivée conduit au report du

[1207] Art. L. 1142-7 (4), *Code de la santé publique*.
[1208] J.-M. PONTIER, « Le droit administratif français », *in* C.-A. Dubreuil (dir), *L'évolution du droit administratif en France et en Russie*, *op. cit.*, p. 16.
[1209] CE, 5 déc. 1990, *Commune d'Hyères* c/ *Salvi*, *Rec.*, p. 352.

délai de recours contentieux[1210] jusqu'à l'expiration de deux (02) mois suivant le jour où les motifs lui ont été communiqués.

1125. Lorsqu'on rapproche cette jurisprudence des dispositions du Code des relations entre le public et l'administration, précité, avec notamment l'article L. 411-5 qui dispose que « la décision rejetant un recours administratif dirigé contre une décision soumise à obligation de motivation [...] est motivée lorsque cette obligation n'a pas été satisfaite au stade de la décision initiale », on ne voit pas d'inconvénient à l'application de la jurisprudence sus-évoquée. En dehors des textes, d'autres cas de prorogation ont été adoptés par la jurisprudence. Cette intervention du juge dans la mise en place d'autres cas de report des délais s'inscrit dans la suite de cet encadrement de l'action administrative préservant les droits des administrés.

B. La préservation du droit au juge par un temps souple lié au renforcement des cas de report des délais par le juge : les jurisprudences Mme Vera et Centre hospitalier de Voiron

1126. L'intervention du juge administratif dans la détermination du temps dans le procès administratif traduit aussi l'idée de souplesse. C'est généralement le cas en droit français. Cette idée apparaît aussi dans le cadre de la prorogation des délais.

1127. En effet, comme le législateur et le pouvoir réglementaire, le juge administratif français a, lui aussi, participé à l'élargissement des cas de report des délais de recours. C'est le cas en matière d'urgence.

1128. Le caractère souple du temps dans le contentieux administratif français est aussi apparu par le fait que la jurisprudence ait adopté la prorogation du délai dans les contentieux d'urgence. En matière d'urgence, en effet, le juge administratif français a admis la possibilité pour les justiciables de bénéficier de la prorogation des délais de recours. Ce cas de prorogation a été observé dans le contentieux des dommages liés aux soins médicaux.

1129. Le juge administratif l'a admis pour la première fois à l'occasion de l'affaire Dame Vera[1211]. En l'espèce, la requérante avait sollicité du juge des référés l'ouverture d'une expertise médicale pour évaluer le préjudice qu'elle avait subi à l'occasion des soins médicaux. Afin d'éviter la sanction, éventuelle, à laquelle la requérante était exposée, à savoir l'écoulement du délai de recours contre la décision de refus que lui avait opposée l'administration hospitalière portant sur sa demande

---

[1210] CE, 17 juin 1992, *Tappon*, *Rec.*, p. 236.
[1211] CE, 13 mars 2009, *Mme Vera*, *Rec.*, p. 103.

d'indemnité, le Conseil d'État relèvera que la saisine du juge des référés aux fins d'obtenir une expertise médicale dans le but de rechercher les causes des dommages imputés au service public hospitalier a entraîné le report du délai de recours contentieux. Il s'agit du recours contre la décision de l'établissement hospitalier rejetant, explicitement, la demande d'indemnité.

1130. Le juge précise aussi que le temps du recours contentieux ne peut courir qu'à compter de la notification, au requérant, du rapport de l'expert ou de l'ordonnance du juge des référés rejetant la demande introduite à cette fin.

1131. Le juge a réitéré cette solution quelques mois plus tard, notamment dans l'affaire Centre hospitalier de Voiron[1212]. En effet, la confiance faite au juge administratif français en contentieux administratif lui permet d'apporter des correctifs aux règles du temps. Dans les affaires Mme Vera et Centre hospitalier de Voiron qui viennent d'être étudiées, il convient de noter que, sensible à l'urgence et à l'idée de faciliter l'accès au prétoire, plus tôt que de s'attacher au principe de sécurité juridique comme semblent le faire les législations africaines en adoptant une approche trop formelle des délais, le juge français a réduit le risque, éventuel, de rejet de cette demande en justice.

1132. Tout cela traduit le caractère souple du temps. Par ailleurs, comme cela est apparu dans l'analyse des quanta des délais, en droit français, s'agissant de certaines juridictions d'outre-mer, on observe aussi des cas spécifiques de prorogation des délais. Il s'agit d'une approche conjoncturelle du temps, relative aux délais de distance.

§ 2. La préservation du droit au juge par un temps souple tiré de l'adoption d'une approche conjoncturelle du temps en matière de délai de distance

1133. En général, la règle du prolongement des délais en raison de la distance s'applique bien en droit français et même dans les législations africaines. Il y a une identité entre ces différents droits. Cependant, c'est le cas particulier de prorogation applicable aux territoires d'outre-mer qui traduit la forme malléable du temps dans le procès administratif français. Cela s'inscrit dans la continuité de la prise en compte des droits des citoyens par le droit administratif français.

1134. Cette souplesse est liée à l'approche conjoncturelle du temps applicable dans ces territoires. Autrement dit, la forme malléable du temps dans le contentieux administratif français est aussi liée à la fixation des durées

[1212] CE, 18 déc. 2009, *Centre hospitalier de Voiron*, n° 311604.

en fonction de la situation politico-économique du pays. Il s'agit d'une adaptation conjoncturelle du temps. Cette approche apparaît dans le cadre de la détermination des délais de distance.

1135. En effet, en matière de rallongement des délais eu égard à la distance, en droit français, on peut observer qu'en ce qui concerne plusieurs territoires situés en dehors de la France métropolitaine, des quanta spécifiques de délai ont été adoptés. Cela traduit donc une approche conjoncturelle du temps. En effet, il faut le rappeler, lorsqu'on parle de l'approche conjoncturelle des délais, on fait référence à des délais particuliers. Autrement dit, il s'agit d'une approche quantitative particulière des délais, c'est-à-dire des durées qui sont définies sur la base de la situation des justiciables, qui prennent en compte leur condition. En d'autres termes, il s'agit d'une « adaptation conjoncturelle du temps juridique aux impératifs de la société »[1213]. C'est un temps juridique comportant « une politique » qui tend à prendre en compte « la diversité des groupes sociaux »[1214]. C'est pour cette raison que les rythmes du temps peuvent varier, ils peuvent être rapides ou lents, selon les cas.

1136. Cette approche dite relative des délais révèle le caractère souple du temps contrairement aux droits africains qui, en la matière, sont restés sur une approche dite quantitative des délais. Autrement dit, en plus des délais de distance de droit commun, le droit français a adopté, s'agissant des juridictions d'outre-mer, des délais particuliers. Le Code français de justice administrative prévoit, d'une part, qu'au cas où le recours est introduit auprès d'un « tribunal administratif qui a son siège en France métropolitaine ou devant le Conseil d'État statuant en premier et dernier ressort, le délai de recours prévu à l'article R. 421-1 est augmenté d'un mois pour les personnes qui demeurent en Guadeloupe, en Guyane, à la Martinique, à La Réunion, à Saint-Barthélemy, à Saint-Martin, à Mayotte, à Saint-Pierre-et-Miquelon, en Polynésie française, dans les îles Wallis et Futuna, en Nouvelle-Calédonie et dans les Terres australes et antarctiques françaises ». D'autre part, que si la juridiction administrative saisie à son siège à Basse-Terre, à Fort-de-France, à Cayenne, à Saint-Denis, à Saint-Barthélemy, à Saint-Martin, à Mayotte, à Saint-Pierre-et-Miquelon, en Polynésie française, à Mata-Utu ou en Nouvelle-Calédonie, ce délai est augmenté d'un mois pour les personnes qui ne demeurent pas dans la collectivité territoriale dans le ressort de laquelle le tribunal administratif a son siège. Ainsi, pour ces juridictions situées dans ces différents territoires, le délai de distance est de trois (03) mois. En outre, on doit y ajouter un délai d'un (01) mois

---

[1213] J. KLEIN, « Le rythme juridique du temps », *in Le temps et le droit*, *op. cit.*, p. 74.
[1214] *Ibid*, p. 74.

supplémentaire lorsque le recours est exercé par des requérants résidants en dehors de leurs ressorts[1215]. C'est l'expression de l'évolution des droits des administrés dans la justice administrative française.

1137. En contentieux administratif français, le temps est fixé selon une variété de moyens. Il s'agit des approches quantitative, qualitative et surtout celle dite conjoncturelle. L'approche conjoncturelle, qui s'observe en matière de délai de distance, comme d'ailleurs dans les autres cas, s'agissant des justiciables de territoires d'outre-mer, est l'expression d'une prise en compte des contingences économiques et politiques par le droit. Il s'agit d'adapter les possibilités pour les justiciables d'agir en justice à leurs situations respectives.

1138. De ce point de vue, il n'apparaît pas superfétatoire de rappeler que de telles dérogations trouvent leur origine dans la situation sociale et économique des espaces concernés ; que leur niveau de développement n'est, sans doute, pas le même qu'en France métropolitaine. Ces traitements particuliers traduisent donc la « volonté du législateur de pallier ces disparités territoriales et de réduire du même coup les inégalités »[1216]. Un tel traitement ne représente pas une inégalité, il vise à rétablir l'égalité, un principe dont « l'application [...] conduit à souligner l'existence d'un droit fondamental : le droit à la différence. [...] »[1217].

[1215] Art. R. 421-7, *Cja*.

[1216] M. FOULETIER, *Recherche sur l'équité en droit public français*, Paris, LGDJ, coll. « Bibl, de droit public », t. 180, 2003, préface de Bernard Pacteau, p. 39.

[1217] F. LUCHAIRE, « Un janus constitutionnel : l'égalité », *RDP*, 1986, p. 1273 et s.

Conclusion du chapitre

1139. En définitive, s'agissant de la computation du temps dans le contentieux administratif français, camerounais et gabonais, on observe une ressemblance entre ces différentes législations en matière de reports des délais. La différence de caractère demeure tout de même. En effet, contrairement aux droits camerounais et gabonais, le droit français se singularise par un « souci de pragmatisme », c'est-à-dire par « la préoccupation de ne pas condamner trop sévèrement le requérant par excès de formalisme »[1218]. C'est ce que traduit, comme on l'a démontré, la multiplication des cas de report des délais contentieux. Cette approche est liée aux transformations du contentieux administratif français. Ces transformations se traduisent ainsi par le souci, désormais constant, d'assurer aux justiciables une protection contre l'administration, de garantir l'état de droit.

1140. Les droits d'Afrique francophone n'ont pas diversifié ces cas de prorogation des délais. Ils ont donc, non seulement, adopté une liste restrictive des cas d'atténuation du cours normal des délais, mais aussi ils n'ont pas, comme en France, adopté une approche à la fois quantitative et conjoncturelle des délais en ce qui concerne les prorogations relatives à la distance. Il y a une articulation trop générale de la règle de l'atténuation du cours normal des délais en raison de la distance dans ces pays où le niveau de développement des circonscriptions administratives est très disparate. Cela met en exergue la rigidité qui caractérise le temps dans ce contentieux. Cette restriction marque la volonté des législations africaines de ne pas remettre constamment en cause l'administration ou de la soustraire du contrôle juridictionnel. La situation est différente en France car le législateur prend en compte certaines réalités. C'est ce qu'on observe à travers les délais de distance s'agissant des juridictions d'outre-mer. Tout cela contribue à soutenir cette différence d'approche du temps dans le procès administratif en France et dans les pays d'Afrique francophone.

1218 D. BAILLEUL, *L'efficacité comparée des recours pour excès de pouvoirs et de plein contentieux objectifs… op. cit.*, n° 107.

Conclusion du titre

1141. L'étude de la computation du temps dans le procès administratif laisse apparaître de nombreux mécanismes susceptibles de réduire les risques de sa violation en droit français. Cela se traduit par la mise en place de diverses obligations à la charge de l'administration lorsqu'elle est saisie d'une demande. Il s'agit, notamment, de l'accusé de réception et de la mention, à l'attention du destinataire de l'acte, des différentes possibilités relatives à sa contestation éventuelle. On observe à travers ces obligations une certaine clarté dans l'évaluation de l'écoulement des délais de recours et même de l'exercice d'éventuelles formalités préalables. Aussi, les justiciables disposent de nombreuses possibilités de report ou d'atténuation du cours normal des délais. Ces reports réduisent considérablement les risques de se voir opposer des sanctions fondées sur l'inobservation du temps. C'est l'expression d'une administration qui a évolué dans ses rapports avec les administrés donc moins marquée par l'opacité comme on peut le voir dans les droits d'Afrique francophone.

1142. Ces mécanismes relatifs à la réception et au traitement des demandes par l'administration ne s'appliquent pas dans les droits camerounais et gabonais. Certes, pour ce qui est des cas de prorogations, ou encore des reports du cours normal des délais, ceux-ci existent aussi dans ces législations d'Afrique francophone. Mais, ici, le droit français maintient son caractère dynamique à travers la démultiplication de ces cas de prorogation et une adaptation du temps en fonction de la situation des justiciables dans le cadre des délais de distance. Par ailleurs, on observe aussi la rigidité liée au caractère inadapté des techniques de computation des délais au contexte des pays africains. Ainsi, du point de vue de l'organisation du temps dans le contentieux administratif, le droit français apparaît comme un droit malléable, contrairement aux droits des pays africains marqués par une approche davantage rigide. Il y a donc, d'une part, une assurance pour les justiciables d'accéder mieux au prétoire du juge administratif, et, d'autre part, une assurance pour le principe de sécurité juridique dans ces cas respectifs.

Conclusion de la première partie

1143. En définitive, les formes souple et/ou rigide sous lesquelles le temps saisi par le droit apparaît en contentieux administratif en France et dans les pays d'Afrique francophone se trouvent, d'une part, au niveau des étendues du temps dans ce procès, et, d'autre part, au regard des cas de dispense de la condition de délai.

1144. Du point de vue des étendues du temps, on doit relever que les moyens utilisés pour fixer le temps dans le procès, apparaissent flexibles en droit français. Il en est ainsi au regard du rôle important de l'ensemble des acteurs du procès en la matière. En effet, en droit français, la définition des délais applicables au procès administratif ne relève pas, de façon prépondérante et exclusive, des textes, comme dans les législations d'Afrique francophone. Le droit français accorde une place importante aux juges et aux justiciables dans la détermination du temps de la procédure.

1145. Par exemple, le juge administratif français participe à la définition du temps dans le procès jusqu'à la phase de l'exécution. Il détermine, essentiellement, les délais applicables dans la phase de l'instruction, il peut surseoir au prononcé de sa décision ou à son exécution. Son influence s'observe également en matière de durée du procès, proprement dit. En matière d'exécution, le juge administratif français intervient en fixant certains délais relatifs à la mise en œuvre des décisions de justice[1219]. Un tel rôle est limité dans les législations d'Afrique francophone. Ici, la définition du cadre temporel du procès est essentiellement confiée au législateur. Cette prépondérance de la réglementation traduit bien la forme figée du temps.

1146. Du point de vue de l'articulation des délais eux-mêmes, la souplesse ou la rigidité, apparaissent également. En effet, alors que les durées déterminées sont malléables en France, dans les législations camerounaise et gabonaise elles sont fixées de façon presque définitive. Il en est ainsi en raison, par exemple, de la prédominance d'une approche quantitative du temps. Autrement dit, en droit français, les délais sont généralement flexibles parce qu'ils sont susceptibles d'être aménagés selon les cas. Ils sont déterminés de manière à prendre en compte certaines particularités. C'est le cas en ce qui concerne les délais en contentieux administratif dans les territoires d'outre-mer. Dans ces

[1219] Allant dans le sens du renforcement de l'exécution, le Conseil d'État a mis en place depuis septembre 2015 le « réseau de l'exécution des décisions de la juridiction administrative » pour « permettre des échanges sur les difficultés juridiques rencontrées et sur les bonnes pratiques à adopter en matière d'exécution ». Voir *La lettre de la juridiction administrative*, n° 40, oct. 2015, p. 4.

parties du territoire français, qu'il s'agisse des délais de recours ou des délais d'instruction, ceux-ci sont différents des délais applicables en France métropolitaine. On y observe donc une adaptation conjoncturelle du temps.

1147. Or, dans les pays d'Afrique francophone, au Cameroun par exemple, le délai d'introduction du recours contentieux, fixé à soixante (60) jours, s'applique à tous les justiciables. Il n'existe que rarement des conditions de délai particulières. Par ailleurs, très rarement, ces législations consacrent des délais relatifs, c'est-à-dire une approche qualitative du temps. Cette approche rigide du temps est importante lorsqu'on sait que ces juridictions administratives demeurent encore, notamment sur le plan géographique, éloignées des justiciables.

1148. Tous ces caractères s'observent aussi en matière de citation directe. On a vu que les formalités pré-contentieuses peuvent influencer la durée de la procédure. Ainsi, une augmentation de ces exigences entraîne un risque de rallongement du temps de la procédure, donc un temps rigide et inversement. On a observé à ce niveau que le caractère rigide du temps en droit camerounais et gabonais n'était pas parfait car ces législations ont, de manière considérable, notamment dans les contentieux d'urgence ou des libertés publiques, consacré des cas de citation directe comme en droit français.

1149. Par ailleurs, les tendances qualifiées de souples et celles dites rigides se traduisent aussi en matière de calcul du temps dans le procès administratif. Sous cet angle, la rigidité se matérialise par un défaut de transparence. En France, en revanche, la transparence est présente et traduit cette forme souple du temps pour le justiciable. Elle apparaît, d'abord, au niveau du traitement des recours administratifs. En effet, le mécanisme mis en place permet aux justiciables, potentiels, de bien identifier les délais de recours contentieux ainsi que leur point de départ. Cela est lié au fait que l'administration doit accuser réception de la demande dont elle est saisie et mentionner les délais et voies de recours offerts à l'administré contre sa décision tant dans l'accusé de réception qu'en cas de réponses explicites. Ces exigences ont été clairement réaffirmées par le récent Code des relations entre le public et l'administration.

1150. De même, la computation du temps dans le contentieux administratif français est marquée par un dépassement des cas traditionnels d'atténuation du cours normal des délais. En effet, le droit français a adopté d'autres cas, par exemple, en matière de référé expertise concernant un dommage médical. Dans les législations camerounaise et gabonaise, en revanche, la condition de délai reste figée. Au niveau de leur calcul, le régime adopté ne les prédispose pas à une protection sereine des administrés. C'est le cas des modes de publication des actes administratifs en tant que point de départ pour le calcul des délais. En effet, comme le fait remarquer le pr Alioune Badara Fall, « l'analphabétisme et la technicité qui caractérisent les normes juridiques » ne favorisent pas « la diffusion du droit auprès des populations »[1220].

1151. De tout ce qui précède, l'on se souvient que le pr Bernard Pacteau avait relevé que peu après le passage du Cameroun « sous contrôle français, un conflit y fut élevé »[1221] et que c'est à cette occasion qu'on avait « appris que la juridiction du tribunal des conflits [était] l'une des premières formes de la souveraineté installée dans les territoires occupés à titre de conquête »[1222]. On observe ainsi un fait qui permet de comprendre que le droit français a influencé les droits en vigueur dans ces pays. Cette influence apparaît même après l'accession de ces territoires à la souveraineté[1223].

1152. L'analyse comparée du temps dans le procès administratif en France et dans ces pays africains de tradition juridique francophone, permet de nuancer cette influence. Le professeur Yves Gaudemet indique, par exemple, que « le système français de droit administratif » demeure « un produit de l'histoire nationale française » et justifie le fait « que si, pour beaucoup de ses aspects, il a exercé une grande influence à l'étranger, il n'a été reproduit nulle part en son entier »[1224]. Ce n'est donc qu'une « part de tradition française qui a été transférée » dans ces pays d'Afrique francophone « fût-ce non sans particularismes »[1225]. Il y a donc, du point de vue du temps dans le contentieux administratif, en Afrique francophone, une différence par rapport au droit français.

1220 A. BADARA FALL, « L'accessibilité à la justice en Afrique », *in* E. Decaux (dir), *Justice et droits fondamentaux*, *op. cit.*, p. 335.

1221 B. PACTEAU, « Colonisation et justice administrative », *in Le Conseil d'État et l'évolution de l'outre-mer français du xvii*^e^ *siècle à 1962*, Paris, Dalloz, coll. « Thèmes commentaires, actes », 2007, p. 51.

1222 M. HAURIOU, note sous TC, 17 juin 1918, *Greslé c/ l'État*, Sirey, 1922, 3, 41, rapporté par B. Pacteau, « Colonisation et justice », *op. cit*, p. 51.

1223 G. CONAC, « Les politiques juridiques des États d'Afrique francophone au lendemain des indépendances », *op. cit.*, p. 141.

1224 Y. GAUDEMET, *Droit administratif*, Paris, LGDJ Lextenso éditions, coll. « Manuels », 20e éd., 2012, n° 8.

1225 B. PACTEAU, « Colonisation et justice administrative… », *op. cit*, p. 21. Voir aussi A.-S. MESCHERIAKOFF, « Contribution de l'Afrique à l'évolution du droit administratif français », *in* M. Kamto *et autres (dir)*, *Regard sur le droit public en Afrique. Mélanges en l'honneur du doyen Joseph-Marie Bipoun-Woum*, Paris, L'Harmattan, coll. « Études africaines, série droit », 2016, p. 155-172.

1153. Tout ceci montre que, contrairement au droit administratif français dont l'une des fonctions essentielles est de préserver les droits des citoyens[1226], cette préservation étant aussi liée à la confiance faite au juge, à l'évolution de son office, dans les pays africains, il tend à garantir « l'efficacité de l'administration, de répondre aux nécessités de l'action administrative et finalement de participer à la satisfaction de l'intérêt général »[1227].

1154. En France, souligne le professeur Marguerite Canedo-Paris, « l'histoire du droit administratif a déjà montré que le temps joue en faveur des justiciables, l'évolution de la jurisprudence étant constamment allée dans le sens d'une meilleure protection de ces derniers »[1228]. Les législations d'Afrique francophone, quant à elles, ont, en effet, été marquées par l'idéologie de la « construction nationale »[1229] ou encore de « l'unité nationale »[1230]. C'est sans doute cela qui se traduit encore par cette approche rigide du temps dans le procès administratif.

1155. On observe donc un temps rigide davantage tourné vers la protection de la stabilité des situations juridiques, pour ce qui est du modèle africain dans la mesure où cette rigidité restreint les possibilités d'aménager des délais de façon à assouplir les conditions d'accès au juge, et un temps souple davantage orienté vers le droit du justiciable au recours contentieux en considération de sa malléabilité. Peut-on en dire de même au regard de la portée du temps ?

1226 D. TRUCHET, « Le droit administratif vu par un professeur de droit », *AJDA*, n° 7/2013, p. 404.

1227 C. MOMO, « Droit administratif et crise économique au Cameroun », *Revue africaine de parlementarisme et de démocratie*, n° 10/2015, p. 363.

1228 M. CANEDO-PARIS, « Le double apport de l'arrêt Mme Perreux : invocabilité des directives, charge de la preuve Note sous l'arrêt du Conseil d'État, ass., 30 octobre 2009, Mme Perreux », *RFDA* 2010, p. 126.

1229 M. KAMTO, *Pouvoir et droit en Afrique noire*, Paris, LGDJ, coll. « Bibl. africaine et malgache », 1987, p. 68-72; M. ONDOA, « Le droit administratif français en Afrique francophone : Contribution à l'étude de la réception des droits étrangers en droit interne », *RJPIC*, n° 3/2002, p. 313-316.

1230 C.-V. NOUAZI KEMKENG, « L'idéologie de l'unité nationale et le révisionnisme constitutionnel au Cameroun », *Jurisdoctoria*, n° 12/2015, p. 155-181.

Seconde partie
Une portée souple ou rigide du temps protectrice des droits du justiciable ou de la sécurité juridique

1156. L'on a vu que dans le cadre de son articulation, ou de son organisation, ce qui singularise le temps en procédure administrative contentieuse c'est la rigidité, s'agissant des législations d'Afrique francophone notamment en droit camerounais et gabonais. Qu'en revanche, on observe une approche souple, dynamique, du temps dans le procès administratif français. Ces caractères du temps n'apparaissent pas uniquement dans cette phase du procès administratif. On peut aussi les rechercher en examinant l'importance des garanties relatives à la prise en compte, au respect de la donnée temporelle ou encore au regard de son champ d'influence dans le procès administratif. On a également vu que l'articulation du temps en contentieux administratif correspond, d'une part, aux divers moyens utilisés pour fixer le temps et, d'autre part, à la configuration des délais relatifs à ce contentieux. La portée du temps renvoie, quant à elle, au domaine d'influence de celui-ci. Il s'agit d'évaluer, de mesurer l'importance et la place accordée au facteur temps dans le cadre du procès administratif.

1157. Ainsi, il convient de rechercher la valeur de la donnée temporelle en procédure administrative contentieuse dans ces différentes législations. Autrement dit, l'étude du temps dans le contentieux administratif doit aussi prendre en compte le niveau d'exigence de cette notion, son champ d'application pour bien identifier ses caractères. Elle permet donc de comprendre leurs caractères respectifs ainsi que leurs incidences sur la conception de la justice administrative dans ces différents modèles.

1158. Pour y parvenir, il faut se référer, d'une part, aux différents seuils des aménagements adoptés par ces différentes législations à l'égard du facteur temps. Il s'agit des limitations à la condition des délais dans la procédure administrative contentieuse.

1159. D'autre part, cela correspond à l'examen des garanties de la condition de délai, c'est-à-dire les sanctions applicables en cas d'inobservation du temps en contentieux administratif dans ces différentes législations. Ainsi, une étude complète du temps dans le contentieux administratif nécessite l'examen de ces sanctions qui s'appliquent tant dans le cadre de l'articulation des délais qu'en ce qui concerne leur mode de computation.

1160. De ce point de vue, dans cette seconde partie de l'étude, c'est, d'une part, sous l'angle des exclusions du temps (Titre 1), et, d'autre part, sous celui des sanctions en cas de violation de la règle du temps (Titre 2) qu'il convient d'examiner l'idée de souplesse ou de rigidité du temps dans le contentieux administratif en France et dans les pays d'Afrique francophone.

Titre 1
Une portée souple ou rigide du temps protectrice des droits du justiciable ou de la sécurité juridique eu égard à ses exclusions

1161. Après l'examen du temps dans le contentieux administratif en France et dans les pays d'Afrique francophone du point de vue de son articulation, c'est-à-dire de ses étendues et computations, il est question dans ce titre d'analyser cette souplesse et cette rigidité du point de vue des cas de dispense de la condition de délai. En d'autres termes, il convient de mettre en évidence ces caractères au regard des limites relatives à la condition de délai ; de voir s'il est possible pour un justiciable d'envisager un recours contentieux sans observer la règle du temps.

1162. Les réponses à cette question permettent, comme l'analyse des étendues ou de la répartition du temps dans le procès administratif, d'identifier les formes selon lesquelles le temps apparaît dans ces différentes législations ainsi que leurs conséquences sur la conciliation entre le principe de sécurité juridique et le droit du justiciable. Il convient, à cet effet, d'observer l'intérêt, l'importance du facteur temps dans le procès administratif.

1163. L'étude du temps dans le contentieux administratif, il convient de le rappeler, renvoie à l'analyse du temps saisi par le droit. Ce temps est à plusieurs égards caractérisé par la rigidité dans les législations d'Afrique francophone, notamment au Cameroun et au Gabon. Cela apparaît également dans le cadre de ses aménagements, plus précisément en ce qui concerne ses exclusions.

1164. Les aménagements qui débouchent sur des exclusions du temps viennent relativiser l'importance de la notion de temps en matière contentieuse. Le temps, présenté comme une composante essentielle de toute procédure juridictionnelle[1231], connaît ainsi des limites. Ces limitations sont nombreuses en contentieux administratif français. Elles révèlent ainsi cette idée de souplesse qui singularise le temps dans le procès administratif en France par rapport à celle de rigidité observable dans les États d'Afrique francophone.

1165. En effet, les cas d'exclusions des délais dans le contentieux administratif revêtent deux formes. Il y a, d'une part, des exclusions directement axées sur la condition de délai, et, d'autre part, des exclusions dites indirectes. Les exclusions dites indirectes sont liées, par exemple, à la disqualification des formalités pré-contentieuses ou

---

[1231] J. V. COMPERNOLLE, G. DE LEVAL, « Le temps dans le procès civil : réflexions sur la procrastination judiciaire », *op. cit.*, p. 395.

encore dans le cadre des recours incidents. Dans cette perspective, on va mettre en évidence les caractères souple et/ou rigide du temps dans le procès administratif en France et en Afrique francophone tant en ce qui concerne les cas d'exclusion directe (Chapitre 1) que pour ceux dits indirects (Chapitre 2).

1166. Cette analyse permettra de voir que la souplesse qui caractérise le temps dans le procès administratif français, apparaît également dans le cadre des exclusions indirectes des délais alors que la rigidité observable dans les droits africains est, dans ce cas de figure, relative ou imparfaite. Ces caractères conduisent, une fois de plus, vers un temps tourné, davantage, vers la préservation de la stabilité des situations juridiques et la prise en compte du droit du justiciable au recours contentieux selon ces approches respectives.

Chapitre 1
Une portée souple ou rigide du temps protectrice des droits du justiciable ou de la sécurité juridique eu égard à ses exclusions directes

1167. La portée du temps dans le contentieux administratif permet aussi d'identifier ses caractères ainsi que ses incidences dans la conciliation entre le droit du justiciable et l'efficacité de l'action administrative. C'est le cas avec les limites ou les exclusions de la condition de délai. Le caractère flexible du temps dans le contentieux administratif français se traduit ici par l'importance de ces types d'exclusions. Ceux-ci sont, en revanche, limités dans les législations africaines. Ils traduisent donc, comparativement au droit français, le caractère rigide du temps dans ce procès administratif (Section 1).

1168. Par ailleurs, l'étude de ces exclusions des délais doit aussi prendre en compte les limites de ces exclusions elles-mêmes. En d'autres termes, il convient d'étudier la portée de ces possibilités de recours contentieux sans condition de délai, d'analyser leurs limites. En effet, ces dispenses de la condition de délai ne confèrent pas un droit d'agir à tout moment. De ce point de vue, également, le temps dans le procès administratif dans les droits français, camerounais et gabonais apparaît sous une forme souple et rigide (Section 2).

Section 1. La souplesse du temps au regard des exclusions directes des délais en France et sa rigidité dans les droits africains

1169. L'idée du caractère souple du temps dans le contentieux administratif français apparaît ici, au regard de la multiplication des cas de dispense dits directs des délais (§ 1), contrairement à leur restriction dans les droits africains. C'est ce qui traduit la forme rigide du temps dans ces législations d'Afrique francophone (§ 2). Dans le premier cas, c'est-à-dire le temps dit souple, l'accès au prétoire du juge administratif est plus garanti que dans le second cas, concernant le temps rigide, où c'est, sans doute, l'efficacité de l'action administrative qui est mieux assurée.

§ 1. Un temps souple lié à la multiplication des exclusions directes des délais en droit français : l'allégement des conditions d'accès au juge

1170. Au-delà des cas d'exclusion des délais liés à l'exclusion des exigences préalables, le caractère souple du temps dans le procès administratif en France se traduit également au niveau des cas de dispense dits directs des délais. À cet égard, le droit français admet une dispense des délais de recours en l'absence de la mention des délais ainsi que des voies de recours tant dans l'accusé de réception des demandes que pour la notification de la décision administrative (A). Les cas d'exclusion directe des délais touchent aussi les recours dirigés contre des décisions implicites de rejet (B), les actes juridiquement inexistants (C) et en matière d'exécution des décisions de justice (D). Ces cas d'exclusions sont donc nombreux en droit français et justifient la thèse du caractère souple du temps. Cette souplesse, qui garantit au justiciable un accès plus aisé au juge, repose essentiellement sur l'idée de la transparence et de la légalité administrative (E).

A. La souplesse du temps par l'exclusion de la condition de délai en cas de « notification imparfaite » : une amélioration de l'accès au juge

1171. Lorsque l'administration ne prend pas en compte les règles de la notification de ses décisions, le recours contentieux est dispensé de la condition de délai. Il y a une dispense de cette exigence donc une réduction des conditions de saisine du juge. La souplesse qui en résulte garantit le droit d'accès au juge en cas de recours contre l'acte administratif. La condition de délai est de ce point de vue souple et favorable à l'administré. En effet, l'article R. 421-5 du Code de justice administrative consacre une dispense de la condition de délai de recours en cas d'inobservation de certaines règles relatives à la notification de l'acte administratif. Selon cette disposition, « les délais de recours contre une décision administrative ne sont opposables qu'à la condition d'avoir été mentionnés, ainsi que les voies de recours, dans la notification de la décision ».

1172. Cette disposition consacre donc une exclusion, dite directe, des délais. En cas de notification d'une décision administrative, la mention des voies et délais de recours doit apparaître. Cette mention doit figurer dans un document remis à l'intéressé et non uniquement dans une notification dont il n'aurait pas copie[1232]. Dans le cas où la décision est issue d'une demande, les délais de recours ne sont opposables qu'à la condition de figurer dans la notification, s'agissant d'un acte explicite, ou dans l'accusé de réception de la demande qui a donné naissance à l'acte, s'agissant d'une décision tacite[1233]. En générale, toute décision administrative, sans considération de son mode d'intervention, c'est-à-dire qu'elle soit adoptée spontanément par l'administration ou de manière provoquée, doit obéir à la règle de la mention des délais et voies de recours. Il faut relever, cependant, qu'en ce qui concerne les actes adoptés de manière provoquée par un tiers contre une autorisation

[1232] CE, 8 avr. 1998, *Lahrache*, n° 171548.
[1233] CE, 7 déc. 2015, *M. Felouki*, n°387872.

individuelle créateur de droit au profit de son bénéficiaire, donc à la suite d'un recours administratif initié par un tiers, le juge administratif n'admet pas cette obligation[1234]. Ladite obligation concerne à la fois les recours administratifs et les recours introduits devant le juge administratif[1235]. L'article L. 412-3 du Code français des relations entre le public et l'administration va dans ce sens.

1173. Ainsi, lorsque la décision administrative ne comporte pas la mention des voies de recours ainsi que les délais dont dispose l'administré, le recours contentieux est ouvert sans condition de délai. Il faut donc rappeler qu'en dépit de la solution troublante, comme on va le voir dans le cadre du rétablissement des délais par le juge, adoptée récemment par le Conseil d'État dans l'affaire, M. A c/Ministère de l'Économie et des Finances[1236], l'inobservation de ces exigences donne droit à un recours contentieux sans condition de délai. Autrement dit, lorsque l'administration ne mentionne pas la possibilité d'exercer un recours administratif obligatoire, cela empêche le délai de recours contentieux de courir. Le recours devant le juge est alors ouvert sans condition de délai même si cela pourra être impossible en raison de l'absence de recours préalable obligatoire[1237].

1174. On observe ici, un intérêt certain pour la protection des administrés également exprimé par le Conseil d'État à travers une interprétation extensive de cette règle. En effet, il a indiqué qu'en ce qui concerne les recours contentieux, l'acte doit préciser si ce recours doit être introduit devant un juge administratif ou alors un juge spécialisé en précisant lequel des deux. Cette approche extensive s'applique également en ce qui concerne le recours administratif. S'il est obligatoire, l'administration doit préciser l'autorité habilitée à le recevoir[1238]. Cependant, la notification n'a pas à préciser, pour faire courir le délai, la juridiction compétente au sein de l'ordre administratif pour connaître d'un éventuel recours[1239]. De même, comme l'a indiqué le juge administratif à l'occasion de la jurisprudence Masses[1240], si l'administration indique une durée inexacte, cela ne saurait porter préjudice au justiciable. Dans ce sens, il a été jugé que même en

---

[1234] CE, sect., 15 juil. 2004, *Epoux Damon*, n°266479.

[1235] CE, 1er avr. 1992, *Abit*, n°88068 ; CE, 27 juin 2005, *Dufresnes*, n° 259368.

[1236] CE, ass., 13 juil. 2016, *M. A.* c/ *Ministre de l'Économie et des Finances*, n° 387763. Selon cette décision, un acte administratif individuel notifié à son destinataire ne peut être contesté par la voie contentieuse que dans le délai d'un an suivant sa notification au cas où cet acte ne comporte pas la mention des voies et délais de recours.

[1237] CE, 24 janv. 1996, *Blancard*, *Droit administratif*, n° 105/1996.

[1238] *Ibid.*

[1239] CE, 4 nov. 1992, *Ben Dhiab*, *Rec.*, p. 1205.

[1240] CE, 8 janv. 1992, *Rec.*, p. 1204, *précitée*.

présence d'une règle qui aurait pu avantager le justiciable, l'inobservation de l'obligation d'indiquer les délais et voies de recours empêcherait sa réalisation[1241]. En dehors de ce cas, le caractère souple du temps de la justice administrative en France touche aussi les délais de recours en matière d'actes implicites de rejet.

B. Une amélioration de l'accès au juge : un temps souple lié à l'exclusion de la condition de délai pour les recours contre les actes tacites de rejet

1175. Dans le cadre des recours contentieux contre des actes implicites de rejet, la portée du temps est souple en raison de cette dispense de la condition de délai. Cette dispense conduit donc à garantir le droit au juge. Plus précisément, ces exclusions dites directes des délais sont consacrées par les articles R. 421-1 à 5 du Code français de justice administrative. En droit français du contentieux administratif, certains recours dirigés contre les décisions nées du silence de l'administration sont dispensés de la condition de délai. Depuis la réforme du Code de justice administrative par le décret du 2 novembre 2016, un seul cas a été retenu dans cette hypothèse. C'est celui des recours relevant du contentieux de l'excès de pouvoir. Cela dit, d'après l'ancienne version de l'article R. 421-3 de ce Code, l'exclusion concernait aussi les actes implicites de rejet en matière de plein contentieux.

1176. En effet, l'article R. 421-2 du Code français de justice administrative disposait que « sauf disposition législative ou réglementaire contraire, dans les cas où le silence gardé par l'autorité administrative sur une demande vaut décision de rejet, l'intéressé dispose, pour former un recours, d'un délai de deux mois à compter de la date à laquelle est née une décision implicite de rejet ».

1177. Mais l'article suivant du même texte, notamment les alinéas 1 et 2 de l'article R. 421-3, qui s'inscrit dans la continuité du précédant article, et selon la version adoptée par le décret du 2 novembre 2016 modifiant ce Code, dispose que dans le contentieux de l'excès de pouvoir, « si la mesure sollicitée ne peut être prise que par décision ou sur avis des assemblées locales ou de tous autres organismes collégiaux », la forclusion n'est appliquée « qu'après un délai de deux mois à compter du jour de la notification d'une décision expresse de rejet ».

[1241] Cela ressort d'un arrêt rendu par la Cour administrative d'appel de Nancy. Cette juridiction relève que « si la saisine d'une juridiction incompétente établit que l'auteur de ce recours a eu connaissance de ladite décision au plus tard à la date à laquelle il l'a formé, une telle circonstance est, par elle-même, sans incidence sur l'application des dispositions [...] relatives à la mention des voies et délais de recours ». CAA, Nancy, 1er déc. 2005, *Mlle Brigitte X*, n° 02NC00074

1178. Ainsi, selon l'ancienne version de cette disposition, le premier cas d'exclusion du délai concernait les actes implicites relevant du recours de plein contentieux. Il faut rappeler qu'avec la loi n° 2013/1005 du 12 novembre 2013 habilitant le gouvernement à simplifier les relations entre l'administration et les citoyens, l'on a assisté au renversement du principe en vigueur sous l'égide de la loi du 12 avril 2000 relative aux droits des citoyens dans leurs relations avec les administrations[1242], à savoir celui du silence valant rejet. Cette nouvelle loi a donc modifié celle de 2000. La nouvelle législation issue de la réforme de 2013 est d'ailleurs entrée en vigueur le 12 novembre 2014 pour ce qui est des actes relevant de la compétence des administrations de l'État ou des établissements publics administratifs.

1179. S'agissant des actes pris par les collectivités territoriales et leurs établissements publics, ainsi que pour ceux des organismes de sécurité sociale et des autres organismes chargés de la gestion d'un service public administratif, la date d'entrée en vigueur a été fixée au 12 novembre 2015. Dans cette mouvance, plus d'une quarantaine de décrets ont été adoptés à cette fin depuis cette entrée en vigueur. Et il faut aussi rappeler que toutes ces dispositions ont été reprises par le récent Code des relations entre l'administration et le public entré en vigueur en janvier 2016.

1180. Malgré ce renversement de la règle du silence valant rejet, la règle de la dispense des délais restait en vigueur dans le contentieux contractuel, le contentieux de la responsabilité et même certains contentieux spéciaux comme celui relatif aux installations classées dès lors que l'acte en cause est une décision tacite de rejet.

1181. C'est en ce sens qu'abonda le Conseil d'État en affirmant qu'au regard de l'article R. 421-3 du Code de justice administrative, lorsque la décision attaquée est une décision implicite, le recours n'est pas enfermé dans un délai et qu'au contraire, le requérant sera forclos s'il agit après l'expiration de la durée de deux (02) mois qui court à compter de la notification de l'acte explicite de rejet[1243]. Ainsi, pour ce qui concernait les actes nés du silence de l'administration et tendant au rejet de la demande en matière de plein contentieux, le droit français avait exclu la condition de délai. Mais depuis la réforme de 2016, l'exclusion ne concerne plus que les actes implicites de rejet en matière d'excès de pouvoir. Dans ce cadre, il y a, d'une part, le cas des actes des organes

---

[1242] Voir, S. SAUNIER (dir), *La loi du 12 avril 2000 relative aux droits des citoyens dans leurs relations avec les administrations... Dix ans après*, *op. cit.*, *ibid.*

[1243] CE, 19 déc. 1988, *Epoux Armani*, *AJDA*, 1989, p. 124.

collégiaux (1), et, d'autre part, celui relatif au contentieux de l'accès aux documents administratifs (2).

1. La dispense du délai dans le contentieux des actes pris par des organismes collégiaux

1182. Il faut rappeler ici, les alinéas 1 et 2 de l'article R. 421-3 du Code de justice administrative, qui s'inscrit dans la continuité de l'article R. 421-2, qui dispose qu'en ce qui concerne les recours en annulation, « si la mesure sollicitée ne peut être prise que par décision ou sur avis des assemblées locales ou de tous autres organismes collégiaux », la forclusion n'est appliquée « qu'après un délai de deux mois à compter du jour de la notification d'une décision expresse de rejet ». Ainsi, dans le cadre du contentieux de l'annulation, la dispense du délai ne concerne que les décisions édictées, ou adoptées, sur avis des assemblées locales ou des organismes collégiaux. Cette disposition peut se justifier par la nécessité de prendre en compte les difficultés que peuvent rencontrer ces organes du fait de leur organisation ou encore de leur fonctionnement. Ces facteurs peuvent les conduire à rendre leur décision au-delà des délais prévus par la législation en vigueur. Autrement dit, la naissance de l'acte implicite de rejet, pour ce qui concerne les décisions émanant de ces organismes collégiaux, peut être retardée en raison de la nature et du fonctionnement de ces institutions.

1183. Il est sans doute question, pour le législateur, non seulement de prendre en compte les contraintes liées à l'exercice des fonctions de ces organes en leur accordant le temps convenable pour adopter les mesures attendues mais, aussi, d'éviter de pénaliser les administrés. Ces derniers ne doivent pas souffrir de la forclusion à défaut d'un rejet formellement exprimé par ces organes[1244]. Telle peut être le fondement de cette exclusion des délais.

1184. Ainsi, tant qu'aucune décision expresse de rejet n'est intervenue de la part de ces organes, ou à la suite de leur avis, le requérant ne peut, en cas de recours contentieux, se voir opposer une fin de non- recevoir fondée sur la forclusion. Autrement dit, l'intervention d'un acte implicite peut faire l'objet d'un recours contentieux à tout moment donc sans conditions de délai. Le droit du justiciable à un recours est donc plus garanti ici que l'efficacité de l'action administrative.

1185. La jurisprudence a aussi apporté des précisions sur la notion même d'« organismes collégiaux ». En effet, selon le juge administratif, on

[1244] J. LAVEISSIERE, « A propos des organismes collégiaux du décret du 11 janvier 1965 relatif aux délais du recours contentieux », *Recueil Dalloz*, 1990, p. 393.

doit considérer comme « organismes collégiaux », les commissions qui décident ou qui donnent leurs avis en matière d'aide aux rapatriés[1245], les instances comme le Conseil supérieur de la pharmacie, le Conseil supérieur de la mutualité[1246] dont les avis sont requis dans l'octroi d'autorisation pour la mise en place des pharmacies mutualistes, ou de création d'établissements sanitaires privés, le comité médical appelé à donner son avis lorsqu'un fonctionnaire demande à bénéficier d'un congé de longue durée[1247], le conseil d'administration de l'établissement public aéroport de Paris[1248], les fédérations départementales des associations de pêche et de pisciculture[1249]. En d'autres termes, cela concerne « toute structure administrative constituée d'un collège d'individus élus ou nommés. Ce qui comprend [...] les innombrables commissions, comités ou conseils que renferme »[1250] l'organisation administrative en France. Les conseils régionaux, généraux ou municipaux sont en ce qui les concerne considérés comme étant des « assemblées locales »[1251]. Leurs décisions tant qu'elles ne sont pas expresses donnent droit à un recours contentieux sans condition de délai. Le droit français ne s'est pas arrêté là. Dans le cadre de la clarification des rapports entre l'administration et ses usagers, la disqualification de la condition de délai a aussi été consacrée.

2. La dispense du délai dans le contentieux de l'accès aux documents administratifs

1186. Les actes implicites, considérés comme des moyens destinés à contourner l'inertie de l'administration, ont été encadrés afin d'éviter des atteintes injustifiées aux droits des administrés. Autrement dit, en admettant l'exclusion de la condition de délai de recours contre les actes tacites, le législateur a voulu les mettre en harmonie avec le contrôle juridictionnel. En effet, l'élargissement des cas d'exclusions du temps en contentieux administratif français apparaît aussi dans le contentieux du droit d'accès aux documents administratifs. La question de l'absence de délai relatif au recours contentieux existe aussi en matière d'excès de pouvoir lorsqu'il s'agit des affaires relatives à l'accès aux documents administratifs.

1245 CE, 1er juil. 1970, *Sieur Teboul*, *Rec.*, p. 452.

1246 TA, Paris, 31 mai 1974, *Société mutualiste de la presse parisienne* cité par J. LAVEISSIERE, « À propos des « organismes collégiaux », *op. cit.*, p. 393.

1247 CE, 24 oct. 1980, *Chabanel*, n° 11521- 11522- 11523- 11524.

1248 CE, 13 oct. 1999, *Compagnie nationale Air France*, *Rec.*, p. 304.

1249 CE, sect., 25 avr. 1975, *Association des propriétaires riverains du bassin de la Nive*, n° 90542.

1250 J. LAVEISSIERE, « A propos des organismes collégiaux… », *op. cit.*, p. 393.

1251 CE, 26 janv. 1990, *Munos*, *Rec.*, p. 915.

1187. C'est le cas des actions dirigées contre les actes tacites nés du silence gardé par l'autorité compétente pendant plus de deux (02) mois à compter de la saisine de la commission d'accès aux documents administratifs. À cet effet, l'article 19 du décret n° 2005/1755 du 30 décembre 2005 relatif à la liberté d'accès aux documents administratifs et à la réutilisation des informations publiques, pris pour l'application de la loi n° 78/753 du 17 juillet 1978, abrogé par le Code des relations entre l'administration et le public, prévoyait que cette instance dispose d'un délai d'un (01) mois pour communiquer à l'autorité concernée, et même au requérant, son avis, à compter de l'enregistrement de la demande.

1188. Dans ce même délai, l'autorité administrative en cause doit communiquer à la commission sa position concernant le litige et ce à compter de la réception de l'avis formulée par cette commission. Au bout de deux (02) mois, à compter de l'enregistrement de la demande du requérant par la commission, le silence gardé par l'administration, « vaut confirmation de la décision de refus ». Toutes ces dispositions ont été reprises par le Code français des relations entre le public et l'administration, notamment en ses articles R. 311-12 à 311-15 et 343-1 à 343-5.

1189. Dans une décision du 11 juillet 1990, affaire Centre hospitalier général de Neufchâteau c/Union syndicale des ambulanciers Vosgiens[1252], le Conseil d'État a affirmé ce droit au recours contentieux sans condition de délai. En effet, en date du 2 mai 1985, l'union syndicale des ambulanciers avait sollicité et obtenu la communication des conventions signées entres le centre hospitalier, requérant, avec le sieur x et avait, la même année, soit le 19 août, solliciter, par la suite, auprès du centre hospitalier, la communication des conditions de prix des deux accords absents dans le texte des conventions. Face au refus opposé par le centre hospitalier par lettre du 22 août 1985, l'union syndicale avait saisi la commission le 25 septembre 1985 laquelle avait donné suite à sa requête en produisant un avis le 24 octobre 1985 adressé le 12 novembre de la même année au centre hospitalier. Cet avis était positif quant à la communication des documents sollicités. Face à ce refus, et surtout au silence de la requérante, l'union a introduit un recours en annulation contre ladite décision devant le tribunal administratif de Nancy. C'est contre le jugement rendu le 18 décembre 1986, annulant ce refus, que le centre a exercé un recours en cassation devant le Conseil d'État en invoquant la forclusion.

[1252] N°s 84994, 85264.

1190. Pour confirmer ledit jugement, le Conseil d'État a relevé que dès lors « [...] qu'aucune décision explicite de confirmation de refus de communication n'ayant été prise par la direction du centre hospitalier [...], l'union syndicale [...] n'était pas forclose lorsqu'elle a, le 15 mai 1986, saisi le tribunal administratif [...] d'une demande tendant à l'annulation de la décision de refus du centre hospitalier du 22 août 1985 ; que la circonstance que, par lettre du 20 janvier 1986, la commission d'accès aux documents administratifs a confirmé au centre hospitalier, à la demande de celui-ci, son avis en date du 24 octobre 1985 est sans influence sur la recevabilité de ladite demande ». Cette jurisprudence illustre bien l'application de cette dispense de la condition de délai dans le contentieux de l'accès aux documents administratifs.

1191. Aussi, cette dispense des délais n'a pas été exclue dans le contentieux des actes juridiquement inexistants.

C. Une amélioration de l'accès au juge par un temps souple lié à l'exclusion de la condition de délai pour les recours en déclaration d'inexistence juridique

1192. La souplesse qui singularise le temps dans le contentieux administratif en France, notamment en ce qui concerne les cas d'exclusions de la condition de délai, s'applique aussi aux décisions administratives inexistantes. En matière d'actes juridiquement inexistants, le rejet des délais contentieux intervient de manière directe, soit par le fait du législateur, soit par celui du juge ; toute chose qui assouplit la condition de délai et favorise l'accès au juge.

1193. En effet, consacré par la jurisprudence, le recours en déclaration d'inexistence juridique accompagne en quelque sorte le recours en annulation. C'est un recours contre un acte administratif dit inexistant, un acte dont les conditions de recevabilité des recours contentieux ont été assouplies en raison des graves irrégularités qui l'affectent.

1194. Ainsi, l'acte est dit inexistant parce qu'il n'est pas édicté, il n'existe donc pas. C'est aussi le cas lorsque l'acte a disparu. Dans ce cas, on parle d'une inexistence matérielle. Dans un autre sens, on peut aussi parler d'une inexistence juridique. C'est le cas lorsque l'acte est adopté, sur le plan formel, mais est entaché d'irrégularités flagrantes et graves. L'acte est donc issu d'une violation grave du principe de légalité. On peut ainsi envisager le cas des actes qui ne sont pas susceptibles de se rattacher à un pouvoir reconnu à l'administration. Cela est semblable à une voie de fait dans la mesure où l'acte à l'origine d'une voie de fait est inexistant.

1195. Comme l'a relevé le Conseil d'État dans l'affaire Sieur Girard, « eu égard à la gravité de l'atteinte portée par l'autorité administrative aux attributions du juge », l'acte administratif en cause est « regardé comme un acte nul et non avenu ; que, par suite, bien qu'il n'ait pas été déféré au juge compétent en premier ressort pour en déclarer la nullité, il ne saurait faire obstacle aux effets de la proclamation »[1253] qui avait été réalisée. Dans ce cas, il faut tout de même dire que l'on est, d'un point de vue épistémologique, en présence d'une fiction, car il est paradoxal d'affirmer qu'un acte qui matériellement existe ne l'est pas juridiquement[1254].

1196. S'agissant des conséquences, les graves irrégularités qui entachent un tel acte, le rendant « nul et non avenu », ont conduit la jurisprudence à assouplir les règles du procès. Il s'agit, notamment, de la possibilité d'exercer un recours contentieux contre une telle décision sans observer la condition de délai. La dispense des délais apparaît ainsi comme étant l'une des conséquences logiques de l'inexistence juridique de l'acte administratif en cause.

1197. Toutefois, le pr René Chapus précise que cette règle ne concerne pas les décisions obtenues par fraude même si leur régime pourrait rejoindre celui des décisions inexistantes en ce sens qu'elles ne peuvent pas créer des droits s'opposant à leur retrait « mais elles ne sont pas au nombre de ces dernières et, par suite, les recours exercés contre elles sont assujettis à la condition de délai »[1255].

1198. On enregistre une dérogation au régime des délais. Cela va certainement dans le même sens que la jurisprudence du Conseil d'État qui admet que les actes obtenus par fraude peuvent être retirés à tout moment alors même que le délai de retrait de droit commun est arrivé à expiration[1256]. On peut observer cette même tendance en matière d'exécution des décisions de justice.

[1253] CE, ass., 31 mai 1957, *Sieur Girard*, *Rec.*, p. 355

[1254] A.-J. ARNAUD (dir), *Dictionnaire encyclopédique de théorie et de sociologie du droit*, Paris, LGDJ, 1re éd., 1988, cité par S. Biagni-Girard, *L'inexistence en droit administratif. Contribution à l'étude de la fonction des nullités*, Paris, L'Harmattan, coll. « Logiques juridiques », 2010, préface de Jean-Claude Ricci, p. 25.

[1255] R. CHAPUS, *Droit du contentieux administratif*, *op. cit.*, n° 705.

[1256] CE, 23 févr. 2009, *Mme B.-R.*, req. n° 310277, *RFDA*, 2009, p. 226, note F. Melleray.

D. Une amélioration de l'accès au juge : un temps souple lié à l'exclusion de la condition de délai en matière d'exécution des décisions de justice

1199. En France, il faut rappeler qu'en matière d'exécution des décisions de justice, de nombreuses évolutions ont été enregistrées avec notamment la mise en place de moyens permettant aux bénéficiaires des décisions de pouvoir tirer profit de celles-ci, ou alors de rentrer dans leurs droits.

1200. Dans ce cadre, on a vu que l'un des éléments qui traduisent le caractère souple du temps en contentieux administratif français est le libre choix du temps offert aux justiciables s'agissant du déclenchement de l'exécution des décisions. On doit ajouter à cela la dispense des délais observable à cette même phase du procès. En effet, à ce niveau, la dispense du délai s'observe selon que l'on se trouve en matière ordinaire (1) ou en matière d'urgence (2). Dans ces deux cas, la condition de temps, ainsi assouplie, reste favorable au justiciable.

1. L'exclusion du délai dans le contentieux de l'exécution des décisions en matière ordinaire

1201. Il s'agit de la dispense de la condition de délai dans le cadre de l'exercice des recours contentieux tendant à faire exécuter les décisions du juge administratif.

1202. Il faut rappeler que l'article R. 421-2, du Code français de justice administrative dispose que, sous réserve des textes contraires, « le silence gardé pendant plus de deux (02) mois sur une réclamation par l'autorité compétente vaut décision de rejet ». Mais, le paragraphe 3 de l'alinéa 3 de l'article suivant, notamment l'article R. 421 du même Code, dispose que « dans le cas où la réclamation tend à obtenir l'exécution d'une décision de la juridiction administrative», la forclusion n'est appliquée « qu'après un délai de deux mois à compter du jour de la notification d'une décision expresse de rejet ». Cette disposition est réaffirmée par l'article R. 911-2 (nouveau) du Code de justice administrative, issue du Décret n° 2017/493 du 6 avril 2017, modifiant ce Code. Ce dernier article dispose qu'« en cas de rejet d'une réclamation adressée à l'autorité administrative et tendant à obtenir l'exécution d'une décision d'une juridiction administrative, seule une décision expresse fait courir les délais de recours contentieux »[1257]. Cette réforme a étendu cette possibilité aux décisions du Conseil d'État. Cette dispense de la condition de délai s'inscrit certainement dans la continuité de celle consacrée en matière de plein contentieux.

[1257] Art. R. 911-2 (nouveau), *Cja.*

1203. Ici, le recours introduit auprès de l'autorité administrative en vue d'obtenir la mise en œuvre d'une décision n'est que facultatif. Lorsqu'une telle demande est formulée, le justiciable perd son droit d'introduire son recours contentieux sans condition de délai au cas où l'administration prendrait, en guise de réponse, une décision explicite de rejet. En d'autres termes, l'exclusion de la condition de délai, lorsque le justiciable souhaite profiter de son droit à l'exécution d'une décision de justice ne s'applique qu'en l'absence d'une réponse expresse de rejet de la demande relative à l'exécution de ladite décision. Cette demande doit être introduite, bien entendue, auprès de l'administration concernée.

1204. Une telle exclusion se justifie par le fait que même si l'exécution d'une décision de justice est un droit, une décision expresse de rejet suppose que l'administration a des moyens sérieux pour justifier le rejet de la demande tendant à la mise en œuvre de la décision. De ce point de vue, le principe de sécurité juridique doit être observé. Cela se traduit donc par la prise en compte des délais en vigueur en matière de recours contre les actes administratifs.

1205. Par contre, l'exclusion des délais de recours lorsque l'administration adopte un acte tacite de rejet, soit le silence gardé pendant deux (02) mois, permet au justiciable de profiter de la possibilité d'introduire un recours contre le refus de l'administration de procéder à la mise en œuvre de la décision[1258]. Ce cas doit être distingué de celui où le contentieux de l'exécution s'inscrit dans le cadre des procédures dites d'urgence. On observe donc une multiplication de cas d'exclusions directes de la condition de délai. Cette dispense est l'expression du caractère souple du temps en contentieux administratif français.

2. L'exclusion du temps dans le contentieux de l'exécution des décisions en matière d'urgence

1206. En droit français, comme en ce qui concerne la phase des préalables au recours contentieux, en matière d'urgence, la dispense des délais s'applique même si elle est très limitée.

1207. En effet, il est possible d'introduire un recours sans observer la condition de délai lorsqu'il s'agit d'une action tendant à solliciter du juge administratif des mesures relatives à la mise en œuvre d'une décision de justice en matière d'urgence. En outre, ce recours n'est possible qu'à la suite d'une décision implicite de rejet d'une demande formulée auprès de l'administration et relative à cette exécution. C'est

---

[1258] Voir art. R. 921-1-1, *Cja*.

ce qui ressort de l'alinéa 1er de l'article R. 921-1-1 du Code français de justice administrative. Selon cette disposition, lorsqu'un justiciable entend faire exécuter une décision de justice, il doit observer une durée de trois (03) mois à compter de la notification de ladite décision avant d'entreprendre les diligences relatives à la mise en œuvre de la décision. Le Décret n° 2017/493 du 6 avril 2017, modifiant le Code de justice administrative a repris ces dispositions en les consacrant aux décisions du Conseil d'État et des juridictions administratives spécialisées. En effet, « les parties intéressées peuvent demander au Conseil d'État de prescrire les mesures nécessaires à l'exécution d'une de ses décisions ou d'une décision d'une juridiction administrative spéciale, en assortissant le cas échéant ces prescriptions d'une astreinte. La demande ne peut être présentée, sauf décision explicite de refus d'exécution opposée par l'autorité administrative, qu'après l'expiration d'un délai de trois mois à compter de la notification de la décision juridictionnelle dont l'exécution est poursuivie »[1259].

1208. Toutefois, ce délai est exclu en cas d'urgence. Ainsi, ajoute le second alinéa des articles R. 921-1-1, précité, et R. 931-2 (nouveau) du Code de justice administrative, « [...] en ce qui concerne les décisions ordonnant une mesure d'urgence, la demande peut être présentée sans délai ». C'est certainement l'urgence qui explique la présence de cette exclusion du délai de recours car, comme on le sait, en matière d'urgence certaines règles méritent d'être assouplies.

E. Une multiplication des cas d'exclusions des délais fondée sur la transparence et la légalité administrative

1209. La multiplication des dispenses des délais ainsi observées est l'expression de l'évolution du droit administratif français. Il s'agit d'une législation qui, de plus en plus, s'est tournée vers la préservation des droits des justiciables. En effet, la dispense du délai de recours en cas de notification en violation des règles relatives à la précision des délais et voies de recours est la garantie de l'exigence de transparence administrative désormais consignée dans le Code des relations entre le public et l'administration. Il en est de même pour la dispense relative aux actes tacites de rejet.

1210. Tout ceci doit contribuer à préserver le droit du justiciable à un recours contentieux. C'est sans doute pour cette raison que le caractère souple du temps dans le contentieux administratif en France est profitable aux justiciables et moins au principe de sécurité juridique comme dans les droits africains.

[1259] Art. R. 931-2 (nouveau), *Cja*.

1211. S'agissant des actes juridiquement inexistants, le droit français a également admis la dispense des délais de recours dans certaines hypothèses. Dans ces deux cas, l'idée est de prendre en compte l'exigence de légalité. Cette dispense du délai trouve son fondement dans l'idée que l'acte en cause méconnaît « fondamentalement et de manière non équivoque les fondements de l'État de droit »[1260]. Il s'agit donc de désapprouver une « conduite qui ne devrait être guidée que par l'objectif de la satisfaction de l'intérêt général »[1261]. Cette dispense du délai va dans le même sens que la règle de l'exception d'illégalité. En cette matière, en effet, « en admettant la contestation indirecte des décisions définitives, la jurisprudence [...] a essentiellement pour but d'éviter que l'illégalité qui entache ces décisions puisse durablement contaminer des actes d'application »[1262]. C'est toujours dans le sens de la légalité que cette dispense est admise en matière d'exécution des décisions de justice et dans certaines hypothèses également. Cette dernière matière étant l'expression des transformations de l'office du juge administratif français.

1212. Au regard de l'ensemble de ces limitations, le droit français va au-delà de ce qu'offrent les législations d'Afrique francophone en la matière. Cela traduit son originalité. Les cas de dispense portant sur l'exécution des décisions de justice ou encore sur le contentieux de la communication des documents administratifs l'illustrent clairement. Autrement dit, dans les droits camerounais et gabonais, l'approche restrictive des cas de dispenses directes de la condition de délai traduit, comme on va le voir, le caractère rigide du temps. Dans ces conditions, le temps est essentiellement favorable à l'efficacité de l'action administrative qu'au droit du justiciable.

§ 2. Un temps rigide lié à la restriction des exclusions directes des délais en Afrique : l'assurance de l'efficacité de l'action administrative

1213. L'analyse du domaine des exclusions directes des délais permet, une fois de plus, de mettre en exergue le caractère rigide du temps en contentieux administratif dans les législations d'Afrique francophone. Contrairement au droit français où l'on relève une multiplication de ces cas d'exclusions des délais, les législations camerounaise et gabonaise les ont réduits. En effet, on note que les cas de dispenses expresses de la

---

[1260] S. BIAGNI-GIRARD, *L'inexistence en droit administratif... op. cit.*, p. 26.
[1261] *Ibid.*
[1262] A. CLAEYS, *L'évolution de la protection juridictionnelle de l'administré au moyen du recours pour excès de pouvoir*, *op. cit.*, p. 290.

condition de délai portent, de manière presque exclusive, sur le recours en déclaration d'inexistence juridique. Il s'agit, par ailleurs, d'un cas dont l'application est discutable en droit camerounais. En effet, l'action en déclaration d'inexistence juridique s'applique bien dans l'ensemble des législations d'Afrique francophone, comme le Gabon (A). Toutefois, en droit camerounais, son existence reste problématique (B). Cette restriction des cas d'exclusion renforce les risques de forclusions pour les justiciables et montre ainsi que le temps est favorable au principe de sécurité juridique (C).

A. L'exclusion du temps en matière de recours en déclaration d'inexistence juridique en droit gabonais

1214. Il faut noter qu'en ce qui concerne l'action en déclaration d'inexistence juridique, le juge administratif gabonais l'admet constamment comme son homologue français. Ce recours apparaît pour lui comme un moyen permettant d'améliorer l'accès au prétoire. La plupart des jugements rendus par le tribunal administratif de Libreville sont relatifs à un tel recours. Selon une jurisprudence bien établie en la matière, il s'agit d'un recours spécifique. Cette spécificité est liée au fait qu'il n'est nullement soumis à la condition de délai, encore moins à la règle du recours administratif préalable comme le rappelle constamment le juge administratif gabonais[1263].

1215. Cela s'observe également dans d'autres pays comme le Sénégal où, le juge administratif considère que les actes entachés d'irrégularités substantielles sont des actes susceptibles de faire l'objet, à tout moment, d'un recours en annulation sans condition de délai[1264]. En Côte d'Ivoire, la Chambre administrative de la Cour suprême abonde dans le même sens. Elle relève, par exemple, qu'un décret par lequel l'administration met fin aux fonctions d'une autorité qui a été nommée par décret pris en conseil de ministre est manifestement illégal pour violation des règles de compétence, donc inexistant, et encourt de ce fait annulation[1265].

1216. Dans une autre affaire, il note de façon remarquable que « les actes de l'administration doivent toujours s'inscrire dans un cadre cohérent se fondant sur la légalité [...] qu'en permettant, à la suite de leurs démarches auprès du ministre de la Sécurité intérieure, aux requérants de poursuivre leur formation, de leur conférer[...]la qualité d'élèves sous-officiers de police et, par la suite, de les affecter à des unités

---

[1263] TA, Libreville, 03 janv. 2007, *Edou Ognane Marcellin*, rep., n° 08/2006-2007.

[1264] CS, 23 juil. 1975, *El Hadj Oumar Fall*.

[1265] CS/CA, 30 juin 2004, *Sopi Gbeyere Michel* c/ *Ministre de la Construction et de l'Urbanisme*, http://juris.consetat.ci/page_book.php. Consulté le 28/04/2015 à 18 h 40 mn.

d'intervention de police, le ministre a, implicitement, mais nécessairement, anéanti la décision de radiation du 6 juin 1999 ; qu'ainsi, l'arrêté attaqué doit être regardé comme un acte nul et de nul effet dont l'inexistence peut être constatée à tout moment »[1266]. En revanche, s'agissant du droit camerounais, ce cas d'exclusion de la condition de délai est discutable.

B. L'application incertaine du recours en déclaration d'inexistence juridique en droit camerounais

1217. En droit camerounais, l'usage du recours en déclaration d'inexistence juridique est rare au regard des nombreux recours souvent jugés irrecevables pour forclusion en dépit du caractère nul et non avenu des décisions administratives en cause. L'analyse de la jurisprudence montre que le juge administratif camerounais fait parfois allusion « obiterdictum », c'est-à-dire en passant, à la notion de déclaration d'inexistence juridique. C'est dans ce sens que dans ses observations relatives à la jurisprudence Toko Daniel, un observateur note que c'est en raison des « irrégularités en chaîne » qui entachaient le décret en cause que le juge administratif ne prononça pas la nullité de cet acte mais le « [déclara] nul et non avenu »[1267].

1218. En dehors de cette jurisprudence, on peut relever que l'usage du recours en déclaration d'inexistence juridique, qui donne droit à une dispense de la condition de délai en cas de recours contentieux, n'a pas sa place dans le contentieux administratif camerounais.

1219. Seules les décisions se rapportant à la voie de fait et à l'emprise peuvent aller dans ce sens. Ainsi, en matière d'emprise, le juge administratif camerounais a relevé, par exemple, que le fait pour des éléments des forces armées de prendre possession de la concession d'un particulier et de l'occuper « à la suite d'un ordre de l'autorité préfectorale [...] » constitue une « emprise qui de surcroit est irrégulière comme n'ayant pas été précédée d'une réquisition »[1268] normale. De même, en matière de voie de fait, il affirme qu'une autorité administrative n'est pas fondée à requérir les forces de l'ordre pour saisir le véhicule d'un particulier qui n'a pas honoré ses engagements contractuels, « qu'aucun texte ne l'habilitait à procéder à cette réquisition et il ne pouvait invoquer ni les

---

[1266] CS/CA, 19 janv. 2005, *Affesi Achy et autres* c/ *Ministre de la Sécurité intérieure*. http://juris.consetat.ci/page_book.php.

[1267] S. BILONG, observations sous CFJ/CAY, arrêt n° 034, 30 avr. 1968, *Toko Daniel* c/ *État du Cameroun*, *in Mémento de la jurisprudence administrative du Cameroun*, Presses universitaires de Dschang, 1re éd., 2014, préface de Jean-François Lachaume, p. 107 et s.

[1268] CFJ/CAY, arrêt n° 157, 23 mars 1971, *Medou Gaston* c/ *État fédéré du Cameroun oriental*.

circonstances exceptionnelles résultant d'évènements graves, ni une urgence »[1269].

1220. Mais, peut-on pour autant considérer ces affaires comme étant des cas de recours en déclaration d'inexistence juridique ? Il faut y répondre par la négative. En effet, si du fait de ses caractéristiques, l'action en déclaration d'inexistence juridique se confond avec la voie de fait, on doit relever cependant que le premier concerne, de façon exclusive, les actes juridiques alors que le second relève, généralement, de l'exécution matérielle. Ainsi, il n'y a pas nécessairement une coïncidence entre ces deux domaines puisque « la voie de fait [selon la jurisprudence administrative camerounaise] a nécessairement trait soit aux droits fondamentaux, soit aux libertés fondamentales »[1270]. Ceci permet donc d'exclure ces affaires du registre des recours en déclaration d'inexistence juridique, donc des recours qui bénéficient d'une dispense de la condition de délai s'agissant d'un recours contentieux.

1221. Toutefois, et à titre de droit comparé, il faut noter que d'autres cas d'exclusions directes des délais, en dehors de celui qui relève du recours en déclaration d'inexistence juridique, existent dans d'autres législations d'Afrique de succession française. On peut relever, à cet égard, l'exclusion expresse des délais en droit béninois[1271], algérien[1272] et ivoirien[1273].

[1269] CFJ/AP, arrêt n° 8, 16 oct. 1968, *Max Keller Ndongo c/ État fédéré du Cameroun oriental*.

[1270] S. BILONG, *Mémentos de la jurisprudence administrative du Cameroun*, *op. cit.*, p. 108.

[1271] Au Bénin, par exemple, selon l'article 828 du Code de procédure civile, précité, le recours en matière de plein contentieux est ouvert sans condition de délai en ce qui concerne des décisions tacites de rejet. Cette formulation est identique à celle qui existait sous l'égide de la l'ancienne loi gabonaise relative au contentieux administratif notamment celle du 25 juin 1959 précitée. Ainsi, le recours de plein contentieux n'exige la prise en compte d'une durée relative à son exercice qu'en ce qui concerne les décisions explicites de rejet. De façon plus précise, l'article 829 du même Code dispose qu'aucune forclusion ne saurait être opposée aux justiciables si cela ne concerne pas la prescription trentenaire ou alors qu'elle ne soit basée sur des textes particuliers en matière de délai relatifs aux recours de plein contentieux.

[1272] En droit algérien, en matière de responsabilité, notamment lorsque le recours tend à solliciter la condamnation de l'administration, aucun délai de recours n'est prévu. L'unique exigence relative au temps est celle de la prescription quadriennale. I. MENTRI, *Réflexion sur la justice administrative en Algérie depuis 1830*, Thèse, Université de Perpignan Via Domitia, 2012, p. 203.

[1273] En droit ivoirien, toujours en matière de plein contentieux, en dehors de l'exclusion de l'exigence du pré-contentieux, le recours en cette matière est aussi dispensé de l'exigence des délais. Cette exclusion du délai de recours concerne aussi les voies de recours comme l'appel. Le Code de procédure ivoirien prévoit, en effet, qu'en ce qui concerne les jugements rendus injustement en premier et dernier ressort, « l'intimé pourra par simple acte porter l'affaire à l'audience et demander qu'il soit statué sans délai sur la recevabilité de l'appel ». En droit ivoirien, le délai concernant le recours contentieux en matière de plein contentieux n'est pas fixé par le Code de procédure. Ce texte prévoit tout simplement qu'à l'exception d'une

C. Une restriction visant à assurer l'efficacité de l'action administrative

1222. La limitation des cas d'exclusions de la condition de délai dans les droits d'Afrique francophone n'a d'autres objectifs que d'assurer le principe de sécurité juridique ou encore de protéger l'administration. Dans les pays d'Afrique francophone, en effet, l'exclusion du délai de recours ne s'étend pas, comme en France, à la communication des documents administratifs, encore moins à l'exécution des décisions du juge administratif. Il s'agit ici de deux domaines qui n'ont pas encore véritablement saisi l'attention des législateurs comme c'est le cas en France.

1223. Malgré les exceptions observées, au regard de la consécration dans des pays comme le Gabon et le Bénin des mécanismes destinés à assurer l'exécution des décisions de justice, le cas de dispense de délai en cette matière ne s'applique pas. Ainsi, la rigueur qu'on observe de manière générale en matière de délai dans ces législations d'Afrique francophone tend à soutenir l'idée de la préservation de l'action administrative ou de soustraire même souvent l'administration du contrôle juridictionnel.

1224. Il convient donc de retenir que malgré la ressemblance qui existe entre le droit français et les législations d'Afrique francophone en matière d'exclusions directes de la condition de délai en contentieux administratif, la rigidité qui caractérise le temps dans le contentieux administratif des pays d'Afrique francophone est liée à la restriction de ces cas d'exclusion des délais. Autrement dit, le caractère flexible qu'on attribue au temps dans le procès administratif français se traduit ici par

---

acceptation par les parties d'une réduction des délais en raison de l'urgence, l'on doit respecter un délai de huit (08) jours au moins entre le jour de l'assignation et celui de la comparution. Cette durée est rallongée de quinze (15) jours ou à deux (02) mois, en raison de la distance, dans le cas où le destinataire est domicilié dans un autre ressort s'il demeure hors du territoire de la République, respectivement. Le droit ivoirien semble exclure le délai de recours en matière de plein contentieux. Le législateur se contente donc d'indiquer les délais encadrant l'introduction de l'instance. Il n'indique pas le délai d'introduction relatif à l'acte d'assignation. Il prend ainsi le contre-pied du droit sénégalais qui prévoit que l'acte d'assignation devra intervenir soit à l'expiration d'un délai de deux (02) mois qui suit l'avis donné par l'administration, soit à l'expiration d'un délai de quatre (04) mois valant décision implicite de rejet. Le législateur sénégalais fixe le délai de recours en matière de plein contentieux sur celui du recours pour excès de pouvoir. Ce silence qu'observe le droit ivoirien met donc en place, sauf dans le cas de la prescription quadriennale, « un principe d'absence de délai de saisine pour le contentieux de pleine juridiction relevant des tribunaux ordinaires ». Art. 162, alinéa 4, Code de procédure civile... *précité* ; Art. 34 (nouveau), Code de procédure civile, commerciale et administrative ; P. AKOUA AMBEU, *La fonction administrative contentieuse en Côte d'Ivoire*, *op. cit.*, p. 211.

la multiplication de ces cas d'exclusions directes des délais. En droit français, en effet, le champ des limitations apportées au temps juridique en matière administrative est peu limité par rapport aux droits des pays d'Afrique francophone. Ceci conduit à voir en ces dispenses de la condition de délai une préservation réduite du principe de sécurité juridique, notamment en droit français, mais renforcée, s'agissant du droit au juge, et inversement pour les droits africains.

1225. La question reste à savoir si ces dispenses des délais ont un caractère absolu. La réponse à cette question est négative car ces exclusions de la condition de délai sont assorties, elles aussi, des limites. Dans cette perspective, le juge administratif français y contribue encore de façon considérable, contrairement à ses homologues camerounais et gabonais. C'est, enfin, au niveau des limites apportées à ces exclusions de la condition de délai qu'on peut également mettre en exergue ces deux caractères, opposés, qui singularisent le temps dans le procès administratif dans ces différentes législations de tradition francophone, respectivement.

Section 2. L'identité de certains cas de limitation des recours sans condition de délai dans l'ensemble des législations et la forme rigide du temps dans les droits africains

1226. Même à l'analyse des cas de limitation des recours contentieux ouverts sans conditions de délais, les droits d'Afrique francophones restent toujours rigoureux. Il en est ainsi dans le sens où les limitations que ceux-ci ont consacrées ne dépassent pas le cadre des prescriptions classiques. Ce qui est contraire à l'approche du droit français où le juge s'est également permis d'apporter d'autres correctifs à cette dispense des délais.

1227. En effet, lorsqu'on parle des limites aux possibilités de recours sans condition de délai, il s'agit, entre autres, de démontrer que les différents cas d'exclusion des délais qui ont été analysés dans ces différentes législations n'ont pas un caractère absolu. Si tel était le cas, on assisterait à une remise en cause systématique du principe de sécurité juridique. C'est la raison pour laquelle ces cas de dispense des délais sont accompagnés d'un certain nombre de limites.

1228. De manière générale, on sait qu'avec la prescription quadriennale, l'exclusion de la condition de délai doit être relativisée. Toutefois, le droit français reste particulier car, en dehors de cette règle de la prescription applicable même dans les pays d'Afrique francophone, il a consacré des limites supplémentaires. Celles-ci ont été adoptées par la jurisprudence. Elles corroborent l'idée du caractère souple qui singularise le temps en contentieux administratif français, contrairement à celui dit rigide et observé en droits camerounais et gabonais.

1229. En effet, le caractère souple du temps en contentieux administratif français est lié, ici, à ces limitations supplémentaires. Le juge, en tant qu'il régule le temps, y contribue. Cette souplesse traduit la recherche d'un équilibre entre le droit du justiciable et la sécurité juridique (§ 2). Avant d'envisager ces cas singuliers de limitations, il convient, au préalable, d'étudier celles qui sont liées à la règle de la prescription et applicables à l'ensemble des législations tant française que des pays d'Afrique francophone. Il s'agit sans doute d'assurer la stabilité des situations juridiques (§ 1). Ainsi, la forme rigide du temps dans les droits africains relève de l'adoption exclusive de la prescription comme limitation aux recours sans condition de délai.

§ 1. La forme rigide du temps dans les droits africains : l'absence de dépassement des cas classiques de limitation des recours sans condition de délai

1230. Les limitations d'ordre général, relatives aux dispenses de la condition de délai concernent les prescriptions. Contrairement à la forclusion qui éteint l'action suite à l'échéance de la durée impartie pour agir en justice, la prescription est une « présomption dont l'effet est, tantôt extinctif, tantôt créatif d'un droit »[1274].

1231. On peut distinguer deux formes de prescription, à savoir, la prescription quadriennale (A) que l'on doit séparer des autres prescriptions, dites spéciales (B). Toutes celles-ci sont applicables dans ces législations de tradition francophone et vise essentiellement la préservation de l'intérêt général.

A. La préservation de l'intérêt général à travers l'atténuation des exclusions du temps par la prescription quadriennale en France et en Afrique

1232. La possibilité d'agir en justice sans condition de délai a des limites qui sont certainement fondées sur l'intérêt général. C'est le cas avec la prescription quadriennale. On peut distinguer la prescription quadriennale, dite générale, d'autres prescriptions qu'on pourrait qualifier de particulières. Dans le cas de la prescription quadriennale, si le requérant souhaite conserver son droit, il doit parfois susciter, en règle générale, une décision préalable avant l'expiration du délai de

[1274] S. BRAUDO, A. BAUMANN, *Dictionnaire du droit privé*, http://www.dictionnaire-juridique.com/definition/forclusion.php. Consulté le 05 janv. 2015 à 14 h.

quatre (04) ans dont le dépassement peut conduire, s'il s'agit d'une réclamation pécuniaire, à l'extinction de sa créance. C'est la règle générale de prescription qui est elle-même atténuée par d'autres règles de prescriptions dites spéciales[1275].

1233. En France, cette prescription est organisée par la loi n° 68/1250 du 31 décembre 1968 relative à la prescription des créances sur l'État, les départements, les communes et les établissements publics.

1234. La possibilité de faire valoir cette prescription appartient, exclusivement, aux personnes publiques. Elles ne peuvent s'en dessaisir ou alors ne peuvent renoncer à leur droit de faire valoir cette règle. Elle concerne donc l'État et ses démembrements, notamment les collectivités territoriales, les établissements publics administratifs ou industriels et commerciaux dotés d'un comptable public et ayant un budget propre.

1235. La prescription quadriennale peut être soulevée aussi longtemps que la dette en cause n'a pas été réglée[1276]. Selon l'article 7 de la loi française du 31 décembre 1968, précitée, la prescription ne peut être soulevée après l'intervention d'une décision au fond rendue par la juridiction saisie au premier degré. De même, elle ne saurait être soulevée à l'encontre de l'exécution d'une décision de justice dotée de la force de la chose jugée. Il s'agit d'une règle de comptabilité publique, un mode ordinaire d'extinction des dettes des personnes publiques.

1236. L'origine de la créance n'a aucune influence sur la validité de cette règle. De ce point de vue, que la créance soit née d'une loi, d'un acte de gestion d'un service public industriel et commercial, qu'elle soit en capital et intérêt, qu'elle soit issue d'une dénaturation de l'action administrative, comme la voie de fait, d'une expropriation irrégulière, d'un contrat administratif ou encore d'un acte administratif[1277], l'influence de la source de la créance est sans importance.

1237. La règle de la prescription quadriennale est bien connue des législations d'Afrique francophone. En ce sens, le juge administratif gabonais a, par exemple, indiqué que « l'administration, qui poursuit un but d'intérêt général, ne saurait s'accommoder de la remise en cause systématique ou permanente de son action par les usagers du service public ». C'est pour cette raison essentielle que l'administré, « qui s'estime lésé par le fonctionnement de l'administration, doit, pour obtenir un droit à réparation, engager son action dans un délai raisonnable, compatible

---

[1275] J.-C. RICCI, *Contentieux administratif*, *op. cit.*, n° 226, p. 111.
[1276] CE, 6 août 1925, *Mas*, *Rec.*, p. 812.
[1277] M.-C. ROUAULT, *Contentieux administratif*, *op. cit*, n° 613, p. 337.

avec le souci de préservation de l'intérêt général [...] ». Ainsi, une « action en réparation introduite plus de douze (12) années après la date de survenance du fait générateur du dommage, est atteinte par la prescription quadriennale et doit être déclarée irrecevable »[1278].

1238. En droit gabonais, en effet, l'article 66 de la loi n° 5/85 du 27 juin 1985 portant règlement de la comptabilité publique prévoit, par exemple, que toutes les créances n'ayant pas fait l'objet d'un paiement dans le délai de quatre (04) ans à partir du premier jour de l'année suivant celle au cours de laquelle les droits ont été acquis, sont frappées par la prescription en faveur de l'État. Cette prescription agit sans préjudice des déchéances spéciales prévues par les lois et règlements ou celles consenties dans les marchés ou des contrats.

1239. C'est en vertu de cette disposition que le juge administratif gabonais a rejeté une demande de paiement de créance introduite contre l'administration alors que « la dernière réclamation remontait au 19 octobre 1978 ; [donc] au 1er janvier 1983, cette créance était bien éteinte par la prescription quadriennale »[1279]. En droit camerounais, on retrouve la prescription quadriennale dans les articles L. 34 et 35 du Code général des impôts.

1240. Il faut donc relever que dans tous les cas de dispense des délais, ceux-ci n'ont pas un caractère absolu[1280]. Comme l'a relevé le législateur béninois, l'absence de délai ne conduit pas à une durée infinie car il existe la menace de la prescription quadriennale de même que des délais spéciaux qui peuvent être apportés et sont considérés comme dérogatoires à cette exigence[1281]. C'est aussi le cas en droit algérien[1282] ou en Côte d'Ivoire[1283].

1241. Mais, cette règle ne s'applique pas dans toutes les hypothèses. Le droit français a dégagé des exceptions à celle-ci. Elles sont à la fois textuelles et jurisprudentielles.

[1278] CS/CA, 30 avr. 2010, *Moutikali Jean-Robert c/ État gabonais*, rep., n° 16/09-10.

[1279]CS/CA, 26 févr. 1988, *Anziano* c/ *État gabonais*, *Penant*, n° 101/1989, p. 528, note G. PambouTchivounda.

[1280] Dans le même sens, M. ONDOA, *Le droit de la responsabilité publique dans les Etats en développement... op. cit.*, p. 132 à 134.

[1281] Art., 829, *Cpcca.*

[1282] Il faut rappeler qu'en Algérie, en matière de responsabilité, notamment lorsque le recours tend à solliciter la condamnation de l'administration, aucun délai de recours n'est prévu. L'unique exigence relative au temps porte donc sur la prescription quadriennale. I. MENTRI, *Réflexion sur la justice administrative en Algérie depuis 1830*, *op. cit.*, p. 203.

[1283] Décret n° 98/716 du 16 déc. 1998 relatif au système intégré de gestion des finances publiques en Côte d'Ivoire.

1242. D'une part, s'agissant des textes, même si « les autorités administratives ne peuvent renoncer à opposer la prescription » elles sont, cependant, autorisées à relever des prescriptions. Autrement dit, en vertu de décisions des administrations compétentes, « les créanciers de l'État peuvent être relevés en tout ou en partie de la prescription, à raison des circonstances particulières et notamment de la situation du créancier. La même décision peut être prise en faveur des créanciers des départements, des communes et des établissements publics, par délibérations prises respectivement par les conseils départementaux, les conseils municipaux et les conseils ou organes chargés des établissements publics. Ces délibérations doivent être motivées et être approuvées par l'autorité compétente »[1284] pour approuver le budget de la collectivité concernée. On doit relever qu'à l'égard d'un incapable ne pouvant agir personnellement et ne disposant pas d'un représentant ou même d'un créancier ne pouvant agir ou même par son représentant légal en raison d'une force majeure, cette règle ne s'applique pas[1285].

1243. D'autre part, selon la jurisprudence, on ne peut faire valoir la prescription quadriennale lorsque l'administration a poursuivi pendant plus d'une dizaine (10) d'années la mise en œuvre d'un traité de concession frappé de nullité sans jamais invoquer son invalidité. Cela résulte du fait qu'une telle attitude place son co-contractant dans une situation d'ignorance par rapport à l'existence de sa créance au titre de la responsabilité quasi-contractuelle de l'administration jusqu'à la date où celle-ci s'est prévalue de la nullité du traité[1286].

1244. De même, la prescription quadriennale n'est pas opposable à une société qui ignorait l'illégalité des délibérations prise par une commune pour garantir un prêt accordé par une société[1287]. Le Conseil d'État considère que, compte tenu, d'une part, de la nature de l'illégalité, tenant au défaut d'information de la part du conseil municipal, qui se trouve à l'origine de la nullité de cet engagement, et, d'autre part, du comportement de la commune qui n'a pas dénoncé son engagement, pendant ses cinq (05) premières années d'exécution et, enfin, de la circonstance que la société n'a pas été mise en cause dans l'instance ni rendue destinataire du jugement, cette dernière est considérée comme ayant légitimement ignoré l'existence de sa créance au titre de la responsabilité quasi délictuelle de la commune, dont le fait générateur

[1284] Art. 6, loi de 1968, relative à la prescription des créances sur l'État, les départements, les communes et les établissements publics.
[1285] Art. 3, loi de 1968, *précitée*.
[1286] CE, sect., 16 nov. 2005, *Auguste et commune de Nogent-sur-Marne*, *Rec.*, p. 507 ; 16 juil. 2014, *Ministre du Budget*, n° 361570.
[1287] CE, 19 nov. 2013, *Sté credemlux international*, *Rec.*, p. 288.

est l'adoption illégale de ces délibérations, jusqu'à la date à laquelle il est établi qu'elle a finalement eu, plusieurs années après son prononcé, connaissance du jugement prononçant leur annulation. En dehors de la prescription quadriennale, dite générale, il en existe d'autres comme la prescription trentenaire.

B. La préservation de l'intérêt général à travers l'atténuation des exclusions du temps par les prescriptions spéciales en France et en Afrique

1245. Les exclusions des délais de recours ne sont pas seulement limitées par la prescription quadriennale. En effet, la prescription quadriennale, on peut le dire ainsi, connaît des exceptions car, en fonction des matières, d'autres prescriptions plus longues ou plus courtes existent.

1246. On peut évoquer parmi les prescriptions plus longues, le cas de la prescription décennale fixée en matière de responsabilité médicale par la loi française du 4 mars 2002 relative aux droits des malades ou encore par le Code français des pensions civiles et militaires de retraite[1288] de même que le Code français des pensions militaires d'invalidité et des victimes de guerre[1289].

1247. La prescription trentenaire, selon la jurisprudence, est applicable chaque fois qu'aucun délai n'est consacré[1290].

1248. Au Cameroun, par exemple, « les sommes déposées, à quelque titre que ce soit, auprès de la caisse des dépôts et consignations sont acquises à l'État lorsqu'il s'est écoulé un délai de trente (30) ans sans que le compte auquel ces sommes ont été portées ait donné lieu à une opération de versement ou de remboursement, ou sans qu'il ait été signifié à la caisse des dépôts et consignations, une réquisition de paiement »[1291].

1249. Dans la législation gabonaise, on peut observer d'autres prescriptions comme les prescriptions de deux (02) et cinq (05) ans en matière fiscale, notamment pour la restitution des sommes indûment ou irrégulièrement perçues, s'agissant des droits d'enregistrement[1292].

[1288] CE, 19 juil. 2011, *René X*, n° 336199.

[1289] CE, 1er août 2013, *Ministre de la Défense*, n° 363806.

[1290] CE, 13 mai 1960, *Secrétaire d'État à l'agriculture c/ Manière*, *Rec.*, p. 328 ; 7 juil. 2010, *Ministre du Budget c/ Doucet*, n° 328388.

[1291] Art. 10, alinéa 1, loi n° 2008/003 du 14 avr. 2008, régissant les dépôts et consignations.

[1292] Art. p. 1036, alinéa 4, 5 et 7, *Cgi*.

1250. Pour ce qui est de la prescription décennale, dans un arrêt Scp Celice et autres c/ Préfet des Bouches-du-Rhône[1293], le Conseil d'État, en France, est allé dans ce sens en précisant que « les principes dont s'inspire l'article 2262 du Code civil font obstacle à ce que le préfet impose à l'exploitant […] la charge financière des mesures à prendre au titre de la remise en état […] lorsque plus de trente ans se sont écoulés depuis la date à laquelle la cessation d'activité a été portée à la connaissance de l'administration ».

1251. Comme dans le cas de la prescription quadriennale, le domaine d'application de la prescription trentenaire a été clarifié par la jurisprudence. Dans sa décision Scp Nicolay c/ société Gdf Suez et la Commune d'Anet[1294], le Conseil d'État a annulé une ordonnance du juge des référé de la Cour administrative d'appel de Nantes qui avait annulé une autre ordonnance prise par le tribunal administratif d'Orléans à la requête de la Société susnommée. Cette décision ordonnait une expertise en vue d'identifier les éventuelles pollutions, soupçonnées, sur des parcelles acquises par la requérante. Le juge administratif releva que l'ordonnance critiquée était entachée d'erreur de droit car l'intervention de la prescription trentenaire face à l'obligation de remise en état du site n'empêchait pas que l'autorité administrative impose une remise en état du site et au requérant de rechercher la responsabilité de l'État.

1252. Qu'en effet, « la prescription trentenaire susceptible d'affecter l'obligation de prendre en charge la remise en état du site, pesant sur l'exploitant, [était] sans incidence, d'une part, sur l'exercice, à toute époque, par l'autorité administrative des pouvoirs de police spéciale conférés par la loi en présence des dangers ou inconvénients se manifestant sur le site où a été exploitée une telle installation, et, d'autre part, sur l'engagement éventuel de la responsabilité de l'État à ce titre »[1295]. Cette jurisprudence va, dans une certaine mesure, dans le même sens que l'interdiction faite à l'administration d'invoquer la prescription quadriennale pour faire obstacle à la mise en œuvre d'une décision de justice passée en force de chose jugée.

1253. En outre, dans l'affaire Scp Celice, précitée, le juge indique que la prescription trentenaire s'applique « sauf dans le cas où les dangers ou inconvénients présentés par le site auraient été dissimulés »[1296].

[1293] CE, ass., 8 juil. 2005, n° 247976.
[1294] CE, 12 avr. 2013, 363282.
[1295] CE, 12 avr. 2013, 363282
[1296] CE, ass., 8 juil. 2005, n° 247976.

1254. Ainsi, toutes ces formes de prescriptions permettent de nuancer l'idée de l'élargissement des exclusions des délais en droit français. Mais, cela ne remet pas en cause le caractère souple du temps dans le contentieux administratif français. Les législations africaines sont, quant à elles, restées sur une démarche classique, donc restrictive, par rapport au droit français. C'est ce qui traduit le caractère rigide du temps en contentieux administratif camerounais et gabonais, contrairement au modèle français. Ce rétablissement, par la jurisprudence, de la condition de délai concernant certains cas d'exclusions consacrés par les textes confère un caractère flexible au temps dans le procès administratif français. Dans ces conditions, la souplesse qui caractérise le temps dans le contentieux administratif français est tournée vers la recherche d'un équilibre entre l'efficacité de l'action administrative et le principe de légalité.

§ 2. La souplesse du temps par la diversité des limites aux exclusions des délais en France : une quête de l'équilibre entre droit au recours et sécurité juridique

1255. L'idée du caractère souple du temps dans le procès administratif français est liée aux limitations supplémentaires apportées aux cas d'exclusions des délais. Cette souplesse est également corroborée par l'intervention du juge dans cette démultiplication des limites aux exclusions.

1256. D'autre part, il convient d'ajouter qu'il est aussi question ici d'un rétablissement de la condition de délai et ce rétablissement peut être lié aux exigences de sécurité juridique, laquelle apparaît aussi comme étant la raison d'être de la condition de délai en matière contentieuse.

1257. En effet, à côté des limitations apportées aux cas d'exclusions de la condition de délai, comme la prescription, d'autres limites ont été adoptées par le juge administratif français. C'est le cas de l'exclusion du délai de recours en matière d'actes implicites de rejet, notamment en matière d'excès de pouvoir ayant trait au déféré préfectoral (C) et celui consacré par la jurisprudence récente relative à la dispense des délais de recours en cas de notification imparfaite d'une décision administrative (B). Il convient dans un premier temps de rappeler le cas historique relatif aux travaux publics (A). Ces limitations mettent en exergue la nécessité de faire confiance au juge administratif qui devient ainsi un garant de la bonne application du temps dans le contentieux (D).

A. L'exemple historique en matière de travaux publics avant la réforme récente du Code de justice administrative : la jurisprudence Emmanuel Sgherri en matière des créances des collectivités locales

1258. En matière de limitations aux exclusions de la condition de délai, le droit français, à travers une diversification de ces limites, s'inscrit dans la logique d'une recherche constante d'un équilibre entre les différents intérêts qu'assure le temps dans le procès. Ces cas de dispenses sont nombreux. Il convient de commencer par rappeler l'exemple, aujourd'hui historique, du contentieux des travaux publics qui existait avant la réforme du Code de justice administrative, intervenue le 2 novembre 2016. Cette exclusion n'était qu'un principe.

1259. En effet, selon le deuxième paragraphe de l'alinéa 5 de l'article L. 1617-5 du Code général des collectivités territoriales, « l'action dont dispose le débiteur d'une créance assise et liquidée par une collectivité territoriale ou un établissement public local pour contester directement devant la juridiction compétente le bien-fondé de ladite créance se prescrit dans le délai de deux mois suivant la réception du titre exécutoire ou, à défaut, du premier acte procédant de ce titre ou de la notification d'un acte de poursuite ».

1260. La question qui se posait était celle de savoir si l'article L. 1617-5 du Code général des collectivités territoriales, susvisé, s'applique même lorsqu'il s'agit des actions dirigées à l'encontre des titres exécutoires émanant des établissements publics et collectivités territoriales dans l'hypothèse où ces titres visent le recouvrement des sommes nécessaires au financement des travaux publics. Selon l'article R. 421-1 (ancien) du Code français de justice administrative, le délai de recours était exclu en matière de travaux publics. L'étude de la jurisprudence montrait que le Conseil d'État, après plusieurs tâtonnements de la part des juridictions de première instance, avait finalement tranché par une réponse affirmative.

1261. En effet, une réponse affirmative était intervenue dans la jurisprudence Emmanuel Sgherri c/ Commune de Saint-Leu-la-Foret[1297]. Dans cette affaire, le requérant sollicitait l'annulation d'un arrêt rendu le 1er avril 2010 par la Cour d'appel de Versailles, arrêt par lequel celle-ci avait donné droit à l'appel interjeté par la commune contre un jugement rendu le 12 juin 2009 par le tribunal administratif de Cergy-Pontoise en faveur du requérant. La Cour d'appel avait fondé sa décision sur le caractère tardif du recours introduit par le requérant.

[1297] CE, ass., 11 oct. 2012, *Emmanuel Sgherri c/ Commune de Saint-Leu-la-Foret*, n° 340857, *AJDA*, 2013, p. 68, note Gweltaz Eveillard.

1262. En l'espèce, le tribunal administratif avait été saisi par plusieurs requérants, parmi lesquels le sieur Emmanuel x au sujet d'un titre exécutoire émis à leur encontre le 18 octobre 2005 par la commune. Ledit titre était fondé sur l'obligation pour ceux-ci, en tant que bénéficiaires d'un lotissement, de verser des sommes au titre de participant au programme d'équipement public.

1263. La saisine du tribunal administratif le 31 mai 2006 faisait suite à la décision du 29 mars de la même année portant rejet du recours gracieux introduit le 16 janvier 2006 par les requérants. Il ne fait aucun doute que ceux-ci fondaient la recevabilité de leurs recours sur l'exclusion de la condition de délai consacrée à l'article R. 421-1 du Code de justice administrative dès lors que cette créance avait un lien avec les travaux publics. C'est dans ce sens que s'était prononcé le tribunal administratif en estimant que les dispositions du Code général des collectivités, notamment en son article L. 1617-5 précité, qui prévoient un délai de recours de deux (02) mois ne faisaient pas obstacle à l'application de l'exclusion du délai prévue à l'article R. 421-1 du Code de justice administrative. Une telle position avait déjà été adoptée par la Cour administrative d'appel de Marseille[1298].

1264. Cependant, cette position ne va pas être suivie par le Conseil d'État qui, en confirmant l'arrêt critiqué, et d'ailleurs repris deux années plus tard par la Cour d'appel administrative de Nancy[1299], va finalement admettre, contrairement aux incertitudes observées, que l'article L. 1617-5 du Code général des collectivités territoriales est une exception à l'exclusion de la condition de délai en matière de travaux publics. En effet, le Conseil d'État va admettre que le Code général des collectivités territoriales « limite en particulier dans le temps l'opposition à ces titres exécutoires, sans considération de la matière à laquelle ils se rapportent et sans considération du juge compétent pour connaître de cette contestation »[1300].

1265. En mettant ainsi fin à la divergence des décisions rendues à ce sujet par les différentes juridictions, le Conseil d'État a apporté une dérogation à cette restriction relative au temps du recours contentieux. On le voit, même en ce qui concerne la restriction du domaine d'application du temps, l'approche souple reste observable en droit français. Cette limite

---

[1298] CAA Marseille, 19 déc. 2011, *Centre hospitalier intercommunal du bassin de Thau*, req. n° 09MA04509.

[1299] CAA Nancy, 23 avr. 2012, *SCI Cœur de Lion c/ Chaumont*, req. n° 11NC01131, *AJDA*, 2012. 1503, chron. M. Wiernasz.

[1300] CE, ass., 11 oct. 2012, *Emmanuel Sgherri c/ Commune de Saint-Leu-la-Foret*, n° 340857, *AJDA*, 2013, p. 68, note GweltazEveillard.

à la règle relative à l'exclusion des délais marque l'adhésion du droit français à une approche souple du temps en contentieux administratif.

1266. Ainsi, en matière administrative, l'importance du temps réside dans le fait que l'action de l'administration ne doit, ou alors ne peut s'accommoder des actes juridiques dont les citoyens seraient dans la possibilité de contester leur validité à tout moment.

B. La souplesse tirée du rétablissement de l'exigence des délais en matière de déféré préfectoral : les jurisprudences Préfet des Deux-Sèvres, et Préfet du Morbihan

1267. Dans cette affaire, le juge administratif apporte une limite à l'exclusion de la condition de délai. Il montre sans doute que les exclusions consacrées ne doivent pas enfreindre au principe de sécurité juridique. En effet, il faut rappeler qu'en matière de recours pour excès de pouvoir, le droit français admet que la condition de délai n'est applicable qu'en ce qui concerne les décisions expresses de rejet. Autrement dit, pour ce qui est des décisions implicites, on applique la règle de l'exclusion du délai notamment en matière d'excès de pouvoir si la décision ne peut être prise que par des organes collégiaux ou encore lorsqu'elle tend à obtenir l'exécution d'une décision de justice. C'est ce qui ressort de l'article R. 421-3 du Code français de justice administrative.

1268. En effet, cette disposition reprend le paragraphe 4 de l'article R. 102 du Code des tribunaux administratifs et des Cours administratives d'appel, devancière du Code de justice administrative. S'agissant, en effet, du recours pour excès de pouvoir contre les décisions ne pouvant être prises que par des organismes collégiaux, on a relevé qu'en application de cette disposition, le juge administratif a eu à préciser qu'« en l'absence de décision expresse de rejet émanant du conseil municipal, seul compétent pour se prononcer sur la demande »[1301], la condition de délai n'est pas applicable.

1269. Toutefois, cette jurisprudence qui met bien en application l'exclusion de l'exigence du temps en ces matières a été limitée ou alors recadrée par la jurisprudence en matière de déféré préfectoral. Le déféré préfectoral, il faut le rappeler, correspond au recours contentieux ouvert au profit de l'autorité administrative qui représente l'État. Un tel recours vise à solliciter du juge administratif l'annulation des décisions adoptées par les autorités locales. En effet, depuis la loi du 2 mars 1982, relative aux droits et libertés des communes des départements et des régions, le

---

[1301] CE, 26 janv. 1990, *Munos*, *Rec.*, p. 915.

préfet ne dispose plus du pouvoir d'annuler les actes des collectivités territoriales. Il peut seulement saisir le tribunal administratif afin que celui-ci statue sur la légalité de ces actes. Il s'agit ainsi d'un déféré préfectoral.

1270. Dans ces conditions, l'autorité préfectorale peut, en prélude à ce recours, faire parvenir au responsable local un recours gracieux invitant ce dernier à retirer ou à modifier l'acte afin de faire disparaître l'illégalité en question. Cette formalité préalable, qui a pour conséquence l'interruption du délai du recours contentieux doit, être exercée dans le même délai que celui du recours contentieux. Il s'agit, en effet, d'un délai de deux (02) mois.

1271. C'est à ce niveau qu'est intervenue la limitation ou alors le recadrage apporté par le juge administratif français. Ce fut le cas dans deux arrêts, Préfet des deux –sèvres, et Préfet de Morbihan[1302]. Dans ces espèces où les représentants de l'État sollicitaient la réformation des jugements rendus par les tribunaux administratifs contre les déférés introduits contre des délibérations des conseils municipaux des communes de Neuvy-Bouin et de Vannes, respectivement, concluant ainsi à l'irrecevabilité des recours contentieux dont elles étaient saisies, ces juridictions avaient relevé le caractère tardif desdits recours car, comme l'indique le Conseil d'État, « le silence gardé pendant plus de quatre mois par le maire sur[le] recours gracieux a fait naître [...] une décision implicite de rejet contre laquelle il appartenait au préfet de se pourvoir dans le délai de deux mois [...] alors même que seul le conseil municipal aurait pu modifier la délibération litigieuse ».

1272. De ce point de vue, l'autorité administrative doit exercer son recours gracieux, éventuel, auprès du maire, même s'il concerne une délibération du conseil municipal, d'une part, et, d'autre part, une réponse négative de nature explicite ou implicite oblige le représentant de l'État à exercer son recours contentieux dans le délai de deux (02) mois qui suit l'intervention de la décision. Il en est ainsi, précise le Conseil d'État, alors même que seul le conseil municipal, organisme collégial, aurait pu modifier l'acte en cause[1303]. Dans le cas contraire, le recours est irrecevable parce qu'il est, dans ces conditions, tardif.

1273. Une fois de plus, le Conseil d'État s'est érigé en régulateur du temps de la justice administrative en apportant cette autre exception à la règle de la chronométrie en procédure administrative contentieuse. Telle est

---

[1302] CE, sect., 6 déc. 1995, *Préfet des Deux-Sèvres, Préfet du Morbihan, Les petites affiches*, 14 févr. 1996, p. 17, note B. Pacteau.

[1303] Voir aussi, O. GOHIN, M. DEGOFFE, A.-M. de la MOTTE, C.-A DUBREUIL, *Droit des collectivités territoriales*, Paris, Cujas, 2e éd., 2015, p. 621 et ss.

également l'expression de la souplesse qui caractérise la temporalité en contentieux administratif français. La jurisprudence récente, s'agissant de l'obligation d'indiquer les voies de recours et les délais, est allée dans le même sens.

C. La souplesse tirée du rétablissement de l'exigence de délai en cas de notification imparfaite : la jurisprudence M. A. c/ Ministère de l'Économie et des Finances

1274. La solution adoptée par le juge administratif français dans cette affaire montre, une fois de plus, que l'équilibre entre le droit du justiciable et la stabilité des situations juridiques est une recherche permanente. Le juge doit, en raison des ses pouvoirs y veiller. Pour comprendre ce cas de rétablissement de la condition de délai, il faut rappeler la règle consacrée par le Code de justice administrative et à laquelle le juge administratif semble avoir dérogé. En effet, on a vu que parmi les cas d'exclusions de la condition de délai, l'article R. 421-5 du Code français de justice administrative dispose que les délais ainsi que les voies de recours contre un acte administratif ne sont opposables aux justiciables que lorsqu'ils figurent dans la notification de l'acte en cause. Autrement dit, lorsque ces exigences n'ont pas été observées, le recours contentieux n'est pas soumis à la condition de délai, l'acte en cause est donc indéfiniment susceptible de faire l'objet d'un recours contentieux.

1275. En droit du contentieux administratif français, le caractère souple du temps a été illustré dans ce cas de dispense de délai par le juge dans l'affaire M. A c/ Ministère de l'Économie et des Finances[1304]. En l'espèce, en qualité de brigadier de police admis à faire valoir ses droits à la retraite, une pension avait été concédée au requérant sur la base de la décision édictée le 24 juin 1991 par le ministre de l'Économie et des Finances. Toutefois, cette décision qui avait été portée à la connaissance du requérant le 26 septembre de la même année ne prenait pas en compte les droits normalement reconnus aux descendants du sieur x. C'est la raison pour laquelle, en 2014, il sollicita l'annulation de cette décision devant le tribunal administratif de Lille, soit plus de vingt ans après. En effet, la notification de cette décision ne comportait pas, conformément aux exigences de l'article R. 421-5 du Code de justice administrative, précité, les indications relatives à la juridiction devant laquelle un recours contentieux pouvait, éventuellement, être exercé contre ladite décision. Par sa décision rendue le 2 décembre 2014, le tribunal administratif rejeta son recours en invoquant son caractère

[1304]CE, ass., 13 juil. 2016, *M. A. c/ Ministre de l'Économie et des Finances*, n° 387763.

tardif car, on le sait, le recours contentieux est normalement ouvert dans les deux mois qui suivent la notification ou la publication de la décision en cause. Cependant, conformément aux exigences posées par l'article R. 421-5 du Code français de justice administrative et même au regard de la jurisprudence Toquet[1305], la notification de cette décision n'indiquait pas la juridiction compétente et pouvait de ce fait faire l'objet d'un recours contentieux sans condition de délai.

1276. De ce point de vue, la décision du tribunal administratif de Lille portant rejet du recours introduit par le requérant encourait annulation. C'est la solution à laquelle le requérant devait s'attendre lorsqu'il exerça un recours en cassation contre l'ordonnance de rejet de son recours en annulation de la décision du ministre. Mais, prenant dans une certaine mesure le contre- pied de ces dispositions ainsi que de sa jurisprudence antérieure, le Conseil d'État a d'abord rappelé que selon l'article R. 421-5, précité, la notification doit, s'agissant des voies de recours, « mentionner, le cas échéant, l'existence d'un recours administratif préalable obligatoire ainsi que l'autorité devant laquelle il doit être porté ou, dans l'hypothèse d'un recours contentieux direct, indiquer si celui-ci doit être formé auprès de la juridiction administrative de droit commun ou devant une juridiction spécialisée et, dans ce dernier cas, préciser laquelle ». L'inobservation de ces exigences entraîne la disqualification du délai de recours contentieux. Ainsi, et c'est cette remise en place du délai de recours consacré par le juge en dépit de cette règle, le juge administratif va affirmer que le principe de sécurité juridique qui postule que « ne puissent être remises en cause sans condition de délai des situations consolidées par l'effet du temps, fait obstacle à ce que puisse être contestée indéfiniment une décision administrative individuelle qui a été notifiée à son destinataire, ou dont il est établi, à défaut d'une telle notification, que celui-ci a eu connaissance ; qu'en une telle hypothèse, […] le destinataire de la décision ne peut exercer de recours juridictionnel au-delà d'un délai raisonnable ; qu'en règle générale et sauf circonstances particulières dont se prévaudrait le requérant, ce délai ne saurait, sous réserve de l'exercice de recours administratifs pour lesquels les textes prévoient des délais particuliers, excéder un an à compter de la date à laquelle une décision expresse lui a été notifiée ou de la date à laquelle il est établi qu'il en a eu connaissance ».

1277. Comme dans la jurisprudence Ternon[1306] où le juge administratif avait consacré un délai de quatre mois imparti à l'administration pour le

---

[1305] CE, 15 nov. 2006, *Toquet*, n° 264636.
[1306] CE, ass., 26 oct. 2001, n° 197018.

retrait d'un acte administratif créateur de droit et entaché d'illégalité, il a adopté, en l'espèce, un délai d'un an.

1278. Cette dérogation, « contra legem »[1307], apportée par le juge administratif, aux articles R. 421-1 et 5 du Code français de justice administrative traduit la souplesse qui singularise la règle relative au temps dans le contentieux administratif français. Ainsi, en contentieux administratif français, le temps saisi par le droit a un caractère malléable.

D. La nécessité de faire confiance au juge : un garant du respect du temps dans le procès

1279. L'apport du juge administratif à la fixation du cadre temporel du procès administratif en France est considérable. Il traduit le choix du législateur français de faire confiance au juge. Il faut rappeler que « le juge domine, par ses pouvoirs inquisitoriaux, le temps de l'instruction » et qu'une telle « maîtrise » « s'exprime à travers la fixation [...] des délais impartis aux parties, à peine de sanction, pour produire des documents ou fournir des explications, et ce, dans le cadre du débat contradictoire auquel donnent lieu l'échange des mémoires et pièces ou le prononcé d'injonctions de procédure ». Que « cet encadrement juridictionnel du déroulement temporel de l'instruction est symptomatique du caractère inquisitorial de la procédure »[1308].

1280. Dans le même sens, conscient de l'idée que l'intérêt général exige que les situations administratives ne puisent être remises en cause que dans un délai court, le juge a apporté des correctifs supplémentaires aux cas d'exclusions des recours sans condition de délai. Cela est louable et permet en même temps de nuancer l'idée d'un temps du procès administratif profitable au justiciable en droit français. Cette confiance faite au juge a donc un intérêt certain.

1281. En effet, ce recadrage, ou alors cette résurrection de la condition de délai se fonde sur le principe de sécurité juridique[1309]. Les différents cas de limitations apportés aux exclusions de la condition de délai montrent que le juge administratif français récuse un « usage excessif, déraisonnable du droit de recours »[1310]. Ainsi, le principe de sécurité

[1307] P. COSSALTER, note sous l'arrêt rapporté, *Revue générale du droit*, 15 juil. 2016, www.revuegeneraledudroit.eu

[1308] A. CLAEYS, *L'évolution de la protection juridictionnelle de l'administré au moyen du recours pour excès de pouvoir*, *op. cit.*, p. 527.

[1309] Voir B. SEILLER, « Sécurité juridique et office du juge administratif », *op. cit*, p. 765.

[1310] L-D. DE LAMOTHE, G. ODINET, « Délai de recours : point droit n'en faut », *AJDA* n° 29/2016, p. 1629.

juridique, entendu comme une exigence d'assurance aux citoyens des règles de droit éloignées des aléas et des revirements[1311], peut être considéré comme l'un des fondements du caractère impératif des délais.

1282. En effet, la sécurité des relations juridiques implique l'existence même d'un délai au cours duquel les actes ne peuvent plus être remis en cause. C'est ainsi que pour ne pas faire durablement obstacle à l'action des pouvoirs publics l'on admet rarement l'exclusion de « tout délai contraignant » car cela « ferait planer une incertitude permanente sur l'état des situations de droit »[1312].

1283. De ce point de vue, le juge administratif veille donc en préservant la sécurité juridique, à ce que « l'ordre établi ne puisse pas être sans cesse remis en cause et que les situations juridiques ou de fait acquièrent au bout d'un certain temps une stabilité suffisante »[1313]. Il n'est pas intéressant de pouvoir remettre en cause, et de manière perpétuelle, les décisions administratives même en dépit de leur caractère illégal[1314]. Par ces limitations supplémentaires apportées aux possibilités d'ouverture des recours sans condition de délai, le droit français a pris en compte cette règle. Toutes ces mutations de la condition de délai reflètent les mutations du droit administratif français[1315].

[1311] CE, 24 mars 2006, *Société KPMG*, n° 288460.

[1312] J.- C. RICCI, *Contentieux administratif*, *op. cit*, n° 168.

[1313] J.-L. BERGER, *Théorie générale du droit*, *op. cit*, n° 117.

[1314] R. CHAPUS, *Droit administratif général*, Paris, Montchrestien, coll. « Domat droit public », 12e éd., 1998, t. 1, p.701.

[1315] J-J. TRAMONI, « L'acte, le juge et les délais », *RRJ*, n° 1/2000, p. 262 et 272.

Conclusion du chapitre

1284. En matière d'exclusion directe de la condition de délai dans le procès administratif français, le caractère souple du temps apparaît à travers, d'une part, la dispense des délais pour les décisions prises par les organismes collégiaux, celles relatives au contentieux de la communication des documents administratifs et en matière d'exécution des décisions de justice. D'autre part, en marge de ces exclusions, on relève en droit français, des limites classiques, comme les prescriptions, auxquelles s'ajoutent d'autres limites consacrées par la jurisprudence administrative s'agissant des exceptions consacrées aux cas de dispense de la condition de délai. Cette régulation du temps par le juge laisse apparaître l'idée d'une approche flexible du temps dans le contentieux administratif français.

1285. Cette articulation souple est favorable au droit du justiciable à un recours et, de par les exclusions aux dispenses des délais, traduit une recherche régulière d'un équilibre entre ce droit au recours et la sécurité juridique. En revanche, on observe une restriction de ces cas d'exclusions directes des délais en droit camerounais et gabonais. En d'autres termes, au-delà des limites liées aux prescriptions, s'agissant des exceptions aux cas d'exclusion des délais, la jurisprudence administrative française a adopté d'autres limites. À travers ces recadrages, le droit français « manifeste combien demeure ressentie la préoccupation, justifiée, de réduire autant que possible le risque que les possibilités d'exercice du recours [contentieux] soient indéfiniment ou trop longtemps ouvertes »[1316]. Il marque, une fois de plus, son adhésion à une approche souple du temps en contentieux administratif, contrairement aux droits camerounais et gabonais.

1286. Dans ces conditions, les exclusions des délais observées dans ces divers cas en France profitent, en principe, au principe du droit au juge, donc aux justiciables et au détriment du principe de sécurité juridique que favorise l'approche rigide des droits africains.

1287. Toutefois, lorsqu'on observe les cas de consécration des délais par le juge dans le cadre des cas d'exclusion des délais, consacrés par les textes, l'exemple récent étant celui de la décision d'Assemblée du 13 juillet 2016[1317], on peut dire que cette souplesse est aussi profitable au principe de sécurité juridique. Ce pouvoir de régulation du juge administratif français lui permet de restaurer la règle des délais au nom du principe de sécurité juridique.

[1316] R. CHAPUS, *Droit du contentieux administratif*, *op. cit.*, p. 630.
[1317] CE. ass., 13 juil. 2016, n° 387763.

Chapitre 2

Une portée souple ou rigide du temps protectrice des droits du justiciable ou de la sécurité juridique eu égard à ses exclusions indirectes

1288. En procédure administrative contentieuse, les dispenses de la condition de délai ne sont pas récurrentes dans les législations d'Afrique francophone. Ceci a été observé dans le cadre des dispenses dites directes des délais contentieux. Cette limitation des aménagements en matière de délai est l'expression de la forme rigide qu'adopte le temps dans le contentieux administratif dans ces différentes législations, contrairement au droit français.

1289. Il en est de même en matière d'exclusion indirecte des délais. Il convient au préalable de rappeler à quoi renvoie la notion d'exclusion indirecte des délais. En effet, en matière de formalités pré-contentieuses, certaines situations peuvent conduire, d'une part, à l'exclusion de la condition de délai, et, d'autre part, à l'exclusion de la décision préalable. D'ailleurs, l'exclusion de la condition de délai est souvent la suite logique d'une disqualification de la décision préalable. C'est pour cette raison qu'on peut parler des causes d'exclusion indirecte des délais. C'est très souvent le cas dans le contentieux indemnitaire, notamment en France et au Gabon, de même que pour des recours dits incidents.

1290. Dans cette catégorie de dispense des délais, il existe une quasi-convergence entre les droits français et ceux d'Afrique francophone. L'exemple des recours incidents le montre clairement. Ainsi, par rapport aux droits français, en matière d'exclusion indirecte des délais, le seul hiatus qui apparaît dans les droits africains concerne le droit gabonais où l'exclusion des délais en matière indemnitaire, abrogée en France, reste applicable dans ce pays. Ces dispenses sont fondées sur la bonne administration de la justice et l'accès au juge. Ainsi, l'idée d'un temps rigide doit donc être relativisée s'agissant des droits africains (Section 2). De ce point de vue, les cas d'exclusion indirecte des délais, y compris l'adoption d'un mécanisme visant à réduire les risques d'allongement des durées des procédures en France, peuvent être associés aux exclusions directes déjà étudiées, pour soutenir l'idée d'une approche souple du temps dans le procès administratif en droit français (Section 1).

Section 1. Un temps souple en droit français : les cas d'exclusion indirecte des délais et la prévention des risques d'allongement de la durée des procédures

1291. Le droit du justiciable à un recours ainsi que la bonne administration de la justice sont certainement au centre des dispenses dites indirectes des délais en contentieux administratif. En dépit de la convergence qu'on va observer entre les droits français et d'Afrique francophone dans le cadre des dispenses indirectes des délais, il ne faut pas ignorer l'exclusion de certaines de ces dispenses des délais dans les droits africains, notamment en droit camerounais. De ce point de vue, le droit français reste marqué par la souplesse (§ 1). De même, c'est l'occasion de signaler qu'en matière de renvoi préjudiciel, lequel fait partie des cas de dispense indirecte des délais, le droit français a réaménagé ce procédé, donnant ainsi une certaine souplesse au temps dans le contentieux administratif (§ 2).

§ 1. Les cas d'exclusions indirectes du temps en droit français

1292. Ces cas d'exclusions concernent les recours incidents. Il s'agit non seulement des recours en interprétation et en appréciation de légalité (B) mais aussi de nombreux autres recours comme le recours en intervention et le recours dans l'intérêt de la loi (A).

A. L'exclusion du temps pour les recours en intervention et dans l'intérêt de la loi

1293. Avant d'analyser la portée de l'exclusion du temps en ces matières (2), il faudrait indiquer au préalable leur contenu (1).

1. Le contenu des recours en intervention et dans l'intérêt de la loi

1294. Les recours en intervention et dans l'intérêt de la loi font partie des recours où la condition de délai n'est pas applicable.

1295. Pour le recours en intervention, en effet, on sait qu'un procès comporte généralement des parties que l'on peut qualifier d' « originaires ». En fonction de l'évolution du litige, peuvent apparaître d'autres parties alors identifiées comme des intervenants. Ainsi, la juridiction peut admettre que des tiers puissent intervenir, soit volontairement, soit de manière forcée. En effet, selon l'article R. 631- 1 du Code français de justice administrative, « les demandes incidentes sont introduites et instruites dans les mêmes formes que la requête. Elles sont jointes au principal pour y être statué par la même décision ». Cette possibilité est prévue par le Code français de justice administrative[1318]. Ainsi, une personne n'ayant ni la qualité de partie, ni celle de représentée dans une affaire qui a cours entre d'autres parties peut saisir la juridiction à travers des conclusions en intervention si elle estime avoir intérêt à y être présente[1319]. En effet, cette intervention dite volontaire peut être, soit accessoire, donc visant à appuyer la prétention de l'une des parties, soit principale donc visant à faire valoir une prétention qui est propre à l'intervenant. L'intervention peut aussi se réaliser sous une autre version, notamment par voie forcée. Selon cette version, c'est-à-dire lorsqu'elle est ordonnée par le juge, il peut s'agir de l'appel en cause, de l'appel en garantie ou de l'appel en déclaration de jugement commun[1320].

1296. Pour le recours dans l'intérêt de la loi, il s'agit d'un recours qui vise à rétablir des règles lorsqu'elles ont été méconnues. Autrement dit, le recours dans l'intérêt de la loi est « destiné à contraindre l'administration ou le juge qui s'en seraient émancipés, au respect de la légalité »[1321]. Il s'agit d'un recours qui, depuis la disparition de la loi qui l'avait institué devant le Conseil d'État, est ouvert même en l'absence d'un texte. C'est un recours qui est réservé aux ministres et n'est recevable que s'il est dirigé contre une décision de justice revêtue de l'autorité de la chose jugée. Dans tous ces différents cas, le délai de recours est exclu.

2. L'exclusion du temps en matière d'intervention et des recours dans l'intérêt de la loi et leur portée

1297. S'agissant précisément du temps relatif à l'exercice de ces différents recours incidents, aucun délai n'est consacré. Le requérant bénéficie donc ici d'une dispense des délais[1322]. En effet, il a été jugé, par exemple, que le recours en intervention peut être introduit sans délai. Il est même possible de l'introduire pour la première fois en appel[1323]. C'est ainsi que dans la jurisprudence Ministre de la Construction c/ sieurs Gonidec et autres[1324], le juge administratif a relevé que le justiciable qui entendait, « non pas introduire une demande tendant à l'annulation de l'arrêté du maire [...] mais, selon ses propres termes, présenter seulement une intervention à l'appui des conclusions à fins

[1318] Art. R. 631-1, *Cja.*
[1319] R. CHAPUS, *Droit du contentieux administratif, op. cit*, n° 881, p. 777.
[1320] *Ibid*, p. 777 à 788.
[1321] B. D'ASSO. F. MONERA, *Contentieux administratif, op. cit.*, p. 430.
[1322] C. DEBBASCH, F. COLIN, *Droit administratif*, Paris, Economica, 10e éd., 2011, p. 602.
[1323] CE, 29 mars 1954, *Nardon*, *Rec.*, p. 193.
[1324] CE, 20 oct. 1965, *Rec.*, p. 538.

d'annulation déposées devant le tribunal administratif, [...] l'introduction d'une intervention n'étant [...] subordonnée à aucune condition de délai », l'autorité administrative n'était pas fondée à soutenir que le tribunal administratif avait commis une erreur de droit en s'abstenant d'opposer à de telles observations une forclusion tirée de l'expiration des délais.

1298. Le recours dans l'intérêt de la loi est lui aussi dispensé de la condition de délai. Il peut donc être exercé à tout moment. En effet, la loi organique du 3 mars 1849, relative au Conseil d'État[1325], laquelle l'instituait devant cette juridiction, disposait en son article 44 que « lorsqu'il aura été rendu par une juridiction administrative une décision sujette à annulation, et contre laquelle les parties n'auraient pas réclamé dans le délai déterminé, le ministre de la Justice pourra aussi en donner connaissance à la section du contentieux : la décision sera annulée, sans que les parties puissent se prévaloir de l'annulation ». L'exclusion de la condition de délai apparaît ainsi comme une suite tout à fait logique. D'ailleurs, selon le Conseil d'État, dès lors que de tels recours ont un lien avec la requête principale[1326], ils peuvent valablement être introduits à tout moment[1327].

1299. Toutefois, cette liberté d'agir à tout moment a été encadrée, notamment en ce qui concerne le recours en intervention. En effet, une telle action doit être exercée avant la clôture de l'instruction et à défaut elle sera réputée inexistante[1328]. Aussi, l'alinéa 3 de l'article R. 632-1 du Code français de justice administrative précise que « [...] le jugement de l'affaire principale qui est instruite ne peut être retardé par une intervention ». Il en est de même du recours incident du défendeur, en cas de pourvoi en cassation. Un tel recours n'est pas conditionné par un délai mais doit être introduit avant la fin de l'instruction.

1300. Avant d'en venir au cas d'exclusion des délais dans le cadre des recours en interprétation et en appréciation de validité, cette exclusion concernait aussi, comme il a été souligné dans d'autres cas, le

---

[1325] J.-M. AUBY, R. DRAGO, *Traite de contentieux administratif*, Paris, LGDJ, 1962, t. 3, p. 348.

[1326] CE, 17 nov. 1944, *Ville d'Avallon*, *Rec.*, p. 294.

[1327] CE, 5 janv. 1929, *Sieurs Ozenfant et Brassart c/ Ministre de la Guerre*, *Rec.*, p. 22. Dans le cadre des mesures d'instruction, on peut aussi relever que certaines d'entre elles bénéficient d'une dispense de délai. Ainsi, en matière d'expertise, certaines formalités peuvent être accomplies sans condition de délai. Dans ce cas, en effet, « les parties doivent remettre sans délai à l'expert tous documents que celui-ci estime nécessaires à l'accomplissement de sa mission ». Art. R. 621-7-1, *Cja.*

[1328] CE, sect., 19 déc. 1994, *Secrétaire d'État auprès du Premier ministre chargé de l'environnement et fédération des chasseurs de la Creuse*, n° 105798, *Rec.*, p. 563.

contentieux des travaux publics notamment avant la réforme du Code de justice administrative, opérée par le décret du 2 novembre 2016.

1301. Sous l'égide de l'ancienne version de l'article R. 421-1 du Code de justice administrative, le défaut de décision préalable en cette matière avait aussi pour incidence l'exclusion du délai. En d'autres termes, l'absence de formalité pré-contentieuse représente la cause d'exclusion du délai[1329].

1302. Dans ces conditions, même en adoptant et en portant à la connaissance de l'administré une décision préalable, celle-ci n'entraînait pas la prise en compte du délai[1330]. Dans le cas où l'administration aurait pris un acte tacite ou explicite, dès lors qu'il relèverait du domaine des travaux publics, le recours introduit au-delà du délai de recours contentieux ne pouvait entraîner l'irrecevabilité pour forclusion. Le recours contre l'acte restait donc recevable même dans le cas où le justiciable venait, malgré cette exclusion de la condition de délai, à déclencher une procédure conciliatoire[1331].

1303. Dans ce contentieux des travaux publics, jadis, comme le relève le pr Jean-Claude Ricci, le vocable « matière de travaux publics » était « doté d'un caractère attractif qui » justifiait « son extension »[1332].

1304. L'exclusion du délai concernait donc le contentieux des contrats, le contentieux des contrats d'occupation temporaire, les dommages de travaux publics, les demandes dirigées contre des ordres de versement et les états exécutoires[1333].

1305. Le Conseil d'État dans sa décision, Compagnie française Thomson-Houston et autres[1334] avait souscrit à cette interprétation extensive. En l'espèce, la société requérante sollicitait l'annulation du jugement par lequel le tribunal administratif d'Orléans avait conclu à l'irrecevabilité de son recours en raison du caractère tardif de sa requête tendant à l'annulation des titres de recettes émis pour le compte de la Commune de Fleury-les-Aubrais. Pour annuler ledit jugement, la haute juridiction releva qu'il était question d'une demande formulée en matière de travaux publics c'est-à-dire, « celles qui sont dirigées contre les actes

---

[1329] J.-C. RICCI, *Contentieux administratif*, *op. cit.*, n° 150 et 152.

[1330] R. ODENT, *Contentieux administratif*, *op. cit.*, p. 823.

[1331] J. ROCHE, « Les exceptions à la règle de la décision préalable devant le juge administratif », *op. cit.*, p. 739.

[1332] J.-C. RICCI, *Contentieux administratif*, *op. cit.*, n° 150, p. 79.

[1333] Voir dans l'ensemble, CE, 18 janv. 1963, *Wierel*, *Rec.*, p. 28 ; sect., 6 févr. 1970, *Kerguelen*, *Rec.*, p. 87 ; 13 oct. 1967, *Madelmont*, *Rec.*, p. 370 ; 27 juil. 1984, *Commune de la Teste-de-Buch* ; *Rec.*, p. 282 ; 12 févr. 1988, *Sté des automobiles Citroen*, *Rec.*, p. 64 ; ass., 16 oct. 1970, *Tpg des Hauts-de-Seine*, *Rec.*, p. 584.

[1334] CE, sect., 22 oct. 1976, n° 90993.

tendant à percevoir tout ou partie des sommes nécessaires au financement de travaux publics, lorsque ces demandes ne sont pas régies par des dispositions spéciales »[1335]. Ainsi, aucune condition de délai n'était applicable[1336].

1306. Dans le même sens, en matière de clause financière relative au permis de lotir ou de construire dans le cadre du recours en annulation contre ladite clause, le juge administratif mettait en œuvre la procédure de droit commun avec, notamment en ce qui concerne la condition de délai, celui du recours contentieux fixé à deux (02) mois[1337].

1307. Toutefois, par la jurisprudence Pluvian[1338], le Conseil d'État avait modifié cette position en admettant qu'un recours en annulation relatif à une clause financière d'une autorisation de lotissement bascule dans le registre d'un recours formulé en matière de travaux publics. En mettant ainsi ce recours dans le registre des matières relevant des travaux publics, le juge administratif y avait consacré la dispense des délais. On en conclut alors que, même passé le délai du recours contentieux fixé à deux (02) mois, le recours en annulation contre des prescriptions financières illégales est recevable.

1308. Dans le même sens, le Conseil d'État dans un arrêt, Commune d'Estampes[1339] était allé plus loin en précisant l'étendue de cette exclusion. Elle s'appliquait même dans le cadre de la prescription quadriennale.

1309. Jadis, le juge administratif admettait que la dispense des délais ne s'appliquait pas lorsque l'administration évoque la prescription quadriennale. Ainsi avait-il jugé dans un arrêt du 31 mai 1972, ville de Limoges. Il apportait donc une exception à la dispense des délais en matière de travaux publics. En effet, dans cette affaire où le requérant sollicitait l'annulation du jugement rendu par le tribunal administratif de Limoges qui avait rejeté sa demande tendant au paiement de ses honoraires relatifs aux travaux d'aménagement du parc, le Conseil d'État indiquait que le délai de recours contentieux de deux (02) mois « ne s'applique pas aux demandes présentées en matière de travaux publics, même si ces demandes sont dirigées contre une décision administrative notifiée au demandeur ; que ce délai est en revanche applicable aux demandes dirigées contre les décisions opposant la

---

[1335] CE, 6 févr. 1970, *Préfet de police*, *Rec.*, p. 87.

[1336] CE, 17 nov. 1971, *Compagnie d'assurance « la nationale »*, cité par Jean Roche, « Les exceptions à la règle de la décision préalable devant le juge administratif », *op. cit*, p. 739.

[1337] CE, 19 juin 1981, *M. Royer*, req. n° 14243, *Droit administratif*, 1981. 236

[1338] CE, sect., 13 nov. 1981, *Rec.*, p. 413.

[1339] CE, sect., 6 déc. 2013, n° 3440062.

déchéance quadriennale, même si la créance à laquelle est opposée cette déchéance intéresse la matière des travaux publics »[1340]. Cette jurisprudence était contestable parce que le litige relevait de la branche non pas du contentieux de l'annulation mais du plein contentieux et bénéficiait normalement d'une dispense de délai.

1310. C'est donc cette jurisprudence qui fut remise en cause dans l'affaire Commune d'Estampes[1341], précitée. Ici, le Conseil d'État va revenir sur sa position en admettant désormais la plénitude des délais d'exercice de recours accordée aux requérants en matière de travaux publics ou de contentieux indemnitaire même lorsqu'il est question de la prescription quadriennale[1342]. Cet exemple, historique, relatif aux travaux publics permet de comprendre aisément les autres cas encore en vigueur comme dans les recours en interprétation.

B. L'exclusion du temps pour les recours en interprétation et en appréciation de validité des actes administratifs

1311. La technique du renvoi préjudiciel est l'une des conséquences du dualisme juridictionnel en vigueur dans les États de tradition juridique francophone comme la France et les pays africains ralliés à cette tradition. Cette séparation des domaines de compétence en fonction de chaque ordre de juridiction peut donc conduire une juridiction d'un autre ordre, comme notamment de l'ordre judiciaire, lorsqu'elle est confrontée à une difficulté d'interprétation ou d'appréciation de validité d'un acte administratif, à surseoir à statuer. Ainsi, l'article R. 312, alinéa 4, du Code français de justice administrative dispose que « les recours en interprétation et les recours en appréciation de légalité relèvent de la compétence du tribunal administratif territorialement compétent pour connaître de l'acte litigieux ».

1312. Qu'il s'agisse d'un renvoi du juge judiciaire vers le juge administratif, ou du juge administratif vers le juge judiciaire[1343], ce procédé a une incidence sur la condition de délai en matière administrative. En effet, lorsqu'il s'agit d'une question émanant d'une autorité judiciaire, le recours est ouvert sans condition de délai. S'agissant d'un renvoi du juge administratif devant le juge judiciaire, l'incidence concerne la durée de la procédure car ce renvoi conduit à la suspension de l'affaire

[1340] *Ibid.*
[1341] *Ibid.*
[1342] Voier en ce sens, CE, 8 juil.1998, *Département de l'Isère*, n° 132302, *Rec.*, p. 308, *AJDA, 1998, p.* 797, chron. Fombeur P. et Raynaud F ; CE, sect., 19 déc. 1984, *Boehrer*, *Rec.*, p. 433 ; CE, 12 janv. 2011, *Kejjou*, *AJDA*, 2011, p. 1573, note J. Berthoud.
[1343] J. LESSI. « Les questions préjudicielles du juge administratif à l'autorité judiciaire », *AJDA* n° 5/ 2015, p. 274.

alors en cours d'examen devant le juge administratif. C'est cette question qui sera examinée dans le paragraphe suivant.

1313. S'agissant, dans un premier temps, du recours en interprétation, lorsque le juge administratif est saisi d'une question préjudicielle, celle-ci peut porter sur l'interprétation d'un acte administratif[1344]. Autrement dit, il s'agit pour lui de déterminer le sens d'une décision administrative. Il peut aussi s'agir d'une décision de justice. En dehors des précisions qu'il doit apporter, le juge peut aussi être appelé à indiquer la nature juridique qu'il convient d'attribuer à un acte donc à le qualifier. Il pourrait donc s'agir d'une question relative à la nature d'un fait, d'un organisme ou d'un bien. La question peut aussi être liée au caractère obscur ou ambigu des actes. Sa clarification devant permettre au juge judiciaire d'apporter une solution au litige dont il a été saisi. En d'autres termes, le juge judiciaire peut être confronté à un acte dont l'interprétation ou le sens sont incertains, équivoques. Le sens exact devant être identifié afin de lui permettre de résoudre un litige actuel et pendant devant sa juridiction[1345]. À l'exclusion du cas où l'interprétation est sollicitée directement par une autorité administrative, à l'instar du ministre, le recours en interprétation n'est valable que lorsqu'il s'agit d'un litige présent, actuel, d'une part, et, d'autre part, lorsque l'interprétation doit être nécessaire pour apporter une solution au litige. Il peut donc s'agir de rechercher le sens d'un texte, d'un acte administratif ou d'un jugement.

1314. Concernant la juridiction compétente, le droit français n'évoque que la compétence du tribunal administratif. On peut dans ce cas poser la question de savoir si un tel recours peut être introduit auprès d'une autre juridiction, par exemple, le tribunal des conflits. Compte tenu du fait que l'interprétation peut porter sur des décisions de justice et, à ce titre, concernerait aussi celles rendues par le Tribunal des conflits, la réponse est affirmative. Cela apparaît clairement dans la jurisprudence du Tribunal des conflits comme dans une espèce où le défendeur concluait au rejet de la requête tendant à obtenir de ladite juridiction l'interprétation de la décision qu'il avait rendue. Ainsi, « lorsqu'une décision du Tribunal des conflits comporte une obscurité ou une ambiguïté, la partie intéressée peut introduire un recours en interprétation »[1346].

[1344] S. THÉRON, « Les questions d'appréciation de la régularité d'un acte et d'interprétation devant le juge », *AJDA* n° 7/ 2012, p. 2037.
[1345] CE, 27 oct. 2000, *Conseil supérieur de l'ordre des experts comptables*, n° 198205.
[1346] TC, 20 févr. 2008, 08-03-657, n° 3657.

1315. Aussi, ce recours est offert tant aux autorités administratives qu'aux administrés ou justiciables et il peut être exercé à la fois de manière directe et par voie de renvoi. Dans le cadre d'un renvoi, donc d'un recours incident ou de renvoi préjudiciel, ce recours ne peut provenir que du juge civil ou d'une juridiction statuant en matière civile. On exclut donc le juge pénal car, depuis le 1er mars 1994, date d'entrée en vigueur du Code pénal français, réformé, le juge pénal est doté d'une plénitude de compétence en matière d'interprétation. Autrement dit, aucune question préjudicielle n'est possible devant une juridiction statuant en matière pénale[1347].

1316. Le législateur confie cette mission au juge administratif dans le strict respect des matières qui relèvent de sa compétence. En dépit donc du fait que dans la jurisprudence Gisti[1348], le Conseil d'État s'est reconnu compétent en matière d'interprétation des accords internationaux, donc en excluant la question préjudicielle qui conduisait à un renvoi devant le ministre des Affaires étrangères, le recours en interprétation ne reste possible que dans le cas où l'acte en question relève de la compétence du juge administratif[1349].

1317. Ensuite, le juge administratif peut aussi être saisi d'un recours en appréciation de légalité. Il est question dans ce cas de statuer sur le caractère légal d'un acte, de contrôler si l'acte mérite d'être maintenu en vigueur ou encore s'il est légalement existant. Un tel recours est exclusivement un recours incident ne pouvant donc intervenir que sur renvoi. En effet, l'on ne peut exercer un tel recours « qu'en conséquence d'un jugement par lequel un tribunal judiciaire, estimant se trouver en présence d'une question préjudicielle relevant de la compétence administrative, à, tout à la fois, sursis à statuer devant la difficulté et renvoyer les parties »[1350] à s'adresser au juge administratif. Cette saisine du juge de l'administration ne peut être que la résultante de « l'exercice du recours, ce dernier étant ouvert aux seules parties à l'instance »[1351], avec, cependant, la possibilité pour les tiers d'intervenir. Le juge administratif ainsi saisi ne doit apporter de réponse qu'aux questions qui lui ont été soumises. Il doit y répondre dans leur totalité.

1318. Concernant précisément la question du temps relatif à l'exercice de ce recours, la condition de délai n'est pas requise. Le recours en interprétation comme celui relatif à l'appréciation de la légalité est donc

---

[1347] Art. 111-5, *Code pénal.*

[1348] CE, ass., 29 juin, 1990, *Gisti, Rec.*, p. 171.

[1349] CE, sect., 28 juil. 1951, *Société Mathieu, Rec.*, p. 468 ; 17 mars 1972, *Deschamps, Rec.*, p. 228.

[1350] R. CHAPUS, *Droit du contentieux administratif, op. cit*, n° 850, p. 754.

[1351] *Ibid*, n° 852, p. 755.

ouvert sans délai. Ainsi, au-delà de l'exception relative au ministère d'avocat, « le recours en appréciation de légalité [n'est] soumis à aucune condition de délai »[1352]. Il s'agit d'une exclusion fortement établie en la matière donc, bien affirmée par la jurisprudence. C'est en effet ce que rappelait le juge administratif français dans l'affaire Fernandez[1353]. Dans cette espèce, le requérant sollicitait l'appréciation de la légalité d'un décret qui rapportait une précédente décision relative à sa naturalisation. Le Conseil d'État, se prononçant sur la fin de non-recevoir soulevée par l'autorité administrative et relative au caractère tardif du recours introduit par le requérant, rappela, expressis verbis, que « le recours en appréciation de validité d'un acte administratif sur renvoi de l'autorité judiciaire n'est soumis à aucune condition de délai ».

1319. En cette matière, en effet, il faut d'abord relever que cette exclusion de la condition de délais se fonde sur l'idée que la justice administrative, et par là le régime administratif, repose sur des bases et des principes qui lui sont propres. Cela justifie aussi la présence d'un dualisme juridictionnel. Et parmi les règles qui s'appliquent au contentieux administratif, figure l'exigence des formalités préalables à l'instar de la décision préalable. Or, le renvoi relatif à l'interprétation de l'acte administratif ne fait véritablement pas partie du contentieux administratif. Il s'agit simplement d'une question incidente puisque le litige dont il est question en matière de renvoi est de nature civile et n'obéit pas aux mêmes règles que celles du contentieux administratif.

1320. Ensuite, l'on doit noter que puisque le juge judiciaire n'est pas compétent pour statuer sur la question de l'interprétation et de l'appréciation de validité de certains actes administratifs, « c'est indirectement aussi à l'interdiction du déni de justice qu'il peut être fait appel pour renverser la présomption d'irrecevabilité qui s'attache à un recours concernant un acte non décisoire »[1354]. Ainsi, ce recours dont est saisi le juge administratif ne porte pas sur une décision. De ce fait, le caractère complexe des règles de répartition des compétences dans un contexte de dualisme juridictionnel ne devrait « en aucune façon, interdire à un requérant d'obtenir une réponse à la prétention »[1355] qu'il a normalement évoquée.

1321. Enfin, lorsqu'on part de l'idée que la décision préalable a aussi été consacrée pour réduire le flux du contentieux ou encore pour protéger

---

[1352] CE, 22 janv. 2007, *Jean A*, n° 288838.

[1353] CE, 19 janv. 1973, *Fernandez*, *Rec.*, p. 49.

[1354] B. DEFOORT, *La décision administrative*, *op. cit.*, n° 541, p. 380.

[1355] *Ibid.*

l'administration[1356], elle n'a pas de raison d'être en matière d'interprétation puisque ce n'est pas l'administration qui est directement partie au procès. Le juge administratif n'est saisi que pour préciser le sens de l'acte administratif. De ce point de vue, l'exigence d'une formalité préalable, ici, n'a pas sa place.

1322. En dehors de cette exclusion du délai de recours lorsque le juge administratif est saisi sur renvoi du juge judiciaire, cette procédure de renvoi a également une incidence sur le temps dans le contentieux administratif, notamment en matière de durée des procédures, lorsqu'il s'agit d'un renvoi du juge administratif au juge judiciaire. Dans ce dernier cas, l'idée de la souplesse du temps dans le procès administratif français est liée à cette précaution récemment adoptée par la jurisprudence du Tribunal de conflits, et reprise par le Conseil d'État.

§ 2. La souplesse tirée de la réduction des conséquences du renvoi préjudiciel sur le temps du jugement en droit français

1323. La souplesse qui caractérise le temps dans le contentieux administratif français est liée ici à l'amélioration possible du temps du procès au regard de l'encadrement apporté au renvoi préjudiciel (B). Pour le comprendre, il faut dégager, au préalable, l'impact de ce renvoi du juge administratif vers le juge judiciaire sur la durée de la procédure (A). Aussi, cette souplesse est liée à l'influence du droit à un procès équitable, notamment du droit européen, et pourrait être renforcée par la prescription d'un délai pour statuer à la juridiction de renvoi (C).

A. La problématique des lenteurs judiciaires liées au renvoi préjudiciel

1324. Il faut rappeler que lorsqu'on parle des cas de dispense des délais tirés de l'exclusion de la phase pré-contentieuse, l'on doit entendre par là les exclusions qui sont principalement le résultat d'une exclusion des formalités préalables au recours contentieux. Dans ces différents cas, en effet, l'exclusion du délai n'est que le résultat « de l'absence de décision préalable nécessaire pour lier le contentieux : comme il n'y a pas de point de départ, il ne saurait exister d'écoulement d'un délai »[1357].

1325. Cette précision étant faite, on doit relever que c'est dans le cadre des recours incidents, lesquels font également partie des actions qui entraînent indirectement une dispense des délais, que l'action du juge français tendant à assouplir le temps de la justice est intervenue. Il a

[1356] J. C. RICCI, *Contentieux administratif*, *op. cit.*, p. 79.
[1357] *Ibid*, n° 225.

essayé de réduire les risques de lenteur judiciaire liés au renvoi préjudiciel. C'est ce qui permet de justifier ici l'idée de l'adhésion du droit français à une approche dynamique du temps dans le contentieux administratif.

1326. En effet, on sait que l'une des raisons ayant conduit à préconiser le rejet du dualisme juridictionnel c'est bien le retard que le renvoi préjudiciel, conséquence de ce dualisme, peut occasionner sur le temps du jugement[1358]. On comprend ainsi le caractère pluriel du temps juridictionnel, lequel signifie que ce temps « n'appartient pas au seul juge mais est, au contraire, partagé avec d'autres acteurs, les parties bien évidemment, mais aussi, parfois, avec le juge judiciaire ou communautaire par le jeu des questions préjudicielles »[1359]. Cela dit, rendre la justice dans ces conditions « prend inévitablement du temps, sans que le juge soit toujours en mesure d'en maîtriser tous les aspects »[1360].

1327. Il faut repréciser qu'à l'occasion d'un litige entre deux particuliers devant une juridiction de l'ordre judiciaire, il peut arriver que l'une des parties fasse valoir une dénaturation d'un acte invoqué à son encontre ou encore soulève son caractère illégal. La suite du procès étant liée à cette question, il sera important d'y apporter une réponse. La juridiction civile n'étant pas, en principe, compétente en ce qui concerne les actes administratifs devrait transmettre la question au juge administratif. Soit, cela ferait du juge de l'action un juge de l'exception, autrement dit la question ainsi posée serait une question préalable devant le juge judiciaire dont la conséquence serait de favoriser un traitement contentieux dans un délai moins long. Soit il y aura un renvoi devant le juge administratif. Ainsi, en optant pour une question préjudicielle, c'est-à-dire pour le renvoi devant la juridiction administrative, il y a un risque élevé d'allongement du temps ou de l'âge du procès. C'est le véritable inconvénient d'un tel choix. De même, la question préalable a l'inconvénient de mettre en place une jurisprudence judiciaire qui peut être contraire à celle du juge administratif. De ce point de vue, entendu comme une question « qui, survenant à propos d'un litige principal dont elle commande au moins pour partie la solution, n'est pas susceptible de la juridiction du tribunal du principal mais impose, pour la régler, la

---

[1358] En ce sens, D. TRUCHET, « Plaidoyer pour une cause perdue : la fin du dualisme juridictionnel », *in* A. Van Lang (dir), *Le dualisme juridictionnel : limites et mérites*, Paris, Dalloz, coll. « Thèmes et commentaires », 2007, p. 200.

[1359] M. VIALETTES, A. CORREGES et A. ROBINEAU-ISRAËL, « Les temps de la justice administrative », *in juger l'administration, administrer la justice*, *op. cit.*, p. 836.

[1360] *Ibid.*

saisine d'un autre tribunal »[1361], le renvoi préjudiciel représente un « grave inconvénient contentieux »[1362]. En effet, même « si le renvoi effectué par un juge par la voie de la question préjudicielle pour résoudre une difficulté permet d'éviter une éventuelle divergence entre les deux ordres, il conduit de manière certaine à allonger les délais [...] »[1363].

1328. En matière de libertés fondamentales, le renvoi préjudiciel fait l'objet de nombreuses critiques. Celles-ci sont fondées dès lors que la nécessite de juger dans un délai raisonnable est compromise. Elle apparaît à travers cet « allongement notable de la durée du procès » où, « la victime de l'atteinte à la liberté devient également victime [presque inoffensive] du retard de la décision [...]»[1364]. Dans ces conditions, on peut observer que le référé-liberté dont le délai de jugement est fixé de quarante (48) heures n'est pas souvent strictement pris en compte[1365].

1329. De même, avec la question prioritaire de constitutionnalité, les interrogations relatives à la question préjudicielle ont resurgi. En effet, en France, la recherche de l'amélioration des rapports entre l'administration et les administrés de même que l'abondance des normes sont l'une des causes de l'engorgement des juridictions administratives avec comme conséquence les lenteurs judiciaires. À cela s'ajoute le renvoi préjudiciel, traditionnellement entretenu par le dualisme juridictionnel. Ce dualisme a été réactivé par l'arrivée de la question prioritaire de constitutionnalité, présentée comme « l'aboutissement le plus récent de cette propagation du mécanisme préjudiciel à tous les secteurs du droit »[1366].

1330. Ainsi, ce nouveau mécanisme peut apparaître comme un moyen pour une partie de gagner du temps. Il faut compter trois (3) mois, au maximum, entre l'invocation de cette question et la décision de filtrage rendue par la Cour concernée. À cela s'ajoute un autre délai de trois (3) mois toutes les fois qu'interviendra un renvoi au Conseil

---

[1361] Y. GAUDEMET, « Les questions préjudicielles devant les deux ordres de juridiction », *RFDA*, n° 5/1990, p. 764.

[1362] A. DE LAUBADERE, J.-C. VENEZIA, Y. GAUDEMET, *Traité de droit administratif Droit administratif général*, Paris, LGDJ, 15e éd., t.1, 1999, p. 360.

[1363] J.-M. POISSON, *Les droits de l'homme et les libertés fondamentales à l'épreuve de la dualité de juridictions*, Paris, L'Harmattan, coll. « Logiques juridiques », 2003, préface de François Julien-Laferrière, p. 64.

[1364] *Ibid*, p. 67.

[1365] En ce sens, P. CASSIA, « Le juge administratif des référés, la qpc et le droit de l'Union européenne », *La semaine juridique, édition générale*, n° 26/2010, 739

[1366] C. CALLET, « La fonction juridictionnelle à l'épreuve de la question préjudicielle. Regard théorique sur les fonctions de la question préjudicielle », *Jurisdoctoria*, n° 6/2011, p. 17.

constitutionnel. Au total, « Trois ou six mois de gagnés peuvent être dans certains contentieux d'une grande utilité pour les intérêts d'une partie »[1367]. C'est ce risque d'atteinte au droit à un procès équitable, notamment au délai raisonnable de jugement, qui a permis de suggérer l'exclusion du mécanisme du renvoi préjudiciel[1368]. À défaut de le supprimer, le juge français a essayé d'en réduire les conséquences comme le montre la jurisprudence du Tribunal des conflits. C'est en cela que l'approche temporelle en procédure administrative contentieuse en France a été marquée, sous cet angle, du sceau de la souplesse.

B. La souplesse par la prévention des risques des lenteurs judiciaires en matière de renvoi préjudiciel en droit français : le droit du justiciable à un procès équitable

1331. Il convient de noter que s'agissant de cette prévention des risques de rallongement du temps des procédures, le droit français a, d'une part, consacré des exceptions à cette procédure de renvoi préjudiciel (1), et, d'autre part, a adopté une procédure souple (2).

1. La prévention des risques d'allongement du temps des procès à travers les exceptions à la règle du renvoi

1332. Cette prévention a d'abord été révélée par le Tribunal des conflits dans l'affaire Scea du Chéneau[1369] avant d'être reprise par le Conseil d'État six mois après dans la jurisprudence Fédération Sud Santé sociaux[1370] et récemment dans l'affaire Association les comédiens et intervenants audiovisuels[1371].

1333. On note bien que le mécanisme du renvoi préjudiciel a pour conséquence un durcissement du temps de la justice. Cependant, marquant son adhésion à une approche souple du temps de la justice, le juge français a essayé d'apporter une solution à ce problème.

[1367] B. WARUSFEL, « L'avocat comme acteur majeur du procès constitutionnel », *in* E. Cartier (dir), *La qpc, le procès et ses juges. L'impact sur le procès et l'architecture juridictionnelle.* Paris, Dalloz, coll. « Méthodes du droit », 2013, p. 89.

[1368] J.-M. POISSON, *Les droits de l'homme et les libertés fondamentales à l'épreuve de la dualité de juridictions*, *op. cit*, *ibid* ; D. TRUCHET, « Plaidoyer pour une cause perdue : la fin du dualisme juridictionnel », *in* A. Van Lang (dir), *Le dualisme juridictionnel : limites et mérites*, *op. cit.*, p. 200.

[1369] TC, 17 oct. 2011, *Scea Chéneau*, n° 3828 et 3829.

[1370] CE, sect., 23 mars 2012, *Fédération Sud Santé sociaux*, n°331805.

[1371] CE, 7 mai 2015, *Association des comédiens et intervenants audiovisuels*, n° 375882.

1334. En effet, à l'occasion l'affaire Scea du Chéneau, l'appréciation de la légalité des actes administratifs qui jusqu'ici était réservée au seul juge de l'administration au regard de la jurisprudence Septfonds[1372] a été modifiée. Le juge a admis que « si, en cas de contestation sérieuse portant sur la légalité d'un acte administratif, les tribunaux de l'ordre judiciaire statuant en matière civile doivent surseoir à statuer jusqu'à ce que la question préjudicielle de la légalité de cet acte soit tranchée par la juridiction administrative, il en va autrement lorsqu'il apparaît manifestement, au vu d'une jurisprudence établie, que la contestation peut être accueillie par le juge saisi au principal » ou encore « dans le cas où serait en cause devant lui, à titre incident, la conformité d'un acte administratif au droit de l'Union européenne ».

1335. L'application de cette jurisprudence ne s'est pas limitée au niveau du Tribunal des conflits car, souligne le pr Fabrice Melleray, « il aura tout juste fallu attendre six mois pour que le Conseil d'État [...] s'approprie la récente jurisprudence du Tribunal des conflits réduisant le champ d'application des questions préjudicielles entre juridictions administratives et judiciaires »[1373].

1336. Cette affaire concernant un arrêté ministériel portant agrément d'un accord de branche. À cette occasion, le juge administratif va reprendre la jurisprudence Scea du Chéneau, même s'il finira par surseoir à statuer vu que les conditions fixées par cette jurisprudence n'étaient pas remplies[1374].

1337. C'est dans l'affaire Association des intervenants audiovisuels qu'il procéda réellement à l'application de cette restriction du renvoi du juge administratif vers le juge judiciaire. En effet, en matière d'accord collectif de travail, une telle convention ne s'applique, en principe, qu'entre ses signataires. Toutefois, son application aux non-signataires est possible sur la base d'une décision du ministre en charge du travail. À cette occasion, notamment en ce qui concerne cette décision administrative procédant à cette extension, il peut survenir des conflits de compétence en cas de litige.

1338. C'est dans ce sens que le Conseil d'État a eu, une seconde fois l'occasion de mettre en œuvre, réellement, la jurisprudence Scea du Chéneau. Ainsi a-t-il souligné « que l'article 4.1.2 du sous-titre II du titre III de la convention collective nationale de la production

---

[1372] TC, 16 juin 1923, *Septfonds*, n° 00732.
[1373] F. MELLERAY, « Nouveau recul des questions préjudicielles », note sous CE, sect., 23 mars 2012, n° 331805, *Fédération sud santé sociaux*, *Droit administratif*, n° 6, juin 2012, comm. 56.
[1374] *Ibid.*

cinématographique prévoit que, pour les tournages en décors naturels nécessitant cinquante acteurs de complément ou plus, un temps d'émargement pouvant aller jusqu'à trente minutes à partir de l'heure de la convocation ne sera pas décompté comme temps de travail effectif ; qu'il ressort des stipulations de la convention que, pendant le temps d'émargement, qui est la conséquence de l'organisation imposée par l'employeur, les acteurs de complément sont à la disposition de celui-ci et se conforment à ses directives, sans pouvoir vaquer librement à des occupations personnelles ; qu'il résulte d'une jurisprudence établie de la Cour de cassation que, dans une telle hypothèse, la période en cause fait partie de la durée du travail effectif ; qu'il apparaît ainsi manifestement que le temps d'émargement prévu par la convention doit être inclus dans la durée du travail effectif ; que, par suite, la contestation relative à la validité de la convention sur ce point peut être accueillie par le Conseil d'État, saisi de la légalité de l'arrêté prononçant l'extension de son titre III ». Dans ce cas, le juge administratif n'avait pas renvoyé cette question devant le juge judiciaire. Ces assouplissements apparaissent aussi dans la réforme récente du Tribunal de conflits, s'agissant de la procédure de renvoi.

2. La prévention des risques de rallongement du temps des procès par l'aménagement de la procédure du renvoi

1339. La récente réforme du Tribunal des conflits[1375] par le décret n° 2015/233 du 27 février 2015 relatif au Tribunal des conflits et aux questions préjudicielles a apporté un certain nombre de réformes allant aussi dans le sens de réduire ces risques de rallongement de la durée des affaires au regard du renvoi préjudiciel. En effet, la procédure de renvoi a été simplifiée car, selon l'article 47 de ce décret, consacré à la question préjudicielle, et qui renvoie à l'article R. 771-2 du Code de justice administrative, la saisine du juge judiciaire est faite directement par la juridiction administrative. Autrement dit, la juridiction administrative saisie au principal saisit directement la juridiction de l'ordre judiciaire de la question. En effet, « lorsque la solution d'un litige dépend d'une question soulevant une difficulté sérieuse et relevant de la compétence de la juridiction judiciaire, la juridiction administrative initialement saisie la transmet à la juridiction judiciaire compétente ». Par ailleurs, l'article R. 771-2-2 prévoit que « le pourvoi en cassation contre les jugements statuant sur une question préjudicielle

---

[1375] Voir, P. GONOD, « La réforme réalisée. La modification de la loi du 24 mai 1872 », *RFDA*, n° 2/2015, p. 331 ; J. BOUDON, « La réforme du Tribunal des conflits », *RDP*, n° 6/2014, p. 1579 ; C.-A. DUBREUIL, « Tribunal des conflits : réformer, simplifier, sinon rien ! », *La semaine juridique administrations et collectivités territoriales*, n° 4/2014, act. 85.

est présenté dans les quinze jours de leur notification ». Le législateur a adopté cette solution que proposait le vice-président du Conseil d'Etat Jean-Marc Sauvé lorsqu'il indiquait, concernant les questions préjudicielles administratives, qu'« au lieu d'un transfert de l'appel aux cours administratives d'appel, qui ralentirait la procédure, il paraît plus intéressant de penser à la rénovation de ce contentieux en parallèle dans les deux ordres de juridictions. Il serait d'abord utile que le juge auteur d'une question préjudicielle saisisse lui-même le juge compétent de l'autre ordre de juridictions [...] »[1376].

1340. Du côté du juge judiciaire, également, on peut relever quelques éléments qui vont dans le même sens. En effet, l'article 48 de ce même décret qui renvoie à l'article 126-14 et 15 du Code de procédure civile prévoit qu'en cas de saisine de la juridiction de l'ordre judiciaire « d'une question préjudicielle soulevée par une juridiction administrative, le greffe convoque à l'audience, un mois au moins à l'avance et par lettre recommandée avec demande d'avis de réception, les parties à l'instance engagée devant la juridiction administrative et les invite à constituer, s'il y a lieu, avocat dans ce délai. La convocation précise qu'à défaut de comparution les parties s'exposent à ce qu'un jugement soit néanmoins rendu en leur absence. La juridiction statue à bref délai. Le jugement est rendu en premier et en dernier ressort. Le délai de pourvoi en cassation est de quinze jours à compter de la notification du jugement ». L'ensemble de ces mesures se fonde sur la nécessité de ne pas laisser longtemps le litige en suspens. La saisine du juge judiciaire, directement par le juge administratif, évite un nouveau parcours de combattant aux justiciables à la recherche du juge judiciaire compétent pour connaître de cette question incidente. De même, le raccourcissement des délais d'instruction va dans le même sens. On peut seulement regretter le fait que le législateur n'ait pas prescrit au juge saisi de la question un délai pour statuer. Cela renforcerait pourtant cette réduction des risques de lenteurs judiciaires.

C. Une souplesse liée à l'influence du droit européen

1341. Il convient au préalable de rappeler que la dérogation à la règle du renvoi préjudiciel avait déjà été mentionnée par le juge constitutionnel à l'occasion de l'affaire Conseil de la concurrence[1377]. Selon cette

[1376] J.- M. SAUVE, « La répartition des compétences au sein de la juridiction administrative », *in* C. Teitgen- Colly (dir), *Perspectives contentieuses des réformes de la justice administrative*, *op. cit*, p. 49.
[1377] CC, 23 janv. 1987 (86-224 DC, Rec. 8).

décision, la bonne administration de la justice[1378] apparaît comme un motif permettant de déroger au principe du dualisme juridictionnel afin de simplifier la situation des justiciables et d'accélérer le temps du jugement.

1342. En effet, les dérogations à cette règle du renvoi préjudiciel sont plus liées à l'influence du droit à un procès équitable, notamment le délai raisonnable de jugement qui est devenu une règle importante du procès sous l'influence de la Convention européenne des droits de l'Homme. Ainsi, lorsqu'on évoque la notion de droit à un procès équitable, on pense aussi à la nécessité d'une justice rendue sans retard excessif. C'est ce que consacre d'ailleurs le paragraphe premier de l'article 6 de la Convention européenne des droits de l'Homme lorsqu'il dispose que toute personne a droit à ce que sa cause soit entendue « dans un délai raisonnable ». C'est en ce sens que, comme le relève le pr Charles-André Dubreuil, « sous l'influence de la Cour EDH, le Conseil d'État a [...] reconnu l'existence d'un cas de responsabilité, sans qu'il soit besoin de prouver une faute lourde, en cas de violation du droit à voir sa cause jugée dans un délai raisonnable. Pour ce faire, le Conseil d'État s'est à la fois fondé sur les articles 6, § 1 et 13 de la Convention EDH et sur les principes généraux de la responsabilité administrative »[1379]. Cela montre que le souci d'une bonne administration de la justice demeure une préoccupation majeure avec notamment le droit du justiciable à une justice rendue dans un délai raisonnable.

1343. On peut donc comprendre que le dualisme juridictionnel peut avoir un effet pernicieux sur le droit à un procès équitable. On peut dire que ce sont ces risques d'allongements du temps du procès que le juge a essayé de rectifier en admettant le rejet du renvoi préjudiciel lorsque l'affaire porte sur « la conformité d'un acte administratif au droit de l'Union européenne » ou encore lorsque l'illégalité de la décision administrative apparaît « manifestement, au vu d'une jurisprudence établie »[1380] ou « clairement, au vu notamment d'une jurisprudence établie »[1381], comme l'a réitéré ce même Tribunal des conflits deux mois après dans l'affaire Green Yellow, le renvoi ne s'applique pas[1382].

[1378] J.-M. SAUVE, « Le juge administratif et les actes et les activités de droit privé », Allocution à l'occasion des Deuxièmes États Généraux du droit administratif, 27 juin 2012, http://www.conseil-etat.fr/Actualites/Discours-Interventions/Le-juge-administratif-et-les-actes-et-activites-de-droit-prive. Consulté le 07 oct. 2016 à 18 h.

[1379] C.-A. DUBREUIL, « Dépassement du délai raisonnable de jugement, note sous CE, 26 mai 2010, *La semaine juridique édition générale*, n° 24, 14 juin 2010, 669.

[1380] TC, 17 oct. 2011, *SCEA Chéneau*, n° 3828 et 3829.

[1381] TC, 12 déc. 2011, *Société Green Yellow et autres*, n° 3841.

[1382] F. MELLARAY, « Que reste-t-il de la jurisprudence Septfonds ? », *Droit administratif* - janvier 2012 - n° 1.Disponible sur le site http://www.lexisnexis.fr/droit-

1344. Mais le législateur pourrait aller plus loin. En effet, le mécanisme du renvoi préjudiciel qui est une conséquence de la dualité de juridiction conduit, comme on l'a dit, souvent à des allongements du temps de la justice[1383]. La détermination d'un délai pour statuer en cas de renvoi peut aussi limiter cet inconvénient. Cela dit, dans le but de prendre en compte le délai raisonnable de jugement face au renvoi préjudiciel, il serait bon que le juge saisi sur renvoi se prononce dans un délai précis.

1345. Cela contribuerait à réduire les lenteurs liées à l'abandon des justiciables à la conquête du juge appelé à connaître de leur affaire. Cela est important au regard des critiques adressées au renvoi préjudiciel. S'agissant par exemple des libertés fondamentales, comme le souligne justement un observateur, l'impératif d'une décision rapide en cette matière est remis en cause par un « allongement notable de la durée du procès », et dans ces conditions, « la victime de l'atteinte à la liberté devient également victime [presque inoffensive] du retard de la décision [...] »[1384]. C'est ainsi que pour le référé-liberté, le délai de quarante (48) heures prévu pour statuer n'est pas souvent strictement observé. Dans ce sens, concernant le renvoi lié à la question prioritaire de constitutionnalité, en matière de référé, le pr Paul Cassia relève qu'il serait prudent de la part du juge de l'urgence de s'abstenir de donner automatiquement libre cours à cette procédure même si cela peut paraître paralysant pour une telle garantie[1385].

1346. À l'exception de ce mécanisme de prévention des risques de rallongement du temps des procédures, les différents cas d'exclusions indirectes des délais s'appliquent en droit camerounais et gabonais, notamment en ce qui concerne les recours incidents. La seule atténuation concerne la dispense en matière de responsabilité laquelle n'existe pas en droit camerounais, comme dans certains autres pays d'Afrique francophone. Cette atténuation est liée au caractère quasi général de la règle du recours administratif préalable.

---

document/article/droit-administratif/01-2012/010_PS_RDA_RDA1201CM00010.htm#.VnFMcGP594N. Consulté le 16 déc. 2015 à 13h.

[1383] En ce sens, Y. GAUDEMET, « Les questions préjudicielles devant les deux ordres de juridiction », *RFDA*, n° 5/1990, *précité*.

[1384] J.- M. POISSON, *Les droits de l'homme et les libertés fondamentales à l'épreuve de la dualité de juridictions*, *op. cit.*, p. 67.

[1385] P. CASSIA, « Le juge administratif des référés, la qpc et le droit de l'Union européenne », *op. cit.*, *ibid.*

Section 2. La relative rigidité du temps dans les droits africains : la quasi-identité des cas d'exclusion indirecte des délais dans l'ensemble des législations

1347. De manière générale, en dehors de l'absence de mécanisme de prévention des risques de rallongement de la durée des affaires en cas de renvoi du juge administratif vers le juge judiciaire, la césure entre les législations camerounaise et gabonaise dans le cadre des dispenses indirectes des délais n'est pas considérable comme en ce qui concerne les cas d'exclusions directes des délais. En effet, le caractère rigide du temps dans le procès administratif dans ces législations doit être relativisé. En dehors du Gabon où s'applique l'exclusion du délai en matière de travaux publics et de responsabilité (§ 1), les autres cas d'exclusions, concernant notamment des recours incidents, sont en vigueur dans ces différents droits (§ 2). Cette ressemblance est la marque de l'héritage commun de ces différents pays de tradition juridique francophone.

§ 1. La relative rigidité eu égard à l'exclusion de la condition de délai en matière de travaux publics et de responsabilité au Gabon

1348. Dans un premier temps, on doit relever que l'exclusion du délai de recours en matière de travaux publics est un cas applicable au Gabon (A). Cela veut dire que le droit camerounais fait figure d'exception en cette matière (B).

A. La préservation du droit au recours en raison de la dispense des délais en matière de travaux publics et de responsabilité au Gabon

1349. La dispense des délais de recours liée à l'exclusion de la phase préalable en matière de responsabilité et des travaux publics en droit gabonais est plus favorable au droit d'accès au juge. En droit gabonais, d'une part, l'article 42 du Code des juridictions administratives dispose qu' « en matière d'excès de pouvoir, toute requête n'est recevable que si elle a été précédée d'un recours administratif gracieux adressé à l'autorité qui a pris la décision attaquée, ou d'un recours administratif hiérarchique porté devant l'autorité administrative immédiatement supérieure, dans un délai de trois mois à compter de la notification ou de la publication de cette décision ».

1350. D'autre part, l'alinéa 2 de l'article 50 du même Code dispose que « sauf en matière de travaux publics et de responsabilité de l'administration, la requête doit, en outre, être accompagnée de la décision attaquée ou dans le cas prévu à l'article 42 ci-dessus, de la pièce justifiant du dépôt du recours administratif préalable ».

1351. L'analyse de ces deux dispositions montre que le droit a exclu la phase pré-contentieuse en matière de responsabilité et de travaux publics, et, en revanche l'exige en matière d'excès de pouvoir.

1352. Le droit gabonais n'est pas un cas isolé parmi les États d'Afrique francophone. D'autres exemples sont observables. Dans de nombreux autres pays d'Afrique ralliés à la tradition juridique française, ce cas d'exclusion de la condition de délai a été consacré.

1353. On peut citer plusieurs exemples. Au Mali par exemple, la loi n° 94/006 du 10 mars 1994 portant organisation et fonctionnement des tribunaux administratifs au Mali, bien que n'ayant pas expressément consacré le recours administratif préalable, en matière d'annulation cette exigence est admise par la jurisprudence. Aussi, il faudrait noter que l'article 2 du décret du 3 septembre 1959 relatif aux modalités de publication des normes a fait de cette règle une condition de recevabilité des recours en matière d'excès de pouvoir.

1354. Cela veut dire qu'en dehors du contentieux de l'excès de pouvoir, l'action en justice sans formalité préalable est possible dans les autres branches du contentieux. Mais il faut préciser que la formalité préalable dont il s'agit ici ne concerne pas la décision préalable[1386]. C'est aussi le cas au Bénin[1387], en Tunisie[1388], en Côte d'Ivoire[1389] ou encore en Centrafrique[1390].

[1386] CS/CA, 2 oct. 1978, *Bouna Coulibaly c/ Ministère du travail*. Cité par M. ONDOA, *Le droit de la responsabilité… op. cit*, p. 120 ; SALIF COULIBALY, *La pratique du contentieux administratif malien de l'indépendance à nos jours*, Thèse, Université Nice Sophia-Antipolis, 2007, p. 206.

[1387] Au Bénin, également, le caractère parcellaire du recours gracieux est encore plus renforcé car le droit de citation directe, comme le prévoit l'alinéa 3 de l'article 827 de la loi n° 2008/07 du 28 février 2008 portant Code de procédure civile commerciale sociale administrative et des comptes, la formalité préalable ne concerne pas les actes administratifs à caractère réglementaire. En effet, « avant de se pourvoir contre une décision individuelle, le demandeur doit présenter un recours hiérarchique ou gracieux tendant à faire rapporter ladite décision ». La jurisprudence n'apporte pas de démenti à cette règle. Ainsi, en ce qui concerne les autres branches du contentieux, le recours administratif préalable n'est pas exigé et même en matière d'annulation il ne s'applique que lorsqu'il s'agit des actes administratifs à caractère individuel. CS/CA, 16 nov. 1994, *Albert Zokpe c/ État béninois*, *Rec*., p. 101.

[1388] Allant dans le même sens que son homologue béninois, le législateur tunisien a lui aussi localisé la formalité aux recours dirigés contre certains actes administratifs. Il ressort des alinéas 2 et 3 de l'article 35 (nouveau) de la loi n° 72/40 du 1er juin 1972, relative au tribunal administratif qu'un « recours préalable » est obligatoire en ce qui concerne les recours pour excès de pouvoirs dirigés contre les décrets à caractère réglementaire. Il a donc, contrairement à son homologue béninois, inversé la localisation de la formalité préalable.

[1389] Le droit ivoirien va dans le même sens. Il faut d'abord relever que les pays comme la Côte d'Ivoire, le Bénin et le Sénégal ont fait des juridictions de l'ordre judiciaire des juridictions de droit commun en matière administrative. Ce rappel permettra de mieux comprendre l'usage qui sera fait des autres législations africaines en vue de mettre en exergue les caractères du temps de la justice administrative. Cela permet donc d'éviter l'instrumentalisation de ces législations. En effet, si l'on reprend à cet égard le cas du Bénin, on pourrait noter que selon l'article 49 de la loi n° 2001/37 du 27 août 2002 portant organisation judiciaire, « les tribunaux de première instance sont juges de droit commun en matière pénale, civile, commerciale, sociale et administrative ». Et, poursuit l'article 53 de la même loi, « en matière administrative, ils connaissent en premier ressort du contentieux de tous les actes émanant des autorités administratives de leur ressort ». Ce même texte indique les matières qui font partie du contentieux administratif. Il s'agit notamment des recours en annulation pour excès de pouvoir des décisions des autorités administratives ; des recours en interprétation des actes des mêmes autorités sur renvoi des autorités judiciaires ; des litiges de plein contentieux mettant en cause une personne morale de droit public sauf exceptions prévues par la loi ; des réclamations des particuliers pour les dommages causés par le fait personnel des entrepreneurs concessionnaires et régisseurs de l'administration et du contentieux fiscaux. Ces juridictions coexistent avec la Chambre administrative de la Cour suprême qui est juge de cassation de toutes les décisions rendues par les juridictions inférieures et juge d'attribution en ce qui concerne les recours contre les actes pris en conseil des ministres. Et du point de vue de la procédure applicable en ces matières, les textes renvoient à celle en vigueur dans le Code de procédure civile, commerciale, sociale et administrative. En Côte d'Ivoire, c'est la même approche qui s'applique à quelques exceptions près. Il y a une compétence générale des tribunaux de droit commun en matière administrative car suivant l'article 5 de la loi n° 72/833 du 21 décembre 1972 portant Code de procédure civile, commerciale et administrative, « les tribunaux de première instance et leurs sections détachées, connaissent de toutes les affaires civiles, commerciales, administratives et fiscales pour lesquelles compétence n'est pas attribuée expressément à une autre juridiction en raison de la nature de l'affaire ». Cependant, des compétences d'attribution sont confiées à la Chambre administrative de la Cour suprême. Elle connait des recours pour excès de pouvoir et des pourvois en cassation contre les décisions rendues par les juridictions d'instance, précitées, en matière administrative. C'est presque le même schéma qu'en droit sénégalais.
Toutefois, à la différence de ces deux autres pays, le législateur ivoirien n'a pas prévu une procédure particulière pour le règlement des litiges administratifs ainsi portés devant les juridictions de droit commun. Ensuite dans ces conditions, sur la localisation de la formalité préalable en droit ivoirien, l'article 57 de la loi n° 94/440 du 16 août 1994 déterminant la composition, l'organisation, les attributions et le fonctionnement de la Cour suprême et abrogeant la loi n° 78/663 du 5 août 1978 relative à l'organisation de cette même juridiction dispose que « les recours en annulation pour excès de pouvoir [...] ne sont recevables que s'ils sont précédés d'un recours administratif préalable ». Cela dit, à l'exclusion de cette branche du contentieux, la possibilité de saisir directement la juridiction est ouverte en matière de plein contentieux. Cette exclusion a été fidèlement reprise par la jurisprudence. La souplesse du temps est donc liée ici à l'absence de recours préalable. Art. 34, loi n° 2004/07, 23 oct. 2007, portant composition, organisation, fonctionnement et attributions de la Cour suprême ; en ce sens, SANOGO KLEGNARE, *Contentieux administratif en droit africain, Contribution à l'étude du contentieux administratif au Sénégal et en Côte d'Ivoire*, Thèse, Université de Tours, 1983, p. 61 et ss.

[1390] C'est le cas en Centrafrique. L'article 6 de la loi n° 59/14 du 8 juin 1959 portant création de la juridiction administrative prévoit qu'à l'exception des travaux publics, « le tribunal administratif ne peut être saisi que par voie de recours contre une décision et ce, dans les trois (03) mois à partir de la notification ou de la publication de la décision attaquée ». Le juge administratif applique rigoureusement cette disposition notamment en ce qui concerne le

1355. En effet, avant la loi n° 17/84 du 29 décembre 1984 portant Code des juridictions administratives au Gabon, en matière de plein contentieux, le délai de saisine était fixé à trois (03) mois en vertu de l'article 6, alinéa 5, de la loi n° 28/59 du 22 juin 1959 relative au contentieux administratif. L'alinéa premier de cette même loi excluait ce délai en matière de travaux publics. Le délai relatif à l'exercice du recours n'était pas indiqué en ce qui concernait les actes implicites de rejet.

1356. On pouvait ainsi se demander si en cas de rejet implicite du recours administratif la juridiction administrative pouvait être saisie sans condition de délai. Le juge administratif n'y avait apporté aucune précision. C'est la loi n° 17/84, précitée, qui a, par la suite, apporté une solution en excluant, au regard de l'article 42 de ce texte, la condition de délai en matière de recours de plein contentieux contre les décisions implicites ou explicites de rejet[1391].

1357. En vertu de cette nouvelle disposition, « la forclusion et le recours administratif préalable ne peuvent être invoqués que lorsque le litige relève du domaine du contentieux de la légalité»[1392]. En d'autres termes, un requérant qui fonde «ses demandes de réparation sur un acte matériel de l'administration considéré comme fautif [...] place son recours dans le plein contentieux [...] non assujetti à des conditions particulières de recevabilité »[1393].

1358. Le juge administratif gabonais affirme donc constamment que « la forclusion et le recours administratif préalable ne peuvent être invoqués que lorsque le litige relève du domaine du contentieux de la légalité »[1394]. Autrement dit, une requête tendant à la condamnation de l'État à payer diverses sommes d'argent constitue un « recours de pleine juridiction qui n'obéit pas aux prescriptions des articles 42, 46 et 50 du Code des juridictions administratives »[1395]. De même, un recours qui

---

respect des délais qui accompagnent une telle exigence. Voir CS/CA, 11 avr. 1990, *Sokony Theodore* ; *Bangu Jean-Vincent* ; 8 août 1992, *Guiango André* ; 17 mars 1993, *Lassida Miche* ; 10 mars 1994, *Godefend Mathias* ; *Bureau Jean-Bosco* ; 6 août 1994, *Demangho Léon-Marie*, *in Recueil des arrêts de la Cour suprême*, *Chambre administrative*, Paris, Éditions Giraf, 2000, n° 133, 135, 145, 149, 159, 165, 160, respectivement.

Au Mali également, l'article 15 de la loi n° 94/006 du 10 mars 1994portant organisation et fonctionnement des tribunaux administratifs dispose que « sauf en matière de travaux publics, le tribunal administratif ne peut être saisi que par voie de recours formé contre une décision [...]». Donc, en cas de recours indemnitaire lié aux travaux publics, le requérant est dispensé de la décision préalable.

1391 S. KWAHOU, *La justice administrative au Gabon…*, *op. cit.*, p. 300.

1392 CS/CA, 25 avr. 1986, *Mbogho Oyame c/ État gabonais*, rép., n° 18.

1393 Cour administrative, 27 févr. 1998, *Alevinat c/ Ministère des Finances*, rép., n° 24.

1394 CS/CA, 25 avr. 1986, *Mbogho Oyame c/ État gabonais*, rép., n° 18 ; Cour administrative, 27 févr. 1998, *Alevinat c/ Ministère des Finances*, rép,. n° 24.

1395 CS/CA, 24 mars 1989, *Taylor c/ État gabonais*, rép., n° 6.

tend à mettre en cause la responsabilité de l'administration est un « recours dit de plein contentieux qui n'est assujetti ni à un délai d'action, ni à une décision administrative préalable »[1396].

1359. Dans cette dernière jurisprudence que le juge utilise la conjonction « ni ». Elle traduit bien le rejet de la condition des délais ainsi que celle du recours administratif préalable dans cette branche du contentieux. Ainsi, tout requérant qui saisit le tribunal d'un recours en paiement de diverses sommes d'argent se place incontestablement sur le terrain du recours de plein contentieux assujetti aux seules prescriptions de l'article 50 du Code des juridictions administratives.

1360. On le voit, l'exclusion consacrée par le droit gabonais ne se limite pas, comme en France, au contentieux des travaux publics. Ce constat permet de justifier l'idée qui consiste à relativiser le caractère dit rigide du temps dans le procès administratif s'agissant des droits d'Afrique francophone. En revanche, cette exclusion ne s'applique pas en droit camerounais. Cela se comprend puis qu'on sait que la règle du recours pré-contentieux est une exigence quasi générale dans cette législation.

B. Le rejet de la dispense des délais en matière de travaux publics en droit camerounais

1361. Le droit camerounais, par contre, a maintenu la règle des recours pré-contentieux, règle observable, en principe, dans la plupart des législations d'Afrique francophone. En effet, c'est encore le lieu de rappeler que la majorité des pays africains de tradition juridique francophone a consacré la règle des préalables. Cela fait donc des citations directes un procédé en principe exclu[1397].

[1396] CS/CA, 27 fév. 1987, *Eworé Édouard* c/ *État gabonais*, rép., n° 6/87. Il en fut de même dans l'affaire, *Renombo Robertc/ État gabonais* ; CS/CA, 10 avr. 1987, rép., n° 8 /87 ; CS/CA, 18 juin 1993, *Agaf Center* c/ *État gabonais*. Dans le même sens CE, 17 déc. 2004, *Mandéndi Nyama André*, rép., n° 5/2001 ; CS/CA, 20 mars 1987, *Moaméssémoué Albert*, rép., n° 7.

[1397] Au Burkina Faso, la loi de 1995 relative aux tribunaux administratifs dispose que « la requête doit à peine d'irrecevabilité contenir [...] une copie de la décision attaquée et la pièce justifiant du dépôt de la réclamation ». Cela est repris par la loi de 2000 organisant le Conseil d'État. Selon ce texte, « la requête doit, à peine d'irrecevabilité, [...] être accompagnée de l'extrait de la décision juridictionnelle ou de la copie de la décision administrative ou d'une pièce justifiant du dépôt de la réclamation ». Donc un « requérant qui ne soumet [...] aucune décision préalable de l'autorité administrative alors que l'existence de cette décision est une condition nécessaire à la recevabilité d'un recours contentieux [...] sa requête devrait être déclarée irrecevable ». Art. 12, loi n° 21/95/ADP, 16 mai 1995, portant création, organisation et fonctionnement des tribunaux administratifs ; Art. 20, loi organique n° 015/2000/AN, 31 mai 2000 portant organisation, attribution composition et fonctionnement du Conseil d'État ; CS/CA, Haute Volta, 8 nov. 1968, *Kaboré Josué*.

1362. Alors qu'au Gabon, l'exclusion du délai de recours s'applique en matière de travaux publics, il en est autrement au Cameroun où, en dehors de quelques rares atténuations, la règle du préalable est obligatoire, quelle que soit la branche du contentieux.

1363. Cela apparaît sans équivoque dans la jurisprudence Nguena Antoine[1398]où, le juge administratif camerounais, pour conclure au rejet du recours intenté par le requérant relève que « tout recours adressé au juge administratif doit être dirigé contre une décision administrative préalable rejetant les prétentions de l'intéressé. Qu'en effet, le recours gracieux institué et rendu obligatoire [...] suppose la préexistence d'une décision exécutoire, laquelle s'entend d'un acte administratif faisant grief et dont l'administré demande l'annulation [...] Que même dans l'hypothèse du contentieux de pleine juridiction, le requérant doit provoquer, de la part de l'autorité, une décision de refus d'accéder à sa demande ».

1364. Il n'y a donc pas de dispense de délai de recours liée à l'exclusion du pré-contentieux en droit camerounais. Mais en matière de recours incident, comme notamment le recours en interprétation et en appréciation de validité, la condition de délai est exclue dans l'ensemble de ces législations d'Afrique francophone comme d'ailleurs en droit français.

En République démocratique du Congo, la jurisprudence abonde dans le même sens. Ici, l'exigence est consacrée, distinctement, selon les contentieux. En effet, « aucune requête en annulation n'est recevable si le requérant n'a pas au préalable introduit [...] une réclamation auprès de l'autorité compétente tendant à voir rapporter ou modifier cet acte ». De même, et c'est le cas du plein contentieux, « aucune demande [...] ne sera recevable si le requérant n'a pas au préalable sollicité auprès de l'autorité compétente une équitable réparation en forme d'une réclamation contenant estimation du préjudice ». Cour suprême de justice, 13 juin 1986, *Fataki Sangwa*; 22 nov. 1985, *Monanga Gegogesali* ; Art. 88 et 95, ordonnance-loi 82/017, 31 mars 1982 relative à la procédure devant la Cour suprême de justice.

En Centrafrique, comme l'indique l'alinéa 2 de l'article 29 de l'ordonnance n° 87/051 du 28 novembre 1987 portant loi organique sur la Cour suprême, devenu tribunal administratif depuis la réforme de 1996, « la mise en œuvre de la procédure juridictionnelle [...] doit être précédé de recours gracieux ou hiérarchique ». CS/CA, 11 avr. 1990, *Biya David* c/ *Ministère du Commerce* ; 11 avr. 1990, *Mbelogo Bernard* c/ *Ministère de la Défense* ; 10 mars 1990, *Moiran Martin* c/ *Ministère de l'Intérieur* ; 10 mars 1990, *Ngouagoun Marcel* c/ *Ministère de la Fonction publique*, *in Recueil des arrêts de la Cour suprême*, *Chambre administrative*, *op. cit*, n° 136, 134, 129, 125, respectivement.

Dans les pays du Maghreb, notamment la Tunisie, le Maroc et l'Algérie où le recours administratif préalable est facultatif, cette exigence devient obligatoire en matière d'imposition. Toutefois, dans ce type de contentieux, il faut parfois distinguer le recours administratif préalable, gracieux ou hiérarchique, de la réclamation préalable. En Algérie voir art. 70 et suivant du Code de procédure fiscale ; 235, Code général des impôts au Maroc.

[1398] CS/CA, jug. n° 21/85-86, 30 janv. 1986, *Nguena Antoine* c/ *Université de Yaoundé*, *in* S. Bilong, *Mémento de la jurisprudence administrative du Cameroun*, *op. cit*, p. 401.

§ 2. Une relative rigidité eu égard à l'exclusion des délais en matière d'incidents dans les droits africains

1365. Comme en France, les cas de dispenses indirectes des délais dans les droits d'Afrique francophone portent aussi sur les recours concernant les questions relatives à l'interprétation, à l'appréciation de la légalité des actes administratifs et au recours en intervention. Cela relativise alors le caractère rigide du temps qui marque essentiellement les droits africains. Il y a donc une prise en compte plus importante des droits du justiciable, notamment l'accès au juge. Cela a été clairement démontré dans le cadre de la législation française. L'idée de l'exclusion de la formalité préalable intervient notamment dans le cas où une question préjudicielle est admise. Il faut rappeler, d'emblée, que le principe est que le juge administratif demeure, à titre principal, compétent pour apprécier la légalité des actes administratifs.

1366. Le droit camerounais en donne un exemple dans la mesure où en ce qui concerne les matières dites administratives, le législateur a prévu, à côté du recours pour excès de pouvoir et des matières non répressives, les recours incidents relatifs à l'appréciation de la légalité des actes administratifs[1399]. De même, en matière d'interprétation des actes administratifs, sauf exception, le juge administratif reste tout aussi compétent qu'en matière d'appréciation. Ainsi, la juridiction administrative du lieu de l'autorité administrative dont la décision est contestée a compétence pour statuer sur les actions tendant à l'interprétation et à l'appréciation de la légalité de cet acte. Un tel recours est introduit à la suite d'un renvoi de l'autorité judiciaire[1400].

1367. Ce recours a donc clairement été consacré par la loi camerounaise de 2006 relative à l'organisation et au fonctionnement des tribunaux administratifs[1401]. Le juge administratif, récemment, s'est prononcé dans ce sens dans les affaires Zoe Nguematsa Jacob et autres c/ État du Cameroun (Mindaf) et Groupement Babouantou c/ État du Cameroun[1402]. Dans ce cas de figure, le recours devant le juge administratif intervient de façon incidente et ne peut être soumis à l'exigence d'une formalité préalable encore moins à la condition de délai.

[1399] Art. 2, alinéa 2, loi n° 2006/022, relative aux tribunaux administratifs, *précitée*.

[1400] Art. 15, alinéa 2, loi camerounaise, n° 2006/022, relative aux tribunaux administratifs.

[1401] En revanche, sous l'égide de l'ordonnance de 1972 organisant la Cour suprême notamment en son article 9, cette règle semblait exclue comme l'avait d'ailleurs exprimé le juge administratif dans l'affaire *Onambele Ela Raphael c/ État du Cameroun*. CS/CA, jug. n° 4, 31 oct. 1995, *in* S. Bilong, *Mémento de la jurisprudence administrative du Cameroun*, *op. cit*, p. 493.

[1402] CS/CA, jug. n° 252/2010, 22 sept. 2010 ; n° 91/2008, 13 août 2008, respectivement.

1368. Cette exclusion du recours administratif préalable, entraînant celle du délai, est aussi exprimée par le juge administratif gabonais. D'une part, dans l'affaire Mpemba Germaine[1403], le juge affirme que « le recours en appréciation de légalité sur lequel se fonde [la requérante] n'est pas recevable si le requérant ne justifie pas d'une décision de l'autorité judiciaire renvoyant à la juridiction administrative l'examen d'une question préjudicielle de légalité entachant une décision administrative à laquelle la solution du litige est soumise à une juridiction judiciaire »[1404]. Aussi, précise-t-il, même si une décision judiciaire est versée au dossier, dès lors qu'elle ne tend pas « à un renvoi à la juridiction administrative »[1405], il y a absence de décision émanant de l'autorité judiciaire et cela entraîne l'irrecevabilité du recours devant la juridiction administrative. Ensuite, dans la jurisprudence Ondeto[1406], le juge administratif gabonais affirme clairement qu'il est seul compétent « pour juger si l'acte attaqué est ou non entaché de falsification ; que ce recours relève du contentieux de la validité qui n'est soumis à aucune condition de délai ou de décision préalable ».

1369. On doit, toutefois, souligner que la question du renvoi préjudiciel ne se pose véritablement pas dans certaines législations d'Afrique francophone. C'est le cas en ce qui concerne les pays qui ont attribué le contentieux administratif aux juridictions de droit commun[1407]. Dans ce

---

[1403] CS/CA, 9 déc. 1988, *Penant*, n° 810/1992, p. 342.

[1404] *Ibid.*

[1405] *Ibid.*

[1406] Cour administrative, 21 mai 1982, rep n° 72.

[1407] Au Sénégal, par exemple, la loi du 2 février 1984, modifiée, et relative à l'organisation judiciaire après avoir relevé que les tribunaux de droit commun sont juges du contentieux administratif, sauf quelques resserves, ajoute que ces « juridictions ont, au cours des instances dont elles sont saisies, compétence pour interpréter et apprécier la légalité des décisions administratives ». Voir art. 4.

Mais, contrairement au droit sénégalais qui a ainsi résolu la question, le droit ivoirien qui comme le premier réserve une partie du contentieux administratif aux juridictions judiciaires n'a pas résolu cette question. La jurisprudence non plus. On pourrait alors dire que si les compétences dévolues aux tribunaux de premières instances en matière administrative ne sont pas des compétences d'attribution à caractère limitatif ou encore que la liste de ces compétences n'a pas un caractère exhaustif, il est tout à fait possible pour ces juridictions d'interpréter ou d'apprécier la légalité des actes administratifs lorsque la solution des litiges dont elles sont saisies l'exige. Aussi, aucun texte ne l'interdit non plus. En ce sens, A. BOCKEL, *Droit administratif*, Dakar, *op. cit*, p. 448.

L'on peut aussi prendre l'exemple du droit congolais (Brazzaville) où toutes les juridictions sont compétentes pour apprécier la légalité et interpréter les actes administratifs au cours d'un débat. Ainsi, l'exception d'illégalité ne constitue pas une question préjudicielle, il y'a donc une délégation générale faite à l'ensemble des juridictions, nonobstant leurs natures, à se prononcer en cas d'incident alors même qu'elles sont saisies en matière civile ou commerciale. Cette compétence générale est tout de même assortie de limites car ces juridictions ne doivent pas annuler la décision en cause encore moins faire opposition à leur cas, on retrouve encore l'idée qui consiste à relativiser le caractère rigide du temps dans le procès administratif en Afrique francophone. De même, d'autres cas de dispenses apparaissent aussi en matière d'intervention et de la force majeure[1408]. La jurisprudence administrative camerounaise[1409] a eu l'occasion de le préciser[1410]. Elle n'est d'ailleurs pas la seule dans ce sens[1411].

---

mise en exécution. Elles peuvent tout simplement en constater l'illégalité si elle existe et exclure son application au litige en cause. Art. 403, alinéa 1 et 2, Code de procédure civile, commerciale, administrative et financière.

1408 Il faut ajouter le recours dans l'intérêt de la loi. À ce sujet, le droit congolais (Brazzaville) est précis. Ici, le caractère d'ordre public des délais de recours notamment du pourvoi en cassation ne s'applique pas toujours. En effet, le procureur de la République peut d'office ou sur ordre du ministre de la Justice exercer sans délai un pourvoi dans l'intérêt de la loi. Art. 135, Code de procédure civile… *précité*.

1409 CS/CA, jug. n° 9, 28 janv. 1982, *Ngankou Flaubert Amos*, *précité*. Voir aussi H. NANAN LEKOGMO, *L'intervention et la tierce opposition dans les contentieux publics et privés au Cameroun*, Thèse, université de Yaoundé 2, 2014, 505p

1410 On peut aussi rappeler cette solution tout à fait logique selon laquelle les juridictions administratives admettent qu'en l'absence de notification ou d'indication de la date à laquelle une décision a été portée à la connaissance de l'administré, aucun délai de recours n'est pris en compte. Ainsi, la forclusion ne saurait être opposée au justiciable dans cette situation. Le recours contentieux peut alors être introduit sans condition de délais. Cette situation est bien différente de celle relative à l'obligation pour l'administration de préciser les voies de recours et leurs durées de recours dans les actes pris. Rappelons, au passage, que cette obligation n'est applicable qu'en droit français, qu'il n'existe pas un texte spécifique, par exemple au Cameroun, qui organise les relations entre l'administration et les administrés ; les règles y afférentes sont dégagées de la pratique administrative, des textes et solutions jurisprudentielles épars. L'absence de notification ou de précision de la date de la signification entraîne donc la recevabilité d'un recours qui est normalement prématuré ou encore frappé par la forclusion.

C'est ainsi qu'a relevé la Chambre administrative de la Cour suprême en Côte d'Ivoire pour qui lorsqu'une décision n'est ni notifiée ni signifiée, le recours contentieux introduit de façon prématuré et même tardif est recevable. Voir respectivement, CS/CA, 27 nov. 2002, *Fofana Idrissa c/ Commission d'avancement des magistrats* ; 22 févr. 2012, *Essoh Nomel Athanase c/ Ministre de la Construction, de l'Urbanisme et de l'Habitat*. http://juris.consetat.ci/page_book.php.

Au Sénégal, la Chambre administrative de la Cour suprême est allée dans le même sens. En effet, « quand l'administration ne justifie pas de la date de notification de la décision attaquée et que cette date ne résulte pas davantage des pièces du dossier,[…] l'expiration du délai de recours ne saurait être opposable aux requérants »[1410]. Par exemple, le délai de recours ne court pas à l'encontre des destinataires d'un décret individuel qui n'a pas été notifié[1410]. De même, la publication au journal officiel d'un acte à caractère individuel « ne fait pas courir le délai du recours contentieux à l'encontre des requérants visés par ledit acte, en l'absence de notification »[1410]. Ainsi, lorsqu'un acte administratif n'a pas été porté à la connaissance du concerné, il peut à tout moment faire l'objet d'un recours contentieux. Voir, respectivement, CS/CA, 23 mars 1966, *Babacar Lo et Abdousalam* ; 29 janv. 1975, *Séga Seck Fall* ; 5 juil. 1979, *Aminata Sall*.

1411 Voir S. YONABA, *La pratique du contentieux administratif en droit burkinabé… op. cit*, p. 121.

1370. En définitive, comme en France, l'exclusion du délai de recours, par exemple, en matière de recours incidents s'observe dans les législations africaines. Le seul hiatus concerne le droit camerounais où la phase pré-contentieuse est en principe impérative[1412].

[1412] CS/CA, jug. n° 281/2010, 22 sept. 2010, *Teghomo Joseph* c/ *État de Cameroun* (*Mindaf*) ; n° 87, 23 mars 2011, *Onana Onomo Joseph Patrice* c/ *État du Cameroun* (*Université de Yaoundé I*) ; n° 48/02-03, 27 mars 2003, *Djou Essomba Charles* c/ *État du Cameroun* (*Minuh*) ; n° 14, 1er août 2012, *Chefferie Bonambapé* c/ *État du Cameroun* (*Mindaf*) ; n° 1, 10 déc. 2012, *Tchaptchet Joseph* c/*État du Cameroun* (*Mindaf*) ; n° 163, 5 mai 2010, *Hissein Ali* c/ *État du Cameroun* (*Mindaf*), *précités* et n° 43, 8 fév. 2012, *Kamdeu Daniel* c/*État du Cameroun* (*Minesec*).

Conclusion du chapitre

1371. Au regard de tout ce qui précède, on peut, sans risque de se tromper, affirmer, qu'il s'agisse des recours relatifs aux travaux publics (au Gabon), ou encore des recours incidents, l'exclusion de la phase pré-contentieuse entraîne logiquement une absence d'écoulement de délai, une exclusion de celui-ci. Ces cas d'exclusion indirecte des délais, applicables, sous réserve de quelques exceptions, tant en France qu'en Afrique francophone ont été mieux encadrés en droit français. L'encadrement va dans le sens d'une amélioration de la durée du procès. C'est ce qui permet aussi de soutenir l'idée d'un caractère dynamique du temps dans le procès administratif en France. Cette souplesse est le fruit de l'influence du droit européen sur le droit français.

1372. Autrement dit, la dispense de la règle de la décision préalable en matière de recours incident, de recours en interprétation des actes administratifs, apparaît dans l'ensemble de ces législations. Cette ressemblance entre les droits français et ceux des pays d'Afrique francophone est un héritage historique. En effet, il est certain que « les relations entre les deux systèmes de droit, c'est-à-dire le droit administratif français et le droit administratif des États africains de succession française, sont naturelles et utilement inévitables. On peut alors comprendre combien l'expression États africains de tradition juridique francophone ou de succession française est heureuse et évocatrice d'une réalité historique encore vivace »[1413].

1373. Le caractère souple du temps dans le procès administratif français, et la rigidité dans les droits d'Afrique francophone est, quant à lui, lié à l'évolution de ces modèles ainsi qu'à leurs contextes respectifs.

1374. Dans ces conditions, en France, le temps profite aux justiciables avec l'exclusion du délai qui peut constituer un obstacle à leurs recours. Dans le cas des droits africains, la rigidité de principe est favorable au principe de sécurité juridique mais elle est tempérée à travers ces exclusions des délais.

[1413] S. YEDOH LATH, « Les caractères du droit administratif des États africains de succession française. Vers un droit administratif africain francophone ? », *op. cit.*, p. 1255-1256.

Conclusion du titre

1375. Le champ d'application ou le domaine d'influence du temps dans le contentieux administratif français comporte de nombreuses limitations par rapport aux droits des pays africains comme le Cameroun et le Gabon. En effet, dans cette législation, les frontières relatives aux exigences temporelles sont poreuses.

1376. Cette porosité se matérialise par la présence de diverses exceptions, ou des aménagements, qui influencent le temps du procès de manière à lui donner un caractère souple. Ainsi, par rapport au droit français, les droits africains d'expression francophone restent constants dans cette approche statique du temps qui les singularise. Cette rigidité ressort de la restriction des cas d'exclusion de la condition de délai. Dans la plupart des cas, la condition de délai y revêt une force juridique contraignante. De manière générale, à l'image du recours pré-contentieux, la donnée temporelle est d'ordre public, c'est-à-dire un élément « qui puisse et doive être suppléé par le juge, être par lui soulevé d'office »[1414]. Cette condition est plus tôt nuancée en droit français comme le montre la diversité de ses aménagements.

1377. Par ailleurs, le temps, comme on l'a vu, participe de la bonne marche du procès, du fonctionnement du service public de la justice et même de l'action administrative. C'est une garantie des droits de la défense[1415]. C'est pourquoi on peut s'interroger sur l'influence de ces cas d'exclusion par rapport au principe de sécurité juridique et les droits des justiciables. On peut dire à ce propos que la multiplication des cas d'exclusion des délais en France tend à sauvegarder les droits des justiciables, à faciliter leur accès au prétoire. C'est dire qu'ici, le temps profite au justiciable car il court moins le risque de se voir opposer une irrecevabilité tirée de l'inobservation de la condition de délai. Ceci est bien valable dans le cadre des exclusions directes des délais en droit français. Ainsi, s'agissant des droits camerounais et gabonais, le justiciable reste dans plusieurs cas, contraint d'observer la condition de délai.

1378. Toutefois, ces propos doivent être nuancés. D'une part, s'agissant du droit français, on a pu relever que le juge a adopté d'autres cas de limitation au droit accordé aux justiciables dans certaines conditions de

---

[1414] A. HEURTE, « La notion d'ordre public dans la procédure administrative contentieuse », *RDP*, 1953, p. 614-648 rapporté par M. ONDOA, *Le droit de la responsabilité publique dans les États en développement… op. cit*, p. 147.

[1415] Voir, en ce sens, Y. CAPDEPOU, *Essai d'une théorie générale des droits de la défense*, Paris, Dalloz, coll. « Nouvelles bibl. des thèses », vol. 122, 2013, préface de Jean-Christophe Saint-Pau, p. 123 à 132.

jouir d'une absence de condition de délai. Le fait que ces limitations découlent de la jurisprudence traduit bien aussi le caractère malléable du temps. Ces exclusions qui ont ainsi été adoptées par le juge n'ont autre fondement que le principe de sécurité juridique. Il s'agit d'un principe qui retient « plus encore l'attention »[1416] quand il s'agit du juge administratif. C'est ce même principe de sécurité juridique qui est à l'origine de la consécration d'un certain nombre de sanctions applicables en cas d'inobservation de la condition de délai. Ainsi, la souplesse qui caractérise le temps dans le procès administratif français n'est qu'en grande partie favorable aux justiciables comme la rigidité tournée vers la sécurité juridique pour les droits africains.

1379. D'autre part, s'agissant des droits camerounais et gabonais, on doit noter que ce caractère rigide du temps, observé dans ces législations n'est pas absolu comme le montre l'adoption des cas d'exclusion indirecte des délais. Ces exclusions tendent ainsi à prendre en compte les droits des justiciables, contrairement à la souplesse qu'on a pu observer dans le cadre du temps du contentieux et qui tendait, au contraire, à préserver le principe de sécurité juridique. Il convient donc de relever que ces différentes approches du temps n'ont pas les mêmes incidences sur la bonne administration de la justice.

[1416] B. SEILLER, « sécurité juridique et office du juge administratif », *op. cit*, p. 765.

Titre 2
Une portée souple ou rigide du temps protectrice des droits du justiciable ou de la sécurité juridique eu égard à ses sanctions

1380. En raison de l'exigence de sécurité juridique, l'inobservation des règles relatives au temps, qu'il s'agisse de ses étendues ou de sa computation, dans le contentieux administratif, tant en France que dans les législations d'Afrique francophone, est sanctionnée. La sanction consiste en le rejet du recours contentieux ou de la formalité accompli en violation de l'exigence du temps. Il s'agit, en d'autres termes, de l'irrecevabilité.

1381. Les situations qui constituent une violation des règles relatives au temps sont nombreuses. En effet, on peut distinguer deux séries de sanctions relatives à l'inobservation du temps. La première série de sanctions est liée soit au caractère tardif de l'acte accompli, soit à son caractère anticipé. Dans le cas de la tardiveté, précisément désignée par le terme forclusion, le justiciable ne dispose plus de la possibilité de revendiquer son droit puisque le délai de recours consacré à cet effet est arrivé à expiration[1417].

1382. Dans le cas de l'anticipation, on peut distinguer trois cas. D'abord, l'anticipation est possible lorsque le recours contentieux est exercé à la suite d'un recours administratif préalable alors que le délai imparti à l'administration pour répondre à ce recours administratif préalable n'a pas été observé. Ensuite, il y a également anticipation lorsque le recours contentieux est introduit en l'absence d'une décision préalable pourtant nécessaire. Enfin, on peut également parler d'anticipation lorsque, s'agissant d'une instance dérivée ou simplement de l'appel et d'un pourvoi en cassation, donc dans le cadre d'une voie de recours, le recours est introduit en l'absence du jugement dont on sollicite la réformation.

1383. Dans ces deux cas, c'est-à-dire l'exercice tardif ou anticipé d'un recours contentieux, on assiste généralement à une extinction de l'action. Autrement dit, lorsqu'il s'agit d'une irrecevabilité pour cause de forclusion ou d'une irrecevabilité pour cause d'anticipation, elle entraîne la perte du droit d'ester en justice.

1384. La seconde série de sanctions relatives à l'inobservation du temps porte, d'une part, sur le fait pour le justiciable de n'avoir pas accompli une diligence dans un délai ou un moment précis, laquelle diligence est

[1417] S. GUINCHARD, T. DEBARD, *Lexique des termes juridiques*, *op. cit.*, 23e éd., p. 495.

« subséquente » et « essentielle à l'efficacité de l'acte initial »[1418]. Dans ce cas, précisément désignée par le terme caducité, il y a une annulation des conséquences des diligences qui « initialement » étaient « valables »[1419]. D'autre part, la sanction peut aussi consister à réduire à néant certaines diligences en raison de « l'écoulement d'un délai déterminé » et cela sans avoir un effet sur « le droit qui le justifie »[1420]. Plus précisément, on parle de péremption de l'instance.

1385. Dans ces deux derniers cas, c'est-à-dire dans cette seconde série de sanctions respectivement dénommées caducité et péremption, on assiste, non pas à une extinction de l'action ou de la formalité concernée comme dans la première série de sanctions, mais à une extinction de l'instance. Autrement dit, il est mis fin au lien d'instance, à l'affaire en cours de jugement.

1386. De tout ce qui précède, on relève, par exemple, que lorsque le temps déterminé pour mettre en œuvre une procédure est arrivé à son terme, il n'est plus possible pour le justiciable de procéder à une régularisation. Dans ces conditions, on peut alors se demander comment se traduisent la souplesse ou la rigidité qui singularisent le temps dans le contentieux administratif français et dans les pays d'Afrique francophone.

1387. En droit français du contentieux administratif, le temps ne perd pas, en dépit de ces sanctions, son caractère souple. Même si, du fait de la violation de la phase pré-contentieuse, c'est-à-dire du fait de l'inobservation de la règle de la décision préalable ou des durées relatives à l'exercice d'un recours administratif préalable, l'action est sanctionnée par l'irrecevabilité, de nombreuses atténuations sont observables. Ce sont ces modulations qui justifient l'idée d'une approche malléable du temps dans le contentieux administratif français.

1388. Dans les législations d'Afrique francophone, à l'instar du Cameroun et du Gabon, on relève au contraire la fermeté concernant ces sanctions. Cela se traduit, non seulement, par une diversité des sanctions mais aussi par leur stricte application.

1389. Autrement dit, on note, par exemple, que les sanctions relatives à l'inobservation des délais de recours ou celles relatives à l'accomplissement d'une formalité sont à la fois nombreuses et sévèrement appliquées dans les législations africaines. Donc, contrairement aux droits des pays africains de tradition juridique francophone, le droit français est caractérisé par la flexibilité liée au

---

[1418] *Ibid*, p. 148.
[1419] *Ibid*, p. 148.
[1420] *Ibid*, p. 767.

traitement de l'irrecevabilité en tant que sanction encourue en cas d'inobservation de la condition de délai.

1390. Pour mener à bien cette démonstration, il faut identifier au préalable les sanctions relatives à l'inobservation des délais applicables dans ces différentes législations. En effet, on peut noter qu'en cas de violation du temps en matière administrative, deux grandes catégories de sanction sont en vigueur. Celles-ci reflètent l'armature de ce contentieux. Elles s'articulent autour des phases pré-contentieuse et contentieuse.

1391. De ce point de vue, on peut parler, d'une part, des sanctions en rapport avec la phase des préalables. Il s'agit des sanctions relevant de l'anticipation de l'action par le justiciable. C'est le cas des recours prématurés. D'autre part, il y a des sanctions qui sont relatives à l'indolence, à l'inertie du justiciable. Dans cette dernière catégorie, l'inactivité du justiciable peut conduire à la prescription, quadriennale notamment, à la forclusion, à la caducité ou encore à la péremption de l'instance.

1392. C'est sous ces différents angles que l'on va montrer que, du point de vue des sanctions relatives à l'inobservation du temps, la flexibilité ou la rigidité du temps dans le procès administratif dans ces modèles concernent la sanction liée à l'anticipation (Chapitre 1) et la sanction tirée de l'inaction des justiciables (Chapitre 2). Cette souplesse et cette rigidité tendent à préserver, davantage, le droit du justiciable et la sécurité juridique respectivement.

Chapitre 1
Une portée souple ou rigide du temps protectrice des droits du justiciable ou de la sécurité juridique eu égard aux sanctions de l'anticipation

1393. Le caractère impératif du temps dans le contentieux administratif est garanti par l'extinction de l'action ou encore l'extinction de l'instance. Ce sont ces sanctions qui s'appliquent lorsque la condition de délai n'est pas observée. Ces sanctions peuvent être tirées du caractère anticipé du recours ou de l'acte accompli par le justiciable.

1394. Il existe plusieurs hypothèses d'anticipation. La première est relative à la phase pré-contentieuse. Elle concerne le cas où la règle de la formalité pré-contentieuse est consacrée. Dans ce cas de figure, l'anticipation peut être liée soit à un manque d'aboutissement de la phase préalable, soit encore à l'inobservation de cette exigence.

1395. Autrement dit, d'une part, c'est lorsque la phase pré-contentieuse a été enclenchée et que l'administration est encore dans le délai pour donner suite à cette procédure que l'administré exerce, sans attendre l'expiration du délai de réponse, son recours contentieux. Ce recours contentieux est donc introduit avant l'expiration du délai imparti à l'administration pour formuler sa réponse. On peut alors parler d'anticipation d'une action par l'absence d'achèvement de la phase pré-contentieuse.

1396. D'autre part, il y a simplement une inobservation de la phase pré-contentieuse. Ici, l'administré introduit directement son recours contentieux sans tenir compte de la phase préalable pourtant obligatoire.

1397. La seconde hypothèse est une anticipation relative à l'inexistence d'une décision de justice. En effet, on peut prendre l'exemple où, la phase préalable n'étant pas requise, n'ayant pas encore de décision au fond, le requérant interjette appel ou alors introduit un pourvoi en cassation. Cela concerne, en général, les actions introduites dans le cadre d'une instance dérivée.

1398. C'est sur ces deux points que la souplesse ou la rigidité qui caractérisent le temps dans le contentieux administratif français et dans les pays d'Afrique francophone sera démontrée. Le principe est que, lorsque le justiciable introduit son recours alors que le contentieux n'est pas encore lié, notamment lorsque le délai d'attente à la suite de l'exercice du recours pré-contentieux court encore, ou lorsqu'il n'est pas encore temps pour exercer une voie de recours, s'il s'agit d'une instance dérivée, de telles actions sont irrecevables puisqu'elles sont anticipées.

Cette sanction s'applique tant en droit français que camerounais et gabonais (Section 1). Il faut donc, dans un premier temps, mettre en exergue ce principe, cette ressemblance, afin de mieux comprendre les traits particuliers de la temporalité à ce niveau du contentieux administratif.

1399. Dans un second temps, on n'observe que la forme souple ou rigide du temps dans ces différentes législations apparaît au niveau de la vigueur de ce principe. En France, la phase pré-contentieuse revêt un caractère relatif. En dépit du fait que des actions en justice peuvent être rejetées en raison de leur caractère prématuré, le libéralisme dont fait preuve le juge administratif français donne lieu à des aménagements. Ces dernières possibilités de régularisation viennent atténuer cette sanction. En d'autres termes, la souplesse qui caractérise le temps dans le contentieux administratif en France apparaît au niveau de l'application des sanctions encourues en présence des recours anticipés. En effet, en droit du contentieux administratif camerounais et gabonais, les recours prématurés sont rigoureusement sanctionnés par l'irrecevabilité, contrairement au droit français où des tempéraments ou des modulations de cette sanction sont observables (Section 2). C'est en ces termes qu'il convient de mettre en évidence cette souplesse, davantage tournée vers les droits des justiciables en France, et cette rigidité, plus favorable à la sécurité juridique pour les droits africains. Tout ceci singularise la temporalité dans ces modèles respectifs.

Section 1. La consécration du principe de l'irrecevabilité des actes précoces en France et en Afrique : une ressemblance liée aux fondements de la phase pré-contentieuse

1400. Pour comprendre les caractères du temps dans le procès administratif dans ces différentes législations, ainsi que leurs implications sur la conception de la justice administrative, il faut, à ce niveau du contentieux, analyser au préalable la règle du rejet des actions prématurées. En matière de préalable au recours contentieux, on sait que l'anticipation peut être liée à l'absence d'aboutissement de la phase préalable ou à une absence d'observation de cette exigence.

1401. Il est question ici de la liaison du contentieux avec la décision préalable et de la saisine de l'administration d'une demande préalable obligatoire. La règle de l'irrecevabilité en tant que sanction rattachée à l'exercice précoce d'un recours concerne donc, d'une part, la règle de la décision préalable (§ 1), et, d'autre part, les recours administratifs préalables dits obligatoires (§ 2). Tous ces recours seront analysés selon qu'ils s'appliquent dans ces différentes législations. Il convient, enfin, de montrer que cette ressemblance est liée aux fondements de la phase pré-contentieuse (§ 3).

§ 1. L'irrecevabilité des recours précoces en raison de l'absence de liaison du contentieux

1402. Dans le procès administratif, on le sait, la liaison du contentieux n'est possible qu'avec l'intervention d'une décision administrative. Il suffit ici de rappeler « la première règle du contentieux administratif » selon laquelle « on ne saisit pas en principe le juge administratif directement d'une prétention ; on ne peut que lui déférer une décision administrative »[1421]. Cela ressort clairement de l'article R. 421-1 du Code français de justice administrative. En France, cette règle s'applique tant en ce qui concerne le contentieux de l'annulation que le plein contentieux, à l'exception du contentieux des travaux publics.

1403. Les développements qui vont suivre reposeront essentiellement sur le droit français. Dans les droits africains, l'exigence du recours administratif ne doit pas faire oublier l'existence de la règle de la décision préalable qui, en son absence, doit être provoquée. Même si le droit positif ne semble pas l'avoir expressément consacré comme formalité pré-contentieuse, en théorie, elle existe dès lors qu'on sait que l'exigence d'un recours administratif obligatoire suppose la présence d'une décision. Par exemple, dans l'affaire Ndo François[1422], le juge administratif camerounais, comme son homologue français, relève « qu'il est constant que [le requérant] a prématurément attaqué [...], avant l'expiration du délai de trois mois, l'administration devant la juridiction administrative ; qu'il n'est pas contesté qu'en pareil cas la décision administrative implicite de rejet n'était pas acquise et qu'il ne saurait y avoir de recours contre une décision future ou éventuelle »[1423].

1404. Cette précision étant faite, lorsqu'on analyse la jurisprudence, notamment française, l'on a parfois des doutes sur la nature de ce principe. C'est pour cette raison que, pour comprendre l'idée de recours prématuré en rapport avec la règle de la décision préalable (B), il faut, dans un premier temps, préciser le sens même de ce principe (A).

[1421] B. PACTEAU, *Contentieux administratif*, Paris, PUF, coll. « Droit fondamental classique », 7e éd., 2005, p. 169.

[1422] CS/CA, jug. n° 64, 22 avr. 1976.

[1423] Dans le même sens, CS/CA, jug. n° 21/85-86, 30 janv. 1986, *Nguena Antoire* c/ *Université de Yaoundé*.

A. L'identification du sens de l'exigence d'une décision préalable à l'aune du temps

1405. Il convient de rappeler que dans le chapitre consacré au temps des préalables, on a identifié les différentes formalités pré-contentieuses avant d'analyser les formes que revêt le temps dans cette phase du contentieux. Dans le cadre des sanctions en cas de violation du temps, il est question de montrer en quoi ces formalités peuvent constituer un facteur pouvant conduire à une sanction relative à l'inobservation du temps. Dans le présent paragraphe, la question de la violation du temps doit être analysée sous le prisme de la décision préalable.

1406. De ce point de vue dans le cadre des recours autres que ceux dirigés contre des décisions de justice, à l'égard desquelles les justiciables peuvent interjeter appel ou alors se pourvoir en cassation, un recours contentieux ne peut être dirigé que contre une décision administrative. En effet, selon les dispositions du Code français de justice administrative, notamment l'alinéa premier de l'article R. 421, à l'exception des travaux publics, le juge administratif « ne peut être saisi que par voie de recours formé contre une décision». On dégagera dans un premier temps quelques interprétations doctrinales divergentes à propos de cette notion (1), et, dans un second temps, on prendra position sur le sens qu'on adoptera dans l'analyse du temps dans le contentieux administratif (2).

1. Quelques interprétations doctrinales divergentes de la notion de décision préalable

1407. Dans un premier temps, suivant les analyses formulées par la doctrine, il n'y a guère de cohérence sur le sens de cette notion s'agissant du temps de la justice. L'une des interprétations est celle tirée des différentes voies par lesquelles cette décision peut intervenir.

1408. Ainsi, selon le pr Olivier Gohin, par exemple, cette règle renvoie à la « décision administrative préalable à caractère obligatoire ». En matière d'excès de pouvoir celle-ci est d'une importance réduite du fait qu'en cette matière, en générale, on est en présence d'un acte exprès existant « déjà [...] dont l'administré demande précisément l'annulation »; alors qu'elle joue un rôle décisif dans le contentieux subjectif de pleine juridiction où [...] l'intéressé doit absolument et précisément s'adresser à l'administration, avant tout recours, pour lier le contentieux, sauf à encourir l'irrecevabilité de sa requête, en particulier dans le contentieux de la responsabilité, en chiffrant alors le montant de la réparation demandée »[1424].

1409. Cette interprétation laisse apparaître deux idées. D'une part, l'idée de décision préalable spontanée qui correspond au contentieux de l'excès de pouvoir et, d'autre part, l'idée de décision préalable provoquée que l'on peut rattacher au contentieux de la responsabilité. Il s'agit d'une interprétation qui est fondée sur les différentes voies par lesquelles la décision peut intervenir. Dans ces conditions, l'identification de la décision n'apparaît pas clairement.

1410. Le pr René Chapus, pour sa part, insiste sur les formes et les modalités de la décision. Selon lui, la décision n'est pas univoque. Il en est ainsi non seulement sur le plan de sa forme, mais aussi des modalités de son édiction. À cet effet, la décision peut être une décision expresse, elle peut être une décision implicite de rejet ou d'acceptation, en raison de l'expiration d'un délai fixé. « Et lorsqu'elle est expresse ou explicite, elle peut aussi bien être une décision verbale qu'un acte écrit ». Il précise, par ailleurs, qu'elle « peut, bien entendu, avoir été prise en bonne et due forme et avec une dénomination telle que celle de décret ou d'arrêté. Elle peut tout aussi bien résulter du contenu, par exemple, d'un communiqué de presse ou, ce qui est fréquent, des termes d'une lettre, portant à la connaissance de son destinataire la position arrêtée par l'administration sur une question déterminée ». Il faut, souligne-t-il, ajouter à cela « le fait que des documents ayant toute l'apparence de contrats sont appréciés comme ayant en réalité le caractère d'un acte unilatéral ou celui d'un acte règlementaire »[1425]. On voit ici, une perception de la notion selon ses formes et ses modalités.

1411. C'est sans doute dans ce sens que, dans son ouvrage consacré à « La décision administrative », un observateur a présenté celle-ci comme une notion difficile à cerner dans le discours juridique tant en droit positif que dans les analyses proposées par la doctrine. Sur la difficulté à l'appréhender en droit positif, il évoque, d'une part, le fait que les éléments apportés par la législation sur ce point ne sont pas satisfaisants. C'est le cas, notamment, du caractère incertain des qualifications textuelles relatives à l'habilitation de l'autorité auteur d'une telle décision et, d'autre part, à l'incertitude à percevoir dans la jurisprudence cette notion de décision administrative. Sur la difficulté relative au discours de la doctrine, il relève, d'abord, une variété des

---

[1424] O. GOHIN, *Contentieux administratif*, Paris, LexisNexis, coll. « Manuel », 8e éd., 2014, n° 278, p. 262.
[1425] R. CHAPUS, *Droit du contentieux administratif*, *op. cit.*, n° 644, p. 541.

usages de ce concept et, ensuite, son caractère autonome dans la sphère doctrinale relative à l'acte administratif dit unilatéral[1426].

1412. Dans un second temps, on observe aussi une confusion entre l'exigence de la décision en elle-même et ses caractères. L'étude de la jurisprudence a ainsi conduit à affirmer que la règle de la décision correspond à l'exigence d'un acte doté d'un caractère décisoire[1427]. C'est ce que relève la doctrine en la matière dans le droit camerounais[1428].

1413. À cet égard, prenant appui sur de nombreuses décisions rendues par le Conseil d'État[1429], un analyste note que « la décision attaquée ne peut lier le contentieux que si elle lèse le requérant dans ses droits et dans ses intérêts [...] Si la décision attaquée ne fait pas grief, il n'y a pas de litige et, par conséquent, pas matière à contentieux »[1430]. Autrement dit, la mesure contestée doit, au regard de sa « nature » avoir une incidence « sur la situation matérielle ou juridique d'un requérant » en raison du fait qu'elle « l'intéresse » soit « directement » soit « indirectement ». Elle doit donc avoir un « caractère exécutoire ». À défaut, celle-ci ne saurait « faire l'objet d'un débat contentieux »[1431].

1414. La jurisprudence allant dans ce sens est constante. Dans l'affaire Département de la haute Garonne c/ Marty[1432], le Conseil d'État affirme que si le défendeur, sur la base d'un arrêté du 18 octobre 1940 était déjà en cessation de fonction au moment où il était mis à la retraite à la suite d'une autre décision du 25 février 1941, cette dernière ne faisait aucunement allusion à la liquidation de sa pension et « n'avait donc créé, à cet égard, aucun droit à son profit ; que par suite le préfet, a pu valablement la rapporter [...] alors même que cette dernière décision serait intervenue après expiration du délai du recours contentieux ». En ce sens, les mesures d'ordre intérieures ne sont pas des décisions administratives faisant grief[1433]. On fait ainsi allusion au droit souple

---

[1426] B. DEFOORT, *La décision administrative*, *op. cit.*, p. 29 et 101.

[1427] En ce sens, C. LAVIALLE, *L'évolution de la conception de la décision exécutoire en droit administratif français*, Paris, LGDJ, coll. « Bibl. de droit public », t. cxviii, 1974, 345p ; A-L GIRARD, *La formation historique de la théorie de l'acte administratif unilatéral*, Paris, Dalloz, coll. « Nouvelle bibl. de thèses », vol. 124, préface de Jean-Jacques Bienvenu, 620p.

[1428] R. MBALLA OWONO, *La notion d'acte administratif unilatéral en droit camerounais*, Thèse, université de Yaoundé 2, 2010, p. 66 et 39.

[1429] Voir, par exemple, CE, 11 oct. .p. 554.

[1430] R. ODENT, *Contentieux administratif*, *op. cit.*, p. 774.

[1431] *Ibid.*

[1432] CE, 5 mars 1947, *Rec.*, p. 93.

[1433] Voir, WOJCIECH ZAGORSKI, *Le contentieux des actes administratifs non décisoires Contribution à une typologie du droit souple*, Paris, Mare et Martin, coll. « Bibl. des thèses », 2015, p. 345.

comme l'a indiqué la jurisprudence administrative récente du juge administratif français de juillet 2016.

1415. Aussi, la jurisprudence précise que la décision nécessaire à la recevabilité du recours contentieux doit relever de la compétence du juge administratif. Le Conseil d'État a indiqué, par exemple, que « la loi fixe les règles concernant [...] les droits civiques et les garanties fondamentales accordées aux citoyens pour leur exercice ». En ce sens, un acte émanant du « président de la République en vertu des pouvoirs à lui conférés par l'article 16 [de la constitution] a trait à des mesures administratives restrictives de la liberté » ne relevant pas de la compétence du juge administratif dès lors qu'il « porte sur des matières législatives et présente le caractère d'un acte législatif »[1434].

1416. Sur ce point, un analyste indique qu'au-delà de toutes ces incertitudes, la décision administrative apparaît, d'une part, comme étant « un mode d'action unilatérale de l'autorité administrative » et, d'autre part, comme la « signification impérative d'un acte de volonté arrêtée »[1435] par l'administration. Il identifie ainsi « l'administrativité et l'impérativité » comme étant des caractéristiques de cette notion. De tout ce qui précède, cette notion a un sens précis en rapport avec l'analyse du temps du procès.

2. Le sens de la notion de décision préalable en rapport avec le temps dans le contentieux administratif

1417. Au regard de toutes ces définitions proposées par ces observateurs, on ne perçoit pas clairement la notion de décision. Il faut dire qu'au-delà des moyens conduisant à la naissance de la décision ainsi que ses formes, comme l'ont présenté les pr René Chapus et Olivier Gohin, l'exigence de la décision ne signifie rien d'autre que l'obligation de justifier d'un acte à l'origine du démêlé entre les parties au procès administratif.

1418. La décision doit donc être perçue comme étant l'objet du litige, entendu comme l'un des éléments du procès. En effet, le procès est l'assemblage de deux éléments à savoir la saisine d'un juge et un litige. C'est la saisine du juge à la suite d'un litige qui constitue un procès. Au regard de cette définition, la décision, en contentieux administratif correspond

[1434] CE, 22 mai 1968, *Ministre de l'Intérieur c/ Lagrange*, n° 62.851.

[1435] B. DEFOORT, *La décision administrative*, *op. cit.*, p. 179 et 231 ; dans le même sens, X.-D. DE BOULOIS, *Le pouvoir de décision unilatérale de l'administration. Étude de droit comparé interne*, Paris, LGDJ, coll. « Bib. de droit public », t. 248, 2006, 444p.

au litige, c'est-à-dire à l'acte contesté servant de fondement au procès administratif[1436].

1419. Cela dit, toutes les conditions relatives à la décision, comme notamment le caractère décisoire, la compétence, bien qu'elles soient justifiées, n'ont de sens qu'au regard de ses conditions de recevabilité. Par rapport à l'idée de recours prématuré, l'on doit donc se garder, comme le souligne le pr René Chapus, de « croire que les décisions liant le contentieux doivent être des décisions qui font griefs ou des décisions exécutoires. Sans doute, on peut relever que pour affirmer l'existence d'une décision liant le contentieux, des jugements et arrêts énoncent que la décision en cause fait grief ou bien est exécutoire. En réalité, l'expression de décision faisant grief n'a de sens que relativement à l'exigence d'un intérêt lésé : si le recours exercé contre une décision ne faisant pas grief est irrecevable, c'est pour cause de défaut d'intérêt à agir »[1437].

1420. Si l'on part de façon stricte des définitions qui ont été dégagées par ces différents observateurs, il n'y aura pas d'harmonie avec la perception de la décision comme étant l'objet de la discorde entre les protagonistes au procès. D'ailleurs, le pr René Chapus relève en ce sens que « peu importe [...] que la décision porte une dénomination qui ne convient pas à un acte décisoire »[1438] parlant ainsi des avis des recommandations ou des circulaires.

1421. L'exigence d'une décision dont l'inexistence entraîne le rejet du recours contentieux en raison du caractère dit prématuré d'un tel recours signifie, en définitive, qu'un acte doit exister et cet acte doit être le fondement de la saisine du juge en raison de sa désapprobation par la partie requérante. Autrement dit, il faut un acte et le vocable « décision exécutoire » ne doit être entendu que « comme une façon insistante d'affirmer l'existence d'une décision ». Ainsi, dès lors qu'elle est édictée, « peu importe qu'elle ne soit pas exécutoire comme c'est le cas des décisions rejetant une demande ou qu'elles ne soient pas encore exécutoires, parce qu'elles ne sont pas encore entrées en vigueur pour défaut de publication ou de notification adéquate. Peu importe aussi que la décision ait cessé d'être en vigueur »[1439]. Cette précision permet alors de comprendre le sens de la règle de l'irrecevabilité des recours dits prématurés du fait de la décision préalable.

[1436] P. LABBEE, *Introduction au droit processuel*, Presses universitaires de Lille, coll, « Droit manuel », 1995, préface de Marie-Christine Rouault, p. 5.

[1437] R. CHAPUS, *Droit du contentieux administratif*, *op. cit.*, n° 644, p. 543.

[1438] *Ibid.*

[1439] *Ibid.*

B. Le caractère précoce des recours au regard de la décision préalable : un recours contre une décision à venir

1422. L'obligation de saisir le juge administratif en présence d'une décision a pour effet le rejet de tout recours en l'absence d'un acte qui représente l'objet du démêlé entre les parties. La conséquence essentielle de cette obligation est l'irrecevabilité des recours dirigés, d'une part, contre des décisions qui n'existent pas encore et, d'autre part, contre celles qui ont cessé d'exister. Ce premier cas n'étant pas sanctionné pour anticipation, il faut tout de même le présenter pour bien comprendre l'irrecevabilité en raison de l'anticipation.

1423. Dans ce premier cas, il faut tout simplement rappeler que les actes administratifs peuvent disparaître en raison de leur retrait par l'autorité administrative ou encore en raison d'une abrogation. Ainsi, en cas de disparition de l'acte, le recours contentieux n'est pas dirigé contre une décision et encourt irrecevabilité. Comme l'affirme le juge administratif, le recours en annulation n'a d'autre visée que « l'annulation avec effet rétroactif » d'un acte administratif. « Si, avant que le juge n'ait statué, l'acte attaqué est rapporté par l'autorité compétente et si le retrait ainsi opéré acquiert un caractère définitif faute d'être critiqué dans le délai de recours contentieux, il emporte disparition rétroactive de l'ordonnancement juridique de l'acte contesté ». Cela entraîne comme conséquence « qu'il n'y ait lieu pour le juge de la légalité de statuer sur le mérite du pourvoi dont il [est] saisi ; il en va ainsi, quand bien même l'acte aurait reçu exécution »[1440].

1424. De même, en ce qui concerne l'abrogation, le Conseil d'État précise que lorsque l'autorité administrative se limite à abroger la décision querellée, « cette circonstance prive d'objet le pourvoi formé à son encontre, à la double condition que cet acte n'ait reçu aucune exécution pendant la période où il était en vigueur et que la décision procédant à son abrogation soit devenue définitive »[1441].

1425. Cette irrecevabilité apparaît plus importante dans l'analyse de la décision préalable en rapport avec le temps de la justice concernant un acte qui n'existe pas. Le cas d'irrecevabilité du recours contre un acte encore inexistant est plus intéressant dans l'analyse du temps du procès administratif.

1426. S'agissant de l'anticipation véritable, l'inexistence d'une décision suppose que l'on soit en présence d'une décision qui n'existe pas encore. Une telle action n'est donc pas recevable en raison de son

---

[1440] CE, 19 avr. 2000, *Borusz*, *Rec.*, p. 157.
[1441] *Ibid.*

caractère prématuré. En d'autres termes, l'inexistence d'une décision expresse ou encore une décision tacite non encore constituée est sanctionnée par l'irrecevabilité du recours en raison de son caractère précoce[1442]. Cela apparaît abondamment dans la jurisprudence, notamment en matière de liquidation de pensions.

1427. C'est ce que relève le Conseil d'État dans l'affaire Ministre des Armées c/ Sieur Amalric[1443]. En l'espèce, le juge administratif note que la saisine du tribunal administratif de Toulouse et à laquelle ladite juridiction avait donné droit était dirigée contre des correspondances adressées au requérant par le ministre et visant à l'informer qu'il n'entendait pas tenir compte des services effectués par le requérant au cours d'une certaine période dans le cadre du calcul de ses droits à pension. Le Conseil d'État infirma le jugement rendu en raison de l'absence d'une décision. En effet, selon lui, les correspondances adressées au requérant, étant donné qu'elles « se bornaient à indiquer les bases sur lesquelles le ministre des armées se proposait de faire procéder à la liquidation de la pension de l'intéressé, ne faisaient pas obstacle à ce que la liquidation fut opérée sur d'autres bases ».De ce fait, « c'était seulement à l'occasion de cette liquidation que le [requérant] était recevable à faire valoir les droits qu'il estimait tenir […] du code des pensions civiles et militaires ».

1428. C'est en des termes presque similaires que le Conseil d'État s'était également prononcé à l'occasion de l'affaire Dame Mantovini[1444]. En effet, la requérante critiquait une décision prise le 26 février 1953 relative à sa mise à la retraite et ouvrant ses droits à la pension. Selon elle, cet acte méconnaissait son droit à la pension d'ancienneté. Pour conclure à l'irrecevabilité d'un tel recours en raison de son caractère prématuré, le juge administratif releva que « ledit arrêté, en indiquant les bases sur lesquelles le ministre [se proposait] de faire procéder à la liquidation de la pension » n'excluait pas la possibilité d'une liquidation desdits droits sur des bases différentes. Qu'ainsi, c'était uniquement « à l'occasion de cette liquidation » qu'elle « serait recevable à faire valoir les droits qu'elle estimait tenir » des dispositions invoquées à l'appui de son recours.

1429. À l'occasion de la jurisprudence Delos, le Conseil d'État est allé dans le même sens. En l'espèce, le requérant sollicitait « l'annulation d'une décision, en date du 5 juin 1935, par laquelle le directeur des postes […]

[1442] CE, 5 mars 2010, *Pascal X.*, n° 335764, cité par J.-C. Ricci, *Contentieux administratif*, *op. cit.*, n° 126, p. 83

[1443] CE, 21 janv. 1970, n° 76924, *Rec.*, p. 35.

[1444] CE, 5 déc. 1956, *Montovini*, *Rec.*, p. 460.

lui [avait] fait connaître que sa pension serait liquidée d'après les dispositions de l'article 22 et non d'après celles de l'article 79 de la loi du 14 avril 1924 […] ». Donnant suite à cette contestation, le juge administratif releva, comme dans les espèces précédentes, « que c'est seulement à l'occasion de la liquidation de sa pension que le [requérant] sera recevable à faire valoir les droits qu'il estimerait tenir »[1445] de la loi.

1430. On relève bien dans ces différentes affaires que les décisions sur lesquelles doivent véritablement porter les recours qui ont été introduits par les différents requérants n'existaient pas encore. Dans ces hypothèses, seule la décision finale peut être attaquée. Le juge considère que seule la décision finale fait grief. C'est la même chose avec les mesures préparatoires qui ne peuvent pas directement être contestées devant le juge. À cet égard, la jurisprudence relève que le recours pour excès de pouvoir n'est pas admis pour les « délibérations à caractère préparatoire des collectivités territoriales et de leurs établissements publics, même à raison des vices propres allégués … qu'il ne peut être fait exception à la règle selon laquelle un acte préparatoire ne saurait donner lieu à un recours pour excès de pouvoir que dans les cas où il en est ainsi disposé par la loi »[1446].

1431. En effet, il faut préciser que dans ces affaires, les actions introduites portaient sur le calcul des droits à pension alors que les décisions relatives à ces pensions et à leur calcul n'étaient pas encore édictées. Ainsi, pourrait-on admettre que des actes pris par les autorités concernées existaient mais ils n'avaient aucun rapport avec l'objet du litige. Cet objet étant les pensions fixées ainsi que tout ce qui a conduit à leur calcul. C'est pour cette raison que, le Conseil d'État, dans l'affaire Touchard relevait que le requérant « conteste, à l'occasion de l'attribution des avances sur pension qui lui ont été accordées, les bases de la liquidation future de sa pension ; qu'il ne sera recevable à contester lesdites bases qu'à l'occasion d'un recours formé contre la décision lui concédant sa pension ; qu'ainsi, sa requête est prématurée et, par suite, irrecevable »[1447].

1432. Il convient donc de dire qu'au sens de la décision préalable destinée à lier le contentieux, il doit y avoir une adéquation entre la décision et les allégations ou les réclamations des requérants. Le Conseil d'État a d'ailleurs apporté des précisions à ce sujet. Il a affirmé, à cet égard, que

---

[1445] CE, 11 mai 1937, *Delos*, *Rec.*, p. 493.
[1446] CE, ass, 15 arv. 1996, *Syndicat CGT des hospitaliers de Bédarieux*, n° 120273, *RFDA* 1996, p. 610.
[1447] CE, 4 juin 1969, *Touchard*, *Rec.*, p. 283.

le caractère prématuré d'un recours n'est pas admis au motif que l'acte contesté n'est pas encore entré en vigueur ou même dans le cas où cette entrée en vigueur est fixée à une date ultérieure, notamment à la suite d'un acte relatif à son application. En d'autres mots, dès lors que l'acte en cause concerne les revendications mêmes des requérants, le recours contentieux n'est en aucun cas précoce même si l'entrée en vigueur de l'acte est soumise à certaines conditions.

1433. Cette précision apparaît clairement dans la jurisprudence Caisse de compensation. En l'espèce, les requérants sollicitaient l'annulation d'un décret relatif à l'organisation du métier d'artisan. Cet acte modifiait les conditions d'affiliation aux divers régimes d'allocation et fixait sa mise en application à une période ultérieure. C'est pour cette seconde raison que l'administration, défenderesse, concluait au caractère prématuré du recours contentieux dirigé contre ledit décret. Le Conseil d'État notera que les dispositions mises en place par ce texte étaient « de nature à être déférées au juge de l'excès de pouvoir, même si l'exécution de la réforme ainsi réalisée ne pouvait être assurée qu'après l'intervention de dispositions complémentaires [...] ». Dès lors, même si les parties concernées n'avaient la possibilité d'introduire un recours en annulation « que dans les deux mois de la publication [de l'acte en cause] le ministre [n'était] pas fondé à soutenir que les requêtes seraient irrecevables par le motif qu'elles ont été introduites »[1448] avant la date relative à l'entrée en vigueur de l'acte. Le Conseil d'État précise ainsi le sens même du principe de la décision liant le contentieux.

1434. En définitive, tant en matière de plein contentieux que d'excès de pouvoir, le contentieux devant les juridictions administratives doit avoir pour origine une décision préalable. Cette décision, qu'elle soit spontanée ou provoquée, implicite ou explicite s'entend comme l'objet du démêlé entre les parties. En d'autres termes, elle représente cet acte qui est à l'origine d'une divergence de vue entre les parties et dont l'inexistence constitue une absence de liaison du contentieux. En l'absence de cet objet, le recours est irrecevable. Cette sanction s'applique également lorsque le contentieux est soumis à une formalité préalable obligatoire.

[1448] CE, sect., 30 juin 1967, *Caisse de compensation de l'organisation autonome nationale de l'industrie et du commerce et autres*, *Rec.*, p. 286.

§ 2. L'irrecevabilité des recours précoces tirée de la violation des recours préalables obligatoires

1435. Dans les droits d'Afrique francophone, le recours contentieux est, en principe, obligatoirement précédé par un recours administratif préalable. Cela ne veut pas dire que la décision préalable n'existe pas dans les pays africains. Bien au contraire, il faut toujours une décision, notamment au Cameroun, et, à défaut, le justiciable doit en provoquer une. Autrement dit, la décision préalable n'est pas l'unique «détour sur la route du tribunal ». Un second détour« peut résulter de l'exercice parfois imposé d'un recours administratif préalable »[1449].

1436. Mais, contrairement aux droits camerounais et gabonais, le droit français n'a pas généralisé cette règle. Elle n'est donc qu'exceptionnelle en France, même si elle tend à se développer. L'obligation d'exercer un recours administratif est donc parfois une condition de recevabilité du recours contentieux en France. Dans tous les cas, cette exigence n'est pas exclue tant en droit français que dans les pays d'Afrique francophone (A). L'irrecevabilité de l'action, si elle est prématurée, apparaît alors comme la sanction logique de cette condition de recevabilité du recours contentieux (B).

A. L'exigence des recours administratifs préalables obligatoires dans le procès administratif français et des pays d'Afrique francophone

1437. Il convient de préciser une fois de plus que dans le chapitre consacré au temps des préalables, on a identifié les différentes formalités pré-contentieuses avant d'analyser les formes que revêt le temps dans cette phase du contentieux. Dans le cadre des sanctions en cas de violation du temps, il est question de montrer en quoi ces formalités peuvent constituer un facteur pouvant conduire à une sanction relative à l'inobservation du temps. Ici, la question concerne la sanction au regard de la violation du recours administratif préalable obligatoire.

1438. Cette précision étant faite, on doit noter que dans les pays africains, le recours administratif obligatoire n'est pas une exception comme en France mais une règle. C'est pourquoi il convient ici d'insister uniquement sur le droit français car s'agissant des droits africains, cette règle a été abondamment exposée. Comme on vient de le relever, dans certains cas, le droit français conditionne la recevabilité du recours contentieux à l'exercice d'un recours administratif préalable.

[1449] B. PACTEAU, *Contentieux administratif*, *op. cit.*, p. 169.

1439. Cette exigence est bien distincte de la décision préalable. En effet, en analysant le recours administratif obligatoire, on remarque qu'il a été mis en place dans le but d'éviter tout recours juridictionnel. Comme dans le cas des droits d'Afrique francophone, c'est dans le but de rechercher une solution amiable que cette formalité est érigée en tant que préalable impératif à tout recours contentieux. C'est cela qui justifie le fait que le législateur ait mis en place des règles précises visant à organiser la mise en œuvre de cette formalité. La présence d'un recours administratif préalable obligatoire montre, en effet, qu'une décision préalable est déjà née. L'on est déjà en présence d'un acte qui fait l'objet d'une contestation entre l'administration et le requérant. Il y a donc une volonté de privilégier la recherche d'une solution prioritairement non juridictionnelle[1450]. Ainsi, alors que le préalable administratif obligatoire a pour but d'amener l'administration à modifier sa première décision, conduisant de ce fait à un règlement non juridictionnel du litige, l'exigence d'une décision, quant à elle, « vise à confirmer une mesure administrative et à lui donner la forme décisoire afin qu'elle puisse être attaquée en justice »[1451]. Cette particularité explique, en outre, le caractère singulier de la procédure mise en place dans le cadre de son application.

1440. En règle générale, lorsqu'un litige ne peut être porté devant la juridiction administrative qu'à la suite d'un recours administratif préalable obligatoire, l'exercice de ce recours est soumis à un délai déterminé.

1441. Les délais fixés et devant être notifiés dans le cadre de l'exercice de cette formalité préalable obligatoire ont un caractère impératif. Cela oblige l'administration à ne pas recevoir le recours s'il est tardif. C'est en ce sens que dans la jurisprudence Mignal, le Conseil d'État a jugé que dès lors que des réclamations devraient être introduites dans un délai de vingt (20) jours auprès de la commission contre les décisions prises par le conseil municipal concernant les demandes d'admission à l'assistance, ladite commission procéda à une exacte application de la loi en déclarant la demande présentée par le requérant irrecevable pour avoir été formée de manière tardive[1452]. Cela s'applique également à l'égard du juge et des administrés. Le non-respect des durées ainsi fixées entraîne l'irrecevabilité du recours contentieux notamment lorsqu'il est prématuré.

[1450] En ce sens, J.-F. BRISSON, *Les recours administratifs en droit public français. Contribution à l'étude du contentieux administratif non juridictionnel*, Paris, LGDJ, coll. « Bibl. de droit public », t. 185, 1996, préface de Bernard Pacteau, p. 455.

[1451] E. PREVEDOUROU, *Les recours administratifs obligatoires… op. cit.*, p. 288.

[1452] CE, 24 mars 1944, *Sieur Mignal*, *Rec.*, p. 99.

1442. La nature de cette formalité préalable obligatoire a été précisée par le Code des relations entre le public et l'administration. Selon l'ancien dispositif, à savoir la loi de 2000 relative aux droits des citoyens dans leurs rapports avec les administrations, le recours obligatoire constituait une demande. Le Conseil d'État avait repris cette position lorsqu'il indiquait que les recours administratifs dont l'exercice constitue un préalable obligatoire au recours contentieux constituent des demandes au sens de l'article 16 de la loi du 12 avril 2000, précitée. Mais le nouveau dispositif indique que le recours administratif préalable obligatoire est « le recours administratif auquel est subordonné l'exercice d'un recours contentieux à l'encontre d'une décision administrative »[1453]. Mais il s'agit toujours d'une demande au sens de ce Code. Dans ce registre, on peut classer les recours introduits par les militaires auprès de la commission des recours des militaires contre les décisions qui concernent leur situation personnelle[1454].

1443. Ces précisions mettent en relief le caractère impératif de cette règle. À l'aune du temps dans le cadre du contentieux administratif, on y voit précisément l'idée d'anticipation. À cet égard, on remarque que le caractère précoce du recours peut être lié au non-respect des délais d'exercice de cette formalité. On peut ainsi parler d'anticipation de l'action par l'absence d'achèvement de la phase préalable. En outre, pourrait-on aussi assister à un recours prématuré lorsque le justiciable introduit directement son recours contentieux sans tenir compte de cette phase pré-contentieuse. Il y a simplement une violation de cette exigence. Dans ces différents cas, le recours est sanctionné par un rejet.

B. L'irrecevabilité des recours formés en l'absence du préalable obligatoire

1444. Il faut distinguer les cas d'irrecevabilités tels qu'ils s'articulent, respectivement, en droit français (1) et africain (2).

1. L'illustration de l'irrecevabilité des recours précoces au regard du recours préalable obligatoire en droit français

1445. L'idée d'anticipation du recours en contentieux administratif français apparaît aussi lorsqu'on envisage la question de l'exigence des recours administratifs obligatoires. En effet, souvent guidé par le souhait de gagner du temps, et dès lors qu'il est convaincu, à tort ou à raison, de la suite défavorable que connaîtra sa demande introduite auprès de

[1453] Art. 410-1, alinéa 4, *Cra.*

[1454] CE, 27 juil. 2005, *Mme Houdelette*, n° 271916.

l'administration, l'administré peut anticiper son recours contentieux. Sans donc attendre l'intervention d'une décision, il peut exercer son recours contentieux alors que le délai donnant lieu à une décision implicite ouvrant droit au recours contentieux n'est pas arrivé à son terme[1455]. Dans ce cas, cette absence de recours préalable obligatoire exclut le recours contentieux qui ne peut se réduire dès lors qu'à un simple examen portant sur la recevabilité et jamais sur le fond du litige[1456].

1446. La jurisprudence applique bien cette sanction[1457]. Ainsi, c'est à bon droit que le tribunal administratif de Versailles avait rejeté une demande dirigée contre une décision par laquelle la commission départementale d'urbanisme commercial du Val-d'Oise avait refusé l'extension d'un centre commercial en raison du défaut d'un recours préalable devant être introduit auprès du ministre du Commerce[1458]. Aussi, indiqua le juge administratif, une décision de refus d'autorisation d'accepter un legs ne pouvait être déférée directement au juge de l'excès de pouvoir donc devrait, au préalable, faire l'objet d'un recours devant le ministre[1459]. Même « la circonstance que l'existence d'un recours ainsi que son caractère obligatoire n'ont pas été indiqués dans la notification [d'un arrêté] si elle empêche que cette notification fasse courir le délai du recours à l'égard du destinataire, [elle] est sans incidence sur la recevabilité de la demande » présentée directement au juge. Un requérant, dès lors qu'il saisit directement la juridiction administrative, n'est pas fondé à se plaindre d'un quelconque rejet de son recours[1460].

1447. Dans toutes les matières où cette exigence est requise, comme en matière d'élection, d'impôts ou dans le contentieux des décisions prises par les ordres professionnels, l'irrecevabilité s'applique dès lors que l'action est introduite de façon prématurée donc en violation du recours administratif préalable obligatoire. Ainsi, en matière d'imposition, le juge assimile l'inexistence de la réclamation préalable à une « cause d'irrecevabilité d'ordre public » qu'il évoque « quand bien même l'administration fiscale omettrait »[1461] de le faire.

[1455] J.-C. RICCI, *Contentieux administratif, op. cit.*, p. 83, n° 163.
[1456] J.-F. BRISSON, *Les recours administratifs en droit public français... op. cit.*,p. 446.
[1457] CE, sect., 30 mars 1973, Gen, *AJDA*, 1973, p. 268, concl. Guillaume, 29 sept. 1982, *Sté André Duriez et fils*, *Rec.*, p. 325 ; 1er oct. 1982, *Ministre de l'Urbanisme et du Logement c/ Houyez*, *Rec.*, p. 331.
[1458] CE, 20 juil. 1988, *Sté GMB*, n° 70293.
[1459] CE, 25 nov. 1988, *Mlle Boyer Manet*, n° 68391.
[1460] CE, sect., 30 mars 1973 Gen, *AJDA*, 1973, p. 268, concl. Guillaume, *précité.*
[1461] J.-F. BRISSON, *Les recours administratifs en droit public français... op. cit.*, p. 452.

1448. Dans le contentieux des actes adoptés par les ordres professionnels comme celui des médecins, le Conseil d'État a jugé que dès lors « que tous les recours présentés en matière d'inscription au tableau, soit que la décision ait été prise directement à la suite d'une demande d'inscription, soit qu'il s'agisse du maintien, du rétablissement ou du retrait d'une inscription précédemment obtenue, doivent être présentés au conseil régional et que lesdites décisions ne peuvent être déférées directement pour excès de pouvoir à la juridiction administrative [une] demande, présentée directement au tribunal administratif, n'est pas recevable »[1462].

1449. Le rejet de tout recours contentieux introduit en violation de ce préalable en matière d'élection est également présent dans la jurisprudence. Le juge administratif a souligné, par exemple, qu'était irrecevable en l'absence de recours administratif préalable devant le préfet, la contestation de l'élection aux commissions paritaires consultatives départementales et locales des établissements hospitaliers publics, portée directement devant la juridiction administrative[1463]. De même, c'est à tort que le tribunal administratif de Bordeaux avait annulé des opérations électorales relatives à la désignation des représentants du personnel du comité technique paritaire de la commune de Talence à la suite d'un recours contentieux porté directement auprès de cette juridiction alors que le requérant n'avait pas exercé devant le président du bureau central de vote un recours administratif[1464]. Cette exigence est bien curieuse en matière électorale où les délais de recours sont constamment réduits en raison de l'urgence qui caractérise cette matière[1465].

1450. Par ailleurs, le caractère impératif de cette exigence ne s'applique que lorsqu'elle est posée comme étant une règle générale. Cela voudrait dire que lorsque l'exigence d'un recours administratif préalable a une origine contractuelle, sa portée est bien différente. Autrement dit, si la règle découle d'une clause contractuelle, elle ne pourrait s'appliquer que dans l'intérêt des parties et ne saurait donc conduire le juge administratif à l'invoquer automatiquement en cas de manquement comme dans les autres cas. Ceci a donc comme conséquence la

---

[1462] CE, sect., 13 mai 1970, *Conseil départemental de l'ordre de médecins de l'Eure*, *Rec.*, p. 334.

[1463] CE, 27 janv. 1988, *Union syndicale départementale de la santé publique*, n° 71919 ; CE, 6 mai 1977, *Garrigues*, *Rec.*, p. 208.

[1464] CE, 29 avr. 1988, *Commune de Talence*, n° 82254.

[1465] D. BAILLEUL, *L'efficacité comparée des recours pour excès de pouvoir et de plein contentieux … op. cit.*, p. 117.

soumission de la mise en œuvre de la sanction liée à la violation de cette exigence à l'intervention d'une partie co-contractante.

1451. C'est ainsi que la jurisprudence avait d'abord admis qu'étant donné que cette règle vise à protéger une partie, celle-ci ne saurait l'invoquer pour la première fois en appel. Qu'en l'absence d'invocation de la règle en instance elle était considérée comme y avoir renoncé[1466]. Toutefois une évolution est apparue lorsque le Conseil d'État a admis une irrecevabilité liée à un recours contentieux direct évoqué pour la première fois en appel[1467]. Ainsi, le fait de saisir directement le tribunal d'une demande tendant à la résiliation du contrat d'exploitation la liant au syndicat intercommunal sans que ce différend ait été préalablement soumis au préfet comme le prévoit les cahiers de charges, ne peut conduire le tribunal administratif à opposer d'office cette fin de non-recevoir, celle-ci invoquée par l'autre partie devant le Conseil d'État s'oppose à la recevabilité des conclusions présentées par l'autre partie. Dans ces conditions, cette dernière n'est pas fondée à se plaindre de ce que, par le jugement attaqué, le tribunal administratif a déclaré sa demande irrecevable[1468]. Le juge administratif a alors revu sa position.

1452. Ainsi, en matière de contrat, « si la fin de non-recevoir n'est pas d'ordre public en raison de son origine [...] rien ne [justifie] qu'elle déroge au régime général des fins de non-recevoir »[1469]. En effet, il est constant, selon la jurisprudence, que rien n'interdit à un défendeur de soulever des moyens nouveaux en appel dès lors qu'il a cette qualité de défendeur en première instance. Cette règle s'applique donc également à l'égard des dispositions d'un contrat concernant le recours administratif préalable obligatoire. En effet, le juge administratif a jugé que s'il est vrai qu'un maître d'ouvrage n'avait pas recueilli les avis avant de saisir le tribunal administratif de ses conclusions tendant à l'engagement de la responsabilité contractuelle de l'autre partie, cette dernière était en droit de se prévaloir pour la première fois en appel des stipulations fixées par le contrat et était fondée à soutenir que la demande formée à son encontre encourait irrecevabilité[1470].

1453. Au-delà de ces considérations, la règle de l'exigence préalable obligatoire avant tout recours contentieux est une exigence impérative lorsqu'elle est posée soit par la loi soit par un règlement ou encore par

---

[1466] CE, 17 janv. 1962, *Alchimède*, cité par J.-F. BRISSON, *Les recours administratifs en droit public français... op. cit.*, p. 453.

[1467] CE, 15 oct. 1976, *Sté nord travaux et Banque Dupont*, *Rec.*, p. 423.

[1468] CE, 29 janv. 1988, *Sté anonyme Montenay*, n° 78086, *RDP*, 1988, p. 1455, note F. Llorens.

[1469] J.-F. BRISSON, *Les recours administratifs en droit public français... op. cit.*, p. 454.

[1470] CE, 11 oct. 1989, *Sté de production des murs et des pignons et autres*, *Rec.*, p. 866.

un contrat, sous réserve, dans ces derniers cas, de son invocation par les parties au contrat. Il en est ainsi en raison du fait qu'elle représente une condition de recevabilité du recours devant le juge administratif. Cela confère donc le droit aux juridictions, autant qu'à l'administration, de relever tous manquements à cette exigence sans considération du stade de la procédure. De ce fait, il n'est pas possible d'apporter des aménagements à cette exigence comme notamment y admettre des possibilités de régularisation. Même une défense au fond ne saurait être prise comme un moyen qui pourrait entraîner sa régularisation[1471]. Cela trouve sa source dans la raison d'être même de cette règle. Cette exigence perdrait son sens si des possibilités de régularisation en cours d'instance étaient admises. On sait, en effet, que cette règle « vise à prévenir la formation de contentieux juridictionnels inutiles en organisant devant l'administration active une procédure de conciliation préliminaire ». Ainsi, le rejet de la régularisation est lié à « la valeur impérative de l'obligation [...] exprimée par son caractère d'ordre public », d'une part, et, d'autre part, à « la nature même de l'obligation »[1472].

1454. La règle est fixée. Lorsque le justiciable introduit son recours contentieux alors que le contentieux n'est pas encore lié, à cause notamment de la validité en cours du délai d'attente à la suite de l'exercice du recours pré-contentieux ou même de celui relatif à une voie de recours, une telle action est sanctionnée par l'irrecevabilité[1473]. C'est également le cas dans les droits d'Afrique francophone.

2. L'illustration de l'irrecevabilité des recours précoces eu égard au pré-contentieux dans les droits d'Afrique francophone

1455. De façon constante, tout comme en France, c'est l'anticipation par l'absence d'achèvement de la phase pré-contentieuse qui traduit le caractère d'ordre public du recours administratif préalable dans les législations d'Afrique francophone. Il s'agit de l'argument essentiel sur lequel se fondent, systématiquement, les juges pour conclure à l'irrecevabilité de tels recours, qualifiés de précoces.

1456. Cependant, avant d'analyser cette règle, il convient de nuancer le propos. En effet, dans l'hypothèse d'un recours contentieux en l'absence d'observation de la phase préalable par le requérant, et surtout lorsque celui-ci est encore dans les délais comptant pour l'exercice du recours pré-contentieux, il arrive souvent que le juge ne convoque pas la

---

[1471] CE, 6 mai 1977, *Garrigues, précité.*
[1472] J.-F. BRISSON, *Les recours administratifs en droit public français... op. cit.*,p. 454.
[1473] J.- C. RICCI, *Contentieux administratif, op. cit.*, n° 126, p. 83.

notion d'irrecevabilité pour recours contentieux anticipé mais conclut simplement au défaut de recours pré-contentieux ou alors parle d'irrecevabilité pour forclusion. Cette interprétation « doublement fausse »[1474] a souvent été adoptée par le juge administratif camerounais. Certes, il y a un défaut de recours pré-contentieux mais l'expression recours contentieux anticipé est plus appropriée. On peut également imaginer le cas où l'anticipation concerne un recours lié à une instance dérivée. Au lieu d'envisager le recours contentieux anticipé, le juge parlera d'irrecevabilité liée à l'absence de la décision contestée puisque, comme dans le cadre d'un recours en annulation, par exemple, il est nécessaire d'avoir un acte objet de la contestation.

1457. À l'exception de ces quelques confusions notionnelles, l'analyse montre que l'irrecevabilité pour cause d'anticipation s'applique aussi dans ces législations d'Afrique francophone, notamment au Cameroun (b) et au Gabon (a).

a. L'illustration de l'irrecevabilité des actions précoces dans la législation gabonaise

1458. Dans la plupart des législations africaines d'inspiration et d'expression francophone, la notion de recours prématuré en tant qu'elle entraîne l'irrecevabilité du recours contentieux apparaît par analogie dans les textes et la jurisprudence.

1459. Mais, il en est autrement au Gabon car, le législateur a, de façon explicite, consacré l'irrecevabilité comme sanction applicable à l'inobservation du temps. Cela ressort de l'article 46 du Code gabonais des juridictions administratives qui dispose que « le recours en annulation contre les décisions administratives n'est pas recevable lorsque le requérant dispose encore, pour faire valoir ses droits, du recours administratif [...] ».

1460. En ce sens, le juge administratif a relevé qu'un requérant « qui avait bien pris connaissance de l'arrêté critiqué dès lors qu'il avait formé contre cette décision un recours gracieux en date du 5 décembre 1996 et qu'à compter de cette date il disposait d'un délai de quatre mois pour attendre la réaction de l'administration avant de former le recours contentieux », qu'en exerçant son recours à la date du «16 décembre 1996 alors même que le délai du recours gracieux continuait à courir », un tel recours encourt irrecevabilité « comme étant prématuré »[1475].

[1474] CS/CA/ADD, jug. n° 66, 31 mai 1979, *Kouang Guillaume-Charles c/ État du Cameroun*, *in* S. Bilong, *Mémento de la jurisprudence administrative du Cameroun*, *op. cit.*, p. 259.

[1475] Cour administrative, 5 mai 1999, *Ekomi Ngueye Daniel*, *rep.*, n° 15-98-99. Cette jurisprudence est, du point de vue des faits, similaire à la jurisprudence *Ibrahima Tiené*,

1461. Au lieu de parler d'un défaut de recours gracieux, le juge gabonais convoque la notion de recours prématuré. Ce qui est tout à fait exact. Mais, du point de vue de l'appréciation, elle est sévère car une solution plus satisfaisante aurait été d'informer le justiciable de la possibilité d'attendre l'expiration du délai de la phase pré-contentieuse. Le juge gabonais n'accorde pas de restriction à cette exigence même si un certain temps s'est déjà écoulé entre la date d'introduction du recours administratif et celle de l'introduction, précoce, du recours contentieux.

1462. De même, dans une espèce où le requérant avait « saisi directement la Chambre administrative de sa requête alors qu'il n'avait pas exercé le recours administratif préalable », le Conseil d'État gabonais a réitéré la vigueur de cette formalité en rappelant le caractère impératif des délais dont dispose l'administration pour donner suite au recours administratif préalable. Selon la haute juridiction, « [...] le recours en annulation contre les décisions administratives n'est pas recevable lorsque le requérant dispose encore du recours administratif [qu'] on ne peut passer outre ces dispositions impératives qui sont d'ordre public »[1476]. C'est la même solution qui s'applique dans les autres législations africaines, à l'instar du Cameroun.

b. L'illustration de l'irrecevabilité des actions précoces dans la législation camerounaise

1463. Le droit camerounais ne fait pas figure d'exception. D'après l'article 17, alinéa 1, de la loi de 2006 portant organisation et fonctionnement des tribunaux administratifs, « le recours contentieux n'est recevable qu'après rejet d'un recours gracieux ». Cette disposition signifie, a contrario, que si le recours gracieux introduit par le requérant n'a pas encore connu un dénouement, le recours contentieux, quant à lui, est prématuré. Cela ne fait pas de doute dès lors qu'on sait que le législateur a, en même temps, prévu des délais au cours desquels ce recours préalable au recours contentieux doit être introduit y compris le délai du silence-rejet donnant droit à un recours contentieux.

1464. La jurisprudence n'apporte aucun démenti à cette interprétation. En effet, le juge administratif adhère bien à cette règle qui voudrait qu'en prélude à tout recours contentieux, le délai imparti à l'administration pour répondre à cette demande doive être respecté. C'est ce qui justifie

---

rendue par le juge administratif ivoirien. CS/CA, 15 déc. 1969, *Ibrahima Tiené c/ Ministère de la Fonction publique*, *in* F. Wodié, M.-D. Bléou, *La Chambre administrative de la Cour suprême et sa jurisprudence (commentaire d'arrêt)*, Paris, Economica, 1981, p. 32.

[1476] CS/CA, 08 mai 1987, *Youin Bankoua Seydou*. Voir aussi CS/CA, 14 mars 1986, *Zomenvame c/ État Gabonais*, rép., n°14.

la présence des motifs comme ceux observés dans l'affaire Obama[1477] lorsque le juge relève que le requérant « a fait parvenir son recours gracieux [...] en date du 28 mars 2001[...] ledit recours était considéré comme implicitement rejeté le 28 juin 2001, devant le silence de son destinataire ; qu'en introduisant son recours contentieux le 22 juin 2001 il a anticipé son action [...] qu'il s'ensuit que ce recours contentieux est irrecevable [...] ».

1465. Il s'agit d'une jurisprudence constante. Il suffit pour le comprendre d'observer la jurisprudence antérieure à celle sus-évoquée. On peut observer l'affaire Mbarga Richard[1478], où « la saisine de la Chambre administrative par [le requérant] à la date du 09 août 1982 avait été précédée du recours gracieux adressé le 05 juillet 1982 par l'intéressé ».Un tel « recours contentieux [...] prématuré comme ayant été formé avant l'épuisement du délai légal réservé à l'administration pour se prononcer ». Idem dans l'affaire Aigle Royal de Dschang c/ Fédération camerounaise de football[1479] où, l'action était introduite dans les deux (02) mois suivant la publication de l'acte attaqué ; lequel acte ayant été édicté en date du 22 novembre 1987. Or le recours administratif est implicitement rejeté au terme d'une durée de trois mois.

1466. Ainsi, le caractère irrémédiable de l'irrecevabilité, sort encouru par tout recours prématuré, est donc sans équivoque tant dans la jurisprudence administrative camerounaise que gabonaise.

1467. Des exemples tirés d'autres législations africaines ralliées à la tradition juridique française l'illustrent aussi.

§ 3. Le rôle des formalités préalables dans le procès administratif comme fondement de la ressemblance entre les droits français et africains dans la consécration de l'irrecevabilité des recours précoces

1468. Les formalités pré-contentieuses sont des préalables administratifs qui, sauf dispositions contraires, sont toujours nécessaires pour lier le contentieux. Dans ces conditions, le justiciable doit « attaquer une décision déjà intervenue » ou alors doit « provoquer une décision explicite ou implicite en saisissant l'autorité qualifiée d'une réclamation »[1480]. Cela permet de « lier le contentieux »[1481].

[1477] CS/CA, jug. n° 65, 11 mars 2009, *Obama Momo Janvier c/ Communauté urbaine de Yaoundé*.
[1478] CS/CA, jug. n° 33/83-84, 14 juin 1984.
[1479] CS/CA, jug. n° 48, 25 mai 1989.
[1480] R. ODENT, *Contentieux administratif, op. cit.*,. p. 759.
[1481] B. ASSO, F. MONERA, *Contentieux administratif, op. cit.*, p. 219.

1469. Il s'agit ainsi de la décision préalable. Pour ce qui est des recours administratifs, ils permettent « un réexamen effectif de ses décisions par l'administration »[1482], d'une part, et, d'autre part, transforme en contentieux juridictionnel le contentieux non juridictionnel[1483].

1470. Dans les droits d'Afrique francophone, au-delà des idées sus-rappelées, et en dehors de l'idée de la « protection de l'administration contre les procès surprises »[1484], il convient de voir aussi en ces formalités préalables l'idée de conciliation encore très présente en Afrique[1485] et conforme à « l'esprit de solidarité communautaire »[1486] marquant le droit traditionnel en Afrique[1487]. Cette formalité est, de ce point de vue, conforme tant au droit écrit que traditionnel africain. Cela explique certainement le caractère général, malgré quelques exceptions, de cette exigence pré-contentieuse dans l'ensemble des législations africaines. Il convient en guise d'illustration de rappeler le cas des législations ivoirienne[1488], malienne[1489], tunisienne[1490], burkinabé[1491], béninoise[1492],

---

[1482] Conseil d'État, *Les recours administratifs préalables obligatoires*, Paris, La documentation française, 2008, p. 11.

[1483] B. ASSO, F. MONERA, *Contentieux administratif*, *op. cit.*, p. 218 ; *Rapport du Conseil d'État*, 2008, p. 49.

[1484] R.-G. NLEP, *L'administration publique camerounaise ...*, *op. cit.*, p. 260.

[1485] Y. BRARD, « Réflexions sur le code gabonais des juridictions administratives... », *op. cit.*, p. 925.

[1486] G. CONAC, « Les politiques juridiques des États d'Afrique francophone au lendemain des indépendances », *op. cit.*, p. 156.

[1487] T. RAMBAUD, *Introduction au droit comparé. Les grandes traditions juridiques dans le monde*, *op. cit.*, p. 215 et s.

[1488] La jurisprudence ivoirienne est une autre illustration. En effet, selon l'article 59 de la loi du 16 août 1994, modifiant celle du 5 août 1978 relative à la Cour suprême, « tout recours administratif, hiérarchique ou gracieux dont l'auteur justifie avoir saisi l'administration et auquel il n'a pas été répondu par cette dernière dans un délai de quatre (04) mois est réputé rejeté à la date d'expiration de ce délai. Si l'autorité administrative est un corps délibérant, le délai de quatre (04) mois est prolongé, le cas échéant, jusqu'à la fin de la première session légale qui suit le dépôt de la demande ». Cette disposition reprend l'article 76 de la loi n° 61/201 du 2 juin 1961, déterminant la composition, l'organisation et le fonctionnement de la Cour suprême, modifiée. Elle montre qu'en droit ivoirien, le recours administratif préalable reste une formalité obligatoire en matière d'excès de pouvoir. Cela est d'ailleurs relayé par la jurisprudence. Ainsi, dans l'affaire *Ibrahima Tiené*, précitée, portant sur un licenciement, alors que le requérant avait introduit son recours avant l'expiration de la durée de deux (02) mois relative à l'exercice du recours administratif préalable, le juge administratif conclura à l'irrecevabilité du recours contentieux lequel avait été introduit le 2 juin 1972 contre une décision édictée le 19 avril de la même année. Il s'appuyait aussi sur l'absence du recours gracieux. Pourtant, comme on peut l'observer à partir des différentes dates visées dans la procédure concernant cette affaire, le requérant était encore dans les délais d'exercice du recours gracieux au moment de l'introduction de son recours contentieux. Ce qui aurait permis logiquement de parler d'un recours contentieux prématuré. Et à cet égard, la rigidité apparaît dès lors qu'on peut noter que le juge pouvait inviter le « requérant mal informé à régulariser la procédure avant l'expiration du délai légal ». Cette ferme application de la loi est de ce point de vue nuisible. CS/CA, 26 janv. 2000, *Compagnie Air Afrique c/Ministère de la Fonction publique* ; 15 déc. 1969, *Ibrahima Tiené c/ Ministère de la Fonction publique*, *in* F. WODIE, M.-D. BLEOU, *La Chambre administrative de la Cour suprême et sa jurisprudence... op. cit*, p. 32 ; B. YAO DIASSIE, *Pour une justice administrative au service des partenaires administratifs. Contribution à l'étude de l'organisation juridictionnelle administrative en Côte d'Ivoire*, Thèse, Université d'Auvergne, 1986, p. 386 et ss.

[1489] Au Mali, si l'article 15 de la loi du 10 mars 1994, relative aux tribunaux administratifs, prévoit une durée de quatre (04) mois afin que l'administration puisse se prononcer sur la réclamation préalable de l'administré, le recours contentieux exercé avant le terme de ce délai est considéré comme prématuré et encourt de ce fait irrecevabilité. Cette disposition reprend toute la jurisprudence classique et constante de la Cour suprême malienne qui, jusqu'à la création des tribunaux administratifs par la loi, susvisée, statue en lieu et place desdits tribunaux. CS/CA, 26 juil. 1986, *Seriba Coulibaly c/ Ministère des Postes*.

[1490] En Tunisie, et c'est également le cas en Algérie, l'application de l'irrecevabilité en cas de recours prématurés est également observable. Le justiciable qui opte pour l'introduction d'un recours gracieux, devra observer un temps permettant à l'administration de donner une suite à sa demande. C'est d'ailleurs la règle dans tous les autres pays y compris la France. Cela amène à conclure qu'un recours contentieux introduit avant l'expiration de ce délai est prématuré. C'est ce qui ressort de l'alinéa 2 de l'article 37 (nouveau) de la loi n° 72/40 du 1er juin 1972, relative aux tribunaux administratifs. Avant la réforme intervenue avec la loi organique n° 96/39 du 3 juin 1996 modifiant la loi n° 72/40 du 1er juin 1972, précitée, notamment en son article 40, la durée relative à l'intervention de l'acte administratif faisant suite au recours pré-contentieux était fixée à quatre (04) mois. Le recours administratif était alors obligatoire. Il n'y'a aucune incongruité à dire que cette jurisprudence pourrait continuer de s'appliquer dans le cadre des recours contentieux dirigés contre les actes administratifs à caractère réglementaires où l'exigence du recours administratif préalable reste obligatoire en vertu de l'alinéa 3 de l'article 35 (nouveau) de la loi de 1972 relative aux tribunaux administratifs. (La solution est identique en droit algérien car « le silence gardé par l'autorité administrative saisie, pendant deux mois, sur une réclamation, vaut décision de rejet », Art. 830, Code de procédure civile et administrative). Mais le juge administratif tunisien apportait un bémol à cette exigence. En effet, le recours contentieux était recevable contre un acte administratif qu'il soit implicite ou exprès avant l'expiration du délai de recours administratif préalable dès lors que le délai en question expirait avant la survenance de la décision du juge administratif. (TA, 1er chambre, 18 déc. 1987, *Fatma Abbès c/ Ministre des Communications* ; 7 mars 1986, *Romdhane Charfi c/ Ministre de l'Agriculture*). TA, 2e chambre, 14 avr. 1980, *H'sine c/ Cnrps*, *Revue tunisienne de droit*, 1981, p. 512. Cette durée est désormais de deux mois.

[1491]En droit burkinabé, selon les alinéas 2 des articles 17 de la loi du 19 mai 1995, relative aux tribunaux administratifs et 25 de celle du 23 mai 2000, relative au Conseil d'État, « dans les affaires contentieuses qui ne peuvent être introduites que sous forme de requête contre une décision administrative, lorsqu'un délai de quatre (04) mois s'est écoulé depuis la demande sans qu'aucune décision administrative ne soit intervenue, les parties intéressées doivent la considérer comme rejetée ; elles peuvent dès lors saisir le tribunal administratif dans les deux mois qui suivent l'expiration du délai de quatre (04) mois ». À ce sujet, la jurisprudence est constante et abondante. Il faut signaler cependant que la possibilité de régulariser existe ici.
CS/CA, 12 avr. 1994, *Nikiema André* ; 14 déc. 1994, *Ouédraogo Moussa Ernest* ; 14 oct. 1997, *Dame Souli née Kaboré* ; 13 avr. 1999, *Bazié Camille* ; 11 janv. 2000, *Toé Charlemagne*, cités par S. YONABA, *La pratique du contentieux administratif en droit burkinabé... op. cit.*, p. 124.

[1492] Art. 827, alinéa 3, loi du 28 févr. 2011, portant Code de procédure civile..., *précitée*. Il faut signaler cependant que la possibilité de régulariser existe ici).

sénégalaise[1493], guinéenne[1494], congolaise (Brazzaville[1495] Kinshasa[1496]) ou encore centrafricaine[1497].

1471. Dans tous ces cas, on note que la phase pré-contentieuse est nécessaire et parfois obligatoire et justifie la mise en place des sanctions comme l'irrecevabilité en cas d'inobservation. C'est la raison pour laquelle « l'instauration d'un mécanisme contraignant de règlement non juridictionnel des litiges n'aurait plus aucun sens si était permis au requérant, une fois son recours contentieux introduit, de régulariser le défaut de saisine préalable de l'administration »[1498].

1472. Ainsi, est irrecevable, parce que prématuré, tout recours contentieux introduit avant l'expiration de la durée concédée à l'administration lorsqu'un recours administratif préalable est nécessaire et assorti d'un délai d'examen par l'administration. Et, de manière générale, le silence gardé par l'administration jusqu'à l'expiration du délai prescrit donne lieu à un acte implicite de rejet ou d'acceptation selon les cas et les législations.

1473. Les rejets liés à l'inobservation du recours administratif préalable ne sont qu'une suite logique. Ils résultent du caractère obligatoire de la formalité préalable. Le juge administratif ne doit être saisi qu'après une phase pré-contentieuse, le recours contentieux devant suivre le recours administratif préalable. En matière de décision, comme on l'a noté, par ailleurs, à défaut d'une décision spontanée on peut en avoir qui soit provoquée par l'administré. Ainsi, l'inexistence de la décision née de la

---

1493 Art. 38 et 39, loi du 7 août 2008 relative à la Cour suprême.

1494 Art. 63, loi du 23 déc. 1991 relative à la Cour suprême.

1495 Ici, la décision implicite de rejet suite à la réclamation de l'administré intervient dans un délai de quatre (04) mois. Art. 409, alinéa 1, loi du 21 avril 1983 portant Code de procédure civile commerciale administratif et financier.

1496 Au Congo démocratique, selon les alinéas premiers des articles 89 et 96 de l'ordonnance-loi du 31 mars 1982 relative à la Cour suprême de justice, « le défaut de décision de l'administration après trois mois à compter du jour du dépôt à la poste du pli recommandé portant réclamation vaut rejet de celle-ci ».

1497 Dans la jurisprudence de la Chambre administrative de la Cour suprême de la République centrafricaine, la rigidité du temps de la justice apparaît aussi car celle-ci a, à mainte reprise, sanctionné des recours précoces. L'affaire *Pounzi Ferdinand c/ Ministère de l'Économie* en est un exemple. En l'espèce, la juridiction relève qu'« à la lumière des prescriptions légales[...]le silence gardé sur[des] réclamations présentées le 7 novembre 1992 par[des]requérants ne vaudrait une décision implicite de rejet que le 7 mars 1993 ; que c'est donc à partir du 8 mars 1993 que serait ouvert au profit de ces derniers le délai du recours contentieux [...] qu'ainsi, en exerçant leur recours contentieux prématurément le 7 février 1993, les requérants[n'avaient]point satisfaits aux prescriptions légales[...] » d'où l'irrecevabilité pour « recours prématuré ». CS/CA, 6 août 1994, *Recueil des arrêts de la Chambre administrative de la Cour suprême, Année judiciaire 1982-1995... op. cit.*, n° 163.

1498 A. CLAEYS, *L'évolution de la protection juridictionnelle de l'administré au moyen du recours pour excès de pouvoir*, *op. cit.*, p. 365.

demande préalable du justiciable, conduit logiquement à sanctionner le recours qui, dans ces conditions, est prématuré. Il faut de toute façon une décision implicite ou explicite de rejet ou d'acceptation.

1474. Aussi, cette formalité pré-contentieuse, en dehors du cas d'une décision provoquée, donc même dans l'hypothèse de celle qui est prise spontanément, l'administration doit disposer, entièrement, du délai qui lui est imparti pour se prononcer.

1475. Toutefois, et c'est le cas notamment en France, cette sanction n'est pas mise en œuvre de façon systématique. En effet, le rejet des recours dirigés contre des décisions administratives non encore existantes ou encore contre des décisions existantes mais en violation de l'obligation d'exercer un recours administratif préalable connaît quelques aménagements. C'est le cas pour la décision préalable. Ces infléchissements traduisent alors le caractère malléable du temps en contentieux administratif français. Cette malléabilité conduit à voir que le temps est plus favorable, une fois de plus, au droit du justiciable au recours qu'à l'efficacité de l'action administrative. C'est pour cette raison qu'en l'absence de tels aménagements, on peut parler du caractère rigide du temps dans les législations camerounaise et gabonaise. Et dans ce dernier cas, le temps est plus tourné vers la stabilité des situations juridiques.

Section 2. La forme souple du temps par les limitations de la règle de l'irrecevabilité des recours précoces en droit français et sa rigidité en Afrique

1476. En matière de sanction des recours prématurés, les droits français, camerounais et gabonais se distinguent. C'est ce qui justifie l'idée d'une divergence d'approche relative au temps dans le procès administratif dans ces différents modèles.

1477. L'on va démontrer qu'en droit du contentieux administratif dans les pays africains de tradition juridique française, les recours prématurés sont rigoureusement sanctionnés par l'irrecevabilité, c'est-à-dire sans possibilité de régularisation ou de modulation de la sanction. Cette rigidité est donc plus profitable à l'administration (§ 2). C'est une approche inverse, donc marquée par quelques nuances, qui s'observe en France. Ici, le temps est plus favorable aux justiciables (§ 1). C'est ce qui traduit l'idée de souplesse et de rigidité en tant que caractères respectifs du temps dans le procès administratif dans ces législations.

§ 1. Une temporalité souple eu égard aux atténuations de la sanction des recours précoces en France : la réaffirmation de la préservation des droits des justiciables

1478. En droit français du contentieux administratif, le temps est souple et profite davantage aux justiciables qu'à la stabilité des situations juridiques. L'étude des sanctions relatives au recours précoce montre que le justiciable ne peut voir la porte du prétoire systématiquement fermée, en raison de l'inobservation de la phase pré-contentieuse. En effet, il est nécessaire de rappeler que l'inobservation de la condition relative au temps est sanctionnée par l'irrecevabilité. L'exemple le plus simple concerne l'exercice d'un recours contentieux avant l'ouverture des délais prévus. Un tel recours est dit prématuré, ou encore précoce.

1479. Toutefois, l'analyse laisse apparaître quelques assouplissements à cette sanction. C'est en cela que réside le caractère flexible du temps dans la justice administrative française. Ce caractère apparaît dans les différents cas d'anticipation. En effet, en droit français, s'agissant de l'anticipation, l'assouplissement de cette sanction concerne, non seulement, l'anticipation dans le cadre de la phase préalable au recours contentieux (A) mais aussi celle de la violation des délais concernant les actions postérieures à la phase contentieuse (B). Le juge administratif a donc une place de régulateur (C).

A. L'assouplissement des conditions d'accès au juge par un temps souple eu égard aux atténuations à l'irrecevabilité des recours prématurés dans la phase des préalables

1480. En droit français, le caractère impératif de la condition relative au temps comporte des atténuations. En principe, l'irrecevabilité doit sanctionner des actions formulées en violation de la règle du temps[1499]. Toutefois, des assouplissements existent. Elles traduisent le caractère souple du temps en contentieux administratif français.

1481. En effet, en matière de recours prématurés en relation avec la phase pré-contentieuse, l'assouplissement concerne la fin de non-recevoir que devrait normalement encourir l'inobservation tant de la règle de la décision préalable (1) que celle du recours pré-contentieux obligatoire (2).

[1499] A. CIAUDO, « Moyens d'ordre public et garantie des droits des administrés », *Les petites affiches*, n° 240/2009, p. 3.

1. Un assouplissement des conditions d'accès au juge par un temps souple eu égard à la modification de la forme classique de la décision préalable

1482. Lorsque le justiciable a omis d'observer la règle de la décision préalable, son recours est normalement irrecevable en raison de son caractère anticipé, le juge ayant été saisi avant le temps.

1483. Cependant, il existe des possibilités de rattrapage, c'est-à-dire de validation du recours contentieux introduit sans recours pré-contentieux. Mais, en réalité, la régularisation, laquelle s'entend comme la « mise en conformité d'un acte juridique ou d'un acte de procédure avec les prescriptions légales, opérant validation de l'acte originairement entaché de nullité »[1500], ne signifie pas absolument un retour en arrière en vue d'accomplir les formalités préalables. Il s'agit tout simplement d'une poursuite de la phase contentieuse qui a été entamée sans décision préalable au regard de certains facteurs.

1484. En droit français, il existe une « régularisation du recours par l'intervention tardive d'une décision préalable »[1501], en raison d'un manque d'opposition de la fin de non-recevoir, et la « régularisation du recours par le rejet des conclusions au fond »[1502], c'est-à-dire par la présence d'une décision de rejet au fond. Autrement dit, comme le souligne le pr Jean-François Roulot, cette « régularisation des recours qui auraient été jugés irrecevables du fait de l'absence de décision préalable au moment de l'introduction de l'instance devient recevable. L'assouplissement de l'exigence d'une décision préalable est donc particulièrement sensible tant pour la régularisation que pour sa mise en œuvre »[1503].

1485. De ce point de vue, il y a de la souplesse en raison de cet allégement de la condition de délai. En France, la jurisprudence y est parvenue en modifiant, non seulement la forme traditionnelle des décisions préalables (a), mais aussi le rang de cette exigence dans le schéma du recours contentieux (b).

[1500] S. GUINCHARD, T. DEBARD (dir), *Lexique des termes juridiques*, *op. cit*, 22e éd., p. 850.

[1501] J-F. ROULOT, « La règle de la décision préalable Les possibilités de régularisation », *Droit administratif*, mai 1999, p. 7.

[1502] *Ibid*, p. 9.

[1503] *Ibid*.

a. L'assouplissement par la modification de la forme traditionnelle des décisions préalables

1486. Le caractère favorable du temps au droit des justiciables d'agir en justice, eu égard à sa souplesse se traduit ici par la modulation de la sanction des recours précoces, notamment en raison d'un changement du rang de la décision préalable. En effet, il s'agit de la recevabilité des recours sans décision préalable mais dont la présence peut être déduite de l'attitude de l'administration. C'est pour cette raison qu'on parle de la modification de la forme classique de la décision préalable car le juge trouve une décision préalable en l'attitude de l'administration. Il apporte ainsi un tempérament à la condition relative au temps. Il ne considère donc pas un tel recours comme étant anticipé, il n'est pas exercé à contretemps.

1487. De ce point de vue, ces cas se distinguent de ceux relatifs aux citations directes. En matière de citation directe, on le sait, il n'existe sous aucune forme une exigence pré-contentieuse alors que dans le cas présent, il y a une exigence pré-contentieuse sauf qu'elle n'apparaît pas sous sa forme traditionnelle ou encore normale, pourrait-on dire.

1488. La possibilité de saisir directement le juge administratif sans observer la phase pré-contentieuse, notamment lorsque s'impose une décision préalable, existe donc au-delà des cas qui entraînent aussi la dispense des délais, c'est-à-dire des citations directes. Le défaut d'une décision préalable peut alors être couvert par un acquiescement (a1) ou par une défense au fond (a2) provenant de l'administration.

a1. La souplesse au regard de la régularisation de l'absence de décision préalable en cas d'acquiescement de l'administration

1489. La règle de la décision préalable, on le sait, est clairement consacrée par un texte et bien reprise par la jurisprudence. Elle est nécessaire pour lier le contentieux. Dans, l'affaire Association Club athlétique Mantes-la-Ville c/Fédération française de Hand-Ball[1504], le Conseil d'État précise que l'absence de demande préalable adressée à la Fédération est synonyme d'un défaut de « décision susceptible de lier le contentieux ; que, dès lors, ces conclusions sont manifestement irrecevables ». Ainsi, et ceci n'est qu'un rappel, en cas d'absence de décision préalable au recours contentieux, la sanction encourue est l'irrecevabilité du recours.

1490. Mais, comme on a pu le noter, la règle de la décision préalable est aussi protectrice de l'administration. Cela veut dire que la fin de non-recevoir

---

[1504]CE, 13 juin, 1984, *Rec.*, p. 218.

devant être opposée face à l'inobservation de cette règle doit être invoquée par cette dernière. Dans la jurisprudence Association Club athlétique Mantes-la-Ville, précitée, le Conseil d'État précise que l'« irrecevabilité n'est pas susceptible d'être couverte en cours d'instance, dès lors qu'elle est expressément opposée [...] ». De ce point de vue, si l'administration s'abstient de soulever l'inexistence de la décision préalable, le juge administratif n'est pas tenu de l'invoquer d'office.

1491. Il en est ainsi dans le cas où l'administration consent aux prétentions de l'administré. En effet, l'acquiescement, c'est-à-dire lorsque « l'administration admet pour exacts les éléments de fait fournis par le requérant », elle « couvre le défaut de décision préalable, celle-ci étant contenue, de fait, dans l'acquiescement »[1505].

1492. Aussi, le droit français a admis cette possibilité lorsque le justiciable affirme prendre acte de la position qu'adoptera la juridiction. Autrement dit, comme le rapporte un observateur, selon le Conseil d'État, lorsque l'administration s'en tient simplement à la sagesse du juge, à propos de la décision préalable, « cette seule défense [vaut] prise de position négative sur le bien-fondé de la prétention adverse et [entraîne] la liaison du contentieux dans le cas où le recours n'est dirigé contre aucun acte administratif ». Cette attitude de l'administration « constitue une contradiction simple, non argumentée, des prétentions du requérant »[1506].

1493. Il suffirait alors pour les administrés d'introduire directement leur recours en espérant un acquiescement de la part de l'administration. Cela met en exergue le caractère relatif de la règle de la décision préalable en droit français. De ce point de vue, l'anticipation n'est donc pas toujours sanctionnée. Il y a donc une approche souple en ce qui concerne le temps. C'est également le cas lorsqu'il s'agit d'une défense au fond.

a2. La souplesse par la régularisation de l'absence de décision préalable en cas de défense au fond par l'administration

1494. Dans le procès administratif, il incombe à l'administration, en cas de recours contentieux dépourvu d'une décision préalable, de soulever l'irrecevabilité d'un tel recours. L'administration doit donc conclure à l'irrecevabilité des recours contentieux qui ne portent pas sur une décision préalable.

[1505] J.-C. RICCI, *Contentieux administratif*, *op.cit*, n° 148, p. 79.
[1506] A. CIAUDO, « S'en remettre à la sagesse du juge administratif », *Jcpa*, 7 avr. 2008, p. 21-27.

1495. Dans le cas où l'administration n'évoque pas le défaut de décision préalable et présente des observations au fond, donc sans opposer la fin de non-recevoir tirée de ce défaut de décision préalable, le recours contentieux exercé dans ces conditions n'est pas irrecevable. Le Conseil d'État admet dans ce cas que l'administration a accepté le contentieux et qu'elle est liée par sa défense au fond[1507].

1496. Saisi d'un recours sur renvoi du tribunal administratif de Lyon, le Conseil d'État dans l'affaire Nicolas x c/ Ministre de l'Enseignement supérieur et de la Recherche[1508] a relevé dans ce sens qu'en concluant au rejet du recours tendant à la condamnation de l'État pour violation du délai raisonnable de jugement, le ministre invoquait le défaut de décision préalable alors qu'en instance, il avait lié le contentieux. En l'espèce, en effet, le juge avait écarté « la fin de non-recevoir tirée du défaut de demande préalable » que le ministre avait par la suite « opposée à ces conclusions devant le Conseil d'État ». Cette solution repose sur le fait qu'en défendant « au fond sur les conclusions [...] tendant à ce que l'État soit condamné à réparer le préjudice causé », le ministre avait lié le contentieux.

1497. Déjà, dans une décision rendue quelques années auparavant, le Conseil d'État l'avait précisé à l'occasion d'un pourvoi en cassation exercé contre un jugement rendu par le tribunal administratif de Pau statuant sur la requête d'une stagiaire qui critiquait, à la suite de son stage, le refus de procéder à sa titularisation. À l'appui de son pourvoi en cassation, le centre soutenait que le contentieux n'avait pas fait l'objet d'une liaison en raison de l'absence d'une décision préalable. Or, cette fin de non-recevoir n'avait pas été soulevée avant toute défense au fond devant le juge en première instance. En effet, le centre ayant conclu « au rejet de toutes les conclusions de la demande présentée [...] devant le tribunal administratif, sans opposer à ses conclusions indemnitaires une fin de non-recevoir tirée de l'absence d'une décision préalable de rejet » il avait lié le contentieux et n'était donc pas « fondé à soutenir que ces conclusions auraient été irrecevables faute d'être dirigées contre une décision »[1509]. Autrement dit, la « défense au fond contient en réalité une décision, même si celle-ci n'est pas préalable à la saisine du juge »[1510].

1498. Plus loin encore, cette solution apparaissait déjà dans la jurisprudence du Conseil d'État. Ainsi, dans l'affaire Dame veuve Ducroux, le Conseil

[1507] M. DEGUERGUE, *Procédure administrative contentieuse*, *op. cit*, p.80.
[1508] CE, 13 févr. 2012, n° 346549.
[1509] CE, 27 mai 2009, *Centre départemental de travail protégé et d'hébergement de Castelnau-Rivière-Basse*, n° 313773.
[1510] J.-C. RICCI, *Contentieux administratif*, *op. cit.*, n° 149.

d'État indiqua que bien que la requérante ne justifiait pas d'une « décision administrative relative à ses droits à indemnité ou à rappel de traitement antérieur à l'introduction de sa demande devant le tribunal administratif, il résulte de l'instruction que, dans les observations en défense » qui avaient été produites par l'État devant la juridiction d'instance, celui-ci avait « conclu à titre principal, au rejet de la demande [...] comme mal fondée ; que ces conclusions [devaient] être regardées comme constituant une décision de rejet susceptible de lier le contentieux devant la juridiction administrative saisie par l'intéressée, alors même que le ministre a opposé, à titre subsidiaire, à la demande, une fin de non-recevoir tirée du défaut de décision administrative préalable »[1511]. Le juge administratif concluait à la recevabilité du recours dans cette hypothèse.

1499. Par le fait donc de l'administration, avec notamment une défense au fond, ou encore un acquiescement, on assiste à une sorte de régularisation qui influence dans une certaine mesure le facteur temps. Ces modulations entraînent donc une disqualification déguisée de la décision préalable, notamment dans sa forme traditionnelle. Cela a donc comme conséquence un assouplissement relatif au facteur temps.

1500. Le caractère malléable du temps dans le procès administratif en France résulte donc de cet assouplissement de la condition de délai. Ces aménagements, de surcroit, proviennent du juge administratif qui régule ainsi le temps de la justice, lui donne un caractère flexible. Cette flexibilité est favorable, davantage, aux justiciables. En outre, s'appuyant également sur le fait du justiciable, le juge administratif français a aussi souvent admis une disqualification déguisée de la décision préalable.

b. La souplesse tirée de la modification du rang de la décision préalable dans le schéma du recours contentieux : le fait du justiciable

1501. Dans ce cas, avant l'intervention de l'article R. 421-1 (nouveau) du Code de justice administrative issue de la réforme du 2 novembre 2016, la souplesse pouvait aussi se traduire d'une manière générale par la modification du rang de la décision préalable dans le schéma du recours contentieux. Autrement dit, par le fait du justiciable. Dans ce cas, contrairement aux assouplissements tirés de l'attitude de l'administration, la modification du régime de la décision préalable par le juge dans le but d'accueillir le recours, normalement prématuré, était marquée par la présence d'une décision préalable qui intervient après l'introduction du recours contentieux. Il y avait donc une décision

[1511] CE, ass., 23 avr. 1965, n° 60721.

préalable mais dont la naissance n'est pas antérieure au recours contentieux comme cela devrait se faire.

1502. En effet, avant l'article R. 421-1 (nouveau) du Code de justice administrative qui dispose désormais que « lorsque la requête tend au paiement d'une somme d'argent, elle n'est recevable qu'après l'intervention de la décision prise par l'administration sur une demande préalablement formée devant elle », le Conseil d'État admettait la possibilité pour le justiciable d'introduire une action en justice sans lier le contentieux, donc en l'absence d'une décision préalable, à condition de procéder à une régularisation avant l'intervention de la décision de justice sur le fond de l'affaire. Cette solution montrait bien le caractère flexible du temps dans le contentieux administratif.

1503. C'est ainsi que dans la décision Marcel[1512], le Conseil d'État avait réitéré sa position adoptée dans l'arrêt Établissement français du sang[1513]. Dans ces deux affaires, le juge administratif avait affirmé, à propos d'un requérant qui en prélude à son recours contentieux ne justifiait pas d'une décision préalable, que ce recours n'encourt pas irrecevabilité dès lors que le requérant a obtenu, par la suite, cette décision alors que le litige est encore pendant devant la juridiction saisie.

1504. En effet, le Conseil d'État avait rappelé qu'« aucune fin de non-recevoir tirée du défaut de décision préalable ne peut être opposée à un requérant ayant introduit devant le juge administratif un contentieux indemnitaire à une date où il n'avait présenté aucune demande en ce sens devant l'administration lorsqu'il a formé, postérieurement à l'introduction de son recours [contentieux], une demande auprès de l'administration sur laquelle le silence gardé par celle-ci a fait naître une décision implicite de rejet avant que le juge de première instance ne statue ».

1505. Le Conseil d'État donnait donc la possibilité aux justiciables de solliciter la décision préalable alors que l'affaire est en cours d'instruction. Le contentieux était lié si une décision intervenait de la part de l'administration avant que l'affaire n'ait été jugée au fond. On remarque que la décision préalable peut être sollicitée après le recours contentieux. De ce point de vue, il y a un assouplissement concernant l'exigence temporelle. Désormais, cette possibilité ne s'applique plus aux recours tendant au paiement d'une somme d'argent. Le Conseil d'État vient d'ailleurs de rendre un avis sur cette nouvelle disposition[1514].

[1512] CE, 3 mai 2010, *Marcel c/ Préfet de la Mayenne*, n° 317558.

[1513] CE, 11 avr. 2008, *Établissement français du sang c/ Monique*, n° 281374.

[1514] CE, Avis n° 426472 du 27 mars 2019.

1506. Ainsi, le juge administratif fait montre de libéralisme en modulant l'irrecevabilité d'un recours introduit en l'absence d'une décision. En effet, on note à travers ces quelques exemples tirés à la fois des textes et de la jurisprudence, l'expression d'un certain libéralisme, d'une certaine flexibilité. En comparaison, comme on va le démontrer, avec les pays d'Afrique francophone, de telles possibilités de régularisation sont rares, voire inexistantes. Les manquements à l'exigence préalable entraînent l'irrecevabilité de l'action. En outre, cette souplesse qui caractérise le droit français s'étend, dans une certaine mesure, aux formalités préalables à caractère obligatoire.

2. Un assouplissement des conditions d'accès au juge eu égard à l'atténuation de l'irrecevabilité des actions précoces en matière de recours administratif obligatoire

1507. Il faut préciser ici qu'il ne s'agit pas d'un cas de citation directe par rapport au recours administratif préalable obligatoire. On sait que la citation directe correspond à une exclusion de la phase pré-contentieuse. Or, dans le cas présent, le recours administratif existe mais, en raison des défauts qu'il comporte, de l'inobservation des règles relatives à sa mise en œuvre, le recours doit être considéré comme prématuré pour défaut de recours administratif.

1508. Dans ces conditions, cependant, la jurisprudence apprécie ces défaillances et y trouve parfois le moyen d'accueillir un tel recours qui, normalement, encourt irrecevabilité en raison de son caractère précoce. De ce point de vue, il y a, comme en matière de décision préalable, un assouplissement de la condition de délai.

1509. En effet, l'idée de souplesse apparaît à travers les atténuations apportées à la sanction du défaut de recours administratif préalable obligatoire (a). Ces assouplissements sont également observables lorsqu'il s'agit des manquements aux formalités relatives à la mise en œuvre de ces préalables obligatoires (b).

a. La souplesse par l'atténuation observée en cas de défaut même de recours préalable obligatoire

1510. La règle du recours administratif préalable obligatoire, on l'a noté, est d'ordre public, du moins lorsqu'elle est consacrée et sauf si elle a une origine contractuelle. La conséquence logique est l'impossibilité de régulariser. Le Conseil d'État a jugé, par exemple, que des contestations relatives à des opérations électorales ne pouvaient être portées directement devant le juge administratif avant d'avoir fait l'objet d'un recours administratif ; qu'un requérant qui saisit la juridiction sans avoir exercé un recours administratif a entaché ses conclusions d'une irrecevabilité manifeste, insusceptible d'être couverte en cours d'instance[1515].

1511. Cette jurisprudence montre clairement qu'il ne saurait y avoir, en l'absence de recours préalable, un recours juridictionnel valable donc qu'il n'est pas possible de régulariser une telle procédure. Il en est de même dans le cas où l'administré a méconnu la procédure destinée à mettre en œuvre cette exigence. En d'autres termes, dès lors que le recours contentieux est entaché d'une absence de recours administratif ou d'un manquement aux modalités qui accompagnent sa mise en œuvre, le recours contentieux est irrecevable.

1512. Cependant, l'irrecevabilité n'est pas toujours appliquée en pareil cas. L'analyse de la jurisprudence le montre. C'est en cela que le droit du contentieux administratif français se caractérise par la souplesse en la matière.

1513. En effet, une atténuation a été observée à l'occasion de l'affaire Humbrecht. En l'espèce, le juge avait admis le recours contentieux en l'absence d'un recours administratif préalable. Ce recours contentieux faisait suite à la demande, introduite par le requérant auprès du maire de Ville franche-sur-Mer le 29 novembre 1983, laquelle tendait à obtenir la communication de l'arrêté municipal règlementant le stationnement sur la place du marché où il avait été sanctionné. Le requérant ayant saisi la commission d'accès aux documents administratifs le 3 février 1984 et le tribunal administratif le 20 février de la même année, donc sans attendre l'avis de ladite commission, à la suite du refus de communiquer opposé par maire le 15 décembre 1983. Dans ces conditions, on sait que normalement le recours administratif n'ayant pas encore connu une issue, l'on était, normalement, en présence d'un défaut de recours administratif. Un tel recours encourait donc une irrecevabilité.

1514. Comme on peut le constater, la recevabilité de ce recours a été admise par le juge dès lors que l'avis de la commission et la décision confirmative du maire étaient intervenus avant que le jugement ne soit rendu par la juridiction saisie[1516]. Cette jurisprudence met en exergue la possibilité d'admettre le recours juridictionnel qui initialement est entaché d'un vice substantiel tel que l'absence de recours administratif préalable, mais qui en cours d'instance a été régularisé. Il ne s'agit pas du seul cas d'atténuation observé dans la jurisprudence du Conseil d'État en la matière. Une atténuation a aussi été observée s'agissant des

---

[1515] CE, 10 juin 1988, *Fédération nationale Cgt de l'équipement*, n° 78383.
[1516] CE, 12 févr. 1988, *Rec.*, p. 944.

manquements aux modalités relatives à la mise en œuvre du recours préalable obligatoire.

b. La souplesse par l'atténuation observée en cas de manquement aux modalités d'exercice du préalable obligatoire

1515. Dans le cadre des modalités d'exercice du recours administratif préalable obligatoire, on doit rappeler que « l'obligation du recours préalable n'est pas exécutée dès lors que le justiciable a saisi l'administration de façon irrégulière ; et que, par voie de conséquence, le recours juridictionnel qui fait suite s'apparente à un recours direct »[1517].

1516. À cet égard, le Conseil d'État a jugé irrecevable un recours contentieux introduit en violation des exigences relatives à la mise en œuvre du recours préalable obligatoire consignées dans un contrat. En effet, il a relevé que quel qu'ait été le motif du rejet de la réclamation, le requérant devait, à peine d'encourir la forclusion édictée par les dispositions contractuelles, adresser au maître de l'ouvrage dans un délai maximum de trois (03) mois le mémoire prévu. Ainsi la lettre adressée par le requérant et qui se bornait à prendre acte du refus opposé ne pouvait être regardée comme constituant une présentation du mémoire[1518].

1517. Toutefois, et c'est en cela qu'on observe un assouplissement, le juge administratif a admis qu'un requérant était fondé à solliciter l'annulation d'un jugement en tant qu'il avait rejeté comme prématuré des conclusions qui tendaient à la réduction d'impôts bien que ce recours était prématuré en raison de l'absence d'une décision du directeur départemental, dès lors qu'avant l'intervention du jugement attaqué, une décision expresse de rejet avait été rendue concernant la réclamation elle-même prématurée. Ainsi, la décision explicite qui était intervenue couvrait l'irrégularité du recours contentieux[1519].

1518. Mais il faut se garder de considérer une telle atténuation comme une règle s'appliquant à tous les manquements portant sur la mise en œuvre de cette exigence. Elle ne saurait s'appliquer à des formalités à des formalités substantielles.

1519. En définitive, il n'y a aucun doute sur le principe selon lequel, en contentieux administratif, les exigences relatives aux temps ont un

---

[1517] J.-F. BRISSON, *Les recours administratifs en droit public français… op. cit.*, p. 456.

[1518] CE, 4 mai 1988, *Ophlm de la Ville de Paris*, n° 30360 et 81288, *RDP*, 1988, p. 1456, note F. Llorens.

[1519] CE, sect., 4 janv. 1974, *Sieur x*, n° 87418.

caractère impératif. Toutefois, en droit du contentieux administratif camerounais et gabonais cette règle s'applique rigoureusement, notamment en ce qui concerne les recours prématurés, alors qu'en France elle est relative en raison des différents assouplissements observés en la matière. Il y a donc une sorte de modulation de cette sanction. Les conditions d'accès au prétoire du juge administratif sont, de ce point de vue, assouplies. La démarche du droit français est ainsi marquée par la flexibilité, par une mise en œuvre raisonnable de cette sanction[1520].

1520. En outre, l'assouplissement ne s'applique pas seulement à la phase pré-contentieuse. Elle concerne également la phase post-contentieuse. Tout ceci permet de corroborer l'idée du caractère souple du temps dans le procès administratif français.

B. La souplesse liée à l'atténuation de l'irrecevabilité en cas de violation des délais dans la phase post-contentieuse : une manifestation subsidiaire de la protection des justiciables

1521. En droit français, en dehors des recours contentieux sanctionnés en raison de leur caractère prématuré lié à l'inobservation de la règle de la décision préalable, ou encore de celle des recours administratifs préalables obligatoires, l'irrecevabilité concerne aussi les recours qui sont formulés en violation des délais applicables à la phase postérieure au contentieux.

1522. En effet, l'exercice d'un recours contentieux est souvent soumis à un délai dont l'inobservation entraîne une irrecevabilité. Que cette action en justice soit exercée après l'écoulement de la durée consacrée à cet effet ou encore de façon anticipée, le sort est le même. Le recours doit donc être sanctionné par l'irrecevabilité lorsqu'il est tardif ou prématuré. À ce niveau également, la jurisprudence administrative française a apporté des assouplissements à cette sanction. En effet, et c'est ce qui traduit la souplesse, la jurisprudence a apporté des atténuations à l'irrecevabilité des recours prématurés tant en matière de voies de recours (1) qu'en ce qui concerne l'exécution (2) des décisions de justice.

[1520] Toutefois, il ne faut pas surestimer ces assouplissements qui singularisent le droit français car le juge français n'est pas moins intransigeant. Il en est ainsi, par exemple, par rapport à son homologue d'Allemagne où, « la tendance majoritaire en jurisprudence et en doctrine est de considérer le recours administratif obligatoire comme une condition de décision au fond, ce qui implique la possibilité de régularisation ultérieure, à savoir la possibilité d'exercer le recours administratif obligatoire après l'introduction du recours juridictionnel ». E. PREVEDOUROU, *Les recours administratifs obligatoires… op. cit.*, p. 285.

1. La souplesse au regard de l'atténuation apportée au rejet des recours anticipés en matière de voies de recours : la jurisprudence Marcel Joseph

1523. Les voies de recours font partie du principe des droits de la défense et participent de la qualité de la décision de justice. De ce point de vue, la décision de justice doit passer au crible de toutes les contestations, elle doit notamment faire l'objet d'éventuels pourvois prévus par la loi. À ce niveau également, le temps joue son rôle.

1524. L'exercice d'une voie de recours avant le délai consacré constitue un recours anticipé donc est irrecevable. Il s'agit d'un autre cas d'anticipation dans lequel le justiciable, en l'absence de décision de justice, interjette appel ou alors exerce un pourvoi en cassation.

1525. Toutefois, le juge administratif français, à l'occasion de l'affaire Marcel Joseph[1521], a apporté une atténuation à la condition de délai comptant pour le recours en cassation. En l'espèce, à la suite d'un arrêt rendu par la Cour d'appel de Paris le 25 juillet 1989 à la requête du ministre du Budget contre le jugement du 25 mai 1987 du tribunal administratif de Versailles accordant au susnommé une décharge d'impôt, le sieur Marcel avait saisi le Conseil d'État d'un pourvoi en cassation contre cet arrêt.

1526. Cependant, l'arrêt en cause avait été rendu par défaut à l'égard du requérant et n'avait été porté à sa connaissance que plus tard en raison d'un changement d'adresse. Après avoir eu notification de l'arrêt, lequel faisait mention de son droit de se pourvoir en cassation dans le délai en vigueur, le requérant avait anticipé son pourvoi en cassation. Ce pourvoi en cassation était prématuré parce que s'agissant d'une décision de justice intervenue par défaut une opposition était ouverte et rendait inenvisageable un pourvoi en cassation dès lors que l'arrêt n'était pas encore définitif.

1527. Mais, le Conseil d'État avait conclu à la recevabilité de ce pourvoi car, en dépit du fait que la Cour d'appel avait statué par défaut à l'égard du requérant, l'arrêt en cause, dont la notification faite au requérant était intervenue le 10 janvier 1990, ne pouvait valablement faire l'objet d'un pourvoi en cassation qu'au terme d'une durée de deux (02) mois comptant pour l'opposition.

1528. Toutefois, selon le juge, ce recours en cassation présenté par anticipation le 6 février 1990 avait été régularisé « par l'expiration du délai d'opposition contre ledit arrêt ». Tel est l'argument invoqué par le

---

[1521] CE, 20 nov. 1992, *Marcel Joseph*, *AJDA*, 1993, p. 130, concl. J. Arrighi de Casanova.

juge pour justifier la recevabilité de ce recours exercé avant le temps exigé. Cette solution n'est pas loin de celle adoptée dans le cadre des délais en matière de pré-contentieux. Le juge administratif n'a donc pas donné un effet automatique à la sanction. Il a essayé d'adapter la sanction du recours prématuré à l'espèce. De telles atténuations traduisent donc le caractère malléable du temps en contentieux administratif français. En matière d'exécution des décisions de justice, il a adopté une approche identique.

2. La souplesse par l'atténuation apportée au rejet des recours prématurés dans le contentieux de l'exécution des décisions de justice

1529. En matière d'exécution des décisions de justice, le juge administratif français ne méconnaît pas le caractère impératif des délais tel que consacré par les textes (a). Toutefois, il est resté fidèle à une approche du temps qui ne résiste pas à la torsion et, de ce point de vue, il a apporté un assouplissement à cette condition relative au délai (b). C'est au regard de cette atténuation qu'on peut justifier l'idée de flexibilité en tant que caractère du temps dans ce procès. C'est pour cette raison que pour le comprendre, il faut au préalable préciser le principe qui a bien été affirmé en la matière.

a. L'affirmation jurisprudentielle du principe de l'irrecevabilité des recours prématurés en matière d'exécution des décisions de justice

1530. Il faut préciser, au préalable, que l'exécution des décisions de justice fait partie intégrante du procès et contribue considérablement à l'affermissement de l'État de droit. C'est pour cette raison que le législateur français a adopté, depuis quelques années, des dispositions visant à assurer la mise en œuvre des décisions rendues par les juridictions administratives.

1531. Le volet temps fait partie des règles à observer dans la procédure d'exécution des décisions de justice. Ainsi, à la requête des parties, le tribunal administratif, la Cour administrative, en tant que juridiction d'appel ou directement saisie pour l'application de leurs propres décisions, peuvent prescrire des mesures nécessaires à cette application. Ces juridictions peuvent également assortir leurs décisions d'astreintes. Il s'agit d'un principe général du droit comme l'a d'ailleurs réaffirmé récemment le juge administratif[1522].

1532. S'agissant précisément de la condition des délais, les juridictions administratives ont la possibilité d'indiquer dans leurs décisions les

[1522] CE, 6 mai 2015, *Préfet de la Corse c/ M. B*, n° 377487.

délais dans lesquels les pouvoirs publics doivent mettre en œuvre les mesures d'exécution qui ont été prescrites.

1533. À cet effet, afin de solliciter auprès des juridictions une mesure tendant à la mise en œuvre d'une décision, l'article R. 921-1-1 (éventuellement aussi, R. 931-2 (nouveau) du Code de justice administrative a prévu un délai de trois (03) mois à compter de la notification de la décision. Ainsi, à l'exception des refus formels de la part de l'administration de mettre en œuvre la décision ou encore en ce qui concerne une décision rendue en matière d'urgence, les recours visant à obtenir du juge une mesure d'exécution ne peuvent intervenir avant le délai de trois (03) mois. Sous l'égide du Code des tribunaux administratifs et des Cours administratives d'appel, cette durée était fixée à six (06) mois[1523]. La réduction de cette durée peut se justifier par le souci d'accélérer la mise en exécution des décisions de justice.

1534. Autrement dit, un recours visant à obtenir une mesure d'exécution de la part du juge administratif est prématuré, donc irrecevable, s'il est introduit avant l'expiration du délai de trois mois. Ce délai court depuis la notification de la décision dont l'exécution est sollicitée.

1535. Dans ce cadre, le juge administratif conclut d'une manière systématique, depuis la jurisprudence Mme Nielsen[1524], à l'irrecevabilité des recours introduits avant l'expiration du temps ainsi déterminé. Cette solution avait d'ailleurs été reprise dans l'affaire Centre communal d'action sociale de Nantes c/ Agaesse[1525]. Dans cette dernière espèce, le centre requérant sollicitait du Conseil d'État l'annulation du jugement rendu par le tribunal administratif de Nantes par lequel il avait annulé la décision de refus de réintégrer le défendeur à son poste. Ce dernier avait, à son tour, sollicité du Conseil d'État une mesure d'astreinte définitive par jour de retard à compter de la signification de l'arrêt à intervenir en vue d'assurer son exécution.

1536. Or, cette demande ne concernait pas une mesure d'urgence et l'absence d'une décision expresse de rejet d'une demande d'exécution de la part du Centre rendait prématurée la demande d'astreinte et, dès lors, irrecevable. Cette jurisprudence n'est d'ailleurs pas un cas isolé car cette solution a été reprise dans l'affaire Brennet[1526]. Cependant, fidèle à une conception malléable du temps, le juge administratif français va aussi apporter un assouplissement à cette condition de délai.

[1523] Art. R. 222-2, modifié par le décret n° 2000/1115, 22 nov. 2000.
[1524] CE, 18 févr. 1983, *Rec.*, p. 74.
[1525] CE, 11 février 1987, *RDP*, 1987, p. 1388, note R. Drago.
[1526] CE, 14 déc. 1994, n° 153456.

b. L'assouplissement par l'atténuation apportée à l'exigence de délai en matière d'exécution des décisions de justice : la jurisprudence Dame Berthaux

1537. Le juge administratif français, s'agissant du temps à observer en matière d'exécution des décisions de justice, a repris la solution qu'il a adoptée dans le cadre des délais des recours contentieux. En effet, dans sa jurisprudence ultérieure à celle ci-dessus évoquée, le Conseil d'État a apporté une nuance à cette appréciation de la règle des délais en matière d'exécution des décisions de justice. Ce changement s'est traduit par l'ouverture, comme dans la phase pré-contentieuse, d'une possibilité de régularisation. Ainsi, est admise la régularisation dès lors que le temps requis s'est écoulé avant l'intervention de sa décision.

1538. En effet, cette solution ressort bien de la jurisprudence Dame Berthaux[1527]. En l'espèce, par une décision prise le 18 mai 1994 à la requête de la susnommée, la commission départementale de l'aide sociale de l'Yonne avait annulé la décision du 10 janvier 1994, du président du conseil général dudit département qui mettait fin au versement de ses pensions en qualité d'handicapé. À la suite de l'appel interjeté par le département auprès de la commission centrale, la décision fut annulée, en la forme, le 23 mars 1995 et une requête tendant à obtenir une astreinte avait été introduite auprès du Conseil d'État. Toutefois, le délai exigé, comme on peut le constater (de six mois prévu sous l'égide de l'ancien dispositif), n'était pas encore atteint. Dans ces conditions, une telle requête posait le problème de sa recevabilité par rapport au temps comptant pour son exercice.

1539. Bien que cette requête était normalement prématurée, au regard de la date de son introduction, soit le 12 octobre 1995, le Conseil d'État apporta alors un tempérament à sa jurisprudence antérieure en prononçant la recevabilité d'une telle requête. En effet, il a relevé que « si la demande d'astreinte [...] a été présentée [...] moins de six mois à compter de la notification, intervenue le 24 juin 1994, de la décision du 18 mai 1994 de la commission départementale, la prolongation, après l'écoulement de ce délai de six mois, du refus du département de l'Yonne d'exécuter la décision [...], fait obstacle à ce que la fin de non-recevoir tirée du caractère prématuré de sa requête puisse être opposée » à la requérante.

[1527] CE, sect., 5 mai 1995, *AJDA*, 1995, p. 653, note I. Muller.

C. Une modulation de l'irrecevabilité fondée sur la préservation du droit d'accès au juge

1540. Le droit d'accès au juge administratif a été renforcé en contentieux administratif français. C'est ce que traduisent ces atténuations apportées aux conditions de recevabilité des recours, notamment aux exigences pré-contentieuses. Ce temps est donc davantage tourné vers le justiciable que la sécurité juridique. L'idée du temps jurisprudentiel en droit français du contentieux administratif est certaine. Elle conduit, à travers l'action du juge, à montrer combien la place qu'occupe ce dernier est importante dans ce contentieux. Dans le cadre des sanctions relatives aux recours prématurés, le juge administratif français assure, comme dans d'autres phases de la procédure, la régulation. Ainsi, tant pour la phase pré-contentieuse que post-contentieuse, il démontre combien de fois une détermination à l'avance du temps peut avoir un effet couperet en limitant l'accès au prétoire.

1541. C'est pour cette raison que, sous son impulsion, des recours qui sont normalement « prématurés deviennent recevables par l'intervention d'une décision tardive, qu'elle soit provoquée ou spontanée. Le contentieux se trouve lié en cours d'instance par une décision préalable finalement intervenue sous réserve que l'administration ne refuse pas cette possibilité »[1528]. En dépit de l'intervention du décret du 2 novembre 2016 qui a apporté des aménagements en ce sens, cette possibilité restera applicable sauf en matière indemnitaire.

1542. Dans l'affaire Berthaux sus-analysée, il convient de noter, sans aucun doute, qu'en mettant en place un temps relatif au déclenchement des mesures d'exécution, le législateur a pensé qu'au bout de ce délai l'administration aura manifestement exprimé son refus d'exécuter la décision. C'est certainement cette même idée qui a guidé le Conseil d'État dans cette affaire car on voit bien que le refus de la part du conseil départemental de procéder à l'exécution de ladite décision était avéré plus de six (06) mois après la notification de celle-ci. On peut donc retenir, comme l'affirme justement un observateur, que « la prolongation d'un refus d'exécution après le délai normalement imparti [...] peut amener à considérer comme recevable une requête pourtant présentée avant l'expiration du délai prescrit »[1529]. Le juge administratif français a donc, une fois de plus, apporté une atténuation au caractère impératif du temps. Cela exprime l'évolution du droit administratif

---

[1528] J-F. ROULOT, « La règle de la décision préalable Les possibilités de régularisation », *Droit administratif*, mai 1999, p. 8.

[1529] I. MULLER, note sous CE, sect., 5 mai 1995, *AJDA*, 1995, *précité*.

français par rapport aux pays d'Afrique francophone avec notamment cette confiance qui est faite au juge administratif.

1543. Cela dit, la mise en œuvre de l'irrecevabilité en cas de recours prématuré a été aménagée par le Conseil d'État. En vertu du droit au procès équitable, on peut affirmer que le juge administratif français va « au secours du justiciable pris dans le dédale de la complexité des règles »[1530]. Ces différents aménagements montrent aussi la place qu'occupe le juge administratif français dans la définition du cadre temporel du procès. C'est le lieu de rappeler que, contrairement aux juridictions administratives d'Afrique francophone, le juge administratif français participe activement à l'organisation du temps du procès. Cela justifie également l'idée du caractère flexible, souple ou encore dynamique du temps. Lorsqu'on le compare aux droits des pays d'Afrique francophone, en raison, non seulement, de la forte réglementation qui marque la détermination du temps dans le procès, laissant peu de place au juge, mais aussi une telle technique d'assouplissement des conditions d'accès au juge n'est que rarissime.

1544. Cette rigueur dans la mise en œuvre des exigences temporelles est donc opposée au style adopté par le droit français. Ainsi, au regard de l'absence d'assouplissement, on observe une approche rigide du temps, comme on va le voir, s'agissant des législations camerounaise et gabonaise.

§ 2. L'avantage à la sécurité juridique eu égard à un temps rigide tiré de l'absence d'atténuations à la sanction des recours anticipés dans les droits africains

1545. Contrairement au droit français qui a adopté, comme on vient de l'analyser, un certain nombre d'atténuations aux exigences portant sur le temps, les droits des pays d'Afrique francophone, notamment le Cameroun et le Gabon, appliquent strictement la sanction. Cette approche moins souple du temps favorise davantage la sécurité juridique, l'efficacité de l'action administrative que les droits des justiciables. Bien que cette rigueur, restrictive de l'accès au juge, soit logique (B), elle reste, à plusieurs titres, critiquable (B).

[1530] P. FANACHI, « Le juge administratif français et le droit au procès équitable », *in* E. Decaux (dir), *Justice et droits de l'homme*, Bruxelles, Bruylant, 2003, p. 671.

A. Une rigidité logique mais restrictive du droit au juge

1546. Dans les pays africains de tradition juridique francophone, la jurisprudence illustre bien la règle du rejet des recours précoces. Cependant, ces rejets sont sévères. L'on doit regretter la fermeté du juge pour la simple raison qu'il n'invite pas les requérants à régulariser leurs recours même lorsque cela est possible. C'est donc dans ce sens qu'il faut percevoir la phase pré-contentieuse comme une formalité qui limite l'accès au prétoire[1531] et traduit, également, une approche rigide du temps dans le contentieux administratif.

1547. Autrement dit, les solutions identifiées à travers l'ensemble des décisions de justice qu'on a analysées pour illustrer la sanction des recours prématurés dans les droits d'Afrique francophone sont tout à fait logiques. En effet, on peut bien se demander à quoi il servirait d'imposer un recours administratif préalable à la saisine du juge si l'on peut intenter un recours avant même d'obtenir la réponse de l'administration ? La présence « d'un mécanisme contraignant de règlement non juridictionnel des litiges n'aurait plus aucun sens si était permis au requérant, une fois son recours contentieux introduit, de régulariser le défaut de saisine préalable de l'administration »[1532]. La clarté de ces solutions est donc sans équivoque d'autant plus qu'un recours administratif préalable obligatoire ne peut être envisagé qu'en présence d'une décision préalable donc d'un acte faisant l'objet d'une contestation entre les parties.

1548. Ainsi, la consécration de l'exigence préalable, comme l'ont fait les législateurs camerounais et gabonais, vise prioritairement une issue autre que juridictionnelle[1533]. L'on comprend donc que le préalable administratif obligatoire a pour but d'amener l'administration à modifier sa première décision, conduisant de ce fait à un règlement non juridictionnel du litige, alors que l'exigence d'une décision « vise à confirmer une mesure administrative et à lui donner la forme décisoire afin qu'elle puisse être attaquée en justice »[1534]. Dans ces conditions, cette règle de recevabilité revêt un caractère impératif. Elle donne le droit aux « parties d'invoquer en tout état de la procédure l'irrecevabilité du recours », elle oblige le juge à « examiner d'office, le

---

[1531] En ce sens, A. CIAUDO, « Le recours administratif préalable obligatoire, un obstacle à l'accès au juge ? », *in* V. Donier, B. Lapérou-Scheneider (dir), *L'accès au juge, Recherches sur l'effectivité d'un droit*, Bruxelles, Bruylant, 2013, p. 826-836.

[1532] A. CLAEYS, *L'évolution de la protection juridictionnelle de l'administré au moyen du recours pour excès de pouvoir*, *op. cit.*, p. 365.

[1533] En ce sens, J.-F. BRISSON, *Les recours administratifs en droit public français… op. cit.*, p. 455.

[1534] E. PREVEDOUROU, *Les recours administratifs obligatoires… op. cit.*, p. 288.

cas échéant, la question de recevabilité [et] de relever, le cas échéant, et en tout état de la procédure, d'office l'irrecevabilité du recours, c'est-à-dire de lui opposer une fin de non-recevoir »[1535].

1549. Mais, ce caractère impératif ne saurait être exempt de toute atténuation car les atténuations sont nécessaires pour assurer le droit au juge. Comme cela a été montré à l'égard de la règle de la décision préalable en France, des assouplissements existent. Cela est tout à fait compréhensible car les règles de procédure sont aussi un domaine privilégié dans lequel le juge doit prendre en compte des considérations d'équité[1536]. C'est ce qui a souvent conduit le juge administratif français à les assouplir[1537]. En effet, affirme le pr Bernard Pacteau, « la technique du délai a besoin de générosité, de fermeté, mais aussi non moins de clarté et de simplicité »[1538]. Mais, malgré le caractère justifié de l'application de cette sanction relative à l'inobservation du temps, cela n'échappe pas à un certain nombre de critiques.

B. Une rigidité traduisant le peu d'audace des juges africains

1550. L'absence de souplesse en droit camerounais et gabonais, s'agissant de l'application de la sanction relative à l'inobservation du temps, comme on l'a vu, est contestable. Certes, il y a en cette rigueur une préservation du principe de sécurité juridique mais elle a un effet pernicieux sur le droit au juge. Elle traduit ainsi le manque d'audace dont font parfois preuve les juges administratifs en Afrique francophone. Le pr Gérard Conac a pu voir en cette attitude des juges un « maniement habile des règles de procédures » visant à « garantir » leur « confort » en « évitant d'avoir à trancher des cas parfois délicats ». Et l'auteur de conclure que cela est « ressenti comme des dénis de justice »[1539].

1551. On peut évoquer quelques exemples pour l'illustrer. Au Gabon, par exemple, le juge administratif a eu à juger précoce une requête contentieuse introduite à quelques jours de l'expiration du délai comptant pour l'intervention d'une décision implicite. En effet, cela concernait un recours introduit le 26 juin 1996 alors que le recours pré-contentieux avait été présenté le 27 mars de la même année, soit plus de trois mois après. La durée du silence valant rejet étant de quatre mois.

[1535] R. CHAPUS, *Droit du contentieux administratif*, *op. cit.*, n° 515, p. 426.

[1536] M. FOULETIER, *Recherche sur l'équité en droit public français*, *op. cit.*, p. 83.

[1537] D. CHABANOL, « La régularisation des requêtes devant la juridiction administrative », *AJDA*, 1993, p. 331.

[1538] B. PACTEAU, « Note sous CE, 29 mars 1985, Testa », *Revue administrative*, n° 226/1985, p. 360.

[1539] G. CONAC, « Le juge et la construction de l'État de droit en Afrique », *in Mélanges Guy Braibant*, Paris Dalloz, 1997, p. 116 et ss.

En dépit de la conviction des requérants sur le rejet qu'encourait leur recours administratif préalable, le juge avait conclu à l'irrecevabilité de la requête[1540].

1552. La rigueur du juge administratif gabonais est encore plus surprenante au regard de la jurisprudence Mahadji Guy-Paul[1541]. Dans cette affaire, en effet, le requérant sollicitait l'annulation d'une décision relative à son licenciement. Tirant sa solution des articles 42 et 50 du Code (gabonais) des juridictions administratives, le juge administratif releva « que s'il apparaît au dossier, à la lecture de la lettre du secrétaire général du ministère de la défense [...] que le requérant a bien exercé un recours gracieux, l'inexistence de cette lettre au dossier ne permet pas [...] d'apprécier les délais d'exercice dudit recours ».

1553. Cette solution est bien étonnante. Elle traduit la fermeté qui caractérise la jurisprudence administrative gabonaise à l'égard de la condition de délai. Pourtant, le juge pouvait solliciter, en vertu de ses pouvoirs d'instruction, la production de tous les documents qui auraient permis de vérifier la présence de cette formalité et d'évaluer la prise en compte ou non de la condition de délai. Une telle solution cache mal sa volonté de limiter, à travers cette exigence, l'accès au prétoire et, par conséquent, une application ferme de la condition de délai.

1554. Au Cameroun, pareillement, le juge administratif, dans l'affaire Onomo Owona Ferdinand où le requérant avait introduit son recours contentieux le 23 avril 2003, à la suite d'un recours gracieux le 15 avril de la même année, avait relevé que « le recours contentieux introduit avant l'expiration du délai de trois mois imparti à l'autorité saisie du recours gracieux y afférente était irrecevable »[1542].

1555. La question s'est également posée dans l'affaire Ondoa Jean-Jacques[1543]. En l'espèce, le requérant sollicitait le retrait d'un titre foncier et, accessoirement, le sursis à exécution de la décision en cause. Pour y parvenir, il avait saisi le juge d'un recours contentieux le 30 août 2006 lequel avait été précédé d'un recours gracieux formulé le 23 août de la même année. Conscient du caractère biaisé de sa démarche, le requérant indiquait dans ses conclusions que « bien que le délai imparti à l'autorité administrative ne soit pas expiré, [il était] fondé » à exercer un tel recours.

[1540] CS/CA, 21 avr. 1999, *Collectifs des candidats admissibles aux concours des douanes c/ Ministère de la Fonction publique*, rep., n° 9-9899.
[1541] Cour administrative, 18 oct. 2000, *Mahadji Guy-Paul c/ États gabonais*, rep., n° 03/2000.
[1542] CS/CA, jug. n° 77/2011, 23 mars 2011, *Onomo Owona Ferdinand c/Mindaf.*
[1543] CS/CA, ord., sursis, n° 70, 30 août 2010, *Ondoa Jean-Jacques c/ Mindaf, précitée.*

1556. Cette argumentation semblait être partagée par le représentant du ministère public. Malheureusement, l'intime conviction du juge ne fut pas convaincue par cette démarche car retenant le caractère prématuré du recours, il fut rejeté en la forme. Et pour cela, le juge affirma que le « recours contentieux introduit le 30 août 2006, soit 06 jours après le dépôt du recours gracieux s'avérait irrecevable comme prématuré ; qu'il s'en suit, contrairement aux conclusions du ministère public, que sa demande de sursis à exécution, accessoire à un tel recours contentieux doit suivre le même sort »[1544].

1557. À l'analyse, il est vrai qu'il n'y aurait plus d'intérêt à imposer un recours administratif préalable alors qu'on peut introduire un recours contentieux sans attendre l'issue de ce recours administratif préalable. De ce point de vue, les solutions dégagées par ces juridictions sont tout à fait logiques. Cependant, et c'est en cela qu'apparaît la rigueur et la limitation subséquente de l'accès au juge administratif, on remarque que dans ces affaires, le juge s'est prononcé au bout de plusieurs années suivant la saisine. Dans ces conditions, on peut regretter qu'entre la date d'introduction d'un recours contentieux, qu'il qualifie de précoce, et celle du jugement, il aurait pu donner l'occasion au requérant de régulariser son recours. D'autres exemples sont observables dans d'autres pays africains, comme notamment dans la jurisprudence administrative ivoirienne[1545].

1558. En France, de telles solutions ne seraient pas adoptées. En pareil cas, en effet, le Conseil d'État, au lieu de rejeter le recours contentieux parce que prématuré, conclut généralement à la recevabilité du recours au motif que le délai prévu pour la naissance de l'acte tacite de rejet arrive

---

[1544] *Ibid.*

[1545] Dans un arrêt du 21février 1990, affaire *Niango Séka Vincent et autres c/ Ministère de la Fonction publique*, la Chambre administrative de la Cour suprême de Côte d'Ivoire avait prononcé l'irrecevabilité d'un recours présenté « trois (03) mois avant l'expiration du délai de quatre (04) mois » relatif à l'intervention, éventuelle, d'une décision tacite de rejet. Pire encore, dans l'affaire *N'sanYapi Célestin*, bien que le requérant avait introduit un recours administratif préalable, il avait été rejeté pour avoir été « présenté prématurément ». En effet, après avoir souligné que « les formes et délais du recours impartis par la loi sont d'ordre public », le juge administratif avait noté que « le [requérant avait] introduit un recours en annulation pour excès de pouvoir contre l'arrêté[le] 2 octobre 1961 par requête enregistrée[...]le 27 janvier 1962 ; que ce recours a donc été introduit avant l'expiration du délai de réponse de l'administration à son recours gracieux ». Or, la formalité préalable comme on peut le voir avait été accomplie dans les délais impartis, soit le 18 octobre 1961 et le recours en annulation le 27 janvier 1962. Dans ces conditions, comme son homologue français, le juge pouvait inviter le requérant à marquer un temps d'attente nécessaire à l'ouverture du recours contentieux. CS/CA, 1er avr. 1964, *in* F. WODIE, M.-D. BLEOU, *La Chambre administrative de la Cour suprême et sa jurisprudence* (*commentaire d'arrêt*), *op. cit.*, p. 39 ; B. YAO DIASSIE, *Pour une justice administrative au service des partenaires administratifs… op. cit.*, p. 388.

à expiration avant que la juridiction administrative ne se soit prononcée sur le fond.

1559. En effet, faut-il rappeler que dès lors qu'aucune décision expresse donnant satisfaction au requérant n'est intervenue, le juge ne saurait prononcer la fin de non-recevoir d'un tel recours ? C'est la solution clairement posée par la jurisprudence Andy[1546]. En l'espèce, le Conseil d'État français relève qu'à la date de l'introduction de son recours auprès du tribunal administratif de Paris dont le jugement était contesté, bien que le requérant ne disposait pas d'une décision formelle lui refusant l'indemnité sollicitée, il l'avait sollicité par la suite. En considération du silence gardé par le maire, lequel engendra par là une décision implicite de rejet, « aucune fin de non-recevoir tirée du défaut de décision préalable ne pouvait être opposée »[1547] au moment où la juridiction saisie prononçait son jugement[1548]. Mais il faut noter qu'avec la réforme du 2 novembre 2016 sur le Code de justice administrative, cette possibilité est désormais exclue s'agissant des recours tendant au paiement d'une somme d'argent.

1560. Toutefois, on a pu observer des cas d'assouplissements dans la jurisprudence administrative camerounaise. Par exemple, dans l'affaire Ndo François[1549], le juge a relevé, comme son homologue français, « qu'il est constant que [le requérant] a prématurément attaqué [...] avant l'expiration du délai [...] l'administration devant la juridiction administrative ; qu'il n'est pas contesté qu'en pareil cas la décision administrative implicite de rejet n'était pas acquise et qu'il ne saurait y avoir de recours contre une décision future ou éventuelle, mais considérant qu'il résulte des éléments de la cause que le délai de trois (03) mois était largement expiré pendant la présente instance, [...] qu'il est de jurisprudence constante qu'il est possible d'attaquer une décision implicite de rejet avant que celle-ci soit acquise par l'expiration du délai de trois (03) mois pourvu que le délai expire pendant l'instance ». Cette

---

[1546] CE, 8 juil. 1970, n° 72891, *Rec.*, p. 470.

[1547] Dans le même sens, CE, *Marcel c/ préfet de la Mayenne*, n° 317558, *précité*.

[1548] Le juge administratif français admet ainsi que la sanction par l'irrecevabilité du recours parce que prématuré ne saurait s'appliquer lorsque le requérant, en cours d'instance, a lié le contentieux par l'introduction d'une demande qui a donné lieu à une décision tacite de rejet, en cours d'instruction de l'affaire, alors que le juge administratif n'a pas encore jugé l'affaire au fond. Il relève donc que dans le cas où l'administration s'abstiendrait de faire mention de l'inexistence de la décision préalable et conclurait au rejet au fond du recours contentieux, elle ferait ainsi état de sa volonté de ne pas donner une suite favorable à cette demande préalable. Cela « équivaut à une décision de rejet peu formelle mais sans doute réelle ». J.-F. BRISSON, *Les recours administratifs en droit public français... op. cit.*, p. 455.

[1549] CS/CA, jug. n° 64, 22 avr. 1976, *précité*.

solution avait été reprise dans d'autres décisions[1550]. Aussi, s'agissant du défaut de recours gracieux préalable, le juge administratif camerounais avait, dans l'affaire, Atangana Mbarga Adalbert[1551], jugé recevable un recours prématuré, c'est-à-dire exercé sans recours gracieux préalable.

1561. Cependant, comme le relève d'ailleurs un analyste, malgré ces cas d'allègement des conditions de recevabilité du recours gracieux, « ce qui est malheureux c'est que parfois, le juge est revenu sur des relents de rigueur en rejetant des recours pour défaut de signature du recours gracieux, par exemple »[1552]. En effet, cette flexibilité n'a pas été maintenue. On peut aussi, simplement, se référer à la jurisprudence récente, très abondante sur la question, pour s'en rendre compte[1553].

1562. De ce point de vue, on note que, contrairement au droit français, dans les législations d'Afrique francophone, comme le souligne clairement un observateur à propos du Cameroun, le juge est « aveuglé par le caractère prescriptif des délais, [il] est le plus prompt à réagir négativement à son irrespect que d'user des méthodes préventives ou curatives afin que le différend aille à son terme. La mise en demeure, la régularisation ou le rabattement sont absents de son vocabulaire [...] »[1554].

1563. Pourtant la possibilité d'inviter les requérants à régulariser leur situation est bien consacrée. Elle apparaît constamment dans la législation camerounaise[1555]. C'est elle qui permet ainsi au juge administratif français d'appliquer sans trop de rigueur ces règles de procédure, de les adapter aux différents cas en présence.

1564. En effet, le recours à la technique de la régularisation par le juge administratif français est un moyen qui permet d'assurer un équilibre entre les exigences procédurales et le droit d'accès au juge.

[1550] CS/CA/ADD, jug. n° 26/78-79, 28 déc. 1978, *Mbocka née Moussongo Jeannette c/ État du Cameroun* ; jug. n° 11, 25 nov. 1976, *Tchouamo Louis c/ Commune de plein exercice de Bafoussam* ; jug. n° 60, 28 avr. 1976, *Biakolo Max c/ État du Cameroun*.

[1551] CS/CA, jug. n° 52/81-82, 27 mai 1982.

[1552] S. BILONG, *Mémento de la jurisprudence administrative du Cameroun*, *op. cit*, p. 353.

[1553] CS/CA, jug. n° 295/2010, 22 sept. 2010, *Log Mayagui et autres c/ Minuh* ; n° 234, 25 août 2010, *Etchoko II Salomon c/ Minatd* ; n° 167, 05 mai 2010, *Sté Socib c/ Mintransport* ; n° 75, 23 mars 2011, *Belobo Mbazoa c/ Mindaf* ; n° 136, 13 avr. 2011, *Nganoa Emmanuel Blaise c/ Minsanté* ; n° 34, 08 févr. 2012, *Ekalle Moudourou Cathérine c/ Mindaf*.

[1554] J.-J. C. MEMONO, *Les incidents de procédure en contentieux administratif camerounais*, Thèse, Université de Yaoundé 2, 2015, p. 53.

[1555] Art. 37, alinéa 2, 38, alinéa 2, 40 alinéa 1, loi n° 2006/022, relative aux tribunaux administratifs *précitée* ; 78, 82 alinéa 2, 98, alinéa 2, 99, alinéa 3, loi n° 2006/016, relative à la Cour suprême *précitée*.

1565. Par exemple, s'agissant de la décision administrative préalable, sauf si le justiciable n'a pas introduit une demande auprès de l'administration en vue d'obtenir une décision, et cette exigence ayant été invoquée en défense et à titre principale par l'administration, le juge administratif doit convier le justiciable à régulariser son recours. Autrement dit, l'absence d'une décision préalable représente une irrecevabilité devant faire l'objet d'une régularisation sauf dans les cas ci-dessus visés[1556].

1566. Le fait pour l'administration de ne pas soulever le défaut de décision administrative, conduit le juge à recourir à la technique de la régularisation, c'est-à-dire à demander au requérant d'accomplir auprès de l'administration concernée les formalités nécessaires en vue d'obtenir la décision qu'il conteste ou encore à produire celle-ci. Le juge administratif doit procéder ainsi même lorsqu'il entend invoquer lui-même[1557] cette absence de décision ou la production de celle-ci. Ainsi, sans distinction des branches du contentieux[1558], l'exigence de la décision ou sa production sont des « causes d'irrecevabilité régularisables en cours d'instance »[1559].

1567. Le juge administratif, « lorsque la décision lui paraît susceptible d'être fondée sur un moyen relevé d'office [il] en informe les parties avant la séance de jugement et fixe le délai dans lequel elles peuvent, sans qu'y fasse obstacle la clôture éventuelle de l'instruction, présenter leurs observations sur le moyen communiqué »[1560]. De cette obligation découle l'idée selon laquelle l'éventualité d'un rejet du recours contentieux tiré de l'inexistence de la décision préalable est portée à la connaissance du requérant préalablement à la fin de l'instruction. Il en est ainsi parce que « l'administration l'avait soulevé dans son mémoire en défense [ou] parce que le juge l'avait informé de son intention de l'opposer d'office [ou encore], parce qu'il l'avait invité à régulariser son recours »[1561]. Dans ces conditions, d'une part, pendant le déroulement de l'instance, le justiciable, dès lors qu'il est informé, doit, sauf défaillance de sa part, rechercher et produire la décision préalable. D'autre part, le juge ne pourra fixer la date de l'audience et inscrire l'affaire au rôle qu'à la suite de l'intervention du temps relatif à la naissance d'une décision tacite, à moins qu'un acte explicite n'intervienne avant ce délai. La requête qui sollicite la régularisation

---

[1556] CE, 25 avr. 2003, *SA Clinique les châtaigniers*, *Rec.*, p. 899.
[1557] CE, 26 oct. 1984, *Delhay*, n° 42894, *Rec.*, p. 703 ; 27 oct. 1989, *Margaix*, n° 74275, *Rec.*, p. 843.
[1558] CE, sect., 22 déc. 1972, *Sieur Brisson*, *Rec.*, p. 828 ; 8 juil. 1970, *Sieur Andry*, *précité*.
[1559] B. DEFOORT, *La décision administrative*, *op. cit.*, p. 373.
[1560] Art. R. 611-7, *Cja.*
[1561] B. DEFOORT, *La décision administrative*, *op. cit.*, p. 373.

devra indiquer qu'en l'absence de régularisation, « les conclusions pourront être rejetées comme irrecevables dès l'expiration du délai imparti qui, sauf urgence, ne peut être inférieur à quinze (15) jours »[1562]. Même dans ces conditions, le juge administratif ne commet aucune erreur de droit en marquant un temps d'arrêt pour qu'intervienne la décision préalable[1563]. Il ne commet non plus une erreur de droit lorsqu'au bout d'une durée de quinze (15) jours il opte pour le rejet de l'action[1564]. Il n'y a donc pas de doute que faisant suite à cette sommation de régulariser, « le requérant forme immédiatement une demande préalable et puisse produire devant la juridiction, dans le délai de quinze (15) jours, l'accusé de réception de cette demande. Il serait alors particulièrement cruel que le juge prenne une telle ordonnance de rejet dès l'expiration du délai de quinze (15) jours alors qu'il était conscient que le recours serait automatiquement régularisé quelque temps après, par l'intervention d'une décision implicite de rejet »[1565].

1568. C'est tout ce mécanisme de régularisation, lequel ne nuit d'ailleurs pas aux intérêts des parties, bien au contraire, qui permet au juge d'adopter des solutions équitables, que l'on n'observe pas dans la démarche des juges africains. C'est le rejet d'un tel mécanisme qui rend alors rigoureuse et critiquable l'application par les juridictions administratives africaines de l'irrecevabilité liée au caractère précoce des recours. Autrement dit, cette « absence quasi totale des régularisations de procédure »[1566] traduit la fermeté de la jurisprudence administrative des États africains de tradition juridique francophone en la matière. Cela traduit le caractère rigide du temps, lequel est plus favorable à l'efficacité de l'action administrative ou à la stabilité des situations juridiques.

[1562] Art. R. 612-1, alinéa 3, *Cja.*

[1563] B. DEFOORT, *La décision administrative*, *op. cit.*, p. 373.

[1564] Art. R. 122-12 et 222-1, *Cja.*

[1565] B. DEFOORT, *La décision administrative*, *op. cit.*, p. 373.

[1566] N. MADJIGUENE DIAGNE, *Les méthodes et les techniques du juge en droit administratif sénégalais*, Thèse, Université Cheikh Anta Diop, 1995, p. 138.

Conclusion du chapitre

1569. Le champ d'application, ou alors le domaine d'influence, de la temporalité en matière administrative dans les droits d'Afrique francophone, comme notamment au Cameroun et au Gabon, est rigoureusement observé. Les frontières consacrées en la matière ne sont pas poreuses car on n'observe presque pas d'exceptions qui permettraient de relativiser la vigueur des conditions de délai. Ainsi, en principe, lorsque des durées sont consacrées, elles ont un caractère impératif, c'est-à-dire qu'elles peuvent être soulevées d'office par le juge en cas de violation.

1570. En France, toutefois, et contrairement aux législations camerounaise et gabonaise, l'on note la présence de quelques assouplissements à cette sanction. Ce sont ces atténuations qui justifient l'idée du caractère souple du temps s'agissant du droit du contentieux administratif français. Autrement dit, à l'opposé des droits en vigueur dans les pays africains de succession française, la souplesse du droit français est liée à ces atténuations apportées à l'irrecevabilité lorsqu'il s'agit des recours contentieux prématurés. Ces assouplissements visent en majorité à assurer le droit au juge, à ne pas fermer l'accès au prétoire, donc sont favorables aux justiciables. Peut-on observer cette même singularité s'agissant des sanctions relatives à l'inaction des justiciables ?

Chapitre 2

Une portée souple ou rigide du temps protectrice des droits du justiciable ou de la sécurité juridique eu égard aux sanctions de l'inaction

1571. Le cadre temporel du procès administratif en Afrique d'expression francophone est contraignant. C'est le cas, par exemple, en droit camerounais et gabonais. Cette rigueur, qui traduit une appréhension peu malléable du temps par le droit, se matérialise aussi par la rigueur des sanctions liées à la violation de ces exigences temporelles. À l'abondance des cas d'irrecevabilités, conséquence des violations du temps, correspond également une diversité de cause.

1572. De manière constante, il apparaît, dans la sémantique de ces différentes législations que l'exercice d'une action en justice ou, encore, l'accomplissement des formalités pré-contentieuses en marge des délais fixés est sanctionné par l'irrecevabilité. Au Gabon, par exemple, on observe une emprise difficile des justiciables sur le temps. Qu'il s'agisse du contentieux de l'excès de pouvoir ou même du plein contentieux, comme l'affirme un analyste dans le cas du Gabon, « la pratique administrative du contentieux administratif au Gabon illustre la difficulté des justiciables à maîtriser les mécanismes des délais d'intervention devant la juridiction administrative »[1567]. Cela traduit l'importance des sanctions des cas d'inaction des justiciables. Ainsi, lorsque le justiciable s'abstient, par négligence ou par indolence, de faire valoir, dans les délais prescrits son droit, ou alors d'exercer son recours, ou, encore, de garder l'instance active en accomplissant les formalités requises pour le bon déroulement de celle-ci, cela est sanctionné, soit par une extinction de son droit d'agir, soit par une extinction de l'instance.

1573. S'agissant, par exemple, de l'extinction du droit d'agir en présence d'une action introduite en dehors des délais fixés, l'irrecevabilité doit normalement s'en suivre. Comme en ce qui concerne les recours anticipés, lorsque le délai est parvenu à son terme, l'action est irrecevable pour cause de forclusion. Cette sanction est donc, en principe, insurmontable. En effet, le délai de recours étant d'ordre public, tout manquement doit être invoqué d'office par le juge[1568]. Autrement dit, en cas de forclusion, même « dans l'hypothèse où le

[1567] S. KWAHOU, *Contentieux administratif*, Cours, Faculté de droit et de Sciences économiques, Université Omar Bongo, 2013, p. 53.
[1568] En ce sens, J.-L. PISSALOUX, « Réflexions sur les moyens d'ordre public dans la procédure administrative contentieuse », *RDP*, 1999, p. 781.

requérant aurait eu raison, l'expiration » du délai « lui enlève à jamais la possibilité de faire prévaloir son point de vue ; son droit est prescrit »[1569]. Ainsi, au regard du caractère impératif des délais, il paraît inexplicable que le juge administratif « néglige une fin de non-recevoir d'ordre public pour statuer au fond »[1570]. Cette sanction est applicable tant dans la législation française que dans les droits d'Afrique francophone.

1574. Dans ce cadre, la divergence des marques du temps dans le contentieux administratif est observable à deux niveaux. En effet, le caractère rigide du temps dans le procès administratif dans les droits d'Afrique francophone, contrairement à la souplesse de la législation française, apparaît, d'une part, au niveau des cas d'inertie, ou alors des sanctions de l'inobservation du temps (Section 1), et, d'autre part, au niveau de l'application, ou de la mise en œuvre, de ces sanctions des manquements à la condition de délai (Section 2). Ce caractère fait, une fois de plus, la part belle à la sécurité juridique et moins au droit des justiciables.

Section 1. La forme souple du temps en cas d'inertie en droit français et sa rigidité dans les droits africains

1575. Tant en droit français que camerounais et gabonais, des cas d'inertie des justiciables entraînant des sanctions ont été consacrés. C'est l'exemple de la forclusion. Cette sanction est, en revanche, exclusive en droit français. Ainsi, au niveau des sanctions relatives à l'inertie des justiciables, c'est le caractère exclusif de la forclusion (Sous-section 1) qui traduit la forme souple du temps dans le procès administratif en droit français. En revanche, contrairement au droit français, la forme rigide du temps dans le contentieux administratif dans les pays d'Afrique francophone est liée à l'élargissement des cas d'inerties (Sous-section 2). Cette approche du temps, marquée par la rigidité, est davantage tournée vers la stabilité des situations juridiques que les droits du justiciable.

Sous-section 1. La forclusion : une sanction exclusive pour l'inaction en droit français et éclectique dans les droits africains

1576. La forclusion est l'une des sanctions applicables en cas d'inertie de la part des justiciables. Cette sanction va être examinée tant en droit

[1569] B. KORNPROBST, *La notion de partie et le recours pour excès de pouvoir*, *op. cit*, p. 200 et s.
[1570] *Ibid.*

français que camerounais et gabonais. La forclusion est synonyme de déchéance. C'est d'ailleurs pourquoi les législateurs emploient souvent de manière indifférente les deux notions. En effet, l'expiration du délai consacré pour entamer une instance, accomplir une formalité, exercer un recours entraîne une forclusion ou encore une déchéance[1571]. En droit camerounais, par exemple, les délais de recours sont prescrits à peine de forclusion. Cela apparaît expressément dans les textes en vigueur[1572].

1577. On peut distinguer trois hypothèses de forclusion. D'abord, il y a la forclusion liée à un recours contentieux introduit après expiration du temps fixé, généralement, à la suite de la phase des préalables, si nécessaire, ou de l'intervention d'une décision dans le cadre de l'instance dérivée. Ensuite, la forclusion peut être relative au déclenchement de la phase préalable au-delà du temps fixé à compter de l'intervention de l'acte critiqué. Enfin, la forclusion peut naître de l'accomplissement tardif des formalités exigées (§ 1). Par rapport au droit français, ces cas de forclusion ne sont pas exclusifs, il en existe d'autres. Ainsi, cette approche du temps est rigide et conduit à un renforcement des conditions d'accès au juge.

1578. Toutefois, le caractère souple observé en France doit être nuancé car en matière de forclusion concernant la notification, il le consacre, à l'exclusion des droits camerounais et gabonais (§ 2). L'existence de la forclusion dans ces différents droits est sans doute fondée sur la nécessité d'un délai de recours contentieux (§ 3).

§ 1. La forclusion en droit français et africain du contentieux administratif

1579. Sous le prisme de l'architecture procédurale en matière administrative, une analyse claire consiste à étudier la forclusion sous deux aspects. Il s'agit de faire une distinction entre l'irrecevabilité pour forclusion lorsqu'elle inclut (A) ou alors exclut (B) le recours contentieux. Une telle approche est bien adaptée à des législations comme celles des pays d'Afrique francophone où la phase pré-contentieuse est impérative.

[1571] R. GUILLIEN, J. VINCENT, (dir), *Lexique des termes juridiques*, *op. cit.*, 13e éd., p.185.

[1572] Art. 73 et 89 de la loi n° 2006/016, relative aux tribunaux administratifs et art. 18, alinéa 1, de la loi n° 2006/022, relative à la Cour suprême, *précitées*.

A. La mise en œuvre de la forclusion dans le cadre des recours contentieux

1580. Les cas d'irrecevabilité, pour forclusion, traduisent le caractère d'ordre public des délais tant en droit français que dans les législations d'Afrique francophone.

1581. En droit français, l'inobservation du délai de recours de deux mois consacré à l'article R. 421-1 du Code de justice administrative entraîne la forclusion. C'est aussi le cas en matière de voie de recours comme le prévoient les articles R. 751-3 et 811-2 du Code de justice administrative[1573]. Le Conseil d'État indique d'ailleurs l'intérêt qui réside en l'observation des délais ainsi que l'obligation qui incombe aux juridictions administratives de prendre en compte tous les éléments permettant d'en assurer la mise en œuvre. Dans la jurisprudence Eurl Norbert Pamularo c/ Commune de Saint-Cyr-sur Mer[1574], il a relevé que la Cour d'appel devait prendre en compte tous les éléments qui, fournis dans le cadre de l'instruction de l'affaire tant en appel, notamment lorsqu'il a un effet dévolutif, « de nature à établir le respect, devant le juge de première instance, de la condition de délai posée par l'article R. 421-1[...] ». Ainsi a-t-il conclu que le fait pour la Cour d'appel d'écarter « comme inopérante la circonstance qu'un recours gracieux avait prorogé le délai de recours contentieux applicable à la demande de première instance, au seul motif que le document établissant l'existence de ce recours gracieux aurait pu être produit en réponse à une fin de non-recevoir soulevée en première instance et n'avait été produit qu'en instance d'appel », une telle décision était entachée d'une erreur de droit. Dans tous les cas, à moins que le juge administratif ne prenne en compte le retard anormal dans l'acheminement des correspondances pour relever le requérant de la forclusion, comme ce fut le cas à l'occasion de l'affaire Delort[1575], même un fonctionnement défectueux des services postaux ne peut être invoqué en vue de remettre en cause un délai de recours.

1582. Au Cameroun[1576], le juge administratif rappelle constamment que « le droit de recours s'éteint avec l'expiration du délai légal »[1577] donc, que les actions en justice formulées hors délai sont frappées par la forclusion. En prenant en compte le caractère obligatoire du recours

---

[1573] CE, 7 nov. 2012, *M. Alain B.* n° 348112.
[1574] CE, 18 nov. 2011, n° 340181.
[1575] CE, 26 juin 1970, *Ministre de l'Agriculture c/ Delort*, n° 78.041, *précité*.
[1576] Voir aussi, J. BINYOUM, « Bilan de vingt ans de jurisprudence administrative de la Cour Suprême du Cameroun », *Revue camerounaise de droit*, n° 15, 16/1978, p. 37.
[1577] CS/CA, jug. n° 69, 28 avr. 2004, *Feu Njocke André c/ Minuh*.

gracieux, le juge camerounais fixe bien ses solutions en ce qui concerne l'appréciation du respect des délais de recours à partir de la règle du pré-contentieux. Ainsi, par exemple, une requérante qui introduit son recours gracieux le 17 janvier 2010, sans suite, soit jusqu'au 17 septembre 2010, doit considérer cette formalité préalable implicitement rejetée et introduire son recours contentieux pendant le délai de soixante jours donc, dans l'hypothèse de temps la plus éloignée, le 16 novembre 2010. Ainsi, à la date du « 14 juin 2011, elle [est] forclose »[1578]. Le jugement Mpesse Tsanga exprime aussi clairement cette idée de forclusion. Le juge affirme à cette occasion que « face au silence gardé [...] pendant trois mois soit jusqu'au 23 avril 2009, le recourant devait considérer son recours comme implicitement rejeté et exercer son recours contentieux [...] au plus tard le 26 juin 2009 ». Introduit quatre (04) mois après, la forclusion devait s'appliquer »[1579].

1583. De même, notamment en matière de sursis à exécution, lorsqu'un recours gracieux n'est pas suivi du recours contentieux alors que le délai de trois mois pour constater son rejet implicite, autant que celui de soixante jours prévu pour la requête introductive d'instance sont arrivés à expiration, « il s'en suit qu'en l'absence de ce recours, au demeurant frappé de forclusion désormais, le sursis à exécution sollicité se trouve dépourvu de support et encourt l'irrecevabilité »[1580].

1584. Dans l'affaire MBalla Benoît Jean-Pierre[1581], le juge administratif camerounais a apporté des précisions non seulement en ce qui concerne le délai du recours contentieux, mais aussi sa computation.

1585. En effet, en novembre 1995 et mai 1996, les autorités administratives du département de la Mvilla avaient pris une série de décision prononçant, d'abord, la suspension du sieur Balla de ses fonctions de chef traditionnel et, ensuite, de collecteur d'impôts forfaitaires dans ladite localité. Sollicitant l'annulation de telles décisions, le requérant avait, en date des 07 et 16 novembre 1996, saisi le préfet d'un recours gracieux et par la suite le ministre de l'Administration territoriale en date du 13 novembre 1996 et, enfin, le juge administratif.

1586. Par un jugement rendu le 30 novembre 1999, le juge administratif déclara son recours irrecevable pour défaut de recours gracieux, mal

---

[1578] CS/CA, jug. n° 127, 1er août 2010, *Groupement d'Entreprises camerounaises c/Minader*.

[1579] CS/CA, jug. n° 161, 12 sept. 2012, *précité*. Voir aussi CS/CA, jug. n° 17, 26 nov. 2003, *Ngono Emile c/ Délégation générale à la sûreté Nationale* ; n° 6, 29 oct. 2003, *Chedjou Gabriel c/ Minuh*.

[1580] TA, Bafoussam, ord. sursis, n° 01, 24 avr. 2014, *Fotso Wabo Gabriel c/ État du Cameroun* (*Mindcaf*) et *Wodje Nathalie*.

[1581] CS/CA, jug. n° 31, 16 janv. 2008.

orienté, précisément. Dès réception dudit jugement, le requérant va saisir à nouveau le juge en estimant qu'il pouvait bénéficier d'une prorogation des délais.

1587. Pourtant, souligne le juge, il « devait considérer son recours gracieux reçu au ministère de l'Administration territoriale le 13 novembre 1996 comme implicitement rejeté à la date du 12 février 1997, soit à l'expiration du délai de trois mois du silence gardé par le chef de ce département ministériel ; que dès lors, il lui appartenait de saisir le juge administratif de son recours contentieux dans les 60 jours suivants ; [et c'est la raison pour laquelle son] recours déposé le 28 août 2000 [était] irrecevable comme forclos, le délai imparti ayant expiré le 15 avril 1997[...] ».

1588. Peut-on en dire autrement de la jurisprudence administrative gabonaise ? La réponse est négative.

1589. Par exemple, le Conseil d'État gabonais a eu à relever qu'un recours contentieux introduit le 6 avril 1999 en vue d'obtenir l'annulation d'une décision administrative confirmée le 23 septembre 1998 à la suite d'un recours gracieux est, sur le fondement de l'article 42 du Code des juridictions administratives irrecevable dès lors qu'il est présenté dans les trois (03) mois qui suivent la date de confirmation de l'acte administratif en cause. Cette solution est abondamment relayée par les tribunaux administratifs[1582].

1590. Ces différents cas d'application de l'irrecevabilité du fait de l'inaction des justiciables ne sont pas propres aux droits camerounais et gabonais.

1591. Il en est de même pour les autres législations d'Afrique de tradition juridique francophone. C'est l'exemple au Burkina Faso[1583], au Congo démocratique[1584], en Tunisie[1585], en Centrafrique[1586], au Congo Brazzaville[1587], au Mali[1588] et au Sénégal[1589].

[1582] TA, Libreville, n° 10/2006-2007, 14 févr. 2007, *Youssouf Idrissou c/ État gabonais* ; 7 déc.. 2005, *Ossinga Paul c/ État gabonais*.

[1583] Au cours de la décennie 90, l'analyse des décisions rendues par le juge administratif au Burkina Faso faisait état de l'ampleur des rejets fondés sur la forclusion du recours contentieux. Ici, « la règle de la forclusion, par l'effet de l'arrivée de la date butoir, est appliquée avec rigueur par le juge [...] ». S. YONOBA, *La pratique du contentieux administratif en droit burkinabé... op. cit.*, p. 114 ; AHMED TIDJANI BA, *L'évolution de la juridiction administrative en Haute Volta. Contribution à l'étude du contentieux administratif en Haute Volta*, Thèse, Université d'Auvergne, 1986, p. 428.

[1584] Au Congo démocratique, l'on présente la tardiveté des recours contentieux comme l'un des obstacles au bon fonctionnement de la justice administrative. Z. NTUMBA MUSUKA, *Le rôle du juge administratif congolais dans l'émergence de l'État de droit*, Paris, L'Harmattan, coll. « Notes de cours », préface de Benjamin Mulamba Mbuyi, 2014, p. 268 ; Cour suprême de justice, 22 nov. 1985, *Monanga Gegogesali* ; 13 juin 1986, *Fataki Sangwa*.

[1585] En Tunisie, aussi, il est constant de voir le juge administratif rejeter des recours contentieux pour violation des délais exigés. Et pour conclure au rejet des requêtes introduites tardivement, donc lorsque « le requérant a laissé passer les délais de présentation de sa requête » ou encore lorsque le requérant n'a introduit « ni un recours administratif ni un recours juridictionnel » au courant de la période requise, le juge rappelle que « les délais d'introduction de la requête intéressent l'ordre public ; qu'il est obligatoire pour le tribunal de les soulever d'office » et de prononcer la forclusion. TA, 1re chambre, 18 déc. 1987, *Naceur Hamdi c/ Ministre des Finances*, 22 nov. 1983, *Moktar Harbaoud c/ Ministre des Transports et des Communications* ; 1re chambre, 24 juil. 1977, *Ahmed Merji c/ Ministre de l'Intérieur* ; 2ème chambre, 1er avr. 1980, *H'sineMalki c/ Cnrps* ; 1re chambre, 19 juil. 1976, *H T et A Yaglane c/ Premier ministre*.

[1586] Le juge administratif en République centrafricaine n'est pas loin de cette conception. Il a, par exemple, eu à rejeter une saisine tardive soit quatorze mois après, alors que le requérant ne dispose que de trois (03) mois après le recours administratif. CS/CA, 17 juil. 1987, *Mbassinga Zacharie c/ Ministère des Travaux*, 6 sept. 1988, *Zackou Martin c/ Ministère de la Santé* ; *Nguelekoumou Jacques c/ Ministère de la Défense* ; *Kossi Gilbert c/ Ministère de la Fonction publique* ; *Ruth Roland c/ Ministère des Affaires sociales* ; *Kpignet Dieudonné c/ Ministère de l'Éducation nationale*, *Rec.*, *précité*, n° 80, 81, 82, 83, 84.

[1587] Les justiciables congolais (Brazzaville) n'en sont pas épargnés. La Chambre administrative et constitutionnelle congolaise dans sa décision du 9 novembre 2001, *B. c/ E* avait noté en ce sens que si « l'article 407 du code de procédure[...]prévoit que le délai prévu pour intenter le recours en annulation court[...]pour les décisions individuelles, du jour de leur notification », un requérant qui a exercé le 24 avril 1995 un recours hiérarchique contre une décision du 27 octobre 1994 et rejeté le 13 juin de l'année suivante, le délai de deux mois exigé pour le recours contentieux était expiré le 11 juin 1996 date à laquelle l'administré exerçait son droit d'agir ». CS/CA, 18 juin 1976 ; 20 févr. 1964, *Diabangouaya* et *Gouloubi*.

[1588] Comme en droit guinéen, le droit malien connaît aussi cette catégorie de sanction. Dans une décision du 29 août 1991, *Nama Doukouré c/ L'arrondissement centrale de Yalimané*, le requérant avait vu son recours, introduit deux années après la durée légale, frappé par l'irrecevabilité. En effet, après son recours gracieux du 21 mai 1987, lequel traduisait bien le fait qu'il avait été informé en temps utile, son recours contentieux introduit le 9 mai 1990 était tardif. Le juge avait relevé « qu'il est de jurisprudence constante que si un recours administratif a pour effet de proroger le délai du recours contentieux ; celui-ci ne saurait être intenté à peine de forclusion au-delà des deux mois suivant les quatre mois à l'expiration desquels le rejet est considéré comme acquis ». Voir art. 63, loi organique L/91/008, 23 déc. 1991 relative à la Cour suprême ; *Bulletin des décisions de la Cour suprême*, 1991, n° 30.

[1589] La législation sénégalaise est aussi édifiante à ce sujet. On peut l'illustrer à travers deux décisions du Conseil d'État. Dans la première affaire, par une lettre en date du 09 janvier 1995 par laquelle le Conseil de l'ordre des experts et travailleurs faisait suite à la demande introduite le 26 août 1994 par une requérante qui sollicitait son inscription au tableau professionnel de ladite organisation, la haute juridiction, pour conclure à l'irrecevabilité de son recours contentieux avait noté que « la requérante disposait d'un délai de deux mois pour saisir le Conseil d'État à partir du 27 décembre 1994 » et non tardivement, comme ce fut le cas, soit le 6 juillet 1995. Dans un style tout à fait pédagogique, le juge sénégalais adopta la même solution, auparavant, dans l'affaire *Ousmane Kane Kamara* et autres. Il affirmait que « [...] le délai de quatre mois à l'expiration duquel la décision implicite de rejet est acquise, est nécessairement déclenché par la date des recours administratifs entrepris par Ousmane Kane Kamara le 3 décembre 1992, le deux novembre 1992 par Babacar Mboup et le 19 septembre 1992 par Ibrahim Sy ; que dès lors, la décision implicite de rejet est pour eux respectivement acquise les 4 avril, 3 mars et 30 janvier 1993 ». Donc, le même sort n'était pas réservé au dernier requérant car, poursuit-il, « la requête de Ibrahim Sy, [introduite] le 15 février 1993, est intervenue dans le délai imparti par la loi ». CE, 28 mai 1997, *Jacqueline*

1592. Au-delà de l'hypothèse des recours contentieux, l'irrecevabilité en raison de l'inobservation des délais s'applique aussi dans d'autres cas.

B. L'application de la forclusion prise en dehors des recours contentieux

1593. Cette hypothèse concerne essentiellement les formalités, c'est-à-dire les opérations qui rythment le contentieux. Ici, la forclusion qui entraîne l'irrecevabilité peut apparaître à plusieurs niveaux.

1594. On peut avoir une irrecevabilité liée aux formalités nécessaires dans le cadre de l'instruction d'une affaire (1) et l'irrecevabilité liée à la forclusion tirée des formalités préalables au recours contentieux (2).

1. Les irrecevabilités tirées de la forclusion au regard des formalités relatives à l'instruction

1595. Il convient de rappeler qu'il existe un champ d'application de la forclusion en matière de recours. En effet, en cas de forclusion, toute possibilité d'agir est désormais exclue.

1596. À l'expiration du délai, l'irrecevabilité concerne à la fois le recours et le contenu du recours introduit avant l'expiration du délai.

1597. Ce recours devient donc définitif à l'expiration du délai. Ainsi, s'agissant d'une requête introduite dans le délai, toute modification est possible.

1598. Lorsque le recours a été introduit pendant le délai, le requérant peut encore modifier ses conclusions[1590] et même la nature de son recours.

Gabrielle Ferrié c/ Ordre national des experts et évaluateurs agréés au Sénégal ; 27 avr. 1994, *Ousmane Kane, Babacar Mboup, Ibrahim Sy c/ État du Sénégal*.

[1590] CE, sect., 19 déc. 1984, *Mlle Boehrer*, n° 29.047 ; D. BAILLEUL, *Le procès administratif*, Paris, LGDJ, Lextensoéditions, coll. « Systèmes droit », 2014, p. 74. Aussi, le juge administratif camerounais affirme en ce sens que, « lorsque la forclusion est acquise, le délai de recours ne peut être ouvert à nouveau par la présentation d'une seconde requête ayant un objet identique à la première, même si une décision explicite de l'administration est intervenue ultérieurement en réponse à cette requête subséquente ; […] l'expiration du délai est définitive, alors même que la juridiction administrative aurait ultérieurement annulé une décision fondée sur les mêmes motifs » (CS/AP, arrêt n° 10/A, 24 mars 1983, *État du Cameroun, Teuguia Gabriel c/ Teuguia Gabriel, État du Cameroun*). L'irrecevabilité tirée de la forclusion s'étend aux conclusions nouvelles. Dans l'affaire Mlle *Boehrer*, la requérante, qui sollicitait l'attribution d'une indemnité provisoire en attendant l'expertise médicale et en se réservant le droit de préciser de façon définitive le montant de ses dommages à la fin de cette expertise n'avait « ni avant, ni après le dépôt de ce rapport, indiqué dans un nouveau mémoire le montant de sa demande ». C'est pourquoi le juge administratif releva que « la demande chiffrée dont le tribunal administratif s'est trouvé saisi étant limité à 50 000 f, les conclusions présentées au Conseil d'État et tendant à l'allocation d'une indemnité de 80 000 f constituent une demande nouvelle qui n'est pas recevable en appel dans la mesure où ces indemnités excédent la somme de 50 000 f » (CE, sect., 19 déc. 1984, *Mlle Boehrer*, n° 29.047, *précité*).

L'irrecevabilité s'applique également lorsqu'il s'agit des conclusions formulées par la voie d'un pourvoi incident lorsqu'elles présentent à juger un litige distinct de celui qui a donné lieu au pourvoi en cassation (CE, 22 oct. 2010, *Ministre de l'Intérieur, de l'outre-mer et des collectivités territoriales*, n° 321456, *AJDA*, 2010, p. 2027). De tout ce qui précède, on peut conclure que l'expiration du délai de recours conduit à l'irrecevabilité de toutes nouvelles demandes. Il peut s'agir, en matière d'annulation, de la légalité interne ou externe (CE, sect., 20 févr. 1953, *Sté Intercopie*, *in* M.-C ROUAULT, *Contentieux administratif -Code pratique*, éd. Lamy, 2011, n° 771), en plein contentieux, de la responsabilité pour faute ou sans faute (CE, ass., 10 févr. 1961, *Ministre de l'Intérieur* c/ *Chauche*, *in* M.-C ROUAULT, *Contentieux administratif -Code pratique*, *op. cit.*, n° 774) et en matière contractuelle, de l'imprévision, de la nullité du contrat et de la faute dans l'exécution du contrat (CE, 16 mai 1924, *Jourda de Vaux*, *in* M.-C ROUAULT, *Contentieux administratif -Code pratique*, *op. cit.*, n° 775).

Cependant, comme on peut le constater dans l'affaire *Mlle Boehrer*, il est possible pour le requérant de fixer l'indemnité qu'il sollicite à la suite et au vu du rapport dressé par l'expert (CE, sect., 6 janv. 1989, *Mlle Guerrault*, n° 79.873, *in* M.-C ROUAULT, *Contentieux administratif -Code pratique*, *op. cit.*, n° 769). Aussi, les nouvelles prétentions qui « eu égard au caractère d'ordre public de la question qu'elles soulèvent, ne sauraient constituer une demande nouvelle, irrecevable après l'expiration du délai de recours contentieux ». C'est l'exemple de l'invocation de la nature d'un contrat passé avec l'administration dont le co-contractant rejette celle-ci comme pouvant conférer légalement à l'administration le pouvoir de prendre des arrêtés de débet à son encontre (CE, 11 mai 1956, *Sté Gondrand frères*, n° 90088, *in* M.-C ROUAULT, *Contentieux administratif -Code pratique*, *op. cit.*, n° 772). C'est sur ce fondement que le juge administratif a considéré que « la formation d'un recours juridictionnel tendant à l'annulation d'une décision administrative établit que l'auteur de ce recours a eu connaissance de cette décision au plus tard à la date à laquelle il a formé ce recours ; que dans ce cas, les moyens, qui ne sont pas d'ordre public, soulevés plus de deux mois après la date de saisine du tribunal et ressortissant d'une cause juridique différente de celle dont relevaient les moyens invoqués dans ce délai, ont le caractère d'une prétention nouvelle tardivement présentée et, par suite, irrecevable » (CE, 28 oct. 2009, *Delanoue*, n° 299252, *AJDA*, 2010, p. 114, concl. E. Glaser).

Aussi, « après l'expiration du délai de recours contre un acte administratif, sont irrecevables, sauf s'ils sont d'ordre public, les moyens présentés par l'appelant qui ne se rattachent pas à l'une ou l'autre des deux causes juridiques, tirées de la régularité de la décision attaquée et de son bien-fondé, invoquée dans la requête avant l'expiration de ce délai » (CE, sect., 20 févr. 1953, *Sté Intercopie*, *in* M.-C ROUAULT, *Contentieux administratif -Code pratique*, éd. Lamy, 2011, n° 771).

De même, dans le cas de l'exigence d'un recours administratif préalable obligatoire, des moyens différents de ceux soulevés à l'occasion de ce recours sont recevables au soutien du recours contentieux. Le juge administratif a relevé à ce sujet que la décision prise à la suite de ce recours se substitue à l'acte initial et peut faire l'objet d'un recours contentieux. Que dès lors qu'un requérant sollicite l'annulation de cette décision, il n'est pas interdit « d'invoquer devant le juge, jusqu'à la clôture de l'instruction, tout moyen de droit nouveau, alors même qu'il n'aurait pas été invoqué à l'appui du recours administratif contre la décision initiale » de surcroît quand « ces moyens sont relatifs au même litige que celui dont avait été saisie l'autorité administrative » (CE, 21 mars 2007, *Garnier*, n° 284586, *in* M.-C ROUAULT, *Contentieux administratif -Code pratique*, *op. cit*, n° 773). Selon M. René Chapus, il y a également, une « extension de l'irrecevabilité aux recours exercés contre les décisions confirmatives ». (R. CHAPUS, *Droit du contentieux administratif*, *op. cit*, n° 747, p. 664). Il

1599. À l'inverse, lorsque le délai est parvenu à son terme, toute modification est irrecevable car il s'agit d'une demande nouvelle c'est-à-dire, d'une requête qui modifie le fondement de la requête initiale.

1600. Il s'agit de l'irrecevabilité d'une formalité ou d'un acte accompli après le délai prévu à cet effet et après l'introduction du recours contentieux.

---

s'agit des actes qui présentent le même objet et ont un fondement identique à la demande précédente et dont aucun changement de fait ou de droit n'est intervenu à leur égard (En ce sens, T. ONDO, *La théorie de la décision confirmative*, *Droit Administratif*, n° 8-9, 2006, étude 16 ; B. JACKSON, « La notion de décision non confirmative », *Juris classeur périodique*, 1988. I. 3340). En d'autres termes, lorsque, par exemple, une autorité administrative se borne à reproduire les dispositions contenues dans un arrêté ministériel, le recours contre un tel acte est irrecevable dès lors qu'il se borne à « rappeler les prescriptions d'une disposition réglementaire en vigueur » (CE, 14 mars 1956, *Fédération des locataires et usagers du gaz et de l'électricité de la région parisienne*, *in* M.-C ROUAULT, *Contentieux administratif -Code pratique*, *op. cit.*, n° 765). Pareillement, « lorsqu'un recours gracieux ou un recours hiérarchique a été formé après l'expiration du délai de recours contentieux, la circonstance que la confirmation d'une décision explicite ou implicite par l'autorité compétente interviendrait à la suite d'une nouvelle instruction n'est pas, par elle-même, de nature à ouvrir à nouveau au profit des requérants les délais fixés » par les textes (CE, sect., 28 mars 1952, *Martin*, *Piteau* et *L'Huillier* (3 espèces), *in* M.-C ROUAULT, *Contentieux administratif -Code pratique*, *op. cit.*, n° 764).

De même, le Conseil d'État a jugé tardives et, par suite, irrecevables des conclusions d'un pourvoi dirigé contre des prescriptions reproduisant purement et simplement des dispositions réglementaires antérieures (CE, 14 oct. 1955, *Union de la propriété bâtie de France et chambre syndicale des propriétaires de Dijon et de la Côte-d'Or*, *in* M.-C ROUAULT, *Contentieux administratif -Code pratique*, *op. cit.*, n° 766). Ce domaine d'application de la forclusion ayant été délimité, il ne peut être bien cerné qu'au regard des exceptions qui y ont été apportées.

Dans la jurisprudence administrative française, quelques exceptions ont été apportées à la règle de l'interdiction de toute action à l'expiration du délai de recours. En effet, le juge administratif français a apporté trois bémols à cette règle. D'abord, il a admis, en matière d'exécution des actes administratifs, qu'à moins que le retard dans la mise en œuvre des décisions relatives à une reconduite à la frontière ne soit lié à la mauvaise foi des intéressés (CE, 18 févr. 1998, *Préfet des Alpes maritimes* c/ *Fati Fodé Caramo*, *Gazette du palais*, n° 217-218, p. 36, concl. J.-D. Combrexelle), ce retard dans l'exécution est une nouvelle décision faisant courir à nouveau le délai du recours contentieux (CE, 1er avr. 1998, *Préfet des Yvelines* c/ *Nsonde*, *Rec.*, p. 120). Ensuite, en cas de rejet d'une demande d'ouverture d'une procédure relative à la délimitation du domaine naturel, « le refus opposé à une nouvelle demande ayant le même objet n'a pas le caractère d'une décision confirmative ». En conséquence, « la circonstance que l'autorité administrative a, par une décision qui n'a pas été attaquée dans le délai du recours contentieux, refusé de donner suite à une demande de délimitation du domaine public ne fait pas obstacle à la recevabilité d'un pourvoi dirigé contre le rejet d'une demande ultérieure tendant aux mêmes fins » (CE, sect., 6 févr. 1976, *Secrétaire d'État aux transports* c/ *Sci Miramar*, n° 95784, *AJDA*, 1976, p. 217). Enfin, en vertu du caractère permanent du droit de communication en matière municipale, les décisions successives relatives à des demandes de communication sans déplacement de documents municipaux faites par un contribuable ou un habitant de la Commune, même purement confirmatives, rouvrent sans cesse le délai du recours contentieux (CE, sect., 11 janv. 1978, *Commune de Muret*, *AJDA*, 1978, p. 219, concl. B. Genevois, cité par J.-C. RICCI, *Contentieux administratif*, *op. cit.*, n° 239, p. 117).

Cette irrecevabilité peut être relative à la production d'un mémoire ou d'un document. Dans ces cas, l'irrecevabilité ne joue pas sur le même droit que dans l'hypothèse de la forclusion concernant le recours contentieux.

1601. En effet, il convient de noter qu'en ce qui concerne l'irrecevabilité des recours fondés sur la forclusion, c'est-à-dire en raison de l'accomplissement hors délai d'une formalité, dans le cadre de l'instruction d'une affaire, deux cas sont à distinguer.

1602. Le premier cas porte sur une irrecevabilité par laquelle le juge statue sur les éléments existants au dossier, à l'exclusion des conclusions produites hors délais.

1603. Le second cas porte sur une irrecevabilité par laquelle le juge statue par défaut à l'égard de la partie défaillante si elle n'a jamais comparu.

1604. Ces différents cas d'irrecevabilités ne sont pas les seuls applicables dans ces différentes législations africaines ralliées à la tradition juridique française. De nombreux autres cas existent. Dans les cas traités dans ce paragraphe, les exemples sont nombreux, notamment dans la législation camerounaise ainsi que dans sa jurisprudence en matière administrative[1591].

1605. S'agissant de celle-ci, cela s'illustre, par exemple, à travers l'affaire Sangalé Megbéka Jules Alain[1592]. En l'espèce, à la suite du recours contentieux introduit par le requérant contre la décision relative à son reclassement, l'État du Cameroun, défendeur, avait été régulièrement notifié de la requête introductive d'instance et surtout du délai de trente (30) jours à lui imparti pour produire son mémoire en défense. Ce dernier fut déchu[1593] de son droit de produire lesdites conclusions dès expiration de ce délai. Le juge a adopté une position identique dans les affaires Chouala Yves Alexandre[1594], Koe Jean Patrice[1595]et Owona née Minkue Laure c/ État du Cameroun[1596].

1606. Un autre exemple s'observe dans l'affaire Succession Tchandja Mimba c/ Commune rurale de Bassamba[1597]. Dans cette affaire, par une ordonnance, le défendeur avait été informé de l'ouverture de la

[1591] Voir art. 83, 90 (4), 45, 100, loi n° 2006/016, relative à la Cour suprême, *précitée*.
[1592] CS/CA, jug. n° 79, 25 mars 2009.
[1593] Mais, il semble que, la loi penche beaucoup plus pour l'usage de la notion de déchéance. Voir, art. 37, alinéa 2, 43, 74, alinéa 4, 83, 90, alinéa 4, 100, 95, alinéa 1, 78, alinéa 1 des lois n° 2006/022 et 016, *précitées*.
[1594] CS/CA, jug. n° 57, 11 mars 2009.
[1595] CS/CA, jug. n° 57, 11 mars 2009.
[1596] CS/CA, jug. n° 59, 11 mars 2009, *précité*.
[1597] CS/CA, jug. n° 81, 25 mars 2009, *précité*.

procédure et du délai de trente (30) jours qui lui était imparti pour présenter sa défense. Or, jusqu'à la tenue de l'audience du délibéré, aucun mémoire n'avait été produit en dépit de la relance faite en lui offrant un délai de grâce de quatre (04) jours.

1607. Dans la décision Ngangue Nseke c/ Ministère des Domaines[1598], le juge affirme dans le même sens que « [...] l'appelant n'a déposé son mémoire d'appel que le 23 février 2009, soit trois mois et demi après avoir interjeté appel ; ceci bien qu'il ait été invité [...] de le faire dans un délai de trente jours qui expirait le 11 décembre 2008 ; que l'appelant n'ayant respecté ni le délai de 15 jours indiqué [...] ni même celui de 30 jours à lui imparti par erreur [...] a violé les dispositions légales [...] qu'il y a lieu de prononcer la déchéance de son appel ». Ainsi, le requérant était « déchu de son appel pour dépôt tardif du mémoire ». La législation relative aux délais contentieux ne laisse donc apparaître aucun doute sur l'application de telles solutions.

1608. Eu égard au rôle du juge en matière d'instruction au Gabon, cette solution y trouve également application. C'est le cas aussi dans de nombreuses autres législations d'Afrique francophone en la matière[1599].

1609. En France on va considérer que le requérant qui annonce un mémoire complémentaire sans le déposer après mise en demeure par le juge se désiste d'office[1600]. Dans le même sens, d'après l'article R. 611-8-1 du Code de justice administrative issue de la réforme du 2 novembre 2016, « le président de la formation de jugement ou, au Conseil d'État, le

---

[1598] CS/CA, jug. n° 4/2011, 30 mars 2011.

[1599] C'est le cas aussi au Congo Brazzaville (CS/CA, Congo, 22 sept. 1984, *Bouboutou-Mbemba* sur le respect des délais de recours en matière de pourvoi en cassation).

En droit béninois, l'article 834 du Code de procédure dispose, par exemple, qu'en cas de production des mémoires et documents requis ou encore lorsque les durées fixées pour leur introduction sont arrivées à expiration, l'affaire est considérée comme mise en état.

En Côte d'Ivoire aussi, la juridiction doit, à défaut de préciser un autre délai en cas de non-respect d'un précédent délai relatif à la production des pièces devant conduire à la mise en état du dossier, mettre un terme à l'instruction. Dans le même sens, disposant de la possibilité de déterminer la date des plaidoiries, le tribunal peut aussi fixer les délais sanctionnés par l'irrecevabilité en cas de retard en ce qui concerne le dépôt des pièces et conclusions nécessaires. Art. 5, alinéa 5, loi n° 72/833, 21 déc. 1972, portant *Cpcca* ; 47 (nouveau), alinéa 2, loi n° 72/833, 21 déc. 1972, portant *Cpcca, précité*.

En Algérie, les cas d'irrecevabilités dans le cadre de l'instruction sont aussi envisageables. L'article 840 du Code de procédure civile prévoit que « les notifications des requêtes et mémoires mentionnent, qu'en cas d'inobservation du délai imparti par le juge, pour produire les mémoires en réponse, l'instruction pourra, sans mise en demeure préalable, être close ». Ainsi, les formalités accomplies tardivement sont irrecevables. On retrouve aussi cette possibilité lorsque le juge administratif fixe une durée permettant au justiciable de procéder à la régularisation de son recours. Art. 848, loi n° 08/09, 25 févr. 2008 portant *Cpcca, précité*.

[1600] CE, 1er oct. 2010, *M.* et *Mme Rigat* ; 13 arv. 1950, *De Villèle* ; 18 sept. 1998, *Pantatéo*.

président de la chambre chargée de l'instruction peut en outre fixer un délai, qui ne peut être inférieur à un mois, à l'issue duquel, à défaut d'avoir produit le mémoire récapitulatif mentionné à l'alinéa précédent, la partie est réputée s'être désistée de sa requête ou de ses conclusions incidentes ».

1610. Ainsi, l'incidence des délais n'intervient pas sur l'action en justice, qu'il s'agisse d'un recours introduit dans le cadre de l'instance dérivée ou de l'instance initiale, mais plutôt en ce qui concerne les formalités relatives à l'instruction de l'affaire. Un recours anticipé apparaît comme une violation du principe du contradictoire car la partie adverse doit pouvoir bénéficier, entièrement, du temps qui lui est imparti pour formuler ses moyens de défense. En revanche, un recours intenté hors délai offrirait la possibilité aux administrés de remettre en cause, de façon perpétuelle, les actes de l'administration. Ce qui ne s'accommode pas de l'exigence de sécurité dans les relations juridiques. Cette exigence trouve aussi à s'appliquer dans le cadre des recours administratifs.

2. L'application de la forclusion aux formalités pré-contentieuses

1611. Afin de bien identifier ces cas de sanction, il faut faire une distinction entre les recours administratifs préalables et les autres formalités qui peuvent également précéder la saisine du juge administratif ou alors qui peuvent l'accompagner. Le premier cas apparaît bien dans l'ensemble de ces législations, comme d'ailleurs dans le cas de la forclusion relative aux recours contentieux. Pour le second cas, les droits camerounais et gabonais ne l'ont pas adopté contrairement au droit français. C'est en cela que la souplesse du temps dans cette législation doit être nuancée.

1612. En matière de forclusion relative au recours pré-contentieux proprement, c'est-à-dire des demandes ou des recours administratifs préalables, le droit gabonais illustre clairement ce cas de figure. D'abord, pour faire la distinction entre les formalités pré-contentieuses et les autres conditions de recevabilité des recours dont l'inobservation dans le temps prescrit conduit à la forclusion, on peut reprendre les termes du juge administratif gabonais selon lesquels un « recours [...] tendant à l'annulation d'un acte administratif s'analyse comme un recours pour excès de pouvoir soumis préalablement soit à un recours gracieux soit à un recours hiérarchique devant l'autorité supérieure »[1601]. Cela dit, à côté de ces formalités pré-contentieuses au sens strict du terme, il y en a d'autres qui accompagnent ce recours

---

[1601] Cour administrative, 21 avr. 1999, *Ovono Ndong Samuel c/ Office des postes et télécommunication*, rep., n° 1/98-99.

contentieux. Ainsi, l'inobservation du temps relatif à leur exercice donne aussi lieu à des sanctions identiques à celles qui s'appliquent aux premiers.

1613. Dans l'espèce ci-dessus visée, le juge administratif gabonais relève également que « conformément aux dispositions de l'article 42 du Code [des juridictions administratives le requérant] était tenu d'exercer ses différents recours [administratifs notamment] les 9 mars et 1er novembre 1996, que notifié les 9 décembre 1992 et le 1er avril 1996, [il] a plutôt saisi la Cour les 3 et 21 février 1997, soit cinq ans après [donc]ces recours présentés tardivement sont irrecevables ».

1614. Ainsi, la forclusion du recours gracieux entraîne, comme le relève régulièrement le juge administratif camerounais, celle du recours contentieux subséquent[1602]. Le juge administratif gabonais a en, ce sens, eu à relever qu'un recours « formé le 27 mars 1997, le recours hiérarchique obligatoire en pareille circonstance ; qu'en formant ce recours deux années après la décision de sa révocation, [le requérant avait] largement dépassé les délais d'action exigés par la loi »[1603]. Une telle action est irrecevable. Dans l'affaire Nguimbi François c/ Ministère de l'Habitat[1604] le juge a conclu à l'irrecevabilité du recours du fait d'un recours administratif préalable tardif donc, n'ayant pas été exercé dans le délai de trois (03) mois prescrit.

1615. Dans une ordonnance de sursis à exécution, affaire Ondoa Jean-Jacques, le juge administratif camerounais relève clairement que l'irrecevabilité du recours résultait de la « forclusion du recours gracieux préalable »[1605]. On comprend ainsi qu'en cas de violation des durées relatives aux formalités préalables, la forclusion s'applique. Il faut signaler au passage qu'au Cameroun, l'usage de la notion d'irrecevabilité n'apparaît qu'en ce qui concerne les recours collectifs. Elle avait été consacrée par l'ancienne loi, notamment celle du 18 décembre 1975 régissant la procédure devant la Cour suprême statuant en matière administrative et a reprise par la loi de 2006/022[1606], relative à l'organisation et au fonctionnement des tribunaux administratifs.

1616. Le juge administratif camerounais relève également la forclusion du recours gracieux. On peut évoquer à titre d'exemple, l'affaire La

---

[1602] CS/CA, jug. n° 41, 25 janv. 2004, *Njitack Ngompé c/ Minuh* et *Fotso Victor* ; n° 34, 25 févr. 2004, *Famille Ndong à Kok c/ Minuh*.
[1603] Cour administrative, 28 mai 1999, *Sayi Gaston c/ Police nationale*, rep., n° 22/98-99.
[1604] TA, Libreville, 8 avr. 2002.
[1605] CS/CA, ord., sursis, n° 70, 30 août 2010, *Ondoa Jean-Jacques c/ Mindaf, précité*.
[1606] Voir art. 2 de la loi n° 75/17 et 33 de la loi n° 2006/022, *précitées*.

tontinière nationale c/ Caisse nationale de prévoyance sociale[1607] où, la requérante, mise en demeure le 20 juillet 2010, disposait jusqu'au 19 août de la même année, soit, de forclusion « et partant insusceptible d'instruction ». On peut citer d'autres législations d'Afrique francophone, à l'instar de la Côte d'Ivoire[1608] et du Congo Brazzaville[1609].

1617. La législation française n'est pas en reste. La forclusion relative au recours administratif obligatoire préalable apparaît clairement dans la jurisprudence. L'affaire Ragot met en exergue cette règle. Il ressort de cette affaire que le requérant était tenu dans le délai de huit (08) jours, d'exercer son recours administratif auprès du recteur comme le prévoit l'article 4 du décret du 18 décembre 1959 relatif à l'organisation et au fonctionnement des commissions compétentes pour l'attribution des bourses d'études. Ce n'est qu'à travers une correspondance du 21 octobre 1992, donc après l'expiration du délai de huit (08) jours, qu'il avait saisi l'autorité compétente d'un recours gracieux contre la décision du 8 avril 1992 portant rejet de sa demande. Tirant les conséquences de ce retard, le juge administratif conclut que le requérant n'est « pas fondé à soutenir que c'est à tort que le président du tribunal administratif [...] a rejeté comme irrecevable la demande formée [...] à l'encontre de la décision rectorale rejetant ce recours gracieux »[1610].

1618. L'irrecevabilité en raison de la forclusion en matière des formalités pré-contentieuses ne concerne pas seulement les recours administratifs. Il y a aussi les formalités comme la notification. À ce niveau, la souplesse du droit français paraît imparfaite.

§ 2. Une relative souplesse liée à la consécration de la forclusion en cas de notification préalable en droit français : l'observation du principe de sécurité juridique

1619. Dans certains cas, la souplesse qui caractérise le temps dans le contentieux administratif français est relative. Ainsi, par rapport au caractère éclectique de la forclusion observé dans les droits africains, on peut nuancer cette souplesse en évoquant le cas de la notification préalable applicable en droit français. Toutefois, en dépit de ce bémol, la législation française est plus souple et favorable au droit du justiciable que les droits africains. En effet, il est question ici de la forclusion

[1607] CS/CA, 8 févr. 2012.
[1608] CS/CA, 29 janvier 1992, *Tra Bi Semi Sylvain*.
[1609] Chambre administrative et constitutionnelle, *G c/ U*, n° 01/93, 8 janv. 1993, cité par A. Iloki, *Le recours pour excès de pouvoir au Congo*, Paris, L'Harmattan, coll. « Logiques juridiques », 2002, p. 62.
[1610] CE, 9 févr. 1996, n° 161450.

relative aux formalités pré-contentieuses autres que les demandes ou les recours administratifs préalables. Dans d'autres cas, l'irrecevabilité relative aux formalités pré-contentieuses est liée à des exigences qui accompagnent le recours gracieux, administratif ou hiérarchique. Cette formalité supplémentaire ne s'applique pas dans les droits camerounais et gabonais.

1620. Mais cette formalité existe dans d'autres législations africaines ralliées à la tradition française. À titre de droit comparé, on peut recourir à deux exemples afin d'illustrer cette idée. En droit du contentieux administratif guinéen, l'article 63 de la loi du 23 décembre 1991 fixant la compétence, l'organisation et le fonctionnement de la Cour suprême prévoit, en dehors des autres formalités préalables au recours contentieux en matière d'excès de pouvoir, l'obligation pour le requérant de signifier à l'administration, et ce dans un délai de deux (02) mois, sa requête accompagnée de la copie de la décision critiquée. C'est sur la base de cette disposition que le juge administratif guinéen, dans l'affaire Dame Macauley[1611], avait prononcé la déchéance de la requérante en raison du défaut d'accomplissement de cette formalité en temps utile.

1621. Le droit sénégalais est aussi intéressant à cet égard. Ici, deux dispositions, notamment les articles 38 et 39 de la loi organique n° 2008/35 du 7 août 2008 portant création de la Cour suprême et reprenant certaines dispositions de la loi organique sur le Conseil d'État articles 16, 20, en sont les fondements. En application de ces dispositions, le Conseil d'État sénégalais s'est prononcé à ce sujet dans deux décisions rendues le 21 décembre 2000. Il ressort de la première affaire que les requérants devaient « être déclarés déchus de leur pourvoi » car ils avaient l'obligation, dans le délai de deux (02) mois suivant le recours contentieux, de porter à la connaissance du défendeur leur requête accompagnée d'une copie de la décision administrative en cause. Dans la seconde affaire, pour conclure à la déchéance du pourvoi exercé par le requérant, le Conseil d'État relève « que l'exploit d'huissier accompagnant la requête » devait « à peine de nullité, indiquer à la partie adverse qu'elle a, à compter de la signification, un délai de deux mois pour produire sa défense [...] Que l'examen des pièces versées au dossier révèle que le requérant en signifiant sa requête n'a pas respecté [ces] prescriptions [...] qu'il s'en suit qu'il doit être déclaré déchu de son pourvoi »[1612].

[1611] CS/CA, 20 nov. 1996.

[1612] CE, 21 déc. 2000, *Mamadou Lamine Guèye et autres c/ Commune rurale de Nioro Alassane Tall* ; *Mamadou Saar c/ ministère de l'Éducation nationale*.

1622. En France en revanche, cette formalité existe. De ce point de vue, il apparaît plus rigide en matière de forclusion que les droits camerounais et gabonais. En effet, il suffit de rappeler ici l'article R. 600 du Code de l'urbanisme qui prévoit, en cas de déféré du préfet ou de recours contentieux à l'encontre des actes adoptés en matière d'urbanisme, de notifier son recours à l'auteur de la décision et au titulaire de l'autorisation. Il faut aussi souligner que l'article R. 600-2 du même Code prévoit que « la notification du recours à l'auteur de la décision et, s'il y a lieu, au titulaire de l'autorisation est réputée accomplie à la date d'envoi de la lettre recommandée avec accusé de réception. Cette date est établie par le certificat de dépôt de la lettre recommandée auprès des services postaux ».

1623. Dans ce sens, la Cour administrative d'appel de Lyon dans l'affaire Mme Evelyne Garcia[1613] a relevé que la requérante avait été invitée par « le tribunal à régulariser sa demande par la production de justificatifs » relatifs à l'accomplissement de ces formalités prévues par le Code, avait plus tôt présenté des « certificats postaux datés seulement du 14 janvier 1999, alors que sa demande avait été enregistrée devant les premiers juges dès le 24 novembre 1998, soit plus de quinze jours auparavant ». L'accomplissement de cette formalité était donc tardif et son recours irrecevable.

1624. La jurisprudence, tant européenne que celle du juge administratif français, a clairement précisé que cette exigence vise la « sécurité juridique, c'est-à-dire [...] permettre aux bénéficiaires d'un permis de construire d'être informés [...] des recours intentés par les tiers contre un acte leur accordant ce permis ». Elle ajoute, par ailleurs, que cette exigence est « claire, accessible et prévisible »[1614]. Cela montre l'équilibre qui existe dans une approche souple du temps. Tant en France que dans ces pays africains, la forclusion tire sa source dans la nécessité d'un délai.

§ 3. Une ressemblance fondée sur l'exigence d'un délai de recours contentieux

1625. Dans les droits français, camerounais et gabonais, la ressemblance observée au regard de la présence de la forclusion est sans doute la suite logique de la règle des délais en matière administrative contentieuse. En effet, la forclusion apparaît comme étant la garantie apportée « à

[1613] CAA, Lyon (1re chambre), 22 juin 1999, n° 99LY00759.

[1614] CEDH, 21 nov. 2000, *Comité des quartiers Mouffetards et des bords de Seine et autres c/ France*, n° 56188/00 ; CE, avis, 1er avr. 2010, n° 334113.

l'exigence même du délai de recours »[1615]. Cette garantie vise à s'assurer que les « situations faites et acceptées par les parties »[1616] ne doivent pas être, à tout moment, critiquables. Il s'agit donc d'une garantie du délai qui profite tant aux destinataires des décisions administratives qu'à l'administration[1617]. Cette idée permet de justifier leur consécration dans ces différents droits. Aussi, la règle de la forclusion est, comme cela a été observé dans sa mise en application, l'un des points traduisant le caractère rigide du temps dans les droits d'Afrique francophone.

1626. Par ailleurs, l'application de la forclusion montre qu'il n'est pas suffisant, comme le souligne un observateur, de faire valoir une prétention pour pouvoir accéder à une juridiction. Il est indispensable que cette prétention soit juridique, c'est-à-dire qu'elle ait un objet utile. Autrement dit, la validité de la prétention est contestée lorsqu'elle est atteinte par la forclusion. La prétention doit « en sa finalité, de même qu'en son objet et sa cause » avoir « le droit comme principe et comme précepteur »[1618]. L'inexistence de toutes ces conditions, à l'instar de celle des délais, conduit vers l'irrecevabilité. L'irrecevabilité, ainsi entendue, n'est pas à confondre avec un « simple empêchement à l'action en justice, celle-ci a pour conséquence l'extinction définitive de l'action en justice sous réserve d'appel »[1619]. C'est en ce sens que l'irrecevabilité tirée des délais influence le droit au juge. Elle se traduit par le rejet du bien-fondé du recours et non par l'admission d'une fin de non-recevoir. Cette dernière étant la sanction, traditionnelle, en cas de violation des règles de recevabilité des actions présentées devant le juge[1620].

1627. En définitive, s'agissant des sanctions tirées de l'inaction des justiciables, on relève que seule la forclusion est applicable en droit français. C'est ce qui permet, dans un premier temps, de justifier l'idée du caractère souple du temps en contentieux administratif français. Autrement dit, l'idée du caractère souple du temps s'appuie, ici, sur la restriction des cas de sanctions relatives à l'inaction des justiciables. Ainsi, contrairement au droit français, les législations camerounaise et

---

[1615] R. CHAPUS, *Droit du contentieux administratif*, *op. cit*, n° 519.
[1616] *Ibid.*
[1617] B. PACTEAU, *Traité de contentieux administratif*, *op. cit*, n ° 170.
[1618] R. ODENT, *Contentieux administratif*, *Les cours de droit*, 1970-1971, p. 771.
[1619] M. SINKONDO, « Une pierre d'angle de la construction juridique de l'État : l'irréductible acte de gouvernement dans les relations internationales », *RRJ*, 1/2006, p. 245.
[1620] A. CIAUDO, *L'irrecevabilité en contentieux administratif français*, Paris, L'Harmattan, coll. « Logiques juridiques », 2009, préface de Maryse Deguergue, p. 202; R. ODENT, « Le destin des fins de non-recevoir », *in Mélanges Marcel Waline*, Paris, LGDJ, 1974, t. 2, p. 653 et ss.

gabonaise ont diversifié les cas d'inertie donc sont allées au-delà de la forclusion.

Sous-section 2. La rigidité du temps par la diversification des cas d'inertie dans les droits africains : l'expression des obstacles constants à l'accès au juge administratif

1628. Dans les droits africains ralliés à la tradition juridique francophone, en général, « la complexité de la procédure administrative contentieuse se situe principalement au niveau du recours pour excès de pouvoir. Elle tient d'une part à l'impératif du recours administratif préalable et d'autre part à la brièveté du délai de recours en annulation »[1621]. Ainsi, la diversification des cas d'inertie entraînant l'irrecevabilité des recours contentieux n'est donc que la suite logique de cette rigueur. Cette rigueur se traduit également par la diversification des cas de sanctions relatives à l'inertie du justiciable.

1629. En effet, au registre des sanctions liées à l'inertie des justiciables, le droit français du contentieux administratif n'a consacré que celle qui conduit vers l'extinction de l'action à savoir la forclusion. Autrement dit, réserve faite de la prescription, les cas de sanction relatifs à l'inobservation du temps du fait de l'inertie des justiciables s'observent uniquement en cas de retard[1622].

1630. La sanction de l'indolence du justiciable en contentieux administratif français se limite à la forclusion. Il n'existe pas, comme en droit camerounais et gabonais, d'autres sanctions de l'inertie, à l'instar de la péremption de l'instance et la caducité. C'est donc cette exclusivité de la forclusion qui traduit, ici, le caractère souple du temps en droit français. Bien connue du droit de la procédure civile, la péremption est une « sanction qui frappe une procédure judiciaire lorsque pendant un certain délai fixé par la loi, le demandeur s'est abstenu d'accomplir les

---

[1621] S. YEDOH LATH, « Les caractères du droit administratif des États africains de succession française. Vers un droit administratif africain francophone ? », *op. cit.*, p. 1255 et ss.

[1622] Il faut rappeler que les articles R. 611-8-1 et 621-5-1 (nouveaux) du Code de justice administrative issue de la réforme du 2 novembre 2016 consacrent des nouveaux cas de désistement. Ainsi, selon la seconde disposition, « lorsque l'état du dossier permet de s'interroger sur l'intérêt que la requête conserve pour son auteur, le président de la formation de jugement ou, au Conseil d'État, le président de la chambre chargée de l'instruction peut inviter le requérant à confirmer expressément le maintien de ses conclusions. La demande qui lui est adressée mentionne que, à défaut de réception de cette confirmation à l'expiration du délai fixé, qui ne peut être inférieur à un mois, il sera réputé s'être désisté de l'ensemble de ses conclusions » diligences qui lui incombaient »[1623]. Autrement dit, il s'agit d'une extinction de l'instance en conséquence de l'inertie des parties pendant une certaine durée. Elle est destinée à « sanctionner le défaut de diligence des parties. Elle constitue un incident de sorte qu'elle ne peut être prononcée que par la juridiction devant laquelle l'instance se déroule »[1624].

1631. Ce cas de sanction que l'on peut ranger parmi celles qui sont liées à l'inertie du justiciable est différent de la forclusion. En effet, à l'opposé de la « forclusion qui, si le demandeur n'en est pas relevé par le tribunal, éteint définitivement l'action, la péremption ne met fin qu'à l'instance. En conséquence, lorsque celle-ci est encore recevable, la partie contre laquelle elle a été prononcée peut la recommencer »[1625]. Autrement dit, la péremption n'a pas un caractère impératif comme c'est le cas en ce qui concerne la forclusion.

1632. En contentieux administratif français, la péremption de l'instance ne s'applique pas[1626]. En effet, cette exclusion a été clairement exprimée par le juge administratif français dans l'affaire Office public d'habitation à loyer modéré du Bas-Rhin[1627]. Le Conseil d'État affirme à cette occasion que la requérante « ne saurait utilement invoquer à l'appui de sa requête les dispositions du Code de procédure civile relatives à la péremption d'instance qui ne sont pas applicables aux instances devant les juridictions administratives ».

1633. Ainsi, cette forme d'inertie du justiciable ne conduit pas à l'extinction de l'instance en contentieux administratif français. L'exclusion de ce cas de sanction a fait l'objet de critiques. À cet égard, certains observateurs ont pu fort justement montrer qu'en tant qu'« institution conçue dès le droit romain, tout d'abord comme une mesure d'ordre, dictée par l'intérêt d'une bonne administration de la justice, puis fondée sur la volonté implicite des parties d'abandonner la procédure, par l'absence d'action à l'instance », il serait intéressant qu'« à l'aune de nos mœurs actuelles, la recherche d'une célérité dans le jugement d'une affaire paraît incompatible avec un encombrement des juridictions par la pérennité d'instances dont se sont désintéressées les parties »[1628]. Là se

---

1623 SERGE BRAUDO, *Dictionnaire du droit privé*, disponible sur le site http://www.dictionnaire-juridique.com/definition/peremption.php. Consulté le 28/01/2016 à 10h.

1624 *Ibid.*

1625 *Ibid.*

1626 DE CORMENIN, *Droit administratif*, Paris, Éditions de la bibliothèque des arts et métiers, vol. 1, 1840, p. 69 ; R. CHAPUS, *Droit du contentieux administratif*, *op. cit.*, n° 1071.

1627 CE, 28 févr. 1979, *RDP*, 1980, p. 892.

1628 C. LANCELLE, J. LEFORT, « Sur la péremption de l'instance », *AJDA*, 2004, p. 1584.

trouve sans doute l'avantage[1629] pour les droits africains d'avoir consacré cette procédure. Ils y gagnent certainement en termes de célérité.

1634. En effet, contrairement au droit français, les législations camerounaise et gabonaise, ont adopté cette sanction qui conduit vers l'extinction de l'instance. Cela traduit le renforcement du caractère impératif du temps et la rigueur qui le caractérise.

1635. Au Cameroun, en effet, la péremption de l'instance ne date pas de la réforme récente du contentieux administratif[1630]. On peut relever à cet égard que l'article 85 du décret n° 64/DF/218 du 19 juin 1964 relatif au fonctionnement de la Cour fédérale de justice statuant en matière administrative l'avait déjà consacré. Cela a été repris par l'article 95 de la loi n° 75/17 du 8 décembre 1975 relative à la procédure devant la Cour suprême statuant en matière administrative. La récente loi n° 2006/022 du 29 décembre 2006 relative aux tribunaux administratifs l'a réaffirmé. En effet, il ressort de l'article 101 de ladite loi que « tout recours est éteint par discontinuation des poursuites pendant trois ans ».

1636. La jurisprudence administrative camerounaise applique bien cette règle. En effet, le juge administratif camerounais a clairement indiqué l'existence de cette sanction qu'il entend comme l'extinction ou encore l'anéantissement des effets d'un recours du fait de la négligence ou de l'inaction des justiciables, à l'instar du requérant, pendant une durée déterminée[1631].

1637. En droit gabonais, c'est également le cas. Il faut rappeler que les règles du Code de procédure civile sont applicables en contentieux administratif gabonais, sauf dispositions spécifiques contraires, comme le prévoit l'article 36 du Code gabonais des juridictions administratives. À cet égard, le Code de procédure civile gabonais adopté en vertu de l'ordonnance n° 1/77/PR du 2 février 1977 en ses articles 320 à 326 organise la péremption de l'instance. On peut remarquer ici que l'article 320 du Code susvisé va dans le même sens que l'article 101 de la loi camerounaise de 2006 relative aux tribunaux administratifs précitée.

[1629] J. V. COMPERNOLLE, G. DE LEVAL, « Le temps dans le procès civil : réflexions sur la procrastination judiciaire », *op. cit.*, p. 395.

[1630] J-J-C. MEMONO, *Les incidents de procédure en contentieux administratif camerounais*, *op. cit.*, p. 119- 128.

[1631] TE, arrêt n° 268, 12 avr. 1963, *Communauté Bassa c/ État du Cameroun* ; CS/AP, arrêt n° 06/A, 16 mai 1967, *Ngandjoue Mathurin et Compagnie d'assurance Northern c/ État du Cameroun* ; CS/CA, jug. n° 55, 26 mai 1977, *Essomba Théophile Gauthier c/ État du Cameroun* ; CS/AP, arrêt n° 10/A, 24 mars 1983, *État du Cameroun, Téguia Gabriel c/ Téguia Gabriel, État du Cameroun (Minjustice), précité.*

Selon cette disposition, en effet, « l'instance est périmée lorsqu'aucune des parties n'accomplit de diligences pendant trois ans ».

1638. Par ailleurs, selon ce même Code de procédure civile, « la péremption peut être demandée par l'une quelconque des parties ». Il est possible de l'invoquer « par voie d'exception à la partie qui accomplit un acte après l'expiration du délai » de trois ans. La volonté de sanctionner l'inertie du justiciable pendant ce délai « est de droit » et « doit à peine d'irrecevabilité être demandée ou opposée avant tout autre moyen ». De même, contrairement à la forclusion dont la sanction peut être soulevée d'office par le juge, seule une partie peut invoquer la péremption de l'instance. En cas de péremption, il n'y a pas extinction de l'action mais extinction de l'instance « sans qu'on puisse jamais opposer aucun des actes de la procédure périmée ou s'en prévaloir »[1632]. En cas de suspension ou d'interruption d'instance, celles-ci influencent aussi le délai de péremption.

1639. En dehors de ces dispositions tirées du Code de procédure civile, le Code des juridictions administratives gabonais évoque aussi des cas de péremption. En effet, selon l'alinéa 2 de l'article 51 dudit Code, la péremption est possible lorsqu'une partie n'a pas produit le nombre de requêtes suffisant dans le délai de quinze jours suite à la mise en demeure qui lui a été adressée par le président de la juridiction. Aussi, selon l'article 56 de ce même Code, lorsque l'exploit de la requête signifiée par voie d'huissier n'a pas été déposé dans le délai de dix jours aux greffes, « il est déclaré périmé, sauf si la partie destinataire comparaît ».

1640. On peut noter, au regard de cette diversité des sanctions consacrées par les droits africains en matière d'inobservation des délais, que ces législations marquent leur attachement au caractère impératif du temps[1633]. Les justiciables ne peuvent pas laisser écouler du temps après

---

[1632] Art. 320 à 326, *Cpc, précité.*

[1633] La péremption de l'instance ne s'applique pas seulement dans les législations camerounaise et gabonaise. D'autres cas existent. On peut en évoquer deux. Il en est ainsi en Tunisie. Selon l'article 48 (nouveau) de la loi n° 72/40 du 1er juin 1972 relative au tribunaux administratifs, la péremption de l'instance, laquelle « n'a pas d'effet sur le fond du droit est prononcée » à l'expiration du délai de trois ans, « à partir de la date du dépôt du dossier au greffe », lorsque l'instruction n'est pas relancée comme le prévoit cette même loi à la « demande de l'héritier du défunt, ou du représentant légal de celui qui a perdu la capacité ou du représentant de celui dont le mandat a pris fin ».

En droit Algérien, cette sanction de l'inertie du justiciable après un certain temps est également applicable. En effet, selon le Code de procédure civile et administrative, elle « résulte du défaut de diligence des parties » dans un délai de « deux (2) ans à compter de la décision ou de l'injonction du juge » prononçant « à la charge d'une partie toute démarche de procédure de nature à faire progresser l'affaire et à la continuer ». Ce délai s'applique à avoir introduit une instance. Ils doivent poursuivre l'action initiée. En cas d'inaction au cours du temps déterminé, l'instance est périmée. Ainsi, la péremption de l'instance est encourue lorsque le requérant n'a plus donné des nouvelles dans le délai prescrit à la suite de l'introduction de son recours[1634].

1641. On pouvait aussi envisager le cas de la caducité en rapprochant ce cas d'inertie prévue par le Code français de procédure civile, en son article 757, du cas de l'obligation de notifier prévue par le Code de l'urbanisme en son article R *600. En effet, selon le premier texte, « le tribunal est saisi, à la diligence de l'une ou l'autre partie, par la remise au greffe d'une copie de l'assignation. Cette remise doit être faite dans les quatre mois de l'assignation, faute de quoi celle-ci sera caduque [...] ». Le second texte, portant sur le droit du contentieux administratif, dispose pour sa part que dans un délai de quinze jours et non à peine de caducité comme en matière civile mais « d'irrecevabilité », en cas de déféré du préfet ou de recours contentieux à l'encontre d'un certificat d'urbanisme, d'une décision de non-opposition à une déclaration préalable ou d'un permis de construire, d'aménager ou de démolir, le préfet ou l'auteur du recours est tenu [...] de notifier son recours à l'auteur de la décision et au titulaire de l'autorisation. Cette notification doit également être effectuée dans les mêmes conditions en cas de demande tendant à l'annulation ou à la réformation d'une décision juridictionnelle concernant un certificat d'urbanisme, une décision de non-opposition à une déclaration préalable ou un permis de construire, d'aménager ou de démolir. L'auteur d'un recours administratif est également tenu de le notifier à peine d'irrecevabilité du recours contentieux qu'il pourrait intenter ultérieurement en cas de rejet du recours administratif ».

1642. Ainsi, sachant que la caducité « sanctionne l'inaccomplissement par les plaideurs, dans un délai de rigueur ou à un moment déterminé, d'une formalité subséquente essentielle à l'efficacité de l'acte initial » et comprise comme « l'anéantissement, le plus souvent rétroactif, des effets d'un acte de procédure initialement valable », alors que l'irrecevabilité, quant à elle, sanctionne la non-observation « d'une prescription légale consistant à rejeter, sans l'examiner au fond, un acte qui n'a pas été formulé en temps voulu ou qui ne remplit pas les

---

l'égard de « toute personne physique même incapable, l'État, les collectivités territoriales, les établissements publics à caractère administratif et contre toute autre personne morale ». Art. 222-230, *Cpca*.

[1634] CS/AP, (Cameroun) arrêt n° 5/A, 21 avr. 1964, *Malapa Paul c/ État du Cameroun*.

conditions exigées »[1635], le cas prévu en droit de l'urbanisme se rapproche davantage de la forclusion. Autrement dit, cette irrecevabilité consacrée en droit de l'urbanisme est plus proche de la forclusion que de la caducité.

1643. En définitive, s'agissant des sanctions tirées de l'inaction des justiciables, on relève que seule la forclusion est applicable en droit français. Cela permet, dans un premier temps, de justifier l'idée du caractère souple du temps dans le procès administratif en droit français. Autrement dit, l'idée du caractère souple du temps s'appuie, ici, sur la restriction des cas de sanctions relatives à l'inaction des justiciables. En dehors de cette restriction des cas conduisant à la sanction, l'application de la sanction, elle-même, comporte des assouplissements. C'est ce qui traduit, dans un second temps, la souplesse qui singularise le facteur temps en droit français du contentieux administratif, contrairement aux droits camerounais et gabonais. Ces aménagements conduisent donc à ouvrir, mieux qu'en ce qui concerne les droits d'Afrique francophone, le prétoire du juge administratif.

Section 2. La forme souple du temps au regard de l'atténuation du rejet des recours tardifs en France et sa rigidité dans les droits africains

1644. Au niveau de l'application des sanctions liées à l'inaction des justiciables donc de leur retard dans l'accomplissement des actes, le caractère souple du temps en contentieux administratif français est lié aux atténuations apportées à l'irrecevabilité en cas de retard (§ 1). En effet, contrairement au droit d'Afrique francophone, le juge administratif français « a effectivement accepté de déroger purement et simplement à la règle des délais de recours en prévoyant différents contournements à la forclusion vis-à-vis de décisions normalement incontestables »[1636].

1645. En droit camerounais et gabonais, en revanche, la rigidité qui singularise le temps du procès administratif relève de l'application rigoureuse de cette sanction (§ 2). On peut donc observer en ces deux caractères, une différence quant aux intérêts les mieux pris en compte, notamment la sécurité juridique, s'agissant des droits africains, et le droit du justiciable d'accéder au prétoire, pour ce qui est du modèle français.

[1635] S. GUINCHARD, T. DEBARD (dir), *Lexique des termes juridiques*, *op. cit.*, 23e éd., p. 146 et 590, respectivement.

[1636] A. CLAEYS, *L'évolution de la protection juridictionnelle de l'administré au moyen du recours pour excès de pouvoir*, *op. cit.*, p. 289.

§ 1. La souplesse liée aux atténuations de l'irrecevabilité des actions tardives en droit français : la réaffirmation de l'importante prise en compte du droit au juge

1646. La temporalité en contentieux administratif français est marquée par la souplesse. Dans le cadre de la sanction des recours prématurés, cette souplesse est dans une certaine mesure observable. Elle traduit l'importante évolution du contentieux administratif français, en particulier, et son droit administratif, en général, vers la protection des administrés. En effet, cette souplesse se manifeste, ici, de deux manières. D'une part, elle apparaît à travers la présence des atténuations proprement dites, (A) et, d'autre part, à travers la présence constante des solutions alternatives face à cette sanction qu'est la forclusion (B).

A. La souplesse du temps : l'itérative préservation du droit d'accès au juge par des atténuations de la sanction des recours tardifs proprement dits

1647. Il convient de rappeler qu'en vertu du caractère d'ordre public des délais, « l'auteur d'une requête ne contenant l'exposé d'aucun moyen ne peut la régulariser par le dépôt d'un mémoire exposant un ou plusieurs moyens que jusqu'à l'expiration du délai de recours »[1637]. Autrement dit, l'expiration du délai de recours devant le juge conduit à l'irrecevabilité des moyens nouveaux liés à une cause juridique différente de celle invoquée dans la requête avant l'expiration du délai.

1648. Toutefois, dans la jurisprudence administrative française, quelques exceptions ont été apportées à cette règle relative à l'interdiction de toute action à l'expiration du délai de recours.

1649. D'abord, c'est en matière des décisions confirmatives, c'est-à-dire des décisions semblables à la décision devenue définitive, cette dernière étant devenue en principe irrecevable dès lors qu'elle n'a pas été contestée à temps, que le juge a apporté des atténuations à la forclusion. En effet, il a admis, en matière d'exécution des actes administratifs, qu'à moins que le retard dans la mise en œuvre des décisions relatives à une reconduite à la frontière[1638] ne soit lié à la mauvaise foi des

---

[1637]Art. R. 411-1 (2), *Cja*; CE, 11 déc. 1987, *Bouchaleb et Khelfa*, *Rec.*, p. 417 ; O. GOHIN, *Contentieux administratif*, *op. cit.*, 8e éd., p. 269.

[1638] Voir, J-E MALABRE « L'exécution tardive des arrêts de reconduite à la frontière. À propos de l'arrêt du Conseil d'État, 1er avril 1998 Préfet des Yvelines c/ Mme Nsonde et l'arrêt de la Cour de cassation, 2e chambre civile, 12 novembre 1997, Préfet de la Gironde c/Kaniama », *RFDA*, n° 3/1999, p. 500.

intéressés[1639], ce retard dans l'exécution est une nouvelle décision faisant courir à nouveau le délai du recours contentieux[1640].

1650. Ensuite, en cas de rejet d'une demande d'ouverture d'une procédure relative à la délimitation du domaine naturel, « le refus opposé à une nouvelle demande ayant le même objet n'a pas le caractère d'une décision confirmative ». En conséquence, « la circonstance que l'autorité administrative a, par une décision qui n'a pas été attaquée dans le délai du recours contentieux, refusé de donner suite à une demande de délimitation du domaine public ne fait pas obstacle à la recevabilité d'un pourvoi dirigé contre le rejet d'une demande ultérieure tendant aux mêmes fins »[1641].

1651. Enfin, en vertu du caractère permanent du droit de communication en matière municipale, les décisions successives relatives à des demandes de communication sans déplacement de documents municipaux faites par un contribuable ou un habitant de la Commune, même purement confirmatives, rouvrent sans cesse le délai du recours contentieux[1642].

1652. De ce point de vue, le pr Olivier Gohin, par exemple, fait observer que « la rigueur du mécanisme d'irrecevabilité pour forclusion, à défaut pour le requérant de tenir les délais du recours juridictionnel lorsqu'ils existent, connaît cependant, un aménagement d'importance par la possibilité qui lui est ouverte de régulariser son recours initialement irrecevable »[1643].

1653. D'autres exemples apparaissent dans la jurisprudence Sengelin[1644] lorsque le juge administratif admet la possibilité pour le parent d'un mineur non émancipé de régulariser le recours contentieux introduit dans les délais par son descendant et de s'approprier, à l'expiration des délais, les conclusions d'une telle demande.

1654. On observe un autre assouplissement apporté à la forclusion dans l'affaire Entreprise Desforets[1645]. En l'espèce, la forclusion n'avait pas été opposée au requérant ayant attaqué hors délai une décision alors qu'il existait deux décisions différentes, le délai courant encore à

[1639]CE, 18 févr. 1998, *Préfet des Alpes maritimes* c/ *Fati Fodé Caramo*, *Gazette du palais*, n° 217-218, p. 36, concl. J.-D. Combrexelle.
[1640]CE, 1er avr. 1998, *Préfet des Yvelines* c/ *Nsonde*, *Rec.*, p. 120.
[1641]CE, sect., 6 févr. 1976, *Secrétaire d'État aux transports* c/ *Sci Miramar*, n° 95784, *AJDA*, 1976, p. 217.
[1642]CE, sect., 11 janv. 1978, *Commune de Muret*, *AJDA*, 1978, p. 219, concl. B. Genevois, cité par J.-C. RICCI, *Contentieux administratif*, *op. cit*, n° 239, p. 117.
[1643] O. GOHIN, *Contentieux administratif*, *op. cit*, 8e éd., p. 270.
[1644] CE, 29 avr. 1964, *Sengelin*, n° 60670, *Rec.*, p. 968 ; 19 juil. 1933, *Scherer*, *Rec.*, p. 793.
[1645] CE, 4 juin 1976, *Desforets*, *Rec.*, p. 301.

l'égard de la seconde qui avait permis la recevabilité du recours contre toutes les deux[1646].

1655. De même, dans la jurisprudence Rousset[1647], le Conseil d'État a admis la régularisation d'un recours tardif en soulignant que les requêtes qui étaient parvenues auprès de la juridiction « moins de deux mois après la signification des arrêtés attaqués, qui avait eu lieu le 29 octobre précédant [...] bien qu'elles n'aient été enregistrées [...] que le 26 mai 1937, après avoir été retournées à leurs auteurs pour régularisation », celles-ci n'étaient pas tardives.

1656. Ces solutions témoignent d'un « certain libéralisme » animant le juge administratif français. Ce libéralisme justifie l'idée de souplesse en tant que caractère de la condition relative au temps en contentieux administratif français. Analysant la jurisprudence Rousset, susvisée, le pr David Bailleul souligne que ce libéralisme se manifeste par « la possibilité de régulariser les requêtes tardives lorsque son auteur a clairement manifesté son intention de l'introduire avant l'expiration du délai ». Aussi, précise-t-il, « par le passé, la forclusion [n'était pas] opposée à des requérants qui avaient adressé une lettre annonçant le dépôt d'un recours, confirmé seulement après la date d'échéance du délai »[1648].

1657. Il existe donc en droit français, malgré le caractère impératif de l'exigence des délais, des nuances à l'irrecevabilité en tant que sanction applicable à l'inobservation des délais. Aussi, en dehors de l'assouplissement de la forclusion, lorsque le retard a été réalisé, d'autres solutions alternatives, constamment développées par la jurisprudence, vont dans le même sens. L'on est, une fois de plus, en présence d'une autre forme d'expression du dynamisme qui singularise la temporalité en contentieux administratif français.

B. La souplesse du temps : l'itérative préservation du droit d'accès au juge par l'adoption constante des voies alternatives face à la forclusion

1658. La souplesse qui caractérise la condition de délai en contentieux administratif français se traduit aussi par d'autres possibilités de rattrapages en cas d'expiration des délais.

[1646] D. BALLEUL, *L'efficacité comparée des recours pour excès de pouvoir... op. cit.*, n° 108, p. 126.

[1647] CE, 26 avr. 1940, *Sieur Rousset et autres*, *Rec.*, p. 148.

[1648] D. BALLEUL, *L'efficacité comparée des recours pour excès de pouvoir... op. cit.*, n° 108.

1659. Celles-ci renvoient, en effet, à des situations qui ont pour effets « non de permettre de faire naître un nouveau délai de recours contre une décision, mais d'écarter l'application de la décision dans une espèce donnée, ce qui peut avoir des effets équivalents pour l'intéressé »[1649]. Ce premier cas apparaît sous le vocable d'exception d'illégalité (1).

1660. L'exception d'illégalité n'est pas le seul moyen souvent mis en œuvre par le juge administratif et que l'on peut considérer comme une voie alternative face à la forclusion[1650]. En effet, à côté de l'exception d'illégalité, il existe un certain nombre de théories avec les mêmes conséquences que l'exception d'illégalité. En effet, ces théories permettent de surmonter l'exigence des délais en permettant de saisir le juge sans se voir opposer la forclusion quand bien même le délai en vigueur est à son terme (2).

1. La souplesse par l'usage de l'exception d'illégalité : une solution alternative face à l'irrecevabilité tirée de la forclusion

1661. Comme l'a, à juste titre, précisé un observateur, « en admettant la contestation indirecte des décisions définitives, la jurisprudence sur l'exception d'illégalité a essentiellement pour but d'éviter que l'illégalité qui entache ces décisions puisse durablement contaminer des actes d'application. Le contournement de la forclusion et la protection procédurale des justiciables ne constituent pas, en réalité, sa finalité première. Il n'en demeure pas moins que » "cette technique de l'exception d'illégalité est au total généreuse et [qu'elle] offre de substantielles potentialités de défense du droit" »[1651]. En effet dans le cadre d'une instance, une partie peut invoquer l'illégalité d'un acte administratif dès lors qu'un tel acte lui est opposé. Il s'agit pour elle de soulever l'exception d'illégalité considérée comme un moyen de défense[1652].

1662. Ce moyen de défense peut être évoqué face à la sanction relative à l'inobservation des délais en matière administrative. Ainsi, en cas d'irrecevabilité d'un recours contre un acte administratif pour cause de forclusion, l'on admet la possibilité d'user de l'exception d'illégalité pour poursuivre l'annulation des actes pris par la suite en vue de mettre

---

[1649] M.-C. ROUAULT, *Contentieux administratif*, Bruxelles, Larcier, n° 411, p. 275.

[1650] C. BROYELLE, *Contentieux administratif*, Paris, LGDJ Lextenso, coll. « Manuel », 2016, n° 131.

[1651] A. CLAEYS, *L'évolution de la protection juridictionnelle de l'administré au moyen du recours pour excès de pouvoir*, *op. cit.*, p. 290.

[1652] S. GUINCHARD, T. DEBARD (dir), *Lexique des termes juridiques*, *op. cit.*, 22e éd., p. 442.

en œuvre l'acte initialement contesté[1653]. En effet, lorsqu'à la suite de l'expiration du temps, « l'acte administratif, même ayant acquis sa définitivité, ne bénéficie pas toujours d'une totale impunité »[1654]. Un tel acte « peut encore souvent être contesté et critiqué, au moins indirectement au travers de son application »[1655]. C'est donc un mécanisme qui conduit vers la renaissance du recours contentieux à l'expiration du délai. Par ce moyen, l'idée de la souplesse dans la portée du temps en matière administrative apparaît. L'analyse de son régime permet de le comprendre.

1663. En effet, le mécanisme de l'exception d'illégalité s'applique aux actes réglementaires. Cela est lié au fait que de tels actes « ne génèrent pas par eux-mêmes des droits personnels »[1656]. Cela se comprend aussi quand on sait qu'il s'agit des actes de portée générale justifiant ainsi l'idée de contentieux de l'excès de pouvoir, encore qualifié de contentieux objectif.

1664. Autrement dit, en ce qui concerne les règlements, l'exception d'illégalité est perpétuelle. Ainsi, l'usage de l'exception d'illégalité comme voie alternative face à la forclusion n'est possible, de manière générale, qu'en ce qui concerne les actes réglementaires. Dans les autres cas, l'exception d'illégalité est limitée[1657].

[1653] Voir, B. SEILLER, *L'exception d'illégalité des actes administratifs*, Thèse, Paris 2, 1995.

[1654] B. PACTEAU, *Traité de contentieux administratif*, *op. cit.*, n° 182, p. 217.

[1655] *Ibid.*

[1656] *Ibid.*

[1657] Pour ce qui est des actes non-réglementaires, l'exception d'illégalité est limitée. Pour comprendre le caractère restreint de l'exception d'illégalité concernant les actes non-réglementaires, il faut faire une distinction entre les actes non-réglementaires définitifs et les actes non-réglementaires non définitifs. En effet, l'exception d'illégalité est ouverte pour les actes non- réglementaires qui ne sont pas définitif (CE, sect., 9 nov. 1966, *Toumbouros*).

Par ailleurs, on peut observer des cas où la forclusion reste sans solution, rien n'étant donc plus possible avec l'expiration du délai (En ce sens, B. PACTEAU, *Traité de contentieux administratif*, *op. cit.*, n° 141, p. 217). La limite concerne les décisions non-réglementaires définitives et surtout le contentieux des actes relatifs à l'urbanisme.

La disqualification de l'exception d'illégalité concerne les décisions non réglementaires définitives. Dans la jurisprudence *Feddal*, le Conseil d'État précise que l'exception d'illégalité ne s'applique qu'aux actes qui ont un caractère définitif (CE, 15 oct. 2004, *Feddal*). Cela ne s'applique cependant pas aux actes à caractère individuels. La possibilité d'invoquer ce moyen de défense n'est donc pas ouverte aux actes non-réglementaires définitifs qu'il s'agisse du contentieux de l'excès de pouvoir ou de pleine juridiction. C'est le cas d'une exception soulevée à l'appui d'un recours dirigé contre un refus d'autorisation d'exploitation d'un service radiophonique, cette exception étant tirée de l'illégalité d'une autorisation délivrée dans la même zone, lorsque celle-ci est soulevée après que l'autorisation a acquis un caractère définitif (CE, 1er oct. 2012, *Sarl Quinto Avenio*, n° 340842, cité par J.-C. RICCI, *Contentieux administratif*, *op. cit*, n° 249, p. 122).

Toutefois, une exception existe dans ce cas de figure. Selon la jurisprudence (CE, sect., 30 avr. 1976, *Siméon*, *Rec.*, p. 225 ; CE, 3 déc. 1952, *Dubois*, *Rec.*, p. 555, l'exception

1665. Pour comprendre l'idée de l'exception d'illégalité comme étant une voie alternative face à la forclusion, il faut observer ses effets. En effet, dans le cas où l'exception d'illégalité est fondée, « la disposition qui a été incidemment mise en cause » n'est pas légale. Dans ces conditions, le juge administratif, comme le résume le pr Olivier Gohin, « tire toutes les conséquences sur la solution du litige au fond. Mais, bien qu'elle soit prononcée par une décision juridictionnelle, la déclaration d'illégalité n'est pas une annulation de l'acte incidemment contesté. Cette annulation n'est d'ailleurs jamais demandée et elle ne peut de toute manière rarement l'être, les délais de recours direct contre cet acte étant souvent expirés. L'acte déclaré illégal subsiste donc dans l'ordonnancement juridique, et c'est seulement son application dans le litige qui est paralysée par l'exception reconnue fondée ou opposée d'office. Les effets de l'exception d'illégalité sont donc limités à la solution du litige au cours duquel elle est utilement opposée »[1658]. Ainsi, l'acte déclaré illégal n'est pas annulé et à l'égard de la condition de délai, l'exception d'illégalité n'a pas pour effet de donner naissance un autre temps pour agir à l'encontre d'un acte administratif. Elle permet simplement de ne pas mettre en œuvre l'acte en cause dans une affaire

---

d'illégalité est possible en ce qui concerne les décisions individuelles définitives lorsqu'il s'agit des requêtes tendant à la réparation des dommages nés d'un acte non-réglementaire illégal n'ayant pas été contesté en temps utile (J.- C. RICCI, *Contentieux administratif*, *op. cit.*, n° 249, p. 122). Au registre de ces limitations, on note aussi celles qui concernent le contentieux de l'urbanisme.

En matière d'urbanisme, certains textes ont limité l'exception d'illégalité. Comme on l'a relevé, le Code de l'urbanisme limite à six (06) mois le temps relatif à l'usage éventuel de l'exception d'illégalité. Cette possibilité ne s'ouvre que pour certains documents d'urbanisme notamment en ce qui concerne les vices de procédure ou de forme.

Cependant, cette limitation de six (06) mois ne joue pas pour certains vices de forme. C'est le cas de l'absence de mise à disposition du public des schémas directeur, la méconnaissance substantielle ou la violation des règles de l'enquête publique sur les schémas de cohérence territoriale, les plans locaux d'urbanisme et les cartes communales. L'absence du rapport de présentation ou des documents graphiques. Il s'agit du schéma directeur, de cohérence territoriale, du plan d'occupation des sols, du plan local d'urbanisme, de la carte communale ou d'un document d'urbanisme en tenant lieu, des actes prescrivant l'élaboration ou la révision d'un document d'urbanisme ou créant une zone d'aménagement concerté.

Le Conseil d'État, pour sa part, l'a aussi restreint. Ainsi, guidé par « un souci de sécurité juridique, bien que cela soit discutable, le juge refuse l'invocation d'une exception d'illégalité, dans le cadre d'opérations d'urbanisme ou d'aménagement foncier [...] lorsque son admission aurait des conséquences excessives » (J.-C. RICCI, *Contentieux administratif*, *op. cit.*, n° 249, p. 122 ; CE, 30 janv. 2008, *Claude*, n° 281923). Aussi, ne considère-t-il plus les actes d'utilisation ou encore d'occupation du sol comme des mesures d'application d'un plan d'urbanisme (CE, sect., 8 juin 1990, *Assaupamar*, *Rec.*, p. 148).

[1658] O. GOHIN, « L'exception d'illégalité », *Répertoire de contentieux administratif*, Paris, Dalloz, n° 105, mis à jour mars 2013.

précise. Cela produit donc des conséquences presque identiques à la renaissance d'un délai de recours[1659].

1666. Ainsi, en invoquant « à l'appui des conclusions dirigées contre une décision administrative l'illégalité dont serait entaché un règlement devenu définitif faute d'avoir été attaqué dans le délai du recours pour excès de pouvoir »[1660], le justiciable a la possibilité de résoudre dans la limite du possible l'irrecevabilité tirée de la forclusion. Le requérant qui n'a pas introduit son recours contentieux en temps utile dispose donc, s'il s'agit d'un acte administratif à caractère réglementaire, de la possibilité d'user de l'exception d'illégalité. Cette possibilité est générale donc illimitée[1661]. En dehors de l'exception d'illégalité, certaines théories abondent également dans le même sens.

2. L'assouplissement par la mise en place de certaines théories

1667. Face à l'expiration du délai, certaines circonstances peuvent conduire aussi à admettre des possibilités de rattrapage. Il s'agit de la théorie des opérations complexes (a) et celle du changement de circonstance (b).

a. Le rattrapage possible du temps par la théorie des opérations administratives complexes

1668. Par opérations complexes, on peut entendre « un ensemble formé par une série de décisions administratives aboutissant à une décision finale »[1662]. Autrement dit, la théorie des opérations complexes correspond au mécanisme par lequel « une décision finale ne peut être prise qu'après l'intervention d'une ou plusieurs décisions successives, spécialement prévues pour permettre la réalisation de l'opération dont la décision finale en sera l'aboutissement »[1663].

1669. Premièrement, l'opération complexe concerne des actes de nature administrative mise en œuvre par l'autorité administrative en vue de réaliser une mission d'intérêt général. En effet, il doit y avoir une mise en œuvre d'une procédure par l'administration pour une finalité bien

---

[1659] M.-C. ROUAULT, *Contentieux administratif*, *op. cit.*, n° 411, p. 275.

[1660] CE, sect., 19 févr. 1967, *Société des établissements Petit jean*, *Rec.*, p. 63.

[1661] CE, 29 mai 1908, *Poulin*, *Rec.*, p. 581 ; 30 déc. 2013, *Mme X*, n° 367615. Aussi, sa réalisation est soumise à quelques conditions. De ce point de vue, il faudra que l'exception soit formulée contre un acte pris à la suite d'un premier acte, en vue de mettre en œuvre celui-ci et en se fondant sur les dispositions illégales concernant le premier acte qui n'a pu être contestée en temps normal. Voir, CE, sect., 18 févr. 1949, *Denayer*, *Rec.*, p. 8.

[1662] S. GUINCHARD, T. DEBARD (dir), *Lexique des termes juridiques*, *op. cit.*, 22e éd., p. 692.

[1663] R. CHAPUS, *Droit du contentieux administratif*, *op. cit.*, n° 781, p. 692- 693.

définie. C'est le cas notamment en matière de concours et de recrutement. Dans ces cas, la décision définitive adoptée par l'administration est contestable sur la base d'une autre décision précédant la première. Il peut être question de la composition irrégulière d'un jury, de la liste des candidats admis ou même la décision d'ouverture d'un concours.

1670. La théorie des opérations complexes s'observe également dans le droit de la fonction publique notamment en matière d'avancement et de reclassement des fonctionnaires. Aussi, elle est applicable dans la procédure d'expropriation. À cet égard, le Conseil d'État a réaffirmé récemment sa jurisprudence antérieure[1664] en la matière. En effet, il a reconnu la nature d'opération complexe en ce qui concerne une délibération désignant le titulaire d'une concession d'aménagement et la décision relative à la cession des immeubles nécessaires à l'opération d'aménagement en faveur d'un concessionnaire. À cette même occasion, il est allé plus loin en admettant la possibilité d'invoquer l'illégalité de l'arrêté d'insalubrité pour contester la légalité de la décision relative à la déclaration d'utilité publique et de cessibilité. En effet, faisant suite à une décision déclarant un immeuble insalubre à titre irrémédiable, l'autorité administrative avait pris une autre décision déclarant d'utilité publique l'acquisition du bien et la cessibilité dudit immeuble. En l'espèce, le Conseil d'État admet expressément la théorie des actes complexe. Pour lui, « l'ensemble formé par un arrêté déclarant un immeuble insalubre à titre irrémédiable et l'arrêté préfectoral déclarant d'utilité publique le projet d'acquisition de cet immeuble et prononçant sa cessibilité, en vue de permettre la réalisation de nouvelles constructions, constitue une opération complexe ». Poursuivant son analyse, le Conseil d'État ajoute qu'il n'y a pas d'erreur de droit dès lors que l'arrêté préfectoral déclarant insalubre un immeuble « n'avait pas été contesté dans le délai de recours contentieux [...] » et qu'est « recevable à exciper de son illégalité à l'appui de son recours pour excès de pouvoir dirigé contre l'arrêté [...] déclarant d'utilité publique l'acquisition de l'immeuble et prononçant sa cessibilité [...] »[1665].

1671. Ainsi, la théorie des opérations complexes concerne les opérations de remembrement rural, la procédure d'expropriation, les tableaux d'avancement des agents publics, le régime des concours administratifs[1666].

[1664] CE, 22 mars 1978, *Groupement foncier agricole des cinq ponts*, *Rec.*, p. 918.
[1665] CE, 20 mars 2015, *Société urbanis aménagement*, n° 371845.
[1666] J.-C. RICCI, *Contentieux administratif*, *op. cit.*, n° 251, p. 123.

1672. Deuxièmement, l'opération complexe intervient dans le cadre d'une législation cohérente et ordonnée. Autrement dit, les actes pris doivent s'inscrire dans un même but. Dans la jurisprudence ci-dessus visée, on peut noter que contrairement à une jurisprudence antérieure où le Conseil d'État n'avait pas retenu la théorie des opérations complexes à propos d'une décision prononçant l'insalubrité d'un immeuble et celle concernant l'utilité publique nécessaire à l'acquisition de « terrains tiers » et dont l'objectif visé était le recasement des occupants des immeubles qui avaient fait l'objet de cette déclaration d'insalubrité[1667], il y a bien une cohérence car la décision relative à la cessibilité autant que celle concernant l'utilité publique portent sur l'immeuble visé par l'arrêté d'insalubrité.

1673. Troisièmement, et c'est l'idée de la renaissance du temps du recours contentieux, la théorie des opérations complexe remet en cause le principe selon lequel la légalité d'un acte administratif devenu définitif par l'expiration des délais de recours ne peut plus être contestée. En effet, analysant « la fonction contentieuse de la théorie des opérations administratives complexes », un auteur, relève clairement que cette théorie permet aux « intéressés qui auraient négligé d'attaquer en temps utile chacune des décisions constitutives de l'opération sont recevables à attaquer la décision finale en excipant de l'illégalité de l'une quelconque des décisions antérieures alors même qu'il s'agirait de décisions non réglementaires devenues définitives »[1668]. Ainsi, dans cette catégorie qui fait partie d'une chaîne commune, le recours en annulation est dispensé de la condition de délai. Mais seule la décision finale peut faire l'objet d'une annulation, pas les actes pris antérieurement. Si le délai contre ces derniers est expiré, ils ne pourront pas être annulés, mais seulement déclarés illégaux.

1674. Toutefois, des conditions de délai peuvent être posées. Un délai de deux (02) mois a été fixé dans certains cas. En effet, relève le pr Jean-Claude Ricci, « lorsque la réglementation prévoit que plusieurs décisions s'engendrent successivement l'une l'autre pour produire une opération globale qui se conclut par une décision terminale, la légalité de l'ensemble peut être contestée dans les deux mois de cette décision finale et porter sur chacune des décisions successives alors que, à l'égard de chacune d'elle, hormis la dernière, le délai du recours contentieux est expiré »[1669]. De telles conditions existent aussi lorsqu'il y a changements des circonstances.

[1667] CE, 21 février 1986, *M. x et autres*, n° 37532.
[1668] F. CHEVALLIER, « La fonction contentieuse de la théorie des opérations administratives complexes », *AJDA*, 1981, p. 331.
[1669] J.-C. RICCI, *Contentieux administratif*, *op. cit.*, n° 251, p. 123.

b. Le rattrapage possible du temps en cas de changement des circonstances

1675. Lorsqu'un règlement est illégal depuis sa naissance ou alors à la suite d'un changement de circonstance, qu'il s'agisse de circonstance de fait ou de circonstance de droit, conditionnant sa légalité, l'administré peut en solliciter l'abrogation. En effet, lorsque le recours en annulation contre un acte réglementaire est inadmissible en raison de l'expiration du délai de recours, « il appartient à tout intéressé dans le cas où les circonstances qui [l'ont motivé légalement] ont disparu, de saisir, à toute époque, l'autorité compétente d'une demande tendant à la modification ou à l'abrogation dudit règlement et de se pourvoir, le cas échéant, devant la juridiction administrative dans le délai du recours contentieux contre la décision expresse ou implicite de l'autorité dont s'agit »[1670]. Il s'agit d'une jurisprudence qui a généralisé la règle posée en 1930 par la jurisprudence Despujol[1671].

1676. De manière plus claire, il ressort de la jurisprudence que le temps du recours peut resurgir en raison des changements de circonstances à deux conditions. D'une part, l'intervention d'une nouvelle norme et, d'autre part, une modification des circonstances de fait.

1677. Pour cette seconde condition, le juge administratif a eu à prononcer l'annulation d'une décision par laquelle une autorité administrative avait rejeté une demande tendant au retrait des décisions relatives à la fermeture d'établissement de commerce. En effet, la décision en cause devait légalement être prise avec l'accord du syndicat professionnel et en raison des changements survenus dans l'opinion d'un certain nombre de commerçants, le maintien de ladite décision était illégal[1672].

1678. Dans la jurisprudence Alitatlia[1673], le juge administratif a réitéré la théorie du changement des circonstances. L'administration, et il s'agit d'un principe général du droit, est tenue d'abroger ou alors de corriger sa décision lorsque l'illégalité est constatée. Le refus de sa part, lorsque ces conditions sont réunies, entraîne une annulation de l'acte en cause. Ainsi, l'administration sera tenue de corriger ou encore de modifier son acte.

1679. Par ailleurs, selon le Code français des relations entre le public et l'administration, « un acte réglementaire ou un acte non réglementaire

---

[1670] CE, ass., 10 janv. 1964, *Syndicat national des cadres des bibliothèques in* M.-C ROUAULT, *Contentieux administratif-Code pratique*, *op. cit.*, n° 781.
[1671] CE, sect., 10 janv. 1930, *Despujol*, *Sirey*, 1930-3-41, note Alibert.
[1672] CE, 1er avr. 1936, *Syndicat des épiciers détaillants de Toulon*, *Rec.*, p. 435.
[1673] CE, 3 févr. 1989, *Compagnie Alitalia*, *Rec.*, p. 44.

non créateur de droits peut, pour tout motif et sans condition de délai, être modifié ou abrogé ». De même, « l'administration est tenue d'abroger expressément un acte réglementaire illégal ou dépourvu d'objet, que cette situation existe depuis son édiction ou qu'elle résulte de circonstances de droit ou de fait postérieures, sauf à ce que l'illégalité ait cessé », pareillement pour « un acte non réglementaire non créateur de droits devenu illégal ou sans objet en raison de circonstances de droit ou de fait postérieures à son édiction »[1674].

1680. L'analyse de cette solution amène à dire que cette jurisprudence se fonde sur l'idée selon laquelle le respect du principe de légalité est un impératif dont la mise en œuvre passe par la cohérence entre la législation ancienne et l'évolution des choses, étant donné, d'une part, que le caractère légal d'une mesure administrative doit être perçue en fonction de la législation en vigueur et, d'autre part, en fonction de l'intervention de nouvelles circonstances morales ou matérielles ayant bouleverser les fondements de fait de la décision. Pour atteindre cet objectif, le juge administratif a donc mis en place à l'encontre d'une décision devenue illégale mais dont le délai de recours contentieux est arrivé à expiration un « nouveau délai qui part de la publication de la loi ou du règlement qui crée une situation juridique incompatible avec ce dernier [...] Il a placé entre les mains des administrés, [confrontés à la condition délai], au cas où l'administration ne procéderait pas d'elle-même aux aménagements nécessaires, une arme efficace »[1675].

1681. À l'exception des décisions non réglementaires et illégales depuis leur origine, la théorie du changement de circonstance permet à tout bénéficiaire d'une décision non- réglementaire de solliciter la modification ou l'abrogation pour l'avenir de ceux de ses actes qui par le fait d'un changement de circonstance conditionnant leur caractère légal sont devenus illégaux après leur naissance[1676].

1682. Tout ceci montre que « malgré l'expiration des délais de recours, le requérant n'est pas totalement dépourvu et trouve dans les textes et la jurisprudence des techniques procédurales rendant possible la dénonciation des illégalités entachant des actes devenus définitifs ».[1677]

1683. Le temps en contentieux administratif français revêt de ce fait un caractère flexible, contrairement à celui des États d'Afrique francophone. Dans ces derniers États, comme le montrent les cas du

---

[1674] Art. L. 243-1 et 2, *Cra.*

[1675] P. HOSTEING, *Le délai du recours pour excès de pouvoir*, *op. cit.*, p. 141- 142.

[1676] CE, sect., 30 nov. 1990, *Association « les verts »*, *Rec.*, p. 339.

[1677] A. CLAEYS, *L'évolution de la protection juridictionnelle de l'administré au moyen du recours pour excès de pouvoir*, *op. cit.*, p. 294.

Cameroun et du Gabon, on observe une approche rigide, laquelle se traduit aussi par une application rigoureuse de la forclusion en cas de retard dans l'action ou dans l'accomplissement d'une formalité.

§ 2. La rigidité du temps : l'itérative préservation de la sécurité juridique par l'application rigoureuse de l'irrecevabilité en cas d'inertie dans les droits africains

1684. Parler de la rigidité du temps dans le contentieux administratif des pays d'Afrique francophone, s'agissant de l'application des sanctions de l'inertie, vise à montrer qu'il y a davantage une prise en compte de la stabilité des situations juridiques, ou encore de l'efficacité de l'action administrative, à travers cette exigence. En effet, du point de vue de la mise en œuvre de la sanction tirée de l'inertie des justiciables, on peut aussi percevoir les caractères du temps de la justice administrative dans ces différentes législations. Si en France, on a parlé du caractère souple du temps, c'est en raison des atténuations observables dans la mise en œuvre de l'irrecevabilité en cas de forclusion. Ainsi, c'est l'application rigoureuse de cette sanction qui traduit le caractère rigide du temps observable en droit camerounais et gabonais.

1685. L'étude de la jurisprudence administrative dans les pays d'Afrique d'inspiration et d'expression francophone laisse apparaître la rigueur dans l'application de ces sanctions liées à la violation des délais contentieux. Après avoir analysé ces différents cas d'application des sanctions du fait de l'inertie des justiciables, il convient de dégager les manifestations de leur rigueur. Autrement dit, de justifier l'idée du caractère rigide du temps au regard de ces sanctions. Ceci dit, la question à laquelle il convient à présent d'apporter une réponse est celle de savoir en quoi ces sanctions liées à l'inaction des justiciables, donc ces cas d'irrecevabilités liés à la forclusion, peuvent réellement être présentées comme étant la manifestation du caractère rigide du temps en contentieux administratif camerounais et gabonais ?

1686. En effet, les sanctions de l'inobservation du temps sont le soubassement de la préservation du principe de sécurité juridique. Mais il faut tout de même relever son caractère pernicieux à l'égard du droit d'accès au juge.

1687. Les décisions qui ont été relevées en matière de forclusion dans ces législations africaines présentent bien le caractère impératif de l'exigence des délais. Cela est tout à fait logique. Elles n'ont donc à première vue rien de problématique. En France, c'est la même sanction qui s'applique.

1688. Mais on peut y voir une certaine rigidité, s'agissant des droits d'Afrique francophone, en raison de son application trop sévère, compte tenu de la brièveté des délais. Cette rigueur est sans doute liée au caractère légiféré de ce droit, d'une part, et, d'autre part, au peu d'audace dont fait preuve le juge. C'est pour cette raison qu'on peut aussi parler de limitation de l'accès au juge. En effet, la rigidité qui caractérise le temps de la justice administrative, ici, est liée à deux facteurs. On doit distinguer, d'une part, la brièveté des délais (A) et, d'autre part, la faiblesse de l'activité juridictionnelle qui ne facilite pas une mise en œuvre des voies alternatives face à la forclusion (B). Cette approche de la notion de temps dans le contentieux administratif est plus favorable à la sécurité juridique qu'aux droits des justiciables.

A. La rigidité du temps et l'itérative préservation de la sécurité juridique par l'application sévère de la forclusion compte tenu de la brièveté des délais

1689. Pour bien comprendre cette rigidité qui caractérise le temps contentieux, il faut percevoir la brièveté des délais par rapport au contexte géographique (1), d'abord et, ensuite, au regard de l'articulation même de ces délais contentieux (2).

1. La rigidité tirée de la brièveté des délais au regard de la répartition géographique des juridictions

1690. En principe, la forclusion annule toute possibilité pour le justiciable de voir son recours examiné au fond par le juge. Mais le caractère étroit des délais devrait, pour des raisons d'équité, conduire à la mise en place de quelques aménagements à l'égard de cette sanction. En effet, ce n'est pas cette sanction, commune à tous les systèmes juridiques africains de tradition française, qui est problématique mais sa stricte application. Ainsi, aucune possibilité de régularisation n'étant admise ni par le législateur, ni par la jurisprudence, comme cela apparaît quelques fois en France, le temps de la justice administrative dans ces conditions apparaît rigide. Il en est ainsi d'autant plus que dans la majorité de ces pays, le recours contentieux tardif est irrecevable même si l'administration s'est par ailleurs manifestée[1678].

1691. L'idée d'étroitesse apparaît donc clairement ici. En effet, elle s'apprécie au regard du contexte dans lequel les juridictions administratives se déploient en Afrique francophone. Celles-ci fonctionnent dans un

[1678] M. ONDOA, *Le droit de la responsabilité publique dans les États en développement… op. cit.*, p. 138.

contexte de distanciation géographique par rapport aux justiciables et plus précisément les particuliers.

1692. On sait que le décalage entre campagnes et villes est tout à fait naturel. Mais dans le contexte africain, le colonialisme l'a accentué en instaurant, afin de faciliter les échanges avec la métropole, des grands centres au niveau des côtes[1679]. En dépit de quelques efforts de développement menés par ces pays depuis les indépendances, la situation n'a pas véritablement changé. Ainsi, comme le relève fort justement le pr Amadou Kah, cela a entraîné « l'hypertrophie des grandes villes [...] encouragée par le gouvernement avec des choix de décentralisation surveillée »[1680]. Cela explique le « cloisonnement du contentieux », que Dakar, par exemple, érigé en centre avec l'ensemble des institutions coloniales, comme notamment le Conseil du contentieux administratif, il n'est pas étonnant de constater que « dans ces conditions [...] le contentieux administratif soit cloisonné dans cette ville »[1681].

1693. En effet, si en « Europe occidentale, l'administration est le produit continu d'une complexification croissante et erratique de tout ou partie de la société, en Afrique francophone elle n'est le plus souvent qu'un appareil formel d'exploitation et de gestion. L'administration n'apparaît alors jamais comme l'instrument né de la complexification des structures économiques et sociales, mais comme un produit fini, préfabriqué, imposé pour assurer une succession d'État »[1682]. Ainsi, les efforts de décentralisation n'ont pas toujours été « efficaces et l'organisation administrative contentieuse suivant l'organisation » générale, la caractéristique principale est « l'éloignement de la justice des justiciables »[1683]. La distance demeure donc un problème.

1694. S'agissant des moyens de communication, ils sont insuffisants[1684]. Au Cameroun, par exemple, les routes, en terre battue, sont très exposées aux intempéries et sont, de ce fait, impraticables. Les voies ferrées, quant à elles, ne couvrent que quatre régions. En matière d'aéroport, il n'existe que trois en fonction. S'agissant du téléphone, il reste

---

[1679] A. KAH, *La codification administrative au Sénégal*, Thèse, Université Paris nord, 1996, p. 276.

[1680] *Ibid.*

[1681] *Ibid.*

[1682] D. DARBON, *Le paradoxe administratif : perspective comparée autour de cas africains*, Thèse, Université de Bordeaux 1, 1991, p. 79.

[1683] A. KAH, *La codification administrative au Sénégal*, *op. cit.*, p. 277-278.

[1684] K. AHADZI, « L'accès à la justice Brèves réflexions sur le cas des États d'Afrique noire francophone », *in* M. Pâques et M. Faure (dir), *La protection de l'enivrement au cœur du système juridique international et du droit interne. Acteurs, valeurs et efficacité*, Bruxelles, Bruylant, 2003, p. 404.

insuffisant en dépit des évolutions récentes. Dans tous les cas, ces moyens de communication ne sont pas performants et ne remplissent pas suffisamment leurs missions et même si c'était le cas, la pauvreté entraverait l'accès à ceux-ci[1685]. C'est également le cas au Gabon[1686].

1695. Il y a donc un sérieux décalage entre les normes et le vécu quotidien[1687]. Le temps de la justice demeure donc rigide dès lors que les législations africaines n'envisagent pas, comme leur homologue français, de fixer des délais en fonction du niveau de développement des localités. Pourrait-il aussi adopter une approche conjoncturelle des délais. Pourtant, comme le note le pr Léopold Donfack Sokeng, « la préservation des droits des groupes sociaux est désormais perçue comme des éléments essentiels de la coexistence pacifique des différentes composantes des sociétés étatiques, ainsi que de la stabilité et de la sécurité [...] »[1688]. C'est ce que semble avoir compris le législateur français en fixant des délais spécifiques en contentieux administratif dans certaines parties du pays.

1696. C'est le lieu de rappeler qu'en droit français, prenant certainement en compte le fait que certaines parties du territoire ne disposent pas de toutes les garanties en matière de communication, le législateur a essayé de contourner cette défaillance. Ainsi, par exemple, il est parti du délai de droit commun de deux (02) mois relatif à la saisine des juridictions à un délai dérogatoire, ou spécial, de trois (03) mois pour les justiciables des tribunaux de Mayotte, de la Polynésie française, de Mata-Utu et de nouvelle Calédonie. Ce délai s'applique hormis les délais de distance. Autrement dit, compte tenu de la situation socio-économique de ces espaces, il a adopté un temps particulier.

1697. Pourtant, les solutions ne manquent pas. Le législateur camerounais l'a souvent démontré. C'est le cas en matière de délai de distance. En effet, la loi relative au fonctionnement des tribunaux administratifs prévoit en matière de délai de distance que les convocations délivrées aux témoins doivent leur parvenir trois (03) jours au moins avant la date de l'enquête s'ils demeurent au lieu où celle-ci doit être diligentée. Ce délai est augmenté d'un délai de distance égal à un (01) jour par cinquante

---

[1685] R. MBALLA OWONO, *Les délais de distance en contentieux administratif camerounais*, *op. cit.*, p. 60.

[1686] D. M. GHIAMAMA MOUELET, *Histoire de la protection de l'administré au Gabon par la juridiction administrative et par le médiateur de la république (1960-2013)*, Thèse, Université de Perpignan Via Domitia, 2014, p. 210 et ss.

[1687] R. MBALLA OWONO, *Les délais de distance en contentieux administratif camerounais*, *op. cit.*, *ibid.*

[1688] L. DONFACK SOKENG, *Le droit des minorités et des peuples autochtones au Cameroun*, *op.cit.*, p. 21.

kilomètres[1689]. Un tel procédé pouvait être accordé à certains justiciables en raison du déséquilibre entre les villes et les campagnes. Cette disposition apparaît aux yeux de certains observateurs comme la « plus haute expression juridique du problème de l'éloignement »[1690] par rapport aux juridictions. Mais la limitation du champ d'application de cette disposition est regrettable, on aurait pu imaginer son application à toutes les parties ainsi qu'à toutes les étapes de la procédure afin d'assouplir la condition de délai. Le juge administratif enrichirait sa fonction en abondant dans le même sens.

1698. Ainsi, en droit du contentieux administratif dans ces pays d'Afrique francophone, les durées sont de plus en plus généralisées, elles sont fixées sans distinction selon la situation des justiciables. Elles sont donc uniques pour tous les justiciables nonobstant les difficultés matérielles qu'ils peuvent rencontrer pour atteindre les juridictions. C'est dans ce premier sens que l'application stricte de l'irrecevabilité des recours compte tenu de la condition de délai justifie l'idée d'une approche rigide du temps en contentieux administratif. Ce caractère rigide peut aussi être perçu au regard de l'articulation même des délais contentieux.

2. La rigidité tirée de la brièveté des délais compte tenu de l'articulation même des délais contentieux

1699. Ici, il s'agit d'une brièveté liée à l'organisation des délais proprement dits. Ceci rejoint l'idée de « délais pièges » formulée par le professeur Roger-Gabriel Nlep. En effet, les délais sont ainsi qualifiés dans la mesure où « ils résultent de la combinaison des délais du recours gracieux et des délais du recours contentieux et se soldent par l'irrecevabilité de la requête soit pour recours prématuré, soit pour forclusion »[1691]. Cette articulation apparaît aussi en droit français mais, l'importance des exceptions relatives aux formalités pré-contentieuses ainsi que les cas d'exclusion des délais marquent la souplesse, contrairement aux droits des pays africains.

1700. On peut relever quelques exemples dans la jurisprudence administrative camerounaise pour illustrer cette idée. Dans l'affaire Société Guinness[1692], la requérante qui avait elle aussi reçu, le 24 octobre 2006,

[1689] Art. 67, loi n° 2006/022, relative aux tribunaux administratifs, *précitée*.

[1690] R. MBALLA OWONO, *Les délais de distance en contentieux administratif camerounais*, *op. cit.*, p. 33.

[1691] R.-G. NLEP, « L'accès aux juridictions camerounaises de droit public », cité par A. Mpessa, « Une avancée dans l'accès à la justice administrative au Cameroun : La nouvelle formulation de la règle du recours gracieux, d'après l'article 17 de la loi n° 2006/022 du 29 décembre 20016 », *RJP*, n° 1/2014, p. 71.

[1692] CS/CA, jug. n° 221/2010, 25 août 2010, *Guinness Cameroun sa c/ Cnps*.

notification des poursuites qui allaient être engagées devait saisir, au plus tard le 22 septembre 2006, la Commission de recours gracieux. Or, l'ayant fait le 26 septembre 2006 donc quatre (04) jours après, elle était forclose d'où l'irrecevabilité de son recours contentieux « pour forclusion du recours gracieux ».

1701. Dans l'affaire Nkoumba Mva c/ Ministère de la Fonction publique, relative à une indemnisation, le juge le réitère en ces termes : « attendu que[...]le recourant disposait d'un délai de six mois à compter de la date de notification, soit jusqu'au 2 juin 2004, pour saisir ladite autorité de son recours gracieux en indemnisation [...] qu'en introduisant ledit recours le 19 novembre 2007, soit plus de trois ans après le délai imparti, le recourant n'a pas respecté les dispositions susvisées ; qu'il s'ensuit que son recours contentieux est irrecevable pour forclusion du recours gracieux »[1693].

1702. Le juge administratif camerounais a expressément affirmé dans deux autres espèces que « l'ordonnance n° 72 [...] dispose que le recours gracieux doit à peine de forclusion être formé en cas d'indemnisation dans les six mois suivant la réalisation du dommage [...] Qu'en cas de violation de cette disposition, le recours adressé tardivement à l'administration ne lie plus l'autorité compétente parce qu'il est frappé de forclusion et la sanction est l'irrecevabilité [...] »[1694].

1703. Cette brièveté laisse ainsi apparaître l'une des tendances du droit administratif dans les pays d'Afrique francophone à savoir un droit administratif qui, du point de vue de son objet, n'est que « progressivement libéral »[1695]. La juridiction administrative reste donc fermée en raison de nombreux obstacles comme le recours administratif préalable et cette rigueur qui marque l'application de la condition de délai. Même en France, cette rigueur est déplorée mais elle est tempérée, comme on l'a démontré, par un certain nombre d'atténuations qui tendent ainsi à assouplir la condition de délai. Cela permet aussi d'adapter les règles de droit aux réalités. Par ailleurs, la faiblesse de l'activité juridictionnelle renforce, elle aussi, cette inflexibilité qui caractérise le temps de la justice administrative en Afrique francophone.

[1693] CS/CA, jug. n° 268/2010, 22 sept. 2010.

[1694] Voir aussi CS/CA, jug. n° 48/02-03, 27 mars 2003, *Djou Essomba Charles c/ État du Cameroun* (*Minuh*) ; n° 31, 16 janv. 2008, *Mballa Benoit c/ Ministère de l'Administration territoriale et de la décentralisation, précités.*

[1695] Y.-S. LATH, « Les caractères du droit administratif... », *op. cit.*, p. 1276.

B. La rigidité du temps et l'itérative préservation de la sécurité juridique par la limitation de l'activité contentieuse et à la rareté de la mise en œuvre des solutions alternatives face à la forclusion

1704. Pour comprendre le caractère rigide du temps de la justice administrative en raison de la rareté de la mise en œuvre des solutions alternatives face à la forclusion (2), il convient, au préalable, de présenter la faiblesse de l'activité juridictionnelle (1) qui en est l'une des principales causes.

1. La limitation de l'activité contentieuse juridictionnelle

L'activité juridictionnelle administrative dans les pays d'Afrique francophone a souvent été critiquée même si depuis les années 1990, avec notamment le vent de démocratisation qui a soufflé sur l'ensemble du continent, elle a connu une augmentation.

1705. Cette limitation est sans doute la raison de la rareté des décisions conduisant à mettre en œuvre par voie jurisprudentielle les mécanismes visant à assouplir, comme en France, le caractère impératif du temps. De nombreux recours sont irrecevables et ne permettent donc pas au juge d'aller au fond et de jouer suffisamment son rôle dans la construction de l'État de droit. Cela est pourtant nécessaire car dans un État de droit, « la supériorité des gouvernants ne doit pas être comme celle du maître sur l'esclave » ou encore de « l'être conscient et raisonnable sur la chose inanimée »[1696]. Les administrés ne sont pas des « sujets entièrement passifs du pouvoir exercé sur eux »[1697].

1706. À cela s'ajoute la faiblesse de la doctrine. Certes, depuis l'avènement de la démocratisation on ne peut nier quelques évolutions. Mais, de façon générale, l'activité est timide et limitée. Cela ne facilite donc pas le recours aux voies alternatives permettant d'assouplir la sanction de l'inobservation du temps en procédure administrative contentieuse.

2. La rareté de la mise en place des voies alternatives face à la forclusion

1707. En droit français, on a vu qu'au-delà des cas où le juge administratif peut aménager le temps de la justice en admettant des régularisations lorsque survient des cas de recours prématurés, il admet aussi, bien que

---

[1696] D. BERANGER, *Le droit constitutionnel*, Paris, PUF, coll. « Que sais-je ? », 6e éd., 2013, p. 4.
[1697] *Ibid.*

cela ne soit pas sans limites, d'autres solutions comme l'exception d'illégalité ou encore la théorie des actes complexes et celle des changements de circonstances. Ces moyens permettent de surmonter la sanction liée à l'inobservation des délais. C'est aussi de ce point de vue que le temps en contentieux administratif français se caractérise par la flexibilité.

1708. Mais, la contrariété avec les droits africains par rapport à toutes ces solutions alternatives face à la forclusion n'est pas liée à leur exclusion. En Tunisie, par exemple, avant la modification de l'article 3 de la loi du 1er juin 1972 relative aux tribunaux administratifs par la loi organique n° 2002/11 du 4 février 2002, lequel rendait impossible tout recours pour excès de pouvoir contre les décrets à caractère réglementaire, le juge administratif tunisien faisait constamment recours à l'exception d'illégalité pour statuer sur la légalité de tels actes. Ainsi définissait-il l'exception d'illégalité comme un « moyen indirect pour attaquer un acte »[1698].

1709. Ces voies alternatives s'appliquent donc dans les droits d'Afrique francophone. L'opposition concernant ces droits d'avec le droit français est plus tôt relative à l'inconsistance et à la faiblesse, tant quantitative que qualitative, de l'activité juridictionnelle de ces pays. On sait que les évolutions enregistrées en ces domaines sont l'œuvre de la jurisprudence.

1710. C'est donc la faiblesse de l'activité juridictionnelle, cette « absence de créativité jurisprudentielle »[1699], comme l'a relevé la doctrine au Gabon en matière de responsabilité de l'administration, qui limite leur mise en œuvre dans ces pays. Cela justifie l'idée du caractère rigide du temps en contentieux administratif. Par exemple, un auteur observe que « la jeune jurisprudence administrative camerounaise reste relativement sommaire, parfois incohérente, évitant parfois en même temps les nuances, les subtilités et les méandres d'une discipline naturellement complexe, et l'approche critique que, bien souvent, le droit administratif mérite »[1700]. On peut alors comprendre pourquoi dans ces pays, pour « élucider toute la portée du principe tiré de l'irrecevabilité du recours [...] en raison de l'expiration du délai », il faut « se reporter à la jurisprudence française »[1701].

[1698] TA, 29 déc. 1988, *Abderrazak M'hiri* c/ *Ministre des Transports et des Communications* ; 19 déc. 1981, *Abderrazak Méhiri* c/ *Ministère des Transports et des Communications*.

[1699] S. KWAHOU, « L'état de la jurisprudence gabonaise en matière de responsabilité de l'administration », *op. cit.*, p. 394.

[1700] S. BILONG, *Mémento de la jurisprudence administrative du Cameroun*, *op. cit.*, p. v.

[1701] F. WODIE, M.-D. BLEOU, *La Chambre administrative de la Cour suprême et sa jurisprudence...*, *op. cit.*, p. 42.

1711. Tout cela montre le caractère trop formaliste des législations africaines en la matière. On y voit l'idée de rigidité. Cela peut être justifié par le souci de préserver le principe de sécurité juridique. Mais, malgré ce mérite, la rigueur de l'application des sanctions relatives à l'inobservation des délais doit être atténuée afin d'assurer une meilleure efficacité de la justice administrative. Cela est nécessaire car, de manière générale, s'agissant notamment du Cameroun, « le procès administratif épouse imparfaitement l'expression de renouveau chère » à ce pays. Ainsi, cette « masse des litiges arbitrairement écourtés, des actions grossièrement rejetées, obligent à formuler un plaidoyer pour une amélioration [...] constructive des débats contentieux »[1702].

[1702] J-J-C. MEMONO, *Les incidents de procédure en contentieux administratif camerounais*, *op. cit*, p. 54.

Conclusion du chapitre

1712. Même en matière d'irrecevabilité en raison de l'inaction des justiciables, les caractères souple et rigide qui singularisent le temps dans le contentieux administratif français et dans les pays d'Afrique francophone, respectivement, sont observables.

1713. Cette différence de caractère est liée, d'une part, au nombre de cas d'inertie des justiciables donc des cas entraînant comme sanction l'irrecevabilité de l'action. On observe que la souplesse du droit français est relative à la réduction de ces cas d'inertie, contrairement aux droits camerounais et gabonais où ils sont nombreux.

1714. D'autre part, la divergence de caractère concerne la rigueur dans l'application de cette sanction résultant de l'inobservation de la condition de délai. En France, contrairement aux droits camerounais et gabonais, le caractère souple du temps est lié au fait que le juge administratif participe activement à la définition du cadre temporel du procès en adoptant un certain nombre d'assouplissements dans l'application de cette sanction relative à l'inobservation de la condition de délai. Les droits d'Afrique francophone ne faisant pas confiance au juge administratif.

1715. On sait qu'à travers la régularisation, le juge français peut exiger du requérant d'observer l'exigence de se faire assister par un avocat[1703], de faire signer sa demande en justice[1704] ou de présenter l'autorisation nécessaire du conseil municipal afin d'introduire une action en justice[1705] et surtout de justifier d'une décision administrative préalable obligatoire[1706]. Aussi, le juge, lorsqu'un délai est consacré, peut mettre en demeure de régulariser le recours dans un temps raisonnable[1707]. Ce recours à la régularisation permet donc au juge d'agir sur le temps. Cela traduit son caractère souple et dynamique.

1716. L'abondance de l'activité du juge administratif français est également marquée dans le cadre de la mise en œuvre des exigences temporelles par le développement des voies alternatives face à la forclusion. Ainsi, en dehors des aménagements, on relève également une mise en œuvre des règles comme l'exception d'illégalité, la théorie des actes complexes, lesquelles permettent d'ouvrir, nonobstant l'expiration du temps réglementaire, la possibilité de contrôler la légalité des actes

---

[1703] CE, sect., 27 janv. 1989, *Chrun*, *Rec.*, p. 37.

[1704] CAA Lyon, 3 nov. 1992, *Association Adiprovar*, n° 91LY00541.

[1705] CE, 11 mars 1977, *Commune d'Achen* c/ *Wolf*, *Rec.*, p. 134.

[1706] CE, sect., 11 févr. 1966, *Denis*, *Rec.*, p. 104.

[1707] CE, 25 oct. 1991, *Syndicat d'exploitants agricoles d'Anequinc/ Sivom et Cambrin*, *RFDA*, 1991, p. 1018 ; 18 nov. 1988, *Commune de Roscoff*, n° 173183, *précitée*.

administratifs. Il y a donc ouverture des possibilités de renaissance du temps dans le contentieux administratif. Cela est favorable aux justiciables contrairement aux droits d'Afrique francophone qui en limitant ces assouplissements favorisent le principe de sécurité juridique. De ce point de vue, le temps dans le contentieux administratif français est un temps dynamique, beaucoup plus profitable aux justiciables, qu'un temps rigide, essentiellement protecteur de l'administration, comme dans les droits d'Afrique francophone.

Conclusion du titre

1717. En somme, dans le registre de la portée du temps, donc des limitations et des sanctions liées à l'inobservation des exigences concernant le temps dans le procès administratif, tant pour des actions introduites avant l'achèvement de la phase préalable ou lorsque l'administration dispose encore du temps pour apporter une réponse au recours administratif introduit préalablement à l'action contentieuse, que pour les recours ou formalités accomplis tardivement, donc après l'échéance du délai prescrit, ne sont pas sanctionnés avec la même rigueur.

1718. Dans le premier cas, c'est-à-dire en matière des sanctions liées à l'anticipation, le droit français module cette sanction. Le juge administratif français, contrairement à ses homologues camerounais et gabonais, essaie parfois de moduler la sanction. Or, dans les législations africaines, un tel recours est « ipso facto » sanctionné par l'irrecevabilité.

1719. Dans le second cas, c'est-à-dire en matière des sanctions tirées de l'inaction des justiciables, notamment pour les recours tardifs, le juge français a développé des moyens comme l'exception d'illégalité, la théorie des actes complexes, rarement applicables dans les pays africains du fait de la faiblesse de l'activité contentieuse juridictionnelle. Pourtant, de telles mesures améliorent le sort des justiciables qui risquent de voir leurs actions rejetées pour cause de forclusion.

1720. Aussi, alors que le droit français a réduit les cas de sanction de l'inertie des justiciables, les droits africains les ont renforcés. C'est le cas avec la péremption de l'instance et la forclusion, toutes applicables en cas d'inobservation de la condition de délai dans les droits africains. On observe donc une certaine malléabilité et rigidité dans la saisine du temps par le droit du contentieux administratif dans ces différentes législations. Une rigidité, comme en Afrique francophone, qui, en assurant essentiellement le principe de sécurité juridique, est profitable à l'administration, contrairement à la souplesse qui, apportant un certain équilibre, comme en droit français, préserve les droits des justiciables.

Conclusion de la seconde partie

1721. En définitive, s'agissant des aménagements, des limites, des exclusions du temps, la forme souple et rigide du temps s'observe également dans les législations française et d'Afrique francophone.

1722. D'une part, s'agissant des limites apportées à la condition des délais, les approches souple et rigide apparaissent également. En effet, le droit français a multiplié les cas d'exclusions directes des délais contentieux. C'est le cas dans le contentieux de la communication des documents administratifs.

1723. Toutefois, en ce qui concerne les cas de dispenses indirectes des délais, la rigidité observée dans les droits camerounais et gabonais doit être nuancée car en dehors du droit camerounais qui n'a pas consacré la dispense des délais en matière de travaux publics comme au Gabon, tous les autres cas d'exclusions indirectes des délais sont applicables dans ces droits. Ces derniers rejoignent alors la souplesse observée en droit français.

1724. D'autre part, le temps souple et le temps rigide apparaissent au niveau des sanctions liées à l'inobservation des délais. Cela se traduit, dans un premier temps, au niveau des cas d'irrecevabilité des recours en raison de leur caractère anticipé.

1725. Ici, alors que les droits camerounais et gabonais n'envisagent pas d'atténuation à cette sanction liée au caractère précoce de l'action en justice, le droit français a opté pour une approche moins formaliste. Par exemple, l'introduction d'une demande tendant à provoquer une décision conduit le juge à recevoir le recours contentieux sans décision préalable dès lors qu'au moment où il statue l'administration a donné une suite à ladite demande. Une telle solution évite que les procès ne s'achèvent sans examen au fond malgré le caractère pertinent du recours. Cette approche moins formaliste, souple, est favorable au droit d'accès au juge.

1726. Dans un second temps, le juge administratif français a aussi réduit la rigueur des délais en faisant recours à une sorte de régularisation même lorsqu'il s'agit de la forclusion. Ainsi, même lorsque la forclusion est avérée, il a développé des voies alternatives permettant aux justiciables de voir leurs causes entendues. C'est le cas avec l'exception d'illégalité et la théorie des actes complexes. En revanche, dans les législations camerounaise et gabonaise, la faiblesse de la fonction administrative contentieuse ne permet pas au juge de développer de manière considérable de telles solutions jurisprudentielles. Avec la faiblesse de l'activité contentieuse, tant en quantité qu'en qualité, de telles possibilités ne peuvent que très peu se produire.

1727. En effet, dans ces différentes législations d'Afrique francophone, les constructions jurisprudentielles débouchant sur des solutions qui permettent de rattraper le temps en cas de recours tardif sont limitées. Cela est bien en harmonie avec l'idée de la réglementation qui caractérise le droit administratif dans ces États. Et pour consolider leur caractère rigoureux, s'agissant de la temporalité, les droits camerounais et gabonais ont multiplié les cas de sanction liée à l'inobservation du temps. La consécration de la péremption de l'instance, inapplicable en droit français, traduit ce renforcement. On y voit, s'agissant de l'approche souple, un certain équilibre favorable au droit au juge, alors qu'en ce qui concerne l'approche rigide, on observe une préservation du principe de sécurité juridique, donc moins profitable aux justiciables.

1728. Toutefois, il faut relever que la souplesse qui caractérise le temps dans le procès administratif français doit être nuancée du point de vue des sanctions de l'inaction. En effet, le droit français se rapproche des droits africains par le renforcement des cas de forclusion s'agissant des recours pré-contentieux. Plus concrètement, la forclusion au regard de la notification préalable, applicable en droit français, notamment en matière d'urbanisme, ne s'applique pas en droit camerounais et gabonais.

1729. Autrement dit, l'assouplissement et la rigueur du temps dans le contentieux administratif français, camerounais et gabonais, respectivement, ne concernent pas seulement sa répartition ou son articulation, ils touchent aussi sa portée, c'est-à-dire ses limitations et ses sanctions. Ainsi, on peut voir le vacillement de ces droits entre la souplesse et la rigidité tant du point de vue de la répartition du temps que de sa portée dans le contentieux administratif.

1730. Cela amène à poser la question de savoir à qui profite le temps dans de telles conditions ? En effet, l'admission des régularisations ainsi que la réduction des sanctions en cas d'inaction comme on le voit en France sont favorables aux justiciables. Ceux-ci peuvent facilement voir leur cause entendue par le juge sans risque de se voir opposer une forclusion ou alors une anticipation. De même, en l'absence des sanctions comme la péremption de l'instance, l'instruction d'une affaire ne pourra pas connaître une fin anticipée en cas d'inaction de la part du justiciable. On voit bien qu'en l'absence de cette péremption, le justiciable qui fait face aux difficultés financières peut laisser pendant un certain temps l'instance sans avoir à être confronté comme dans les droits camerounais et gabonais à une fin anticipée de son procès.

1731. Cependant, le droit français rejoint en quelque sorte l'approche rigide des droits d'Afrique francophone dans la mesure où l'absence de notification en matière d'urbanisme peut être sanctionnée. Dans ce cas, c'est le principe de sécurité juridique qui est pris en compte comme dans les droits d'Afrique francophone.

Conclusion générale

1732. L'étude comparée du temps dans le contentieux administratif en France et dans les pays d'Afrique francophone laisse apparaître clairement ses aspects particuliers, typiques et originaux au sein de ces différents modèles. Ces caractères que sont la flexibilité, la malléabilité, d'une part, et, d'autre part, la rigidité, le statisme, s'identifient tant au niveau de son articulation, c'est-à-dire de sa configuration, de son organisation, qu'au niveau de sa portée. On observe deux approches singulières de la temporalité. Ces approches peuvent être justifiées malgré les critiques qu'on peut formuler à leur égard.

1733. Dans les pays de tradition juridique francophone comme la France, le Cameroun et le Gabon, le temps dans le contentieux administratif est davantage un temps d' « Hermès » pour le premier, et un temps de « Jupiter » pour les seconds. Comme le souligne François Ost, « Hermès est à la fois au ciel, sur la terre et aux enfers. Il occupe résolument l'entre-deux des choses ; il assure le passage des unes aux autres […] Hermès est le médiateur universel, le grand communicateur »[1708]. Au regard de cette symbolique, ou encore de cette image, le temps se caractérise par la souplesse.

1734. Cette souplesse est liée, d'une part, au fait que le temps « peut être régulé par le juge »[1709]. Dans ces conditions, le juge recherche constamment un « équilibre des différents intérêts en présence [en adaptant] le cadre temporel légal aux cas d'espèce »[1710]. D'autre part, cette approche caractérisée par la souplesse se traduit au niveau de l'identification même des délais. De ce point de vue, la flexibilité est liée à la multiplication des formes d'identification du temps. On songe ici à l'association des approches quantitative, qualitative et conjoncturelle des délais. C'est ce qu'on observe, s'agissant du cadre temporel du procès administratif français. En droit français, l'idée que « les affirmations [même] les plus définitives souffrent d'exceptions »[1711] concerne donc aussi le temps dans le contentieux administratif. Le droit français faisant confiance au juge administratif. C'est tout ceci qui justifie l'idée du caractère davantage souple, flexible ou malléable du temps dans le procès administratif français, contrairement aux législations camerounaise et gabonaise.

[1708] F. OST, « Jupiter, Hercule, Hermès: trois modèles du juge », *in* P. Bouretz (dir), *La force du droit. Panorama des débats contemporains*, Paris, Esprit, Série philosophie, 1991, p. 256.
[1709] *Ibid.*
[1710] *Ibid.*
[1711] J.-C. RICCI, *Contentieux administratif*, *op. cit.*, p. 121.

1735. Dans les législations d'Afrique francophone, en effet, à l'instar du Cameroun et du Gabon, on relève davantage un temps de « Jupiter ». Celui-ci correspond à un temps juridique qui est mis en place, essentiellement à l'avance, par les textes. Il s'agit d'un temps systématiquement lié à la réglementation. Selon la symbolique de François Ost, un temps de cette nature « s'exprime à l'impératif et revêt de préférence la nature de l'interdit »[1712]. En d'autres termes, les législations d'Afrique francophone relatives au contentieux administratif n'admettent presque pas que le « temps juridictionnel implique normalement l'administration, le citoyen et le juge »[1713]. Le véritable défaut d'une telle approche de l'emprise du droit sur le temps c'est le fait que les délais ainsi fixés sont parfois éloignés des situations concrètes. Aussi, cette rigueur se traduit dans l'approche même des délais.

1736. En effet, il y a une approche plus quantitative que qualitative et conjoncturelle, contrairement au droit français qui associe toutes ces différentes formes. On peut finalement s'interroger sur la raison d'être de cette différence d'approche du temps saisi par le droit dans ces différentes législations de tradition francophone.

1737. La justification la plus plausible est à rechercher dans l'environnement socio-politique, économique de ces États. L'on doit donc recourir à la sociologie du contentieux pour comprendre la fonction qu'exerce chacune de ces approches du temps dans les sociétés africaine et française.

1738. En effet, on peut relever, au-delà de l'ampleur de la réglementation, que le fait pour un organe juridictionnel de se déployer « dans un environnement encore largement imprégné ou teinté par les pratiques de l'hégémonie du pouvoir exécutif »[1714], peut justifier, comme on le voit dans ces États d'Afrique francophone, la présence d'une armature presque entièrement figée concernant la temporalité dans le contentieux administratif.

1739. De ce point de vue, l'on sait que par rapport au juge administratif français, les juges africains sont peu audacieux[1715]. Dans ces conditions, le juge ne peut construire des solutions qui renforcent, comme son

---

[1712] F. OST, « Jupiter, Hercule, Hermès: trois modèles du juge », *op. cit.*, p. 256.

[1713] E. GEFFRAY, « Le juge administratif et l'évaluation du temps », *in* N. Albert (dir), *Performance et droit administratif*, *op. cit.*, p. 286.

[1714] A. DONSOU, « Acteurs politico-institutionnels et État de droit constitutionnel en Afrique », *in* M. Moustapha Aidara (dir), *A l'ombre du droit*, Paris, L'Harmattan, *op. cit.*, p. 182.

[1715] *Ibid*, p. 179.

homologue français, l'atténuation du cours normal des délais afin de ne pas trop sanctionner les justiciables par l'exigence d'excès de formalisme.

1740. Aussi, l'idée selon laquelle des facteurs idéologiques, économiques, historico-traditionnels, psychologiques et mythiques peuvent exercer une influence sur le pouvoir politique[1716], s'observe bien ici. S'agissant du temps dans le contentieux administratif, les influences des facteurs d'ordre idéologique et économique peuvent aussi expliquer la souplesse ou la rigidité qui le caractérise dans ces différentes législations.

1741. Le pr Pierre Pactet souligne à cet égard que, d'une part, « toute société repose sur un système de valeur que le pouvoir politique doit prendre en compte », et, d'autre part, que « le régime adapté à une société évoluée, sur-industrialisée, s'efforçant à l'économie d'abondance ne conviendra probablement pas à une société en voie de développement s'efforçant de maîtriser une économie de pénurie »[1717]. Dans ces conditions, « la première pourra s'offrir le luxe d'un régime libéral, la seconde devra adopter des structures plus autoritaires »[1718]. C'est bien ce qui semble ressortir de l'étude du temps dans le contentieux administratif en droit français et dans les pays africains d'inspiration et d'expression francophone.

1742. La souplesse de la législation française est donc liée à ses avancées sur le plan démocratique par rapport aux pays africains, dits pays en voie de développement. En France, en effet, le droit administratif a évolué et ses caractéristiques aujourd'hui sont celles d'un droit « étroitement lié aux transformations de l'action publique » et surtout qu'il est « devenu un droit de la protection des citoyens »[1719]. Autrement dit, la temporalité dans le contentieux administratif dans ces différents pays reflète les « conditions sociales et techniques »[1720] dans lesquelles ces juridictions administratives fonctionnent. Cela traduit leur originalité respective. D'ailleurs, comme l'affirme justement un analyste, « le système juridique n'est que l'expression d'une situation économique et politique donnée »[1721]. De même, on peut s'interroger sur la qualité de ces différentes approches.

[1716] P. PACTET, *Institutions politiques et droit constitutionnel*, Paris, Armand Colin, 19e éd., 2000, p. 27.
[1717] *Ibid.*
[1718] *Ibid.*
[1719] J-M. PONTIER, « Le droit administratif français », *in* C.-A. Dubreuil (dir), *L'évolution du droit administratif en France et en Russie*, *op. cit.*, p. 3.
[1720] P. HEBRAUD, « Observations sur la notion du temps dans le droit civil », *op. cit*, n° 10 et 13.
[1721] J. MALAURIE, « Droit et logique coloniale », *in* M. Doucet, J. Vanderlinden (dir), *La réception des systèmes juridiques étrangers : implantation ou destin*, *op. cit.*, p. 456.

1743. Le droit français opte davantage pour une approche souple du temps dans le contentieux administratif, privilégiant ainsi le droit d'accès au juge. L'approche davantage statique, rigide des pays africains fait la part belle au principe de sécurité juridique. Cette dernière approche est contestable. En effet, la bonne administration de la justice signifie la « facilité de l'accès »[1722] à celle-ci. La règle du délai de recours, comme il a été montré, a une raison d'être et à ce titre mérite d'être observée. Toutefois, il est important « d'éviter de glisser d'une protection justifiée de l'action administrative à une limitation abusive, par le biais des délais, des recours contre les personnes publiques »[1723].

1744. De même, une trop grande malléabilité des délais peut porter atteinte à la « sécurité juridique, indispensable à la bonne administration de la justice ainsi qu'à l'organisation et au fonctionnement de la société et de l'administration »[1724]. Ainsi, si l'on admet systématiquement des dérogations à la règle du temps, on renoncerait par là « à l'exigence même du délai de recours »[1725] alors que les « situations faites et acceptées par les parties »[1726] ne doivent pas être indéfiniment critiquables. L'exigence de délai profite à la fois aux destinataires des décisions et à l'administration[1727].

1745. Cela dit, la souplesse qui singularise la temporalité dans le contentieux administratif français permet de mieux assurer un équilibre entre ces deux exigences que sont le principe de sécurité juridique et les droits des justiciables. Mais, elle laisse un peu perplexe. En effet, si l'on peut reprocher aux législations africaines, le risque élevé d'atteinte au droit au juge en raison de son approche trop formaliste, donc rigide, du temps, on peut aussi craindre que la souplesse n'ait un effet pernicieux sur le principe de sécurité et de stabilité des situations juridiques. Il convient, en adoptant une approche souple, en faisant ainsi confiance au juge administratif comme en France, de mettre en place un certain nombre de garantie, de précautions pour éviter les dépassements abusifs du temps réglémenté.

[1722] J. ROBERT, « La bonne administration de la justice », *AJDA* 1995 (hors-série), p. 117-132.

[1723] C. DEBBASCH, *Procédure administrative contentieuse et procédure civile*, Paris, LGDJ, coll. « Bibl. de droit public », t. xxxviii, 1962, préface de Jean Boulouis, n ° 322, p. 299.

[1724] L. SERMET, *Convention européenne des droits de l'homme et contentieux administratif français*, *op. cit.*, p. 122.

[1725] R. CHAPUS, *Droit du contentieux administratif*, *op. cit.*, n° 519.

[1726] *Ibid.*

[1727] B. PACTEAU, *Traité de contentieux administratif*, *op. cit.*, n ° 170.

1746. On peut donc relever de part et d'autre des avantages et des inconvénients. En effet, au regard du caractère malléable du temps, le justiciable, comme le souligne le pr David Bailleul, « par un comportement actif [...] est largement en mesure d'aménager le temps nécessaire à la préparation de sa requête, ce qui d'ailleurs ne manque pas d'interroger quant à l'opportunité d'une telle malléabilité du délai contentieux en matière de légalité. S'il est apparu souhaitable [...] que le cours normal du délai puisse faire l'objet de quelques atténuations, voire même de prorogation dans certains cas déterminés, il semble en revanche plus contestable que, de manière générale, le requérant puisse à sa guise procéder à de tels aménagements »[1728]. Par ces propos, l'auteur met en exergue les risques d'une trop grande flexibilité.

1747. Mais l'on reste tout de même optimiste parce que, d'une part, cette approche du temps dans le procès administratif, marquée en France par la flexibilité, ne signifie pas que celui-ci peut être « remis en cause par le requérant » mais simplement aménagé. D'ailleurs, en tant que « contestant, ce dernier n'a aucun intérêt aux manœuvres purement dilatoires »[1729]. De ce point de vue, la confiance faite au juge, observée en droit français, est importante car elle permet d'assurer un équilibre, de réduire les dérives éventuelles. Mais, d'une manière générale, la flexibilité comporte des inconvénients pour le principe de sécurité juridique.

1748. En somme, on doit tout simplement dire qu'en matière de temps contentieux, les différentes législations doivent veiller à l'équilibre entre les exigences de sécurité juridique et le droit au juge[1730]. Quelques axes peuvent être suggérés afin d'améliorer le temps dans le contentieux administratif dans ces pays. En ce sens, on peut s'inspirer des solutions dégagées par certaines législations africaines. On peut prendre l'exemple du juge administratif béninois en matière de recours administratif préalable.

1749. En effet, dans la jurisprudence administrative béninoise, on a relevé qu'à l'occasion des affaires Ayaba Semevoh[1731] et Séverin Houedanou[1732] c/ Préfet de l'Atlantique, le juge administratif a, en ce qui concerne le recours administratif, jugé que le recours contentieux ne saurait encourir irrecevabilité, parce qu'introduit précocement, dans le

---

[1728] D. BAILLEUL, *L'efficacité comparée des recours pour excès de pouvoirs et de plein contentieux objectif en droit public français*, *op. cit.*, n° 111, p. 131.
[1729] *Ibid.*
[1730] J.-D. COMBREXELLE, « Délais de recours contentieux et principe de la connaissance acquise », *AJDA*, 1998, p. 613.
[1731] CS/CA, 17 févr. 2005, *Rec.*, n° 22.
[1732] CS/CA, 17 juin 1999, *Rec.*, n° 48.

cas où l'administration ne donnerait pas une réponse explicite au recours administratif et ce jusqu'à la clôture de l'instruction. Cette solution ne préconise pas l'exclusion des formalités préalables. Elle permet d'atténuer ses conséquences donc de permettre aux administrés d'être entendus par le juge sur le bien-fondé de leurs prétentions. Il s'agit d'un exemple dont pourraient s'inspirer les autres législations afin d'améliorer le sort des justiciables.

1750. Le juge administratif au Bénin a donné un autre exemple à l'occasion de l'affaire Collectif des Enseignants de l'Ena c/ Mesrs[1733]. En effet, le collectif des enseignants de l'école nationale d'administration sollicitait l'annulation du décret portant désignation du directeur de cette institution. Prenant en compte la phase pré-contentieuse, un recours administratif préalable avait été introduit par les requérants auprès du ministre de l'Éducation nationale. L'autre partie évoqua l'irrecevabilité de ce recours en raison de l'erreur sur l'autorité habilitée à recevoir ce recours pré-contentieux. Selon elle, cette formalité préalable devait être introduite auprès du président de la république auteur de l'acte en cause.

1751. Pour sa part, le juge administratif n'a pas souscrit à cette argumentation. Pour conclure à la recevabilité du recours, il releva que « l'autorité la mieux informée est bien celle de qui émane la proposition de nomination et qui, par surcroît, est chargée de l'exécution de la décision [...] ce qu'atteste son contreseing [...]. Que c'est donc à bon droit que le requérant a adressé son recours administratif préalable au ministre de l'Éducation [...] autorité la mieux informée ». On peut dire ici que le juge a innové en faisant usage de cette notion « d'autorité la mieux informée » pour accueillir ce recours qui normalement était irrecevable. Les autres législations peuvent s'inspirer de ces exemples.

1752. On peut aussi évoquer en guise de solution un autre exemple observé en droit tunisien. En effet, s'agissant de la sanction relative au caractère prématuré du recours contentieux, le juge administratif tunisien, même avant la consécration du caractère facultatif de la formalité préalable issue de la réforme de 1996, jugeait parfois recevables les requêtes présentées à l'expiration du délai relatif à l'exercice du recours pré-contentieux[1734]. Ces tentatives tendant à instruire l'affaire jusqu'à l'intervention de la décision expresse peuvent être adoptées par les autres législations, notamment africaine. Même à la suite de la réforme de 1996 rendant facultative la phase pré-contentieuse, le juge administratif tunisien a maintenu cette approche libérale. Une telle

---

[1733] CS/CA, 15 mai 1998, *Rec.*, n° 97.

[1734] TA, 31 déc. 1980, *Arbi Naji c/ 1er Ministre et ministre de l'Intérieur*, *Revue tunisienne de droit*, 1981, p. 564.

solution peut guider les autres législateurs africains afin d'assouplir les conditions d'accès au prétoire.

1753. Un autre exemple apparaît dans l'histoire du droit administratif burkinabé. C'est le cas avec l'ordonnance du 29 août 1985 qui consacrait la cause manifestement juste. En effet, rapporte le pr Salif Yonaba, l'article 3 de ce texte disposait que « sans se laisser restreindre par une règle de forme, mais en se guidant par les considérations d'équité, le juge civil, pénal ou administratif peut rejeter toute référence à l'écoulement des délais de prescription ou de tout autre délai et, en dépit de ces considérations ou d'autres de caractère formel, faire droit à toute demande manifestement juste »[1735]. En adoptant une telle solution, le droit français du contentieux administratif pourra réduire les critiques faites au juge administratif lorsqu'il apporte des dérogations aux conditions de délais telles que fixées par les textes en vigueur. L'exemple récent concerne le délai de l'article R. 421-5 du Code français de justice administrative relatif à la disqualification du délai de recours en cas de notification imparfaite, illustré par la jurisprudence M. B[1736] précitée. On y voit un moyen destiné à réduire les cas d'irrecevabilités fondées sur la forclusion, et, de manière générale, de faciliter l'accès au juge administratif. C'est une solution intéressante car elle permet d'adapter les solutions aux exigences de l'État de droit dans la mesure où elle facilite le contrôle juridictionnel de l'administration. On n'oubliera pas l'intérêt du dépassement de l'approche quantitative du temps, notamment pour les droits d'Afrique francophone.

1754. En outre, faudrait-il aussi « sortir la jurisprudence africaine de l'anonymat »[1737], la diffuser afin de permettre aux justiciables d'en connaître les rouages. En effet, il faut mettre un terme à ce « divorce »[1738] qui existe entre la doctrine administrative africaine et les juridictions administratives. Dans ces conditions, le temps saisi par le droit dans le contentieux administratif, notamment dans les législations d'Afrique francophone, n'apparaîtra plus comme un « couperet »[1739]. De même, une trop grande flexibilité peut contrarier le principe de

---

[1735] SALIF YONABA, *La pratique du contentieux administratif en droit Burkinabé… op. cit.*, p. 121.

[1736] CE, ass., 13 juil. 2016, *M. A. c/ Ministre de l'Économie et des Finances*, n° 387763, *précité.*

[1737] M. SACKO, « Sortir la jurisprudence africaine de l'anonymat », *Revue internationale de droit africain*, n° 22/1994, p. 7-9.

[1738] A.-R. ATEBA EYONG, « La doctrine administrative camerounaise et "son" juge : chronique d'un divorce aux torts partagés », *in* M. Kamto et autres (dir), *Regards sur le droit public en Afrique. Mélanges en l'honneur du doyen Joseph-Marie Bipoun-Woum, op. cit.*, p. 297.

[1739] B. PACTEAU, *Traité de contentieux administratif, op. cit.*, n° 174.

sécurité juridique au profit du droit d'accès au juge et inversement. De ce point de vue, il faut relativiser les critiques formulées tant à l'égard des législations d'Afrique francophone, en raison de leur approche statique, qu'en ce qui concerne la législation française du fait de son approche dynamique du temps dans le procès administratif.

Liste des annexes

Annexe 1 :
Loi n° 2006/022 du 29 décembre 2006 fixant l'organisation et le fonctionnement des Tribunaux administratifs au Cameroun (Extrait)

Annexe 2 :
Loi n° 2006/016 du 29 décembre 2006 fixant l'organisation et le fonctionnement de la Cour suprême du Cameroun (Extrait)

Annexe 3 :
Loi n° 17/84 du 29 décembre 1984 portant Code des juridictions administratives au Gabon (Extrait)

Annexe 4 :
Loi n° 5/2002 du 27 novembre 2002 fixant l'organisation, la compétence et le fonctionnement du Conseil d'État au Gabon (Extrait)

Annexe 1
Loi n° 2006/022 du 29 décembre 2006 fixant l'organisation et le fonctionnement des Tribunaux administratifs au Cameroun (Extrait)

L'Assemblée nationale a délibéré et adopté, le Président de la République promulgue la loi dont la teneur suit :

Titre 1 : Dispositions générales

Article 1er - La présente loi fixe l'organisation et le fonctionnement des Tribunaux administratifs.

Article 2. (1) Les Tribunaux administratifs sont des juridictions inférieures en matière de contentieux administratif au sens de l'article 40 de la Constitution.

(2) Les Tribunaux administratifs connaissent en premier ressort, du contentieux des élections régionales et municipales et en dernier ressort, de l'ensemble du contentieux administratif concernant l'État, les collectivités publiques territoriales décentralisées et les établissements publics administratifs, sous réserve des dispositions de l'article 14 (2) de la présente loi.

(3) Le contentieux administratif comprend :

a) les recours en annulation pour excès de pouvoir et, en matière non répressive, les recours incidents en appréciation de légalité. Est constitutif d'excès de pouvoir au sens du présent article :

- le vice de forme ;
- l'incompétence ;
- la violation d'une disposition légale ou réglementaire ;
- le détournement de pouvoir.

b) les actions en indemnisation du préjudice causé par un acte administratif ;

c) les litiges concernant les contrats (â l'exception de ceux conclus même implicitement sous l'empire du droit privé) ou les concessions de services publics Publics ;

d) les litiges intéressant le domaine public ;

e) les litiges intéressant les opérations du maintien de l'ordre.

Article 3. (1). Les tribunaux de droit commun connaissent, conformément au droit privé, de toute autre action ou litige, même s'il met en cause les personnes morales énumérées à l'article 2, la responsabilité desdites personnes morales étant à l'égard des tiers, substituée de plein droit à celle .de leurs agents auteurs des dommages causés dans l'exercice même de leurs fonctions.

(2*)* Ils connaissent, en outre, des emprises et des voies de fait administratives et ordonnent toute mesure pour qu'il y soit mis fin.

Toutefois, il est statué par la Chambre administrative de la Cour Suprême sur l'exception préjudicielle soulevée en matière de voie de fait administrative et d'emprise.

Article 4.- Aucune juridiction ne peut connaître des actes de Gouvernement.

Titre 2 : De l'organisation des tribunaux administratifs

Chapitre 1 : Du siège et du ressort

Article 5. (1) il est créé un tribunal administratif par région. Son siège est fixé au chef-lieu de ladite région.

(2) Toutefois, suivant les nécessités de service, le ressort d'un tribunal administratif peut être, par décret du Président de la République, étendu à plusieurs régions.

Chapitre 2 : De la composition

Article 6. Le tribunal administratif est composé :

a) au siège :

-d'un président ;

-de juges ;

-d'un greffier en chef ;

- de greffiers ;

b) au parquet :

-du Procureur général près la Cour d'Appel du ressort du tribunal administratif ;

- d'un ou plusieurs substituts du Procureur général.

Article 7.- Le parquet près le tribunal administratif est le parquet général près la Cour d'Appel du ressort du tribunal administratif.

Article 8. (1) Les membres du tribunal administratif et ceux du parquet sont des magistrats relevant du statut de la magistrature.

(2) Toutefois, pour les besoins du service, peuvent être nommés juges ou substituts en service extraordinaire au tribunal administratif pour une période de cinq *(5)* ans ;

a) les professeurs de droit des Universités ayant exercé comme enseignant pendant au moins dix (10) années consécutives ;

b) les chargés de cours en droit des Universités ayant exercé comme enseignant pendant au moins quinze (15) années consécutives ;

c) les fonctionnaires de la catégorie A et les cadres contractuels d'administration titulaires d'une maîtrise en droit ayant exercé leurs fonctions pendant au moins quinze *(15)* années consécutives.

Article 9. Le Président et les juges du tribunal administratif sont nommés conformément au texte portant statut de la magistrature.

Article 10. Les Magistrats du Ministère public auprès du Tribunal administratif sont nommés conformément au texte portant statut de la magistrature.

Article 11- Le Greffier en Chef et les greffiers du tribunal administratif sont nommés conformément au texte portant statut des personnels des greffes et à celui portant organisation administrative des juridictions.

Article 12. (1) Avant leur entrée en fonction, les juges et les substituts en service extraordinaire prêtent, devant la Cour d'Appel siégeant en audience solennelle, le serment prévu par le statut de la magistrature.

(2) Pendant l'exercice de leurs fonctions, ils relèvent, sur le plan disciplinaire, des organes prévus à cet effet par le statut de la magistrature.

Article 13. (1) Le tribunal administratif siège en formation collégiale de trois membres. Les décisions sont rendues à la majorité des voix.

(2) En cas d'absence ou d'empêchement du Président, il est suppléé conformément au texte portant statut de la magistrature.

Chapitre 3 : De la compétence

Article 14. (1) Les tribunaux administratifs sont, sauf .dispositions contraires de la loi, juges de droit commun du contentieux administratif en premier ressort.

(2) Nonobstant les dispositions de l'alinéa (1) ci-dessus, les tribunaux administratifs doivent, lorsqu'ils se trouvent devant une difficulté d'interprétation ou d'appréciation de la légalité d'un acte législatif ou réglementaire, surseoir à statuer et renvoyer la question devant la Chambre administrative de la Cour Suprême.

(3) La Chambre administrative rend, dans les trois mois de sa saisine, un avis sur la difficulté à elle déférée.

Article 15. (1) Le tribunal administratif territorialement compétent est celui : dans le ressort duquel a légalement son siège l'autorité qui a pris la décision attaquée ;

- de la résidence du demandeur ;
- de la situation des biens ;
- du lieu d'exécution du contrat ;
- du fait dommageable si ce fait est imputable à une décision.

(2) Le tribunal administratif du siège de l'autorité ayant pris la décision attaquée ; est également compétent pour connaître de l'action en indemnité imputable à la décision querellée, ainsi que des recours en interprétation et appréciation de la légalité de l'acte litigieux intervenant sur renvoi de l'autorité judiciaire.

Article 16. Le tribunal administratif territorialement compétent pour connaître d'une demande principale l'est également pour toute demande accessoire, incidente ou reconventionnelle relevant de la compétence des tribunaux administratifs.

Titre 3 : De la procédure devant les tribunaux administratifs

Chapitre 1 : Des dispositions générales

Section 1 : Des conditions de saisine

Article 17. (1) Le recours devant le tribunal administratif n'est recevable qu'après rejet d'un recours gracieux adressé l'autorité auteur de l'acte attaqué ou à celle statutairement habilitée à représenter la collectivité publique ou l'établissement public en cause.

(2) Constitue un rejet .du recours gracieux, le silence gardé par l'autorité pendant un délai de trois mois sur une demande ou réclamation qui lui est adressée Ce délai court à compter de la notification du recours gracieux.

(3) Le recours gracieux doit, sous peine de forclusion, être formé :
a) dans les trois mois de publication ou de notification de la décision attaquée
b) en cas de demande -d'indemnisation, dans les six mois suivant la réalisation du dommage ou sa connaissance
c) en cas d'abstention d'une autorité ayant compétence liée, dans les quatre ans à partir de la date à laquelle ladite autorité était défaillante.

Article 18. (1) Sous peine de forclusion, les recours contre les décisions administratives doivent être introduits dans un délai de soixante (60) jours à compter de la décision de rejet du recours gracieux visé à l'article 17 ci-dessus.

(2) Ce délai court du lendemain du jour de la notification à personne ou à domicile élu.

Article 19. (1) Les délais ci-dessus son prorogés si le requérant a, dans l'intervalle :
a) déposé une demande d'assistance judiciaire
b) saisi une juridiction, incompétente.

(2) Dans ce cas, le recours contentieux est valablement introduit dans les soixante (60) jours qui suivent la notification de la décision statuant sur la demande d'assistance judiciaire ou sur la compétence.

Section 2. De la représentation des parties [...]

Section. III : Des notifications

Article 25.- Les notifications sont assurées par le greffier en chef, soit dans la forme administrative, soit par lettre recommandée avec accusé de réception, soit par exploit d'huissier, soit par tout autre moyen laissant trace écrite.

Article 26. (1) La remise des notifications est constatée par :
- récépissé daté et signé de la personne qui reçoit les documents ;
- accusé de réception de la poste ;
-procès-verbal dressé par l'agent chargé de faire la notification, en cas de refus de recevoir les documents, de les signer ou en cas d'impossibilité de le faire.

(2) Les récépissés, les accusés de réception ou les procès-verbaux sont joints au dossier.

Section 4 : Du référé administratif

Article 27. (1) Dans les cas d'urgence, le président du tribunal ou le magistrat qu'il délègue peut, sur requête et si le demandeur justifie de l'introduction d'un recours gracieux, les parties convoquées et après conclusions du ministère public, ordonner, en référé, toutes les mesures utiles, sans faire préjudice au principal.

(2) La notification de la requête est irrémédiablement faite au défendeur avec fixation et immédiatement d'un délai de réponse ne pouvant excéder cinq (5) jours.

Article 28. Il est statué sur la requête par ordonnance de référé. L'ordonnance est, dans les vingt-quatre (24) heures, notifiée aux parties en cause.

Article 29. L'ordonnance de référé est susceptible d'appel devant la Chambre Administrative de la Cour Suprême. Toutefois, elle est exécutoire par provision.

Section 5 : Du sursis à exécution

Article 30. (1) Le recours gracieux contre un acte administratif n'en suspend pas l'exécution.

(2) Toutefois, lorsque l'exécution est de nature à causer un préjudice irréparable et que la décision attaquée n'intéresse ni l'ordre public, ni la sécurité ou la tranquillité publique, le président du tribunal administratif peut, saisi d'une requête, après communication à la partie adverse et conclusion du ministère public, ordonner le sursis à exécution.

(3) Il est statué sur la demande de sursis à exécution par ordonnance.

4) L'ordonnance prononçant le sursis à exécution devient caduque si, à l'expiration du délai prévu à l'article 18 ci-dessus, le tribunal n'est pas saisi de la requête introductive d'instance.

Article 31. (1) L'ordonnance de sursis à exécution est, dans les vingt-quatre (24) heures, notifiée aux parties en cause.

(2) L'effet de l'acte attaqué est suspendu à compter du jour de cette notification.

Chapitre 2 : De l'introduction de l'instance

Article 32. (1) La requête introductive d'instance devant le tribunal administratif est déposée au greffe compétent et adressée par voie postale audit greffe. Elle est enregistrée et datée à l'arrivée.

(2) Le greffier délivre au demandeur un certificat constatant le dépôt de sa requête.

Article 33. Toute requête collective est irrecevable, sauf lorsqu'il s'agit d'un recours dirigé contre un acte indivisible.

Article 34. (1) Sauf dispense résultant d'une disposition législative expresse, la requête introductive d'instance donne lieu à la consignation d'une provision de vingt mille (20.000) F.

(2) Cette consignation est versée au moment du dépôt de la requête introductive d'instance.

(3) Une consignation supplémentaire peut être ordonnée par le Président de la juridiction en cas de nécessité.

Article 35. (1) La requête introductive d'instance doit contenir les noms, prénoms, profession et domicile du demandeur, la désignation du défendeur, l'exposé des faits qui servent de base à la demande, les moyens et l'énumération des pièces produites à l'appui de la demande.

(2) Elle est rédigée sur papier timbré, et signée par le requérant ou son mandataire. Le requérant illettré qui n'a pas de mandataire et ne peut signer y appose son empreinte digitale.

Article 36. (1) À la requête doivent être jointes des copies sur papier libre, certifiées conformes par le requérant ou son mandataire, tant de la requête elle-même que des pièces annexées.
(2) Les copies sont déposées en nombre égal à celui des défendeurs plus deux.
(3) Le Président du tribunal peut toutefois dispenser le requérant de produire les copies des documents volumineux.
Article 37. (1) Dès l'enregistrement de la requête, le Président désigne un rapporteur qui, sous son autorité, dirige l'instruction de l'affaire.
(2) Si le requérant ne s'est pas conformé aux prescriptions des articles 34 (3), *35* (2) et 36 ci-dessus ou celles résultant de la législation sur l'enregistrement et le timbre, le rapporteur l'invite à régulariser sa demande ou à solliciter l'assistance judiciaire dans les quinze (15) jours à compter de cet avertissement et cela sous peine d'irrecevabilité de sa demande;
(3) Le rapporteur peut en outre lui demander de produire tout autre document jugé utile à la solution du litige.
Article 38. (1) En cas de recevabilité de la requête, le rapporteur en ordonne la communication au défendeur qui a trente (30) jours pour déposer son mémoire en défense.
(2) Il fixe dans l'ordonnance de soit-communiqué le délai accordé au défendeur pour produire son mémoire en défense. Ce délai court du lendemain de la notification de l'ordonnance de soit communiqué au défendeur. Il est prorogé en cas de demande d'assistance judiciaire.
(3) Lorsqu'il y a plusieurs défendeurs en cause et qu'ils n'ont pas tous présenté de défense, le rapporteur met les défaillants en demeure d'avoir à s'exécuter dans un délai supplémentaire de trente (30) jours dans les autres cas, en les informant que, faute de le faire, la décision à intervenir sera réputée contradictoire.
Article 39.- Le mémoire en défense est rédigé sur papier timbré et déposé au greffe. Il est notifié par le greffier au demandeur. Les dispositions des articles 32, *35*, 36 et 37 ci-dessus concernant la requête introductive d'instance lui sont applicables.
Article 40. (1) Dans les quinze (15) jours de la notification du mémoire en défense, le demandeur dépose un mémoire en réplique auquel le défendeur peut répondre dans le même délai.
(2 Le rapporteur peut, sur demande justifiée, accorder aux parties un délai supplémentaire pour le dépôt de leurs mémoires.
Article 41. Dans les affaires qui requièrent célérité, le Président peut décider, après avis du Ministère public, que les délais prévus aux articles 17, 18 et 19 seront réduits de moitié ou de deux tiers.
Article 42. Le rapporteur peut, par simple lettre notifiée aux parties, les mettre en demeure de fournir dans un délai de quinze (15) jours à compter du lendemain de la notification, toutes explications écrites ou tous documents dont la production lui paraît nécessaire pour la solution du litige. Ces

documents sont notifiés aux autres parties, qui ont le même délai pour les discuter.

Article 43. Sauf dispositions contraires, les délais ci-dessus sont prescrits sous peine de déchéance, sans préjudice, le cas échéant, de l'action disciplinaire en responsabilité pour faute professionnelle contre l'avocat constitué ou désigné.

Article 44. À l'expiration des délais prescrits, le rapporteur clôture l'instruction et rétablit le dossier au greffe, sans y joindre son rapport.

Une fois le rapport établi, le greffier le transmet, avec le dossier au Procureur général qui le rétablit dans les trente (30) jours au greffe avec ses conclusions.

Article 45. Le rapporteur transmet son rapport sous pli confidentiel au Président du tribunal qui en communique copie au Procureur général, également sous pli confidentiel.

Article 46. (1) Le dossier rétabli au greffe est transmis sans délai au Procureur général.

(2) Le Procureur général propose une solution dans ses conclusions et les communique sous pli confidentiel au Président, dans un délai de trente (30) jours. Dans le même délai, il rétablit le dossier au greffe.

Article 47. Le dossier rétabli au greffe est soumis au Président pour fixation de la date d'audience. Cette date est notifiée au Procureur général et aux membres du tribunal .par le greffier en chef qui assure la confection et l'affichage du rôle.

Chapitre 3 : des audiences et des jugements

Article 48. (1) Le tribunal administratif tient ses audiences à la date fixée par arrêté du Ministre de la Justice, sur proposition des Présidents des tribunaux.

(2) Les audiences sont publiques. Toutefois, le tribunal peut ordonner le huis clos s'il estime cette publicité dangereuse pour l'ordre public ou les bonnes mœurs, dans ce cas mention en est faite dans le jugement.

(3) Dans tous les cas, les jugements sont rendus en audience publique.

Article 49. (1) Les parties et leurs conseils sont tenus de s'exprimer avec modération et de garder en tout le respect dû à la justice.

(2) Les personnes qui assistent aux audiences doivent, sauf dispositions contraires de la loi, se tenir découvertes dans le respect et le silence.

(3) Tout ce que le président ordonne pour le maintien de l'ordre est exécuté à l'instant.

(4) Si un ou plusieurs individus donnent des signes d'approbation ou de désapprobation, provoquent le tumulte de quelque manière que ce soit, et si, après avertissement du président, ils ne rentrent pas dans l'ordre sur-le-champ, il leur est enjoint de se retirer ; les récalcitrants sont, sur ordre du président, saisis et déposés dans la maison d'arrêt pour vingt-quatre (24) heures.

(5) S'il se commet une infraction pénale à l'audience, le président procède aux constatations utiles qu'il fait consigner au plumitif dont une expédition est transmise au Procureur de la République. Ce dernier peut faire procéder à l'arrestation de l'auteur de l'infraction.

Article 50. Dix jours au moins avant la date de l'audience, chaque partie reçoit une convocation d'avoir à s'y présenter. Cette convocation lui est notifiée par le greffier, conformément aux dispositions de la présente loi, relatives aux notifications.
Article 51. (1) Le tribunal administratif doit statuer immédiatement par décision avant-dire-droit distincte, sur les exceptions d'incompétence fondées sur l'article 2 ci-dessus, sans pouvoir en aucun cas joindre l'incident au fond.
(2) Il peut d'office, relever une incompétence dans les mêmes formes.
(3) Les décisions rendues en application des alinéas 1 et 3 du présent article peuvent, dans un délai de dix (10) jours à compter de leur notification faire l'objet de la part de toutes les parties, y compris le Ministère public, d'un pourvoi devant la Chambre administrative de la Cour Suprême.
(4) Ce pourvoi est valablement formé par déclaration au greffe de la juridiction dont émane la décision entreprise.
(5) Toute partie au litige qui demande l'annulation d'une ou plusieurs pièces produites aux débats doit prouver que le vice dont la pièce est entachée lui a causé un préjudice. La demande d'annulation doit être présentée dès la connaissance de la pièce et avant toute autre défense au fond.
(6) Il est statué sur la demande visée à l'alinéa (5) ci-dessus par jugement avant-dire-droit.
[...]
Chapitre 4. Des mesures d'instruction
Section 1. Des enquêtes
Article 65. (1) Les enquêtes sont ordonnées soit d'office, soit à la demande des parties.
(2) La décision qui ordonne une enquête indique les faits sur lesquels elle doit porter en précisant si elle aura lieu devant un juge désigné ou encore sur commission rogatoire, en audience publique ou en chambre du conseil. Dans ces deux derniers cas, la décision fixe la date de l'audience.
(3) La preuve contraire est de droit. La contre-enquête est soumise aux mêmes règles que l'enquête.
Article 66. (1) La décision qui ordonne l'enquête est notifiée aux parties. Celles-ci ont un délai de cinq jours pour adresser au greffier la liste des témoins qu'elles désirent faire entendre.
(2) Toutefois, si les parties sont présentes lors du prononcé de la décision, la notification devient sans objet et le Président les invite à faire connaître leurs témoins au greffier dans les cinq jours à compter du lendemain du jour du prononcé de cette décision. Il est fait mention de cet avertissement au plumitif d'audience.
Article 67. (1) Les témoins sont appelés à comparaître par convocation que le greffier leur adresse par voie administrative ou par exploit d'huissier.
(2) Ces convocations doivent leur être remises trois jours au moins avant la date de l'enquête s'ils demeurent au lieu où celle-ci doit être diligentée. Ce

délai est augmenté d'un délai de distance égal à un jour par cinquante kilomètres, sans pouvoir dépasser quinze jours.
(3) Les convocations précisent que les témoins qui ne se présentent pas et ne fournissent pas une excuse valable peuvent être condamnés une amende civile de cinq mille (5.000) francs.
(4) Une indemnité peut être allouée au témoin qui le demande ; son taux est fixé par un acte réglementaire.
Article 68. (1) Le témoin défaillant peut être déchargé de l'amende s'il justifie qu'il a été empêché de se présenter au jour indiqué pour des raisons indépendantes de sa volonté
(2) Si le témoin justifie qu'il est dans l'impossibilité de se présenter au jour indiqué, la juridiction ou le magistrat chargé de l'enquête lui accorde un délai suffisant ou se transporte, accompagné du greffier, pour recevoir sa déposition.
(3) Lorsque les témoins sont domiciliés hors du ressort du tribunal, il est donné commission rogatoire au juge du lieu où ils se trouvent pour les entendre.
Article 69. (1) Au jour indiqué, les témoins après avoir décliné leur identité, déposent sous la foi du serment ou à titre de renseignements s'ils sont parents, alliés ou employés de l'une des parties.
(2) Les témoins sont entendus séparément en présence des parties si elles comparaissent, ou de leurs conseils ou mandataires ; les parties, leurs conseils ou mandataires sont tenus de fournir leurs reproches avant la déposition des témoins.
(3) Les parents ou alliés de l'une des parties jusqu'au quatrième degré inclusivement, peuvent être reprochés, de même que celui qui a bu ou mangé avec l'une des parties et à ses frais, depuis le jugement qui a ordonné l'enquête, les serviteurs et domestiques, le témoin en accusation et le témoin condamné pour crime ou délit contre la probité.
(4) Le témoin reproché est entendu par le juge, à charge pour la juridiction saisie de statuer sur le bien-fondé du reproche ; en cas d'admission, le témoignage est écarté des débats.
Article 70. (1) Sont entendus, sans prestation de serment, les individus âgés de moins de 15 ans, sauf à avoir pour leurs dépositions tel égard que de raison.
(2) Après les dépositions, les parties peuvent, avec l'autorisation du juge, poser des questions aux témoins. Le juge peut également d'office poser des questions aux témoins.
(3) Dans toutes les causes, le greffier dresse un procès-verbal qui contient l'identité du témoin, la mention du serment, sa déclaration s'il est parent, allié ou serviteur de l'une des parties, le cas échéant, les reproches formulés contre lui et sa déposition.
4) Après lecture, le procès-verbal est signé par le témoin, le juge et le greffier.
(5) La présence du ministère public aux enquêtes est facultative.

Article 71. (1) Lorsque les témoins ont été entendus en l'absence des parties, le greffier invite celles-ci, dès réception des procès-verbaux d'audition, à en prendre connaissance au greffe dans un délai de huit jours.
(2) Chaque partie peut, dans les quinze jours suivant l'enquête ou à l'expiration du délai ci-dessus, discuter les témoignages.
(3) Les mémoires sont communiquées aux parties adverses qui disposent également d'un délai de quinze jours pour y répliquer.
Section 2. Des descentes sur les lieux [...]
Section 3. De l'audition des parties
Article 77. (1) Le tribunal peut d'office ou sur demande, ordonner l'audition des parties.
(2) La décision qui ordonne l'audition des parties en fixe le jour et l'heure. Elle est notifiée sans délai aux parties n'ayant pas comparu à l'audience.
Article 78. (1) L'audition a lieu devant le tribunal.
(2) Si les parties ou l'une d'elles sont dans l'impossibilité de comparaître, le tribunal peut commettre un de ses juges qui se transporte auprès d'elle accompagné par le greffier.
(3) En cas d'éloignement des parties ou de l'une d'elles rendant le déplacement difficile ou onéreux, la juridiction saisie peut donner commission rogatoire au tribunal de leur domicile ou de leur résidence, pour les entendre ensemble ou séparément, suivant les circonstances.
Article 79. (1) À défaut de comparution sans excuse valable, le tribunal décide si la décision doit être levée et notifiée à la partie qui a allégué l'excuse avec sommation à personne ou à domicile par huissier qu'il commet. Il fixe alors les nouveaux jour et heure.
(2) Si l'une des parties ne comparait pas ou, comparaissant, refuse de répondre, le tribunal peut tirer toute conséquence de droit et notamment faire état de l'absence ou du refus de répondre comme équivalent à un commencement de preuve par écrit conformément au droit commun.
Article 80. Les parties interrogées séparément peuvent être confrontées.
Article 81. (1) les parties répondent en personne aux questions qui leur sont posées et sans pouvoir se servir d'un texte écrit, sauf autorisation expresse du Président.
(2) Elles peuvent être assistées parleurs représentants qui, après leur interrogatoire, peuvent demander au tribunal de poser les questions qu'ils estiment utiles.
Article 82. (1) Il est dressé un procès-verbal des déclarations des parties.
(2) Lecture en est donnée chacune des parties avec interpellation de déclarer si elle a dit la vérité et persiste. Si une partie ajoute de nouvelles déclarations, l'audition est rédigée en marge ou à la suite de l'interrogatoire ; elle est lue à la susdite partie et suivie de la même interpellation que ci-dessus.
(3) Le procès-verbal est signé par le Président, le greffier et les parties ; si l'une de celles-ci ne peut ou ne veut signer, il en est fait mention.

(4) Toute partie peut se faire délivrer à ses frais expédition du procès-verbal d'audition.

Section 4. De la vérification des écritures

Article 83. Si une partie allègue la fausseté d'un acte sous seing privé, public ou authentique, elle doit en rapporter la preuve conformément au droit commun.

Section 5 : Des expertises

Article 84. (1) Le tribunal peut, même d'office, ordonner qu'il soit procédé à une expertise qui est confiée à un ou plusieurs experts, suivant la nature et les circonstances de l'affaire.

(2) Les parties peuvent s'entendre sur le choix des experts. En cas de désaccord entre les parties, la juridiction en désigne d'office.

(3) La décision qui ordonne l'expertise fixe les points sur lesquels elle doit porter et la date à laquelle les experts doivent prêter serment devant le Président ou devant le magistrat délégué ainsi que le délai qui leur est imparti pour accomplir leur mission.

Les experts peuvent être dispensés de la prestation de serment, d'accord parti.

(4) L'avance des frais d'expertise ordonnée par le président de la juridiction est faite dans les conditions prévues à l'article 87 ci-dessous.

Article 85. (1) Peuvent être récusés les experts commis d'office, qui sont parents ou alliés de l'une des parties jusqu'au quatrième degré inclusivement ou qui ont été condamnés pour crime ou délit contre la probité.

(2) La récusation des experts ne peut être proposée que dans les quinze jours de leur désignation.

Elle est faite par déclaration au greffe compétent. Il est statué en chambre du conseil après observation de l'expert mis en cause.

(3) La décision acceptant la récusation désigne un nouvel expert ou de nouveaux experts à la place de celui ou de ceux récusés.

Article 86. (1) Dans les vingt-quatre heures de l'enregistrement, s'il n'en est décidé autrement par la juridiction, le greffier notifie cette décision aux experts désignés et leur en délivre une expédition.

(2) L'expert fait connaître son refus motivé dans les huit jours de cette notification ou au plus tard la veille de l'audience à laquelle son serment doit être reçu.

(3) En cas de refus ou d'empêchement de l'expert, il est pourvu à son remplacement par ordonnance, soit d'accord parties, soit d'office, dans un délai de quinze (15) jours.

Article 87. L'expert qui, après l'avoir acceptée, ne remplit pas sa mission peut, sans préjudice des peines édictées par l'article 174 du Code pénal être condamné à tous les frais frustratoires et même à des dommages-intérêts, à moins qu'il ne justifie d'un empêchement légitime.

Article 88. (1) Les frais et honoraires des experts sont avancés par la partie qui demande I l'expertise.

(2) Si l'expertise est demandée d'accord parties, les honoraires et frais sont avancés par les deux parties.
(3) Lorsque l'expertise est ordonnée d'office, l'expert peut, s'il échet, demander la provision sur taxe en cas de contestation.
Article 89. (1) Les experts indiquent aux parties les lieux jour et heure de leurs opérations, et reçoivent du greffier les pièces et documents nécessaires, contre décharge.
(2) Les parties ou tous autres sachant peuvent être entendus par les experts.
(3) L'expert dresse un rapport de sa mission. S'il y a plusieurs experts, ils ne dressent qu'un seul rapport et ils ne formulent qu'un seul avis, à la majorité des voix. Le rapport est signé de tous. Ils indiquent néanmoins, en cas d'avis différents, les motifs des divers avis, sans faire connaître quel a été l'avis personnel de chacun d'eux.
Article 90. (1) En cas de retard dans le dépôt du rapport, l'expert peut être assigné par la partie la plus diligente dans les trois jours par-devant le tribunal, qui apprécie la cause du retard.
(2) Si le tribunal ordonne le remplacement de l'expert, celui-ci est condamné aux dépens de l'incident.
Article 91. (1) Le rapport, accompagné du nombre de copies prévues par l'article 36 ci-dessus, est déposé au greffe pour être notifié aux parties en cause.
(2) L'expert y joint un état de ses vacations, frais et honoraires en quatre exemplaires.
(3) La taxation est faite par le président ou le juge désigné par lui a cet effet.
Article 92. Les parties peuvent discuter le rapport dans les quinze jours de la notification qui leur est faite ; la partie la plus diligente peut lever le rapport et le faire signifier à la partie adverse.
(2) Leurs mémoires sont notifiés aux autres parties qui disposent du même délai pour y répliquer.
(3) Ces délais peuvent être réduits dans les conditions prévues à l'article 41 ci-dessus.
Article 93. L'avis de l'expert ne lie pas le tribunal.
Chapitre 5. Des incidents
Section 1 : Des demandes incidentes [...]
Section 2. De l'intervention et des mises en cause [...]
Section 3. Du désistement et de l'acquiescement [...]
Section 4. Des péremptions et des reprises d'instances
Article 101. Tout recours est éteint par discontinuation des poursuites pendant trois ans.
Article 102. Le décès de l'une des parties survenu avant la décision donne lieu à reprise d'instance.

Article 103. La reprise d'instance est demandée par les héritiers dans les six mois de leur connaissance du décès, par requête déposée au greffe du tribunal administratif ou adressée par voie postale.

Section 5. Des récusations [...]

Chapitre 6. Des voies de recours

Section 1. De l'opposition

Article 107. La déclaration d'opposition contre tout jugement de défaut du tribunal administratif est faite soit par le demandeur en personne ou par son avocat, soit par un mandataire muni, à peine d'irrecevabilité, d'un pouvoir spécial

Article 108. Le greffier qui enregistre la déclaration d'opposition en délivre immédiatement une expédition au déclarant.

Article 109. (1) Les jugements sont rendus par défaut lorsque les parties n'ont pas déposé les mémoires dans les délais impartis.

2) Les décisions par défaut sont susceptibles d'opposition.

(3) La requête en opposition est formée dans les quinze jours de la notification de la décision de défaut.

Article 110. Pendant ce délai, auquel s'ajoute le délai de distance, le jugement ne peut être exécuté à moins que, en cas d'urgence ou de péril en la demeure l'exécution provisoire avec ou sans caution n'ait été ordonnée

Article 111. La notification de la décision doit, à peine de nullité, mentionner :

- le délai dont dispose la partie défaillante pour former opposition ;
- qu'à l'expiration de ce délai, la décision devient définitive.

Section 2. De l'appel

Article 112. La déclaration d'appel contre tout jugement du tribunal administratif est faite au greffe, soit par le demandeur en personne ou par son avocat, soit par un mandataire muni, à peine d'irrecevabilité, d'un pouvoir spécial.

Article 113. Le greffier qui enregistre la déclaration d'appel en délivre immédiatement une expédition au déclarant.

Article 114. (1) Les décisions rendues en premier ressort dans les conditions prévues par des textes particuliers, celles rendues en premier ressort en matière électorale et en matière de référé, sont susceptibles d'appel devant la Chambre administrative dans les délais prévus par le texte fixant la procédure devant la Chambre administrative de la Cour Suprême.

(2) L'appel suspend l'exécution du jugement, sauf décision contraire de la Chambre administrative de la Cour Suprême.

(3) L'appel d'une décision avant-dire-droit ne peut être interjeté que conjointement avec l'appel à l'encontre de la décision définitive sur le fond. Il est recevable même en cas d'exécution sous réserve de la décision avant -dire-droit.

(4) L'appel du Procureur général a un effet dévolutif.

Section 3 : De la tierce opposition

Article 115. (1) La tierce opposition devant le tribunal administratif est soumise aux règles édictées par le droit commun.
2) La demande est soumise aux conditions de la requête introductive d'instance.
Section 4. Du pourvoi en cassation
Article 116. Les décisions rendues en premier et dernier ressort par le tribunal administratif sont susceptibles de pourvoi devant la Chambre administrative dans les formes et délais prévus par le texte fixant l'organisation de la Cour Suprême.
Section 4. Du recours en rectification d'erreur matérielle
Article 117. (1) Lorsque la décision d'un tribunal administratif est entachée d'une erreur matérielle, la partie intéressée peut introduire un recours en rectification devant le Président dudit tribunal.
2) Ce recours est introduit par simple requête et le délai est de trente (30) jours *à* compter de la notification de la décision en cause.
Section 6. Des recours en révision
Article 118. (1) La révision d'une décision contradictoire peut être demandée dans les trois cas suivants :
a) lorsqu'il y a eu dol personnel ;
b) lorsqu'il a été statué sur les pièces reconnues ou déclarées fausses depuis la décision
c) lorsqu'une partie a succombé, faute de présenter une pièce décisive retenue par son adversaire.
(2) le recours en révision doit être formé dans un délai de trente (30) jours qui court à compter du lendemain du jour de la connaissance de la cause ouvrant droit à révision. Il est instruit et jugé par le tribunal qui a rendu le jugement prétendument vicié et selon la procédure suivie devant le tribunal.
Titre 4. Dispositions transitoires et finales
Article 119. (1) La mise en place des Tribunaux administratifs s'effectue de manière progressive, en fonction des besoins et des moyens de l'État.
(2) En attendant la mise en place des juridictions prévues par la présente loi, la Chambre administrative de la Cour Suprême exerce provisoirement leurs attributions. A cet effet, les sections de ladite chambre statuent par jugement, en premier ressort et à charge d'appel ou de pourvoi devant les sections réunies.
Toutefois, les magistrats ayant participé au jugement d'une affaire en premier ressort ne peuvent le faire en appel ou en cas de pourvoi.
(3) En attendant la mise en place des Tribunaux administratifs prévus par la présente loi, il est statué en premier ressort sur les actions en référé et les demandes de sursis à exécution par un Conseiller à la Chambre désigné par ordonnance du Président pour une année judiciaire.

(4) Dès la mise en place des Tribunaux administratifs prévus par la présente loi, les affaires pendantes devant la Chambre administrative de la Cour suprême en vertu de l'alinéa (2) du présent article sont transférées devant eux.

Article 120. Sont abrogées toutes dispositions antérieures contraires notamment la loi n° 75/17 du 8 décembre 1975 fixant la procédure devant la Cour Suprême statuant en matière administrative.

Article 121. La présente loi sera enregistrée et publiée suivant la procédure d'urgence, puis insérée au Journal officiel en français et en anglais /-

Annexe 2
Loi n° 2006/016 du 29 décembre 2006 fixant l'organisation et le fonctionnement de la Cour suprême du Cameroun, modifiée par la Loi n° 2017/014 du 12 juillet 2017 (articles 8, 11 et 37 créant une section Common law)

(Extrait)

L'Assemblée nationale a délibéré et adopté,
Le Président de la République promulgue la loi dont la teneur suit:
Titre premier : Dispositions générales
Article 1er : La présente loi fixe l'organisation et le fonctionnement de la Cour Suprême.
Article 2. La Cour Suprême est la plus haute juridiction de l'État en matière judiciaire, administrative et des comptes
Article 3 :(1) Le siège de la Cour Suprême est à Yaoundé.
(2) Son ressort s'étend sur l'ensemble du territoire national.
Titre II : De l'organisation
Chapitre 1 : De la composition
Article 4 : La Cour Suprême est composée :
a) au siège
- d'un Premier Président, Président de la Cour Suprême ;
- de Présidents de Chambre ;
- de Conseillers ;
- de Conseillers maîtres ;
- de Conseillers référendaires ;
- du Greffier en Chef de la Cour Suprême ;
- de Greffiers en Chef de Chambre ;
- de Greffiers ;
b) au parquet général
- d'un Procureur général ;
- d'un Premier Avocat général ;
- d'Avocats généraux.
Article 5 :(1) Les membres de la Cour Suprême sont des magistrats relevant du statut de la magistrature.
(2) Toutefois, pour les besoins du service, peuvent être nommés Conseillers ou Avocats généraux en service extraordinaire à la Cour Suprême, en matière administrative ou des comptes :
a) les professeurs de rang magistral en droit ou en économie des Universités ayant exercé comme enseignants pendant au moins 15 années consécutives.
b) les Avocats inscrits au Barreau du Cameroun et ayant exercé leurs fonctions pendant au moins 20 années consécutives ;

c) les fonctionnaires de la catégorie A, et les cadres contractuels d'administration titulaires d'une maîtrise en droit ayant exercé leurs fonctions pendant au moins vingt (20) années consécutives.

Article 6 :(1) En cas d'empêchement, le Premier Président est suppléé par le Président de Chambre le plus ancien dans le grade le plus élevé.

(2) En cas d'empêchement d'un Président de Chambre, il est suppléé par le Président de Section le plus ancien dans le grade le plus élevé.

Article 7 :(1) la Cour Suprême comprend :

- une Chambre judiciaire ;
- une Chambre Admihistrê1tive ;
- une Chambre des Comptes ;
- une formation des Chambres réunies ;
- une Assemblée générale ;
- un Bureau ;
- un Secrétariat général ;
- un Greffe.

(2) Chaque chambre comprend :

- des sections ;
- une formation des sections réunies.

Article 9 :(1) La Chambre administrative comprend :

- une section du contentieux de la fonction publique ;
- une section du contentieux des affaires foncières et domaniales ;
- une section du contentieux fiscal et financier ;
- une section du contentieux des contrats administratifs ;
- une section du contentieux de l'annulation et des Questions diverses.

(2) Chaque section connaît des appels et des pourvois en cassation relatifs aux matières qui relèvent de sa compétence.

Article 11 :(1) Chaque section est composée :

- d'un Président ;
- de deux Conseillers au moins ;
- d'un ou plusieurs Avocats généraux.

(2) La formation de jugement des sections est toujours impaire.

Article 12 : Chaque Chambre est composée :

- d'un Président ;
- de Conseillers ;
- d'un ou plusieurs Avocats généraux ;
- d'un Greffier en Chef ;
- de greffiers.

Article 13 : La formation des Sections réunies est composée des Présidents de section d'une Chambre.

Article 14 : Le Président de Chambre préside une section de sa chambre

Article 15(1) La formation des Chambres réunies est composée :

- du Premier Président ;

- des Présidents de Chambre :
- des Présidents de section :

(2) Toutefois, compte tenu de la nature de l'affaire, le Premier Président peut, par ordonnance, désigner un ou plusieurs Conseillers pour siéger au sein de la formation des Chambres réunies.

(3) La formation de jugement des Chambres réunies est toujours impaire.

Article 16 : La formation des chambres réunies est présidée par le Premier Président ou, en cas d'empêchement, par le Président de Chambre le plus ancien dans le grade le plus élevé.

Article 17. (1) La formation des Chambres réunies ne peut siéger que si tous les membres qui la composent sont présents.

(2) En cas d'empêchement de l'un de ses membres, il est remplacé par un Conseiller désigné par le Premier Président.

Article 18 :(1) L'Assemblée générale de la Cour Suprême est formée de tous les membres de ladite Cour. Elle est présidée par le Premier Président.

(2) Le Greffier en Chef de la Cour Suprême assure les fonctions de secrétaire de l'Assemblée générale.

(3) Le Secrétaire général de la Cour Suprême assiste : sans voix délibérative, aux réunions de l'Assemblée générale.

Article 19. (1) L'Assemblée générale de la Cour Suprême se réunit sur convocation du Premier Président. Elle se réunit également sur convocation du Premier Président, à la demande du Procureur général ou d'un tiers de ses membres.

(2) Les décisions sont prises à la majorité des membres présents et la voix du Président l'emporte en cas de partage,

Article 20 :(1) L'Assemblée générale examine toutes les questions qui lui sont soumises par le Premier Président, le Procureur général ou par un tiers de ses membres et relatives au fonctionnement de la Cour Suprême.

(2) Lorsque la Cour Suprême est consultée sur un projet de texte, son avis est émis par l'Assemblée générale.

Article 21 : Le Bureau de la Cour Suprême est composé :

- du Premier Président ;
- des Présidents de Chambre ;
- du Procureur général ;
- du Premier Avocat général ;
- du Secrétaire général.

Article 22 : Un texte particulier fixe l'organisation administrative de la Cour Suprême, notamment :

- le fonctionnement du Bureau ;
- l'organisation et le fonctionnement du Secrétariat général ;
- l'organisation et le fonctionnement du Greffe de la Cour Suprême.

Article 23 :(1) Le Premier Président fixe, par ordonnance, les dates et heures des audiences ordinaires de la Cour Suprême, après avis de l'Assemblée générale.
(2) En cas de nécessité, il fixe, par la même voie, après avis du Procureur général, la tenue d'audiences supplémentaires.
Article 24 :(1) Le Greffier en Chef de la Cour Suprême et les Greffiers en chef des Chambres sont nommés par décret.
(2) Les autres personnels du Greffe sont nommés conformément à leur statut, au texte portant organisation administrative des juridictions et sur proposition du Bureau de la Cour.
Article 25. (1) Avant leur entrée en fonction, les Conseillers et les Avocats généraux en service extraordinaire prêtent, devant la formation des Chambres réunies siégeant en audience solennelle, le serment des magistrats prévu par le statut de la magistrature.
(2) Pendant l'exercice de leurs fonctions, ils relèvent, sur le plan disciplinaire, des organes prévus à cet effet par le statut de la magistrature.
Article 26 :(1) Les Conseillers à la Cour Suprême sont répartis dans les Chambres par ordonnance du Premier Président, après avis du Bureau.
Toutefois, en cas de nécessité, un Conseiller d'une Chambre peut être désigné pour compléter une autre Chambre.
(2) Les Présidents de section sont désignés parmi les Conseillers, par ordonnance du Premier Président, après avis du Bureau de la Cour.
Article 27 : Les Conseillers sont répartis dans les sections par ordonnance du Président de la Chambre concernée. Toutefois, un Conseiller peut appartenir à une ou plusieurs sections.
Article 28 : Les greffiers en service à la Cour Suprême sont affectés aux Chambres par ordonnance du Premier Président, sur proposition du Greffier en Chef de la Cour et après avis du Bureau.
Chapitre II : Du ministère public
Article 29 :(1) Les fonctions du Ministère public près la Cour Suprême sont exercées par le Procureur général et sous son autorité, par les Avocats généraux.
(2) Le Procureur général affecte les Avocats généraux aux Chambres.
Article 30 :(1) En cas d'empêchement du Procureur général, il est suppléé par le premier Avocat général.
(2) En cas d'empêchement du premier Avocat général, il, est suppléé par l'Avocat général le plus ancien dans le grade le plus élevé
Article 31 :(1) Dans les causes importantes, les conclusions de l'Avocat général sont communiquées au Procureur général.
(2) Le Procureur Général peut, s'il l'estime opportun, désigner un autre Avocat général ou porter lui-même la parole à l'audience.
Titre III. : Du fonctionnement
Chapitre I : Dispositions liminaires

Article 32 :(1) La Cour Suprême assure son service du 1er janvier au 31 décembre de chaque année.
(2) Pendant la période du 1er juillet au 30 septembre, la Cour Suprême se trouve en vacances judiciaires ; elle tient des audiences consacrées essentiellement à l'examen des procédures urgentes.
(3) Sont réputées urgentes notamment, les procédures de référé, de pension alimentaire et les demandes de mise en liberté.
Article 33 :(1) Au début de chaque année judiciaire et au plus tard le 28 février, la Cour Suprême tient, sous la présidence du Premier Président, une audience solennelle de rentrée à laquelle assistent également en robe, les Chefs des Cours d'Appel, des juridictions inférieures en matière de contentieux administratif et des juridictions inférieures des comptes.
(2) Le Président de la République peut, sur sa demande, assister à cette cérémonie et, le cas échéant, y faire une communication.
Article 34 : Chaque année, le Premier Président et le Procureur général adressent au Président de la République, un rapport conjoint sur le fonctionnement de la juridiction et, le cas échéant, sur les difficultés rencontrées dans l'application des textes. Ils peuvent y faire toutes suggestions utiles,
Chapitre II : De la compétence
Article 35. (1) Les cas d'ouverture à pourvoi sont :
a) l'incompétence ;
b) la dénaturation des faits de la cause ou des pièces de la procédure ;
c) le défaut, la contradiction ou l'insuffisance de motifs ;
d) le vice de forme ;
- Sous réserve des dispositions de l'article 470 (1) du code de procédure pénale, lorsque la décision attaquée n'a pas été rendue par le nombre de juges prescrit par la loi ou l'a été par des juges qui n'ont pas siégé à toutes les audiences ;
- lorsque la parole n'a pas été donnée au Ministère public ou que celui-ci n'a pas été représenté ;
- lorsque la règle relative à la publicité de l'audience, sous réserve des exceptions prévues par la loi, n'a pas été observée ;
e) la violation de la loi ;
f) la non-réponse aux conclusions des parties ou aux réquisitions du Ministère public ;
g) le détournement de pouvoir ;
h) la violation d'un principe général de droit ;
i) le non-respect de la jurisprudence de la Cour Suprême ayant statué en Sections réunies d'une Chambre ou en Chambres réunies.
(2) Ces moyens peuvent être soulevés d'office par la Cour

Article 36 : Tout acte juridictionnel des juridictions inférieures devenu définitif et entaché de violation de la loi peut être déféré à la Cour Suprême par le Procureur général près ladite Cour :
a) dans le seul intérêt de la loi, à l'initiative de ce magistrat ; les parties ne peuvent pas se prévaloir de la cassation intervenue à la suite d'un tel pourvoi ;
b) sur ordre du Ministre de la Justice, la cassation intervenue à la suite d'un tel pourvoi produit effet à l'égard de toutes les parties.
Toutefois, en matière pénale, la cassation ne peut être prononcée que dans l'intérêt de la partie définitivement condamnée.
Article 38 : La Chambre administrative est compétente pour connaître :
a) des appels formés contre les décisions rendues en matière de contentieux des élections régionales et municipales ;
b) des pourvois formés contre les décisions rendues en dernier ressort par les juridictions inférieures en matière de contentieux administratif ;
c) des exceptions préjudicielles soulevées en matière de voie de fait et d'emprise devant les juridictions inférieures en matière de contentieux administratif
d) de toute autre matière qui lui est expressément attribuée par la loi.
Article 40,- Le Président de la Chambre des Comptes arrête le programme annuel des travaux de ladite Chambre, après avis du Procureur général.
Il met en place un comité chargé de préparer le rapport visé à l'article 39 (d) ci-dessus.
Article 41 :(1) La formation des chambres réunies connaît :
- des règlements de juges ;
- de l'action en récusation d'un membre de la Cour Suprême ou d'un Président de Cour d'Appel ;
- des procédures portant sur des questions de principe s'il y a risque de solutions -divergentes, soit entre les juges du fond, soit entre les Chambres ;
- des demandes de renvoi d'une juridiction à l'autre pour cause de suspicion légitime ou de sûreté publique ;
- de toute autre affaire prévue par un texte particulier.
(2) a) La formation des sections réunies connaît des affaires renvoyées devant elle, soit par ordonnance du
Premier Président, soit par arrêt d'une section.
b) Elle connaît en outre du recours en révision des décisions contradictoires rendues dans les quatre cas suivants :
- lorsqu'il y a eu dol personnel ;
- lorsqu'il a été statué sur les pièces reconnues ou déclarées fausses depuis la décision ;
- lorsqu'une partie a succombé, faute de présenter une pièce décisive retenue par son adversaire ;

- lorsque la décision de déchéance est intervenue sans que le demandeur au pourvoi ait été mis en demeure, soit pour se constituer avocat, soit pour introduire une demande d'assistance judiciaire,

c) Le recours en révision doit être formé dans un délai de trente (30) jours à compter du lendemain du jour de la connaissance de la cause ouvrant droit à révision.

d) La procédure devant la formation des sections réunies est celle applicable devant la Chambre concernée.

Chapitre III : De la procédure

Section I : De la procédure devant la chambre judiciaire [...]

Section II : De la procédure devant la chambre administrative

Paragraphe I : De la chambre administrative statuant en appel

Article 72 : Les règles relatives aux appels concernant les décisions des juridictions inférieures en matière de contentieux administratif sont fixées par la présente loi et celle portant organisation et fonctionnement des tribunaux administratifs.

Article 73 : L'appel est, à peine de forclusion et sauf dispositions spéciales contraires, formé dans un délai de quinze (15) jours à compter du lendemain de la notification de la décision de la juridiction inférieure.

Article 74 :(1) L'appel est fait par déclaration au Greffe de la juridiction inférieure en matière de contentieux administratif dont émane la décision attaquée,

(2) L'appel est fait, soit par le demandeur en personne ou par son avocat, soit par un mandataire muni, à peine d'irrecevabilité, d'un pouvoir spécial.

3) Le greffier qui enregistre l'appel dresse procès-verbal et en délivre une expédition au demandeur.

(4) Il notifie en même temps par écrit à l'appelant qu'il doit à peine de déchéance, dans un délai de quinze (15) jours, déposer son mémoire.

Article 75 : Dans les quinze (15) jours de la déclaration d'appel, le demandeur dépose contre récépissé, son mémoire au Greffe de la Chambre administrative.

Article 76 :(1) Le mémoire doit contenir les noms, prénoms, profession et domicile de l'appelant, l'exposé des faits qui servent de base à l'appel, les moyens ainsi que l'énumération des pièces y annexées.

(2) Le mémoire et les pièces annexées sont déposés en quatre exemplaires et accompagnés de trois copies de déclaration de recours.

Article 77 :(1) Les mémoires ainsi que tous les documents reçus au Greffe sont enregistrés dès leur arrivée. Le Greffier en Chef de la Chambre y appose un timbre indiquant la date d'arrivée et le numéro d'enregistrement.

(2) Dans les cinq' (5) jours de la réception du mémoire, le Greffier en Chef de la Chambre en transmet un exemplaire au Procureur général près la Cour Suprême.

(3) Après l'enregistrement du mémoire, le Greffier en Chef de !a Chambre transmet le dossier au Président de Chambre.

Article 78 :(1) Si le demandeur' ne s'est pas conformé aux dispositions des articles 73 à 75 ci-dessus, le Président de la Chambre l'invite à régulariser son recours dans un délai de quinze (15) jours, à peine d'irrecevabilité.
(2) Toutefois, le Président peut le dispenser de produire les copies des documents volumineux.
Article 79 : Après régularisation du recours, le Président peut réclamer au demandeur communication de tous documents dont la production paraît utile à la solution du litige.
Article 80 : Le Président de la Chambre ordonne ensuite la communication au défendeur, des copies du secours, du mémoire et des pièces annexées. Cette communication est assurée par le Greffier en Chef de la Chambre dans les trois (3) jours de l'ordonnance du Président de Chambre.
Article 81 :(1) Le mémoire en défense est déposé au Greffe. Ce mémoire ainsi que les pièces annexées sont notifiés immédiatement par le Greffier en Chef de la Chambre au demandeur.
Il est déposé dans les quinze (15) jours de la notification de l'ordonnance prévue à l'article 80.
(2) Le demandeur peut déposer un mémoire en réplique auquel le défendeur peut répondre. Ces mémoires sont notifiés dans les conditions de l'alinéa précédent.
Article 82 :(1) Le délai pour le dépôt des mémoires en réponse ou en réplique est de quinze (15) jours à compter du lendemain du jour de la notification des mémoires en défense ou en réplique.
(2) Le Président peut, par ordonnance, accorder aux parties des délais supplémentaires pour le dépôt de ces divers mémoires.
(3) Toutefois, dans les affaires qui requièrent une célérité particulière, le Président de la Chambre peut, après avis du Procureur général, réduire ces délais de moitié ou de deux tiers.
Article 83 : Les délais des articles 74, 75, 81 et 82 ci-dessus sont prescrits à peine de déchéance.
Article 84 :(1) Après échange des mémoires ou à l'expiration des délais fixés pour leur dépôt, le Président de Chambre désigne un rapporteur et lui transmet le dossier.
(2) Le rapporteur peut mettre les parties en demeure de fournir, dans le délai de quinze (15) jours, toutes explications écrites ou tous documents dont la' production lui paraît nécessaire à la solution du litige. Ces explications et documents sont notifiés par le Greffier en Chef de la Chambre aux autres parties en cause. Qui ont un délai de quinze (15) jours pour les discuter.
Article 85 : Dans les trente (30) jours de la remise du dossier ou, le cas échéant, du dépôt des explications supplémentaires, le rapporteur rétablit le dossier au Greffe avec son rapport.

Article 86 :(1) Le Greffier en Chef de la Chambre transmet le dossier au Procureur général avec un exemplaire du rapport et une copie de chaque mémoire et document déposé

(2) Dans les trente (30) jours de la transmission, le Procureur général rétablit le dossier au Greffe avec ses conclusions et ses propositions pour l'inscription de l'affaire au rôle.

Article 87 : La procédure suivie à l'audience est celle applicable devant la juridiction inférieure en matière de contentieux administratif.

Article 88 :(1) La décision doit intervenir dans les quinze (15) jours de la mise au rôle.

(2) Elle n'est susceptible d'aucun recours.

Paragraphe II : De la chambre administrative statuant en cassation

Article 89 : Sauf dispositions spéciales contraires, le pourvoi doit, à peine de forclusion, être formé dans un délai de quinze (15) jours à compter du lendemain de la notification de la décision de la juridiction inférieure en matière de contentieux administratif.

Article 90 :(1) Le pourvoi est fait par déclaration au Greffe de la juridiction inférieure en matière de contentieux administratif dont émane la décision attaquée

(2) Le pourvoi est fait, soit par le demandeur en personne ou par son avocat, soit par un mandataire muni, à peine d'irrecevabilité, d'un Pouvoir spécial.

(3) Le greffier qui enregistre le pourvoi dresse procès-verbal et en délivre une expédition au demandeur.

(4) Il notifie en même temps par écrit au demandeur, autre que les personnes morales de droit public qu'il doit, à peine de déchéance, dans le délai de trente (30) jours, soit communiquer le nom de l'avocat qu'il s'est constitué au Greffier en chef de la Chambre administrative, soit adresser à celui-ci une demande d'assistance judiciaire à laquelle doit être annexé un certificat d'indigence,

Article 91 :(1) Dans les trente (30) jours de la réception de l'acte de pourvoi, le demandeur dépose, contre récépissé, un mémoire du Greffe de la Chambre administrative

(2) Ce délai court, pour l'avocat constitué après rejet de la demande d'assistance judiciaire, à compter du lendemain du jour de la notification à son client, de la décision de rejet et, pour l'avocat désigné d'office, à compter du lendemain du jour de la notification qui lui est faite de sa désignation,

Article 92 :(1) Le mémoire dûment timbré par feuillet, doit contenir les noms, prénoms, profession et domicile du demandeur, l'exposé des faits qui servent de base au pourvoi, les moyens ainsi que l'énumération des pièces y annexées.

(2) Le mémoire et les pièces annexées sont déposés en quatre exemplaires et accompagnés de trois copies de la déclaration de recours,

Article 93 :(1) Si le demandeur n'a pas bénéficié de l'assistance judiciaire, le dépôt de tout mémoire est accompagné d'une consignation de 15 000 francs pour garantir le paiement des frais, enregistrement compris.

(2) En cas d'épuisement de la provision, le Président de la section, averti par le Greffier en Chef de la Chambre, fixe le complément à consigner.
(3) Les personnes morales, de droit public sont dispensées de la consignation.
Article 94 :(1) Les mémoires ainsi que tous les documents reçus au Greffe sont enregistrés dès leur arrivée. Le Greffier en Chef de la Chambre y appose un timbre indiquant la date de leur arrivée, et le numéro de leur enregistrement.
(2) Dans les cinq (5) jours de la réception du mémoire, le Greffier en Chef de la Chambre en transmet un exemplaire au Procureur général.
(3) Après l'enregistrement du mémoire, le Greffier en Chef de la Chambre transmet le dossier au Président de la section.
Article 95 :(1) Si le demandeur ne s'est pas conformé aux dispositions des articles 90 à 94 ci-dessus ou à celles résultant de la législation sur l'enregistrement et le timbre, le Président de section l'invite à régulariser son recours dans un délai de quinze (15) jours, à peine d'irrecevabilité.
(2) Toutefois, le Président peut le dispenser de produire les copies des documents volumineux.
Article 96 : Après régularisation du recours, le Président de section peut réclamer au demandeur communication de tous documents dont la production paraît utile à la solution du litige.
Article 97 : Lorsque le dossier est en état, le Président de section ordonne la communication au défendeur des copies du recours, du mémoire et des pièces annexées. Cette communication est assurée par le Greffier en Chef de la Chambre dans les trois jours de l'ordonnance du Président de section.
Article 98 :(1) Le mémoire en défense est déposé au Greffe. Ce mémoire ainsi que les pièces annexées sont notifiés sans délai par le Greffier en Chef de la Chambre.
(2) Lorsqu'il y a plusieurs défendeurs en cause et qu'ils n'ont pas tous présenté de défense, le Greffier en Chef met les défaillants en demeure d'avoir à s'exécuter dans un délai de trente *(30)* jours pour ceux qui habitent le Cameroun et de soixante *(60)* jours dans les autres cas, en les informant que, faute de le faire, la décision à intervenir sera réputée contradictoire.
(3) Le demandeur peut déposer un mémoire en réplique auquel le défendeur peut répondre. Ces mémoires sont notifiés dans les conditions de l'alinéa précédent.
Article 99 :(1) Le délai accordé au défendeur pour déposer son mémoire est de trente (30) Jours à compter du lendemain du jour de la communication visée à l'article 80.
(2) Le délai pour le dépôt des mémoires en réponse ou en réplique est de quinze (15) jours à compter du lendemain du jour de la notification des mémoires en défense ou en réplique.
(3) Le Président de section peut par ordonnance, accorder aux parties des délais supplémentaires pour le dépôt de ces divers mémoires. Toutefois, dans

les affaires qui requièrent une célérité particulière, le Président de la section peut décider, après avis du Procureur général, que ces délais seront réduits de moitié ou des deux tiers.

Article 100 : Les délais ci-dessus sont prescrits à peine de déchéance, sans préjudice, le cas échéant, de l'action disciplinaire et en responsabilité pour faute professionnelle contre l'avocat constitué ou désigné.

Article 101 :(1) Après échange de mémoires ou à l'expiration des délais fixés pour leur dépôt, le Président de section désigne un rapporteur et lui transmet le dossier.

(2) Le rapporteur peut mettre les parties en demeure de fournir dans un délai de quinze (15) jours toutes explications écrites ou tous documents dont la production lui parait nécessaire pour la solution du litige. Ces explications et documents sont notifiés par le Greffier en Chef aux autres parties en cause, qui ont un délai de quinze (15) jours pour les discuter. '

Article 102 : Dans les trente (30) jours de la remise du dossier ou, le cas échéant, du dépôt des explications supplémentaires, le rapporteur rétablit le dossier au Greffe avec son rapport.

Article 103 :(1) Le Greffier en Chef de la Chambre transmet le dossier au Procureur général avec un exemplaire du rapport et une copie de chaque mémoire et document déposé

(2) Dans les trente (30) jours de la transmission, le Procureur général rétablit le dossier au Greffe avec ses conclusions et ses propositions, pour l'inscription de l'affaire au rôle.

Paragraphe III : Du jugement

Article 104 :(1) Les parties ou leurs représentants reçoivent du Greffier en Chef de la Chambre une convocation qui précise la date et l'heure de l'audience à laquelle chaque affaire est appelée.

(2) En cause d'appel, les règles applicables à l'audience et au prononcé, de l'arrêt sont celles applicables devant les juridictions inférieures en matière de contentieux administratif.

(3) En cas de pourvoi en cassation, les règles applicables à l'audience et lors du prononcé de l'arrêt sont celles applicables devant la Chambre judiciaire.

(4) En cas de cassation, la Chambre administrative dispose d'un pouvoir d'évocation lorsque l'affaire est en état d'être jugée au fond.

Article 105 :(1) Les arrêts de la Chambre administrative débutent par « AU NOM DU PEUPLE CAMEROUNAIS », la Chambre administrative de la Cour Suprême et leur dispositif ; divisés en articles, et précédés du mot «DECIDE».

(2) Ils indiquent la composition de la Chambre administrative, les noms des parties, la date et, le cas échéant, la décision qui a accordé l'assistance judiciaire.

(3) Ils ne comportent pas de qualités, mais doivent contenir l'exposé des faits, l'énumération des demandes et l'analyse des moyens produits.

(4) Ils mentionnent en outre que le rapporteur a donné lecture de son rapport, que les parties ont été entendues en leurs observations et le Procureur général en ses conclusions.
(5) Ils précisent qu'ils ont été rendus en audience publique après délibéré, à la majorité des voix, conformément à la loi.
(6) Ils sont motivés et indiquent les dispositions législatives, réglementaires, les principes généraux de droit ou les dispositions jurisprudentielles dont il est fait application.
(7) Ils sont datés et signés par les membres de la formation de jugement et le greffier.
(8) Ils sont déposés par le Greffier en Chef de la chambre dans les services publics compétents aux fins d'enregistrement et publiés par les soins du Procureur général.
Article 106 : Les arrêts de la Chambre administrative sont notifiés par le Greffier en Chef de la Chambre aux parties dans les huit (8) jours de leur enregistrement.
Article 107 : Les décisions de la Chambre administrative statuant en sections réunies s'imposent aux juridictions inférieures en matière de contentieux administratif, sur tous les points de droit tranchés.
Paragraphe IV : Du pourvoi contre les ordonnances de référé administratif
Article 108 :(1) En cas de pourvoi contre les ordonnances de référé administratif, la procédure à suivre est celle prévue aux articles 89 à 103 de la présente loi. Toutefois, les délais prévus auxdits articles à l'exception de l'article 94, sont réduits à cinq (5) jours
(2) Il est statué par arrêt de la Cour.
Article 109 : Notification de la requête de pourvoi est immédiatement faite au défendeur éventuel, avec fixation d'un délai de réponse n'excédant pas cinq (5) jours.
Article 110 :(1) L'arrêt de référé est immédiatement exécutoire il est notifié dans les vingt-quatre (24) heures aux parties en cause.
(2) En aucun cas, il ne peut suspendre l'exécution de l'acte attaqué
Paragraphe V : Du pourvoi contre les ordonnances de sursis à exécution
Article 111 :(1) Le pourvoi contre une ordonnance de sursis à exécution d'un acte administratif suspend de plein droit l'exécution de ladite ordonnance.
(2) L'arrêt de rejet du pourvoi formé contre une ordonnance ayant prononcé un sursis à exécution devient caduc si quinze (15) jours après le rejet du recours gracieux, le tribunal n'est toujours pas saisi de la requête introductive du recours contentieux
Article 112 :(1) L'arrêt rendu sur pourvoi contre une ordonnance en matière de sursis à exécution est, dans les vingt-quatre
(24) heures, notifié aux parties en cause.
(2) L'effet de l'acte attaqué est suspendu à compter du jour de cette notification.

Section III : De la procédure devant la chambre des comptes [...]

Section IV : De la procédure devant les chambres réunies

Article 131 : La formation des Chambres réunies est saisie, soit par ordonnance du Premier Président, soit par arrêt d'une Section ou des Sections réunies d'une Chambre, soit sur réquisitions du Procureur général.

Article 132 : Dès réception du dossier, le Greffier en Chef de la Cour Suprême procède à l'enregistrement de l'affaire et le transmet au Premier Président.

Article 133 : Le Premier Président désigne un rapporteur parmi les membres de la formation des Chambres réunies.

Article 134 : Dans les trente (30) jours suivant réception du dossier, le rapporteur rétablit le dossier au Greffe assorti de son rapport.

Article 135 : Le Premier Président communique, sous pli confidentiel au Procureur général, copie du rapport accompagné du dossier de procédure.

Article 136 : Dans un délai de trente *(30)* jours, le Procureur général rétablit le dossier au Greffe, assorti de ses conclusions en même temps qu'il formule ses propositions sur l'inscription de l'affaire au rôle.

Article 137 :(1) En cas de cassation, la Cour Suprême annule la décision frappée de pourvoi, évoque et statue si l'affaire est en état d'être jugée au fond.

(2) Une affaire est reconnue en état au sens du présent article si la Cour est en mesure de statuer au fond, sur le vu des seules pièces visées dans la décision dont pourvoi,

Article 138 : Les décisions de la Cour Suprême statuant en Chambres réunies s'imposent aux juridictions inférieures sur tous les points de droit tranchés,

Titre IV : Dispositions transitoires

Article 139 :(1) Lorsque la Cour Suprême statue en application des dispositions de l'article 67 alinéa 4' de la Constitution, elle siège en Chambres réunies.

(2) Les autorités investies du pouvoir de saisir le Conseil Constitutionnel conformément aux dispositions de la Constitution, adressent leurs requêtes au Premier Président de la Cour Suprême.

(3) La formation des Chambres réunies de la Cour Suprême statue dans les délais prévus à l'article 49 de la Constitution et applique la procédure prévue par la loi n°2004/004 du 21 avril 2004 portant Organisation et Fonctionnement du Conseil Constitutionnel.

(4) Lorsque la Cour Suprême est saisie en vertu des dispositions de l'article 47 de la Constitution, elle siège en Chambre du Conseil

(5) En matière de contentieux électoral prévu à l'article 48 alinéa 2 de la Constitution, elle siège en audience publique.

Article 140 : En attendant la mise en place des juridictions inférieures des comptes et de juridictions inférieures en matière de contentieux administratif, les procédures antérieurement observées en ces matières restent en vigueur.

Article 141 :(1) Dès la mise en place des juridictions inférieures en matière de contentieux administratif, les affaires pendantes devant la Chambre administrative et relevant de la compétence de ces dernières leur sont transférées.

(2) Les affaires pendantes devant l'ancienne Assemblée plénière de la Cour Suprême sur appel des jugements de la Chambre administrative sont transférées devant !a section compétente de la Chambre administrative telle qu'organisée à l'article 9 de la présente loi.

Article 142 : Dès la mise en place des juridictions inférieures des comptes, les affaires concernant le contrôle et le jugement des comptes leur sont transférées,

Annexe 3

Loi n° 17/84 du 29 décembre 1984 portant Code des juridictions administratives au Gabon (Extrait)

Livre IV
De la procédure
Titre premier-introduction et déroulement de l'instance
Chapitre premier
Généralités

Art.36. Les règles de procédure civile sont applicables en matière administrative lorsqu'elles ne sont pas écartées par une disposition législative formelle ou lorsqu'elles ne sont pas incompatibles avec l'organisation même de la juridiction administrative.

Art.37. La procédure devant la juridiction administrative est essentiellement écrite. Toutefois, les parties peuvent être admises à développer verbalement leurs conclusions à l'audience.

Art.38. En matière administrative, les parties peuvent agir et se défendre soit elles-mêmes, soit par le ministère d'avocat, soit par un mandataire justifiant d'un pouvoir régulier.

Art.41. La requête devant la juridiction administrative n'a pas d'effet suspensif s'il n'en est ordonné autrement, à titre exceptionnel, par la juridiction. En aucun cas, la juridiction saisie ne peut prescrire qu'il soit sursis à l'exécution d'une décision intéressant l'ordre public.

Art.42. En matière d'excès de pouvoir, toute requête n'est recevable que si elle a été précédée d'un recours administratif gracieux adressé à l'autorité qui a pris la décision attaquée, ou d'un recours administratif hiérarchique porté devant l'autorité administrative immédiatement supérieure, dans un délai de trois mois à compter de la notification ou de la publication de cette décision.

Art.43. Le silence gardé plus de quatre mois au recours administratif préalable par l'autorité compétente prévue à l'article précédent vaut rejet implicite. Dans ce cas, la partie lésée dispose, pour attaquer cette décision, d'un délai de trois mois à compter du jour de l'expiration du délai de quatre mois susmentionnés. Lorsque, par contre, une décision explicite de rejet intervient dans ce délai de trois mois, elle fait à nouveau courir le délai de recours.

Si l'autorité administrative à laquelle le recours hiérarchique est adressé est un corps délibérant, le délai de quatre mois ci-dessus mentionné est prolongé, le cas échéant, jusqu'à la fin de la première session légale qui suit le dépôt du recours.

Art.46. Le recours en annulation contre les décisions administratives n'est pas recevable lorsque le requérant dispose encore, pour faire valoir ses droits, du recours administratif susmentionné.

Chapitre deuxième

Présentation de la requête

Art.50. Sous peine d'irrecevabilité, la requête introductive d'instance doit contenir toutes les indications sur :

- les nom et prénoms du requérant ;
- sa profession ;
- son domicile ou sa résidence ;
- l'autorité administrative en cause ;
- l'objet de la demande et les moyens invoqués ;
- l'énonciation des pièces dont le requérant entend se servir.

Sauf en matière de travaux publics et de responsabilité de l'administration, la requête doit, en outre, être accompagnée de la décision attaquée ou, dans le cas prévu à l'article

42 ci-dessus, de la pièce justifiant du dépôt du recours administratif préalable.

Livre VI

Des procédures d'urgence

Chapitre premier

Du constat d'urgence

Art.141. Le président de la juridiction administrative peut, dans l'exercice de ses pouvoirs d'instruction, soit procéder lui-même à toutes mesures d'instruction autres que celles prévues au livre V du présent code (art.104 et s.- des enquêtes et des interrogatoires ; art.114 et s.- des expertises), soit donner commission à cet effet au magistrat rapporteur. Avis de cette mesure est communiqué à tous défendeurs éventuels. La décision mentionnée ci-dessus est rendue sous forme d'ordonnance susceptible d'appel (devant la Chambre administrative).

Chapitre deuxième

Du référé

Art.142. En cas d'urgence et sauf pour les litiges intéressant l'ordre, la sécurité ou la tranquillité publique, le président ou le juge délégué peut, sur simple requête qui sera recevable même en l'absence de toute décision administrative préalable, ordonner toutes mesures utiles sans préjudicier au principal ni faire obstacle à l'exécution d'aucune décision administrative. Par ordonnance exécutoire par provision, notification de la requête est faite immédiatement au défendeur avec fixation d'un délai de réponse. Cette décision est susceptible de recours (devant la Chambre administrative) dans le mois de sa notification.

En cas d'appel, le président (de la Chambre administrative) peut immédiatement et à titre provisoire ordonner la suspension de l'exécution de la décision.

Art.143. La requête en référé doit être présentée dans les mêmes formes ordinaires des requêtes introductives d'instance. Compte tenu du caractère d'urgence de la procédure, le requérant doit désigner dans sa requête le défendeur.

Art.144. Lorsque l'instruction est terminée, le président fixe par ordonnance la date à laquelle l'affaire sera évoquée en référé. Les parties en sont avisées au moins huit jours avant la tenue de l'audience.

Livre VII

Du sursis à exécution

Art.145. Le recours devant la juridiction administrative n'a pas d'effet suspensif. Toutefois, à titre exceptionnel, si la décision administrative attaquée n'intéresse ni le maintien de l'ordre, ni la sécurité ou la tranquillité publique, et si des conditions expresses tendant au sursis à exécution sont présentées, la juridiction saisie peut prescrire qu'il soit sursoit à l'exécution de cette décision.

Art.146. La demande de sursis à exécution peut être formulée soit dans la requête introductive d'instance au principal, soit par une requête ou des conclusions distinctes.

Annexe 4
Loi n° 5/2002 du 27 novembre 2002 fixant l'organisation, la compétence et le fonctionnement du Conseil d'État au Gabon (Extrait)

L'Assemblée nationale et le Sénat ont délibéré et adopté, La Cour constitutionnelle a déclaré conforme à la Constitution,
Le président de la République, Chef de l'État, promulgue la loi dont la teneur suit :
Article 1er. La présente loi, prise en application des dispositions de l'article 75 b de la
Constitution, fixe l'organisation, la composition, la compétence et le fonctionnement du Conseil d'État.
DISPOSITIONS GÉNÉRALES
Article 2. Le Conseil d'État est un grand corps de l'État. Il est la plus haute juridiction en matière administrative. Il a compétence sur toute l'étendue du territoire de la République.
Il a son siège à Libreville. Ce siège est inviolable. Toutefois, celui-ci peut être transféré par voie législative en toute autre localité, lorsque les circonstances l'exigent.
Article 3. Les magistrats du Conseil d'État sont nommés conformément aux dispositions de l'article 3 de la loi organique n°8/94 du 17 septembre 1994 portant modification de la loi organique n°2/93 du 14 avril 1993 fixant la composition, l'organisation et le fonctionnement du Conseil supérieur de la magistrature.
Article 4. Les traitements, avantages et indemnités des magistrats du Conseil d'État, la composition des cabinets techniques du premier président, du commissaire à la loi, des présidents de chambre et des commissaires généraux adjoints sont fixés par voie réglementaire.
Article 5. Dans tous les actes, lois et règlements en vigueur, l'appellation de « Cour administrative » sera désormais remplacée par celle de « Conseil d'État ».
Article 6. Les arrêts du Conseil d'État sont revêtus de l'autorité absolue de la chose jugée. Ils ne sont susceptibles d'aucun recours, si ce n'est par voie de la rétractation, de la révision ou de la rectification pour erreur matérielle conformément à la loi.
Article 7. L'année judiciaire commence le 1er octobre et se termine le 30 septembre de l'année civile suivante.
Sous réserve de la permanence et de la continuité du service public, les vacances judiciaires commencent le 1er juillet et se terminent le 30 septembre de chaque année. Les audiences solennelles de rentrée sont fixées au premier lundi du mois d'octobre.

Article 8. Aux audiences contentieuses ou solennelles, les magistrats du Conseil d'État sont astreints au port du costume prévu par la réglementation en vigueur.

Article 9. La procédure applicable en matière administrative est fixée par la loi.

Chapitre premier-

De l'organisation

Article 10. Le Conseil d'État comprend le siège, le ministère public, le secrétariat général, le service de la documentation et des études et la commission de suivi de l'exécution des décisions juridictionnelles.

Section 1- Du siège

Article 11. Le siège est organisé en chambres consultatives et contentieuses.

Chaque chambre peut être divisée en sections et comprend un président de chambre et des conseillers.

La section comprend un président et des conseillers désignés par ordonnance du président du Conseil d'État. Les présidents de section sont choisis parmi les conseillers les plus anciens.

Article 12. Le greffe du Conseil d'État est dirigé par un greffier en chef, assisté d'un greffier en chef adjoint et de greffiers nommés par arrêté du ministre chargé de la justice. Les greffiers sont nommés dans les mêmes formes parmi les greffiers principaux et les greffiers.

Section 2- Du ministère public

Article 13. Le ministère public est organisé en un service unique placé sous la direction d'un commissaire général à la loi. Le principe de l'unicité et de l'indivisibilité du ministère public s'appliquent à celui du Conseil d'État.

Article 14. Le secrétariat du ministère public est dirigé par un secrétaire en chef, assisté d'un secrétaire en chef adjoint et de secrétaires nommés par arrêté du ministre chargé de la justice.

Section 3- Du secrétariat général

Article 15. Le secrétariat général est dirigé par un secrétaire général nommé en conseil supérieur de la magistrature parmi les magistrats du Conseil d'État ou de l'administration centrale du ministère de la Justice de grade équivalent. Le secrétaire général assiste le président du Conseil d'État dans l'administration et le fonctionnement de la juridiction.

Article 16. L'organisation et le fonctionnement du secrétariat général sont fixés par décret.

Section 4- Du service de la documentation et des études

Article 17. Le service de la documentation et des études du Conseil d'État est chargé de rassembler les éléments d'information utiles aux travaux du Conseil d'État et de procéder aux recherches nécessaires. Il assure le classement méthodique de tous les arrêts et avis, ainsi que des conclusions du commissaire général à la loi. Il est placé sous l'autorité du président du Conseil d'État.

Article 18. Le service de la documentation et des études du Conseil d'État tient un fichier central contenant, sous une série unique de rubriques, d'une part, les sommaires des décisions les plus importantes rendues par les autres juridictions. À cet effet, les décisions administratives présentant un intérêt particulier sont communiquées au service de la documentation et des études par les présidents des cours d'appel ou directement par les présidents des diverses juridictions de premier ordre.
Article 19. La documentation du service est mise à la disposition des juridictions, des services relevant du ministère de la Justice, des avocats, des enseignants et chercheurs ou de toute personne qui en fait la demande. Les décisions des juridictions administratives peuvent faire l'objet, de la part des juristes, de publication, avec ou sans commentaire, dans des revues spécialisées ou recueils de jurisprudence.
Article 20. Le service de la documentation et des études établit un bulletin des arrêts rendus en toutes matières ainsi que des conclusions du ministère public et des tables périodiques. Il prépare le rapport annuel du Conseil d'État et mène des études à caractère général.
Article 21. Le service de la documentation et des études est dirigé par un président de chambre du Conseil d'État désigné par ordonnance du président du Conseil d'État. Il est assisté de conseillers. Le président de chambre chargé du service de la documentation et des études dispose d'un secrétariat.
Article 22. L'organisation et le fonctionnement du service de la documentation et des études sont fixés par décret.
Section 5- De la commission de suivi de l'exécution des décisions juridictionnelles
Article 23. Il est créé, au Conseil d'État, une commission de suivi de l'exécution des décisions rendues en matière administrative, tant par les tribunaux et les cours d'appel que par le Conseil d'État. Cette commission, placée sous l'autorité du président du Conseil d'État, est présidée par un président de chambre et comprend les membres suivants :
- un commissaire général adjoint à la loi,
- un président de chambre du contentieux,
- un représentant du Premier ministre,
- l'agent judiciaire du trésor.
La commission peut être saisie de tous les problèmes intéressant l'exécution des décisions juridictionnelles passées en force de chose jugée.
Article 24. Lorsqu'une juridiction administrative a prononcé l'annulation d'un acte administratif ou, dans un litige de plein contentieux, a rejeté tout ou partie des conclusions présentées en défense par l'État, une collectivité ou un établissement public, les autorités intéressées ont la faculté de demander à la commission de les éclairer sur les modalités d'exécution de la décision intervenue. Ces demandes donnent lieu à la désignation d'un membre de la

commission dont la mission auprès de l'administration intéressée s'exerce sous l'autorité de son président.

Article 25. Toute difficulté d'exécution d'une décision juridictionnelle passée en force de chose jugée peut, après expiration d'un délai de six mois à compter de la date de son prononcé, être déférée à la commission qui procède comme prévu à l'article précédent. Toutefois, en ce qui concerne les décisions ordonnant une mesure d'urgence, notamment un sursis à exécution, la commission peut être saisie sans délai.

Article 26. Lorsqu'une décision juridictionnelle passée en force de chose jugée a prononcé la condamnation de l'État, d'une collectivité locale ou d'un établissement public, au paiement d'une somme d'argent dont le montant est fixé par la décision elle-même, cette somme doit être mandatée dans les quatre mois suivant la notification de ladite décision à l'agent judiciaire du trésor. L'agent judiciaire du trésor est tenu de saisir le ministère intéressé dans l'affaire ainsi que le ministère chargé de la tutelle de la collectivité ou de l'établissement public condamné en vue du règlement.

Article 27. Sont passibles d'une astreinte dans les conditions fixées par les textes en vigueur, toutes les personnes morales de droit public ou de droit privé chargées de la gestion d'un service public, qui n'exécutent pas une décision rendue par une juridiction administrative.

Chapitre deuxième- De la composition

Article 28. Le siège est composé du président du Conseil d'État appelé premier président, de présidents de chambre et de conseillers.

Article 29. Le ministère public du Conseil d'État est composé d'un commissaire général à la loi, de commissaires généraux adjoints et de commissaires à la loi.

Article 30. Le premier président du Conseil d'État et le commissaire général à la loi sont choisis parmi les magistrats de l'ordre administratif du grade hors hiérarchie, exerçant ou ayant exercé effectivement les fonctions de président de chambre, de commissaire général adjoint, de secrétaire général au Conseil d'État, de secrétaire général de la chancellerie ou d'inspecteur général des services judiciaires. Les présidents de chambre, les commissaires généraux adjoints et le secrétaire général sont choisis parmi les conseillers d'État exerçant ou ayant exercé effectivement lesdites fonctions au Conseil d'État. Les conseillers et les commissaires à la loi sont choisis parmi les magistrats hors hiérarchie des cours d'appel administratives.

Article 31. Les conseillers et les commissaires à la loi peuvent également être choisis parmi les fonctionnaires titulaires d'au moins une maîtrise ou d'un diplôme équivalent, âgés au moins de quarante ans et totalisant au moins quinze ans d'exercice effectif de leur profession. Le nombre de conseillers et de commissaires à la loi issus de l'administration ne peut dépasser le dixième du nombre total des conseillers et commissaires.

Article 32. Les nominations au titre des articles 30 et 31 ci-dessus sont prononcées par le conseil supérieur de la magistrature.
Article 33. Onze conseillers d'État en service extraordinaire, choisis à raison de leur expérience et de leur compétence, sont nommés par décret du président de la République pour une durée de cinq ans non renouvelable. Les conseillers d'État en service extraordinaire ne doivent pas être atteints par la limite d'âge dans leur profession respective au moment de leur nomination. Ils ne siègent que dans les formations consultatives.
Article 34. Le plus ancien des présidents de chambre porte le titre de doyen du Conseil d'État. Le plus ancien des conseillers d'une chambre porte le titre de doyen de ladite chambre.
Article 35. Avant d'entrer en fonction, les conseillers d'État et les commissaires à la loi nommés au tour extérieur et les conseillers en service extraordinaire prêtent serment conformément aux dispositions de l'article 11 de la loi n°12/94 du 16 septembre 1994 portant statut des magistrats.
Chapitre troisième- De la compétence
Article 36. Les compétences du Conseil d'État sont, d'une part, consultatives et, d'autre part, contentieuses.
Section 1- Des compétences consultatives
Article 37. Conformément aux dispositions de l'article 30 de la Constitution, le Conseil d'État, saisi par le gouvernement, donne son avis sur tous les projets de loi, d'ordonnance et de décret réglementaire. À cet effet, il propose les modifications de forme et de fond qu'il juge nécessaires. Le Conseil d'État donne également son avis sur toutes les questions pour lesquelles son intervention est prévue par les textes en vigueur.
Section 2- Des compétences contentieuses
Article 38. En matière contentieuse, le Conseil d'État connaît, en premier et dernier ressort:
- des recours pour excès de pouvoir formés contre les actes individuels des autorités administratives à compétence nationale ;
- des recours contre les actes administratifs unilatéraux et individuels dont le champ d'application s'étend au-delà du ressort d'une cour d'appel administrative ;
- des recours en annulation dirigés contre les décisions administratives et disciplinaires prises par les organismes collégiaux à compétence nationale et les ordres professionnels, conformément aux textes en vigueur ;
- des actions en responsabilité dirigées contre l'État ou ses établissements publics, conformément aux textes en vigueur ;
- des recours en matière d'élections autres que les élections politiques et les opérations de référendum ;
- des recours en matière fiscale conformément aux lois et règlements régissant cette matière.

Le Conseil d'État connaît en cassation des pourvois formés contre les décisions des cours d'appel statuant en matière administrative et des autres matières pour lesquelles la loi lui attribue compétence.
Chapitre quatrième- Du fonctionnement
Article 39. Au début de chaque année, le président du Conseil d'État convoque l'assemblée générale des magistrats aux fins d'établir le calendrier des audiences. À cette occasion, il fait part à l'assemblée générale de l'organisation et du fonctionnement des services du Conseil d'État. Le président du Conseil d'État procède par la suite, par ordonnance, à la répartition des présidents de chambre, des présidents de section, des conseillers ainsi qu'à la désignation des doyens et des greffiers dans les différents services du siège.
Article 40. Dans le cadre de ses compétences consultatives, le Conseil d'État délibère soit en section, soit en chambre, soit en assemblée générale plénière.
Article 41. L'assemblée générale plénière est la plus haute formation consultative du
Conseil d'État. L'assemblée générale plénière groupe, autour du président du président du Conseil d'État, tous les présidents de chambre, le secrétaire général, l'ensemble des conseillers ainsi que tous les magistrats du ministère public. L'assemblée générale ordinaire comprend, outre le président du Conseil d'État, les présidents de chambre, la moitié des conseillers et des magistrats du ministère public.
Article 42. Les projets de textes ou les demandes d'avis sont renvoyés soit à l'assemblée générale plénière, soit à l'assemblée générale ordinaire, selon leur importance, sur décision du président du Conseil d'État prise à son initiative ou à la demande du Commissaire général à la loi.
Article 43. Lorsque le Conseil d'État siège en matière consultative, tous les magistrats ont voix délibérative. En cas de partage de voix, celle du président est prépondérante.
Article 44. Les assemblées du Conseil d'État ne peuvent valablement siéger que si plus de la moitié de leurs membres sont présents. Les membres du gouvernement ou leurs représentants peuvent être invités, à l'initiative du président, à prendre part aux audiences du Conseil d'État, avec voix consultative.
Article 45. Les assemblées générales sont présidées par le président du Conseil d'État. En cas d'empêchement, celui-ci est remplacé par le président de la chambre le plus ancien.
Article 46. Dans le cadre de ses compétences contentieuses, le Conseil d'État délibère soit en section, soit en chambre, soit en assemblée du contentieux.
Article 47. Les chambres et les sections siègent en formation de jugement sous la présidence de leur président. Le nombre des magistrats par formation ne peut être inférieur à trois ou supérieur à cinq, non compris le représentant du ministère public.

Article 48. Le président du Conseil d'État assure la direction générale et l'administration du Conseil. Le président du Conseil d'État préside les chambres quand il l'estime nécessaire.
Article 49. Le commissaire général à la loi exerce ses fonctions par voie de conclusions ou de réquisitions écrites. Par voie de conclusions, le commissaire à la loi veille à l'application de la législation et de la réglementation en vigueur. À ce titre, il conclut par écrit dans toutes les affaires contentieuses soumises au Conseil d'État. Il reçoit ampliation ou communication de tout dossier ou rapport. Par voie de réquisitions, le commissaire général à la loi :
- requiert l'installation des magistrats nommés au Conseil d'État ainsi que le serment à toutes les audiences de prestation de serment ;
- requiert une peine d'amende contre les recours abusifs.
- Le commissaire général porte la parole lors des audiences solennelles de rentrée judiciaire.
Article 50. Les commissaires généraux adjoints et les commissaires déposent les conclusions écrites et portent la parole au nom du commissaire général à la loi devant les formations du Conseil d'État.
Article 51. L'assemblée du contentieux est la plus haute formation de jugement du Conseil d'État. Elle est présidée par le président du Conseil d'État ou, en cas d'empêchement, par le doyen comprend tous les présidents des chambres et cinq conseillers désignés par ordonnance du président du Conseil d'État. Le ministère public est représenté au moins par deux magistrats.
Article 52. L'assemblée du contentieux examine les dossiers qui conduisent à une étape décisive de la jurisprudence.
Article 53. L'assemblée du contentieux juge les affaires qui lui sont déférées par le président du Conseil d'État soit en son propre chef, soit sur les réquisitions du commissaire général à la loi. Elle connaît également des recours en rétractation, des recours en révision, de la récusation, des pourvois en cassation ainsi que des recours dirigés contre les décisions des organismes collégiaux ou professionnels à compétence nationale.
Article 54. Dans le cadre des activités liées à ses compétences consultatives et contentieuses, le Conseil d'État peut faire appel à toute personne qualifiée.
Article 55. Les crédits nécessaires au fonctionnement du Conseil d'État sont inscrits au budget de l'État et sont soumis aux règles de la comptabilité publique. Le président du Conseil d'État est ordonnateur des dépenses.
Article 56. Le Conseil d'État adresse, chaque année, un rapport d'activité au président de la République, au Premier ministre, chef de gouvernement, et aux présidents des chambres du Parlement.
Article 57. Des textes réglementaires déterminent, en tant que besoin, les dispositions de toute nature nécessaires à l'application de la présente loi organique.
Article 58. La présente loi organique, qui abroge toutes dispositions antérieures, sera enregistrée, publiée selon la procédure d'urgence et exécutée comme loi de l'État.

Bibliographie

I- Ouvrages

1-Ouvrages généraux

* Droit français

- Monographie et autres

- ARNAUD (A.-J) et autres (dir), *Dictionnaire encyclopédique de théorie et de sociologie du droit*, Paris, LGDJ, 1r[e] éd., 1988, 487p
- ASSO (B), MONERA (F), *Contentieux administratif*, Studyrama, coll. « Panorama du droit », 2006, 463p
- ATIAS (C), *Épistémologie juridique*, Paris, PUF, coll. « Droit fondamental », 1985, 222p
- AUBY (J.-M), DRAGO (R), *Traite de contentieux administratif*, Paris, LGDJ, t. 3, 1962, 621p
- BAILLEUL (D), *Le procès administratif*, Paris, LGDJ, Lextensoéditions, coll. « Systèmes droit », 2014, 244p
- BELORGEY (G), *Outre-mer : le défi des singularités*, Paris, La documentation française, 1993, 214p
- BERANGER (D), *Le droit constitutionnel*, Paris, PUF, coll. « Que sais-je ? », 6e éd., 2013, 128p
- BERGEL (J.-L), *Théorie générale du droit*, Paris, Dalloz, coll. « Méthodes du droit », 4e éd., 2003, 374p
- BERGER (J.-L), *Théorie générale du droit*, Paris, Dalloz, coll. « Méthodes du droit », 5e éd., 2012, 399p
- BERTILE (W), *Mayotte à l'heure de la départementalisation*, Paris, L'Harmattan, 2012, 221p
- BIGOT (G), BOUVET (M), (dir), *Regards sur l'histoire de la justice administrative*, Paris, Litec, coll. « Colloques et Débats », 2006, 374p
- BIGOT (G), *Introduction historique au droit administratif depuis 1789*, Paris, PUF, coll. « Droit fondamental », 2002, 390p
- BONMATI (D), PAILLET (M), *La modernisation de la justice administrative en France*, Bruxelles, Larcier, 2010, 321p
- BRAUDO (S), BAUMANN (A), *Dictionnaire du droit privé*, En ligne.
- BROYELLE (C), *Contentieux administratif*, Paris, LGDJ Lextenso, coll. « Manuel », 2016, 470p
- BURDEAU (F), *Histoire du droit administratif (de la révolution au début des années 1970)*, Paris, PUF, coll. « Thémis-Droit public », 1995, 494p
- CADIET (L), NORMAND (J), AMRANI-MEKKI (S), *Théorie générale du procès*, Paris, PUF, coll. « Thémis droit », 2e éd., 2013, 997p
- CAILLOSSE (J), *La Constitution imaginaire de l'administration. Recherche sur la politique du droit administratif*, Paris, PUF, coll. « Les voies du droit », 2008, 421p

- CARBONNIER(J), *Essai sur les lois*, Paris, LGDJ Lextenso-éditions, coll. « Anthologie du droit », 2013, 176p
- CARBONNIER(J), *Flexible droit*, Paris, LGDJ, 1979
- CARBONNIER(J), *Flexible droit, Pour une sociologie du droit sans rigueur*, Paris, LGDJ, 10e éd., 2001, 490p
-CASSESE (S), *La construction du droit administratif France et Royaume-Uni*, Paris, Montchrestien, coll. « Clefs politique », 2000, 155p
- CASSIA (P), *Pratique des référés précontractuels*, Paris, Litec, coll. « Litec professionnels », 2008, 266p
-CONSEIL D'ÉTAT *Rapport public 2015*, Paris, La documentation française, 2015, 425p
-CONSEIL D'ÉTAT, *Les recours administratifs préalables obligatoires*, Paris, La documentation française, 2008, 233p
- CHABANOL (D), *La pratique du contentieux administratif*, Paris, LexisNexis, coll. « Pratique professionnelle », 9e éd., 2011, 543p
- CHAPUS (R), *Droit administratif général*, Paris, Montchrestien, coll. « Domat droit public », 15e éd., t. 2, 2001, 1339p
- CHAPUS (R), *Droit du contentieux administratif*, Paris, Montchrestien Lextensoéditions, coll. « Domat droit public », 13e éd., 2008, 1540p
- CHAPUS (R), *L'administration et son juge*, Paris, PUF, coll. « Doctrine juridique », 1999, 426p
- CHAVRIER (H), DELAMARRE (M), *Leçons de contentieux administratif*, Paris, Ellipses, préface de Daniel Labetoulle, 2013, 335p
- CHEVALLIER (J), LOOSCHAK (D), *Science administrative*, Paris, LGDJ, t. 1, 1978, 697p
- COLSON (J-P), *L'office du juge et la preuve dans le contentieux administratif*, Paris, LGDJ, 1970, t. ci, 223p
- CORNU (G), *Vocabulaire juridique*, Paris, PUF, coll. « Quadrige », 1987, 1099p
- COSTA(D), *Contentieux administratif*, Paris, LexisNexis, coll. « Objectif droit cours », 2011, 270p
- DAEL (S), COURREGES (A), *Contentieux administratif*, Paris PUF, coll. « Themis droit », 2013, 448p
- D'AMBARA (D), *L'objet de la fonction juridictionnelle : dire le droit et trancher les litiges*, Paris, LGDJ, 1994, 339p
-DE CORMENIN, *Droit administratif*, Paris, Éditions de la bibliothèque des arts et métiers, vol. 1, 1840, 492p
- DE LAUBADERE (A), VENEZIA(J-C), GAUDEMET (Y), *Traité de droit administratif Droit administratif général*, Paris, LGDJ, 15e éd., t.1, 1999, 1107p
- DEBBASCH (C), COLIN (F), *Droit administratif*, Paris, Economica, 10e éd., 2011, 734p

- DEBBASH (C), RICCI (J.-C), *Contentieux administratif*, Paris, Dalloz, 8e éd., 2001, 1018p
- DEGUERGUE (M), *Procédure administrative contentieuse*, Paris, Montchrestien, coll. « Focus droit », 2003, 223p
- DELBLOND (A), *Droit administratif*, Bruxelles, Larcier, coll. « Manuel », 2009, 550p
- DESTOUCHES (D) (dir), *L'administration du territoire en Guadeloupe depuis le XVIIIe siècle. Études réunies en hommage au doyen Christian Thérésine*, Paris, L'Harmattan, coll. « Logiques juridiques », 2012, 236p
- EISENMANN (C), *Cours de Droit administratif*, Paris, LGDJ, t. 1, 1982, 786p
- FROMENTIN LIBOUTHET (M), *L'image de Laos. Au temps de la colonisation française (1861-1914)*, Paris, L'Harmattan, 2012, 314p
- GALLETTI (F), *Le Juge Pénal Nouveau juge de la responsabilité des agents publics et des élus ? Une manifestation d'un droit administratif en mutation*, Paris, L'Harmattan, coll. « Logiques juridiques », préface de Louis Constans, 2000n 176p
- GAUDEMET (Y), *Droit administratif*, Paris, LGDJ Lextensoéditions, coll., « Manuel », 20e éd., 2012, 624p
- GAUDEMET (Y), *Traité de droit administratif*, Paris, LGDJ, 16e éd., t. 1, 2001, 918p
- GIRARD (A-L), *La formation historique de la théorie de l'acte administratif unilatéral*, Paris, Dalloz, coll. « Nouvelle bibl. de thèses », vol. 124, préface de Jean-Jacques Bienvenu, 2013, 620p
- GOHIN (O), *Contentieux administratif*, Paris, LexisNexis, coll. « Manuel », 8e éd., 2014, 542p
- GOHIN (O), DEGOFFE (M), de la MOTTE (A.-M), DUBREUIL (C.-A), *Droit des collectivités territoriales*, Paris, Cujas, 2e éd., 2015, 708p
- GRAWITZ (M), *Méthodes de sciences sociales*, Paris, Dalloz, 10e éd., 1996, 920p
- GROS (M), *Droit administratif. L'angle jurisprudentiel*, Paris, L'Harmattan, coll. « Logiques juridiques », 4e éd., 2012, 393p
- GUILLIEN (R), VINCENT (J), (dir), *Lexique des termes juridiques*, Paris Dalloz, 13e éd., 2001, 592p
- GUINCHARD (S), DEBARD (T) (dir), *Lexique des termes juridiques*, Paris Dalloz, 22e éd., 2014, 1057p
- GUINCHARD (S), DEBARD (T), *Lexique des termes juridiques*, Paris Dalloz, 23e éd., 2015-2016, 1105p
- GUYOMAR (M), SEILLER (B), *Contentieux administratif*, Paris, Dalloz, coll. « Hyper Cours et Travaux dirigés », 2e éd., 2012, 515p
- HAENEL(H), FRISON-ROCHE (M-A), *Le juge et le politique*, Paris, PUF, 1998, 266p

- HAURIOU (M), *Aux sources du droit : le pouvoir, l'ordre et la liberté*, Toulouse, Centre de philosophie politique et juridique, 1986, 191p
- HAURIOU (M), *Précis de droit administratif et de droit public*, Paris, Sirey, 12e éd., 1933, 1150p
- JEANNARD (S), *Le recours administratif dans le système juridique français*, Paris, LGDJ Lextensoéditions, coll. « Systèmes droit », 2013, 164p
-JOS (E), *Contribution à l'histoire juridico-politique de l'outre-mer français. Guadeloupe, Guyane, Martinique, Mayotte et La Réunion : vers des statuts sur mesure*, Paris, L'Harmattan, 2012, 978p
- KELSEN (H), *Théorie pure du droit*, Paris, Dalloz, 2e éd., 1962, traduction de C. Eisenmann, 496p
- KELSEN (H), *Théorie pure du droit*, Traduction Charles Eisenmann, Bruxelles, Bryulant, Paris, LGDJ, 1999, 367p
- LA FONTAINE (L), *Qu'est-ce qu'un grand juriste ? Essai sur les juristes et la pensée juridique contemporaine*, Paris, Lextenso éditions, 2012, 194p
- LABBEE (P), *Introduction au droit processuel*, Presses universitaires de Lille, coll, « Droit manuel », préface de Marie-Christine Rouault, 1995, 155p
- LAFFERIERE (E), *Traité de la juridiction administrative et des recours contentieux*, Paris, 2e éd., t. 1, 1896, 709p
- LEFORT (J.-C), *Les grandes familles politiques de Guadeloupe*, Paris, L'Harmattan, 2012, 194p
- LEPAGE (C) et autres, *Code de justice administrative 2013*, Paris, Lexis Nexis, 2013, 950p
- LISE (P), MELIN-SOUCRAMANIEN(F) (dir), *Outre-mer et devise républicaine*, Paris, L'Harmattan, coll. « Logiques juridiques », 2012, 224p
- LOCHAK (D), *La justice administrative*, Paris, Montchrestien, coll. « Clefs politique », 2e éd., 1994, 156p
- LOMBARD (M), *Droit administratif*, Paris, Dalloz, coll. « Cours », 1997, 328p
-MONTESQUIEU, *De l'esprit des lois*, Genève, Barrillot & Fils, 1748, 376p
- OBERDORFF (H), ROBERT (J), *Libertés fondamentales et droits de l'homme. Textes français et internationaux*, Paris, Montchrestien, 10e éd., 2012, 1023p
- ODENT (R), *Contentieux administratif*, Paris, Dalloz, t. 1, préface de R. Denoix de Saint Marc, 2007, 1051p
- ODENT (R), *Contentieux administratif, Les cours de droit*, Paris, IEP, 1970-1971, 1768p
- ODENT(B), TRUCHET (D), *La justice administrative*, Paris, PUF, coll. « Que sais-je ? », 2e éd., 2008, 127p
- PACTEAU (B), *Traité de contentieux administratif*, Paris, PUF, coll. « Droit fondamental », 2008, 646p
- PACTEAU(B), *Contentieux administratif*, Paris, PUF, coll. « Droit fondamental classique », 7e éd., 2005, 530p

- PACTET (P), *Institutions politiques et droit constitutionnel*, Paris, Armand Colin, 19e éd., 2000, 627p
- PIGENET (M), TARTAKOWSKY (D), *Histoire des mouvements sociaux en France De 1814 à nos jours*, Paris, La Découverte, 2014, 799p
- POTHIER (J.-R), *Traité de la procédure civile*, Paris, Debure, 1772, 516p
- RENAUT (M.-H), *Histoire du droit administratif*, Paris, Ellipses, 2007, 159p
- RICCI (J.-C), *Contentieux administratif*, Paris, Hachette supérieure, 4e éd., 2014, 287p
- RIPERT (G), *Les forces créatrices du droit*, Paris, LGDJ, 2e éd., 1955, 431p
- ROUAULT (M.-C), *Contentieux administratif*, Bruxelles, Larcier, coll. « Master droit », 2015, 593p
- ROUAULT (M.-C), *Contentieux administratif, Code pratique*, Paris, Lamy, 2011, 1411p
- ROUQUETTE (R), *Petit traité du procès administratif*, Paris, Dalloz, 2e éd., 2006, 738p
-SAINT AUGUSTIN, *Les confessions*, Paris, Gallimard, 1998, 95p
- SAUNIER (S) (dir), *La loi du 12 avril 2000 relative aux droits des citoyens dans leurs relations avec les administrations... Dix ans après*, Paris, LGDJ, Presses de l'université Toulouse 1 Capitole, 2012, 304p
- SOULUS (H), PERROT(R), *Procédure de première instance*, Paris, Sirey, t. 3, 1991, 1358p
- TERRE (F), *Du juridique et du social*, Paris, Mare et Martin, 2012, 330p
- TRUCHET(D), *Le droit public*, Paris, PUF, coll. « Que sais-je ? », 2e éd., 2010, 128p
-TURPIN (D), *Contentieux administratif*, Paris, Hachette supérieure, coll. « Les fondamentaux », 5e éd., 2010, 159p
- WEIL (P), POUYAUD (D), *Le droit administratif*, Paris, PUF, coll. « Que sais-je ? », 2e éd., 2008, 127p

- **Thèses et mémoires**

- BAILLEUL (D), *L'efficacité comparée des recours pour excès de pouvoir et de plein contentieux objectif en droit français*, Paris, LGDJ, coll. « Bibl. de droit public », t. 220, préface de Gilles Lebreton, 2002, 428p
- BIAGNI-GIRARD (S), *L'inexistence en droit administratif. Contribution à l'étude de la fonction des nullités*, Paris, L'Harmattan, coll. « Logiques juridiques », préface de Jean-Claude Ricci, 2010, 495p
- BRISSON (J.-F), *Les recours administratifs en droit public français*, Paris, LGDJ, coll. « Bibl. de droit public », t. 185, 1996, préface de Bernard Pacteau, 494p
- CAPDEPOU (Y), *Essai d'une théorie générale des droits de la défense*, Paris, Dalloz, coll. « Nouvelles bibl. des thèses », vol. 122, préface de Jean-Christophe Saint-Pau, 2013, 504p

- CHAUDET (J-P), *Les principes généraux de la procédure administrative contentieuse*, Paris, LGDJ, coll. « Bibl de droit public », t. lxxiv, préface de Jacques Moreau, 1967, 528p
- CIAUDO (A), *L'irrecevabilité en contentieux administratif français*, Paris, L'Harmattan, coll. « Logiques juridiques », préface de Maryse Deguergue, 2009, 570p
- CLAEYS (A), *L'évolution de la protection juridictionnelle de l'administré au moyen du recours pour excès de pouvoir*, Thèse, université de Poitiers, 2005, 1187p
- COLSON (J-P), *L'office du juge et la preuve dans le contentieux administratif*, Paris, LGDJ, coll. « Bibl. de droit public », 1970, t. ci, 297p
- CONNIL(D), *L'office du juge administratif et le temps*, Paris, Dalloz, coll. « Nouvelle Bibl. des Thèses », vol. 114, préface de Denys de Béchillon, 2012, 904p
-CONSTANTIN YANNAKOPOULOS, *La notion de droit acquis en droit administratif français*, Paris, LGDJ, préface de Yves Gaudemet, 1997, 604p
- DE BOULOIS (X.-D), *Le pouvoir de décision unilatérale de l'administration. Étude de droit comparé interne*, Paris, LGDJ, coll. « Bibl. de droit public », t. 248, 2006, 444p
- DEFOORT (B), *La décision administrative*, Paris, LGDJ, coll. « Bibl. de droit public », t. 286, préface de Bertrand Seiller, 2015, 686p
- DEGOFFE (M), *La juridiction administrative spécialisée*, Paris, LGDJ, coll. « Bibl. de droit public », t. 186, 1996, préface de Laurent Richer, 559p
- FOULETIER (M), *Recherche sur l'équité en droit public français*, Paris, LGDJ, coll. « Bibl, de droit public », t. 180, préface de Bernard Pacteau, 2003, 312p
-FRANK (A), *Le droit de la responsabilité administrative à l'épreuve des fonds d'indemnisation*, Paris, L'Harmattan, coll. « Logiques juridiques », préface de Maryse Deguerge, 2008, 460p
- ISAAC (G), *La procédure administrative non contentieuse*, Paris, LGDJ, 1968, 732p
- KORNPROBST (B), *La notion de partie et le recours pour excès de pouvoir*, Paris, LGDJ, coll. « Bibl de droit public », t. xxi, 1959, préface de Prosper Weil, 393p
- LAVIALLE (C), *L'évolution de la conception de la décision exécutoire en droit administratif français*, Paris, LGDJ, coll. « Bibl. de droit public », t. cxviii, 1974, 345p
- MUGNIER (B), *L'accusé de réception dans la procédure administrative non contentieuse*, Mémoire de DEA, université de Lille 2, 2002, 105p
- POISSON (J.-M), *Les droits de l'homme et les libertés fondamentales à l'épreuve de la dualité de juridictions*, Paris, L'Harmattan, coll. « Logiques juridiques », préface de François Julien-Laferrière, 2003, 458p

- PREVEDOUROU (E), *Les recours administratifs obligatoires. Étude comparée des droits allemands et français*, Paris, LGDJ, coll. « Bibl. de droit public », t. 180, préface de Yves Gaudemet, 1996, 403p
- RAIMBAULT (P), *Recherche sur la sécurité juridique en droit administratif français*, Paris, LGDJ, coll. « Bibl de droit public », t. 256, 2009, préface de Jean-Pièrre Théron, 688 p
- ROHMER-BENOIT (F), *La recevabilité dans le droit du contentieux administratif*, Thèse, université de Strasbourg, 1984, 491p
- ROMAN (D), *Le droit public face à la pauvreté*, Paris, LGDJ, coll. « Bibl. de droit public », t. 221, 2002, préface de Etienne Picard, 2002, 494p
- SEILLER (B), *L'exception d'illégalité des actes administratifs*, Thèse, université Paris 2, 1995, 780p
- STORCK (M), *Essai sur le mécanisme de la représentation dans les actes juridiques*, Paris, LGDJ, 1982, coll. « Bibli de droit privé », t. clxxii, préface de Danièle Huet-Weiller, 270p

*** Droits d'Afrique francophone**

- Monographie et autres

-BASSONG MBOG, *Les fondements de l'État de droit en Afrique précoloniale*, Paris, L'Harmattan, coll. « Études africaines », 2007, 387p
- BIDIMA (J.-G), *La palabre Une juridiction de la parole*, Paris, Michalon, 1997, 127p
- BILONG (S), *Approche méthodologique du droit administratif*, Presses universitaires de Dschang, 2007, 267p
- BILONG (S), *Mémento de la jurisprudence administrative du Cameroun*, Presses universitaires de Dschang, 1re éd., préface de Jean-François Lachaume, 2014, 576p
- BINYOUM (J), *Contentieux administratif*, Cours polycopié, 3eannée de licence, université de Yaoundé, 1992
- BINYOUM (J), NGOLLE. NGWESSE (P), *Éléments de contentieux administratif camerounais*, Paris, L'Harmattan, préface de Maurice Kamto, 2010, 264p
- BIPELE KEMFOUEDIO (J), *Contentieux de droit public de la décentralisation*, Cours polycopié, Master, université de Dschang, 2015, 89p
- BOCKEL (A), *Droit administratif*, Dakar-Abidjan, Les Nouvelles éditions africaines, 1978, 541p
- BOIRO (Y), CECK (C. –Y), *La justice en guinée*, Paris, L'Harmattan, coll. « Logiques juridiques », préface de Isaac Yankhoba Ndiaye, 2001, 201p
- DIALLO (H. II), *La réforme de la justice guinéenne. Défis et stratégie*, Paris, L'Harmattan, préface de Mamadou Alioune, 2011, 205p
- GATSI (J), *Nouveau dictionnaire juridique*, Douala, Presses universitaires libres, 1re éd., 2008, 216p

- GRIMAL (H), *La décolonisation*, 1919-1963, Paris, Armand Colin, 1965, 407p
- ILOKI (A), *Le recours pour excès de pouvoir au Congo*, Paris, L'Harmattan, coll. « Logiques juridiques », 2002, 129p
- INITIATIVE DE GOUVERNANCE CITOYENNE, *Droit d'accès à l'information et transparence administrative au Cameroun : étendue et limites du cadre normatif et institutionnel*, Yaoundé, Imprimerie Saint-Paul, 2010, 110p
- KAMTO (M), *Droit administratif processuel du Cameroun*, Yaoundé, Presses universitaires du Cameroun, 1990, 256p
- KEUTCHA TCHAPNGA (C), *Précis de contentieux administratif au Cameroun. Aspects de l'évolution récente*, Paris, L'Harmattan, coll. « Droits africains et malgaches », préface de Bernard-Raymond Guimdo Dongmo, 2013, 324p
- KWAHOU (S), *Contentieux administratif*, Cours, Faculté de droit et de sciences économiques, université Omar Bongo, 2013, 80p
- MBOME (F.X), *Le contentieux fiscal camerounais*, Yaoundé, Presses universitaires d'Afrique, 2000, 322p
- MBOUYOM (F.-X), *Recueil des grands arrêts de la jurisprudence administrative de la Cour fédérale de justice 1962-1970*, Yaoundé, éd., Sodeam, préface de Félix Sabal Lecco, 1971, 310p
- MOUDOUDOU (P), *Le droit administratif congolais*, Paris, L'Harmattan, coll. « Logiques juridiques », 2003, 200p
- NGONGO (L.-P), *Histoire des institutions et des faits sociaux du Cameroun*, 1884-1945, Paris, Berger Levrault, t. 1, 1987, 232p
- NGOUNDOS IDOURAH (S), *Colonisation et confiscation de la justice en Afrique. L'administration de la justice au Gabon, Moyen-Congo, Oubangui-Chari et Tchad : de la création des colonies à l'aube des indépendances*, Paris, L'Harmattan, coll. « Études africaines », 2001, 394p
- NJEUMA (M) (dir), *Histoire du Cameroun*, Paris, L'Harmattan, 1989, 312p
- NKOT (P.-F), *Usages politiques du droit en Afrique. Le cas du Cameroun*, Bruxelles, Bruylant, 2005, 212p
- NTA A DJAM (F), *Droit du contentieux fiscal camerounais*, Paris, L'Harmattan, coll. « Finances publiques », préface de Martin Rissouck A Moulong, 2009, 268p
- NTAMPAKA (C), *Introduction aux systèmes juridiques africains*, Presses universitaires de Namur, coll. « Travaux de la faculté de droit de Namur », 2005, 190p
- OLINGA (A.-D), *Le nouvel environnement juridique et institutionnel des élections au Cameroun*, Yaoundé, Presses universitaires d'Afrique, 2007, 127p
- ONDOA (M), *Introduction historique au droit camerounais : la formation initiale. Éléments pour une théorie de l'autonomie des droits africains*,

Yaoundé, Les Éditions le Kilimandjaro, coll. « Doctrine juridique africaine et malgache », préface de Paul-Gérard Pougoué, 2013, 319p
- OWONA (A), *La naissance du Cameroun*, 1884-1914, Paris, L'Harmattan, coll. « Racines du présent », 1996, 236p
- OWONA (J), *Le contentieux administratif de la République du Cameroun*, Paris, L'Harmattan, coll. « Droits africains et malgache », 2011, 232p
- PAMBOU TCHIVOUNDA (G), *Les grandes décisions de la jurisprudence administrative du Gabon*, Paris, A. Pedone, préface de Jean-Michel Galabert, 1994, 646p
-SALIF YONABA, *La pratique du contentieux administratif en droit Burkinabé : de l'indépendance à nos jours*, Presses universitaires de Ouagadougou, 2e éd., 2008, 348p
-SALIF YONABA, *Les grandes décisions de la jurisprudence administrative burkinabé ; droit administratif*, Presses universitaires de Ouagadougou, 2e éd., 2013, 473p
- SIETCHOUA DJUITCHOKO (C), *L'appel dans le contentieux administratif au Cameroun. Contribution à l'étude de la juridiction administrative*. Thèse, université d'Aix-Marseille 3, 2001, 471p
- SINDJOUN (L), *L'Etat ailleurs. Entre noyau dur et case vide*, Paris, Economica, coll. « La vie du droit en Afrique », 2002, 332p
- SY (D), *Droit administratif*, Paris, Credila, L'Harmattan, 2e éd., 2014, 420p
- TABI MANGA (J), *Francophonie. Lieu de mémoire, Projet d'espoir*, Yaoundé, Afredit, 2010, préface de Michel Guillou, 203p
- VANDERLINDEN (J), *Aux sources des droits africains contemporains*, Paris, Institut de droit comparé, 1975, 137p
- VANDERLINDEN (J), *Les systèmes juridiques africains*, Paris, PUF, coll. « Que sais-je ? », 1983, 127p
- WESSELING (H), *Le partage de l'Afrique, 1880-1914*, traduit du néerlandais par Patrick Grilli, Paris, éd. Denoël, coll. « Folio/Histoire », 1996, 572p
- WODIE (F), BLEOU (M.-D), *La Chambre administrative de la Cour suprême et sa jurisprudence (commentaire d'arrêt)*, Paris, Economica, 1981, 174p

-Thèses et mémoires

- ABA'A OYONO (J.-C), *La compétence de la juridiction administrative en droit camerounais*, Thèse droit, université de Nantes, 1994, 510p
-AHMED TIDJANI BA, *L'évolution de la juridiction administrative en Haute Volta. Contribution à l'étude du contentieux administratif en Haute Volta*, Thèse, université d'Auvergne, 1986, 842p
- AKOUA AMBEU (P), *La fonction administrative contentieuse en Côte d'Ivoire*, Thèse, université Lyon 3, 2011, 496p

- BOUABDELLAH (M), *L'expérience algérienne du contentieux administratif : étude critique*, Thèse, université des frères Mentouri Constantine, 2005, 532p
- DABBOU (S), *Les conditions de recevabilité du recours pour excès de pouvoirs en France et en Tunisie (mimétisme et originalité)*, Thèse, université Paris 1, 1998, 377p
- DONFACK SOKENG (L), *Le droit des minorités et des peuples autochtones au Cameroun*, Thèse, université de Nantes, 2001, 527p
- FISCHER (B), *Les relations entre l'administration et les administres au Mali : contribution à l'étude du droit administratif des Etats d'Afrique subsaharienne de tradition juridique française*, Thèse, université de Grenoble, 2011, 701p
- GALLETTI (F), *Les transformations de l'État et du droit public en Afrique de l'Ouest francophone*, Thèse, université de Perpignan, 2003, 961p
- GHIAMAMA MOUELET (D. M), *Histoire de la protection de l'administré au Gabon par la juridiction administrative et par le médiateur de la république (1960-2013)*, Thèse, université de Perpignan Via Domitia, 2014, 476p
- GUESSELE ISSEME (L.-P), *L'apport de la Cour suprême au droit administratif camerounais*, Thèse, université de Yaoundé 2, 2010, 637p
- GUIMDO DONGMO (B.-R), *Le juge administratif camerounais et l'urgence*, Thèse, université de Yaoundé 2, 2004, 607p
- KAH (A), *La codification administrative au Sénégal*, Thèse, université Paris nord, 1996, 324P
- KAMTO (M), *Pouvoir et droit en Afrique noire*, Paris, LGDJ, coll. « Bibl. africaine et malgache », 1987, 545p
- KWAHOU (S), *La justice administrative au Gabon : essai sur l'exercice de la fonction juridictionnelle en matière administrative*, Thèse, université de Rouen, 2004, 463p
- MADJIGUENE DIAGNE (N), *Les méthodes et les techniques du juge en droit administratif sénégalais*, Thèse, université Cheikh Anta Diop, 1995, 517p
- MBALLA OWONO (R), *La notion d'acte administratif unilatéral en droit camerounais*, Thèse, Université de Yaoundé 2, 2010, 753p
- MEMONO (J.-J. C), *Les incidents de procédure en contentieux administratif camerounais*, Thèse, université de Yaoundé 2, 2015, 639p
- MENTRI (I), *Réflexion sur la justice administrative en Algérie depuis 1830*, Thèse, université de Perpignan Via Domitia, 2012, 343p
- MISSANG BIBANG (C), *La justice administrative au Gabon et au Cameroun. Contribution à l'étude de la réception des droits étrangers en Afrique noire francophone*, Thèse, université Toulouse 1 Capitole, 2011, 547p

- NANAN LEKOGMO (H), *L'intervention et la tierce opposition dans les contentieux publics et privés au Cameroun*, Thèse, université de Yaoundé 2, 2014, 505p
- NANG ONDO (A), *La protection du citoyen par le juge administratif au Gabon*, Thèse, université d'Aix-Marseille, 1991, 340p
- NDIAYE (M), *Gouvernance et démocratie en Afrique : le Sénégal dans la mondialisation des pratiques*, Thèse, université Michel de Montaigne Bordeaux 3, 2006, 380p
- NGANGUI (H. C), *Contribution à l'étude du contentieux administratif au Gabon*, Thèse droit, université de Reims Champagne-Ardenne, 2006, 362p
- NGAOSYVATHN (P), *Le rôle de l'impôt dans les pays en voie de développement*, Paris, LGDJ, coll. « Bibl. de science financière », t. xii, 1974, 319p
- NLEP (R.-G), *L'administration publique camerounaise. Contribution à l'étude des systèmes africains d'administration publique*, Paris, LGDJ, coll. « Bibl. africaine et Malgache » 1986, 406p
- NTAH A MATSAH (H. M), *Le ministère public dans le contentieux administratif au Cameroun : Contribution à l'étude des organes de la juridiction administrative au Cameroun*, Thèse, Université de Yaoundé 2 Soa, 2010, 626p
- NTUMBA MUSUKA (Z), *Le rôle du juge administratif congolais dans l'émergence de l'État de droit*, Paris, L'Harmattan, coll. « Notes de cours », préface de Benjamin Mulamba Mbuyi, 2014, 361p
- ONDO (T), *La responsabilité introuvable du chef d'État africain. Analyse comparée de la contestation du pouvoir présidentiel en Afrique noire francophone.* (*Les exemples camerounais, gabonais, tchadien et togolais*), Thèse, université de Reims Champagne-Ardenne, 2005, 678p
- ONDOA (M), *Le droit de la responsabilité publique dans les États en développement. Contribution à l'étude de l'originalité des droits africains postcoloniaux*, Paris, L'Harmattan, 2010, 951p
- OWONA OMGBA (B.-J), *La publicité des actes juridiques en droit public camerounais. Recherche sur l'accès au droit au Cameroun*, Thèse, université de Yaoundé 2, 2015, 616p
- REMONDO (M), *Le droit administratif gabonais*, Paris, LGDJ, coll. « Bibl. africaine et Malgache », t. xliv, 1987, 303p
-SALIF COULIBALY, *La pratique du contentieux administratif malien de l'indépendance à nos jours*, Thèse, université Nice Sophia-Antipolis, 2007, 479p
-SANOGO KLEGNARE, *Contentieux administratif en droit africain, Contribution à l'étude du contentieux administratif au Sénégal et en Côte d'Ivoire*, Thèse, université de Tours, 1983, 290p
- YAO DIASSIE (B), *Pour une justice administrative au service des partenaires administratifs. Contribution à l'étude de l'organisation*

juridictionnelle administrative en Côte d'Ivoire, Thèse, université d'Auvergne, 1986, 588p
- ZOGO ONDO (C), *Libertés publiques et nouvel ordre politique en Afrique depuis la fin des partis uniques : Le cas du Gabon*, Thèse, Université Paris XI, 2003, 434p

2- <u>Ouvrages spécifiques</u>

-<u>Monographie et autres</u>

- ALQUIE (F), *Le désir d'éternité*, Paris, PUF, coll. « Quadrige », 7e éd., 2008, 154p
- BACHELARD (G), *La dialectique de la durée*, Paris, PUF, coll. « Quadrige », 4e éd., 2006, 150p
- BERGSON (H), *La pensée et le mouvement, essai et conférence*, PUF, 1938, 157p
-CARPANO (E), MAZUYER (E), *Les grands systèmes juridiques étrangers*, Paris Gaulino Lextenso éditions, coll. « Memento Lmd », 207p
- CHARDON (M), PAYAN (G), *Guide pratique des délais et voies de recours*, Paris, Berger-Levrault, 2010, 307p
- CONSTANTINESCO (L-J), *Traité de droit comparé.* t. 1, *Introduction au droit comparé*, Paris, LGDJ, 1972, 243p
- CONSTANTINESCO (L-J), *Traité de droit comparé.* t. 2, *La méthode comparative*, Paris, LGDJ, 1974, 412p
- CUNIBERTI (G), *Grands systèmes de droit contemporains*, Paris, LGDJ Lextenso éditions, coll. « Manuel », 2e éd., 2011, 507p
- DARBY (J), *Introduction au droit américain*, Cours, Faculté internationale de droit comparé, université de Strasbourg, 1er cycle, 2012, dactylographié.
- DAVID (R), JAUFFRET-SPINOSI (C), *Les grands systèmes juridiques contemporains*, Paris, Dalloz, coll. « Précis Dalloz », 10e éd., 1992, 523p
- DEGAUDUSSON (J.-dubois de), (dir), *La concurrence des systèmes juridiques*, PUAM, 2008, 162p
- DOUCET (M), VANDERLINDEN (J) (dir), *La réception des systèmes juridiques : implantation et destin*, Bruxelles, Bruylant, 1994, 688p
- DUGRIP (O), *L'urgence contentieuse devant les juridictions administratives*, Paris, PUF, coll. « Les grandes thèses du droit français », 1991, préface de Roland Drago, 411p
-FLAUSS-DIEM, *Introduction au droit comparé*, Cours, Faculté internationale de droit comparé, université de Strasbourg, 1er cycle, 2012, dactylographié
- FROMONT (M), *Grands systèmes de droits étrangers*, Paris, Dalloz, 6e éd., 2009, 256p
- GABORIAU (S) (dir), *Le temps, la justice et le droit*, Presses universitaires de Limoges, préface de Yann Aguila, 2004, 373p

- JUEL (C), (dir), *La justice administrative garante de l'état de droit ? : Réalités juridiques et implications politiques. Convergences et particularismes dans les États francophones*, Presses universitaires de Perpignan, 2015, 265p
- LAITHIER (Y.-M), *Droit comparé*, Paris, Dalloz, coll. « Cours », 2009, 255p
- LE BOT (O), *Le guide de référés administratifs et des procédures d'urgence devant le juge administratif*, Paris, Dalloz, coll. « Guide Dalloz », 2013, 914p
- LEMASURIER (J), *Le contentieux administratif en droit comparé*, Paris, Economica, 2001, 180p
- MELLERAY (F) (dir), *L'argument de droit comparé en droit français*, Bruxelles, Bruylant, 2007, 374p
-LE TEMPS ET LE DROIT, Franche-Comté, Presses universitaires Franc-comtoises, coll. « Colloques et séminaires », Centre de recherche sur la protection juridique de la personne, 2003, 133p
- MORETEAU (O), VANDERLINDEN (J) (dir), *La structure des systèmes juridiques*, Bruxelles, Bruylant, 2004, 431p
- RAMBAUD (T), *Introduction au droit comparé. Les grandes traditions juridiques dans le monde*, Paris, PUF, coll. « Quadrige manuels », 2014, 296p
- ROUVIERE (J), *Les délais de recours en matière administrative et fiscale Guide pratique*, Paris, Berger-Levrault, 2e éd., 2002, 222p
- SACCO (R), *La comparaison juridique au service de la connaissance du droit*, Paris, Economica, coll. « Etudes juridiques comparatives » 1991, 176p
- SEILER (D-L), *La méthode comparative en science politique*, Paris, Armand Colin, 2004, 272p
- TCHAPDA PIAMEU (D), *Comment penser le temps* (*Prolégomènes aux questions actuelles*), Yaoundé, éd., Nans, 2000, 110p
- VIALA (A.) (dir.), *La Constitution et le temps*, Lyon, L'Hèrmes, 2003, 298p
-VASSILIKI, KAPSALI, *Les droits des administrés dans la procédure administrative non contentieuse. Étude comparée des droits français et grec*, Paris, LGDJ, coll. « Bibl. de droit public », t. 291, préface de Yves Gaudemet, 2015, 614p

-**<u>Thèses et mémoires</u>**

-AMRANI-MEKKI (S), *Le temps et le procès civil*, Paris, Dalloz, coll. « Nouvelle Bibl. des Thèses », 2000, 589p
- AUBERT (C), *Le délai du recours pour excès de pouvoir*, Thèse, Paris, 1937, 187p
- BRIL (I), *Le Conseil d'État et le temps : Contribution à l'étude de la fonction juridictionnelle du Conseil d'État*, Thèse, université Grenoble 2, 1999, 510p
- CENDRE-MALINAS (S), *Le temps dans le marché public*, Thèse, université Paris 2, 1997, 443p

- CHOLET (D), *La célérité de la procédure en droit processuel*, Paris, LGDJ, coll. « Bibl. de droit privé », préface de Géneviève Giudicelli-Delage, 2006, 736p
- COLONNA D'ISTRA (F), *Temps et concepts en droit des obligations. Essaie d'analyse méthodologique*, Thèse, université d'Aix-Marseille 3, 2009, 491p
- CRESP (M), *Le temps juridique en droit privé. Essai d'une théorie générale*, PUAM, préface de Jean-Hauser, 2013, 462p
- DARBON (D), *Le paradoxe administratif : perspective comparée autour de cas africains*, Thèse, université de Bordeaux 1, 1991, 270p
- DEBBASCH (C), *Procédure administrative contentieuse et procédure civile*, Paris, LGDJ, coll. « Bibl. de droit public », t. xxxviii, 1962, préface de Jean Boulouis, 467p
-DRIFI FADHEL, *Le contentieux administratif des pays du Maghreb : La protection juridictionnelle des administrés à l'épreuve du temps*, Thèse, université de Nice, 1997, 365p
- EUDE (C), *Le délai pour agir devant le juge administratif*, Thèse, université de Rouen, 1988, 507p
- HOSTEING (P), *Le délai du recours pour excès de pouvoir*, Thèse, Paris, 1939, 192p
- JACQUEMET-GAUCHE (A), *La responsabilité de la puissance publique en France et en Allemagne. Étude de droit comparé*, Paris, LGDJ, coll. « Bibl de droit public », t. 275, 2013, préface de Hafida Belrhali-Bernard, 614p
- JEUSSEAUME (S), *Le droit administratif et le temps*, Thèse, université paris X, 2002, 576p
- MBALLA OWONO (R), *Les délais de distance en contentieux administratif camerounais*, Mémoire de DEA, université de Douala, 2004, 91p
- NANA (E.E), *Droits de l'homme et justice : Le délai de procédure pénale au Cameroun*, Paris, L'Harmattan, 2010, préface de Jean-Didier Boukongou, 176p
- NGONO (S), *Le procès pénal camerounais au regard des exigences de la Charte africaine des droits de l'homme et des peuples*, Paris, L'Harmattan, 2002, coll. « Logiques juridiques », préface de Adolphe Minkoa She, 312p
- SERMET (L), *Convention européenne des droits de l'homme et contentieux administratif français*, Paris, Economica, 1996, préface de Louis Dubouis, 450p

II- ARTICLES

1- Articles généraux

*Droit français

- AUBY (J.-M), « Les recours administratifs préalables », *AJDA*, n° 1/1997, p. 10-15

- AUTIN (J.-L), SUDRE (F), « La dualité fonctionnelle du Conseil d'État en question devant la Cour européenne des droits de l'homme A propos de l'arrêt *Procola c/ Luxembourg* du 28 sept. 1995 », *RFDA*, n° 4/1996, p. 777-795
- BELDA (B), « Faut-il généraliser le recours administratif obligatoire ? », *RDP*, n° 6/2008, p. 1483-1512
- BELORGEY (G), « Le ministère de l'outre-mer : les raisons de la permanence et les besoins de réforme », *RFAP*, n° 101/2002, p. 83-96
- BERGEL (J.-L), « Regard sur la recherche en droit », *in L'homme et le droit, Mélanges et hommage à Jean-François Flauss*, Paris, Pedone, 2014, p. 53-68
- BIGOT (G), « Henry Barthélemy ou la tradition du Liberal- étatisme », *in* N. Hakim et F. Melleray (Études réunies par), *Le renouveau de la doctrine française. Les grands auteurs de la pensée juridique au tournant du 20e siècle*, Paris, Dalloz, coll. « Méthodes du droit », 2009, p. 199-214
- BOT (S), « L'aggiornamento du Conseil d'État : entre modernité et tradition », *RDP*, n° 5/2010, p. 1273-1304
- BOUDON (J), « La méthode juridique selon Adhémar Esmein », *in* N. Hakim et F. Melelleray (Etudes réunies par), *Le renouveau de la doctrine française. Les grands auteurs de la pensée juridique au tournant du 20e siècle*, Paris, Dalloz, coll. « Méthodes du droit », 2009, p. 263-279
- BOUDON (J), « La réforme du Tribunal des conflits », *RDP*, n° 6/2014, p. 1579-1590
- BRISSON (J.-F), « Les recours administratifs préalables obligatoires en droit public français, alternative au juge ou voie sans issue ? », *Table ronde organisée par la Chaire "Mutations de l'Action publique et du Droit public", Sciences Po*, 13 mars 2009, version électronique
- BRISSON (J.-F), « Régler autrement les litiges administratifs : les recours gracieux et hiérarchiques, voie alternative de protection des administrés », *RDP*, 1996, p. 793-842
- CADIET (L), « Et les principes directeurs des autres procès ? Jalons pour une théorie des principes directeurs du procès », *in Justice et droits fondamentaux, Etudes offertes à Jacques Normand*, Paris, LexisNexis, 2003, p. 71-110
- CALLET (C), « La fonction juridictionnelle à l'épreuve de la question préjudicielle. Regard théorique sur les fonctions de la question préjudicielle », *Jurisdoctoria*, n° 6/2011, p. 17-41
- CANEDO-PARIS (M), « Le double apport de l'arrêt Mme Perreux : invocabilité des directives, charge de la preuve Note sous l'arrêt du Conseil d'État, ass., 30 octobre 2009, Mme Perreux », *RFDA* 2010, p. 126.
- CASSESE (S), « La globalisation du droit », *in La conscience des droits, Mélanges en l'honneur de Jean Paul Costa*, Paris, Dalloz, 2011, p. 113-128
- CASSIA (P), « Le juge administratif des référés, la qpc et le droit de l'Union européenne », *La semaine juridique édition générale*, n° 26, 2010, 739

- CASTAING (C), « Les procédures civile et administrative confrontées aux mêmes exigences du management de la justice », *AJDA*, n° 17/2009, p. 913-920
- CHABANOL (D), « Barrage contre le recours contentieux », *Revue de droit fiscal*, n° 31/1986, 100036
- CHABANOL (D), « La régularisation des requêtes devant la juridiction administrative », *AJDA*, n° 5/1993, p. 331-335
- CHAPUS (R), « Qu'est-ce qu'une juridiction ? La réponse de la jurisprudence », *Mélanges Eisenmann*, Paris, éd., Cujas, 1975, p. 265-298
- CHEVALLIER (J), « Peut-on encore parler d'un modèle français d'administration ? », *in La conscience des droits, Mélanges en l'honneur de Jean-Paul Costa*, Paris, Dalloz, 2011, p. 129-138
- CHEVALLIER (J), « Fonction contentieuse et fonction juridictionnelle », *Mélanges Michel Stassinopoulos*, Paris, LGDJ, 1974, p. 275-290
- CHEVALLIER (J), « Pour une sociologie du droit constitutionnel », *in L'architecture du droit, Mélanges en l'honneur de Michel Troper*, Paris, Economica, 2006, p. 281-298
- CHEVALLIER (J), « Vers un droit post-moderne ? Les transformations de la régulation juridique », *RDP*, n° 3/1998, p. 658-690
- CIAUDO (A), « Le recours administratif préalable obligatoire, un obstacle à l'accès au juge ? », *in* V. Donier, B. Lapérou-Scheneider (dir), *L'accès au juge, Recherches sur l'effectivité d'un droit*, Bruxelles, Bruylant, 2013, p. 826-839
- CIAUDO (A), « Moyens d'ordre public et garantie des droits des administrés », *Les petites affiches*, n° 240/2009, p. 3-14
- CIAUDO (A), « S'en remettre à la sagesse du juge administratif », *Juris classeur périodique administration*, 7 avr. 2008, p. 21-27
- DEGOFFE (M), « Décision préalable et recours administratif obligatoire », *Répertoire de contentieux administratif*, Paris, Dalloz, mis à jour en mars 2013
- DELANAUY (B), « Le régime des demandes. Les obligations de l'administration », *in* S. Saunier (dir) *La loi du 12/04/2000 relative aux droits des citoyens dans leurs relations avec les administrations dix ans après*, Paris, LGDJ, Presses de l'université Toulouse 1 Capitole, 2012, p. 217-230
- DELMAS-MARTY (M), « Les processus de mondialisation du droit », *in* C.-A Morand (dir), *Le droit saisi par la mondialisation*, Bruxelles, Bruylant, 2001, p. 63-80
- DELVOLVE (P), « Paradoxes du (ou paradoxes sur) principe de séparation des autorités administrative et judiciaire », *Mélanges René Chapus*, Paris, Montchrestien, 1992, p. 135-145
- DELVOLVE (P), « Référé-liberté et voie de fait. Note sous Conseil d'État, référé, 23 janvier 2013, *Commune de Chirongui* », *RFDA*, n° 2/2013, p. 299-305

- DEUMIER (P), « La publication de la loi et le mythe de sa connaissance », *Les petites affiches*, n° 46/2000, p. 6-16
- DUBREUIL (C.-A), « Computation du délai de recours opposable aux tiers en matière de contestation des décisions des commissions départementales d'aménagement commercial », *La semaine juridique administrations et collectivités territoriales*, n° 29, 15 juil. 2013, act. 620.
- DUBREUIL (C.-A), « Le champ d'application des dispositions du code », *RFDA*, n° 1/2016, p. 17-22
- DUBREUIL (C.-A), « précision sur les pouvoirs d'instruction du juge administratif », *La semaine juridique édition générale*, n° 10, 2012, 289
- DUBREUIL (C.-A), « Tribunal des conflits : réformer, simplifier, sinon rien ! », *La semaine juridique administrations et collectivités territoriales*, n° 4, 2014, act. 85
- DUHAN (R), N. MAHE (R), « La phase pré-contentieuse en procédure civile et administrative », *in* Christian Vallar et autres (dir), *Procès administratif et procès civil : convergences et divergences*, PUAM, 2014, p. 23-41
- EKERT (G), « Du sursis à exécution au référé- suspension », *in* P. Wachsman (dir), *Le nouveau juge des référés. réflexion sur la réforme opérée par la loi du 30 juin 2000*, Presses universitaires de Strasbourg, 2002, p. 111-130
- EVEILLARD (G), « L'adoption des actes administratifs unilatéraux-Forme, délais, signature », *RFDA*, n° 1/2016, p. 40-49
- FANACHI (P), « Le juge administratif français et le droit au procès équitable », *in* E. Decaux (dir), *Justice et droits de l'homme*, Bruxelles, Bruylant, 2003, p. 660-682
- FOULQUIER (C), « La certification de la date d'accomplissement d'une formalité administrative », *in* S. Saunier (dir) *La loi du 12/04/2000 relative aux droits des citoyens dans leurs relations avec les administrations dix ans après*, Paris, LGDJ, Presses de l'université Toulouse 1 Capitole, 2012, p. 191-215
- FOYER(J), « Le devenir du droit français en Afrique », *Penant*, n° 690/1962, p. 1-6
- GAUDEMET (Y), « Les questions préjudicielles devant les deux ordres de juridiction », *RFDA*, n° 5/1990, p. 764-776
- GOHIN (O), « La juridiction administrative d'outre-mer », *in Mélanges René Chapus*, Paris, Montchrestien, 1992, p. 279-297
- GOHIN (O), « Religion, statut personnel et adaptation du droit dans les outre-mers français », *in* F. Faberon (dir), *Liberté religieuse et cohésion sociale : la diversité française*, PUAM, coll. « Droit et religion », préface de Jacques Robert, 2015, p. 539-552

- GOHIN (O), « La contradiction hors de l'influence de l'article 6 § 1 de la Convention européenne des droits de l'homme La contradiction avant l'article 6 § 1 », *RFDA*, n° 1/2001, p. 2-12.
- GONOD (P), « Le Conseil d'État à la croisée des chemins ? », *AJDA*, n° 12/2008, p. 630-633
- GONOD (P), « La réforme réalisée. La modification de la loi du 24 mai 1872 », *RFDA* n° 2/2015, p. 331- 342
- JEANGIRARD-DUFFAL (C), « Quelle performance attendre du juge administratif », *in* N. Albert (dir), *Performance et droit administratif*, Paris, LexisNexis Litec, coll. « Colloques et débats », 2010, p. 269-284
- JEGOUZO (Y), « Les 60 ans des tribunaux administratifs », *AJDA*, n° 40/2013, p. 228-2283
- JIOGUE (G), « Quel avenir pour le modèle juridique français en Afrique ? », *in* R. Cabrillac (dir), *Quel avenir pour le modèle juridique français dans le monde ?*, Paris, Economica, coll. « Études juridiques », 2011, p. 83-138
- LABETOULLE (D), « Débats », *in* P. Wachsman (dir), *Le nouveau juge administratif des référés. réflexion sur la réforme opérée par la loi du 30 juin 2000*, Presses universitaires de Strasbourg, 2002, p. 83-91
- LADIE (Y), « La régulation par le juge des conditions de recevabilité des requêtes : la question de l'intérêt collectif devant le juge administratif », *in* V. Donier, B. Lapérou-Schneider (dir), *La régulation par le juge de l'accès au prétoire*, Paris, Dalloz, coll. « Thèmes commentaires actes », 2013, p. 47-58
- LAFARGUE (R), « La justice outre-mer : justice du lointain, justice de proximité », *RFAP*, n° 101/2002, p. 97-100
- LAVEISSIERE (J), « À propos des « organismes collégiaux » du décret du 11 janvier 1965 relatif aux délais du recours contentieux », *Recueil Dalloz*, 1990, p. 393-395
- LE BOT (O), « Le juge administratif des référés au secours de l'exécution d'une décision de justice », *AJDA*, n° 21/2010, p. 1206-1208
- LEBOT (O), « La détermination, par le juge des référés, des conditions de recevabilité des recours au fond », *in* V. Donier, B. Lapérou-Schneider (dir), *La régulation par le juge de l'accès au prétoire*, Paris, Dalloz, coll. « Thèmes commentaires actes », 2013, p. 91-104
- LEGER (J), « La procédure d'aide à l'exécution », *RRJ*, n° 5/2003, (numéro spécial), p. 3133-3135
- LEPETIT-COLLIN (H.), PERRIN (A), « La distinction des recours contentieux en matière administrative Nouvelles perspectives », *RFDA* n° 11/ 2011, p. 813-829
- LESSI (J), « Les questions préjudicielles du juge administratif à l'autorité judiciaire », *AJDA* n° 5/ 2015, p. 274- 278
- LEVY (D), « L'efficacité de la question prioritaire de constitutionnalité-Le point de vue du justiciable et de ses conseils », *AJDA*, n° 22/2011, p. 1251-1256

- LLORENS (F), « Le référé précontractuel entre continuité et changement », *in* P. Wachsman (dir), *Le nouveau juge des référés. réflexions sur la réforme opérée par la loi du 30 juin 2000*, Presses universitaires de Strasbourg, 2002, p. 27-72
- LUCHAIRE (F), « Un janus constitutionnel : l'égalité », *RDP*, 1986, p.1229-1274
- MALABRE (J-E), « L'exécution tardive des arrêts de reconduits à la frontière. À propos de l'arrêt du Conseil d'État, 1er avril 1998 Préfet des Yvelines c/ Mme Nsonde et l'arrêt de la Cour de cassation, 2e chambre civile, 12 novembre 1997, Préfet de la Gironde c/Kaniama », *RFDA*, n° 3/1999, p. 499-507.
- MALAURIE (J), « Droit et logique coloniale », *in* M. Doucet, J. Vanderlinden (dir), *La réception des systèmes juridiques : implantation et destin*, Bruxelles, Bruylant, 1994, 449-458
- MARION (A), « Du mauvais fonctionnement de la juridiction administrative et de quelques moyens d'y remédier », *Pouvoirs*, n° 46/ 1988, p. 21-34
- MELLARAY (F), « Que reste-t-il de la jurisprudence Septfonds ? », *Droit administratif*, n° 1, 2012, comm. 10
- MESTRE (A), « La démocratie administrative », *in Mélanges Paul Couzinet*, Université des sciences sociales de Toulouse, préface de Roger Pallard, 1974, p. 561-576
- MESTRE (J.-L), « La nature législative du décret du 16 fructidor an III », *RFDA*, n° 5/2012, p. 915-920
- MINDU (P), « Quelles perspectives pour le droit du procès administratif ? », *in* J. Fialaire, G. Kimboo (dir), *Le nouveau droit du procès administratif Les évolutions choisies, les évolutions subies*, Paris, L'Harmattan, coll. « Logiques juridiques », 2013, p. 199-2010
- MODERNE (F) « Le référé-liberté devant le juge administratif », *in* P. Wachsman (dir), *Le nouveau juge des référés. Réflexion sur la réforme opérée par la loi du 30 juin 2000*, Presses universitaires de Strasbourg, 2002, p. 131-150
- MONNIER (F), « D'un Conseil d'État à l'autre », *in* R. Badinter (dir), *Une autre justice*, Paris, Librairie Arthème Fayard, 1989, p. 283-303
- NIQUEGE (S), « L'absence du contradictoire dans la procédure administrative contentieuse. Problématique générale », *in* J. Gourdou, O. Lecucq et J. Madec, *Le principe du contradictoire dans le procès administratif*, Paris, L'Harmattan, coll. « Bibl. de droit », 2010, p. 22-35
- ODENT (R), « Le destin des fins de non-recevoir », *in Mélanges Marcel Waline*, Paris, LGDJ, t. 2, 1974, p. 653-664
- ONDO (T), « La théorie de la décision confirmative », *Droit Administratif*, n° 8-9, 2006, étude 16
- OST (F), VAN DE KERCHOVE (M), « De la pluralité à la transversalité. La science juridique à la croisée des disciplines », *in* C. Alonso et autres (dir), *La*

pensée du doyen Hauriou à l'épreuve du temps, PUAM, 2015, p. 261. 257-278.
- PACTEAU (B), « Le contrôle de l'administration Le contrôle par une juridiction administrative Existence ou non d'une juridiction administrative La conception française du contentieux administratif », *Revue administrative*, n° (spécial) 3/2000, p. 91-105
- PACTEAU (B), « Note sous CE, 29 mars 1985, Testa », *Revue administrative*, n° 226/1985, p. 359-363.
- PAULIAT (H), « Le silence gardé par l'administration vaut acceptation : un principe en trompe-l'œil ? », *La semaine juridique administrations et collectivités territoriales* n° 38, 2013, act. 737.
- PIETTE-COUDOL (T), « Les recours aux moyens électroniques dans la procédure civile, pénale et administrative », *Communication Commerce électronique*, n° 11, 2009, étude 24
- PISSALOUX (J.-L), « Réflexions sur les moyens d'ordre public dans la procédure administrative contentieuse », *RDP*, 1999, p. 781-828
-POIROT-MAZERES (I), « La loi DCRA, horizon indépassable de la relation administrative ? », *in* S. Saunier (dir), *La loi du 12/04/2000 relative aux droits des citoyens dans leurs relations avec les administrations dix ans après*, Paris, LGDJ, Presses de l'université Toulouse 1 Capitole, 2012, p. 287-302
- POIROT-MAZERES (I), « Les décisions d'espèce », *RDP*, 1992, p. 443-512.
- PONTIER (J.-M.), « Le droit administratif français », *in* C.-A. Dubreuil (dir), *L'évolution du droit administratif en France et en Russie*, Paris, PUF, « coll. Thémis/Essais », 2016, p. 1-20.
- QUILLEVERE (G), « L'organisation de l'instruction du procès administratif », *in* J. Fialaire, G. Kimboo (dir), *Le nouveau droit du procès administratif Les évolutions choisies, les évolutions subies*, Paris, L'Harmattan, coll. « Logiques juridiques », 2013, p. 33-48
- RIVERO (J), « Sanction juridictionnelle et règle de droit », *Études juridiques offertes à Léon Julliot De La Morandière*, Paris, Dalloz, 1964, p. 457-470
- ROBERT (J), « La bonne administration de la justice », AJDA 1995 (hors-série), p. 117-132
- ROCHE (J), « Les exceptions à la règle de la décision préalable devant le juge administratif », *in Le juge et le droit public, Mélanges offerts à Marcel Waline*, Paris, LGDJ, t. 2, 1974, p. 733-750
- ROULOT (J-F), « La règle de la décision préalable Les possibilités de régularisation », *Droit administratif*, mai 1999, p. 6-11
- ROUSSEAU (D), « La QPC, quels changements pour le droit ? », *in* R. Cabrillac (dir), *Quel avenir pour le modèle juridique français dans le monde* ?, Paris, Economica, coll. « Études juridiques », 2011, p. 61-70
- ROUSSEL (F), « Un code également innovant dans sa partie outre-mer », *RFDA*, n° 1/2016, p. 69-74

- SAUVE (J.-M), « Bilan d'une réforme », *in* C. Teitgen- Colly (dir), *Perspectives contentieuses des réformes de la justice administrative*, Paris, LGDJ, coll. « Systèmes droit », 2011, p. 33-38
- SAUVE (J-M), « Le juge administratif et les actes et les activités de droit privé », Allocution à l'occasion des Deuxièmes Etats Généraux du droit administratif, 27 juin 2012, http://www.conseil-etat.fr/Actualites/Discours-Interventions/Le-juge-administratif-et-les-actes-et-activites-de-droit-prive
- SEILLER (B), « Les juges de l'administration », *in* P. Gonod, F. Melleray, P. Yolka (dir), *Traité de droit administratif*, Paris, Dalloz, t. 2, 2011, p. 435-486
- SEILLER (B), « Quand les exceptions infirment (heureusement) la règle : le sens du silence de l'administration », *RFDA*, n° 1/2014, p. 35-42
- SEILLER (B), « Sécurité juridique et office du juge administratif », *RDP* n°3/ 2016, en ligne
- SINKONDO (M), « Une pierre d'angle de la construction juridique de l'État : l'irréductible acte de gouvernement dans les relations internationales », *RRJ*, 1/2006, p. 235-278
- STAHL (J.- H), « La saisine du juge administratif : procédure préalable et conditions de recevabilité », *Revue administrative*, n° 7 (spécial), 1999, p. 98-102
- STIRN (B), « Il y a une adhésion collective aux réformes en cours dans la juridiction administrative », *AJDA*, n° 1/2008, p. 4-5
- TRAMONI (J-J), « L'acte, le juge et les délais », *RRJ*, n° 1/2000, p. 255-284
- TRUCHET (D), « Le droit administratif vu par un professeur de droit », *AJDA*, n° 7/2013, p. 404-406
- TRUCHET (D), « Plaidoyer pour une cause perdue : la fin du dualisme juridictionnel », *in* A. Van Lang (dir), *Le dualisme juridictionnel : limites et mérites*, Paris, Dalloz, coll. « Thèmes commentaires actes », 2007, p. 199-206
- TRUCHET (D), « Différentes catégories de recours administratifs », *Répertoire de contentieux administratif*, Paris, Dalloz, mis à jour en janv. 2015
- THÉRON (S), « Les questions d'appréciation de la régularité d'un acte et d'interprétation devant le juge », *AJDA* n° 7/ 2012, p. 2037- 2044
- TURPIN (D), « L'état actuel du dualisme juridictionnel en France », *in* C.-A. Dubreuil (dir), *L'évolution du droit administratif en France et en Russie*, Paris, PUF, « coll. Thémis/Essais », 2016, p. 233-243.
- VERPEAUX (M), « Le juge administratif et la question préjudicielle de constitutionnalité », *in* C. Teitgen-Colly (dir), *Perspectives contentieuses des réformes de la justice administrative*, Paris, LGDJ, coll. « Systèmes droit », 2011, p. 77-81
- VITALIEN (C), « Les régions ultra-périphériques entre assimilation et différenciation », *RFAP*, n° 101/2002, p. 115-126
- VOGEL (L), « Allocution d'ouverture », *in* O. Gohin (dir), *Les procédures d'urgences : approche comparative*, Editions Panthéon Assas, 2008, p. 13-14

- WARUSFEL (B), « L'avocat comme acteur majeur du procès constitutionnel », *in* E. Cartier (dir), *La qpc, le procès et ses juges. L'impact sur le procès et l'architecture juridictionnelle.* , Dalloz, coll. « Méthodes du droit », 2013, p. 86-89
- WOEHRLING (J.-M), « Réflexions sur une crise : la juridiction administrative à la croisée des chemins », *in Service public et libertés, Mélanges Robert-Édouard Charlier*, Paris, Éditions de l'université et de l'enseignement moderne, 1981, p. 341- 368
- YOLKA (P), « Propos introductifs », *in La doctrine en droit administratif*, Paris, Litec, coll. « Colloques et débats », 2010, p. xvii-xxiii
- « Vers une nouvelle mise en cause du rapporteur public devant la CEDH ? À propos de l'affaire Marc-Antoine », *RDP*, n° 6/ 2012, p. 1491-1522

*__Droits d'Afrique francophone__
- ABA'A OYONO (J.-C), « Chronique du grain de sable dans la fluidité jurisprudentielle à la chambre administrative du Cameroun », *Juridis Périodique*, n° 78/2009, p. 62-74
- AKAM AKAM (A), « Libres propos sur l'adage "nul n'est censé ignorer la loi" », *RRJ*, n° 1/2007, p. 31-56
- AKENDENGUE (M), « L'organisation de la justice administrative au Gabon », *Revue administrative*, n° 6 (spécial) /1999, p. 43-48
- AKENDENGUE (M), « Le principe de l'égalité des parties en procédure contentieuse administrative au Gabon », *in* E. Decaux (dir), *Justice et droit fondamentaux*, Bruxelles Bruylant, 2003, p. 364-377.
- ATANGANA (B), « Actualité de la palabre ? », *Études*, n° 324/1996, p. 460-466
- ATEBA EYONG (A.-R), « La doctrine administrative camerounaise et "son" juge : chronique d'un divorce aux torts partagés », *in* M. Kamto et autres (dir), *Regards sur le droit public en Afrique. Mélanges en l'honneur du doyen Joseph-Marie Bipoun-Woum*, Paris, L'Harmattan, coll. « Etudes africaines, série droit », 2016, p. 297-324
- ATEMENGUE (J. D N), « Production du droit public interne et contexte politique : le cas du Cameroun », *RDIDC*, n° 2/2012, p. 261-300
- BADARA FALL (A), « Le juge, le justiciable et les pouvoirs publics : pour une appréciation concrète de la place du juge dans les systèmes politiques en Afrique », *Afrilex*, n° 03/2003, p. 4-31
- BADARA FALL (A), « L'accessibilité à la justice en Afrique », *in* E. Decaux (dir), *Justice et droit de l'homme*, Bruxelles Bruylant, 2003, p. 323-340
- BADARA FALL (A), « Universalité des droits de l'homme et pluralité juridique en Afrique. Analyse d'un paradoxe », *in La Constitution et les valeurs, Mélanges en l'honneur de Dmitri Georges Lavroff*, Paris, Dalloz, 2005, pp. 359-380

- BELAID (S), « La juridiction administrative en Tunisie, présentation générale et observations critiques », *in* G. Conac et Jean du Bois de Gaudusson (dir), *Les Cours suprêmes en Afrique, La jurisprudence administrative*, Paris, Economica, t. 3, 1988, p. 312-339
- BINYOUM (J), « Bilan de vingt ans de jurisprudence de la Cour Suprême du Cameroun : première partie, 1957-1965 », *Revue camerounaise de droit*, n° 15, 16/ 1978, p. 23-41
- BIPOUN WOUM (J. M), « Recherches sur les aspects actuels de la réception du droit administratif dans les Etats d'Afrique noire d'expression française : le cas du Cameroun », *RJPIC*, n° 3/1972, p. 359-387
- BLEOU (D.- M), « La chambre administrative de la cour suprême de la Côte d'Ivoire », *in* G. Conac, Jean Dubois de Gaudusson (dir), *Les cours suprêmes en Afrique. La jurisprudence administrative*, Paris, Economica, t. 3, 1988, p. 112-146
- BRARD (Y), « Réflexions sur le code gabonais des juridictions administratives. (Loi n° 17/84 du 29 décembre 1984) », RJPEF, n° 3-4/1985, p. 916-936
- CONAC (G), « Les politiques juridiques des Etats d'Afrique francophone au lendemain des indépendances », *in Mélanges en l'honneur du professeur* Gustave *Peiser*, Presses universitaires de Grenoble, coll. « Droit public », 1995, p. 141-161
-CONAC (G), « Le juge et la construction de l'État de droit en Afrique », *in Mélanges Guy Braibant*, Paris, Dalloz, 1997, p. 105- 199
- DEGNI-SEGUI (R), « L'accès à la justice et ses obstacles », *in L'effectivité des droits fondamentaux dans les pays de la communauté francophone*, Montréal, Aupel-Uref, 1994, p. 241-254
-DEMBA SY, « Justice administrative et droit administratif en Afrique. Un bilan », *in Espaces du service public, Mélanges en l'honneur de Jean du Bois de Gaudusson*, Presse universitaires de Bordeaux, t. 1, 2013, p. 653-670
- DEMBA SY, « Près de deux siècles de justice administrative au Sénégal Entre continuité et changement », *in* M. Badji, O. Devaux (dir), *De la justice coloniale aux systèmes judiciaires africains contemporains*, Presses de l'université des sciences sociales de Toulouse, 2006, p. p. 181-197.
- DEVAUX (O), LOUIS MARTIN (M), « La justice au Maroc à l'époque coloniale », *in* M. Badji, O. Devaux (dir), *De la justice coloniale aux systèmes judiciaires africains contemporains*, Presses de l'université des sciences sociales de Toulouse, 2006, p. 311-322,
- DIAGNE (M), « La contribution du Conseil d'État sénégalais à la construction de l'État de droit », *Revue administrative*, n° (spécial) 6/1999, p. 81-88
- DIAKHATE (M), « Les ambiguïtés de la juridiction constitutionnelle dans les États de l'Afrique noire francophone », *RDP*, n° 3/2015, p. 785-828

- DONFACK SOKENG (L), « Cinquante ans de réforme politique et constitutionnelle : la quête d'un "modèle" camerounais de démocratie », *in* D. Abouem A Tchoyi, S.-C. M'bafou (dir), *50 ans de réforme de l'État au Cameroun. Stratégies, bilans et perspectives*, Paris, L'Harmattan, préface de Simon Achidi Achu, 2013, p. 438-468
- DONFACK SOKENG (L), « Les incertitudes de la notion de "libertés publiques" », *Annales de la faculté des sciences juridiques et politiquesde l'Université de Dschang*, Presses universitaires d'Afrique, 1997, t. 1, vol. 2, p. 23-39
- DONFACK SOKENG (L), « La Cameroun et les conventions internationales relatives aux droit de l'homme », *in* J-L Atangana Amougou (dir), *Le Cameroun et le droit international*, Paris, A Pedone, coll. « Colloque », 2014, p. 117-135
- DONSOU (A), « Acteurs politico-institutionnels et État de droit constitutionnel en Afrique », *in* M. Moustapha Aidara (dir), *A l'ombre du droit*, Paris, L'Harmattan, 2013, p. 153-190
- DOUMBE-BILLE (S), « La Charte africaine des droits de l'Homme et des peuples », Annuaire international des droits de l'Homme, 2006, vol. 1, p. 139-158.
- EFFA (J. P), « Le principe du contradictoire dans la procédure administrative contentieuse au Cameroun », *Revue de droit administratif-Cameroun*, n° 3/2013, p. 23-306.
- FOUDA (G), « L'accès au droit : richesse et fécondité d'un principe pour la socialisation juridique et l'État de droit en Afrique Noire francophone », *Afrilex*, 2000/01, p. 1-11
- FOUMANE AKAME (J), « Les grandes étapes de la construction juridique au Cameroun », *Penant*, n° 764/ 1979, p. 188-196
- GADJI (A), « L'accès à la justice entre quête et requête : quelques observations sur un droit fondamental à valoriser en côte d'ivoire », *in* F. Hourquebie (dir), *Quels service public de la justice en Afrique francophone ?*, Bruxelles, Bruylant, 2013, p. 95-122
- GAUTRON (J.-C), « Réflexions sur l'autonomie du droit public sénégalais », *Annales africaines*, 1969, p. 29-41
- GORDA (K), « La procédure devant le tribunal administratif », *in* SadokBelaid (dir), *L'ouvre jurisprudentielle du tribunal administratif tunisien*, université de Tunis, Centre d'études de recherche et de publications, 1990, p. 177-208
- GUIMDO DONGMO (B.-R), « Le droit d'accès à la justice administrative au Cameroun. Contribution à l'étude d'un droit fondamental », *RRJ*, n° 1/ 2008, p. 453-449
- H NGWA NFOBIN (E), « Le problème d'inexécution des décisions du juge administratif au Cameroun », *Revue africaine des sciences juridiques*, n° 1, 2010, vol 7, p. 297-317

- JOHN-NAMBO (J), « Quelques héritages de la justice coloniale en Afrique », *Droit et Société*, n° 51/52, 2002, p. 325-343
- KAMTO (M), « La fonction administrative contentieuse de la Cour suprême du Cameroun », *in* G. Conac et J. du Bois de Gaudusson, *Les Cours suprêmes en Afrique. La jurisprudence administrative*, Paris, Economica, t. 3, 1988, p. 31-67
- KAMTO (M), « La mise en cause des autorités administratives devant le juge judiciaire camerounais », *in Espaces du service public, Mélanges en l'honneur de Jean du Bois de Gaudusson*, Presse universitaires de Bordeaux, t. 1, 2013, p. 335-363
- KAMTO (M), GUIMDO (B.-R), « Le silence de l'administration en droit administratif camerounais », *Lex Lata*, n° 005/1994, p. 10-14
- KENFACK (P. E), « La gestion des systèmes juridiques par les Etats d'Afrique noire : les enseignements de l'expérience camerounaise », Revue du centre de recherche sur les droits fondamentaux, université de Caen, n° 7/2009, p. 153-160
- KEUTCHA TCHAPNGA (C), « L'autorisation tacite, cinq ans après sa consécration en droit positif camerounais », *RJPEF*, n° 3/1997, p. 320-338
- KEUTCHA TCHAPNGA (C), « Le juge constitutionnel, juge administratif au Bénin et au Gabon ? », *RFDC*, n° 75/2008, p. 551-583
- KEUTCHA TCHAPNGA (C), « La réforme attendue du contentieux administratif au Cameroun », *Juridis Périodique*, n° 70/2007, p. 24-29
- KEUTCHA TCHAPNGA(C), « Le régime juridique du sursis à exécution dans la jurisprudence administrative camerounaise », *Juridis Périodique*, n° 38/1999, p. 83-92
- KOFFI AHADZI, « L'accès à la justice Brèves réflexions sur le cas des États d'Afrique noire francophone », *in* M. Pâques et M. Faure (dir), *La protection de l'enivrement au cœur du système juridique international et du droit interne. Acteurs, valeurs et efficacité*, Bruxelles, Bruylant, 2003, p. 397-405.
- KUATE TAMEGHE (S. S), « La réforme du statut de la magistrature au Cameroun », *in* D. Abouem A Tchoyi, S.-C. M'bafou (dir), *50 ans de réforme de l'État au Cameroun. Stratégies, bilans et perspectives*, Paris, L'Harmattan, préface de Simon Achidi Achu, 2013, p. 387-402
- KUYU NWISSA (C), « Les institutions de la démocratie et de l'État de droit. Point de vue anthropologique », *in Actes de la deuxième réunion préparatoire au symposium de Bamako*. N'djamena, 29 mars 2000, version électronique
- KWAHOU (S), « Le juge administratif, parent pauvre du contentieux des marchés des personnes publiques au Gabon », *RJP*, n° 2/2013, p. 139-164
- KWAHOU (S), « L'état de la jurisprudence gabonaise en matière de responsabilité de l'administration », *RJP* n° 3/2016, p. 379- 402.
- LUCHER (Y), « La Chambre administrative de la Cour suprême du Gabon », *in* G. Conac, Jean Dubois de Gaudusson, *Les Cours suprêmes en*

Afrique. La jurisprudence administrative, Paris, Economica, t. 3, 1988, p. 192-225
- MENGUE ME ENGOUANG (F), « La publicité des lois et règlements au Gabon », *Penant*, n° 788/789, 1985, p. 262-276
- MENGUE ME ENGOUANG (F), « Où en est le processus de démocratisation au Gabon ? », *Juridis Périodique*, n° 35/1998, p. 97-102
- MESCHERIAKOFF (A. S), « *Le déclin de la fonction administrative contentieux au Cameroun* », *RJPIC*, t. 34, n° 4/1980, p. 746-870
- MICHELET (E), « La conciliation dans la procédure sénégalaise », *Penant*, n° 767/1980, p. 135-161
- MOMO (C), « Droit administratif et crise économique au Cameroun », *Revue africaine de parlementarisme et de démocratie*, n° 10/2015, p. 349-409
- MOUDOUDOU (P), « Les tendances du droit administratif dans les Etats d'Afrique francophone », *RJP*, n° 1/2010, p. 43-97
- MPESSA (A), « Le contentieux de la caisse nationale de prévoyance sociale devant le juge administratif camerounais », *Juridis Périodique*, n° 89/2012, p. 71-81
- MPESSA (A), « Une avancée dans l'accès à la justice administrative au Cameroun : La nouvelle formulation de la règle du recours gracieux, d'après l'article 17 de la loi n° 2006/022 du 29 décembre 20016 », *RJP*, n° 1/2014, p. 43-78
- NOUAZI KEMKENG (C.-V), « L'idéologie de l'unité nationale et le révisionnisme constitutionnel au Cameroun », *Jurisdoctoria*, n° 12/2015, p. 155-184
- NTONGA BOMBA (S.-V), « Trente-huit ans d'indécision et d'incertitude dans la répartition des compétences en matière administrative au Cameroun : 1972-2010 », *in* M. Ondoa (dir), *L'administration publique camerounaise à l'heure des réformes*, Paris, L'Harmattan, préface de Joseph Owona, 2010, p. 171-189
- OLINGA (A-D), « L'Afrique face à la "globalisation" des techniques de protection des droits fondamentaux », *RJP*, n° 1/1999, p. 67-84
- ONDOA (M), « Le droit administratif français en Afrique francophone : Contribution à l'étude de la réception des droits étrangers en droit interne », *Revue juridique et politique indépendance et coopération*, n° 3/2002,
- OGO SECK (P), « De l'État de droit en Afrique et au Sénégal Concept et réalité », *in* M. Badji, O. Devaux (dir), *De la justice coloniale aux systèmes judiciaires africains contemporains*, Presses de l'université des sciences sociales de Toulouse, 2006, p. 391- 406
- PEKASSA NDAM (G.-M), « La gratuité du service public de la justice en Afrique francophone : le cas du Cameroun », *in* Fabrice Hourquebie (dir), *Quel service public de la justice en Afrique francophone ?*, Bruxelles, Bruylant, 2013, p. 123-140

- ROUSSET(M), « Le contentieux administratif au Maroc. Des juridictions françaises à l'unification des tribunaux », *Annuaire de l'Afrique du nord*, 1965, p. 117-134
- SACKO(M), « Sortir la jurisprudence africaine de l'anonymat », *Revue internationale de droit africain*, n° 22/1994, p. 7-9
- SALAMI (I), « L'efficacité de la justice administrative au Bénin : cas du recours pour excès de pouvoir », *in* F. Hourquebie (dir), *Quel service public de la justice en Afrique francophone ?*, Bruxelles, Bruylant, 2013, p. 53-94
- SIETCHOUA DJUITCHOKO(C), « L'autonomie du recours en cassation en contentieux administratif au Cameroun (à propos de la réforme récente du contentieux administratif) 1er partie », *Juridis Périodique*, n° 82/2010, p. 77-85
- SIETCHOUA DJUITCHOKO(C), « Recherches sur la concession en droit administratif camerounais dans le contexte de libéralisation économique de la fin du XXe s », *Revue internationale de droit africain*, n° 56/2003, p. 7-29
- TENGO (L), « Le contentieux des marchés publics en république du Congo », *RJP*, n° 3/2015, p. 275-297
- TOGOLO (O), « La publicité des actes administratifs par voie de masse-média », *in* M. Ondoa (dir), *L'administration camerounaise à l'heure des réformes*, Paris, L'Harmattan, préface de Joseph Owona, 2010, p. 191-216
- TSATSABI (E), « La dualité des fonctions du Conseil d'État : L'exemple du Conseil d'État gabonais », *RJP*, n° 4/2014, p. 419-431
- YEDOH LATH (S), « Les caractères du droit administratif des États africains de succession française. Vers un droit administratif africain francophone ? », *RDP*, n° 5/2011, p. 1255-1288

2-Articles spécifiques (droit comparé et temps)

- ALIBERT (N), « L'élaboration d'un jugement raisonnable », *in* S. Theron (dir), *Le raisonnable en droit administratif*, Editions L'Epitoge- Lextenso, coll. « L'unité du droit », 2016, p. 92-101
- AMRANI-MEKKI (S), « Le principe de célérité », *RFAP*, n° 125/2008, p. 43-53
- ATIAS (C), LINOTE (D), « Le mythe de l'adaptation du droit aux faits », *Dalloz*, chr. xxxiv, 1977, p. 251
- BADARA FALL (A), « Le droit africain a-t-il sa place dans le droit comparé ? », *in* J. Dubois de Gaudusson (dir), *Le devenir du droit comparé en France*, PUAM, 2004, p. 161-184
- BEMBA (J), « Le juge administratif et le temps dans le contentieux de l'excès de pouvoir, *RDP*, 1996, p. 501-523
- BLACHER (P), « Les temps de la saisine du conseil constitutionnel », *in* A. Viala (dir), *La Constitution et le temps*, Lyon, L'Hermes, 2003, p. 237-249
- BOLARD (S), « Rapport général », *in Le temps dans la procédure*, *Annales de la Faculté de droit de Clermont-Ferrand1*, Paris, LGDJ, fascicule 20, 1983, p. 149-166

- BOUKONGOU (J. D), « L'esprit des droits africains », *in De l'esprit du droit africain. Mélanges en l'honneur de Paul Gérard Pougoué*, Paris, Wolters Kluwer, 2014, p. 165-178
- BRAUD (C), « Nouvelle méthode de calcul du délai raisonnable (à propos de l'arrêt du CE, section, 17 juil. 2009, Ville de Brest) », *RDP*, n° 4/2010, p. 1135-1148
- CAUTRON (L), « La réorientation du contentieux du délai raisonnable de jugement dans la jurisprudence de la Cour de justice de l'Union européenne », *RDP*, n° 6/2014, p. 1667-1696
- CIAUDO (A), « La maîtrise du temps en droit processuel », *Jurisdoctoria*, n° 3/2009, p. 21-42
- CISSE (A), « Introduction générale pour une approche plurale du droit africain », *inDe l'esprit du droit africain, Mélanges en l'honneur de Paul Gérard Pougoué*, Paris, Wolters Kluwer, 2014, p. 1-23
- COMBREXELLE (J.-D), « Délais de recours contentieux et principe de la connaissance acquise », *AJDA*, n° 7/1998, p. 613-618
- COMPERNOLLE (J. V), DE LEVAL (G), « Le temps dans le procès civil : réflexions sur la procrastination judiciaire », *in Hommage au professeur Closset-Marchal*, Bruxelles, Bruylant, 2013, p. 395-410
- CUTOS (D), « Droits administratifs américain et français : sources et procédures », *RIDC*, n° 2/2007, p. 285-305
- DE BECHILLON (D), « Deux caractères du temps contentieux », *in Justice et cassation*, Paris, Dalloz, 2007, p. 134-137
- DE LA MOTTE (A.- M), « Les procédures d'urgence dans le contentieux fiscal », *in* O. Gohin (dir), *Les procédures d'urgences : approche comparative*, Éditions Panthéon Assas, 2008, p. 161-183
- DE LAMOTHE (L- D), ODINET (G), « Délai de recours : point droit n'en faut », *AJDA* 2016, p. 1629.
- DEBOUY(C), « Le temps en procédure administrative », *in Le temps dans la procédure, Annales de la faculté de droit et de science politique de l'université de Clermont-Ferrand 1*, Paris, LGDJ, fascicule 20, 1983, p. 95-147
- DEGUERGUE (M), « Les standards de rationalité dans la jurisprudence du Conseil d'État », *in* S. Theron (dir), *Le raisonnable en droit administratif*, Editions L'Epitoge- Lextenso, coll. « L'unité du droit », 2016, p. 77-89
- DELVOLVE(P), BON(P), « Le contentieux administratif à l'étranger : éléments de comparaison », *RFDA*, n° 4 (2)/1988, p. 225-226
- DRAGO (R), « Droit comparé », *in* D. Allan, S. Rials (dir), *Dictionnaire de la culture juridique*, Paris, PUF, 2003, p. 453-456
- DUBREUIL (C-A), « Dépassement du délai raisonnable de jugement », *La semaine juridique édition générale*, n° 24, 14 Juin 2010, 669.
- FAVOREU (L), « Remarques », *in* Jean du Bois de Gaudusson (dir), *Le devenir du droit comparé en France*, PUAM, 2004, p.78-79

- FROMONT (M), « La justice administrative en Europe : différences et convergences », *RFDA*, n° 2/2008, p. 267-272
- GEFFRAY (E), « Le juge administratif et l'évaluation du temps », *in* N. Albert (dir), *Performance et droit administratif*, Paris, LexisNexis Litec, coll. « Colloques et Débats », 2010, p. 285-292
- GEORGEL (J), « Le juge et la montre », *Etude en l'honneur de Georges Dupuis*, Paris, LGDJ, préface de Georges Vedel, 1997, p.115-124
- GIAN SAVINO PENE VIDARI, « Le temps et le texte. Quelques notes à propos du *statuto albertino* », *in* M. Otalani, O. Vernier (Textes rassemblés par), *Le temps et le droit*, Nice, Éditions Serre, coll. « Actual », préface de Michel Bottin, 2002, p. 159-172
- GOHIN (O), « Le contournement de la rétroactivité », *in* B. Seiller (dir), *La rétroactivité des décisions du juge administratif*, Paris, Economica, coll. « Études juridiques », 2007, p. 97-112
- GOHIN (O), « L'exception d'illégalité », *Répertoire de contentieux administratif*, Paris, Dalloz, n° 105, mis à jour mars 2013
- GOHIN (O), « Les procédures d'urgence dans le contentieux administratif général », *in* O. Gohin (dir), *Les procédures d'urgence : approche comparative*, Paris, Éditions. Panthéon Assas, 2008, p. 139-159
- GOURDOU (J), GARCIA (A), « Exécutions des décisions de la juridiction administrative », *Répertoire de contentieux administratif*, Paris, Dalloz, 2013.
- GROSSWALG CURRAN (V), « Les nouveaux défis de la globalisation pour le droit comparé », *in* B. Fauvarque-Cosson (dir), *Le droit comparé au XXIe siècle. Enjeux et défis*, Paris, Société de législation comparée, 2015, p. 131-136
- GUEVEL (B), « Le point de vue du juge administratif », *in* S. Theron (dir), *Le raisonnable en droit administratif*, Editions L'Epitoge- Lextenso, coll. « L'unité du droit », 2016, p. 103-117
- HALPERIN (J- L), « L'idée de culture juridique française est-elle utile au droit comparé ? », *in* B. Fauvarque-Cosson (dir), *Le droit comparé au XXIe siècle. Enjeux et défis,* Paris, Société de législation comparée, 2015, p. 155-167
- HAUT (F), « Réflexion sur la méthode comparative appliquée au droit administratif », *RIDC*, n° 4/1989, p. 907-914
- HEBRAUD (P), « Observations sur la notion du temps dans le droit civil », *in Etudes offertes à Pierre Kayser*, PUAM, t. 2, 1979, p. 1-58
- JALUZOT (B), « Méthodologie du droit comparé. Bilan et prospective », *RIDC*, n° 1/2005, p. 29-48
- JEANCLOS (Y), « La nuit pénale en France : éléments d'analyse historique », *in* Anne Guineret Brobbel-Dorsman (Édité par) *Le temps et le droit*, Presses universitaires franc-comtoises, coll. « Colloques et séminaires », 2003, p. 63-84

- KLEIN (J), « Le rythme juridique du temps », *in Le temps et le droit, Travaux de l'Association Henri Capitant*, Paris, Dalloz, 2014, p. 67-76
- LANCELLE (C), J. LEFORT, « Sur la péremption de l'instance », *AJDA*, n° 29/2004, p.1584-1586
- LATINA (M), « Les mesures du temps », *in Le temps et le droit*, Travaux de l'Association Henri Capitant, Paris, Dalloz, 2014, p. 87-104
- LE BARS (T), « Les délais applicables à la procédure d'appel », *in* L. Cadiet, D. Loriferne (dir), *La réforme de la procédure d'appel*, Paris, éd., IRIS, coll. « Bibl. de l'institut de recherche juridique de la Sorbonne-André Tunc », t. 33, 2011 p. 41-48
- LEBRETON (G), « Préface », *in* P. F. Legros (dir), *Le temps et le droit*, Paris, LexisNexis Litec, coll. « Colloques et débats », 2010, p. xi-xiv
- LEVY (M), « Urgence, délai à juger et libertés Sur les contradictions de l'office du juge administratif », *Les petites affiches*, 18/02/1994, n° 21, p. 7. https://www.lextenso.fr/lextenso/ud/urn%3APA19940218.
- MESCHERIAKOFF (A.-S), « Contribution de l'Afrique à l'évolution du droit administratif français », *in* M. Kamto et autres (dir), *Regard sur le droit public en Afrique. Mélanges en l'honneur du doyen Joseph-Marie Bipoun-Woum*, Paris, L'Harmattan, coll. « Etudes africaines, série droit », 2016, p. 155-172.
- MOMO (B), « Le problème des délais en contentieux administratif camerounais », *Annales de la faculté des sciences juridiques et politiques de l'université de Dschang*, 1997, t.1, vol. 1, p. 136-161
- MOSCATI (L), « Voyage dans le temps : les journaux inédits de Friedrich Carl Von Savigny », *in* M. Otalani, O. Vernier (Textes rassemblés par), *Le temps et le droit*, Nice, Éditions Serre, coll. « Actual », préface de Michel Bottin, 2002, p.183-194
- NOUNKELE(M), « Aux frontières de la comparaison », *RDIDC*, n° 3/2012, p. 393-420
- OBERDORFF (H), « Le justiciable, le juge administratif et le temps », *in* G. Gardeau, H. Oberdorff (dir), *Le juge administratif à l'aube du XXIe siècle*, Presses universitaires de Grenoble, 1995, p. 281-296
- ODENT (B), « L'avocat, le juge et les délais », *Mélanges René Chapus*, Paris, Montchrestien, 1992, p. 483-492
- OST (F), « Jupiter, Hercule, Hermès : trois modèles du juge », *in* P. Bouretz (dir), *La force du droit. Panorama des débats contemporains*, Paris, Esprit, Série philosophie, 1991, p. 241-272
- OULD BOUBOUTT (A. S), « Le contentieux administratif comparé en France et dans les pays d'Afrique francophone », *RDP*, n° 2/2013, p. 379-431
- PACTEAU (B), « Colonisation et justice administrative », *in Le Conseil d'État et l'évolution de l'outre-mer français du XVIIe siècle à 1962*, Paris, Dalloz, coll. « Thèmes commentaires actes », 2007, p. 49-71

- PAULIAT (H), « Célérité de la justice administrative et qualité de la décision juridictionnelle », *in* N. Albert (dir), *Performance et droit administratif*, Paris, LexisNexis Litec, coll. « Colloques, Débats », 2010, p. 247-268
- PEISER(G), « Droit administratif et colonisation », *in* G. J. Guglielmi (dir), *Histoire et service public*, Paris, PUF, 2004, p.217-230
- PHILIPPE(C), « Le temps et le droit de la famille », *in* Anne Guineret-Brobbel (Édité par), *Le temps et le droit*, Franche-Comté, Presses universitaires franc-comtoises, coll. « Colloques et séminaires », 2003, p. 125-132
- PONTHOREAU (M.-C), « Le droit comparé et la théorie juridique. Débats méthodologique récents », *in* Jean du Bois de Gaudusson (dir), *Le devenir du droit comparé en France*, PUAM, 2004, p. 51-68
- PONTIER (J.-M), « De la théorie à la pratique du droit comparé », *in* Jean du Bois de Gaudusson (dir), *Le devenir du droit comparé en France*, PUAM, 2004, p. 41-47
- PRADEL (J), « La célérité et le temps du procès pénal : comparaison entre quelques législations européennes », *Mélanges Reynald Ottenhof*, Paris, Dalloz, 2006, p. 251-268
- RENDERS (D), « La réforme du Conseil d'État de Belgique », *AJDA*, n° 5/2008, p. 228-231
- ROLIN (F), « Le coût du retard à juger devant les juridictions administratives. L'arrêt qui valait un milliard d'euros », *AJDA*, n° 39/2004, 2145-2147
- ROMANA(P), « Le temps comme facteur de qualité du droit. L'influence du temps sur le droit roumain au cours du processus d'intégration européenne de la Roumanie », *Juridoctoria*, n° 3/2009, p. 43-64
- SICARD(G), « Les lois de la révolution française et le temps », *in* M. Otalani, O. Vernier (Textes rassemblés par), *Le temps et le droit*, Nice, Éditions Serre, coll. « Actual », préface de Michel Bottin, 2002, p. 147-158
- SOLEIL (S), « Comment les pionniers du comparé ont-ils fabriqué les premiers modèles juridiques », *in* B. Fauvarque-Cosson (dir), *Le droit comparé au XXIe siècle. Enjeux et défis*, Paris, Société de législation comparée, 2015, p. 177-195
- SOULAS-DE-RUSSEL (D.J.M), « Le rôle central du droit comparé pour le nouveau juriste de la mondialisation. Un essai trilogique », *RDIDC*, n° 3/2015, p. 365-375
- TRAMONI (J-J), « L'acte, le juge et les délais », *RRJ*, n° 1/2000, p. 255- 284
- VAN COMPERNOLLE (J), « Le droit d'être jugé dans un délai raisonnable : les effectivités d'un droit processuel autonome », *in Justice et droits fondamentaux* Études *offertes à Jacques Normand*, Paris, Litec, 2003, p. 471-484

- VANDERLINDEN (J), « Le droit comparé et la théorie juridique », *in* Jean du Bois de Gaudusson (dir), *Le devenir du droit comparé en France*, PUAM, 2004, p. 31-40
- VERPEAUX (M) (sous le parrainage de), *Le temps*, *Jurisdoctoria*, n° 3/2009, p. 11-17
- VIALETTES(M), CORREGES (A) et ROBINEAU-ISRAËL (A), « Les temps de la justice administrative », *in Juger l'administration, administrer la justice*, *Mélanges en l'honneur de Daniel Laboutoulle*, Paris, Dalloz, 2007, p. 833-846
- VIARGUES (R), « Le justiciable, le juge administratif et le temps », *in* G. Gardeau, H. Oberdorff (dir), *Le juge administratif à l'aube du XXIe siècle*, Presses universitaires de Grenoble, 1995, p. 277-279

III- <u>JURISPRUDENCE</u>

(Les décisions ne sont pas exhaustives)

* <u>Jurisprudence administrative française</u>

-<u>Tribunaux et Cours d'appels</u>

-CAA, Lyon, 25 mai 1989, *SA Entreprise Jean Lefebvre*, req. n° 89LY00153
-CAA, Nancy, 9 juin. 1992, *Lequain*, *Rec.*, p. 1204
-CAA, Lyon, 3 nov. 1992, *Association Adiprovar*, 91LY00541
-CAA, Lyon (1er chambre), 22 juin 1999, Mme Evelyne Garcia, n° 99LY00759
-CAA, Nancy, 1er déc. 2005, *Mlle Brigitte X*, n° 02NC00074
-CAA, Paris, 11 mai 2009, n° 09pa01634, *Ministre du travail, des relations sociales… AJDA*, 2009, p. 2066, concl. B. Bachini
-CAA, Marseille, 19 déc. 2011, *Centre hospitalier intercommunal du bassin de Thau*, req. n° 09MA04509
-CAA, Nancy, 23 avr. 2012, *SCI Coeur de Lion c/ Chaumont*, req. n° 11NC01131, *AJDA*, 2012. 1503, chron. M. Wiernasz
-TA, Lille, 8 juil. 1997, *Préfet du Pas-de-Calaisc/ Commune de Lens et autres*, *RFDA*, 1998, p. 546, concl. T. Celerier
-TA, Melun, 11 déc. 2003, *Mme Charmois*, n° 03-467, *AJDA*, 2004, p. 787
-TA, Clermont-Ferrand, 15 oct. 2013, *T. K*, n° 1301106
-TA, Lyon, 8 juin 2016, *Commune se Saint-Etienne*, n° 1604058
-TGI, Besançon, réf., 5 déc. 2006, *Sarl Cedara Softwarec/ Groupement de coopération sanitaire Emosift-FC*, n° 06/00297

-<u>Conseil d'État</u>

-CE, 13 avr. 1881, *Bansais*, *Rec.*, p. 29
-CE, 13 déc. 1889, Cadot, *Rec.*, p. 1148, concl. Jagerschmidt
-CE, 31 juil. 1903, *Picard*, *Rec.*, p. 594
-CE, 29 mai 1908, *Poulin*, *Rec.*, p. 581
-CE, 3 fév. 1911, *Anguet*, n° 34922

-CE, 16 mai 1924, *Jourda de Vaux*
-CE, 6 août 1925, *Mas*, *Rec.*, p. 812
-CE, 25 mai 1928, *Reynaud*, *Rec.*, p. 688
-CE, 5 janv. 1929, *Sieurs Ozenfant et Brassart c/ Ministre de la guerre*, *Rec.*, p. 22
-CE, sect., 10 janv. 1930, *Despujol*, *Sirey*, 1930-3-41, note Alibert
-CE, 11 avr. 1930, *Société des Moulins à Seigle*, *Rec.*, p. 458
-CE, 19 juil. 1933, *Scherer*, *Rec.*, p. 793
-CE, 1er avr. 1936, *Syndicat des épiciers détaillants de Toulon*, *Rec.*, p. 435
-CE, 11 mai 1937, *Delos*, *Rec.*, p. 493
-CE, 26 avr. 1940, *Sieur Rousset et autres*, *Rec.*, p. 148
-CE, 17 nov. 1944, *Ville d'Avallon*, *Rec.*, p. 294
-CE, 24 mars 1944, *SieurMignal*, *Rec.*, p. 99
-CE, sect., 23 mars 1945, *Vinceguerra*, *Rec.*, p. 56
-CE, 5 mars 1947, *Département de la haute-garonne c/ Marty*, *Rec.*, p. 93
-CE, sect., 18 févr. 1949, *Denayer*, *Rec.*, p. 80
-CE, sect., 30 juin 1950, *Quérault*, *Rec.*, p. 413
-CE, sect., 26 avr. 1951, *Sieur Lesmayoux*, *Rec.*, p. 215
-CE, sect., 28 juil. 1951, *Société Mathieu*, *Rec.*, p. 468
-CE, sect., 1er fév. 1952, *Regnier*, *Rec.*, p. 83
-CE, sect., 28 mars 1952, *Martin*, *Piteau* et *L'Huillier* (3 espèces)
-CE, 3 déc. 1952, *Dubois*, *Rec.*, p. 555
-CE, sect., 20 févr. 1953, *Sté Intercopie*
-CE, sect., 25 juin 1954, *Sieurs Fabre et Mercier*, *Rec.*, p. 383
-CE, sect., 4 juin 1954, *Cne Décines-Charpieu*, *Rec.*, p. 336
-CE, 29 mars 1954, *Nardon*, *Rec.*, p. 193
-CE, 14 oct. 1955, *Union de la propriété bâtie de France et chambre syndicale des propriétaires de Dijon et de la Côte-d'Or*
-CE, sect., 12 nov. 1955, *Sieur Grip et autres*, *Rec.*, p. 538
-CE, sect., 1er juil. 1955, *Charles*, *Rec.*, p. 379
-CE, 25 juin 1955, *Commune de Marles-les-Mines*, *Rec.*, p. 662
-CE, 11 mai 1956, *Sté Gondrand frères*, n° 90088
-CE, 14 mars 1956, *Fédération des locataires et usagers du gaz et de l'électricité de la région parisienne*
-CE, 5 déc. 1956, *Montovini*, *Rec.*, p. 460
-CE, ass., 31 mai 1957, *Sieur Girard*, *Rec.*, p. 355
-CE, sect., 13 juin 1958, *Esnault*, *Guilbon* et *Bongrand*, (3 espèces) *Rec.*, p. 343, concl. Guy Braibant
-CE, sect., 24 janv. 1958, *Sieur Maellet*, *Rec.*, p. 43
-CE, 13 juin 1958, *sieur Esnault*, *Rec.*, p. 344
-CE, 18 févr. 1959, *Ville de Roubaix*, *Rec.*, p. 125
-CE, sect., 19 nov. 1960, *Commune de Bugue*, *Rec.*, p. 627
-CE, 13 mai 1960, *Secrétaire d'État à l'agriculture c/ Manière*, Rec., p. 328

-CE, 10 févr. 1961, *Ministre de l'intérieure* c/ *Chauche*
-CE, 11 oct. 1961, *Fraenckel*, *Rec.*, p. 554
-CE, sect., 15 mars 1963, *Chr de Grenoble c/ Bosse*, *Rec.*, p. 173 *Auclair*, *Rec.*, p. 306
-CE, sect., 11 oct. 1963, *Association Les amis du site Clagny*, *Rec.*, p. 480
-CE, 18 janv. 1963, *Wierel*, *Rec.*, p. 28
-CE, ass., 10 janv. 1964, *Syndicat national des cadres des bibliothèques*
-CE, 29 avr. 1964, *Sengelin*, n° 60670, *Rec.*, p. 968
-CE, sect., 22 oct. 1965, *Sté « La langouste »*, *Rec.*, p. 543
-CE, 20 oct. 1965, *Ministère de la construction* c/ *sieurs Gonidec et autres*, *Rec.*, p. 538
-CE, 17 févr. 1965, *Dlle Bernard*, *Rec.*, p. 110
-CE, ass., 23 avr. 1965, *Dame Veuve Ducroux*, n° 60721
-CE, sect., 9 nov. 1966, *Toumbouros*
-CE, sect., 11 févr. 1966, *Denis*, *Rec.*, p. 104
-CE, sect., 4 nov. 1966, *Sieur Breton*, *Rec.*, p. 583
-CE, sect., 19 févr. 1967, *Société des établissements Petit jean*, *Rec.*, p. 63
-CE, sect., 30 juin 1967, *Caisse de compensation de l'organisation autonome nationale de l'industrie et du commerce et autres*, *Rec.*, p. 286
-CE, 22 mai 1968, *Ministre de l'intérieur* c/ *Lagrange*, n° 62.851
-CE, 25 oct. 1968, *Sieur Bertrand et autres*, *Rec.*, p. 516
-CE, 4 juin 1969, *Touchard*, *Rec.*, p. 283
-CE, 11 oct. 1968, *Allard*
-CE, 4 juil. 1969, *Cadarcet*, *Rec.*, p. 364
-CE, 21 janv. 1970, n° 76924, *Ministre des armées* c/ *Sieur Amalric Rec.*, p. 35
-CE, 6 févr. 1970, *Préfet de police*, *Rec.*, p. 87
-CE, 20 fév. 1970, *Delort*, *Rec.*, p.130
-CE, sect., 13 mai 1970, *Conseil départemental de l'ordre de médecins de l'Eure*, *Rec.*, p. 334 -CE, 1e juil. 1970, *Sieur Teboul*, *Rec.*, p. 452
-CE, 8 juil. 1970, *Sieur Andy*, n° 72891, *Rec.*, p. 470
-CE, 26 juin 1970, *Ministre de l'agriculture* c/ *Delort*, n° 78041
-CE, 21 juil. 1970, *Dme Perrucot*, *Rec.*, p. 536
-CE, sect., 11 déc. 1970, *Demoiselle Benz*, *Rec.*, p. 763
-CE, ass., 12 avr. 1972, *Brier*, *Rec.*, p. 272
-CE, 27 oct. 1972, *Depuydt*, *Rec.*, p. 683
-CE, 3 nov. 1972, *Sieur Sanna*, *AJDA*, 1973, p. 272, obs, Daniel Chabanol
-CE, 6 déc. 1972, *Sieur Tyrek*, *Rec.*, p. 777
-CE, sect., 22 déc. 1972, *Sieur Brisson*, *Rec.*, p. 828
-CE, sect., 30 mars 1973, Gen, *AJDA*, 1973, p. 268, concl. Guillaume
-CE, 19 janv. 1973, *Fernandez*, *Rec.*, p. 49
-CE, sect., 4 janv. 1974, *Sieur x*, n° 87418
-CE, 10 févr. 1975, *Dlle Vivaudou*, *Rec.*, p. 101

-CE, 23 avr. 1975, *Marion*, *Rec.*, p. 1192
-CE, sect., 25 avr. 1975, *Association des propriétaires riverains du bassin de la Nive*, n° 90542
-CE, ass., 25 juil. 1975, *SCI Les Hortensias*, *Rec.*, p. 437
-CE, 18 févr. 1976, *Union des chambres syndicales d'affichage et de publicité externe*, *Rec.*, p. 101
-CE, 23 juil. 1976, n° 96294, *Rec.*, *Pauillac*, *Rec.*, p. 1053
-CE, 25 juin 1976, *Romeyron*, *Rec.*, p. 336
-CE, 15 oct. 1976, *Sté nord travaux et Banque dupont*, *Rec.*, p. 423
-CE, 4 juin 1976, *Desforets*, *Rec.*, p. 301
-CE, sect., 6 févr. 1976, *Secrétaire d'État aux transports* c/ *Sci Miramar*, n° 95784, *AJDA*, 1976, p. 217
-CE, sect., 22 oct. 1976, Compagnie française Thomsom-Houston et autres, n° 90993
-CE, sect., 30 avr. 1976, *Siméon*, *Rec.*, p. 225
-CE, 31 déc. 1976, *Association Les amis de l'ile de Groix*, *Rec.*, p. 585
-CE, sect., 4 mars 1977, *Rondeau*, *Rec.*, p. 126
-CE, 11 mars 1977, *Commune d'Achen* c/ *Wolf*, *Rec.*, p. 134
-CE, 6 mai 1977, *Garrigues*, *Rec.*, p. 208
-CE, sect., 11 janv. 1978, *Dame Veuve Audin*, *Rec.*, p. 8
-CE, sect., 11 janv. 1978, *Commune de Muret*, *AJDA*, 1978, p. 219, concl. B. Genevois
-CE, 22 mars 1978, *Groupement foncier agricole des cinq ponts*, *Rec.*, p. 918
-CE, 6 oct. 1978, *Ass du quartier La corvée la roche aux fées*, *Rec.*, p. 909
-CE, 31 janv. 1979, *De Barnier*, *Rec.*, p. 34
-CE, 28 févr. 1979, *Office public d'habitation à loyer modéré du Bas-Rhin*, *RDP*, 1980, p. 892
-CE, sect., 6 juil. 1979, *Auclair*, Rec., p. 306
-CE, 27 juil. 1979, *Salati*, *Rec.*, p. 333
-CE, 3 oct. 1979, *Lasry*, *Rec.*, p. 358
-CE, sect., 1er févr. 1980, *Ministre des travaux et Sté peintures corona*, *Rec.*, p. 59
-CE, 19 mai 1980, SA « *Clinique Sainte-Croix* », *Rec.*, p. 231
-CE, 24 oct. 1980, *Chabanel*, n° 11521- 11522- 11523- 11524
-CE, 5 déc. 1980, *Office national de la chasse*, *RDP*, 1981, p. 845
-CE, 2 mai 1980, *Ibaziziene*, *Rec.*, p. 831
-CE, 22 oct. 1980, *Fabert*, *Rec.*, p. 381
-CE, sect., 13 nov. 1981, *Pluvian*, Rec., p. 413
-CE, 19 juin 1981, *M. Royer*, req. n° 14243, *Droit administratif*, 1981. 236
-CE, 19 févr. 1982, *Mme Commaret*, *Rec.*, p. 78
-CE, 11 juin 1982, *Berjon*, *Rec.*, p. 221, concl. B. Genevois
-CE, 15 oct. 1982, *Asselin*, *Rec.*, p. 342, concl. Pauti
-CE, 18 févr. 1983, *Mme Nielsen*, *Rec.*, p. 74

-CE, 16 mai 1984, *Commune de Vigneux-sur-Seine*, *Rec.*, p. 182
-CE, 13 juin, 1984, *Association Club athlétique Mantes-la-Ville c/Fédération française de Hand-BallRec.*, p. 218
-CE, sect., 19 déc. 1984, *Boehrer*, *Rec.*, p. 433 828
-CE, 26 oct. 1984, *Delhay*, n° 42894, *Rec.*, p. 703
-CE, 22 mars 1985, *Hugon*, *Rec.*, p.725
-CE 21 février 1986, *M. x et autres*, n° 37532
-CE, 11 février 1987, *Centre communal d'action sociale de Nantes c/ Agaesse*, *RDP*, 1987, p. 1388, note R. Drago
-CE, 27 mai 1987, *Dame Lombard c/ université de Montpellier*
-CE, 24 juil 1987, *Sté Guichard Perrachon et compagnie*, *Rec.*, p. 270
-CE, 11 déc. 1987, *Bouchaleb et Khelfa*, *Rec.*, p. 417
-CE, 27 janv. 1988, *Union syndicale départementales de la santé publique*, n° 71919
-CE, 29 janv. 1988, *Sté anonyme Montenay*, n° 78086, *RDP*, 1988, p. 1455, note F. Llorens
-CE, 12 févr. 1988, *Humbrecht*, *Rec.*, p. 944
-CE, 29 avr. 1988, *Commune de Talence*, n° 82254
-CE, 4 mai 1988, *Ophlm de la Ville de Paris*, n° 30360 et 81288, *RDP*, 1988, p. 1456, note F. Llorens
-CE, 20 juil. 1988, *Sté GMB*, n° 70293
-CE, 7 oct. 1988, *Association nationale de réadaptation sociale*, *Rec.*, p. 949
-CE, 25 nov. 1988, *Mlle Boyer Manet*, n° 68391
-CE, 19 déc. 1988, *Epoux Armani*, *AJDA*, 1989, p. 12
-CE, 18 nov. 1988, *Commune de Roscoff*, n° 173183
-CE, 10 juin 1988, *Fédération nationale Cgt de l'équipement*, n° 78383
-CE, sect., 6 janv. 1989, *Mlle Guerrault*, n° 79873
-CE, sect., 27 janv. 1989, *Chrun*, *Rec.*, p. 37
-CE, 3 févr. 1989, *Compagnie Alitalia*, *Rec.*, p. 44
-CE, sect., 31 mars 1989, *Cne Renescure*, *Rec.*, p. 838
-CE, 28 juil. 1989, *Mme Biscay*, *Rec.*, p.167
-CE, 11 oct. 1989, *Sté de production des murs et des pignons et autres*, *Rec.*, p. 866
-CE, 27 oct. 1989, *Margaix*, n° 74275, *Rec.*, p. 843
-CE, 26 janv. 1990, *Munos*, *Rec.*, p. 915
-CE, sect., 8 juin 1990, *Assaupamar*, *Rec.*, p. 148
-CE, sect., 30 nov. 1990, *Association « les verts »*, *Rec.*, p. 339
-CE, 11 juil. 1990, *Centre hospitalier général de neuf château*
-CE, ass., 29 juin, 1990, *Gisti*, *Rec.*, p. 171
-CE, 5 déc. 1990, *Commune d'Hyères c/ Salvi*, *Rec.*, p. 352
-CE, 25 oct. 1991, *Syndicat d'exploitants agricoles d'Anequinc/ Sivom et Cambrin*, *RFDA*, 1991, p. 1018
-CE, sect., 29 mars 1991, *SA Laboratoires Lafon*, *Rec.*, p. 113

-CE, sect., 25 janv. 1991, *Brasseur*, *Rec.*, p. 24
-CE, 11 mars 1991, *Mme Brunet*, *Rec.*, p. 1115
-CE, 8 janv. 1992, *Masses*, *Rec.*, p. 1204
-CE, 1er avr. 1992, *Clinique des Maussins*, *Rec.*, p. 144
-CE, 1er avr. 1992, *Abit*, *Rec.*, p. 144
-CE, 17 juin 1992, *Tappon*, *Rec.*, p. 236
-CE, 31 juil. 1992, *Walter*, *Rec.*, p. 313
-CE, 9 nov. 1992, *Préfet des Bouches –du- Rhone* c/ *Dogan*, *Rec.*, p. 1205
-CE, 20 nov. 1992, *Marcel Joseph*, *AJDA*, 1993, p. 130, concl. J. Arrighi de Casanova 1383
-CE, 4 nov. 1992, *Ben Dhiab*, *Rec.*, p. 1205
-CE, sect., 14 mai 1993, *Union pour la défense des radios locales privées*, *Rec.*, p. 155
-CE, 6 déc. 1993, *Bon*, *Rec.*, p. 945
-CE, 29 déc. 1993, *Commune d'Agde*, *Rec.*, p. 945
-CE, sect., 18 févr. 1994, *Ministre de l'Education nationale* c/ *Mme Wrobel*, *Rec.*, p. 1105
-CE, 8 juin 1994, *Mme Moumouni*, *Actualité juridique*, 1994, p. 729
-CE, 14 déc. 1994, *Brennet*, n° 153456
-CE, sect., 19 déc. 1994, *Secrétaire d'État auprès du premier ministre chargé de l'environnement et fédération des chasseurs de la Creuse*, n° 105798, *Rec.*, p. 563
-CE, 10 juil. 1995, *Bouvet*, n° 150104 Recueil *Dalloz*, 1995, p. 231
-CE, 27 janv. 1995, *Melot*, *AJDA*, 1995, p. 104, chron. L. Touvet, J.- H. Stahl
-CE, 3 mars 1995, *Mme Memmi et Zimmermann*, *Rec.*, p. 120
-CE, sect., 5 mai 1995, *Dame Berthaux*, *AJDA*, 1995, p. 653, note I. Muller
-CE, sect., 6 déc. 1995, *Préfet des Deux-Sèvres*, *Préfet du Morbihan*, *Les petites affiches*, 14 févr. 1996, p. 17, note B. Pacteau
-CE, 24 janv. 1996, *Blancard*, *Droit administratif*, n° 105/1996
-CE, 12, févr. 1996, *Chergou*, *Rec.*, p. 943
-CE, 9 févr. 1996, *Ragot*, n° 161450
- CE, ass, 15 arv. 1996, *Syndicat CGT des hospitaliers de Bédarieux*, n° 120273, *RFDA* 1996, p. 610
-CE, sect., 1er mars 1996, *Habib*, *Rec.*, p. 65
-CE, 6 mai 1996, *Préfet des Yvelines*, n° 156237
-CE, sect., 28 juin 1996, *Fédération pour les espaces naturels et l'environnement catalan*, *Rec.*, p. 253
-CE, 9 févr. 1996, *Ragot*, *Rec.*, p. 32
-CE, sect., 8 nov. 1996, *Villechenoux*, p. 443
-CE, 30 juil. 1997, *Mme Rousseau*, *Rec.*, p. 992
-CE, 19 mars 1997, *Ministère de l'agriculture de la pêche et de l'alimentation c/ Sté Bul*, *Rec.*, p. 941
-CE, 28 janv. 1998, *Sté Luminance internationale*, *Rec.*, p. 1084

-CE, 18 févr. 1998, *Préfet des Alpes maritimes* c/ *Fati Fodé Caramo*, *Gazette du palais*, n° 217-218, p. 36, concl. J.-D. Combrexelle
-CE, sect., 13 mars 1998, *Mme Mauline*, *Rec.*, p. 80
-CE, 8 avr. 1998, *Lahrache*, n° 171548
-CE, 8 juil.1998, *Département de l'Isère*, *AJDA*, 1998, p. 797, chron. Fombeur P, Raynaud F
-CE, 16 nov. 1998, *Ministre de l'environnement c/ Compagnie des bases lubrifiantes*, n° 182816
-CE, 1er avr. 1998, *Préfet des Yvelines* c/ *Nsonde*, *Rec.*, p. 120
-CE, 8 févr. 1999, *Tafani*, n° 196045
-CE, 24 fév. 1999, *Avduli*, n° 179689
-CE, 13 oct. 1999, *Compagnie nationale Air France*, *Rec.*, p. 304
-CE, 3 déc. 1999, *Région Guadeloupe*, n° 159041
-CE, sect., 05 janv. 2000, *Commune de Macot-la-Plagne*, *AJDA*, 2000, p. 179
-CE, 1er mars 2000, *Jouany*, *Rec.*, p. 807
-CE, 29 mars 2000, *Gluck*, *Rec.*, p. 1150
-CE, 19 avr. 2000, *Borusz*, *Rec.*, p. 157
-CE, 23 juin 2000, *Fabris*, *Rec.*, p. 1149
-CE, 6 juil. 2000, *Clinique chirurgicale de Coubon*, n° 199324
-CE, 27 oct. 2000, *Conseil supérieur de l'ordre des experts comptables*
-CE, 29 déc. 2000, *Gubler*, n° 211240, *RFDA*, 2001, p. 294
-CE, ord., 31 janv. 2001, *Association promouvoir*, *Rec.*, p. 525
-CE, ass., 26 oct. 2001, *Ternon*, n° 197018
-CE, sect., 12 oct. 2001, *Sté produits roche*, *Les petites affiches*, n° 249/2001, note Février
-CE, 5 déc. 2001, *Société Capma-Capmi*, *Rec.*, p. 632
-CE, 29 juil. 2002, *M. Paillet*, n° 210587, *AJDA*, 2002, p. 1191, concl. R. Schwartz
-CE, 18 déc. 2002, *Haagen et Mme Stocky*, *Rec.*, p. 846
-CE, 30 déc. 2002, préfet des hauts de seine c/ Makhouq, req. n° 243113, *Jca*, Fasc. 236
-CE, 25 avr. 2003, *SA Clinique les châtaigniers*, *Rec.*, p. 899
-CE, 3 déc. 2003, *Roëls*, n° 242115
-CE, avis, 15 juil. 2004, *M. Mme Damon*, *Rec.*, p. 331, concl. Stahl
-CE, ass., 11 mai 2004, *Association Ac*, *Rec.*, p. 197
-CE, 15 oct. 2004, *Feddal*
-CE, 19 mai 2004, *Jouve*, *Rec.*, p. 234
-CE, 18 mars 2005, *Laurent*, *Rec.*, p. 118
-CE, 25 mai 2005, *Commune Banon*, *Rec.*, p. 1015
-CE, 27 juil. 2005, *Société Arbed*, n° 264913
-CE, 27 juil. 2005, *Mme Houdelette*, n° 271916
-CE, 8 juil. 2005, *Scp Celice et autres c/ Préfet des bouches du Rhône*, n° 247976

-CE, sect., 27 juil. 2005, *Million*, *Rec.*, p. 336
-CE, 27, juin 2005, *Dufresness*
-CE, 28 sept. 2005, *Louis*, *Rec.*, p. 401
-CE, 5 oct. 2005, *Epoux Coquille*, *Rec.*, p. 816
-CE, sect., 16 nov. 2005, *Auguste et commune de Nogent-sur-Marne*, *Rec.*, p. 507
-CE, 20 déc. 2005, *Meyet*, *Rec.*, p. 856
-CE, 16 janv. 2006, *Région Haute-Normandie*, n° 269384
-CE, 27 janv. 2006, *Ministre de la défense* c/ *Fixot*, *Rec.*, p. 735
-CE, 13 févr. 2006, *Hinopay*, n° 281840
-CE, 27 févr. 2006, *Ass Alcaly et autres*, *Rec.*, p. 871
-CE, 27 mars 2006, *M. Adel Kaci*, n° 283409, *AJDA*, 2006, p. 1212, concl. I. De Silva
-CE, 1er mars 2006, *Sieur Jean x*, n° 272328
-CE, ass., 24 mars 2006, *Rolin* et *Boisvert*, n° 286834
-CE, ord. 11 avr., 2006, *Tafaarere*, *Rec.*, p. 311
-CE, sect., 27 oct. 2006, *Département Morbihan*, *Rec.*, p. 437
-CE, sect., 27 oct. 2006, *Parent et autres*, n° 276069
-CE, 15 nov. 2006, *Toquet*, n° 264636
-CE, 21 mars 2007, *Garnier*, n° 284586
-CE, 22 janv. 2007, *Jean A*, n° 288838
-CE, sect., 21 déc. 2007, *Groupement d'irrigation des prés de la forge*, n° 280195
-CE, 6 août 2008, *Kheira*, n° 316193
-CE, 31 déc. 2008, *M. A*, n° 290745
-CE, 11 avr. 2008, *Jean-Michel C*, n° 294767, *Droit administratif*, n° 6/2008
-CE, 31 mars 2008, *Syndicat intercommunal à vocation unique pour le plan d'aménagement du Sundgau*, n° 297961
-CE, 11 avr. 2008, *Établissement français du sang c/ Monique*, n° 281374
-CE, 30 janv. 2008, *Claude*, n° 281923
-CE, 16 juin 2008, *Kerorgant*, n° 304503
-CE, 21 nov. 2008, *M et Mme Witold*, n° 308448
-CE, 23 févr. 2009, *Mme B.-R.*, req. n° 310277, *RFDA*, 2009, p. 226, note F. Melleray
-CE, 13 mars 2009, *Mme Vera*, *Rec.*, p. 103
-CE, 27 mai 2009, *Centre départemental de travail protégé et d'hébergement de Castelnau-Rivière-Basse*, n° 313773
-CE, sect., 17 juil. 2009, *Ville de Brest*, n° 295653, *RDP*, n° 4/2010, p. 1137, commentaire C Braud
-CE, 18 déc. 2009, *Centre hospitalier de Voiron*, n° 311604
-CE, 7 oct. 2009, *Ouahirou*, n° 322581, *AJDA*, 2009, p. 1862, obs. M.-C. de Montecler
-CE, 28 oct. 2009, *Delanoue*, n° 299252, *AJDA*, 2010, p. 114, concl. E. Glaser

-CE, 30 déc. 2009, *Mahamadou* x, n° 314972
-CE, 5 mars 2010, *Pascal X.*, n° 335764
-CE, 3 mai 2010, *Marcel c/ Préfet de la Mayenne*, n° 317558
- CE, 1er oct. 2010, *M.* et *Mme Rigat*
-CE, 22 oct. 2010, *Ministre de l'intérieur, de l'outre-mer et des collectivités territoriales*, n° 321456, *AJDA*, 2010, p. 2027
-CE, 12 janv. 2011, *Kejjou*, *AJDA*, 2011, p. 1573, note J. Berthoud
-CE, sect., 21 mars 2011, *Commune de Bezier*, n° 304806
-CE, 6 avr. 2011, *Association Récit*, n° 339863
-CE, 29 avr. 2011, *Guy B*, n° 344866
-CE, 16 mai 2011, *Association En toute franchise des Bouches-du-Rhône et autres*, *Rec.*, p. 1069
-CE, 19 juil. 2011, *René X*, n° 336199
-CE, 8 juil. 2011, *Botella*, *Rec.*, p. 323
-CE, 18 nov. 2011, *Eurl Norbert Pamularo c/ Commune de Saint-Cyr-sur Mer*, n° 340181
-CE, 1er févr. 2012, *Association français du monde*, n° 354075 -CE, 13 févr. 2012, *Nicolas x c/ Ministre de l'enseignement supérieure et de la recherche*, n° 346549
-CE, 7 nov. 2012, M. Alain B, n° 348112
-CE, 30 mai 2012, *Sarl Proresto*, n° 357151
-CE, 4 juin 2012, *Morel*, n° 357693
-CE, 11 juil. 2012, *Sieur Antoine*, n° 343866
-CE, 1er oct. 2012, *Sarl Quinto Avenio*, n° 340842
-CE, ass., 11 oct. 2012, *Emmanuel Sgherri c/ Commune de Saint-Leu-la-Foret*, n° 340857, *AJDA*, 2013, p. 68, note Gweltaz Eveillard
-CE, 10 déc. 2012, *Sté Lyonnaise des Eaux France*, *Rec.*, p. 857
- CE, sect., 23 mars 2012, *Fédération Sud Santé sociaux*, n° 331805, *Droit Administratif* n° 6, 2012, comm. 56, notes F. Melleray
-CE, 20 mars 2013, *M. A*, n° 357948
-CE, 24 oct., *M. A B*, 2013, n° 363973
-CE, 12 juin 2013, *Mme B. À* n° 357588
-CE, 25 mars 2013, *Établissement public d'ingénierie pour l'informatique et les technologies de l'information et de la communication du Val-de-Marne*, *Rec.*, p. 423
-CE, 6 nov. 2013, *Mme B.Vve A c/ Cne Mauguio*, n° 3549313
-CE, 28 juin 2013, *M. Davodi*, n° 363460
-CE, 11 déc. 2013, *Mme N'Dre Regnault*, *Rec.*, p. 311
-CE, 19 nov. 2013, *Sté credemlux international*, *Rec.*, p. 288
-CE, 1er août 2013, *Ministre de la défense*, n° 363806
-CE, 30 déc. 2013, *Mme X*, n° 367615
-CE, sect., 6 déc. 2013, *Commune d'Estampe*, n° 344062
-CE, sect., 28 juin 2013, *Sas Coutis*, *Rec.*, p. 184

-CE, 12 avr. 2013, *Scp Nicolay* c/ *société Gdf Suez et la Commune d'Anet*, n° 363282
-CE, 14 mai 2014, *Société Addmedica*, n° 363195
-CE, 6 mai 2015, *Préfet de la Corse* c/ *M. B*, n° 377487
-CE, 20 mars 2015, *Société urbanis aménagement*, n° 371845
-CE, ord., 11 déc. 2015, *Mme A…B*, n° 395002
-CE, sect., 7 déc. 2015, *M. Felouki*,
- CE, 27 juil. 2015, *B. À c/ Commune d'Hébuterne*, n° 367484
- CE, 7 mai 2015, *Association des comédiens et intervenants audiovisuels*, n° 375882
-CE, ass., 13 juil. 2016, *M. A.* c/ *Ministre de l'économie et des finances*, n° 387763
-CE, Avis n° 426472 du 27 mars 2019

- Tribunal des conflits, Conseil constitutionnel, et Cour européenne des droits de l'Homme

-TC, 17 juin 1918, *Greslé c/ l'État*, Sirey, 1922, 3, 41, note M. Hauriou
-TC, 16 juin 1923, *Septfonds*, n° 00732
-TC, 20 févr. 2008, *Mme x*, 08-03-657, n° 3657
-TC, 12 déc. 2011, *Green Yellow et autres*, n° 3841
-TC, 17 oct. 2011, *SCEA Chéneau*, n° 3828 et 3829
-CC, décision n° 69-55 L, 26 juin 1969
-CC, 23 janv. 1987, *Conseil national de la concurrence*
-CEDH, 24 oct. 1989 H. *c/ France*, *RFDA*, 1990, p. 203
-CEDH, 26 mars 1992, *Periscope*
-CEDH, 31 mars 1992, *Xc/ France*, *AJDA*, 1992, p. 420, chron. J. F. Flauss
- CEDH, 16 déc. 1992, *Geouffre de la Pradelle*, *AJDA*, 1993, p. 110, chr. J-F. Flauss
-CEDH, 21 févr. 1997, *Guillemin*
-CEDH, 21 nov. 2000, *Comité des quartiers Mouffetards et des bords de Seine et autres c/ France*, n° 56188/00
-CEDH, 2 août 2000, *Satonnet*
-CEDH, 26 oct. 2000, n° 30210/96, *Kudla c/ Pologne*
-CEDH, 27 juin 2000, *Frydlender*
-CEDH, 19 juin 2001, *AAU*
-CEDH, 25 Sept. 2001, n° 31893/93, *Gunes*
-CEDH, 8 mars 2001, *Pinto de Oliviera c/ Portugal*

***Jurisprudence administrative des pays d'Afrique francophone**

- Jurisprudence administrative camerounaise

-CCA, arrêt n° 374, 3 sept. 1954, *Mounyol Magloire*

-CCA, arrêt n° 636, 10 août 1957, *Ndjock Jean* c/ *État du Cameroun*
-TE, arrêt n° 268, 12 avr. 1963, *Communauté Bassa c/ État du Cameroun*
-CS/AP, arrêt n° 5/A, 21 avr. 1964, *Malapa Paul c/ État du Cameroun*
-CFJ/CAY, 21 juin 1966, *Brasseries du Cameroun c/ Commune mixte rurale de Mbanga*
-CFJ/CAY, arrêt n° 31, 15 nov. 1966, *Ekindi Joël* c/ *État du Cameroun*
-CS/AP, arrêt n° 06/A, 16 mai 1967, *Ngandjoue Mathurin et Compagnie d'assurance Northern c/ État du Cameroun*
-CFJ/CAY, arrêt n° 034, 30 avr. 1968, *Toko Daniel* c/ *État du Cameroun oriental*
-CFJ/AP, arrêt n° 10, 17 oct. 1968, *Mve Ndongo* c/ *État fédéré du Cameroun oriental*
-CFJ/AP, arrêt n° 8, 16 oct. 1968, *Max Keller Ndongo* c/ *État fédéré du Cameroun oriental*
- CFJ/CAY, arrêt n° 90, 30 sept. 1969, *Messomo Atenen Pièrre* c/ *État du Cameroun*
-CFJ/CAY, arrêt n° 51, 25 mars 1969, *Ngué* c/ *Commune de plein exercice de Mbalmayo*
-CFJ/CAY, arrêt n° 157, 23 mars 1971, *Medou Gaston c/ État fédéré du Cameroun oriental* -CS/CA, jug. n° 11, 25 nov.1976, *Tchouamo Louis c/ Commune de plein exercice de Bafoussam*
-CS/CA, jug. n° 60, 28 avr. 1976, *Biakolo Max c/ État du Cameroun*
-CS/CA, jug. n° 62, 22 avr. 1976, *Bicec* c/ *État du Cameroun*
-CS/CA, jug. n° 64, 22 avr. 1976, *Ndoh François* c/ *État du Cameroun*
-CS/CA, jug. n° 55, 26 mai 1977, *Essomba Théophile Gauthier c/ État du Cameroun*
-CS/CA, ord., référé, n° 7/1977-1978, 26 nov. 1977, *Lélé Gustave*
-CS/CA/ADD, jug. n° 26/78-79, 28 déc. 1978, *Mbocka née Moussongo Jeannette c/ État du Cameroun*
-CS/CA, jug. n° 17/77-78, 27 avr. 1978, *Obam Esaie c/ État du Cameroun*
-CS/AP, arrêt n° 1, 6 déc. 1979, *Fouda Hubert* c/ *État du Cameroun*
-CS/CA/ADD, jug. n° 66, 31 mai 1979, *Kouang Guillaume-Charles c/ État du Cameroun*
-CS/CA (Cameroun), jug. n° 7, 30 oct. 1980, *Libam Kouang Melchiade* c/ État *du Cameroun*
-CS/CA, jug. n° 46, 30 avr. 1981, *Oumarou Paul* c/ *État du Cameroun*
-CS/CA, jug. n° 9, 28 janv. 1982, *Nganko Flaubert Amos* c/ *État du Cameroun*
-CS/CA, jug. n° 52/81-82, 27 mai 1982, *Atangana Mbarga Adalbert*
-CS/CA, jug. n° 12, 26 janv. 1982, *Dame Binam née Ngo Njom Fidèle, Penant*, n° 791/1986, p. 354, note Roger-Gabriel Nlep
-CS/AP, 24 mars 1983, *Atangana Essomba Protais*
-CS/AP, arrêt n° 10/A, 24 mars 1983, *État du Cameroun*, *Teuguia Gabriel c/ Teuguia Gabriel*, *État du Cameroun* (*Minjustice*)

-CS/AP, arrêt, 24 mars 1983, *Njikiakam Towa, Penant*, n° 788/799, p. 356, note M. Kamto
-CS/CA, ord., sursis, n° 14/82-83, 23 mars 1983, *Ngatchou Mbatkam Henri*
-CS/CA, jug. n° 20, 27 janv. 1983, *Gebama Mpele Pièrre* c/ *État du Cameroun*
-CS/CA, jug. n° 17, 27 janv. 1983, *Wambé Sango Choake* c/ *État du Cameroun*
-CS/CA, ord., référé, n° 12, 18 juil. 1984, *Sighoko Fossi Abraham* c/ *État du Cameroun*
-CS/CA, jug. n° 33/83-84, 14 juin 1984, *Mbarga Richard* c/*État du Cameroun*
-CS/CA, jug. n° 34, 24 avr. 1984, *Essougou Benoit*, *Penant* n° 799/1989, p. 136, note François Mbome
-CS/CA, jug. n° 21/85-86, 30 janv. 1986, *Nguena Antoine* c/ *Université de Yaoundé*
-CS/CA, jug. n° 48, 25 mai 1989, *Aigle Royal de Dschang* c/ *Fédération camerounaise de football*
-CS/CA, jug. n° 24/86-87, 30 avril 1987, *Ndingue Jean*
-CS/CA/ADD, jug. n° 43, 21 mai 1987, *Maigari Alhadji Hamadjoda* c/*État du Cameroun*
-CS/AP/ADD, arrêt n° 31, 9 nov. 1990, *Yikam Jérémie* c/ *État du Cameroun*
-CS/CA, jug. n° 29, 3 mai 1990 *Mbarga Symphorien c/ État du Cameroun*, *Afrilex*, 2000, p. 7, note C. Keutcha Tchapnga, C. Sietchoua Djuitchoko
-CS/CA, jug. n° 53, 25 juin 1992, *Tah Thomas* c/ *État du Cameroun*
-CS/CA, jug. n° 117, 30 nov. 1995, *Mohamadou Bachirou* c/ *Commune urbaine de Ngaoundéré*
-CS/CA, jug. n° 4, 31 oct. 1995, *Onambele Ela Raphael c/ État du Cameroun*
- CS/CA, jug. n° 38, 30 mars 1995, *Nyam Charles* c/ *État du Cameroun*, *Juridis Périodique* n° 37, p. 14, note Célestin Keutcha Tchapnga
-CS/CA, ord., référé, n° 06, 08 déc. 1998, *Sosso Emmanuel* c/ *Crédit Foncier du Cameroun*, *Juridis Périodique*, n° 45/2000, p. 41, note C. Keutcha Tchapnga
-CS/AP Arrêt n° 01/A, 25 févr. 1999, *Guiffo Jean Philippe* c/ *État du Cameroun*, *Juridis Périodique* n° 65/2006, p. 46, note Célestin Sietchoua Djuitchoko
-CS/CA, jug. n° 47/99-2000, 25 mai 2000, *Zoba Ayissi Dieudonné*c/ *État du Cameroun*, *Annales de la faculté des sciences juridiques et politiques, université de Douala*, n° 1/2002, p. 225-251, note F.- N Djamé
-CS/CA, ord. sursis, 07 déc. 2000, *Mama Biloa Sandrine*c/ *Université de Ngaoundéré*, *Juridis Périodique* n° 51/2002, p. 24, note J.-C. Aba'a Oyono
-CS/CA, jug. n° 63, 27 juil. 2000, *Les Établissements le paysan* c/ *État du Cameroun*
-CS/CA, jug. n° 66, 27 sept. 2001, *Succession Ngo Ngué Célestin* c/ *Communauté urbaine de Yaoundé*

-CS/AP, arrêt n° 20, 4 janv. 2001, *Djotoum Henriette c/ État du Cameroun*
-CS/AP, arrêt n° 41, 5 avr. 2001, *Commune de plein exercice de Yaoundé c/ Samedjeu Jean-Jacques*
-CS/CA, jug. n° 48/02-03, 27 mars 2003, *Djou Essomba Charles* c/ *État du Cameroun* (*Minuh*)
-CS/CA, jug. n° 13, 5 nov. 2003, *Esso Laurent-Marie* c/ *État du Cameroun*
-CS/CA, jug. n° 17, 26 nov. 2003, *Ngono Emile c/ Délégation générale à la sûreté Nationale*
-CS/CA, jug. n° 06, 29 oct. 2003, *Chedjou Gabriel c/ Minuh*
-CS/CA, jug. n° 41, 25 janv. 2004, *Njitack Ngompé c/ Minuh* et *Fotso Victor*
-CS/CA, jug. n° 34, 25 févr. 2004, *Famille Ndong à Kok c/ Minuh*
-CS/CA, jug. n° 69, 28 avr. 2004, *Feu Njocke André c/ Minuh*
-CS/AP, arrêt n° 12/A, 16 déc. 2004, *Les Galeries de l'habitat c/ État du Cameroun* (*office national des ports du Cameroun*)
-CS/CA, jug. n° 33/04-05, 29 déc. 2004, *Tchamba Jean-Claude* c/ *État du Cameroun (Minesup)*
-CS/CA/ADD, jug. n° 30, 04 fév. 2004, *Pellamié Joseph* c/ *Communauté urbaine de Douala*
-CS/CA, jug. n° 87/03-04, 30 juin 2004, *Beyina Messanga Jean-Baptiste c/ État du Cameroun*
-CS/AP, arrêt n° 90/A, 13 déc. 2007, *North west cooperative association limited c/ État du Cameroun (Minuh*)
- CS/AP, arrêt n° 102/A, 13 déc. 2007, *Ministère public* c/ *Fotsa Patrice Désiré, État du Cameroun*
-CS/AP, arrêt n° 65/A, 22 févr. 2007, *État du Cameroun et Succession Aboumou Joseph c/ Mbede Ottou Jean*
-CS/AP, arrêt n° 73/A, 13 déc. 2007, *Nsangou Njissamaki c/ État du Cameroun*
-CS/CA, jug. n° 91/2008, 13 août 2008, *Groupement Babouantou* c/ *État du Cameroun*
-CS/CA, jug. n° 66/2008, 18 juin 2008, *Entreprise des travaux d'hydraulique et de génie civil c/ Communauté urbaine de Yaoundé*
-CS/CA, jug. n° 90/2008, 13 août 2008, *Kwanya Nganwa André Richard* c/ *Communauté urbaine de Douala*
-CS/CA, jug. n° 31, 16 janv. 2008, *Mballa Benoit c/ Ministère de l'administration territoriale et de la décentralisation*
-CS/CA, jug. n° 79, 25 mars 2009, *Sengalé Megbeka Jules Alain* c/ *État du Cameroun*
-CS/CA, jug. n° 57, 11 mars 2009, *Chouala Yves Alexandre* c/ *État du Cameroun*
-CS/CA, 28 janv. 2009, *Succession Tchandja Mimba* c/ *Commune rurale de Bassamba*

-CS/CA, jug. n° 14, 14 janv. 2009, *Nana Jean-Claude* c/ *Communauté urbaine de Douala*
-CS/CA, jug. n° 65, 11 mars 2009, *Obama Momo Janvier c/ Communauté urbaine de Yaoundé*
-CS/CA, jug. n° 81, 25 mars 2009, *Owona née Minkue Laure c/ État du Cameroun*
-CS/CA, jug. n° 28, 28 janv. 2009, *Mme Mah Mengue*
-CS/CA, jug. n° 63, 11 mars 2009, *Atangana Ntonga Sylvestre* c/ *État du Cameroun, Juridis Périodique* n° 92/2012, p. 48, note Célestin Keutcha Tchapnga
-CS/CA, jug. n° 59, 11 mars 2009, *Koé Jean Patrice* c/ *État du Cameroun*
-CS/CA, ord., sursis, 26 mars 2009, *Biwolé Sida Magloire c/ État du Cameroun*
-CS/CA, ord., référé, n° 6, 15 mai 2009, *Essono Édouard Joseph* c/ *État du Cameroun* (*Minatd*)
-CS/CA, ord., sursis n° 1, 23 janv. 2009, *Social Democratic Frontc/État du Cameroun*, Juridis Périodique n° 73/2009, p. 26, note Célestin Keutcha Tchapnga
-CS/CA, ord., sursis, n° 5, 26 mars 2009, *Fonkoua Célestin c/ Communauté urbaine de Yaoundé*
-CS/CA, ord., référé, n° 4, 15 mai 2009, *Dame Simo Megue Henriette et autres* c/ *Communauté urbaine de Douala*
-CS/CA, ord., référé, n° 4, 14 avr. 2009, *Famille Auguste Noah* c/ *Communauté urbaine de Yaoundé*
-CS/CA ord., sursis, n° 09, 18 février 2009, *Fotso Foumtse Omer c/ Communauté urbaine de Yaoundé*
-CS/AP, arrêt n° 20/A, 27 mai 2010, *Njoya Maurice Poumie* et *État du Camerounc/ Otele née Zang Pauline*
-CS/CA, jug. n° 281/2010, 22 sept. 2010, *Teghomo Joseph* c/ *État du Cameroun* (*Mindaf*)
-CS/CA, jug. n° 163, 5 mai 2010, *Hissein Ali* c/ *État du Cameroun* (*Mindaf*)
-CS/CA, jug. n° 252/2010, 22 sept. 2010, *Zoe Nguematsa Jacob et autres* c/ *État du Cameroun (Mindaf*)
-CS/CA, jug. n° 268/2010, 22 sept. 2010, *Nkoumba Mva* c/ *Ministère de la fonction publique*
-CS/CA, ord., référé, n° 19, 15 oct. 2010, *Société Panalpina Cameroun c/État du Cameroun* (*Minefi*)
-CS/CA, jug. n° 127, 1er août 2010, *Groupement d'Entreprise camerounaise c/Minader*
-CS/CA, jug. n° 221/2010, 25 août 2010, *Guinness Cameroun sa c/ Caisse nationale de prévoyance sociale*
-CS/CA, ord., référé, n° 8, 26 mars 2010, *Gérard Désiré Nguelé c/ Sacaap*

-CS/CA, ord., référé, n° 6, 29 jan. 2010, *Njom Guillaume* c/ *État du Cameroun* (*Mindaf*)
-CS/CA, ord., référé, n° 14, 9 juil. 2010, *Collectivité Nti* c/ *État du Cameroun* (*Mindaf*)
-CS/CA, ord., référé, n° 3, 29 janvier 2010, *Association des commerçants du marché central de Douala c/ État du Cameroun*
-CS/CA, ord., sursis, n° 68, 03 août 2010, *Ndem Marthe veuve Koung à Yaka* c/ *État duCameroun* (*Mindaf*)
-CS/CA, ord. sursis, n° 49, 24 juin 2010, *Établissement Mouring et compagnie* c/ *État du Cameroun* (*Mintp*)
-CS/CA, ord., sursis, n° 71, 3 août 2010, *Me Tchégoué Lucas* c/ *État du Cameroun* (*Minefi*)
-CS/CA, ord., sursis, n° 42, 24 juin 2010, *Association le centre de recherche et d'action pour le développement... c/État du Cameroun (Mindaf et Magzi)*
-CS/CA, ord., sursis n° 70, 30 août 2010, *Ondoa Jean-Jacques c/ Mindaf*
-CS/CA, jug. n° 295/2010, 22 sept. 2010, *Log Mayagui et autres c/ Minuh*
-CS/CA, jug. n° 234, 25 août 2010, *Etchoko II Salomon c/ Minatd*
-CS/CA, jug. n° 167, 05 mai 2010, *Sté Socib c/ Mintransport*
-CS/CA, arrêt n° 4/2011, 30 mars 2011, *Ngangue Nseke* c/ *Ministère des domaines*
-CS/CA, jug. n° 77/2011, 23 mars 2011, *Onomo Owona Ferdinand c/Mindaf*
-CS/CA, jug. n° 36, 12 janv. 2011, *Succession feue Edimo Régine* c/ *État du Cameroun*
-CS/CA, jug. n° 87, 23 mars 2011 *Onana Onomo Joseph Patrice* c/ *État du Cameroun* (*Université de Yaoundé 1*)
-CS/CA, jug. n° 75, 23 mars 2011, *Belobo Mbazoa c/ Mindaf*
-CS/CA, jug. n° 136, 13 avr. 2011, *Nganoa Emmanuel Blaise c/ Minsanté*
-CS/CA, jug. n° 161, 12 sept. 2012, *Mpessa Tsanga c/ État du Cameroun*
-CS/CA, jug. n° 84, 20 juin 2012, *Nkouda Ahanda Dieudonné et autres c/ Mindaf*
-CS/CA, jug. n° 34, 08 févr. 2012, *Ekalle Moudourou Catherine c/ Mindaf*
-CS/CA, jug. n° 28, 25 janv. 2012, *Labang Laurent c/ Mindaf*
-CS/CA, jug. n° 74, 20 juin 2012, *Bilong Olembé Suzanne c/ Mindaf*
-CS/CA, jug. n° 45, 8 fév. 2012, *Effa Henri et autres c/ Mindaf*
-CS/CA, jug. n° 17 25 janv. 2012, *Succession Youdom c/ Mindaf*
-CS/CA, jug. n° 107, 20 juin 2012, *Amuzumwa Abodo et autres c/ Mindaf*
-CS/CA, jug. n° 92, 20 juin 2012, *Nneme Jean Ernest c/ Mindaf*
-CS/CA, jug. n° 37/2012, 8 févr. 2012, *La tontinière nationale* c/ *Caisse nationale de prévoyance sociale*
-CS/CA, jug. n° 14, 1er août 2012, *Chefferie Bonambapé* c/ *État du Cameroun* (*Mindaf*)
-CS/CA, jug. n° 1, 10 déc. 2012, *Tchaptchet Joseph* c/*État du Cameroun* (*Mindaf*)

-CS/CA, jug. n° 43, 8 fév. 2012, *Kamdeu Daniel* c/*État du Cameroun* (*Minesec*)
-TA/ADD, Bafoussam, ord. sursis, n° 03, 8 mai 2014, *Tasse Pierre* c/ *État du Cameroun (Minesec)*
-TA/ADD, Bafoussam, ord. sursis, n° 06, 15 juil. 2014, *Foka Koagne Félicité c/ État du Cameroun* (*Mindcaf*)
-TA, Bafoussam, ord. sursis, n° 01, 24 avr. 2014, *Fotso Wabo Gabriel c/ État du Cameroun* (*Mindcaf*) et *Wodje Nathalie*
-TA, Yaoundé, ord. sursis, n° 46, 24 juil. 2014, *Kouembou Weilagic/ État du Cameroun* (*Mindcaf*)
-TA, Yaoundé, ord. référé, n° 02, 14 mars 2014, *Syndicat national de la communication c/ Cameroon télécommunication*
-TA, Yaoundé, ord. référé, n° 06, 22 août 2014, *Onambele Atangana c/ État du Cameroun* (*Mindcaf*)

- **Jurisprudence administrative gabonaise**

-CS/CA, 25 mars 1971, *Ndinga-Malecky*, rép., n° 24
-CA, 23 jul. 1976, *Dame Ondo*, rep. n°124
-CA, 30 juin 1978, *Ollomo-Mvé*, rep, n° 124
-CA, 14 Déc. 1979, Sawadogo Tiraga, rep., n° 160
-CS/CA, 4 avril 1980, *Union des assurances du Gabon et des chantiers modernesc/ État gabonais*, *Penant*, n° 770/1980, p. 455, note J. Duport
-CA, 21 mai 1982, *Dame Ondeto*, rep n° 72
-CS/CA, 25 mars 1983, *Iboudah-Mougnienguet c/ État gabonais*, rép., n° 32
-CS/CA, 22 juil. 1983, *Andombé c/ État gabonais*, rép., n° 76
-CS/CA, 11 mai 1984, *Dame veuve Mombey c/ État gabonais*, rép., n° 76
-CS/CA, 17 févr. 1984, *Ndaot*, *rep.*, n° 31
-CS/CA, 25 avr. 1986, *Mbogho Oyame c/ État gabonais*, rép., n° 18
-CS/CA, 14 mars 1986, *Zomenvame c/ État Gabonais*, rép., n°14
-CS/CA, 28 mars 1986, *Ignace Bibang*, *Penant*, 1986, p. 136, note Guillaume Pambou Tchivounda
-CS/CA, avis, 07 avr. 1987, *Djiara Simone c/État gabonais*, rep., n°11
-CS/CA, 20 mars 1987, *Moamessomone Albert*, rep., n°7/87
-CS/CA, 08 mai 1987, *Youin Bankoua Seydou*
-CS/CA, 27 fév. 1987, *Eworé Édouard* c/ *État gabonais*, rép., n° 6/87
-CS/CA, 10 avr. 1987, *Renombo Robert c/ État gabonais*, rép., n° 8 /87
-CS/CA, 26 juin 1987, *Ognane Patrice c/ État gabonais*, rép., n° 16 342
-CS/CA, 8 janv. 1988, *Obiang Nguema Siméon et autres c/ État gabonais*
-CS/CA, 9 déc. 1988, *Dame Mpemba Germaine*, *Penant*, n° 810/1992, p. 342
-CS/CA, 26 févr. 1988, *Anziano* c/ *État gabonais*, *Penant*, n° 101/1989, p. 528, note G. Pambou Tchivounda
-CS/CA, 24 mars 1989, *Taylor* c/ *État gabonais*, rép., n° 6

-CS/CA, 26 juin 1998, *Mitchoumbou Kara c/ Office des Postes et Télécommunications*, rép., n° 58/98 -CA, 27 févr. 1998, *Alevinat c/ Ministère des finances*, rép,. n° 24
-CA, ord., 10 déc. 1998, *Oprag c/ Direction générale des douanes*
-CS/CA, 21 avr. 1999, *Collectifs des candidats admissibles aux concours des douanes c/ Ministère de la fonction publique*, rep., n° 9-9899
-CA, 5 mai 1999, *Ekomi Ngueye Daniel, rep*., n° 15-98-99
-CA, 21 avr. 1999, *Ovono Ndong Samuel c/ Office des postes et télécommunication*, rep., n° 1/98-99
-CE, 6 juil. 2001, *Ogar et Ogarvie*
-CA, 28 mai 1999, *Sayi Gaston c/ Police nationale*, rep., n° 22/98-99
-CE, 18 oct. 2000, Mahadji Guy- Paul, rep., n° 3/2000
-CE, 17 déc. 2004, *Mandéndi Nyama André*, rép., n° 5/2001
-TA, Libreville, 15 juil. 2002, *Societé Mce* c/ *Ministère des Mines*, rep., n° 018-2001-2002
-TA, Libreville, 27 juin 2002, *Bissaka Madeleine*, rep., n° 17/2001-2002
-TA, Libreville, 08 avr. 2002, *Nguimbi Françoisc/ État gabonais*, rep., n° 8/2001-2002
-TA, Libreville, 1er fév. 2005, *Diouf Célestin c/ État gabonais*
-TA, Libreville, 03 déc. 2005, *Ossinga Paul c/ Direction générale des impôts*
-TA, Libreville, ord., n° 001/2005-2006, *Zacharie Myboto*
-TA, Libreville, 14 févr. 2007, *Youssouf Idrissou et Hoirs c/ État gabonais*, rep, n° 10
-TA, Libreville, 14 fév. 2007, *Etsale Léontine* -TA, Libreville, 03 janv. 2007, *Edou Ognane Marcellin*, rep., n° 08/2006-2007
-TA, Libreville, ord., 29 janv. 2009, *Bilie Bi Essone*
-CE, 18 dec. 2009, *Evouna Simon*, rep., n° 01/2009-2010
-CE, 18 dec. 2009, *Veuve Mabignath*, rep., n° 4/2009-2010
-CE, 25 juin 2010, *Fickat Félicité c/ État gabonais*, rep., n° 29/09-10
-CE, 26 mars 2010, *Matotou Charles*, rep., n° 13/2009-2010
-CE, 25 juin 2010, *Assoumou Essono Paul*, rep., n° 27/2009-2010
-CE, 25 juin 2010, *Mve Eyi Dominique*, rep., n° 30/2009-2010
-CE, 30 avr. 2010, *Ango Jean-Pierre*, rep., n° 21/2009-2010
-CE, 28 mai 2010, *Hamidou Coulibaly*, rep., n° 24/2009-2010
-CE, 26 mars 2010, *Opiangah Hevé Patrick*, rep., n° 10/2009-2010
-CS/CA, 30 avr. 2010, *Moutikali Jean-Robert c/ État gabonais*, rep., n° 16/09-10

***Autres jurisprudence administrative des pays d'Afrique francophone**
Droit béninois

-CS/CA, 16 nov. 1994, *Albert Zokpe c/ État béninois, Rec*, p. 101

-CS/CA, 16 janv. 1998, *Jonhson Léonard Désiré*, *Rec*, p. 123 **1116**
-CS/CA, 15 mai 1998, *Collectif des enseignants de l'Ena*, *Rec*, p. 218
-CS/CA, 17 juin 1999, *Séverin Houedanou* c/ *Préfet de l'Atlantique*, *Rec*, n° 48
-CS/CA, 28 sept. 2000, *Yaovi Antoine Amoussou* c/ *Ministère des finances*, *Rec*, p. 415
-CS/CA, 16 nov. 2000, *Djaouga Boubakar Mamadou et consorts c/ État béninois*, *Rec*, p. 236
-CS/CA, 17 févr. 2005, *Ayaba Smevoh* c/ *Préfet de l'Atlantique*, *Rec*, n° 22

Droit burkinabé

-CS/CA, Haute Volta, 8 nov. 1968, *Kaboré Josué*
-CS/CA, 12 avr. 1994, *Nikiema André*
-CS/CA, 14 déc. 1994, *Ouédraogo Moussa Ernest*
-CS/CA, 14 oct. 1997, *Dame Souli née Kaboré*
-CS/CA, 13 avr. 1999, *Bazié Camille*
-CS/CA, 11 janv. 2000, *Toé Charlemagne*

Droit centrafricain (*Recueil des arrêts de la Chambre administrative de la Cour suprême, Année judiciaire 1982-1995*, Paris, éd., Giraf, 2000, 400p)

-CS/CA, 17 juil. 1987, *Mbassinga Zacharie c/ Ministère des travaux*, *Rec*, n° 80
-CS/CA, 6 sept. 1988, *Zackou Martin c/ Ministère de la Santé*, *Rec*, n° 81
-CS/CA, 6 sept. 1988, *Nguelekoumou Jacques c/ Ministère de la Défense*, *Rec*, n° 82
-CS/CA, 6 sept. 1988, *Kossi Gilbert c/ Ministère de la fonction publique* ; *Ruth Roland c/ Ministère des Affaires sociales Rec*, n° 83
-CS/CA, 6 sept. 1988, Kpignet *Dieudonné c/ Ministère de l'Éducation nationale*, *Rec*, n° 84
-CS/CA, 11 avr. 1990, *Biya David* c/ *Ministère du Commerce*, *Rec*, n° 136
-CS/CA, 11 avr. 1990, *Mbelogo Bernard* c/ *Ministère de la Défense*, *Rec*, n° 134
-CS/CA, 10 mars 1990, *Moiran Martin* c/ *Ministère de l'Intérieur*, *Rec*, n° 129
-CS/CA, 10 mars 1990, *Ngouagoun Marcel* c/ *Ministère de la Fonction publique*, *Rec*, n° 125
-CS/CA, 11 avr. 1990, *Sokony Theodore*, *Rec*, n° 133
-CS/CA, 11 avr. 1990, *Bangu Jean-Vincent*, *Rec*, n° 135
-CS/CA, 8 août 1992, *Guiango André*, *Rec*, n° 145
-CS/CA, 17 mars 1993, *Lassida Miche*, *Rec*, n° 149
-CS/CA, 10 mars 1994, *Godefend Mathias*, *Rec*, n° 159
-CS/CA, 10 mars 1994, *Bureau Jean-Bosco*, *Rec*, n° 165
-CS/CA, 6 août 1994, *Demangho Léon-Marie*, *Rec*, n° 160

--CS/CA, 6 août 1994, *Pounzi Ferdinand c/ Ministère de l'Économie*, *Rec*, n° 163

Droit congolais (Brazzaville)

-CS/CA, 20 févr. 1964, *Diabangouaya* et *Gouloubi*
-CS/CA, 22 sept. 1984, *Bouboutou-Mbemba*
-CS, 22 déc. 2000, *M.c/ Université Marien Ngouabi*
-Chambre administrative et constitutionnelle, 8 janv. 1993, *G c/ U*
-Chambre administrative et constitutionnelle, 9 nov. 2001, *B. c/ E*

Droit congolais (Kinshasa)

-Cour suprême de justice, 22 nov. 1985, *Monanga Gegogesali*
-Cour suprême de justice, 13 juin 1986, *Fataki Sangwa*

Droit guinéen

-CS/CA, 20 nov. 1996, *Dame Macauley née Aminata Sylla*

Droit ivoirien

-CS/CA, 15 déc. 1969, *Ibrahima Tiené c/ Ministère de la Fonction publique*, *in* F. Wodié, M.-D. Bléou, *La Chambre administrative de la Cour suprême et sa jurisprudence (commentaire d'arrêt)*, Paris, Economica, 1981, p. 32
-CS/CA, 10 déc. 1981, *Lapka Fidel c/Marcel Bilé*
-CS/CA, 10 nov. 1981, *Koffi Bilé Denis c/ Konan Karamoko*
-CS/CA, 21 fév. 1990, affaire *Niango Séka Vincent et autres c/ Ministère de la Fonction publique*, *in* F. WODIE, M.-D. BLEOU, *La Chambre administrative de la Cour suprême et sa jurisprudence* (*commentaire d'arrêt*), Paris, Economica, 1981, p. 39
-CS/CA, 29 janv. 1992, *Tra Bi Semi Sylvain*
-CS/CA, 1er avr. 1964, *N'san Yapi Célestin*
-CS/CA, ord., référé, 30 août 1999, *Dame D c/ Ministère du Logement et de l'urbanisme*
-CS/CA, 26 janv. 2000, *Compagnie Air Afrique c/Ministère de la Fonction publique*
-CS/CA, 27 nov. 2002, *Fofana Idrissa* c/ *Commission d'avancement des magistrats*
-CS/CA, 30 juin 2004, *Sopi Gbeyere Michel* c/ *Ministre de la Construction et de l'Urbanisme*
-CS/CA, 19 janv. 2005, *Affesi Achy et autres* c/ *Ministre de la Sécurité intérieure*
-CS/CA, 22 févr. 2012, *Essoh Nomel Athanase* c/ *Ministre de la Construction, de l'urbanisme*

Droit malien

-CS/CA, 2 oct. 1978, *Bouna Coulibaly c/ Ministère du Travail* -CS/CA, 26 juil. 1986, *Seriba Coulibaly c/ Ministère des Postes*

-CS/CA, 29 août, 1991, *Nama Doukouré* c/ *Arrondissement centrale de Yalimané*

Droit sénégalais

-CS/CA, 9 févr. 1966, *Dame Fatou Diop*, *Annales africaines*, 1973, p. 268

-CS/CA, 23 mars 1966, *Babacar Lo et Abdousalam*

-CS/CA, 29 janv. 1975, *Séga Seck Fall*

-CS, 23 juil. 1975, *El Hadj Oumar Fall*

-CS/CA, 5 juil. 1979, *Aminata Sall*

-CE, 27 avr. 1994, *Ousmane Kane, Babacar Mboup, Ibrahim Sy c/ État du Sénégal*

-CE, 28 mai 1997, *Jacqueline Gabrielle Ferrié c/ Ordre national des experts et évaluateurs agréés au Sénégal*

-CE, 21 déc. 2000, *Mamadou Lamine Guéye et autres c/ Commune rurale de Nioro Alassane Tall*

-CE, 21 déc. 2000, *Mamadou Saar c/ Ministère de l'Éducation nationale*

Droit tunisien

-TA, 1re chambre, 19 juil. 1976, *H T et A Yaglane c/ Premier ministre*

-TA, 1re chambre, 24 juil. 1977, *Ahmed Merji c/ Ministre de l'Intérieur*

-TA, 31 déc. 1980, *Arbi Naji c/ 1er Ministre et ministre de l'Intérieur*, *Revue tunisienne de droit*, 1981, p. 564

-TA, 2e chambre, 1er avr. 1980, *H'sine Malki c/ Cnrps*

-TA, 19 déc. 1981, *Abderrazak Méhiri* c/ *Ministère des Transports et des Communications*

-TA, 1re chambre, 22 nov. 1983, *Moktar Harbaoud* c/ *Ministre des Transports et des Communications*

-TA, 1er chambre, 7 mars 1986, *Romdhane Charfi* c/ *Ministre de l'Agriculture*

-TA, 1er chambre, 18 déc. 1987, *Fatma Abbès c/ Ministre des Communications*

-TA, 1re chambre, 18 déc. 1987, *Naceur Hamdic/ Ministre des Finances*

-TA, 29 déc. 1988, *Abderrazak M'hiri* c/ *Ministre des Transports et des Communications*

IV- Autres ressources

- Droit Camerounais

-Loi n° 2006/015 du 29 décembre 2006 portant organisation judiciaire

-Loi n° 2006/015 du 29 décembre 2006 fixant l'organisation et le fonctionnement de la Cour suprême

-Loi n° 2006/022 du 29 décembre 2006 fixant l'organisation et le fonctionnement des tribunaux administratifs

-Droit Gabonais
-Loi n° 7/94 du 18 septembre 1994 portant organisation de la justice
- Loi n° 17/84 du 29 décembre 1984 portant Code des juridictions administratives
-Loi n° 05/2002 du 27 novembre 2002 fixant l'organisation, le fonctionnement et la compétence du Conseil d'État

-Droits d'Afrique en général
-http://www.droit-afrique.com/index.php/content/view/98/205/
-http://www.juricaf.org/

-Droit Burkinabé
-Loi n° 21/95/adp, du 16 mai 1995 portant création, organisation et fonctionnement des tribunaux administratifs
-Loi organique n° 015-2000/an du 23 mai 2000 portant composition, organisation, attributions, fonctionnement du Conseil d'État

-Droit Malien
- Loi n° 94/006 du 10 mars 1994 portant organisation et fonctionnement des tribunaux administratifs

-Droit Tunisien
.Sites internet
http://www.legislation-securite.tn/fr/node/28167
.Textes
- Loi n° 72-40 du 1er juin 1972 relative au Tribunal administratif

-Droit Algérien
-Code de procédure civile et administrative

-Droit Ivoirien
.Sites internet
http://www.loidici.com/
http://www.consetat.ci/
.Textes
- Loi n° 94-440 du 16 août 1994 sur la Cour Suprême
- Code de procédure civile, commerciale et administrative

-Droit Sénégalais
.Sites internet
-http://www.gouv.sn/Loi-organique-portant-creation-de.html
-http://ww.coursupreme.sn/menusysjudi.html

-https://jackmactardieng.wordpress.com/2014/11/07/theorie-generale-du-droit-administratif-en-france-et-au-senegal/

.Textes

- Loi n° 84-19 du 2 février 1984 fixant l'organisation judiciaire
-Code de procédure civile, commerciale et administrative
- Loi organique n° 2008-35 du 7 août 2008 portant création de la Cour suprême
- Loi n° 2013-10 du 28 décembre 2013 portant Code général des Collectivités locales

-Droit Béninois

.Sites internet

-http://www.nyulawglobal.org/globalex/benin.htm#_3._Le_Droit

.Textes

- Loi n°2001-37 du 27 août 2002 portant organisation judiciaire du Bénin
- Loi n° 2008-07 du 28 février 2011 portant Code de procédure civile, commerciale, administrative, sociale et des comptes
- Loi n°2004-07 du 23 octobre 2007 portant composition, organisation, fonctionnement et attributions de la Cour suprême

-Droit Congolais (RDC)

.Sites internet

-
http://www.leganet.cd/Legislation/Droit%20Judiciaire/OL.82.017.31.03.1982.htm

.Textes

- Ordonnance-Loi n ° 82-017 du 31 mars 1982 relative à la procédure devant la Cour suprême de justice

-Droit Congolais (Brazzaville) - Code de Procédure Civile, Commerciale, Administrative et Financière

Index alphabetique

(Les chiffres renvoient aux numéros des paragraphes)

E

G

H

I

J

DROIT
AUX ÉDITIONS L'HARMATTAN

Dernières parutions

LE RAPPORT DU DROIT ADMINISTRATIF NATIONAL AUX DROITS ADMINISTRATIFS ÉTRANGERS
Les cas de la France et de l'Espagne
Anna Neyrat
Préface de Fabrice Melleray
Les droits administratifs français et espagnol sont souvent présentés comme des idéaux types opposés dans leur rapport aux droits administratifs étrangers. Comme exportateur, le droit administratif français considère ses homologues étrangers comme un réceptacle de son influence ; comme importateur, le droit administratif espagnol les envisage comme source de son enrichissement. Si une telle présentation repose sur des raisons temporelles et culturelles qui ont fait du droit administratif français un modèle et de l'espagnol un imitateur, elle se révèle partiellement inexacte. Elle est notamment dépassée à l'heure de la globalisation. Cette recherche invite à poser un regard différent sur ces présupposés.
(Coll. Logiques Juridiques, 680 p., 49 euros)
ISBN : 978-2-343-16682-7, EAN EBOOK : 9782140114588

DROITS FONDAMENTAUX ET CRISE(S) DES SOLIDARITÉS
Fabien Bottini
La solidarité renvoie aux liens sociaux qui font le ciment d'une communauté. Si c'est pourquoi il semble plus juste de parler de solidarités au pluriel, l'Etat a pendant longtemps été leur garant au travers des droits sociaux fondamentaux. Mais le constat s'impose : des débats qui ont agité la réforme du droit du travail à ceux qui portent sur les régimes de retraites en passant par la crise des migrants ; des hésitations sur la place des territoires et de l'Union européenne dans la mise en oeuvre des politiques sociales à l'apparition d'un droit constitutionnel économique... Les interrogations ne manquent pas quant à savoir si ces droits fondamentaux parviennent encore à faire la solidarité. Si crises il y a, signent-elles la fin de l'âge d'or de la solidarité ou sa mutation ?
(Coll. Le Droit aujourd'hui, 276 p., 28,5 euros)
ISBN : 978-2-343-16201-0, EAN EBOOK : 9782140114274

DÉCLARATION DES DROITS DE L'HOMME ET DU CITOYEN
Postérité et actualité
Remi Puigventos
Responsables scientifiques : Jimmy Meersman et Rémi Puigventos
Le 26 août 1789, l'Assemblée constituante adopte les derniers articles du texte de la Déclaration des droits de l'homme et du citoyen qui, traversant les siècles, deviendra l'un des textes fondamentaux de la Cinquième République. Si la Déclaration de 1789 est l'une des pierres angulaires de la garantie des droits de l'homme, l'étude de sa postérité et de son actualité interroge. Le présent ouvrage contribue à en dévoiler les éléments les plus essentiels au travers d'une douzaine de contributions.
(Coll. Droit privé et sciences criminelles, 238 p., 25 euros)
ISBN : 978-2-343-16359-8, EAN EBOOK : 9782140112164

ANNUAIRE DES ENGAGEMENTS INTERNATIONAUX AYANT FAIT L'OBJET D'UNE LOI D'AUTORISATION SOUS LA VE RÉPUBLIQUE
Didier Jamot
Au cours de la Ve République, près de 2000 engagements internationaux ont fait l'objet d'une loi d'autorisation. Dans les années 1960, seulement 22% des lois votés par le Parlement avaient pour objet la ratification ou l'approbation de tels engagements, alors que désormais 40% des lois visent un tel

objectif. Par conséquent, le nombre de normes internationales intégrées au droit interne est considérable. Mais leur importance n'est pas seulement quantitative : tout engagement international régulièrement ratifié et publié s'impose au législateur. Aucune loi ne peut ainsi lui être contraire. Par ailleurs, les conventions internationales embrassant l'ensemble des matières juridiques, plus aucune activité humaine n'échappe aux droits et obligations prévus par les conventions. Cet annuaire recense enfin ces engagements internationaux avec des index thématiques et par pays signataire.

(Coll. Logiques Juridiques, 432 p., 42 euros)

ISBN : 978-2-343-16237-9, EAN EBOOK : 9782140112089

LES TITRES DE NOBLESSE DE LA VICTIME DEVANT LA COUR PÉNALE INTERNATIONALE

Guy David Mbara A Betsem

Préface de Gilbert Bitti - Avant-propos de Jean Claude Tcheuwa

La victime a longtemps été tenue à l'écart du procès devant les juridictions pénales internationales d'avant le début du XIXè siècle. Depuis l'avènement de la Cour pénale internationale (CPI), la victime est désormais admise dans le procès pénal. Ces droits, qui ne sont autres que des titres de noblesse, confèrent donc des privilèges permettant à la victime d'accéder à une justice pénale internationale très sélective, mais surtout réservée à une certaine catégorie de personnes. La CPI pose la problématique du rôle de l'État dans la mise en oeuvre des droits des victimes.

(242 p., 25,5 euros)

ISBN : 978-2-343-16718-3, EAN EBOOK : 9782140111631

MÉDIATION ET ENTREPRISES

Regards croisés Droit et Gestion

Responsables scientifiques : Gulsen Yildirim, Isabelle Sauviat et Romain Dumas. Textes réunis par Romain Dumas

La médiation, mode alternatif de résolution des différends, est un mécanisme désormais bien connu en Droit. L'entreprise apparaît comme l'un des lieux privilégiés de son application et ce, qu'il s'agisse d'aplanir un différend tant dans ses relations internes qu'externes. Toutefois, à la différence du Droit, le concept de médiation apparaît beaucoup moins familier en Sciences de gestion. C'est cette interaction singulière entre Droit et Gestion qui permet de mesurer la place réelle de la médiation dans les entreprises et les organisations. Entre acclimatation à parfaite et hostilité, un équilibre est possible afin qu'elle devienne un outil efficace.

(Coll. Droit privé et sciences criminelles, 142 p., 16,5 euros)

ISBN : 978-2-343-16643-8, EAN EBOOK : 9782140111556

PHÉNOMÈNE DISCIPLINAIRE DANS LE DROIT PUBLIC HELLÉNIQUE CONTEMPORAIN

Sotirios Lytras

Attachée constamment à l'idée que la notion de discipline concernait en principe les relations entre les ensembles organisés et leurs agents, la théorie traditionnelle du droit public a laissé hors de son attention des domaines entiers de la vie publique. Parue en grec en 1989, cette étude a pu montrer qu'en droit positif hellénique le phénomène disciplinaire a manifesté sa présence forte dans des relations entre ensembles publics et des personnes physiques ou morales y étant rattachées. A travers ce phénomène, l'activité publique s'avère décisivement élargie.

(Coll. Logiques Juridiques, 262 p., 27 euros)

ISBN : 978-2-343-16125-9, EAN EBOOK : 9782140111310

RECEL ET BLANCHIMENT

Nouvelles sources de cumul de qualifications

Théo Touzeau

Préface de Gildas Roussel

A la lumière de la jurisprudence, la question de l'impossible cumul de l'infraction d'origine avec celle du recel de choses concernant un même auteur mérite de nouveau d'être posée. C'est que les juges de la Chambre criminelle, malgré leur opposition à ce cumul, ont depuis admis la condamnation d'un individu tant pour une première infraction que pour le blanchiment subséquent. Cette différence de traitement des deux infractions interroge nécessairement. Cet ouvrage, dressant le constat de la possibilité de dépasser les arguments qui fondent le rejet de « l'auto-recel », invite le lecteur à mettre de côté ses certitudes et à prendre position : rien ne semble s'opposer à l'admission du cumul de l'infraction d'origine et du recel de choses.

(Coll. Bibliothèques de droit, 138 p., 15,5 euros)

ISBN : 978-2-343-16624-7, EAN EBOOK : 9782140110962

LES LIENS ENTRE ÉTHIQUE ET DROIT

L'exemple de la question animale

Sous la direction de Lucille Boisseau-Sowinski et Delphine Tharaud

A priori distincts, le droit renvoyant à la régulation des comportements par la loi et l'éthique à la distinction entre bien et mal, ces deux domaines s'interpénètrent et se nourrissent, particulièrement sur la question animale. La réflexion sur l'éthique animale s'est amplifiée ces cinquante dernières années et a conduit à une prise en compte des intérêts et de la qualité d'êtres vivants des animaux. Le droit s'en est fait l'écho. Pour autant, cette dynamique n'est pas si évidente : quelles théories peuvent inspirer le droit ?

(Coll. Le Droit aujourd'hui, 176 p., 18,5 euros)

ISBN : 978-2-343-16449-6, EAN EBOOK : 9782140109553

CORRUPTION ET DROIT PÉNAL

Sous la direction de Jean-Paul Céré et Carlos Eduardo Japiassu

Le thème de la corruption a traversé le temps. L'intérêt du droit pénal est cependant renouvelé par les nombreuses affaires médiatisées qui gangrènent la vie politique et le monde des affaires dans de nombreux pays. L'arsenal législatif interne cherche à s'adapter sous l'effet des multiples textes qui ont vu le jour à l'échelle internationale et régionale. Une nette tendance à l'harmonisation des législations criminelles anti-corruption est perceptible. Cet ouvrage permet de saisir la diversité du phénomène dans sa dimension criminologique et juridique.

(Coll. Comité international des pénalistes francophones, 238 p., 24,5 euros)

ISBN : 978-2-343-16153-2, EAN EBOOK : 9782140109850

JUSTICE CONSTITUTIONNELLE ET SUBSIDIARITÉ

L'apport de l'expérience canadienne pour la construction européenne

Claire Aguilon

La précision des critères d'application de la subsidiarité et le développement de son contrôle par l'Union européenne constituent un progrès vers un plus grand respect du principe selon lequel l'UE, lorsqu'elle intervient dans une compétence partagée avec les Etats-membres, doit établir la plus-value d'une action à son niveau pour atteindre l'objectif visé. L'étude de la jurisprudence de la Cour de justice de l'UE montre ses réticences à un contrôle allant au-delà de la recherche d'une motivation formelle de la nécessité de l'intervention européenne. En droit canadien, la subsidiarité éclaire sous un jour nouveau la clause de commerce ou la doctrine de l'intérêt national.

(Coll. Logiques Juridiques, 460 p., 40 euros)

ISBN : 978-2-343-15311-7, EAN EBOOK : 9782140109522

UN COMBAT POUR LA PAIX

Récit

Nouvelle édition revue et augmentée

Daniel Lagot

Alors qu'il s'est refusé jusque-là à tout engagement devant la fragilité des choses humaines, un homme découvre l'amour et s'engage, avec la femme à ses côtés, dans un combat pour le droit, la justice et la paix. Après l'enthousiasme initial, les tensions et dilemmes vont se développer, en particulier lors des guerres en Libye et en Syrie. Comme dans une tragédie grecque, ces tensions conduiront les personnages à leur destin. Le récit est en partie romancé, mais est directement inspiré d'histoires et de faits réels. Face aux drames et menaces pesant sur l'humanité, doit-on céder au pessimisme ou conserver l'espoir ?

(Coll. Les Impliqués, 152 p., 16,5 euros)

ISBN : 978-2-343-16114-3, EAN EBOOK : 9782140109409

LES SENS DE LA PEINE

Hugo Cappadoro

Préface de Muriel Giacopelli

Quelle est la raison d'être de la peine ? C'est autour de cette question que se sont cristallisés, au temps des Lumières, les paradigmes punitifs modernes. Du fait des bouleversements que connait aujourd'hui notre droit répressif et de la crise du milieu carcéral, auquel la pénalité est identifiée, le législateur, les acteurs et penseurs pénaux sont amenés à s'interroger une nouvelle fois sur l'acte de punir. Cet ouvrage aborde ainsi les évolutions pénales et propose une réflexion mettant en évidence la difficulté pour la pénalité actuelle d'avoir un sens intelligible et pluriel, tant pour le condamné, que pour la victime et la société.

(Coll. Bibliothèques de droit, 212 p., 21,5 euros)

ISBN : 978-2-343-16461-8, EAN EBOOK : 9782140108945

SUR LA COUR EUROPÉENNE DES DROITS DE L'HOMME

Rétrospective d'un initié (1998-2016)

Bostjan M. Zupancic

La Convention européenne des droits de l'homme, prétendant expliciter ce que sont ces droits, est un court texte abstrait. Quatre-vingt-dix-neuf pourcent de ces droits seront concrétisés par les précédents prononcés en flux continu, autoréférentiel, par la Cour européenne des droits de l'homme (CEDH). En somme, les droits de l'homme sont simplement ce que la CEDH déclare qu'ils sont ou ne sont pas. Quarante-sept Etats signataires sont liés à cette jurisprudence de Strasbourg. Or, l'approche jurisprudentielle du stare decisis est étrangère au formalisme juridique européen. A l'autre extrême, l'auteur apporte une explication métaphysique du sens de la justice. Il présuppose le plus haut niveau d'autonomie morale et de raisonnement juridique.

(Coll. Logiques Juridiques, 452 p., 45 euros)

ISBN : 978-2-343-15739-9, EAN EBOOK : 9782140108808

GOUVERNANCE D'ENTREPRISE, RESPONSABILITÉ SOCIÉTALE EN DROIT MALIEN

Issiaka Cissé

Cet ouvrage interroge le droit positif malien dans l'appréhension des concepts de la gouvernance d'entreprise (GE) et de la responsabilité sociétale des entreprises (RSE). L'étude met en évidence le décalage du droit malien dans la construction évolutionniste de l'entreprise. Elle révèle que l'environnement juridique des entreprises maliennes n'évolue pas dans une économie pourtant en pleine mutation. Des contraintes liées à l'application des principes de ces deux concepts créent un déséquilibre en termes de compétitivité au plan national voire régional ou international.

(Coll. Études africaines, 390 p., 38 euros)

ISBN : 978-2-343-15230-1, EAN EBOOK : 9782140108464

POUR UNE NOUVELLE ÉDUCATION JURIDIQUE

Sous la direction de Massimo Vogliotti

Depuis quelques années, nous assistons en Europe à une floraison de réflexions et d'expériences novatrices relatives à la formation juridique. Ce phénomène peut être interprété comme le signe annonciateur d'une révolution de notre façon de concevoir l'enseignement du droit, encore liée au cadre théorique et mythologique du paradigme juridique moderne. Cet ouvrage met en avant la nécessité d'un renouvellement en profondeur de notre modèle traditionnel d'enseignement du droit.

(Coll. Logiques Juridiques, 228 p., 24,5 euros)

ISBN : 978-2-343-10744-8, EAN EBOOK : 9782140108426

Structures éditoriales du groupe L'Harmattan

L'Harmattan Italie
Via degli Artisti, 15
10124 Torino
harmattan.italia@gmail.com

L'Harmattan Hongrie
Kossuth l. u. 14-16.
1053 Budapest
harmattan@harmattan.hu

L'Harmattan Sénégal
10 VDN en face Mermoz
BP 45034 Dakar-Fann
senharmattan@gmail.com

L'Harmattan Cameroun
TSINGA/FECAFOOT
BP 11486 Yaoundé
inkoukam@gmail.com

L'Harmattan Burkina Faso
Achille Somé – tengnule@hotmail.fr

L'Harmattan Guinée
Almamya, rue KA 028 OKB Agency
BP 3470 Conakry
harmattanguinee@yahoo.fr

L'Harmattan RDC
185, avenue Nyangwe
Commune de Lingwala – Kinshasa
matangilamusadila@yahoo.fr

L'Harmattan Congo
67, boulevard Denis-Sassou-N'Guesso
BP 2874 Brazzaville
harmattan.congo@yahoo.fr

L'Harmattan Mali
Sirakoro-Meguetana V31
Bamako
syllaka@yahoo.fr

L'Harmattan Togo
Djidjole – Lomé
Maison Amela
face EPP BATOME
ddamela@aol.com

L'Harmattan Côte d'Ivoire
Résidence Karl – Cité des Arts
Abidjan-Cocody
03 BP 1588 Abidjan
espace_harmattan.ci@hotmail.fr

L'Harmattan Algérie
22, rue Moulay-Mohamed
31000 Oran
info2@harmattan-algerie.com

L'Harmattan Maroc
5, rue Ferrane-Kouicha, Talaâ-Elkbira
Chrableyine, Fès-Médine
30000 Fès
harmattan.maroc@gmail.com

Nos librairies en France

Librairie internationale
16, rue des Écoles – 75005 Paris
librairie.internationale@harmattan.fr
01 40 46 79 11
www.librairieharmattan.com

Librairie l'Espace Harmattan
21 bis, rue des Écoles – 75005 Paris
librairie.espace@harmattan.fr
01 43 29 49 42

Lib. sciences humaines & histoire
21, rue des Écoles – 75005 Paris
librairie.sh@harmattan.fr
01 46 34 13 71
www.librairieharmattansh.com

Lib. Méditerranée & Moyen-Orient
7, rue des Carmes – 75005 Paris
librairie.mediterranee@harmattan.fr
01 43 29 71 15

Librairie Le Lucernaire
53, rue Notre-Dame-des-Champs – 75006 Paris
librairie@lucernaire.fr
01 42 22 67 13